普通高等教育“十二五”系列教材

电机学

(第二版)

主编　曾令全
编写　李月玲　庄　旭　赵　妍
主审　胡虔生

中国电力出版社
CHINA ELECTRIC POWER PRESS

内 容 提 要

全书共分为5篇24章，内容安排按照一根主线，即“磁路—变压器—交流绕组—异步电机—同步电机—直流电机”，从应用角度出发，分别论述了变压器、异步电机、同步电机和直流电机的基本结构、运行原理和运行性能等。侧重于基本概念和基本分析方法的分析和阐述，加大了解释性段落的编写。为了方便教学，本书各章配置了针对性强的例题和适量的思考题及习题；同时考虑到不同学校、不同专业的需要，对交直流电机的机械特性和起动、制动及调速原理与方法做了较多的介绍。本书重点突出基本理论和基本分析方法，密切联系实际，力求将学生普遍认为难以理解的知识通俗化，但不失严谨，以引导学生理解和掌握相关的内容，提高学生分析问题和解决问题的能力。

本书可作为高等院校电气工程及其自动化、自动化等专业的教学用书，也可供相关专业从业人员参考。

图书在版编目（CIP）数据

电机学/曾令全主编. —2版. —北京：中国电力出版社，2014.8（2025.1重印）
普通高等教育“十二五”规划教材
ISBN 978-7-5123-5961-1

Ⅰ.①电… Ⅱ.①曾… Ⅲ.①电机学－高等学校－教材 Ⅳ.①TM3

中国版本图书馆CIP数据核字（2014）第116498号

中国电力出版社出版、发行
（北京市东城区北京站西街19号 100005 http://www.cepp.sgcc.com.cn）
北京天宇星印刷厂印刷
各地新华书店经售
*
2007年8月第一版
2014年8月第二版 2025年1月北京第十三次印刷
787毫米×1092毫米 16开本 20.5印张 492千字
定价 **37.00** 元

前言

本书自2007年第一版出版以来，得到了许多兄弟院校的支持和广大读者的厚爱，我们陆续收到了读者给出的中肯建议和好的修改意见。根据这些建议和意见，结合我校在使用过程中发现的问题，对本书进行了修订。同时为了便于读者学习，在原有思考题与习题的基础上，将二者分开，并修改了题目的内容和数量，以便更好地配合教学和学生自学。最后在书末附上了习题参考答案。

本书的编写原则在于激发学生思考的积极性和学习的主动性，提高学生的自主学习能力。编写过程中侧重于基本概念和基本分析方法的分析和阐述，加大了解释性段落的编写。内容体系的安排强调一根主线，即“磁路—变压器—交流绕组—异步电机—同步电机—直流电机”，各部分相对独立又紧密联系成为一个有机的整体。每部分遵循“结构—原理—特性—应用”的顺序进行安排，构建了符合认知规律的内容体系。力求将学生普遍认为难以理解的知识浅显化但不失严谨，便于学生理解和掌握，从而提高学生分析问题和解决问题的能力。

本书可作为普通高等学校电气工程学科相关专业“电机学”课程的教材或教学参考书，也可供有关科技人员学习参考。

本书由东北电力大学曾令全任主编并统稿，李月玲、庄旭、赵妍参与编写。其中李月玲编写第一篇变压器部分，庄旭编写绪论和第三篇异步电机部分，赵妍编写第二篇交流电机的共同理论及第五篇的直流电机部分，其余由曾令全编写。在编写过程中，编者力求体现我校多年的电机学教学成果和教学经验，并吸纳各版电机学教材的优点。在本书再版之际，诚恳地期待着所有使用本书作为教材或参考书的教师、学生和读者都能慷慨赐教，提出您宝贵的意见和建议。

编　者

第一版前言

为贯彻落实教育部《关于进一步加强高等学校本科教学工作的若干意见》和《教育部关于以就业为导向深化高等职业教育改革的若干意见》的精神，加强教材建设，确保教材质量，中国电力教育协会组织制订了普通高等教育"十一五"教材规划。该规划强调适应不同层次、不同类型院校，满足学科发展和人才培养的需求，坚持专业基础课教材与教学急需的专业教材并重、新编与修订相结合。本书为新编教材。

本书是按相关专业《电机学》教学大纲编写的，包括绪论、变压器、交流电机的共同理论、异步电机、同步电机和直流电机。本书从应用的角度出发，分析变压器、异步电机、同步电机和直流电机四类主要电机的基本结构、工作原理、电磁关系和运行特性，为掌握本专业课程和为学习后续课程打下理论基础。考虑到不同学校、不同专业的需要，对交直流电机的机械特性和起动、制动及调速原理与方法做了较多的介绍。因此，本教材可作为电气工程及其自动化、自动化等专业本科四年"电机学"或"电机与拖动基础"课程的教学用书，也可供有关科技人员参考。

为适应 21 世纪市场经济和知识经济的需要，有利于学生素质和综合能力的提高，本教材重点突出基本理论和基本分析方法，密切联系实际，使学生通过本课程的学习，能够掌握电机的基本理论和基本分析方法，能够解决所遇到的各种实际问题。为便于学习，每章配有例题，章后附有小结和习题。

本书由东北电力大学曾令全、李月玲、庄旭、赵妍、李书权共同编写，曾令全任主编。李月玲编写第 1 篇变压器部分，庄旭编写绪论和第 3 篇异步电机部分，赵妍编写第 2 篇交流电机的共同理论问题和第 5 篇直流电机部分，李书权编写第 4 篇同步电机的 14、15、16、17 章，曾令全编写第 4 篇同步电机的 18、19、20 章，并对全书统稿。

本书由东南大学胡虔生老师担任主审，提出了许多宝贵意见，在此表示衷心感谢。

限于编者水平，不足和疏漏之处在所难免，希望广大读者批评指正。

编　者

2007 年 6 月

目　录

第二篇　交流电机的共同理论

第三篇　异　步　电　机

第四篇　同　步　电　机

绪 论

0.1 电机的一般介绍

一、电机的定义

电机是生产、传输、分配及应用电能的主要设备，可泛指借助电磁感应的基本作用原理，进行机电能量转换，如实施电能生产、传输、使用和电能特性变换的装置。

二、电机的主要类型

电机是利用电磁感应原理工作的机械，它应用广泛、种类繁多、性能各异，分类方法也很多。电机主要有两种常用的分类方法。

（1）按功能用途分类。电机可分为发电机、电动机、变压器和控制电机四大类。其中发电机将机械能转换为电能，电动机则将电能转换为机械能。电动机作为拖动各种生产机械的动力，是国民经济各部门应用最多的动力机械，也是最主要的用电设备，各种电动机所消耗的电能约占全国总发电量的60％～70％。而变压器的作用是将一种电压等级的电能转换为另一种电压等级的电能。控制电机则主要用于信号的变换与传递，在各种自动化控制系统中作为多种控制元件使用，如国防工业、数控机床、计算机外围设备、机器人等均大量使用控制电机。

（2）按照电机的结构或转速分类。电机可分为变压器和旋转电机，其中变压器为静止电机。根据电源电流的不同，旋转电机又分为直流电机和交流电机两类。交流电机又分为同步电机和异步电机两类：同步电机转速恒为同步转速，电力系统中的发电机几乎都是同步电机；异步电机处于电动机状态运行时转速低于同步转速，当处于发电机运行状态时转速高于同步转速，异步电机主要用作电动机。需要指出的是，发电机和电动机只是电机的两种运行方式，其自身是可逆的。也就是说，同一台电机，既可作发电机运行，也可作电动机运行，只是从设计要求和综合性能考虑，其技术性和经济性未必兼得。

综合以上两种分类方法，可归纳如下：

- 电机
  - 变压器
  - 直流电机
    - 直流发电机
    - 直流电动机
  - 交流电机
    - 同步电机
      - 同步发电机
      - 同步电动机
    - 异步电机
      - 异步发电机
      - 异步电动机
  - 控制电机

三、电机中所用的材料

电机一般是以磁场为耦合场，利用电磁感应和电磁力的作用而实现能量转换的。因此，电机中所用的材料可分为以下四类。

1. 导电材料

导电材料用在电机的电路系统中，最常用是铜。在导电材料中，虽然铜的导电率不如银，但铜比银的价格低得多。同时铜的抗锈能力比钢好，且容易焊接，因此，一般电机的绕组都用铜线绕制而成。

铝也是常用的导电材料，其重要性仅次于铜。铝在输电线路上应用很广，且小型异步电动机的转子绕组也常用铝模铸成，称铸铝转子。另外，还可用铝线绕制变压器的绕组和小型异步电动机的定子绕组。

2. 导磁材料

导磁材料用在电机的磁路系统中。电机中最重要的导磁材料是铸铁、铸钢和各种型号的硅钢片。其中铸铁的导磁性能较差，应用较少；各种成分的铸钢的导磁性能较好，应用较广，但主要用于传导不随时间变化的磁通；为了减少交变磁通在铁心中的电能损耗，导磁材料用含硅的电工钢片，也称硅钢片。

3. 绝缘材料

电机和变压器中，使用大量不同等级的绝缘材料，用来实现导体之间或导体与铁心之间的绝缘。电机中的绝缘材料，由于运行中除受电和磁的影响外，还受到热和力的作用。因此，绝缘材料不但要有介电、耐温、耐潮的性能，还要有足够的机械强度。

电机运行过程中，绝缘材料长时间在热的作用下，会逐渐老化，以至失去它的机械强度和绝缘能力。由于绝缘材料的使用寿命受温度影响很大，为了保证电机在一定年限（一般为20年）内可靠运行，对各种绝缘材料都规定了最高允许温度。实验表明，在空气中工作的A级绝缘，若其工作温度连续保持并超过正常允许温度8～10℃，绝缘材料的使用寿命期限要平均缩短一半。其他等级的绝缘材料也有类似特性。绝缘材料按绝缘等级的不同可分为下列六个等级：A级绝缘最高允许温度为105℃，E级为120℃，B级为130℃，F级为155℃，H级为180℃，C级为180℃以上。

4. 结构材料

结构材料用于制造传递或承受机械应力的部件，要求机械强度好、加工方便、质量轻，常用的材料有铸铁、铸钢、钢板、铝合金及工程塑料。

四、电机在国民经济中的作用

由于电能适宜于大量生产、集中管理、远距离传输、灵活分配及自动控制，因而电能成为现代最常用的一种能源。电机作为进行电能的传递或机电能量转换的主要机械，在工业、农业、国防、交通运输和家用电器中有着广泛的应用，对国民经济有着重要的作用。

1. 生产、传输和分配电能的主要设备

在发电厂中，发电机由汽轮机、水轮机、柴油机或其他动力机械带动，这些原动机将燃料燃烧的热能、水的位能、原子核裂变的核能等转化为机械能传给发电机，由发电机将机械能转化为电能。发电机发出的电压一般为10.5～20kV，为了减少远距离输电中的能量损耗、经济地传输电能，常采用高压输电，一般输电电压为110、220、330、500、750kV或更高，因此采用升压变压器将发电机发出的电压升高再进行电能的传输。电能传输到各用电区，为安全使用电能，各用电设备又需要不同等级的低电压，因此还需要各种电压等级的降压变压器将电压降低，然后供给各用户使用。

在电力工业中，发电机和变压器是发电厂和变电站的主要设备，简单的电力系统示意图如图0-1所示。

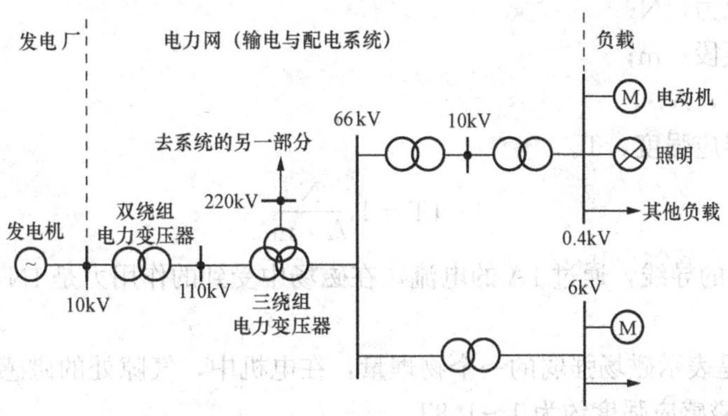

图 0-1　简单电力系统示意图

2. 各种生产机械和装备的动力设备

在机械、冶金、石油和化学工业中，广泛应用电动机驱动各种生产机械和装备，一个现代化的企业需要几百台以至几万台各种不同型号的电动机；在交通运输中需要的各种专用电机，如汽车电机、船用电机和航空电机，以及在电车、电气机车中需要的具有优良起动性能和调速性能的牵引电动机，特别是近年来电动汽车和以直线电动机为动力的磁悬浮高速列车的开发，极大地推动了新型电动机的开发；同时随着农业现代化发展，电力排灌、谷物和农副产品加工，也需要电动机拖动；在医疗器械、家用电器等的驱动设备也都采用了各种交、直流电动机。

3. 自动控制系统中的重要元件

随着科学技术的发展，工农业和国防设施的自动化程度越来越高。各种各样的控制电机被用作执行、检测、放大和解算元件。这类电机一般功率较小，品种繁多，用途各异，控制精度要求较高。例如火炮和雷达的自动定位，人造卫星发射和飞行的控制，舰船方向舵的自动操纵，机床加工的自动控制和显示、自动记录仪表、医疗设备、录像、摄影和现代家用电器等的运行控制、检测或记录显示等，都用到了控制电机。

社会的发展和科学技术的进步，特别是近年来超导技术、磁流体发电技术、电子与计算机技术的迅猛发展，为新的电机理论和电机技术的发展开辟了广阔的前景。

0.2　电机学常用的物理概念和基本电磁定律

一、常用的物理概念

为学习本课程，先复习几个常用的物理概念和定律。

1. 磁感应强度（或磁通密度）$\overrightarrow{B}$

在永磁体及通电导体周围存在磁场。磁场最基本的特性是对场域中的载流导体有力的作用，研究磁场的强弱就是从分析载流导体在磁场中受力情况着手。当载流导线段 Δl 与磁力线相垂直时，作用在该导线上的电磁力为

$$\Delta F = BI\Delta l$$

所以

$$B = \frac{\Delta F}{I\Delta l} \qquad (0-1)$$

式中 F——电磁力，N；

Δl——导线段，m；

I——电流，A；

B——磁感应强度，T。

$$1\mathrm{T}=1\,\frac{\mathrm{N}}{\mathrm{A\cdot m}}$$

也就是说，1m 长的导线，通过 1A 的电流，在磁场中受到的作用力是 1N 时，磁感应强度就是 1T。

磁感应强度是表示磁场强弱的一个物理量，在电机中，气隙处的磁感应强度约为 0.4～0.8T，铁心中的磁感应强度约为 1～1.8T。

人们采用磁感应线或称磁力线来形象地描绘磁场的强弱。磁力线是无头无尾的闭合曲线。图 0-2 中画出了直线电流、圆电流及螺线管电流产生的磁力线。

磁感应强度 $\vec{B}$ 与产生它的电流之间关系用毕奥—萨伐尔定律描述，磁力线与电流的方向满足右手螺旋关系，如图 0-3 所示。

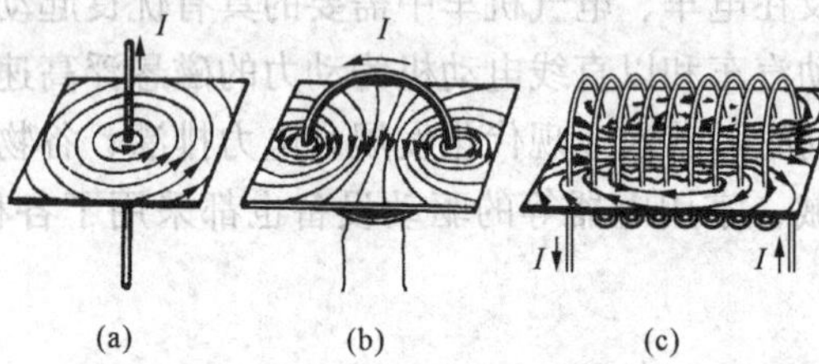

图 0-2 电流磁场中的磁力线

(a) 直线电流；(b) 圆电流；(c) 螺线管电流

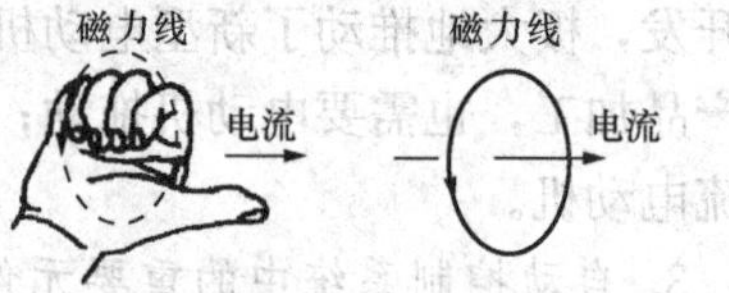

图 0-3 磁力线与电流的右手螺旋关系

2. 磁通量（或磁通）Φ

磁感应强度 $\vec{B}$ 描述的只是空间每一点的磁场，如果要描述一个给定面上的磁场，就要引入另一个物理量，叫磁通量。穿过某一截面 A 的磁感应强度 $\vec{B}$ 的通量，即穿过截面 A 的磁力线根数，称为磁通量，简称磁通，用 Φ 表示，即

$$\Phi=\int_A \vec{B}\cdot \mathrm{d}\vec{A}$$

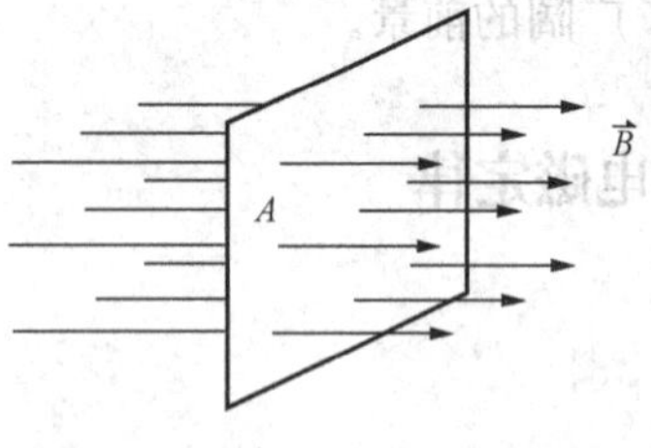

图 0-4 均匀磁场中的磁通

在均匀磁场中，如果截面 A 与 $\vec{B}$ 垂直，如图 0-4 所示，则磁通 Φ 为

$$\Phi=BA \text{ 或 } B=\Phi/A \tag{0-2}$$

在国际单位制中，B 的单位是 T，A 的单位是 m^2，Φ 的单位便是 Wb。

3. 磁导率 μ

通电线圈所产生磁场强弱与线圈放入的介质有关。当线圈放入某类介质时，磁场大为增强；而当放入另一类介质时，磁场可能略有削弱。表示物质这种磁性质的一个物理量叫做磁导率，用符号 μ 来表示。

物质根据磁性质的不同，可以分为三类：一类叫顺磁性物质，如空气、铝等，它的磁导率比真空的磁导率略大；另一类叫逆磁性物质，如氢、铜等，它的磁导率略小于真空的磁导率；还有一类是铁磁性物质，如铁、钢、钴、镍等，它们的磁导率是真空磁导率的几百倍甚至几千倍，并且与磁场强弱有关，不是一个常数。

磁导率的单位是 H/m，真空磁导率为一个常数，$\mu_0=4\pi\times10^{-7}$H/m。对电机常用的铁磁材料来说，μ_{Fe} 为（2000～6000）μ_0。

4. 磁场强度 $\vec{H}$

计算导磁物质中的磁场时，引入辅助物理量磁场强度 $\vec{H}$，它与磁通密度 $\vec{B}$ 的关系为

$$\vec{H}=\frac{\vec{B}}{\mu} \tag{0-3}$$

如果 B 的单位是 T，μ 的单位是 H/m，则 H 的单位是 A/m。由于磁动势的单位是 A，因此从 H 的单位可以知道，磁场强度 H 就是单位长度磁路上所消耗的磁动势，或单位长度磁路上的磁压降。

二、基本电磁定律

各种电机的运行原理都以基本电磁定律为出发点，现分别阐述如下。

1. 全电流定律

磁场是由电流的激励而产生的，即磁场与产生该磁场的电流同时存在，全电流定律就是描述这种电磁联系的基本电磁定律。设空间有 n 根载流导体，导体中的电流分别为 I_1、I_2、…、I_n，则沿任意可包含所有这些导体的闭合路径 $\vec{l}$，磁场强度 $\vec{H}$ 的线积分等于该闭合路径所包围的电流的代数和，即

$$\oint_l \vec{H}\cdot \mathrm{d}\vec{l}=\sum_{i=1}^{n}I_i \tag{0-4}$$

这就称为安培环路定律或全电流定律。在式（0-4）中，电流的符号由右手螺旋法则确定，即当导体电流的方向与积分路径的方向满足右手螺旋关系时，电流取正值，否则取负值。例如，在图 0-5 中，虽有积分路径 $\vec{l}$ 和 $\vec{l}'$，但其中包含的载流导体相同，积分结果必然相等，并且就是电流 I_1、I_2 和 I_3 的代数和。依右手螺旋法则，I_1 和 I_2 应取正号，而 I_3 应取负号。写成数学表达形式就是

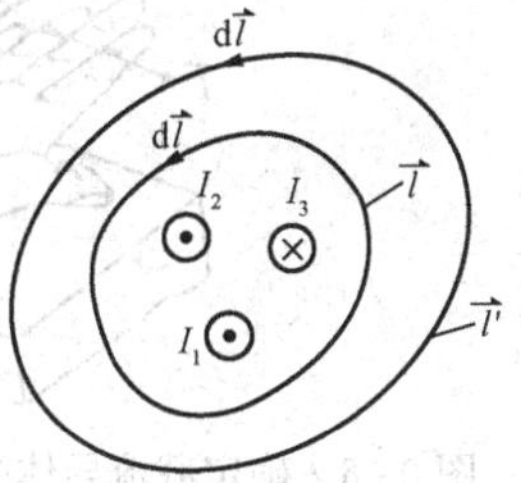

图 0-5　说明全电流定律

$$\oint_l \vec{H}\cdot \mathrm{d}\vec{l}=\oint_{l'} \vec{H}\cdot \mathrm{d}\vec{l}=I_1+I_2-I_3$$

即积分与路径无关，只与路径内包含的导体电流的大小和方向有关。

2. 电磁力定律

磁场对电流的作用是磁场的基本特征之一。实验表明，将长度为 l 的导体置于磁场 $\vec{B}$ 中，通入电流 i 后，导体会受到力的作用，这个力称为电磁力，其计算公式为

$$\vec{f}=\sum \mathrm{d}\vec{f}=i\sum \mathrm{d}\vec{l}\times\vec{B}$$

在均匀磁场中，若载流直导体与 $\vec{B}$ 方向垂直，长度为 l，流过的电流为 i，则载流导体所受的力为

$$f = Bli \tag{0-5}$$

在电机学中，习惯用左手定则确定 $\vec{f}$ 的方向，即把左手伸开，大拇指与其他四指成 90°，如图 0-6 所示，如果磁力线指向手心，其他四指指向导体中电流的方向，则大拇指的指向就是导体受力的方向。

3. 电磁感应定律

变化的磁场会产生电场，在导体中产生感应电动势，这就是电磁感应现象。在电机中，电磁感应现象主要表现在两个方面：① 导体与磁场有相对运动，导体切割磁力线时，导体内产生感应电动势，称为运动电动势；② 线圈中的磁通变化时，线圈内产生感应电动势，称为变压器电动势。下面对这两种情况下产生的感应电动势作定性与定量的描述。

（1）运动电动势。长度为 l 的直导体在磁场中与磁场相对运动，导体切割磁力线的速度为 $\vec{v}$，导体处的磁感应强度为 B 时，若磁场均匀，且直导体 $\vec{l}$、磁感应强度 $\vec{B}$、导体相对运动方向 $\vec{v}$ 三者互相垂直，则导体中感应电动势为

$$e = Blv \tag{0-6}$$

在电机学中，习惯上用右手定则确定电动势 e 的方向，即把右手手掌伸开，大拇指与其他四指成 90°角，如图 0-7 所示，如果让磁力线指向手心，大拇指指向导体运动方向，则其他四指的指向就是导体中感应电动势的方向。

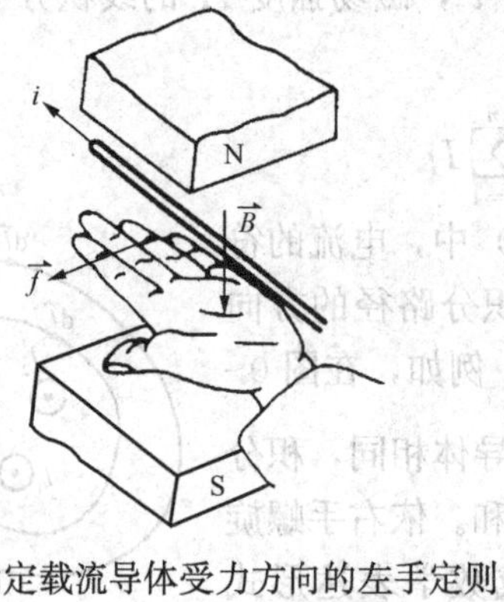

图 0-6 确定载流导体受力方向的左手定则

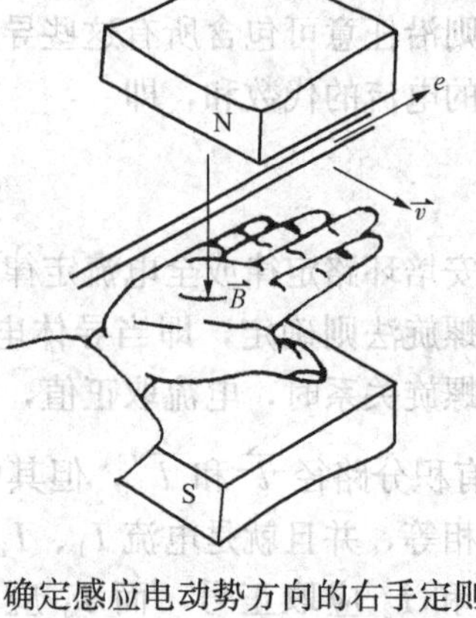

图 0-7 确定感应电动势方向的右手定则

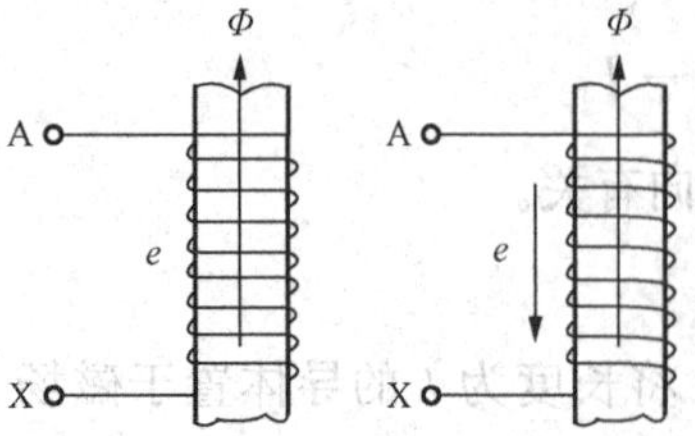

图 0-8 磁通及其感应电动势
(a) 线圈示意图；(b) 按右手螺旋关系 e 和 Φ 的正方向

（2）变压器电动势。如图 0-8 所示，匝数为 N 的绕组环链着磁通 Φ，当 Φ 变化时，线圈 AX 两端产生感应电动势 e，其大小与线圈匝数及磁通变化率成正比，方向由楞次定律决定。当 Φ 增加时，即 $\frac{d\Phi}{dt}>0$，A 点为高电位，X 点为低电位；当 Φ 减小时，即 $\frac{d\Phi}{dt}<0$，根据楞次定律，X 点为高电位，A 点为低电位。为了写成数学表达式，首先要规定电动势 e 的正方向，一般采用右手螺旋法则确定。

按右手螺旋关系规定 e 和 Φ 的正方向，如图 0-8（b）

所示。此时 e 的正方向从 A 指向 X。与实际情况比较，当 $\frac{d\Phi}{dt}>0$ 时，实际上是 A 点为高电位，X 点为低电位，而规定的 e 的正方向与实际方向相反，此时 $e<0$；同理，当 $\frac{d\Phi}{dt}<0$ 时，$e>0$。这就是说，$\frac{d\Phi}{dt}$ 与 e 总是符号相反，e 和 Φ 之间的关系就应写为

$$e=-N\frac{d\Phi}{dt} \tag{0-7}$$

0.3 磁　　路

一、磁路的基本定律

如同把电流流过的区域称为电路一样，也可以把磁通通过的区域称为磁路。但是，电路和磁路只是形式上的相似，本质上是有区别的。在电路中有真正的带电粒子在做定向运动，而在磁路中却没有什么东西沿着闭合回路流动。对电来讲，存在电的导体和绝缘体，电流可以集中在导体中流过。可是不存在磁的导体和磁的绝缘体。因此，磁路概念并不像电路概念那样简明。不过铁磁材料由于磁导率很大，能使绝大部分磁通集中在一定的回路中通过，因此在工程计算时，为了简单方便，常将磁场的问题简化成磁路来处理，在大多数情况下，能够满足计算准确度要求。

在进行磁路计算中，往往要应用到下面几个定律。

1. 磁路欧姆定律

图 0-9 是一个单框铁心磁路的示意图。铁心上绕有 N 匝线圈，通以电流 i，产生沿铁心闭合的主磁通 Φ 和沿空气闭合的漏磁通 Φ_σ。设铁心截面积为 A，平均磁路长度为 l，铁磁材料的磁导率为 μ（μ 不是常数，随磁感应强度 B 变化）。

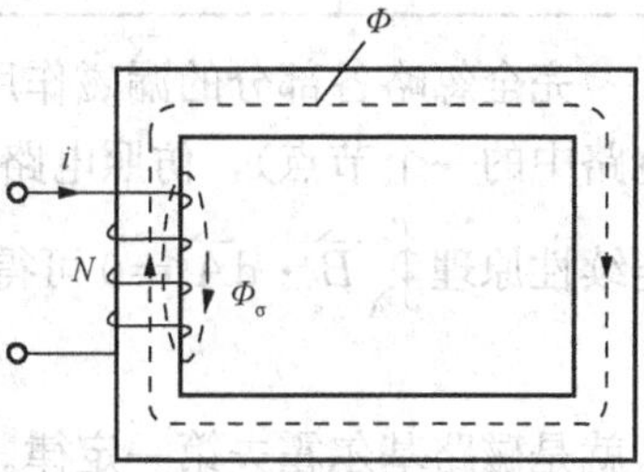

图 0-9　单框铁心磁路示意图

假设漏磁可以不考虑（即令 $\Phi_\sigma=0$，视单框铁心为无分支磁路），并且认为磁路 l 上的磁场强度 H 处处相等，于是，根据全电流定律有

$$\oint \vec{H}\cdot d\vec{l}=Hl=Ni \tag{0-8}$$

因 $H=B/\mu$，而 $B=\Phi/A$，故可由式（0-8）推得

$$\Phi=\frac{Ni}{l/(\mu A)}=\frac{F}{R_m}=\Lambda_m F \tag{0-9}$$

式中　F——磁动势，$F=Ni$；

R_m——磁阻，$R_m=\frac{l}{\mu A}$；

Λ_m——磁导，$\Lambda_m=\frac{1}{R_m}=\frac{\mu A}{l}$。

式（0-9）即磁路欧姆定律。磁路欧姆定律表明，磁动势 F 越大，所激发的磁通量 Φ

会越大；而磁阻 R_m 越大，则可产生的磁通量 Φ 会越小（磁阻 R_m 与磁导率 μ 成反比，$\mu_0 \ll \mu_{Fe}$，表明 $R_{m0} \gg R_{mFe}$，故分析中可忽略 Φ_σ）。这与电路欧姆定律 $I=U/R=UG$ 是一致的，并且磁通与电流、磁动势与电动势、磁阻与电阻、磁导和电导保持一一对应关系。由此可推断，磁路基尔霍夫第一、第二定律必定与电路基尔霍夫第一、第二定律具有相同的形式。

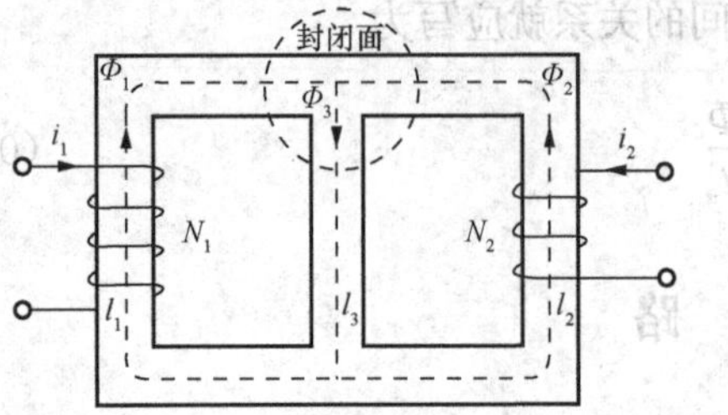

图 0-10 有分支磁路示意图（忽略漏磁）

2. 磁路的基尔霍夫第一定律

在磁路计算中，当磁路结构比较复杂时，单用磁路欧姆定律是不够的，还需应用磁路基尔霍夫第一、第二定律进行分析。下面以图 0-10 所示的最简单有分支磁路为例展开讨论。

磁路计算时，一般都根据材料、截面积不同而将磁路进行分段。图 0-10 所示主磁路可分为三段（下标分别为 1、2、3），各段的磁动势、主磁通、磁导率、截面积、平均长度分别定义见表 0-1。

表 0-1 **各物理量的定义**

分段序号	磁动势	主磁通	磁导率	截面积	路径长
1	$F_1=N_1i_1$	Φ_1	μ_1	A_1	l_1
2	$F_2=N_2i_2$	Φ_2	μ_2	A_2	l_2
3	$F_3=0$	Φ_3	μ_3	A_3	l_3

完全忽略各部分的漏磁作用，在主磁通 Φ_1、Φ_2 和 Φ_3 的汇合处作一个封闭面（相当于电路中的一个节点），仿照电路中的基尔霍夫第一定律 $\sum i=0$（即电流连续性原理），由磁通连续性原理 $\oint_A \vec{B}\cdot d\vec{A}=0$ 可得

$$\sum\Phi=0 \tag{0-10}$$

这就是磁路基尔霍夫第一定律。

对应于图 0-10 中的磁通假定正方向，式（0-10）可改写为

$$\Phi_1+\Phi_2=\Phi_3$$

综上，磁路基尔霍夫第一定律表明，进入或穿出任一封闭面的总磁通量的代数和等于零，或穿入任一封闭面的磁通量恒等于穿出该封闭面的磁通量。

3. 磁路基尔霍夫第二定律

仍以图 0-10 为例，先考察由路径 l_1 和 l_3 构成的闭合磁路。设漏磁可以忽略，沿 l_1 和 l_3 的均匀磁场强度分别为 H_1 和 H_3，则由全电流定律有

$$\oint\vec{H}\cdot d\vec{l}=N_1i_1=F_1=H_1l_1+H_3l_3 \tag{0-11}$$

而 $H_1=B_1/\mu_1=\dfrac{\Phi_1}{\mu_1A_1}$，$H_3=B_3/\mu_3=\dfrac{\Phi_3}{\mu_3A_3}$，故得

$$F_1=\frac{\Phi_1l_1}{\mu_1A_1}+\frac{\Phi_3l_3}{\mu_3A_3}=\Phi_1R_{m1}+\Phi_3R_{m3} \tag{0-12}$$

$$R_{m1}=\frac{l_1}{\mu_1 A_1},\ R_{m3}=\frac{l_3}{\mu_3 A_3}$$

式中　R_{m1}、R_{m3}——各部分磁路上的等效磁阻。

同理，考察由 l_1 和 l_2 组成的闭合磁路。取 l_1 绕行方向为正方向，可得

$$F_1-F_2=N_1 i_1-N_2 i_2=H_1 l_1-H_2 l_2=\Phi_1 R_{m1}-\Phi_2 R_{m2} \tag{0-13}$$

综合式（0-11）、式（0-12）和式（0-13）有

$$\sum F=\sum Ni=\sum Hl=\sum \Phi R_m \tag{0-14}$$

这就是磁路基尔霍夫第二定律。它是全电流定律在分段磁路中的体现，与电路基尔霍夫第二定律 $\sum e=\sum u$ 在形式上完全一样。

定义 Hl 为磁压降，$\sum Hl$ 为闭合回路上磁压降的代数和。磁路基尔霍夫第二定律表明，任一闭合磁路上磁动势的代数和恒等于磁压降的代数和，这与电路基尔霍夫第二定律在意义上也是一样的。

二、铁磁物质的磁化特性

1. 铁磁物质的磁化

将铁、镍、钴等铁磁物质放入磁场后，磁场将显著增强，铁磁物质呈现很强的磁性，这种现象称为铁磁物质的磁化。铁磁物质能增强外界磁场的原因，是因为在铁磁物质内部存在着许多很小的天然磁化区，叫做磁畴。在图 0-11 中，这些磁畴用一些小磁铁来代表。在铁磁物质未放入磁场以前，这些磁畴杂乱无章地排列着，各磁畴的轴线方向不一致，磁效应互相抵消，故对外不呈现磁性；当铁磁物质放入磁场后，在外磁场的作用下，磁畴的方向渐趋一致，形成一个附加磁场，与外磁场相叠加，从而使磁场大为增强。

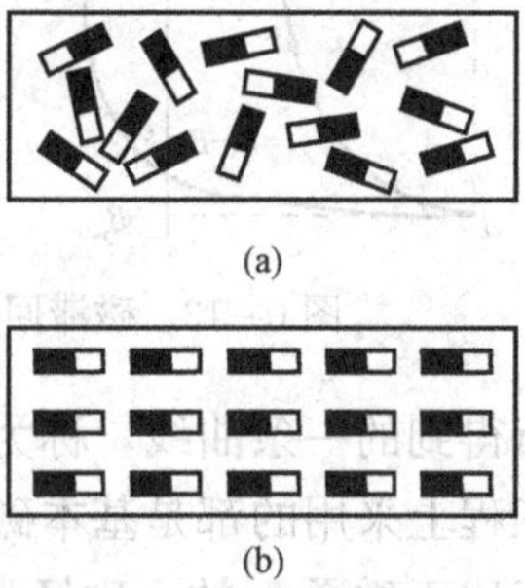

图 0-11　磁畴

(a) 磁场外；(b) 磁场中

2. 原始磁化曲线

将一块尚未磁化的铁磁物质进行磁化，磁场强度 H 由零开始逐渐增加时，磁感应强度 B 也随着逐渐增加，这种 $B=f(H)$ 曲线就称为原始磁化曲线，其形状如图 0-12 所示。在 Oa 段，外磁场 H 较弱，与外磁场方向接近的磁畴发生偏转，顺外磁场的磁畴缓缓增加，B 增长缓慢。在 ab 段，H 值增加时，B 值增加较快，这是因为随着 H 值的增加，有越来越多的磁畴（甚至少量逆外磁场的磁畴）趋向于外磁场的方向，使磁场增强。在 bc 段，随着 H 值的继续增加，大部分磁畴已趋向于外磁场的方向，可以转向的磁畴越来越少，故 B 值增加越来越慢，开始出现了所谓磁饱和现象。c 点以后 H 再增加，已经很少有磁畴可以转向了，因此 B 值增加非常缓慢，出现了深度饱和，B 和 H 的关系最终类似于真空中的情况。

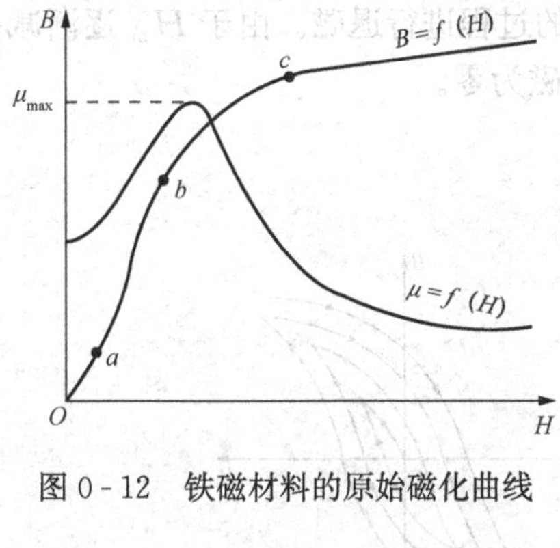

图 0-12　铁磁材料的原始磁化曲线

图 0-12 中还画出了磁导率曲线。由于饱和现象在 bc 段开始出现，其标志就是磁导率随 H 的增加反而变小，故存在最大值 μ_{max}。

3. 磁滞回线

如图 0-13 所示，当铁磁物质在 $-H_m$ 到 $+H_m$ 之间反复进行磁化若干次，最后得到对原点对称的封闭曲线。当磁场强度从 $-H_m$ 向 $+H_m$ 增加时，磁化过程沿曲线 $defa$ 进行。当磁场强度从 $+H_m$ 向 $-H_m$ 减少时，磁化过程沿曲线 $abcd$ 进行。从上述的磁化过程可以看出，B 的变化总是滞后于 H 的变化，这种现象就称为磁滞。图 0-13 所示的闭合曲线称为磁滞回线。B_m 越大，磁滞回线面积也越大。从图 0-13 曲线可以看出，当 H 下降到零时，B 并不下降到零而是保持一定数值，这是因为外磁场虽然消失了，但磁畴还不能恢复原来状态，还保留一定磁性，称为剩磁，B_r 称为剩余磁感应强度。去掉剩磁所必须加的反方向磁动势（Oc 段或 Of 段）H_c，就称为矫顽力。

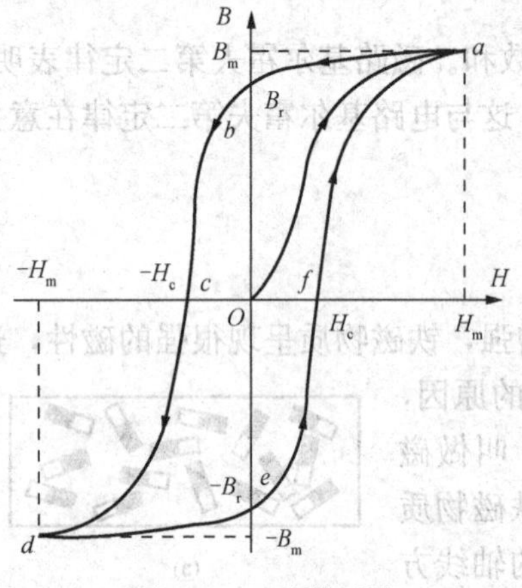

图 0-13 磁滞回线

按照磁滞回线形状的不同，铁磁材料可分为软磁材料与硬磁材料两大类。磁滞回线窄、剩磁和矫顽力小的材料称为软磁材料，如铸铁、铸钢、硅钢片等，软磁材料的磁导率较高，可用以制造变压器及电机的铁心；磁滞回线宽、剩磁及矫顽力大的材料称为硬磁材料，如铁、铁镍钴的合金和稀土合金等。由于硬磁材料的剩磁大，所以常用来制造永久磁铁。

4. 基本磁化曲线

选择不同的磁场强度 H_m 对铁磁材料进行反复磁化，可以得到一系列大小不同的磁滞回线，如图 0-14 虚线所示。将各磁滞回线在第Ⅰ象限的顶点连接起来，所得到的一条曲线，称为基本磁化曲线。基本磁化曲线并不是原始磁化曲线，但差别不大，工程上采用的都是基本磁化曲线。从式（0-2）及式（0-14）可以看出：磁感应强度 B 是正比于磁通 Φ 的，磁场强度 H 是正比于励磁电流 I 的。因此只要适当地改变 $B=f(H)$ 曲线的尺标，磁化曲线也可以用 $\Phi=f(I)$ 曲线来表示，或用 $\Phi=f(F)$ 曲线来表示。

5. 退磁过程

铁磁物质磁化以后，要使 $H=0$ 时 $B=0$，即要消除剩磁，必须进行退磁处理。进行退磁时，将铁磁物质放在螺线管线圈中，按图 0-15 所示的过程进行退磁。由于 H_m 逐渐减少到零，因而磁滞回线的面积也逐渐减小到零，故最后剩磁为零。

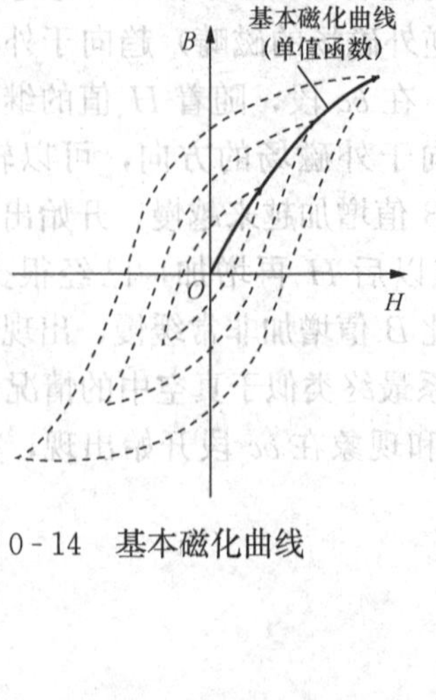

图 0-14 基本磁化曲线

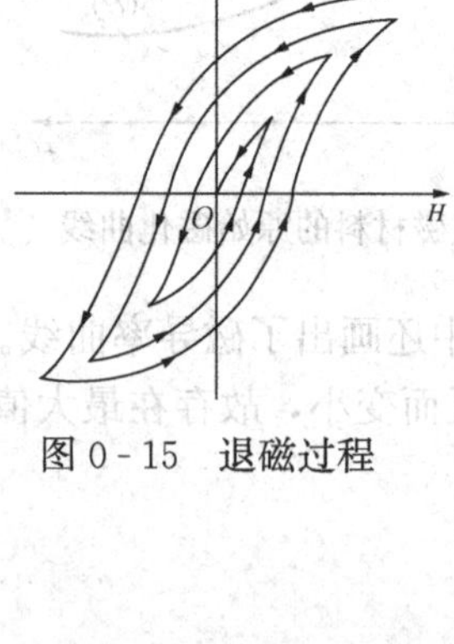

图 0-15 退磁过程

用交流电去磁时，因交流电本身的方向是变化的，所以只要逐渐减小电流值，即可达到去磁的目的。

三、交变磁场磁化铁心产生的损耗

1. 磁滞损耗

事实上，被磁化了的铁磁材料在外磁场撤除后，磁畴的排列将不可能完全恢复到原始状态，即随机排列不复存在，对外也就会显示出磁性。如前所述，铁磁材料中这种 B 的变化滞后于 H 的变化的现象称为磁滞。

在外磁场的作用下，铁磁物质内部磁畴的方向会转动，以使磁畴的方向与外磁场一致。如果外加的磁场是交变的，在外加磁场的作用下，磁畴便来回翻转，彼此之间产生摩擦而引起功率损耗，这种损耗被称为磁滞损耗。

分析表明，单位体积内的磁滞损耗正比于磁场交变的频率 f 和磁滞回线的面积。由于硅钢片的磁滞回线面积很小，而且导磁性能好，可有效地减小铁心体积，因此，大多数电机、变压器或普通电器的铁心都采用硅钢片制造，目的之一也就是要尽量减少磁滞损耗。

2. 涡流损耗

当通过铁心的磁通交变时，根据电磁感应定律，铁心内将产生感应电动势和电流。这些电流在铁心内部围绕磁通呈涡流状流动，故称为涡流。涡流在铁心中流动时造成能量损耗，此外，涡流还有去磁作用，这些都是不利的。分析表明，涡流损耗与磁场交变频率 f、硅钢片厚度 d 和最大磁感应强度 B_m 成正比，与硅钢片电阻率 ρ 成反比。由此可见，为了减少涡流损耗，可以在钢材中加入少量的硅以增加铁心材料的电阻率；不采用整块的铁心，而采用互相绝缘的、由许多薄硅钢片叠起来的铁心，以使涡流所流经的路径变长，从而大大减少涡流（见图 0-16）。所以变压器及电机的铁心都是采用厚度为 0.35、0.5mm 或更薄的硅钢片来制造。

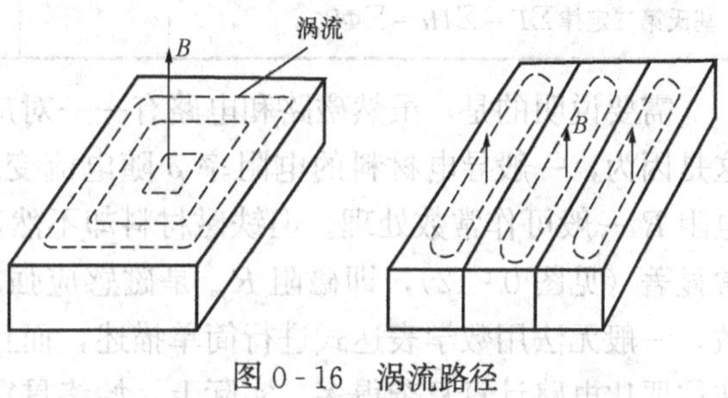

图 0-16　涡流路径

3. 铁心损耗

磁滞损耗和涡流损耗合在一起，统称为铁心损耗，简称铁损耗，它正比于磁通密度 B_m 的平方及磁通交变频率 f 的 1.2～1.3 次方。单位质量中铁损耗的计算公式为

$$p_{Fe}=p_{1/50}\left(\frac{f}{50}\right)^{\beta}B_m^2 \tag{0-15}$$

式中：p_{Fe}——铁损耗，W/kg；

$p_{1/50}$——铁损耗系数，为 $B_m=1T$、$f=50Hz$ 时，每千克硅钢片的铁损耗，其值为 1.05～2.50；

β——频率系数，取 1.2～1.6，随硅钢片的含钢量而异。

需要特别强调说明的是，无论是磁滞损耗还是涡流损耗，或者铁心损耗，都是对于交变磁场作用下的铁磁材料而言的。也就是说，对于恒定磁场，或铁磁材料相对于磁场静止，即在铁磁材料中磁场的交变频率 $f\equiv 0$，讨论这些问题的前提条件就不成立，也就不存在这些损耗了。这一点也是磁路与电路的显著区别之一，必须牢固掌握。

四、磁路和电路的类比关系

为了更好地理解磁路基本定律及磁路中各物理量的基本定义，特别是，为准确把握磁路与电路的类比关系，表 0-2 列出了磁路和电路中有关物理量及计算公式的对应关系。

表 0-2 磁路和电路的类比关系

磁路		电路	
基本物理量及公式	单位	基本物理量及公式	单位
磁通 Φ	Wb	电流 i	A
磁动势 F	A	电动势 e	V
磁压降 $Hl=\Phi R_m$	A	电压降 $u=iR$	V
磁阻 $R_m=l/(\mu A)$	H^{-1}	电阻 $R=\rho l/A$	Ω
磁导 $\Lambda_m=\mu A/l=1/R_m$	H	电导 $G=A/(\rho l)=1/R$	S
欧姆定律 $\Phi=F/R_m=\Lambda_m F$		$i=e/R$	
基氏第一定律 $\sum\Phi=0$		$\sum i=0$	
基氏第二定律 $\sum F=\sum Hl=\sum \Phi R_m$		$\sum e=\sum u=\sum iR$	

需要说明的是，虽然磁路和电路有一一对应关系，但在实际分析计算时仍有较大区别。这是因为，一般导电材料的电阻率 ρ 随电流变化不明显（不考虑温度变化时），也就是说，电阻 R 一般可作常数处理。但铁磁材料却不然，其磁导率 μ 随磁感应强度 B 变化的幅度非常显著（见图 0-12），即磁阻 R_m 是磁感应强度 B（或磁通 Φ）的函数，并且为非线性函数，一般无法用数学表达式进行简单描述，而且这种非线性还会因材料而异。因此磁路计算往往要比电路计算复杂得多。实际上，始终贯穿电机学学习过程的重点和难点之一，也就是铁磁材料的非线性特性对参数和性能的影响。如在一般情况下，磁路不饱和时，μ_{Fe} 较大，并近似为常数，R_m 亦为常数，建立正常工作磁通所需的磁动势和励磁电流都比较小；而随着饱和程度增加，μ_{Fe} 逐渐变小，R_m 相应增大，所需励磁电流必然增加；至高度饱和状态，$\mu_{Fe}\to\mu_0$，励磁电流将锐增。这些概念从现在起就应该有所认识，并要求随着学习的深入而不断加深。

五、铁心磁路计算

磁路计算是电机分析和设计过程中的一项重要工作，它包含给定磁通 Φ 求磁动势 F 和给定磁动势 F 求磁通 Φ 两大类型。电机和变压器设计中的磁路计算通常属于第一种类型的问题，是我们讨论的重点。对于第二种类型的问题，一般要用迭代法求解，通过编程由计算机完成，本节将只作简要介绍。

虽然实际磁路千差万别，但总可以化简为串联和并联两种基本形式。本节介绍串联磁路的计算。

对于串联磁路，给定磁通求磁动势的具体步骤如下：

（1）将磁路分段，保证每段磁路的均匀性（即材料相同、截面积相等）。

（2）计算各段磁路的截面积 A_x 和平均长度 l_x。

(3) 根据给定磁通 Φ，由于 $B_x=\Phi/A_x$ 确定各段内的平均磁感应强度（通称磁通密度，简称磁密）。

(4) 由磁密 B_x 确定对应的磁场强度 H_x（铁磁材料由基本磁化曲线或相应数据表格确定；对空气隙和非磁性材料，统一由 $H_x=B_x/\mu_0$ 计算）。

(5) 计算各段磁路上的磁压降 $H_x l_x$。

(6) 由磁路基尔霍夫第二定律计算 $F=\sum H_x l_x$。

以上方法亦称为分段计算法，下面给出计算实例。

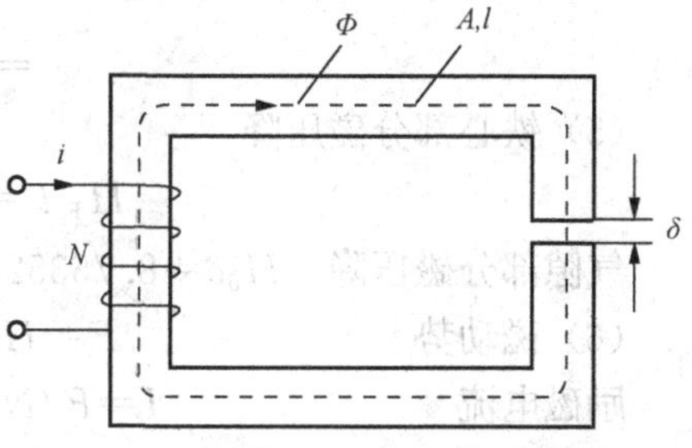

图 0-17　串联磁路计算示例

【例 0-1】　在图 0-17 中，铁心用 D23 硅钢片（磁化曲线见表 0-3）叠成，截面积 $A=9\times10^{-4}\text{m}^2$，铁心的平均长度 $l=0.3\text{m}$，气隙长度 $\delta=0.5\times10^{-3}\text{m}$，线圈匝数 $N=500$ 匝，试求产生磁通 $\Phi=9.9\times10^{-4}\text{Wb}$ 时所需的励磁磁动势 F 和励磁电流 I。

表 0-3　　50Hz、0.5mm、D23 硅钢片磁化曲线表

B/T	0	0.01	0.02	0.03	0.04	0.05	0.06	0.07	0.08	0.09
0.4	138	140	142	144	146	148	150	152	154	156
0.5	158	160	162	164	166	169	171	174	176	178
0.6	181	184	186	189	191	194	197	200	203	206
0.7	210	213	216	220	224	228	232	236	240	245
0.8	250	255	260	265	270	276	281	287	293	299
0.9	306	313	319	326	333	341	349	357	365	374
1.0	383	392	401	411	422	433	444	456	467	480
1.1	493	507	521	536	552	568	584	600	616	633
1.2	652	672	694	716	738	762	786	810	836	862
1.3	890	920	950	980	1010	1050	1090	1130	1170	1210
1.4	1260	1310	1360	1420	1480	1550	1630	1710	1810	1910
1.5	2010	2120	2240	2370	2500	2670	2850	3040	3260	3510
1.6	3780	4070	4370	4680	5000	5340	5680	6040	6400	6780
1.7	7200	7640	8080	8540	9020	9500	10000	10500	11000	11600
1.8	12200	12800	13400	14000	14600	15200	15800	16500	17200	18000

注　表中磁场强度单位为 A/m。

解　(1) 将磁路分为铁心和气隙两部分。

(2) 不计边缘效应，则两部分磁路的截面积均为 $A=9\times10^{-4}\text{m}^2$，铁心部分磁路长度 $l=0.3\text{m}$，气隙部分磁路长 $\delta=0.5\times10^{-3}\text{m}$。

(3) 忽略漏磁，两部分的磁通密度均为

$$B=\frac{\Phi}{A}=\frac{9.9\times10^{-4}}{9\times10^{-4}}=1.1(\text{T})$$

(4) 查 D23 硅钢片磁化曲线表，得 $B_{\text{Fe}}=1.1\text{T}$ 时，$H_{\text{Fe}}=493\text{A/m}$。

对气隙部分有

$$H_\delta = \frac{B_\delta}{\mu_0} = \frac{1.1}{4\pi \times 10^{-7}}$$
$$= 8.75352 \times 10^5 (\text{A/m})$$

（5）铁心部分磁压降

$$H_{Fe} l = 493 \times 0.3 = 147.9\ (\text{A})$$

气隙部分磁压降 $H_\delta \delta = 8.75352 \times 10^5 \times 0.3 \times 10^{-3} = 437.7\ (\text{A})$

（6）磁动势 $F = H_{Fe} l + H_\delta \delta = 585.6\ (\text{A})$

励磁电流 $I = F/N = 585.6/600 = 1.17\ (\text{A})$

下面简要讨论第二种类型的磁路计算问题，即给定磁动势求磁通。由于磁路的非线性关系，解决这类问题的常用方法为迭代法，即给定磁通初值 Φ'，计算磁动势 F'；若 F' 与给定磁动势 F 相等或者二者之差小于给定误差值 ε，则 Φ' 即为所求，计算结束；反之，根据 $\Delta F = F - F'$ 确定适当的 $\Delta\Phi$，然后由 $\Phi' + \Delta\Phi$ 得到新的 Φ'，继续计算，直至 $|\Delta F| \leqslant \varepsilon$ 为止。

六、交流磁路特点

通常，由于励磁电流不同，人们将铁心磁路分成交流和直流两大类。所谓交流磁路，就是由交流电流励磁、磁场发生交变的磁路，它与直流磁路在磁路构成上并不存在什么区别，磁路设计及分析计算方法也大同小异，但在磁化特性等方面却有一些显著特点。

1. 铁心损耗

在交变磁场作用下铁心中将产生磁滞损耗和涡流损耗，这是直流磁路不会出现的。

2. 线圈电阻的影响

直流磁路中，励磁线圈的电流由线圈的电阻决定，外施电压只需要与线圈电阻的压降相平衡，而交流磁路中要考虑外施电压与线圈中感应的电动势平衡；相比较之下，线圈电阻上的压降相对较小，一般还可以忽略。

3. 磁通与励磁电流的关系问题

交变磁通、电流的波形和相位的关系问题，是交流磁路的特殊问题。

因为 $B \propto \Phi$，$H \propto i$，因而很容易将铁磁材料的基本磁化曲线 $B = f(H)$ 通过比例尺变换，转换为 $\Phi - i$ 曲线。显然 $\Phi - i$ 曲线保留 $B - H$ 曲线的特性及非线性关系。

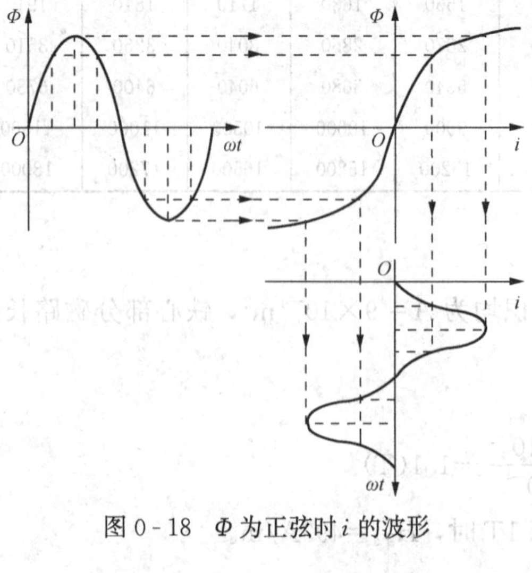

图 0-18 Φ 为正弦时 i 的波形

由于电压波形呈正弦是交流供电系统的基本要求，而电磁感应定律严格定义了感应电动势正弦交变的前提条件是磁通波形必须为正弦，因此，把正弦交变磁通作为磁场的基本约束条件。然而，由图 0-18 可知，由于铁磁材料的非线性磁化特性，当磁通按正弦规律变化时，电流却是一个富含奇数次谐波的尖顶波形。这是由于磁通较大，铁心饱和后，较小的磁通增量需要较大的励磁电流增量去建立的缘故。同理，若电流按正弦规律变化，则当电流较大，导致铁心饱和后，电流的增加只能产生很小的磁通增量，故磁通呈平顶波形，由它产生的感应电动势则为尖顶波。综上可知，对于实际系统，由于饱和影响，磁通、电流和电动势波形中都会含有不同程度的谐波成分，这是在分析理想的线性系统中所没有碰到过的新问题。谐波的存在对电机和变压器的分析带来困难，也对运行造成不良影响，因此，改善波形、消弱谐波影响也是电机学中将要研究解决的问题。

最后，考虑磁滞、涡流作用后 $\Phi-i$ 曲线如图 0-19 所示。由作图法可知，对于按正弦规律变化的磁通，对应的励磁电流波形已完全不同于图 0-18，非但不对称变化，而且相位还超前磁通一个角度。进一步的分析表明，此时电流可分解成两个分量：一个是与磁通同相位的尖顶波分量（见图 0-18），称为励磁分量；另一个是超前励磁 90°的正弦波分量，称为铁损耗分量，是从电源吸取有功电流、提供铁损耗功率的反映。

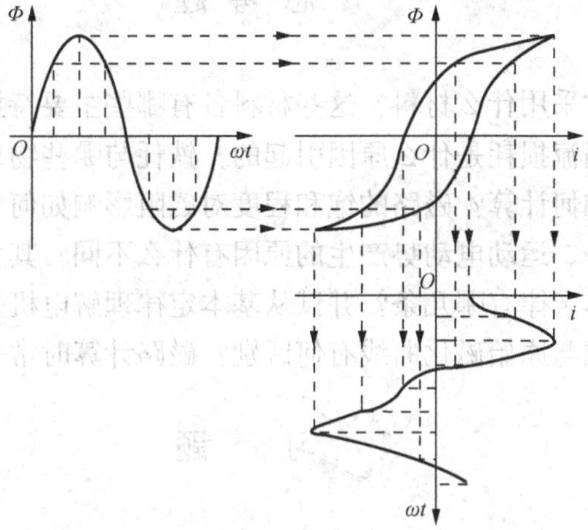

图 0-19　考虑磁滞和涡流对电流波形和相位的影响

0.4　本课程的性质及学习方法

电机学这门课程，在电气工程及其自动化专业中，是一门重要的技术基础课，由于变压器、同步发电机又是电力系统中最主要的电气设备，如何保证它们正常、稳定、可靠、经济地运行，是电气工程及其自动化专业的重要工作内容。因此，电机学又有一定的专业课性质。电机学在上述专业的教学计划中，具有承上启下的作用。学习本门课程，必须以基础课程数学、物理、电路等为基础，特别是和“电路”课程的关系更为密切，在电路中学过的各种电路参数和交流电路的分析计算内容，还要在本课中继续应用，并得到进一步巩固。电机学的学习内容，又是上述专业后续专业课的重要理论基础。专业课中如发电厂、电力系统、继电保护、自动装置以及高电压工程等，都与电机学有密切的关系，实际上这些课程中的许多教学内容是围绕着电机进行的。从上述情况足以看出本课程在专业教学计划中的重要地位。

电机学是一门理论性和实践性都很强的课程，学习中既有理论问题又有实际问题、既有分析又有计算，加上电机的类型很多，电的问题、磁的问题、力学问题及热学问题交织在一起，情况比较复杂。在学习中应抓住基本理论，既要了解每种电机的特殊问题，又要注意它们的共性问题，找出它们之间的内在联系，掌握分析它们的普遍规律。

在具体分析一种电机时，首先要掌握它的物理状况，搞清其最基本原理，然后根据电磁基本定律列出方程式，进而分析它的各种性能。

对各种电机的基本结构应有充分认识，不了解电机的具体结构，不但在使用电机时会遇到困难，也会影响到对电机理论的深入掌握。电机基本电磁关系是分析电机的重要基础，必须透彻地理解各种电机的正常运行状态，必须深入理解并牢固掌握各种电机的不正常运行情况，主要是学会基本分析方法，掌握其基本物理概念，学习中还应熟练掌握各种电机的基本实验和操作技能，学会使用仪器及测量电机性能和参数的方法，对各种电机的一般技术数据，如额定值、参数、技术指标等应有具体数字概念。

思考题

0-1 电机的磁路常采用什么材料？这些材料各有哪些主要特性？

0-2 磁滞损耗和涡流损耗是什么原因引起的？铁耗与哪些物理量有关？

0-3 磁路的磁阻如何计算？磁路的饱和程度对磁阻影响如何？

0-4 变压器电动势、运动电动势产生的原因有什么不同？其大小与哪些因素有关？

0-5 电机常用基本定律有哪几条？并试从基本定律理解电机是能量转换的电磁装置。

0-6 基本磁化曲线与原始磁化曲线有何区别？磁路计算时常采用哪一种曲线？

习题

0-1 在图 0-20 中，若一次绕组外加正弦电压 u_1，绕组电阻为 r_1，流过绕组的电流为 i_1 时，试问：

(1) 绕组内为什么会感应出电动势；

(2) 标出磁通、一次绕组的感应电动势、二次绕组的感应电动势的正方向；

(3) 当电流 i_1 增加或减小时，分别标出两侧绕组的感应电动势的实际方向。

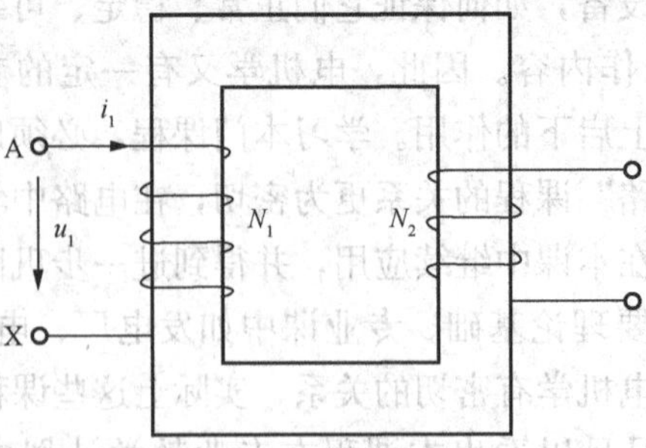

图 0-20 习题 0-1 图

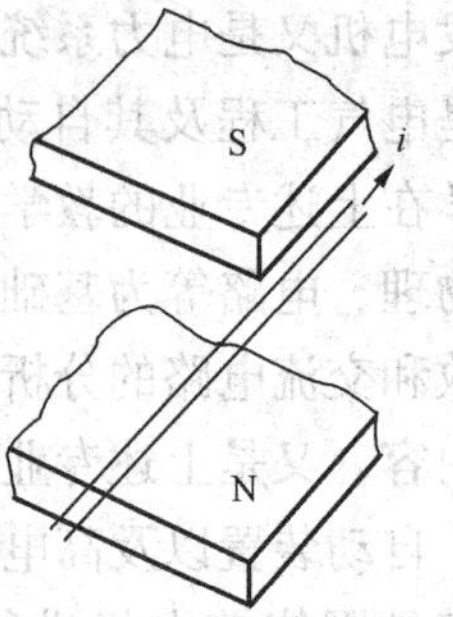

图 0-21 习题 0-2 图

0-2 试画出图 0-21 所示磁场中载流导体的受力方向。

0-3 螺线管中磁通与电动势的正方向如图 0-22 所示，当磁通变化时，分别写出它们之间的关系式。

0-4　在图0-23所示的磁路中，两个线圈都接在直流电源上，已知 I_1、I_2、N_1、N_2，回答下列问题：

(1) 总磁动势 F 是多少？

(2) 若 I_2 反向，总磁动势 F 又是多少？

(3) 电流方向仍如图所示，若在a、b处切开形成一空气隙，总磁动势 F 是多少？此时铁心磁压降大还是空气隙磁压降大？并比较铁心和气隙中 B、H 的大小。

0-5　在图0-17中，铁心用D23硅钢片（磁化曲线见表0-3）叠成，截面积 $A=12.25\times10^{-4}\text{m}^2$，铁心的平均长度 $l=0.4\text{m}$，气隙长度 $\delta=0.5\times10^{-3}\text{m}$，线圈匝数 $N=600$ 匝。试求：产生磁通 $\Phi=10.9\times10^{-4}\text{Wb}$ 时所需的励磁电流 I。

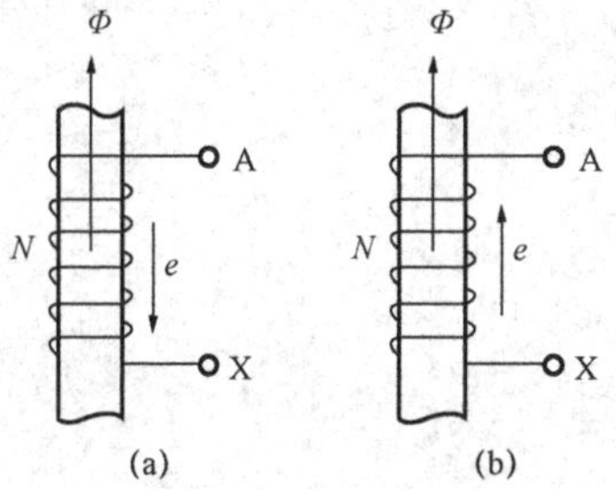

图0-22　习题0-3图

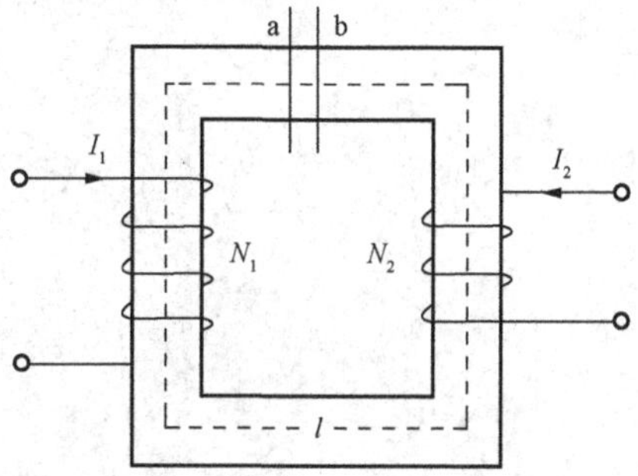

图0-23　习题0-4图

第一篇

变 压 器

变压器是一种静止的、用于交流电能转换的电气设备。它可以把一种等级电压、电流的交流电能，转换成相同频率的另一种等级电压、电流的交流电能，因其主要用途是变换电压，故通称为变压器。

在电力系统中，变压器是发电厂、变电站的重要设备。发电厂的发电机，受绝缘条件限制，其端电压不能太高。大容量发电机端电压常见的有10.5、13.8kV或15.7、20kV等。输送电能时，若输送的功率一定，则电压越高，输电线路上电流越小，线路损耗就越小。因此，发电厂里总是用变压器先把发电机输出的电压升高，再经过高压输电线路，把电能送到用电地区。这样，既可以降低输电线路上的电能损耗，也可以减少线路压降，这对于电能的经济传输具有很重要的意义。目前，我国的高压输电电压常用的有66、220kV和500、750kV等。实际送到用电地区的高压电还不能直接应用，这是因为用电设备根据绝缘和操作安全的要求，电压也不能太高，一般工厂的大型动力设备，常用10kV或6kV，小型设备常用380V，照明用电一般为220V。因此，变电站还要用变压器把高电压转换成符合用电需要的低电压，再用配电变压器把电能分配到各个用户。

可见，电力系统中从发电、输电到配电，需要用变压器多次变换电压，可以说变压器在电力运行中发挥着重要的作用。

此外，变压器在测量、控制、保护以及供给电炉、整流设备等方面还有广泛的用途。

第1章　变压器的基本工作原理和结构

1.1　变压器的分类和基本结构

一、变压器的分类

为了适应不同的使用目的和工作条件，变压器的类型很多，各种类型变压器的结构和性能也不尽相同，一般可按用途、结构、相数、冷却方式等的不同进行分类。

1. 按用途分

(1) 电力变压器——用于电力系统输电和配电。

电力变压器还可分为：

1) 升压变压器——把低电压转换成高电压。

2) 降压变压器——把高电压转换成低电压。

3) 配电变压器——较小容量、由较高电压降低到最后一级工业或民用电的配电电压。

(2) 特种变压器——用于特殊用途。如电炉变压器、整流变压器、电焊变压器。

(3) 测量互感器——电压互感器、电流互感器。

(4) 试验用高压变压器——产生高电压用于做高电压试验。

2. 按相数分

(1) 单相变压器——一、二次侧均为单相绕组。

(2) 三相变压器——一、二次侧均为三相绕组。

3. 按变压器的绕组数量分

(1) 双绕组变压器——每相有高压和低压两个绕组。

(2) 三绕组变压器——每相各有高压、中压和低压三个绕组。

(3) 多绕组变压器——每相有三个以上绕组。

(4) 自耦变压器——每相至少有两个绕组具有公共部分的变压器。

4. 按冷却方式分

(1) 干式变压器——铁心和绕组不浸在绝缘油中，用空气冷却。

(2) 油浸式变压器——铁心和绕组浸在绝缘油（又称变压器油）中，用变压器油冷却。

油浸式变压器还可分为：

1) 自然油循环——通过油自然对流冷却。

2) 强迫油循环——用油泵将变压器油抽到外部进行循环冷却。

二、变压器的基本结构

变压器主要是由铁心和绕组构成的，此外还有其他结构部件。对于油浸式电力变压器，其主要部件还有油箱、绝缘套管、散热器等，如图1-1所示。

1. 铁心

变压器铁心由铁心柱和铁轭两部分构成。铁心柱上套有高、低压绕组，铁心柱与铁轭连接起来构成变压器闭合的铁心磁路。变压器的铁心是由高磁导率、低损耗的硅钢片叠压而成的，图1-2所示为单相变压器铁心叠片，图1-3所示为三相变压器铁心叠片。为了减少铁心中由于磁通交变而引起的涡流损耗，常用 0.35mm 的硅钢片，并采用双面涂绝缘漆的办法来尽量限制铁心中的涡流。

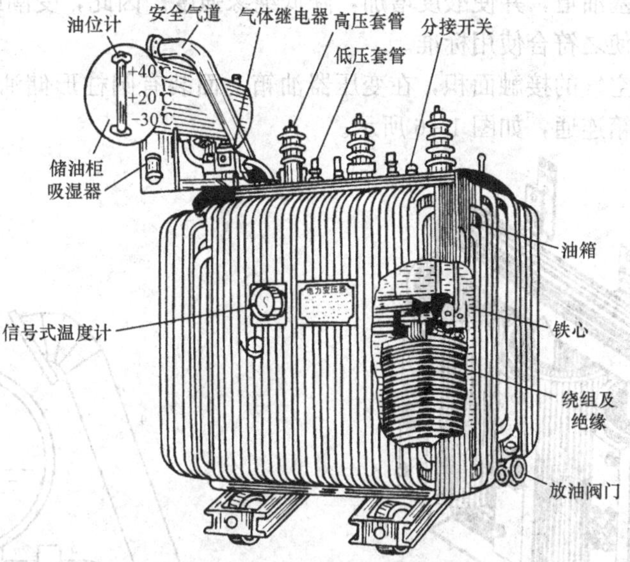

图 1-1　油浸式电力变压器

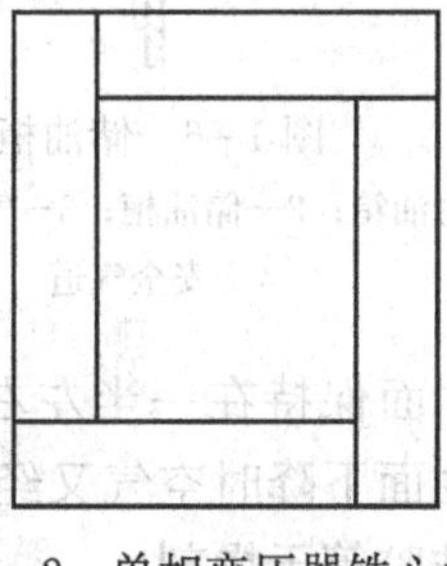

图 1-2　单相变压器铁心叠片

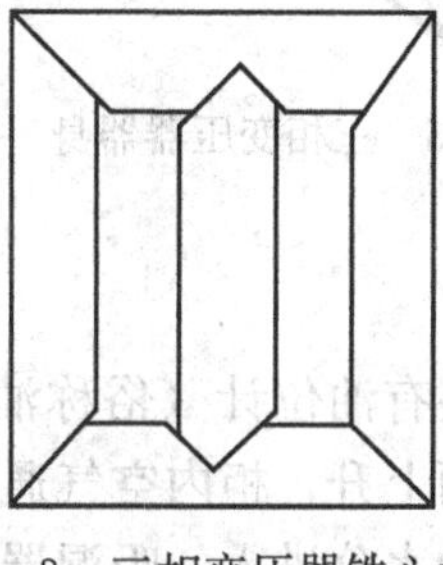

图 1-3　三相变压器铁心叠片

2. 绕组（线圈）

变压器的绕组是用丝包或电缆纸包绝缘导线绕制成的，是变压器的电路部分，要求具有足够的耐压强度、机械强度和良好的冷却条件。

装配时低压绕组靠着铁心，高压绕组套在低压绕组外面。高、低压绕组间设有油道（或气道），以加强绝缘和散热。高、低压绕组之间及低压绕组与铁心柱之间，均用绝缘纸筒进行可靠的绝缘，如图 1-4 所示。将绕组装配到铁心上成为变压器器身，如图 1-5 所示。

3. 油箱及其他附件

为了便于冷却和防止绝缘受潮，电力变压器通常都用油浸式，也就是把变压器铁心和绕组全部浸没在充满变压器油的箱内。变压器油是从石油中提炼出来的矿物油，具有很高的绝缘强度，它既是绝缘介质，又是冷却介质。

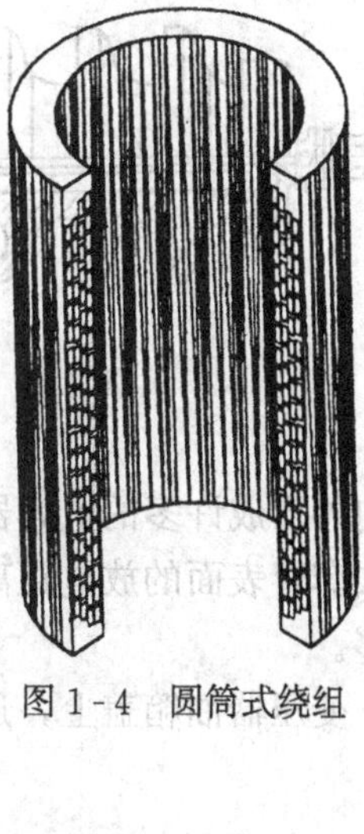

图 1-4　圆筒式绕组

变压器油中若混入杂质和水分，会使绝缘强度大大降低（如油中含0.004%的水分，其绝缘强度降低50%）。此外，变压器油在较高温度下长期与空气接触容易老化，使变压器油中产生悬浮物，堵塞油道，并使酸度增加，降低绝缘强度。因此，受潮或老化的变压器油要经过过滤等处理，使之符合使用标准。

为了减小油与空气的接触面积，在变压器油箱上面装有圆柱形储油柜（俗称油枕），储油柜通过油管与油箱连通，如图1-6所示。

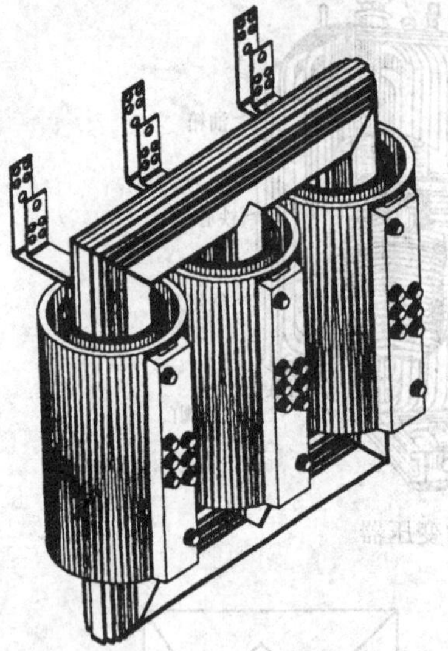

图1-5 三相变压器器身

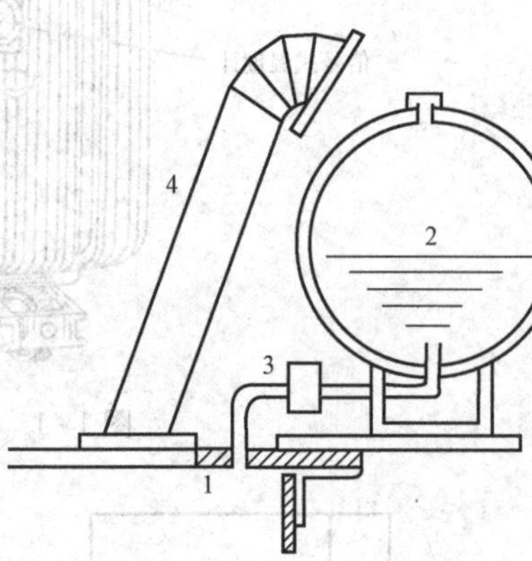

图1-6 储油柜

1—主油箱；2—储油柜；3—气体继电器；4—安全气道

储油柜一端装有油位计（俗称油表），平时柜内油面保持在一半左右，变压器运行时，随着油温升高油面上升，柜内空气通过吸湿器排出，油面下降时空气又经过吸湿器进入。

为防止空气中水分进入，吸湿器中装有氯化钙或硅胶等干燥剂。

4. 套管

变压器输入端与输出端的引出线穿过油箱盖时，必须穿过瓷绝缘套管（简称套管），以使带电的导体与接地的油箱可靠绝缘。绝缘套管的结构随着电压等级的不同而有所不同：1kV以下的，采用穿心瓷套管；10～35kV的，采用空心充气或充油套管，其中充油套管的结构如图1-7所示；电压在110kV及以上时，采用电容式套管。电容式套管是在瓷套中的导电杆上，交替的裹上绝缘纸和铝铂片制成的圆筒，从导电杆向外形成许多的电容器，以改善高压导电杆与油箱盖之间的电场分布，降低电场强度。为增加套管表面的放电距离，高压绝缘套管的外部表面做成多级伞形，电压越高，伞形的级数越多。

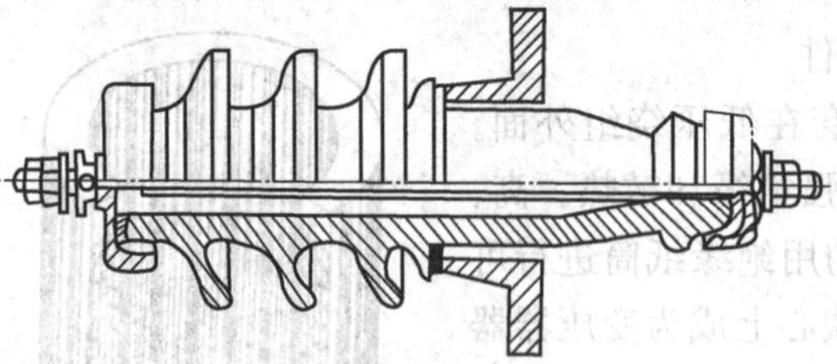

图1-7 充油套管

变压器油箱盖上，还装有用于调压的分接开关，可通过改变高压绕组匝数，从而调节变压器输出端电压。

1.2　变压器的基本工作原理

一、基本工作原理

变压器虽然种类很多，但其工作原理却是相同的。双绕组变压器的工作原理见图 1-8，为在同一铁心磁路上绕有两个或两个以上的绕组，通过电磁感应作用来实现电路之间的电能转换。通常把接电源的绕组叫一次绕组，接负载的绕组叫二次绕组。一次绕组俗称原边或原方，简称一次侧；二次绕组俗称副边或副方，简称二次侧。

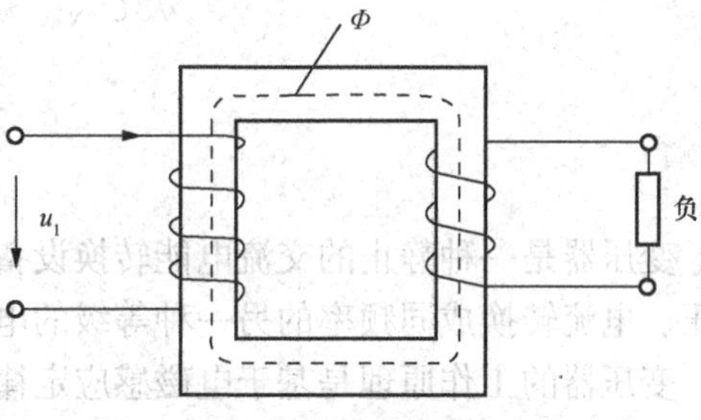

图 1-8　双绕组变压器的工作原理

当变压器一次侧接上交流电源时，一次绕组将流过交流电流，并在铁心磁路中产生交变的磁通，其交变频率与外界电源频率相同。此交变磁通与绕在铁心上的一、二次绕组同时相交链，根据电磁感应定律，在两个绕组上感应出相同频率的电动势。因此，如变压器二次侧接有负载，则在感应电动势的作用下，向负载供给电流，负载获得电能。这就是变压器利用电磁感应作用，把电源输入的电能传递到负载中去的最基本的工作原理。由于各绕组感应电动势的大小与绕组匝数的多少成比例，因此，可以选择绕组的不同匝数，达到变压器升高电压或降低电压的目的。

二、变压器的额定值

每台变压器的油箱上都有一个铭牌，铭牌上标明变压器运行的额定值。变压器的额定值是制造厂对变压器正常使用所做的规定，变压器在规定的额定状态下运行，应能在设计的使用年限内连续可靠地工作，并且有良好的运行性能。

(1) 额定容量 S_N：为变压器额定视在功率，单位为 V·A（伏·安）、kV·A（千伏·安）或 MV·A。对于三相变压器，额定容量表示变压器的三相总容量。由于变压器运行时具有很高的效率，一、二次绕组均按相同的额定容量设计。

(2) 一、二次绕组额定电压 U_{1N} 和 U_{2N}：单位为 V（伏）或 kV（千伏）。按规定，二次侧的额定电压 U_{2N} 是指当变压器一次绕组外加额定电压 U_{1N} 时二次绕组的空载端电压。

(3) 一、二次绕组额定电流 I_{1N} 和 I_{2N}：它们是指用额定容量和额定电压计算出的一、二次绕组的线电流，单位为 A 或 kA。

单相变压器　$$I_{1N}=\frac{S_N}{U_{1N}},\ I_{2N}=\frac{S_N}{U_{2N}}$$

三相变压器　$$I_{1N}=\frac{S_N}{\sqrt{3}U_{1N}},\ I_{2N}=\frac{S_N}{\sqrt{3}U_{2N}}$$

(4) 额定频率 f：单位为 Hz，我国工业频率为 50Hz，故电力变压器的额定频率都是 50Hz。

此外，变压器额定运行的效率、温升等数据也是额定值。变压器铭牌上除额定值外，还标有变压器相数、连接方式、联结组标号、阻抗电压、运行方式（长期运行、短期运行等）及冷却方式等。

【例 1-1】 一台三相变压器，$S_N=180kV\cdot A$，Yy 连接，$U_{1N}/U_{2N}=10/0.4kV$。试计算一、二次绕组的额定电流。

解

$$I_{1N}=\frac{S_N}{\sqrt{3}U_{1N}}=\frac{180\times10^3}{\sqrt{3}\times10\times10^3}=10.4\ (A)$$

$$I_{2N}=\frac{S_N}{\sqrt{3}U_{2N}}=\frac{180\times10^3}{\sqrt{3}\times400}=259.8(A)$$

本章小结

变压器是一种静止的交流电能转换设备，利用一、二次绕组匝数的不同，把一种等级的电压、电流转换成同频率的另一种等级的电压、电流，以满足电能传输和分配的要求。

变压器的工作原理是基于电磁感应定律，磁场是变压器工作的媒介。为了提高磁路的导磁性能，采用了闭合的铁心磁路，为了增强一、二次绕组的电磁耦合，将一、二次绕组套在同一铁心柱上。

铁心、绕组、油箱及套管等是变压器的主要部件。

变压器发热、冷却的规律与旋转电机相同，为了加强变压器的散热能力，防止绝缘材料老化和受潮，铁心和绕组浸在充满变压器油的油箱中。

此外，应注意变压器额定容量、额定电压、额定电流的定义以及它们之间的关系。

思考题

1-1 电力变压器在电力系统中有哪些应用？为什么电力系统中变压器的安装容量大于发电机安装容量？

1-2 变压器铁心的作用是什么？为什么要用厚 0.35mm、表面涂绝缘漆的硅钢片制造铁心？

1-3 油浸式变压器都有哪些主要部件？变压器油起什么作用？

1-4 变压器有哪些额定值？二次侧额定电压的含义是什么？

1-5 变压器依据什么原理工作的？能否用来改变直流电压？

习 题

1-1 一台单相变压器，$S_N=50kV\cdot A$，$U_{1N}/U_{2N}=10/0.23kV$。试求一、二次绕组的额定电流。

1-2 一台三相变压器，$S_N=1000kV\cdot A$，$U_{1N}/U_{2N}=35/6.3kV$，一、二次绕组分别为星形、三角形联结。试求：一、二次绕组的额定电压和额定电流及额定运行情况下的一、二次绕组的相电压和相电流。

第2章 变压器的运行原理

本章主要阐述单相变压器的基本工作原理、基本分析方法及参数的实验测定方法，并以降压变压器为例，从变压器电磁关系出发，讨论变压器各电磁量之间的相互关系，导出基本方程式、等效电路和相量图，求出表征变压器运行性能的主要数据——电压变化率和效率。本章是变压器原理的核心部分，虽然以单相变压器为主进行讨论，但分析讨论的结果完全适用于三相变压器。

2.1 变压器的空载运行

所谓变压器的空载运行是指变压器的一次绕组接到额定电压、额定频率的交流电源上，而二次绕组开路的运行状态。

一、空载运行时的物理现象

图2-1是单相变压器空载运行时的示意图。当变压器一次绕组AX接到电压为 u_1 的交流电源上时，流过一次绕组的电流，即为空载电流，用 i_0 表示。空载电流流过一次绕组产生空载磁动势 $F_0=N_1i_0$，并建立变压器的空载磁通，其主要部分沿铁心闭合，同时与一、二次绕组相交链并产生感应电动势 e_1 和 e_2，该磁通称为主磁通，用 Φ 表示。Φ 是变压器传递能量的媒介。由于铁磁材料的饱和现象，主磁通 Φ 与 i_0 呈非线性关系。另外一小部分磁通，经过铁心外面的非铁磁材料（变压器油、空气）闭合，它仅交链于一次绕组，在一次绕组中产生漏感电动势 $e_{1\sigma}$，漏磁通不能传递能量，只起压降作用。这部分磁通称为一次绕组的漏磁通，用 $\Phi_{1\sigma}$ 表示，$\Phi_{1\sigma}$ 和 i_0 呈线性关系。由于变压器铁心是用高磁导率材料制成的，其磁导率比空气和变压器油大得多，所以空载运行时主磁通占空载磁通的绝大部分，而漏磁通只占很小的一部分，约为空载磁通的0.1%～0.2%。

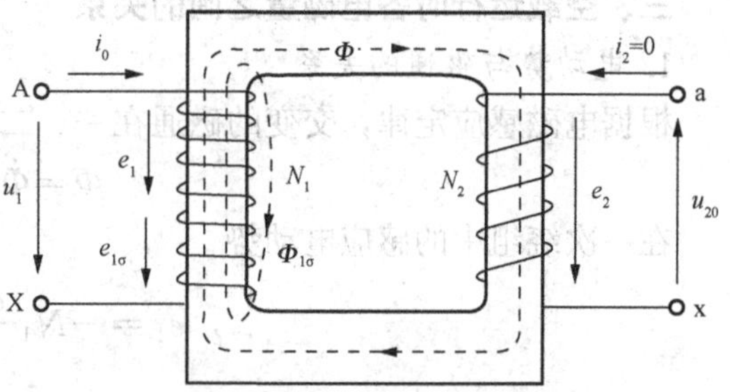

图2-1 单相变压器的空载运行

此外，变压器空载电流在一次绕组的电阻 r_1 上还将产生电阻压降 r_1i_0。变压器空载时，由于二次电流 i_2 为零，所以，二次电压 u_{20} 的大小等于感应电动势 e_2 的大小。各电磁物理量之间的相量关系可表示为

$$\dot{U}_1 \longrightarrow \dot{I}_0 \longrightarrow \dot{F}_0 = N_1\dot{I}_0 \longrightarrow \begin{cases} \dot{\Phi} \longrightarrow \begin{cases} \dot{E}_1 \\ \dot{E}_2 \end{cases} \\ \dot{\Phi}_{1\sigma} \longrightarrow \dot{E}_{1\sigma} \end{cases}$$

$$\dot{I}_0 \longrightarrow r_1\dot{I}_0$$

二、物理量正方向的规定

变压器中的电压、电流、磁通和感应电动势都是随时间而交变的量，要建立它们之间的关系，必须先规定各量的正方向。从原理上来说，正方向可以任意选定，但电磁现象的规律是统一的，因此表示电压规律的方程式必须与选定的正方向相配合，否则不能正确地表示真实的规律。正方向规定不同，变压器的电磁方程与相量图也将随之而异。这里采用习惯通用的正方向规定方法，并以 u 表示端电压降低，e 表示绕组中电位的升高，如图 2-1 中所示。将变压器一次绕组看作电网的负载，一次绕组各量正方向的规定遵循“负载”惯例，取 i_0 与 u_1 正方向一致，均由 A 指向 X。因为当 i_0 和 e_1 同时为正或同时为负时，表示变压器输入电功率。磁通（Φ 与 $\Phi_{1\sigma}$）的正方向应与产生它的电流符合右手螺旋定则的关系，即正电流产生正磁通。考虑到图 2-1 中一次绕组的绕向，磁通的正方向在一次侧应由下向上。绕组中感应电动势的正方向习惯上取为与电流一致，这样 e 与 Φ 之间亦符合右手螺旋关系，则感应电动势

$$e_1=-N_1\frac{\mathrm{d}\Phi}{\mathrm{d}t}$$

由图 2-1 中二次绕组的绕向，e_1 及 e_2 均由上指向下。将二次绕组电动势看作电压源，则 u_2 的正方向由 e_2 决定，于是，当 ax 端接上负载后，二次绕组电流 i_2 与 e_2 正方向相同，在二次绕组端部 i_2 与 u_2 相反，即 i_2 与 u_2 同时为正或同时为负时，功率自二次绕组输出，这就是“电源”惯例。

三、空载运行时各电磁量之间的关系

1. 电动势与磁通的关系

根据电磁感应定律，交变的磁通在一、二次绕组中将感应出电动势。设主磁通

$$\Phi=\Phi_{\mathrm{m}}\sin\omega t$$

在一次绕组中的感应电动势

$$\begin{aligned}e_1&=-N_1\frac{\mathrm{d}\Phi}{\mathrm{d}t}\\&=\omega N_1\Phi_{\mathrm{m}}\sin\left(\omega t-\frac{\pi}{2}\right)\\&=E_{1\mathrm{m}}\sin\left(\omega t-\frac{\pi}{2}\right)\end{aligned}$$

式中 $E_{1\mathrm{m}}$——一次绕组感应电动势的最大值，$E_{1\mathrm{m}}=\omega N_1\Phi_{\mathrm{m}}$。

e_1 的有效值为

$$E_1=\frac{E_{1\mathrm{m}}}{\sqrt{2}}=\sqrt{2}\pi fN_1\Phi_{\mathrm{m}}=4.44fN_1\Phi_{\mathrm{m}}$$

一次绕组感应电动势有效值相量表示为

$$\dot{E}_1=-\mathrm{j}4.44fN_1\dot{\Phi}_{\mathrm{m}} \tag{2-1}$$

式中 $\dot{\Phi}_{\mathrm{m}}$——主磁通最大值相量。

同理，二次绕组中由主磁通所感应的电动势为

$$e_2=-N_2\frac{\mathrm{d}\Phi}{\mathrm{d}t}=\omega N_2\Phi_{\mathrm{m}}\sin\left(\omega t-\frac{\pi}{2}\right)=E_{2\mathrm{m}}\sin\left(\omega t-\frac{\pi}{2}\right)$$

式中 $E_{2\mathrm{m}}$——二次绕组感应电动势的最大值，$E_{2\mathrm{m}}=\omega N_2\Phi_{\mathrm{m}}$。

e_2 的有效值为

$$E_2=\frac{E_{2m}}{\sqrt{2}}=\sqrt{2}\pi fN_2\Phi_m=4.44fN_2\Phi_m$$

二次绕组感应电动势有效值复数表示为

$$\dot{E}_2=-j4.44fN_2\dot{\Phi}_m$$

在一次绕组中，除主磁通 Φ 感应的电动势 e_1 外，还有漏磁通 $\Phi_{1\sigma}$ 感应的电动势 $e_{1\sigma}$，根据前面的分析可得

$$e_{1\sigma}=-N_1\frac{d\Phi_{1\sigma}}{dt}=\omega N_1\Phi_{1\sigma m}\sin\left(\omega t-\frac{\pi}{2}\right) \tag{2-2}$$

式中　$\Phi_{1\sigma m}$——漏磁通的最大值。

式（2-2）写成相量形式

$$\dot{E}_{1\sigma}=-j\frac{\omega N_1}{\sqrt{2}}\dot{\Phi}_{1\sigma m} \tag{2-3}$$

根据漏电感定义 $L_{1\sigma}=\frac{N_1\Phi_{1\sigma m}}{\sqrt{2}I_0}$，将其代入式（2-3）可得

$$\dot{E}_{1\sigma}=-j\omega L_{1\sigma}\dot{I}_0=-j\dot{I}_0x_1 \tag{2-4}$$

式中　x_1——一次绕组漏电抗，$x_1=\omega L_{1\sigma}$。

由于在漏磁通的回路中，总有一段是非铁磁材料（如变压器油），这段磁阻大，磁路不会饱和，因此 $\Phi_{1\sigma}$ 与 I_0 成正比，即漏电感 $L_{1\sigma}$ 和相应的漏电抗 x_1 都是常数。

2. 空载电动势平衡方程式及电压比

在一次侧回路中，当计及一次绕组的电阻时，根据图 2-1 的参考方向，可得空载时一次绕组电动势平衡方程为

$$u_1=-e_1-e_{1\sigma}+r_1i_0$$

其复数形式为

$$\dot{U}_1=-\dot{E}_1-\dot{E}_{1\sigma}+\dot{I}_0r_1 \tag{2-5}$$

将式（2-4）代入式（2-5）中可得

$$\dot{U}_1=-\dot{E}_1+\dot{I}_0r_1+j\dot{I}_0x_1=-\dot{E}_1+\dot{I}_0Z_1 \tag{2-6}$$

式中　Z_1——一次绕组的漏阻抗，$Z_1=r_1+jx_1$，为常数。

对于电力变压器，空载电流在一次绕组中所引起的漏阻抗压降 I_0Z_1 很小，它的数值还不到 U_1 的 0.2%，因此在分析变压器空载运行时，可以将 I_0Z_1 忽略不计，这时式（2-6）变成

$$\dot{U}_1\approx-\dot{E}_1 \text{ 或 } U_1\approx E_1 \tag{2-7}$$

式（2-7）表明，当忽略漏阻抗压降时，外施电压 u_1 仅由绕组中感应电动势 e_1 所平衡，即任何瞬间外施电压 u_1 与一次绕组的感应电动势 e_1 大小相等方向相反。

在二次侧回路中，由于二次绕组开路，电流为零，则二次绕组电动势方程为

$$\dot{U}_{20}=\dot{E}_2$$

在变压器中，一、二次绕组电动势之比，称为变压器的变比，用 K 表示，即

$$K=\frac{E_1}{E_2}=\frac{4.44fN_1\Phi_m}{4.44fN_2\Phi_m}=\frac{N_1}{N_2} \tag{2-8}$$

式（2-8）表明，变压器的变比等于一、二次绕组的匝数比。可近似地看作是变压器空载时的一、二次电压之比，即

$$K=\frac{N_1}{N_2}=\frac{E_1}{E_2}\approx\frac{U_1}{U_2}$$

所以变比也叫电压比。变压器运行时，实际分布在绕组每一匝上的电压是相同的，因此通过一、二次绕组选取不同匝数，便可达到变压器升压或降压的目的。

对于三相变压器来说，变比是指一、二次绕组相电动势之比。

四、空载电流与空载损耗

变压器空载运行时，空载电流建立主磁通，所以空载电流可以认为就是励磁电流。

1. 空载电流的波形

变压器在空载时，$u_1\approx -e_1=N_1\frac{d\Phi}{dt}$，电网电压为正弦波，铁心中主磁通也为正弦波。若铁心不饱和（$B_m\leqslant 1.3T$），空载电流也是正弦波。而对于电力变压器，铁心都是饱和的。由图 2-2 可知，励磁电流呈尖顶波，除了基波外，还有较强的三次谐波和其他高次谐波。这些谐波电流在特殊情况下会起一定作用。在变压器负载运行时，一般 $I_0\leqslant 2.5\% I_N$，这些谐波的影响完全可以忽略，一般测量得到的 I_0 是有效值，在下面的讨论中，空载电流均指有效值。

2. 空载电流与主磁通的相量关系

如果铁心中没有损耗，$\dot{I}_0$ 与主磁通 $\dot{\Phi}_m$ 同相位。但由于主磁通在铁心中交变，产生涡流损耗和磁滞损耗，合称为铁损耗 p_{Fe}，此时 $\dot{I}_0$ 将领先 $\dot{\Phi}_m$ 一个角度 α，α 角是由铁损耗所引起的，因此，称之为铁损耗角。$\dot{I}_0$、$\dot{\Phi}_m$、$\dot{E}_1$、$\dot{E}_2$ 相位关系如图 2-3 所示。

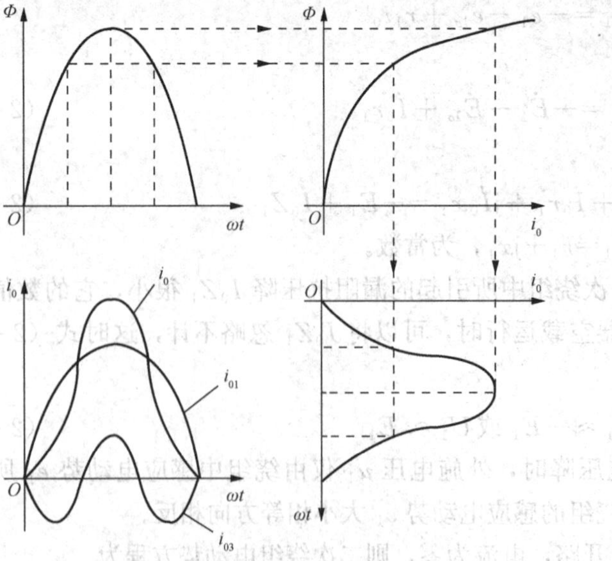

图 2-2　空载电流波形

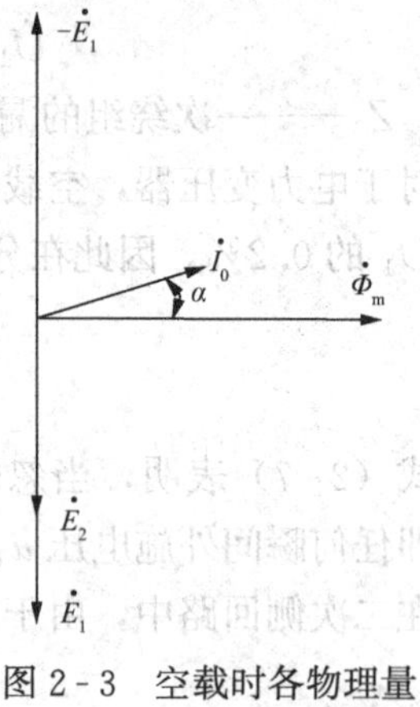

图 2-3　空载时各物理量的相位关系

3. 空载时的等效电路及相量图

为了描述主磁通 $\dot{\Phi}_m$ 在电路中的作用，仿照对漏磁通的处理办法，由空载电流相量图（见图 2-3）及式（2-6）并引入励磁阻抗 Z_m，将 $\dot{E}_1$ 和 $\dot{I}_0$ 联系起来，即定义为

$$\left.\begin{aligned} Z_m &= -\frac{\dot{E}_1}{\dot{I}_0} \\ Z_m &= r_m + jx_m \end{aligned}\right\} \tag{2-9}$$

式中 Z_m——励磁阻抗；

r_m——励磁电阻，是对应铁损耗的等效电阻，$I_0^2 r_m$ 等于铁损耗；

x_m——励磁电抗，它表征铁心磁化性能的一个参数。

x_m 与铁心线圈电感 L_m 的关系为 $x_m = \omega L_m = 2\pi f N^2 \Lambda_m$，$\Lambda_m$ 代表铁心磁路的磁导。r_m、x_m 都不是常数，随铁心饱和程度而变化。当电压升高时，铁心更加饱和。根据铁心磁化曲线 $\Phi(I_0)$ 的关系可知，I_0 比 Φ 增加得快，而 Φ 近似与外施电压 U_1 成正比，故 I_0 比 U_1 增加得快，因此 r_m、x_m 都随外施电压的增加而减小。实际上，当变压器接入的电网电压在额定值附近变化不大时，可以认为 Z_m 不变。由式（2-6）、式（2-9）可得到用 Z_1、Z_m 表示的电压平衡方程式为

$$\dot{U}_1 = \dot{I}_0 Z_m + \dot{I}_0 Z_1 \tag{2-10}$$

还可得到与式（2-10）对应的等效电路图如图 2-4 所示。等效电路表明，变压器空运行时，它就是一个电感线圈，它的电抗值等于 $x_1 + x_m$，它的电阻值等于 $r_1 + r_m$。并由式（2-10）画出变压器空载相量图，如图 2-5 所示（图中 $\dot{I}_{0a}$ 为 $\dot{I}_0$ 的有功分量，$\dot{I}_{0r}$ 为 $\dot{I}_0$ 的无功分量）。

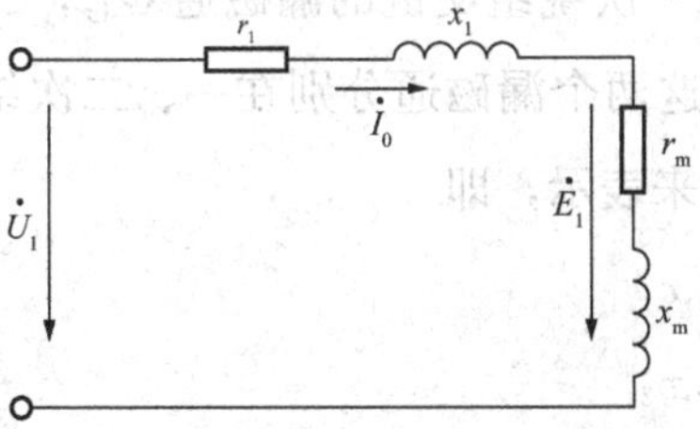

图 2-4 变压器空载时的等效电路

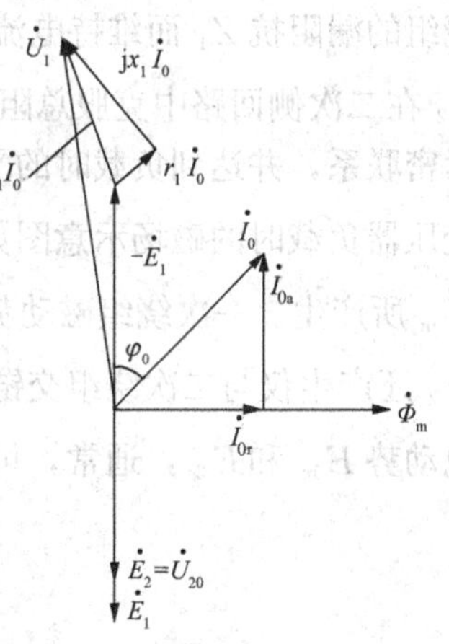

图 2-5 变压器空载相量图

2.2 变压器的负载运行

图 2-6 所示变压器的二次绕组接有负载阻抗 $Z_L = r_L + jx_L$，负载端电压为 $\dot{U}_2$，电流为 $\dot{I}_2$。由于一、二次绕组之间的电磁耦合关系，一次绕组电流不再是空载时的电流 $\dot{I}_0$，而是

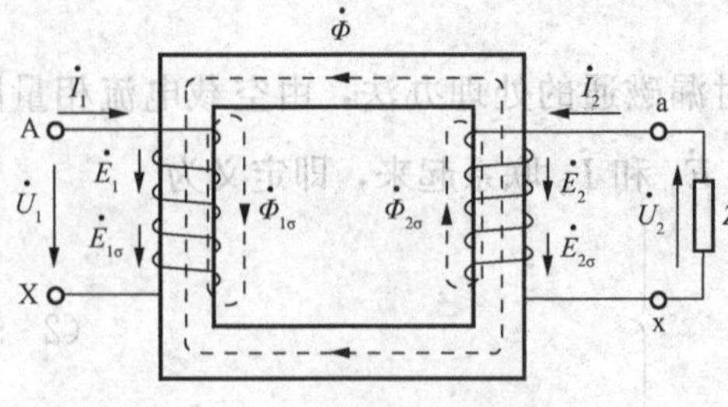

图 2-6 单相变压器的负载运行

变为负载时的电流 $\dot{I}_1$。本节主要分析变压器在负载运行状态下的电动势平衡和磁动势平衡。

一、负载时的电磁物理过程

由 2.1 节分析可知，变压器空载运行时，空载电流 $\dot{I}_0$ 流过一次绕组形成的磁动势 $\dot{F}_0=\dot{I}_0N_1$ 产生主磁通 $\dot{\Phi}$，交变的主磁通在一、二次绕组中分别感应电动势 $\dot{E}_1$ 及 $\dot{E}_2$。在一次侧，电网电压 $\dot{U}_1$ 与电动势 $\dot{E}_1$ 平衡时，绝大部分被抵消，剩下来的部分为漏阻抗压降 $\dot{I}_0Z_1$，用于克服一次绕组的漏阻抗而维持空载电流在一次绕组中流过。此时变压器中的电磁关系处于平衡状态，各电磁量的大小均有一个确定的数值。现在，在变压器的二次侧接入一个负载阻抗 Z_L，如图 2-6 所示。在 $\dot{E}_2$ 作用下，二次绕组中有电流 $\dot{I}_2$ 流过，形成二次绕组的磁动势 $\dot{F}_2=N_2\dot{I}_2$，由于一次侧和二次侧磁动势都同时作用在同一磁路上，磁动势 $\dot{F}_2$ 的出现使主磁通趋于改变，从而引起一、二次绕组的电动势 $\dot{E}_1$ 及 $\dot{E}_2$ 随之发生变化，在电网电压 $\dot{U}_1$ 和一次绕组漏阻抗 Z_1 不变的情况下，$\dot{E}_1$ 的变化引起一次绕组电流的改变，即由空载时的 $\dot{I}_0$ 变为负载时的 $\dot{I}_1$。这时一次绕组的磁动势为 $\dot{F}_1=N_1\dot{I}_1$，它一方面要产生主磁通 $\dot{\Phi}$，另一方面还要抵消 $\dot{F}_2$ 对主磁通的影响。或者说，一、二次电流 $\dot{I}_1$ 和 $\dot{I}_2$ 产生变压器磁路上的合成磁动势 $\dot{F}_m=N_1\dot{I}_1+N_2\dot{I}_2$，合成磁动势 $\dot{F}_m$ 产生变压器负载时的主磁通 $\dot{\Phi}$，再由 $\dot{\Phi}$ 感应电动势 $\dot{E}_1$ 及 $\dot{E}_2$。$\dot{E}_1$ 和 $\dot{U}_1$ 平衡而抵消 $\dot{U}_1$ 的绝大部分，剩下来的部分用以克服一次绕组的漏阻抗 Z_1 而维持电流 $\dot{I}_1$ 在一次绕组中流过。

$\dot{E}_2$ 在二次侧回路中克服总阻抗 Z_2+Z_L，产生电流 $\dot{I}_2$。如此构成了变压器负载时电和磁的紧密联系，并达到负载时的平衡状态。

变压器负载时的磁场示意图如图 2-6 所示，图中主磁通 $\dot{\Phi}$ 是由一、二次绕组的合成磁动势 $\dot{F}_m$ 所产生。一次绕组磁动势 $\dot{F}_1$ 还产生仅与一次绕组交链的漏磁通 $\dot{\Phi}_{1\sigma}$，二次绕组磁动势 $\dot{F}_2$ 还产生仅与二次绕组交链的漏磁通 $\dot{\Phi}_{2\sigma}$，这两个漏磁通分别在一、二次绕组中感应漏磁电动势 $\dot{E}_{1\sigma}$ 和 $\dot{E}_{2\sigma}$，通常，可用漏抗压降形式来表示，即

$$\dot{E}_{1\sigma}=-\mathrm{j}\dot{I}_1x_1 \tag{2-11}$$

$$\dot{E}_{2\sigma}=-\mathrm{j}\dot{I}_2x_2 \tag{2-12}$$

漏磁电动势的正方向和主电动势相一致，均与电流的正方向相同，如图 2-6 所示。

在二次侧，电流 $\dot{I}_2$ 流过负载阻抗所产生的电压降即为二次侧的端电压 $\dot{U}_2$，即

$$\dot{U}_2=\dot{I}_2Z_L \tag{2-13}$$

各电磁物理量之间的关系可表示为

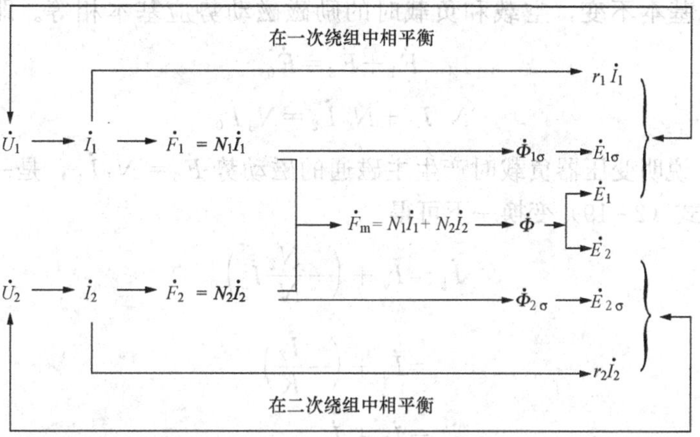

二、变压器负载时的电动势平衡关系

根据图 2-6 的正方向规定，负载时变压器一次侧的电动势平衡方程为

$$\begin{aligned}\dot{U}_1&=-\dot{E}_1-\dot{E}_{1\sigma}+\dot{I}_1r_1\\&=-\dot{E}_1+\mathrm{j}\dot{I}_1x_1+\dot{I}_1r_1\\&=-\dot{E}_1+\dot{I}_1Z_1\end{aligned}\tag{2-14}$$

式（2-14）与空载时的电动势平衡方程式（2-6）相似，仅一次电流由空载时的 $\dot{I}_0$ 变成负载时的 $\dot{I}_1$。变压器在实际运行过程中，一次绕组的漏阻抗压降是比较小的，即使在额定负载情况下，I_1Z_1 也只有 U_1 的 2%～6%，故在负载运行时仍可认为有

$$\dot{U}_1\approx-\dot{E}_1\tag{2-15}$$

或

$$U_1\approx E_1\tag{2-16}$$

变压器二次侧的电动势平衡方程为

$$\dot{E}_2+\dot{E}_{2\sigma}=\dot{I}_2Z_L+\dot{I}_2r_2$$

则

$$\begin{aligned}\dot{E}_2&=\dot{U}_2+\mathrm{j}\dot{I}_2x_2+\dot{I}_2r_2\\&=\dot{U}_2+\dot{I}_2Z_2\end{aligned}\tag{2-17}$$

式中　Z_2——二次绕组的漏阻抗，$Z_2=r_2+\mathrm{j}x_2$；

r_2——二次绕组的电阻；

x_2——二次绕组的漏电抗。

三、变压器负载时的磁动势平衡关系

从前面对变压器负载运行时电磁关系的分析可知，负载时作用于磁路上有 $\dot{F}_1=N_1\dot{I}_1$ 和 $\dot{F}_2=N_2\dot{I}_2$ 两个磁动势，根据图 2-6 所示的电流正方向和绕组的绕向，作用于磁路上的合成磁动势为

$$\dot{F}_m=\dot{F}_1+\dot{F}_2\tag{2-18}$$

合成磁动势 $\dot{F}_m$ 产生了负载时的主磁通 $\dot{\Phi}$，据式（2-7）和式（2-16）可知，在 $\dot{U}_1$ 不变的情况下，变压器由空载到满载，其 $\dot{E}_1$ 的变化甚微，故铁心中主磁通基本保持不变，铁

心的饱和程度也基本不变，空载和负载时的励磁磁动势应基本相等。即 $\dot{F}_m \approx \dot{F}_0$，故式（2-18）可写成

$$\dot{F}_1 + \dot{F}_2 = \dot{F}_0$$

或

$$N_1\dot{I}_1 + N_2\dot{I}_2 = N_1\dot{I}_0 \tag{2-19}$$

式（2-19）说明变压器负载时产生主磁通的磁动势 $\dot{F}_0 = N_1\dot{I}_0$，是一、二次绕组磁动势的相量和，将式（2-19）变换一下可得

$$\begin{aligned}\dot{I}_1 &= \dot{I}_0 + \left(-\frac{N_2}{N_1}\dot{I}_2\right) \\ &= \dot{I}_0 + \left(-\frac{\dot{I}_2}{K}\right) \\ &= \dot{I}_0 + \dot{I}_{1L}\end{aligned} \tag{2-20}$$

式中 $\dot{I}_{1L}$——相当于一次电流中的负载分量，$\dot{I}_{1L} = -\frac{\dot{I}_2}{K}$。

式（2-20）说明变压器负载时一次电流 $\dot{I}_1$ 可视为由两个分量组成：一个分量 $\dot{I}_0$ 是用来在变压器铁心中产生主磁通 $\dot{\Phi}$，它是 $\dot{I}_1$ 的励磁分量；另一个分量 $\dot{I}_{1L} = -\frac{\dot{I}_2}{K}$ 是因二次侧带负载而增加的部分，可称为一次电流的负载分量，它所产生的磁动势 $N_1\dot{I}_{1L}$ 用来抵消二次侧磁动势 $N_2\dot{I}_2$。这说明变压器负载运行时，通过磁动势平衡关系，将一、二次电流紧密地联系在一起的，二次电流的增加或减少，必然同时引起一次电流的增加或减少，相应地二次侧输出功率也跟着增加或减少，从而一次侧从电网吸取的功率必然同时增加或减少。

根据变压器电磁关系分析的结果，可以列出变压器负载运行时的基本方程式

$$\left.\begin{aligned}\dot{U}_1 &= -\dot{E}_1 + \dot{I}_1 Z_1 \\ \dot{U}_2 &= \dot{E}_2 - \dot{I}_2 Z_2 \\ \dot{I}_1 + \frac{\dot{I}_2}{K} &= \dot{I}_0 \\ \dot{E}_1 &= K\dot{E}_2 \\ -\dot{E}_1 &= Z_m \dot{I}_0 \\ \dot{U}_2 &= \dot{I}_2 Z_L\end{aligned}\right\} \tag{2-21}$$

利用上述联立方程式，便能对变压器进行定量计算，例如当给定电压 $\dot{U}_1$，知道变压器的变比 K 和 Z_1、Z_2、Z_m 参数及负载阻抗 Z_L 时，就能从上述方程组中解出六个未知数 $\dot{I}_1$、$\dot{I}_2$、$\dot{I}_0$、$\dot{E}_1$、$\dot{E}_2$ 和 $\dot{U}_2$。但是解复数方程组相当繁杂，并且，由于电力变压器的变比较大，一、二次侧电流、电压、阻抗等的数值的数量级相差很大，计算不方便，特别是画相量图较为困难，因此下面介绍分析变压器的另一重要方法——等效电路法。

四、绕组的折算

实际的变压器一、二次绕组的匝数 $N_1 \neq N_2$，因而 $\dot{E}_1 \neq \dot{E}_2$，这给画相量图和等效电路

带来了困难。为了得到变压器的等效电路，先要进行绕组的折算，即让一、二次绕组匝数相等。

折算的方法有两种：一种是把二次绕组折算到一次侧，即用一个匝数为 N_1 的等效绕组，去替代原变压器匝数为 N_2 的二次绕组，折算后 $N_2'=N_1$；另一种是把一次绕组折算到二次侧，即用一匝数为 N_2 的等效绕组，去替代原变压器匝数为 N_1 的一次绕组，折算后 $N_1'=N_2$。

经过折算后主磁通感应于一、二次绕组的电动势相等，因而使计算大为简化，并便于导出等效电路。通常是将二次绕组折算到一次侧，折算后，二次侧各量的数值，称为二次侧折算到一次侧的折算值，用原来二次侧各量的符号右上角加一“′”来表示。

折算只是一种数学手段，它不改变折算前后的电磁关系，即折算前后的磁动势平衡关系、功率传递及损耗均应保持不变。以下是将二次侧的各量折算到一次侧的方法，$N_2'=N_1$。

1. 二次电流的折算

根据折算前后二次侧磁动势 $\dot{F}_2$ 不变的原则，可得

$$N'_2\dot{I}'_2=N_2\dot{I}_2$$

即

$$\dot{I}'_2=\frac{N_2}{N_1}\dot{I}_2=\frac{\dot{I}_2}{K} \tag{2-22}$$

2. 二次侧电动势的折算

由于折算前后主磁通没有改变，根据电动势和匝数成正比的关系，便得

$$\frac{\dot{E}'_2}{\dot{E}_2}=\frac{N'_2}{N_2}=K$$

即

$$\dot{E}'_2=K\dot{E}_2=\dot{E}_1 \tag{2-23}$$

3. 二次绕组参数的折算

(1) 二次绕组电阻的折算。根据折算前后功率及损耗不变的原则，二次绕组的铜损耗在折算前后不变，即

$$I'^2_2r'_2=I^2_2r_2$$

$$r'_2=\left(\frac{I_2}{I'_2}\right)^2r_2=K^2r_2 \tag{2-24}$$

(2) 二次侧漏电抗的折算。根据漏抗的无功损耗不变得

$$I'^2_2x'_2=I^2_2x_2$$

$$x'_2=K^2x_2 \tag{2-25}$$

(3) 二次侧阻抗的折算。负载阻抗 Z_L 的折算，是根据变压器折算前后二次侧输出的视在功率不变的原则，即

$$I'^2_2Z'_L=I^2_2Z_L$$

$$Z'_L=\left(\frac{I_2}{I'_2}\right)^2Z_L=K^2Z_L \tag{2-26}$$

二次绕组漏阻抗的折算，根据电阻及漏抗的折算方法可得

$$Z'_2=r'_2+jx'_2=K^2(r_2+jx_2)=K^2Z_2 \tag{2-27}$$

4. 二次电压的折算

根据二次侧电动势平衡关系，折算后的二次电压值仍应等于折算后的二次侧电动势减去折算后的二次侧漏阻抗压降，即

$$\dot{U}'_2=\dot{E}'_2-\dot{I}'_2Z'_2=K\dot{E}_2-\frac{\dot{I}_2}{K}(K^2Z_2)=K(\dot{E}_2-\dot{I}_2Z_2)=K\dot{U}_2 \qquad (2-28)$$

从上述各量的折算可知，当把二次侧各量折算至一次侧时，凡是单位为 V 的各量（电动势、电压等）的折算值，等于其原来的数值乘以 K；凡是单位为 Ω 的量（电阻、电抗、阻抗）的折算值，为其原来的数值乘以 K^2；电流的折算值等于其原来的数值除以 K。由此可见，变比 K 是变压器的重要参数之一，它对研究变压器有着重要的意义。

折算后，方程式（2-21）便可写成为

$$\begin{cases}\dot{U}_1=-\dot{E}_1+\dot{I}_1Z_1 & \cdots\cdots 1)\\ \dot{U}'_2=\dot{E}'_2-\dot{I}'_2Z'_2 & \cdots\cdots 2)\\ \dot{I}_1+\dot{I}'_2=\dot{I}_0 & \cdots\cdots 3)\\ \dot{E}_1=\dot{E}'_2 & \cdots\cdots 4)\\ -\dot{E}_1=Z_m\dot{I}_0 & \cdots\cdots 5)\\ \dot{U}'_2=\dot{I}'_2Z'_L & \cdots\cdots 6)\end{cases} \qquad (2-29)$$

五、等效电路

变压器空载运行时，可以用一个等效电路来表示。现在，由于运用了折算法，负载运行时的变压器，也可以用一个等效电路来表示。这种等效电路把基本方程式（2-29）所代表的电磁关系，用电路形式表示出来，即所谓“把场化为路”，这是研究变压器和电机的基本方法之一。

从变压器一次侧所接电网来看，变压器不过是电力系统中的一个元件。有了等效电路，就很容易用一个等效阻抗接在电网上来代替整个变压器及其所带负载，这对研究和计算电力系统的运行情况带来很大的方便。从这一点看，等效电路的作用尤其显著。

1. T 形等效电路

运用方程式（2-29）的式 1）、式 2）、式 6）可画出变压器的等效电路，如图 2-7（a）所示。显然它是图 2-6（二次绕组经过折算）的等效电路。由方程式 $\dot{E}_1=\dot{E}'_2$，可将 $\dot{E}_1$ 与 $\dot{E}'_2$ 的首端、尾端分别对应短接，对变压器一、二次侧是等效的。据方程式 $\dot{I}_1+\dot{I}'_2=\dot{I}_0$，流

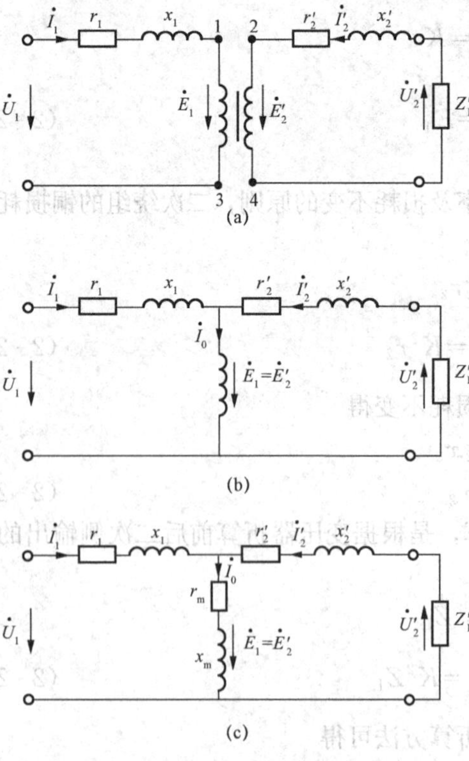

图 2-7 T 形等效电路

过感应电动势 $\dot{E}_1$ 的电流为 $\dot{I}_0$，从而得到图 2-7（b）所示电路。由方程式 $-\dot{E}_1=Z_m\dot{I}_0$，可以用励磁阻抗替代感应电动势 $\dot{E}_1$ 的作用，便得到变压器的 T 形等效电路，如图 2-7（c）所示。在此等效电路中，在励磁支路 r_m+jx_m 中流过励磁电流 $\dot{I}_0$，它在铁心中产生主磁通 $\dot{\Phi}$，$\dot{\Phi}$ 在一、二次绕组中产生感应电动势 $\dot{E}_1$ 和 $\dot{E}_2$，励磁电阻 r_m 的损耗代表铁损耗，励磁电抗 x_m 反映了铁心的磁化性能。

2. Γ 形等效电路

T 形等效电路能准确地反映变压器运行时的物理情况，但它含有串、并联支路，运算较为复杂。变压器运行过程中，由于 $\dot{U}_1\approx-\dot{E}_1$，进行电路计算时，用 $\dot{I}_0=\dfrac{\dot{U}_1}{Z_m}$ 代替实际的 $\dot{I}_0=\dfrac{-\dot{E}_1}{Z_m}$ 不会产生很大的误差。即把 T 形等效电路中的励磁支路从中间移到电源两端，得到图 2-8 的 Γ 形等效电路，它只有励磁支路和负载支路两并联支路，计算简化很多，而且对 $\dot{I}_1$、$\dot{I}'_2$、$\dot{E}'_2$ 的计算不会产生多大误差。电力系统进行稳态计算时大多采用 Γ 形电路。

3. 简化等效电路

对于大中型电力变压器，由于 I_0 只占额定电流的 2.5%或更小，故在分析变压器短路状态电流较大时，可以忽略 I_0，将励磁支路断开，等效电路进一步简化成一个串联阻抗，如图 2-9 所示。在简化等效电路中，可将一、二次侧的参数合并，得到

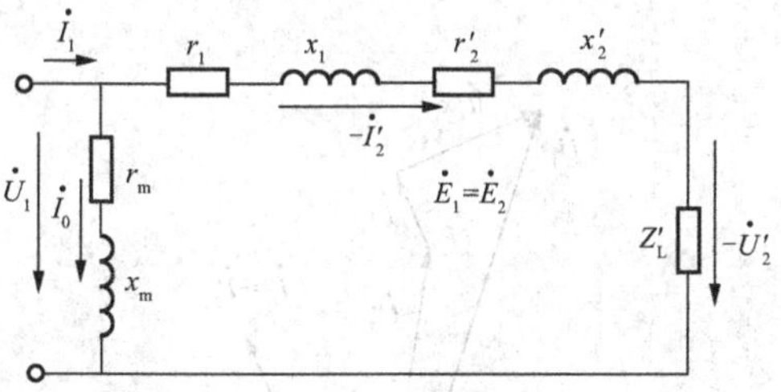

图 2-8 Γ 形等效电路

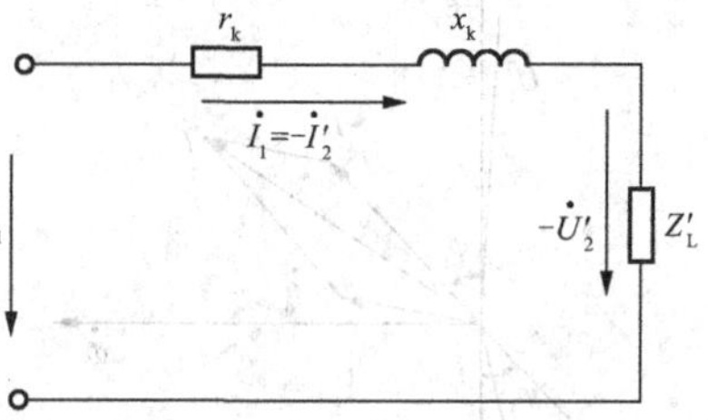

图 2-9 简化等效电路

$$\left.\begin{aligned}r_k&=r_1+r'_2\\x_k&=x_1+x'_2\\Z_k&=r_k+jx_k\end{aligned}\right\}\tag{2-30}$$

式中 r_k——短路电阻；

x_k——短路电抗；

Z_k——短路阻抗。

对应于简化等效电路，电压方程式为

$$\dot{U}_1=\dot{I}_1(r_k+jx_k)-\dot{U}'_2$$

从简化等效电路可见，如果变压器发生稳态短路（即图 2-9 中 $Z'_L=0$），短路电流 $I_k=U_1/Z_k$。

六、相量图

根据变压器负载运行时折算后的方程式（2-29）及负载运行时 T 形等效电路正方向的

规定，可以把带负载时一、二次绕组的电动势、电压和电流之间的大小和相位关系用相量图来表示。一般把相量图作为定性分析的工具。图 2 - 10 为变压器 T 形等效电路带电感性负载（$\varphi_2>0°$）时的相量图。

已知 U_2、I_2、$\cos\varphi_2$ 及变压器参数 K、r_1、x_1、r_2、x_2、r_m、x_m，画出相量图。步骤如下：

（1）先根据变比 K 求出 U_2'、I_2'、r_2'、x_2'、φ_2，并作 $\dot{U}_2'$、$\dot{I}_2'$ 相量。

（2）根据 $\dot{E}_2'=\dot{U}_2'+\dot{I}_2'(r_2'+jx_2')$ 求得 $\dot{E}_2'$、$\dot{E}_1=\dot{E}_2'$ 相量。

（3）根据 $\dot{E}_1=\dot{E}_2'=-j4.44fN_1\dot{\Phi}_m$ 可确定主磁通 $\dot{\Phi}$ 相量。

（4）根据励磁电流 $\dot{I}_0=-\dfrac{\dot{E}_1}{Z_m}$ 超前于主磁通 $\dot{\Phi}$ 一个铁损耗角 α，$\alpha=90°-\arctan\dfrac{x_m}{r_m}$ 作出 $\dot{I}_0$ 相量。

（5）根据 $\dot{I}_1=\dot{I}_0+(-\dot{I}_2')$，画出 $\dot{I}_1$。

（6）由 $\dot{U}_1=-\dot{E}_1+\dot{I}_1(r_1+jx_1)$ 求得一次电压相量 $\dot{U}_1$，$\dot{U}_1$ 与 $\dot{I}_1$ 的夹角为 φ_1，$\cos\varphi_1$ 是从一次侧看进去的变压器功率因数。

变压器带感性负载时的简化等效电路的相量图如图 2 - 11 所示。

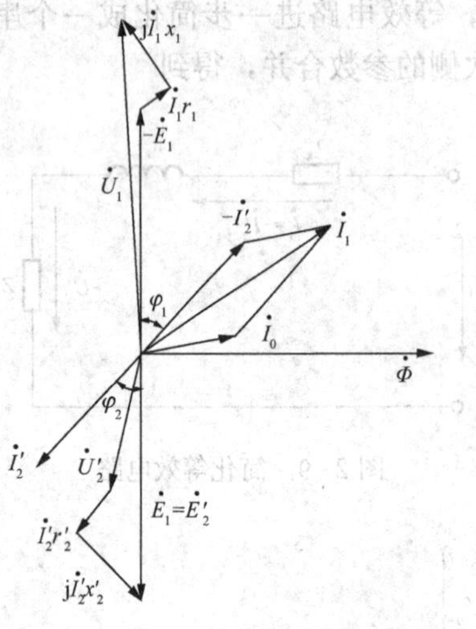

图 2 - 10　T 形等效电路相量图

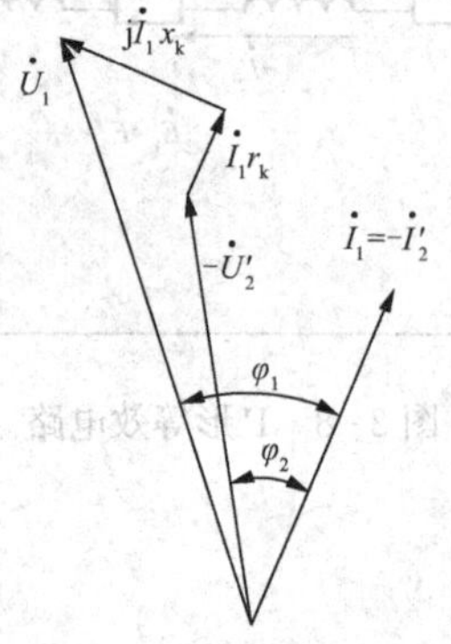

图 2 - 11　简化等效电路相量图

基本方程式、等效电路、相量图是分析变压器运行的三种方法，其物理本质是一致的。在进行定量计算时，宜采用等效电路；定性讨论各物理量之间关系时，宜采用方程式；而表示各物理量之间大小、相位关系时，相量图比较方便。

2.3　变压器参数的试验测定

当用基本方程式、等效电路、相量图求解变压器的运行性能时，必须知道变压器的励磁参数 r_m、x_m 和短路参数 r_k、x_k。这些参数在设计变压器时可用计算方法求得，对于已制成的变压器，可以通过空载、短路试验求取。

一、空载试验

1. 试验目的

求变比 K、测空载电流 I_0 和空载损耗 p_0，计算励磁阻抗 Z_m。

2. 试验方法

图 2-12（a）是一台单相变压器的空载试验线路图。变压器二次侧开路，在一次侧加电压，改变U_1，测量U_1、U_{20}、I_0、p_0。空载试验的等效电路如图 2-12（b）所示。在试验时，注意调整外施电压以达到额定值$U_1=U_{1N}$，并记录该点的 I_0 和 p_0。

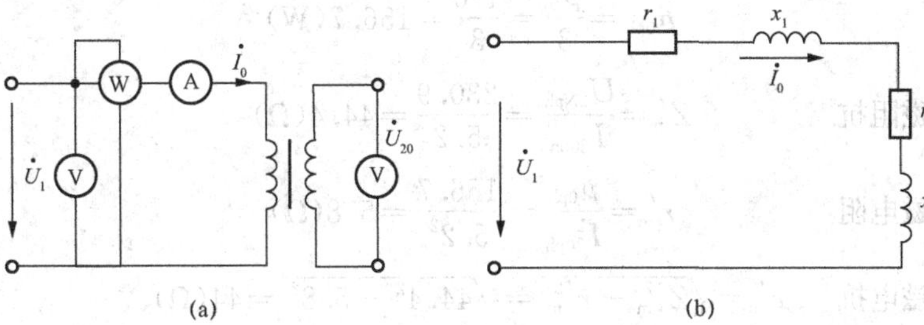

图 2-12 单相变压器空载试验

（a）接线；（b）等效电路

3. 试验数据处理

依据等效电路图 2-12（b）和测量结果而得下列参数：

变压器的变比为
$$K=\frac{U_1}{U_{20}} \tag{2-31}$$

由于 $Z_m \gg Z_1$，可忽略 Z_1，故

励磁阻抗为
$$Z_m=\frac{U_1}{I_0} \tag{2-32}$$

励磁电阻为
$$r_m=\frac{p_0}{I_0^2} \tag{2-33}$$

励磁电抗为
$$x_m=\sqrt{Z_m^2-r_m^2} \tag{2-34}$$

4. 结论

（1）上面的计算是对单相变压器进行的，如求三相变压器的参数，必须根据一相的空载损耗、相电压、相电流来计算。

（2）在额定电压附近，由于磁路饱和的原因，r_m、x_m 都随电压大小而变化，因此在空载试验中应求出对应于额定电压的 r_m、x_m 值。

（3）空载试验可以在任何一侧做，两侧求得的值相差 K^2 倍，为了方便和安全，一般的电力变压器空载试验常在低压侧进行，然后将参数折算到高压侧。

（4）忽略相对较小的一次绕组的铜损耗 $I_0^2 r_1$，则空载时输入功率 $p_0 \approx p_{Fe}$，即等于变压器的铁损耗，铁损耗又常称为变压器的不变损耗。

【例 2-1】 一台三相电力变压器，Yy 连接，$S_N=200\text{kV}\cdot\text{A}$，$U_{1N}/U_{2N}=10/0.4\text{kV}$，$I_{1N}/I_{2N}=11.55/288.7\text{A}$。在低压侧加额定电压做空载试验，测得 $p_0=470\text{W}$，$I_0=0.018\times I_{2N}=5.2\text{A}$，求励磁参数。

解 计算高、低压侧额定相电压为

$$U_{1Nph}=\frac{U_{1N}}{\sqrt{3}}=\frac{10\times10^3}{\sqrt{3}}=5773.5(V)$$

$$U_{2Nph}=\frac{U_{2N}}{\sqrt{3}}=\frac{400}{\sqrt{3}}=230.9(V)$$

变比为 $$K=\frac{U_{1Nph}}{U_{2Nph}}=\frac{5773.5}{230.9}=25$$

空载相电流为 $$I_{20ph}=I_0=5.2(A)$$

每相损耗 $$p_{0ph}=\frac{p_0}{3}=\frac{470}{3}=156.7(W)$$

低压侧励磁阻抗 $$Z'_m=\frac{U_{2Nph}}{I_{20ph}}=\frac{230.9}{5.2}=44.4(\Omega)$$

低压侧励磁电阻 $$r'_m=\frac{p_{0ph}}{I_{20ph}^2}=\frac{156.7}{5.2^2}=5.8(\Omega)$$

低压侧励磁电抗 $$x'_m=\sqrt{Z'^2_m-r'^2_m}=\sqrt{44.4^2-5.8^2}=44(\Omega)$$

以上参数是从低压侧看进去的值，现将它们折算至高压侧

$$Z_m=K^2Z'_m=25^2\times44.4=27750(\Omega)$$

$$x_m=K^2x'_m=25^2\times44=27500(\Omega)$$

$$r_m=K^2r'_m=25^2\times5.8=3625(\Omega)$$

在高压侧施加额定电压时，$I_{10ph}=0.018\times11.55=0.208(A)$

空载损耗为

$$p_{10}=3I_{10ph}^2r_m=3\times0.208^2\times3625=470(W)$$

可见，在高、低压侧施加额定电压做空载试验时，空载损耗相等。

二、短路试验

1. 试验目的

测短路电压 U_k、短路电流 I_k 和短路损耗 p_k，并计算短路阻抗 Z_k。

2. 试验方法

图 2-13（a）所示是一台单相变压器的短路试验接线图，将二次绕组短路，一次绕组通过调压器接到电源上，调整一次电压 U_k，记录短路电流 I_k、短路输入功率 p_k。在试验时，二次侧短路，当一次电流 $I_{1k}=I_{1N}$ 时，根据磁动势平衡，二次电流 $I_{2k}=I_{2N}$，此时一次电压 $U_k=I_{1N}Z_k=U_{kN}$ 称为短路电压，$p_k=p_{kN}$ 称为短路损耗。

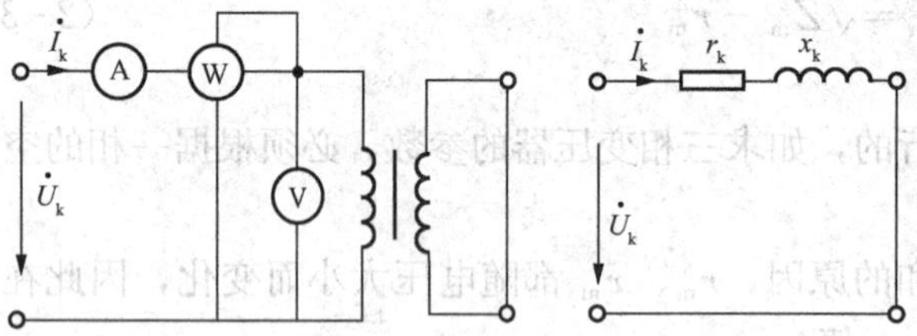

(a) (b)

图 2-13 单相变压器短路试验

(a) 接线；(b) 等效电路

3. 试验的数据处理

根据测量结果，由等效电路可算得下列参数：

短路阻抗为 $$Z_k=\frac{U_k}{I_k} \tag{2-35}$$

短路电阻为
$$r_k=\frac{p_k}{I_k^2} \tag{2-36}$$

短路电抗为
$$x_k=\sqrt{Z_k^2-r_k^2} \tag{2-37}$$

4. 结论

(1) 对于T形等效电路，可认为 $r_1\approx r_2'=\frac{1}{2}r_k$，$x_1\approx x_2'=\frac{1}{2}x_k$。

(2) 如同空载试验一样，上面的分析是对单相变压器进行的，如求三相变压器的参数时必须根据一相的损耗、相电压、相电流来计算。

(3) 短路试验可以在一次侧做也可在二次侧做，工程中为了方便，短路试验在高压侧做。所求得的 Z_k 是折算到高压侧的值。

(4) 短路试验时，U_{kN} 一般很低（$4\%\sim10\%U_{1N}$），所以铁心中主磁通很小，励磁电流完全可以忽略，铁心中的损耗也可以忽略。故从电源输入的功率 $p_k\approx p_{Cu}$，为短路铜损耗，常称为可变损耗。

由于绕组的电阻随温度而变化，而短路试验一般在室温下进行，故测得的电阻值应按国家标准换算到基准工作温度时的数值。对A、E、B级的绝缘，其参考温度为75℃，这里不作介绍。

三、短路电压

在变压器做短路试验时，一次绕组的电流达到额定值时，一次绕组上所加的电压称为短路电压，通常用它与一次额定电压之比的百分值表示，根据等效电路，短路电压百分值为
$$u_k=\frac{I_{1Nph}Z_k}{U_{1Nph}}\times100\% \tag{2-38}$$

其有功分量、无功分量分别为
$$\left.\begin{aligned}u_{ka}&=\frac{I_{1Nph}r_k}{U_{1Nph}}\times100\%\\ u_{kr}&=\frac{I_{1Nph}x_k}{U_{1Nph}}\times100\%\\ u_k&=\sqrt{u_{ka}^2+u_{kr}^2}\end{aligned}\right\} \tag{2-39}$$

式(2-38)和式(2-39)表明，短路电压百分值即阻抗压降的百分值，其有功分量 u_{ka} 即电阻压降，无功分量 u_{kr} 即电抗压降。可以证明 $u_{ka}=r_k^*=p_{kN}^*$，$u_{kr}=x_k^*$，$Z_k^*=u_k$。短路电压的数值标在变压器铭牌上，它的大小反映变压器在额定负载下运行时，漏阻抗压降的大小。从运行角度看，希望短路阻抗和阻抗压降小一些，这样变压器输出电压随负载变化的波动较小。但短路阻抗太小，当发生突然短路时，短路电流又会太大，可能会损坏变压器。一般中小型电力变压器的 u_k 为 $5\%\sim10\%$，大型的为 $10\%\sim18\%$ 左右。

【例2-2】 对［例2-1］的三相变压器在高压侧做短路试验：$U_{kN}=400\text{V}$，$I_k=I_N=11.55\text{A}$，$p_{kN}=3500\text{W}$。试求短路参数。

解 相电压
$$U_{kph}=\frac{U_{kN}}{\sqrt{3}}=\frac{400}{\sqrt{3}}=230.9(\text{V})$$

相电流
$$I_{kph}=I_k=11.55(\text{A})$$

一相损耗
$$p_{kph}=\frac{p_{kN}}{3}=\frac{3500}{3}=1167(\text{W})$$

短路阻抗 $Z_k=\frac{U_{kph}}{I_{kph}}=\frac{230.9}{11.55}=20(\Omega)$

短路电阻 $r_k=\frac{p_{kph}}{I_{kph}^2}=\frac{1167}{11.55^2}=8.75(\Omega)$

短路电抗 $x_k=\sqrt{Z_k^2-r_k^2}=\sqrt{20^2-8.75^2}=17.98(\Omega)$

若在低压侧做短路试验，则

低压侧施加电压 $U_{kph2}=\frac{U_{kph}}{K}=\frac{230.9}{25}=9.24(V)$

低压侧电流 $I_{kph2}=KI_{kph}=25\times11.55=288.8(A)$

低压侧短路电阻 $r_{k2}=\frac{r_k}{K^2}=\frac{8.75}{25^2}=0.014(\Omega)$

低压侧三相损耗 $p_{k2}=3r_{k2}I_{kph2}^2=3\times0.014\times288.8^2=3500(W)$

计算表明，在低压侧做短路试验时，短路损耗值不变，但 U_{kph2} 太小，I_{kph2} 太大，调压设备难以满足要求，试验误差也较大，因此，电力变压器的短路试验大多在高压侧做。

2.4 标 幺 值

电力工程的计算中，各物理量的大小，除了用具有"单位"的有名值表示外，还常用不具"单位"的标幺值来表示。下面介绍标幺值的概念、计算及主要优缺点。

一、标幺值的定义

标幺值是指某一物理量的实际值与选定的同一单位的固定值的比值，选定的同一单位的固定数值叫基准值，即

$$标幺值=\frac{实际值}{基准值}$$

二、基准值的选取与标幺值的计算

在电力工程计算中，对于"单个"的电气设备，通常都是选其额定值作基准值，哪一侧的物理量就应选哪一侧的额定值作为基准值。

对于三相变压器一般取额定相电压作为电压基准值，额定相电流作为电流基准值，额定视在功率作为功率基准值。标幺值是一个无量纲的相对值，一般将原来的物理量符号右上角加"*"以表示其标幺值。当选用额定值为基准值时，一、二次电压、电流和阻抗的标幺值分别为

$$U_{1ph}^*=\frac{U_{1ph}}{U_{1Nph}}\quad U_{2ph}^*=\frac{U_{2ph}}{U_{2Nph}}\tag{2-40}$$

$$I_{1ph}^*=\frac{I_{1ph}}{I_{1Nph}}\quad I_{2ph}^*=\frac{I_{2ph}}{I_{2Nph}}\tag{2-41}$$

$$Z_1^*=\frac{Z_1}{Z_{1N}}\quad Z_2^*=\frac{Z_2}{Z_{2N}}\tag{2-42}$$

一、二次阻抗的基准值为

$$Z_{1N}=\frac{U_{1Nph}}{I_{1Nph}}\quad Z_{2N}=\frac{U_{2Nph}}{I_{2Nph}}\tag{2-43}$$

已知标幺值和基准值，就可求得实际值

实际值＝基准值×标幺值

将标幺值乘以100%，即得以同样基准值表示的百分值

百分值＝标幺值×100%

三、采用标幺值的优点

（1）不论变压器的容量相差多大（从几十到几千千伏·安），用标幺值表示的参数及性能数据变化很小，这就便于不同容量的变压器进行比较。例如空载电流 I_0^* 约为3%～8%，短路阻抗的标幺值 Z_k^* 约为4%～10.5%。

（2）采用标幺值时，一、二次侧各量不需要进行折算，即折算前后相应量的标幺值相等。例如

$$r_2^* = \frac{I_{2Nph} r_2}{U_{2Nph}} = \frac{K I_{1Nph} r_2}{U_{1Nph}/K} = \frac{K^2 r_2 I_{1Nph}}{U_{1Nph}} = \frac{r'_2 I_{1Nph}}{U_{1Nph}} = r'^*_2 \tag{2-44}$$

注意：二次侧折算到一次侧后基准值应取一次侧的额定值。

（3）用标幺值表示的量不分相、线，不分单相还是三相，即线量的标幺值和相应相量的标幺值相等。如

$$I_{0l}^* = I_{0ph}^* \quad U_l^* = U_{ph}^* \quad U_{kl}^* = U_{kph}^*$$

三相总功率的标幺值等于各相相应功率的标幺值。如

$$p_0^* = p_{0ph}^* \quad p_k^* = p_{kph}^* \quad S^* = S_{ph}^*$$

（4）采用标幺值表示的基本方程式与采用实际值时的方程式在形式上保持一致。如

$$Z_k^* = \sqrt{r_k^{*2} + x_k^{*2}} \quad Z_m^* = \frac{U^*}{I_0^*} = \frac{1}{I_0^*} \quad r_m^* = \frac{p_0^*}{I_0^{*2}} \quad r_k^* = \frac{p_k^*}{I_k^{*2}} = p_k^*$$

（5）采用标幺值后，各量的数值简化了，例如当电流、电压达到额定值时，其标幺值为1，因此，计算很方便。同时，某些量还具有相同的数值。例如

$$u_k = Z_k^* \quad u_{ka} = r_k^* = p_k^* \quad u_{kr} = x_k^* \tag{2-45}$$

额定运行时

$$\left.\begin{aligned} S_N^* &= 1 \\ P_N^* &= U_N^* I_N^* \cos\varphi_N = \cos\varphi_N \\ Q_N^* &= U_N^* I_N^* \sin\varphi_N = \sin\varphi_N \end{aligned}\right\} \tag{2-46}$$

【例2-3】 一台电力变压器铭牌数据为 $S_N = 20000\text{kV}\cdot\text{A}$，$U_{1N}/U_{2N} = 110/10.5\text{kV}$，$Z_k^* = 0.105$，$p_0 = 23.7\text{kW}$，$I_0^* = 0.65\%$，$p_{kN} = 104\text{kW}$，Yd联结。试求变压器Γ形等效电路参数的标幺值。

解

$$r_k^* = p_k^* = \frac{p_{kN}}{S_N} = \frac{104}{20000} = 0.0052$$

$$x_k^* = \sqrt{Z_k^{*2} - r_k^{*2}} = \sqrt{0.105^2 - 0.0052^2} \approx 0.105$$

$$Z_m^* = \frac{U_{1Nph}^*}{I_0^*} = \frac{1}{0.0065} = 153.85$$

$$r_m^* = \frac{p_0^*}{I_0^{*2}} = \frac{p_0/S_N}{I_0^{*2}} = \frac{23.7/20000}{0.0065^2} = 28.05$$

$$x_m^* = \sqrt{Z_m^{*2} - r_m^{*2}} = \sqrt{153.85^2 - 28.05^2} \approx 151.21$$

2.5 变压器的运行性能

变压器运行性能是指变压器一次侧接以额定电压，二次侧带有负载时的负载端电压变化特性和效率特性。

一、电压变化率 ΔU%

1. 定义

由于变压器一、二次绕组都有漏阻抗，当有负载电流流过时必然在这些漏阻抗上产生电压降，二次电压将随负载的变化而变化。为了描述这种电压变化的大小，引入电压变化率

$$\Delta U\% = \frac{U_{20}-U_2}{U_{2N}}\times 100\% = \frac{U_{2N}-U_2}{U_{2N}}\times 100\% = \frac{U_{1N}-U'_2}{U_{1N}}\times 100\% = 1-U_2^*$$

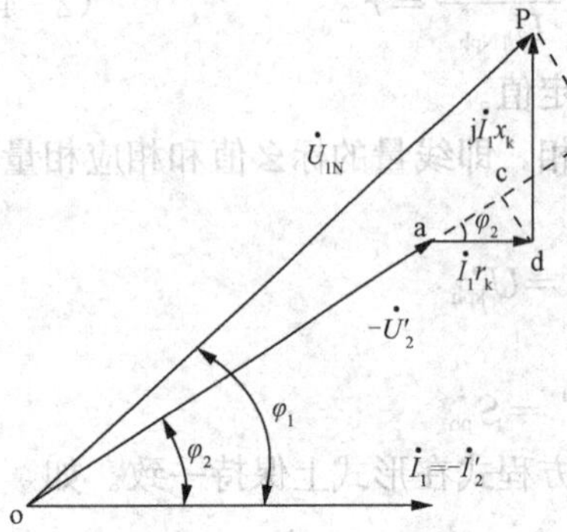

图 2-14 ΔU%的图解法

2. 确定 ΔU%的方法

分析变压器的电压变化率可不计 I_0 的影响。因此，可通过变压器的简化等效电路推导出 ΔU%的计算公式。

图 2-14 是对应于变压器简化等效电路的相量图，过点 P 作 oa 的垂线，得直角∠Pob，对于电力变压器有 oP≈ob。过 d 作 ab 垂线得垂足 c。则从空载到负载，端电压变化为

$$U_{1N}-U'_2 \approx ab$$

$$ab = I_1 r_k \cos\varphi_2 + I_1 x_k \sin\varphi_2$$

于是

$$\Delta U\% = \frac{U_{1N}-U'_2}{U_{1N}}\times 100\% \approx \frac{ab}{oP}\times 100\%$$

$$= \frac{I_1 r_k\cos\varphi_2 + I_1 x_k \sin\varphi_2}{U_{1N}}\times 100\%$$

$$= \beta(r_k^*\cos\varphi_2 + x_k^*\sin\varphi_2)\times 100\% \tag{2-47}$$

式中 β——负载系数，也是电流的标幺值，$\beta=\frac{I_1}{I_{1N}}=\frac{I_2}{I_{2N}}=I_1^*=I_2^*$。

3. 影响 ΔU%的因素

从式 (2-47) 可以看出，变压器负载时影响电压变化率 ΔU%大小的有三个因素：一是负载系数；二是短路参数；三是负载功率因数。在电力变压器中，一般 $x_k \gg r_k$，当负载为纯电阻时，$\varphi_2=0$，$\cos\varphi_2=1$，$\sin\varphi_2=0$，ΔU%很小；当为感性负载时，$\varphi_2>0$［称 $\cos\varphi_2$（滞后）］，$\cos\varphi_2$、$\sin\varphi_2$ 均为正，ΔU%为正值，二次电压 U_2 随负载电流 I_2 的增大而下降；容性负载时，$\varphi_2<0$［称 $\cos\varphi_2$（超前）］，$\cos\varphi_2>0$，$\sin\varphi_2<0$，若 $|r_k^*\cos\varphi_2|<|x_k^*\sin\varphi_2|$，则 ΔU%为负，二次电压 U_2 随负载电流 I_2 的增加而升高。

4. 变压器的电压调整

变压器负载运行时，二次电压随负载大小及功率因数的变化而变化，如果电压变化过大，将对用户产生不利影响。为了保证二次电压的变化在允许范围内，通常在变压器高压侧设置分接，并装设分接开关，用以调节高压绕组的工作匝数，从而来调节二次电压。分接之

所以设置在高压侧，是因为高压绕组套在最外面，便于引出分接，再有高压侧电流相对也较小，分接的引线及分接开关载流部分的导体截面积也小，开关触点易于制造。

中、小型电力变压器一般有三个分接，记作$U_N \pm 5\% U_N$。大型电力变压器则采用五个或更多的分接，例如$U_N \pm 2 \times 2.5\% U_N$或$U_N \pm 8 \times 1.5\% U_N$等。

分接开关有两种形式：一种只能在断电的情况下进行调节，称为无励磁分接开关；另一种可以在带负载的情况下进行调节，称为有载分接开关。

二、变压器的效率特性

1. 效率η

变压器运行时，输出有功功率与输入有功功率之百分比称变压器的效率，即

$$\eta = \frac{P_2}{P_1} \times 100\% \tag{2-48}$$

式中 P_2——输出有功功率；

P_1——输入有功功率。

2. 确定η的方法

变压器的效率一般都较高，大多数在95%以上，大型变压器效率可达99%以上，因此不宜采用直接测量P_1、P_2的方法，工程上常采用间接法测定变压器的效率，即测出各种损耗以计算效率，所以式（2-48）可改为

$$\eta = \frac{P_2}{P_1} \times 100\% = \frac{P_1 - \sum p}{P_1} \times 100\% = \left(1 - \frac{\sum p}{P_2 + \sum p}\right) \times 100\% \tag{2-49}$$

式中 $\sum p$——变压器运行时总的损耗，$\sum p = p_{Cu} + p_{Fe}$。

在用式（2-48）计算效率时，作以下几个假设：

（1）以额定电压下空载损耗p_0作为铁损耗，并认为铁损耗不随负载而变化，即

$$p_{Fe} \approx p_0 = \text{常数}$$

（2）以额定电流时的负载损耗p_{kN}作为额定负载电流时的铜损耗，即

$$p_{Cu} = m(I_1^2 r_1 + I_2^2 r_2) = m I_1^2 (r_1 + r'_2) = m(\beta I_{1N})^2 r_k = \beta^2 p_{kN}$$

（3）计算P_2时，忽略负载运行时二次电压的变化，即认为$U_2 \approx U_{2N}$不变，则有

$$P_2 = m U_{2Nph} I_2 \cos\varphi_2 = \beta m U_{2Nph} I_{2Nph} \cos\varphi_2 = \beta S_N \cos\varphi_2 \tag{2-50}$$

式中 m——相数；

S_N——变压器的额定容量。

应用上述三个假设后，式（2-49）变为

$$\eta = \left(1 - \frac{p_0 + \beta^2 p_{kN}}{\beta S_N \cos\varphi_2 + p_0 + \beta^2 p_{kN}}\right) \times 100\%$$

或

$$\eta = \frac{\beta S_N \cos\varphi_2}{\beta S_N \cos\varphi_2 + p_0 + \beta^2 p_{kN}} \times 100\% \tag{2-51}$$

采用这些假定引起的误差不超过0.5%，而且对所有的电力变压器都用这种方法来计算效率，可以在相同的基础上进行比较。

3. 最大效率η_{max}

对于制造好的变压器，式（2-51）中p_{kN}及p_0是一定的，变压器效率则与负载大小及负载功率因数有关。若负载功率因数给定不变，则把效率随负载系数而变化的曲线$\eta = f(\beta)$

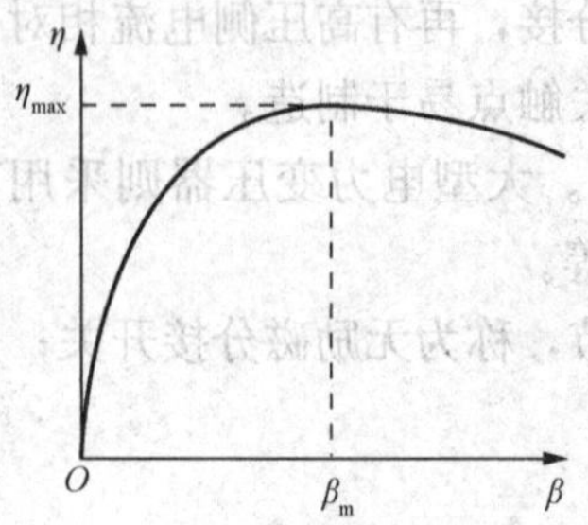

图 2-15 变压器的效率特性曲线

称为变压器的效率特性曲线，如图 2-15 所示。

从图 2-15 中可以看出，空载时，$\beta=0$，$P_2=0$，$\eta=0$；当 β 较小时，$\beta^2 p_{kN}<p_0$，η 随 β 的增大而增大；当 β 较大时，$\beta^2 p_{kN}>p_0$，η 随 β 增大而下降。因此在 β 增加的过程中，有一 β 值对应的效率达到最大，此值可用求极值的方法求得，即令 $\frac{d\eta}{d\beta}=0$，可得

$$\beta_m^2 p_{kN}=p_0 \tag{2-52}$$

这说明，变压器的不变损耗等于可变损耗时，效率达到最大，此时变压器的负载系数为

$$\beta_m=\sqrt{\frac{p_0}{p_{kN}}} \tag{2-53}$$

将 β_m 代入式（2-51）便可求得最大效率 η_{max}，即

$$\eta_{max}=\left(1-\frac{2p_0}{\beta_m S_N\cos\varphi_2+2p_0}\right)\times100\% \tag{2-54}$$

由于电力变压器长期接在电网上运行，总有铁损耗，而铜损耗却随负载而变化。一般变压器不可能总在额定负载下运行，因此，为提高变压器的运行经济性，β_m 约在 0.5～0.6 左右，这样平均效率较高。

【例 2-4】 仍采用［例 2-3］三相变压器的参数，当高压侧加额定电压，低压侧负载电流为 953.5A，负载功率因数 $\cos\varphi_2=0.9$（滞后）。求电压变化率、低压侧电压、效率及最大效率。

解 负载系数 $I_{2N}=\frac{S_N}{\sqrt{3}U_{2N}}=\frac{20000}{\sqrt{3}\times10.5}=1099.7(A)$

$$\beta=\frac{I_2}{I_{2N}}=\frac{953.5}{1099.7}=0.867$$

负载功率因数 $\cos\varphi_2=0.9$，$\sin\varphi_2=0.435$

由［例 2-3］知 $r_k^*=0.0052$，$x_k^*=0.105$，则

$$\begin{aligned}\Delta U\%&=\beta(r_k^*\cos\varphi_2+x_k^*\sin\varphi_2)\times100\%\\&=0.867\times(0.0052\times0.9+0.105\times0.435)\times100\%\\&=4.4\%\end{aligned}$$

低压侧电压 $U_2=(1-\Delta U\%)\times U_{2N}=(1-0.044)\times10500=10038(V)$

效率

$$\begin{aligned}\eta&=\left(1-\frac{p_0+\beta^2 p_{kN}}{\beta S_N\cos\varphi_2+p_0+\beta^2 p_{kN}}\right)\times100\%\\&=\left(1-\frac{23.7+0.867^2\times104}{0.867\times20000\times0.9+23.7+0.867^2\times104}\right)\times100\%\\&=99.4\%\end{aligned}$$

最大效率时的负载系数 $\beta_m=\sqrt{\frac{p_0}{p_{kN}}}=\sqrt{\frac{23.7}{104}}=47.73\%$，则

$$\eta_{max}=\left(1-\frac{2p_0}{\beta_m S_N\cos\varphi_2+2p_0}\right)\times100\%$$

$$=\left(1-\frac{2\times 23.7}{0.4773\times 20000\times 0.9+2\times 23.7}\right)\times 100\%$$

$$=99.73\%$$

本章小结

变压器是一种静止的电气设备，由于一、二次绕组匝数不同，通过电磁感应关系，把一种等级的电压、电流的电能转换成同一频率的另一种等级的电压、电流的电能。在变压器中主要存在电动势平衡和磁动势平衡两个基本电磁关系，负载变化对一次侧的影响是通过二次侧磁动势 F_2 起作用的。

根据变压器内部磁场的实际分布情况和所起作用的不同，把磁通分为主磁通和漏磁通。主磁通同时交链于一次绕组和二次绕组，并在一、二次绕组中分别感应出电动势 $\dot{E}_1$ 和 $\dot{E}_2$，起传递电磁功率媒介的作用；漏磁通仅与各自的绕组相交链，只起电抗压降的作用而不参与能量的传递。在变压器中既有电路问题又有磁路问题，而且磁路和电路之间以及一次侧电路和二次侧电路之间又有磁的联系。为了把电磁场的问题简化成电路的问题，引入了电路参数——励磁阻抗 Z_m、漏阻抗 Z_1 和 Z_2。再经过折算，变压器中的电磁关系就可以用一个一、二次绕组之间有电流关系的等效电路来代替。

分析变压器内部的电磁关系可采用三种方法：基本方程式、等效电路和相量图。基本方程式是电磁关系的一种数学表达形式，相量图是基本方程式的一种图形表示法，而等效电路是从基本方程式出发用电路来模拟实际变压器，因此，三者完全是一致的，知道了其中一种就可以推导出其他两种。由于解基本方程组比较复杂，因此在实际工作中，如做定性分析可采用相量图，如做定量计算则采用等效电路，特别是简化等效电路比较方便。

无论列基本方程式、画相量图还是画等效电路，都必须首先规定各量的正方向。正方向规定的不同，方程式中各量前面的符号和相量图中各相量的方向也就不同。

励磁电抗 x_m、漏电抗 x_1 和 x_2，都是变压器的重要参数，电路中的每一个电抗都与磁场中的一个磁通相对应，x_m 与主磁通对应，x_1 和 x_2 则分别与一、二次绕组的漏磁通相对应。由于主磁通沿铁心闭合，受磁路饱和的影响，故励磁电抗 x_m 不是常数，漏磁通所经过的回路中有一段为非磁性物质，因此，漏磁通基本上不受铁心饱和的影响，所以 x_1 和 x_2 基本上是常数。

电压变化率 $\Delta U\%$ 和效率 η 是变压器的主要性能指标。$\Delta U\%$ 的大小表明了变压器运行时输出电压的稳定性，效率 η 则表明运行时的经济性。变压器的参数对 $\Delta U\%$ 和 η 有很大的影响，对已制成的变压器，参数可以通过试验测出，设计变压器时则通过有关尺寸和材料性质来计算。从电压变化率的观点看，希望短路阻抗小些，但是 Z_k^* 过小，变压器发生短路时短路电流过大，绕组间的电磁力也大，因此，国家标准对各种容量变压器的 Z_k^* 都做出了规定，一般来讲，容量越大，电压越高，短路阻抗越大。

思考题

2-1　变压器中主磁通与漏磁通的作用有什么不同？在等效电路中是怎样反映它们的作

用的？

2-2 变压器等效电路中的 r_m 代表什么电阻？能否用直流电表测量该电阻？x_m 的物理意义是什么？希望变压器的 x_m 是大还是小好？若用空气心而不用铁心，则 x_m 是增加还是降低？如果一次绕组匝数增加 5%，而其余不变，则 x_m 将如何变化？如果铁心截面积增大 5%，而其余不变，则 x_m 将大致如何变化？如果铁心叠装时，硅钢片接缝间存在着较大的气隙，则对 x_m 有何影响？

2-3 变压器一次电压超过额定电压时，其励磁电流、励磁电阻、励磁电抗和铁耗将如何变化？

2-4 一台变压器，原始设计的额定频率为 50Hz，现将它接到 60Hz 的电网上运行，所加电压为额定电压，试问励磁电流、铁耗、漏抗、电压调整率等将如何变化？

2-5 写出用 $\dot{\Phi}_m$ 表示的 $\dot{E}_1$、$\dot{E}_2$ 表达式以及一次电压平衡方程式，并说明为什么主磁通 Φ_m 取决于外加电源电压 U_1。

2-6 为什么变压器的空载损耗可以近似地看成是铁耗，短路损耗可以近似地看成是铜耗？

2-7 在变压器高压侧和低压侧分别加额定电压进行空载试验，所测得的铁耗是否一样？计算出来的励磁阻抗有何差别？

2-8 为了得到正弦感应电动势，铁心不饱和与饱和时，励磁电流应各呈何种波形？为什么？

2-9 在分析变压器时，为什么要进行折算？折算的条件是什么？如何进行具体折算？若用标幺值时是否还需要折算？

2-10 变压器一、二次绕组在电路上并没有联系，但在负载运行时，若二次电流增大，则一次电流也增大，为什么？

2-11 变压器空载运行时，一次侧从电网吸收什么性质的无功功率？变压器二次侧带电容性负载时，一次侧从电网吸收什么性质的无功功率？

2-12 变压器电压变化率的定义是什么？其大小与哪些因素有关？变压器二次侧带什么性质的负载时，有可能使电压变化率为零？

2-13 变压器的效率与哪些因素有关？为什么实际运行的变压器不把最高效率设计在满载时？

2-14 一台 50Hz 的单相变压器，如接在直流电源上，其电压大小和铭牌电压一样，试问此时会出现什么现象？

2-15 变压器的额定电压为 220/110V，若不慎将低压侧误接到 220V 电源上，试问励磁电流将会发生什么变化？变压器将会出现什么现象？

习 题

2-1 一台三相变压器，一、二次额定电压 $U_{1N}/U_{2N}=10/3.15$kV，Yd 联结，匝电压为 14.189V，频率为 50Hz，二次额定电流 $I_{2N}=183.3$A。试求：

(1) 一、二次绕组的匝数；

(2) 一次额定电流 I_{1N} 及额定容量 S_N；

(3) 变压器运行在额定容量且功率因数为 $\cos\varphi_2=0.8$(滞后)情况下的负载功率 P_2。

2-2 有一台 180kV·A 的铝线变压器,$U_{1N}/U_{2N}=10000/400$V,50Hz,绕组为 Yyn 联结,铁心截面积 $A_{Fe}=160\text{cm}^2$,取铁心最大磁密 $B_m=1.45$T,试求:

(1) 一、二次绕组的匝数;

(2) 按电力变压器标准要求,二次电压应能在额定电压的基础上调节±5%,若希望在高压绕组边抽头以调节低压绕组的电压,试问应如何抽头?

2-3 一台三相变压器,$S_N=5600$kV·A,$U_{1N}/U_{2N}=10/6.3$kV,Yd 联结。在低压侧加额定电压做空载试验,测得 $p_0=6720$W,$I_0=8.2$A;在高压侧做短路试验,测得 $I_k=I_{1N}$,$p_k=17920$W,$U_k=550$V。试求:

(1) 折算到高压侧的励磁参数和短路参数;

(2) 折算到低压侧的励磁参数和短路参数。

2-4 一台三相电力变压器,Yd 联结,$r_1=2.19\Omega$,$x_1=15.4\Omega$,$r_2=0.15\Omega$,$x_2=0.964\Omega$,$K=3.37$,忽略 I_0。当带有 $\cos\varphi_2=0.8$(滞后)的负载时,$U_2=6000$V,$I_2=312$A。试求 U_1、I_1、$\cos\varphi_1$。

2-5 一台三相变压器的铭牌数据为:$S_N=1000$kV·A,$U_{1N}/U_{2N}=10/0.4$kV,Yy 联结,在高压侧做短路试验,测得 $I_k=57.74$A,$U_k=400$V,$p_k=11.6$kW。试求:

(1) 短路参数 r_k、x_k、Z_k;

(2) 当此变压器带 $I_2=1155$A、$\cos\varphi_2=0.8$(滞后)负载时,低压侧的电压 U_2。

2-6 一台三相变压器,$S_N=5600$kV·A,$U_{1N}/U_{2N}=6000/3300$V,Yd11 联结。空载损耗 $p_0=18$kW,额定电流时短路损耗 $p_{kN}=56$kW。试求:

(1) 当输出电流 $I_2=I_{2N}$、$\cos\varphi_2=0.8$ 时的效率 η;

(2) 效率最大时的负载系数 β_m。

2-7 一台三相变压器的铭牌数据为:$S_N=125000$kV·A,$U_{1N}/U_{2N}=110/11$kV,Yd11 联结,$Z_k^*=0.105$,$I_0^*=0.02$,$p_0=133$kW,$p_{kN}=600$kW。试求:

(1) 励磁参数和短路参数标幺值。做出Γ形等效电路,并标明各阻抗的标幺值;

(2) 变压器带 $\cos\varphi_2=0.85$(滞后)、半载运行时,电压变化率 $\Delta U\%$ 及二次电压 U_2 和效率 η;

(3) $\cos\varphi_2=0.85$(滞后)时,取得最大效率时的负载系数 β_m 及最大效率 η_{max}。

2-8 一台三相变压器,$S_N=5600$kV·A,$U_{1N}/U_{2N}=10/6.3$kV,Yd 联结,变压器的空载及短路试验数据为

试验名称	线电压 U_l (V)	线电流 I_l (A)	三相功率 p (W)	备注
空载	6300	7.4	6800	电压加在低压侧
短路	550	323.3	18000	电压加在高压侧

试求:

(1) 变压器Γ形等效电路参数的标幺值;

(2) 满载 $\cos\varphi_2=0.8$(滞后)时,电压变化率 $\Delta U\%$、二次电压 U_2 和效率 η;

(3) $\cos\varphi_2=0.8$(滞后)时的最大效率 η_{max}。

2-9 一台三相变压器,$S_N=1000$kV·A,$U_{1N}/U_{2N}=10/0.4$kV,50Hz,Yd11 联结。

空载试验测得 $U_0=U_N$，$I_0=5\%I_N$，$p_0=4.9kW$；短路试验测得 $I_k=I_N$，$U_k=5\%U_N$，$P_k=15kW$。试求：

(1) 变压器 T 形等效电路参数的标幺值；

(2) 满载 $\cos\varphi=0.8$（滞后）时的电压变化率 $\Delta U\%$；

(3) 满载 $\cos\varphi=0.8$（滞后）时的效率 η。

2-10 有一台三相变压器，$S_N=100kV\cdot A$，$U_{1N}/U_{2N}=6000/400V$，Yyn0 联结，$u_k=4.5\%$，$P_k=2270W$，此变压器二次侧接至三角形联结的平衡三相负载，每相负载阻抗 $Z_L=3.75+j2.85\Omega$，试求：

(1) 在此负载下的负载电流及二次电压；

(2) 一次侧功率因数（不计励磁电流）。

第3章 三相变压器

目前各国电力系统均采用三相制，所以在电力系统中应用最广的是三相变压器。三相变压器可以用三个单相变压器作三相连接而组成，称为三相变压器组，或称组式变压器；还有一种三相变压器的铁心由铁轭把布有三相绕组的三个铁心连在一起，称为三相心式变压器。从运行原理和分析方法来说，三相变压器在对称负载下运行时，各相电压、电流也是对称的，即大小相等、相位上彼此相差120°，故可取一相进行分析。这时三相变压器的任意一相和单相变压器就没有什么区别，因此前一章所述的分析方法及其结论完全适用于三相变压器在对称负载下的运行情况。

但是三相变压器也有自己的特殊问题须加以研究，如三相磁路的构成方法、三相绕组的连接方法、电动势和励磁电流的波形、并联运行的问题以及不对称运行等。本章所要研究的就是三相变压器所特有的这些问题。

3.1 三相变压器的磁路系统

三相变压器的磁路系统，可分为各相磁路彼此无关和彼此相关的两类。

一、三相组式变压器

三相组式变压器的磁路如图3-1所示，它是由三个单相变压器在电路上作三相连接而组成的，各相主磁通沿各自铁心形成一个单独回路，彼此毫无关系。所以，三相组式变压器当一次绕组外施三相对称电压时，三相主磁通是对称的。由于三相铁心相同，三相空载电流也是严格对称的。

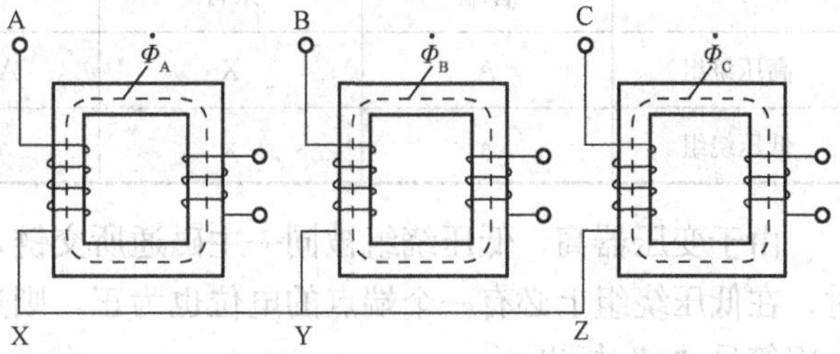

图3-1 三相组式变压器的磁路

二、三相心式变压器

三相铁心式变压器是由三个单相变压器演变过来的。如果把三个单相变压器铁心合并成图3-2（a）所示的形状，当三相变压器一次绕组外施对称的三相电压时，三相主磁通对称，中间公共铁心柱内通过的磁通为三相主磁通的相量和 $\dot{\Phi}_A+\dot{\Phi}_B+\dot{\Phi}_C=0$，这和负载对称时星形联结电路的中性线电流等于零一样，因此可将中间铁心柱省掉而变成图3-2（b）所示的形状。实际制造时，为了使结构简单、节省硅钢片，通常将三个铁心柱排列在一同平面上，如图3-2（c）所示，这就是常用的三相心式变压器的铁心。在这种磁路系统中，每相主磁通必须通过另外两相的磁路方能闭合，故各相磁路彼此相关。由于铁心成平面结构形式，使得三相磁路长度不等。中间的B相较短，两边的A、C两相较长，导致三相磁阻不等。当外施三相对称电压时，三相空载电流将不相等，B相略小，A、C两相大些。但由于变压器的空载电流很小，它的不对称，对变压器负载运行影响极其微小，可略去不计。在目前电力系统中，用得较多的是三相心式变压器，部分大容量的变压器由于运输困难等原因，也有采用三相组式结构的。

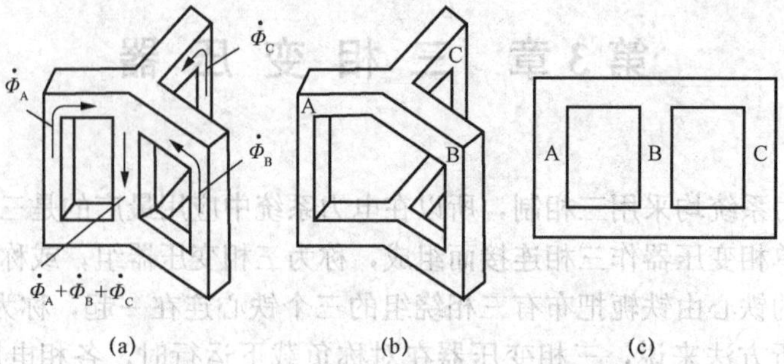

图 3-2 三相心式变压器的磁路

(a) 四柱对称铁心；(b) 三柱对称铁心；(c) 同一平面三柱非严格对称铁心

3.2 三相变压器的电路系统——绕组的联结组标号

三相变压器绕组的连接不仅是构成电路的需要，还关系到高、低压绕组电动势谐波的大小以及变压器并联运行等问题，下面加以分析。

一、绕组的端点标志与极性

变压器绕组首末端标志的规定见表 3-1。

表 3-1 绕组首末端标志的规定

绕组名	单相变压器		三相变压器		
	首端	末首	首端	末端	中性点端子
高压绕组	A	X	A B C	X Y Z	N
低压绕组	a	x	a b c	x y z	n

由于变压器高、低压绕组被同一主磁通所交链，当某一瞬间高压绕组的某一端为正电位时，在低压绕组上必有一个端点的电位也为正，则这两个对应端为同名端，并在对应的端点上用符号“.”标出。

绕组的极性只取决于绕组的绕向，与绕组首末端的标志无关。规定绕组电动势的正方向为从末端指向首端。当同一铁心柱上高、低压绕组首端为同名端时，其电动势同相位，如图 3-3（a）所示；当首端为异名端时，高、低压绕组电动势反相位，如图 3-3（b）所示。

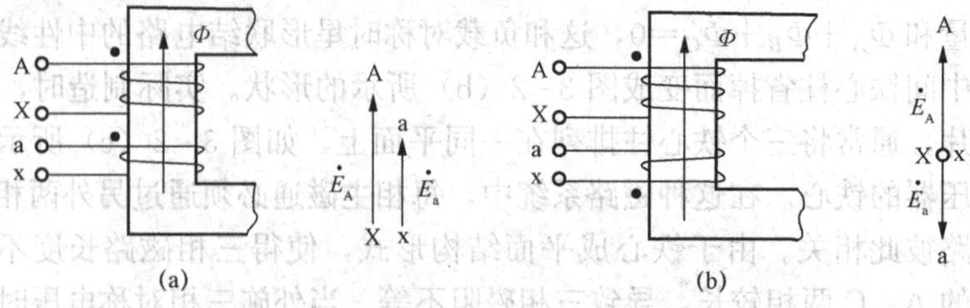

图 3-3 绕组的标志、极性和电动势相量图

(a) 首端为同名端；(b) 首端为异名端

二、三相变压器的连接方式

三相电力变压器广泛采用星形联结和三角形联结。所谓的星形联结，就是把三相绕组的三个首端A、B、C（或a、b、c）向外引出，将末端X、Y、Z（或x、y、z）连接在一起接成中性点，用符号Y（或y）表示。如将中性点引出，则用YN（或yn）表示，如图3-4（a）所示。所谓的三角形联结，就是把一相绕组的末端和另一相绕组的首端连接起来，顺序形成一个闭合电路，而把它们的首端向外引出，用符号D（或d）表示。三角形联结有两种连接顺序：一种连接顺序为AX→CZ→BY（或ax→cz→by），如图3-4（b）所示；另一种连接顺序为AX→BY→CZ（或ax→by→cz），如图3-4（c）所示。若高压绕组接成星形、低压绕组接成三角形，则表示成Yd联结。

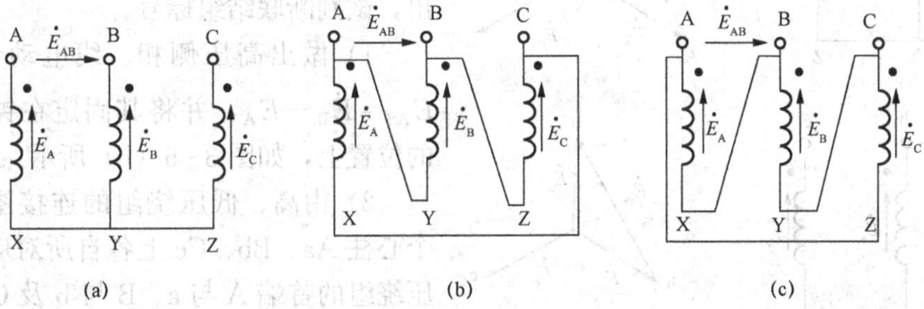

图3-4 三相绕组的连接方式

（a）三相绕组Y联结；（b）三相绕组D联结（顺序一）；（c）三相绕组D联结（顺序二）

三、三相变压器的联结组标号及其判定

在具体使用变压器时，除了要知道高、低压绕组的三相连接方式以外，还要知道高、低压绕组线电压或线电动势之间的相位关系。所谓变压器的联结组标号，就是根据变压器高、低压绕组对应的线电压或线电动势之间的相位差，把变压器的联结分成不同的组加以区别。变压器的联结组标号通常采用时钟法表示，即把高压绕组的线电压或线电动势相量作为时钟的长针，且固定指向时钟表面的“12”的位置上，对应的低压绕组线电压或线电动势相量作为时钟的短针，其所指的钟点数就是变压器联结组标号。

1. 单相变压器的联结组标号

对于单相变压器，高、低绕组电动势相位关系只有两种可能：相位相同或相位相反。当高、低压绕组电动势相位相同时，联结组标号为Ii0，如图3-3（a）所示，其中Ii表示高、低压绕组都是单相，“0”表示0点联结。当高、低压绕组电动势相位相反时，其联结组标号为Ii6如图3-3（b）所示，“6”表示6点联结。

2. 三相变压器的联结组标号

三相变压器的联结组标号不仅与绕组的同名端及首末端的标记有关，还与三相绕组的连接方式有关。三相绕组的连接图按传统的标志方式，高压绕组位于上面，低压绕组位于下面。根据连接图，用相量图法判断联结组标号一般可分为四个步骤：

（1）在绕组联结图上标出高、低绕组相电动势和线电动势的参考方向。

（2）做出高压侧电动势相量图，并取 $\dot{E}_{AB}$ 表示长针固定指向钟表面的“0”，相量图按逆时针方向旋转，相序为正相序A—B—C。

（3）判断同一心柱上高、低压绕组相电动势的相位关系（同相位或反相位），做出低压侧的电动势相量图，相量图按逆时针方向旋转，相序为正相序 a—b—c。

（4）确定联结组标号。观察低压侧的相量图中 $\dot{E}_{ab}$ 所指钟表面的序数（就是几点钟），即为该联结组标号。

根据联结组标号以及一个钟点数对应 30°角，即可确定高、低压绕组线电动势（或线电压）之间的相位移。

下面以实例说明三相变压器联结组标号的求法。

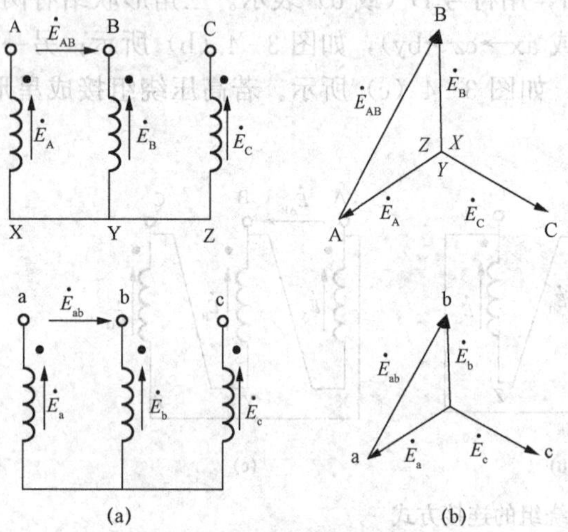

图 3-5 Yy0 联结组

（a）绕组连接图；（b）相量图

（1）Yy0 联结组。图 3-5（a）是 Yy 联结时高、低压绕组的连接图，同名端已标出，试判断联结组标号。

1）做出高压侧相、线电动势相量图，$\dot{E}_{AB}=\dot{E}_B-\dot{E}_A$，并将其固定在钟面的“0”的位置上，如图 3-5（b）所示。

2）由高、低压绕组的连接图可知，三个心柱 Aa、Bb、Cc 上各自所对应的高、低压绕组的首端 A 与 a、B 与 b 及 C 与 c 分别为同名端同标记，因此有 $\dot{E}_A$ 与 $\dot{E}_a$、$\dot{E}_B$ 与 $\dot{E}_b$ 及 $\dot{E}_C$ 与 $\dot{E}_c$ 方向分别相同。据此可做出低压侧电动势相量图。

3）根据低压侧线电动势 $\dot{E}_{ab}=\dot{E}_b-\dot{E}_a$ 所处钟面的位置“0”，可得联结组标号为 Yy0。

（2）Yd11 联结组。三相绕组联结如图 3-6 所示。

1）做出高压侧相、线电动势相量图，$\dot{E}_{AB}=\dot{E}_B-\dot{E}_A$，并将其固定在钟面的“12”的位置上，如图 3-6（b）所示。

2）由高、低压绕组的连接图可知，三个心柱 Aa、Bb、Cc 上各自所对应的高、低压绕组的首端 A 与 a、B 与 b 及 C 与 c 分别为同名端同标记，因此有 $\dot{E}_A$ 与 $\dot{E}_a$、$\dot{E}_B$ 与 $\dot{E}_b$ 及 $\dot{E}_C$ 与 $\dot{E}_c$ 方向分别相同。据此可做出低压侧的电动势相量图。

3）根据低压侧线电动势 $\dot{E}_{ab}=\dot{E}_b$ 所处钟面的位置“11”，可得联结组标号为 Yd11。

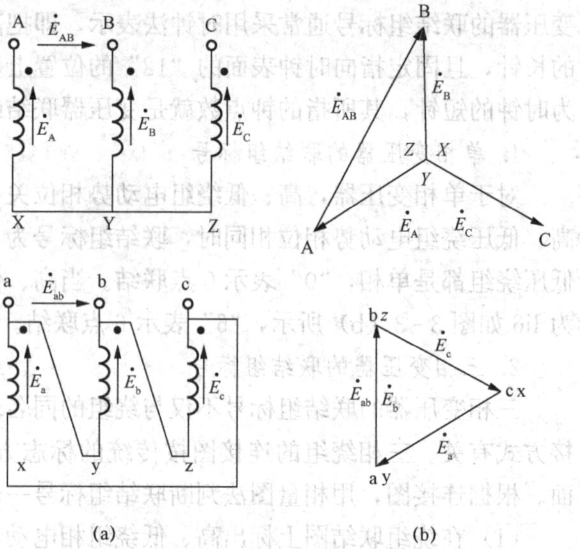

图 3-6 Yd11 联结组

（a）绕组联结图；（b）相量图

当高压绕组采用三角形联结，低压绕组为星形联结，且同名端同时作为首端，同一铁心柱为同一相时，可得联结组标号 Dy1。当高、低压绕组均采用三角形连接，且同名端同时作首端，同一铁心柱为同一相时，可得联结组标号 Dd0。

记住以上四种联结组标号、绕组联结和首末端标记，则可通过以下规律确定其他联结组标号或由联结组标号确定绕组连接方式和首末端标记。在高压绕组的连接方式和标记不变，而只改变低压绕组的连接方式或标记的情况下，其规律归纳起来有以下三点。

1）对调低压绕组的首末端标记，即高、低压绕组的首端由同名端改为异名端，变压器的联结组标号加 6 个钟点数。

2）低压绕组的首末端标记顺着相序移一相（a—b—c→c—a—b），则变压器的联结组标号加 4 个钟点数。

3）高、低压绕组连接方式相同（Yy 或 Dd）时，变压器联结组标号为偶数；高、低压绕组连接方式不相同（Yd 或 Dy）时，变压器联结组标号为奇数。

Yy 及 Dd 联结组标号有 0、2、4、6、8、10 共 6 个，Yd 及 Dy 联结组标号有 1、3、5、7、9、11 共 6 个。为了制造和应用上的方便，我国 GB 1094—1996～2011《电力变压器》系列国家标准规定，Yyn0、Yd11、YNd11、YNy0、Yy0 五种为标准联结组标号。其中前三种最常用：Yyn0 为二次侧引出中性线，构成三相四线制供电系统，用在配电变压器中，可兼为照明负载和动力负载供电；Yd11 用在二次侧电压超过 400V 的线路中；YNd 主要用在高压输电线路中，使电力系统的高压侧可以接地。对于单相变压器通常采用 Ii0 联结组。

3.3　三相变压器绕组连接方式及磁路系统对空载电动势波形的影响

在讨论单相变压器的空载运行时，曾经得出当外电压为正弦波时，由于 $e\approx -u$，故感应电动势 e、主磁通 Φ 也是正弦波。如果磁路饱和，励磁电流 i_0 将呈现尖顶波形，其中除了基波外，还含有较强的三次谐波（以下忽略更高次谐波），如图 2-2 所示。

同理，如果励磁电流为正弦波，由于磁路非线性，主磁通为平顶波，其中除了基波，还含有较强的三次谐波（以下忽略更高次谐波），如图 3-7 所示。

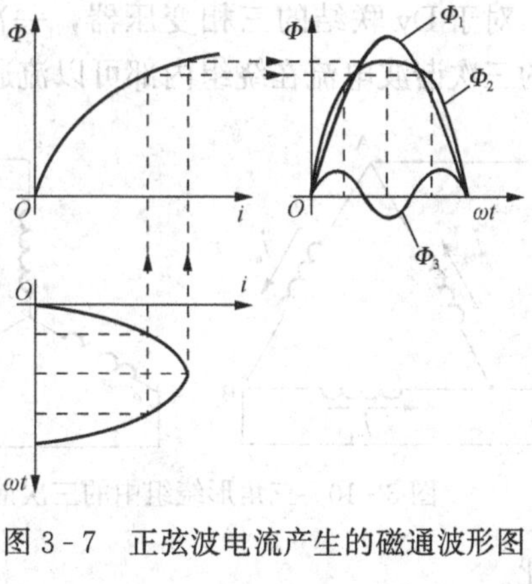

图 3-7　正弦波电流产生的磁通波形图

一、Yy 联结的三相变压器

如上所述，要在铁心柱中产生正弦波磁通 Φ，励磁电流必须呈尖顶波，即含有较强的三次谐波。在三相系统中，各相电流的三次谐波之间的相位差 $3\times120°=360°$，即各相三次谐波电流在时间上同相位。在一次侧为 Y 联结的三相绕组中，三次谐波电流不能流通，即励磁电流中不含有三次谐波而接近正弦波。此时铁心中磁通波形就要取决于磁路结构。以下就组式和心式两种磁路系统分别予以讨论。

（1）三相组式变压器。三相组式变压器磁路互相独立、彼此不相关联。当励磁电流呈正弦波、主磁通呈平顶波时，如图 3-7 所示，主磁通 Φ 中的三次谐波磁通 Φ_3 和基波磁通 Φ_1 一样，可以沿铁心闭合，在铁心饱和的情况下，其含量较大，有时可达基波磁通的 15%～20%。又因为三次谐波磁通在绕组中感应出三次谐波电动势 e_{13}，其频率是基波的 3 倍，故

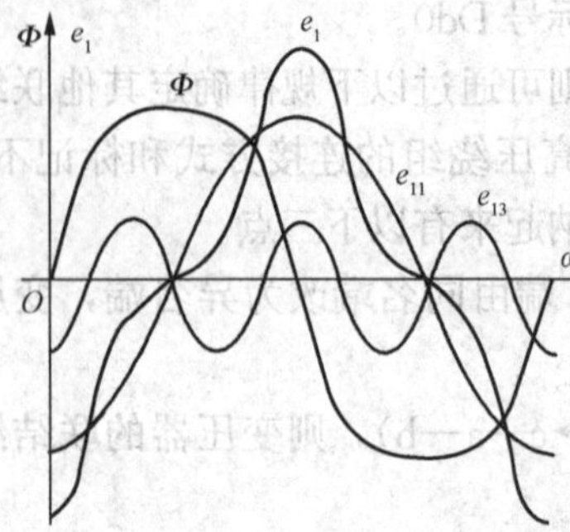

图 3-8 平顶波磁通产生的电动势波形

三次谐波电动势 e_{13} 的幅值可达基波电动势 e_{11} 幅值的45%～60%，甚至更大。将 e_{13} 与 e_{11} 相加，即得尖顶波形的相电动势，如图 3-8 所示。在三相线电动势中，因三次谐波电动势互相抵消，线电动势的波形仍为正弦波。由于尖顶波形相电动势的幅值较正弦波形相电动势的幅值升高很多，可能将绕组绝缘击穿，因此三相组式变压器是不能采用 Yy 联结的。

（2）三相心式变压器。这种变压器的磁路是各相相互关联的。对于三相基波磁通，都能沿铁心闭合，且满足 $\dot{\Phi}_{A1}+\dot{\Phi}_{B1}+\dot{\Phi}_{C1}=0$，但对于三次谐波磁通，三相同相位，即 $\dot{\Phi}_{A3}=\dot{\Phi}_{B3}=\dot{\Phi}_{C3}$，它们不能沿铁心闭合，只有从铁心轭处散射出去，穿过一段间隙，借道油箱壁而闭合，如图 3-9 所示。这样三次谐波磁通就遇到很大的磁阻，使得它们大为削弱，使主磁通接近正弦波，因此，相电动势中三次谐波很小，电动势波形接近正弦波。我国配电变压器就采用心式铁心结构、Yyn0 联结组（n 表示低压侧有中性点引出线）。由于三次谐波磁通通过油箱壁或其他铁构件时，将在这些构件中产生涡流损耗，从而使变压器效率降低，因此采用 Yyn 联结组的变压器容量不大于 1600kV・A。

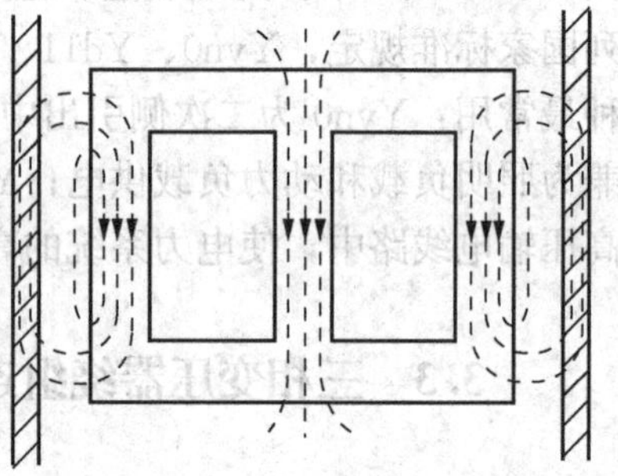

图 3-9 三相心式变压器 Yy 联结时三次谐波磁通的路径

二、Dy 及 Yd 联结的三相变压器

对于 Dy 联结的三相变压器，一次绕组的三相同相位的三次谐波电流在绕组内部可以流通，如图 3-10 所示。因此，在励磁电流中存在所需要的三次谐波分量，使主磁通呈正弦波，从而使相电动势得到正弦波形。因为铁心中的主磁通取决于一、二次绕组的合成磁动势，所以三角形接法的绕组在一次侧还是在二次侧没有区别，故上述结论亦适合于 Yd 联结的三相变压器。我国制造的 1600kV・A 以上的变压器，一、二次总有一侧绕组是接成三角形的，其理由也在于此。

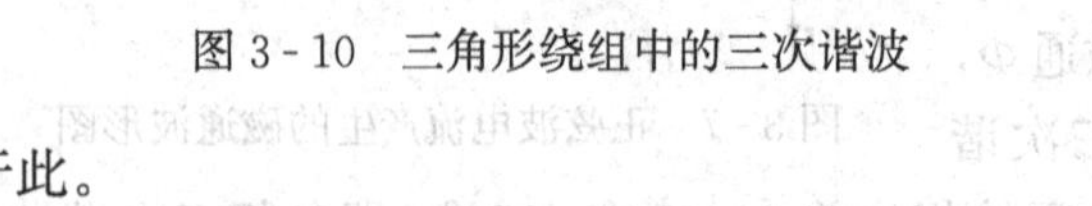

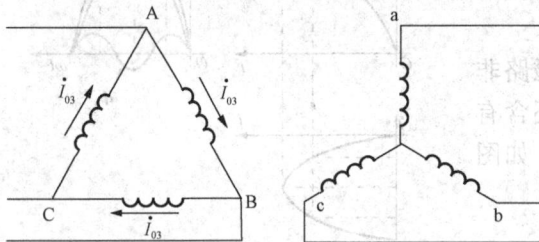

图 3-10 三角形绕组中的三次谐波

3.4 变压器的并联运行

在大容量的变电站中，常采用几台变压器并联运行方式，即将这些变压器的一、二次绕组分别并联到公共母线上，共同对负载供电，如图 3-11 所示。

一、并联的意义

将几台变压器并联运行，能提高供电的可靠性。如果某一台变压器发生故障，可将它从电网中切除检修而不中断供电；可以减少备用容量；并可随着用电量的增加而加装新的变压器。当然并联变压器台数太多也不经济，因为一台大容量的变压器的造价要比总容量相同的几台小变压器造价低、占地面积小。

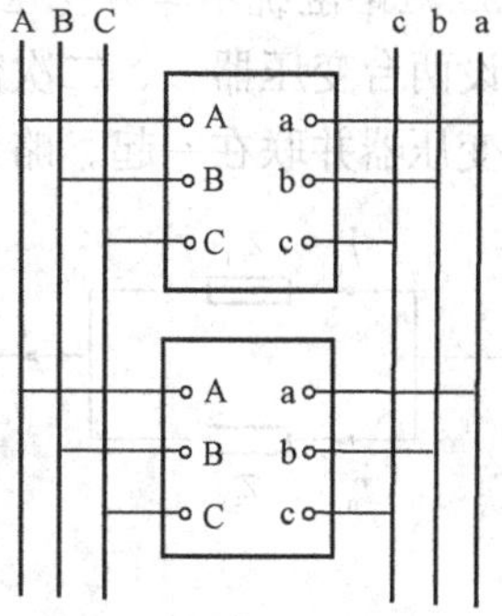

图 3-11　两台变压器并联运行图

二、并联的理想条件

变压器并联运行的理想条件是：空载时并联的各变压器一次侧无环流，负载时各变压器所负担的负载电流按容量成比例分配，各变压器的电流同相位。

要达到上述理想条件，并联运行的各变压器需满足下列条件：

（1）各变压器变比相等，即一、二次侧对应额定电压相等。

（2）联结组标号相同。

（3）短路阻抗、短路电阻、短路电抗的标幺值应分别相等。

在上述三个条件中，条件（2）必须严格满足，条件（1）、（3）允许有一定误差，下面分别讨论。

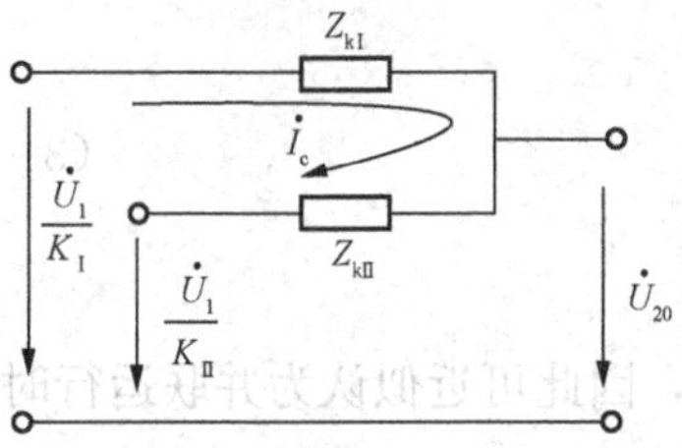

图 3-12　变比不等的变压器并联运行

三、对并联条件的讨论

1. 变比不等的变压器并联运行

设两台变压器的联结组标号相同，但变比不相等，将一次侧各物理量折算到二次侧，并忽略励磁电流，可得到并联运行时的简化等效电路，如图 3-12 所示。在空载时，两变压器绕组之间的环流为

$$\dot{I}_c=\frac{\dfrac{\dot{U}_1}{K_I}-\dfrac{\dot{U}_1}{K_{II}}}{Z_{kI}+Z_{kII}} \tag{3-1}$$

式中　Z_{kI}、Z_{kII}——变压器Ⅰ、Ⅱ折算到二次侧的短路阻抗实际值。

由于变压器短路阻抗很小，所以，即使变比差值很小，也能产生很大的环流。电力变压器变比误差一般都控制在 0.5%以内，故环流可以不超过额定电流的 5%。

2. 联结组标号不同的变压器并联运行

联结组标号不同的变压器，虽然一、二次额定电压相同，但二次电压相量的相位至少相差 30°，如图 3-13 所示。例如联结组标号分别为 Yy0 与 Yd11 的两台变压器，一次侧都接入电网，二次电压相量的相位就差 30°，相量差

$$\Delta U_{20}^{*}=2\sin\frac{30^{\circ}}{2}=0.52$$

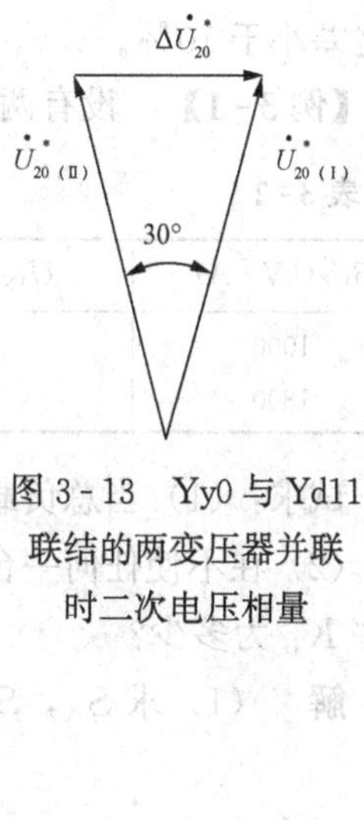

图 3-13　Yy0 与 Yd11 联结的两变压器并联时二次电压相量

由于短路阻抗很小（例如两变压器 Z_k^* 均为 0.05），将在两变压器绕组中产生很大的空载环流，其值可达额定电流的 5.2 倍，这是绝不允许的。因此联结组标号不同的变压器绝对不能并联运行。

3. 短路阻抗不等时变压器的并联运行

设两台变压器一、二次额定电压对应相等，联结组标号相同。满足了上面两个条件，可以把变压器并联在一起。略去励磁电流，得到图 3-14 所示的等效电路。从图中可以看出 $Z_{k\mathrm{I}}$ 是变压器Ⅰ的短路阻抗，其上流过变压器Ⅰ的相电流 $\dot{I}_{\mathrm{I}}$；$Z_{k\mathrm{II}}$ 是变压器Ⅱ的短路阻抗，其上流过变压器Ⅱ的相电流 $\dot{I}_{\mathrm{II}}$。由图可得到

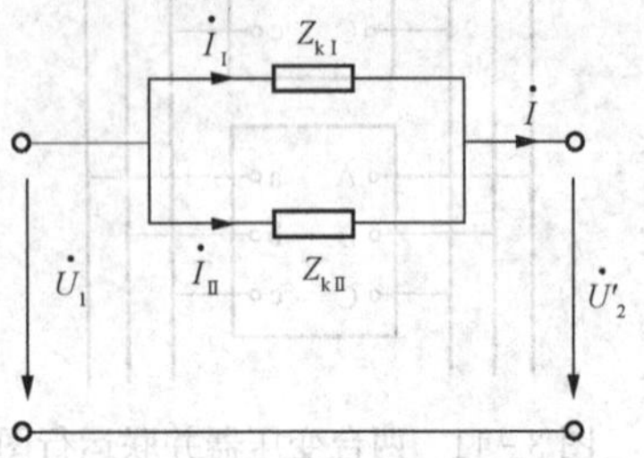

图 3-14 变压器并联运行时简化等效电路

$$\dot{I}=\dot{I}_{\mathrm{I}}+\dot{I}_{\mathrm{II}}$$

两变压器阻抗压降相等 $\dot{I}_{\mathrm{I}}Z_{k\mathrm{I}}=\dot{I}_{\mathrm{II}}Z_{k\mathrm{II}}$

故有
$$\frac{\dot{I}_{\mathrm{I}}}{\dot{I}_{\mathrm{II}}}=\frac{Z_{k\mathrm{II}}}{Z_{k\mathrm{I}}} \tag{3-2}$$

由于并联的变压器容量不等，故负载电流的分配是否合理不能直接从实际值来判断，而应从标幺值（负载系数）来判断。由于

$$\frac{\dot{I}_{\mathrm{I}}/I_{\mathrm{IN}}}{\dot{I}_{\mathrm{II}}/I_{\mathrm{IIN}}}=\frac{Z_{k\mathrm{II}}I_{\mathrm{II}}/U_{\mathrm{IN}}}{Z_{k\mathrm{I}}I_{\mathrm{IN}}/U_{\mathrm{IIN}}}$$

故有
$$\frac{\dot{I}^*_{\mathrm{I}}}{\dot{I}^*_{\mathrm{II}}}=\frac{Z^*_{k\mathrm{II}}}{Z^*_{k\mathrm{I}}}=\frac{|Z^*_{k\mathrm{II}}|}{|Z^*_{k\mathrm{I}}|}\angle\varphi_{\mathrm{II}}-\varphi_{\mathrm{I}} \tag{3-3}$$

式中 φ_{I}、φ_{II}——短路阻抗 $Z^*_{k\mathrm{I}}$ 和 $Z^*_{k\mathrm{II}}$ 的阻抗角。

对于容量相差不太大的两台变压器，其阻抗角差异不大，因此可近似认为并联运行时负载系数之比等于短路阻抗（短路电压）模值标幺值的反比

$$\frac{\beta_{\mathrm{I}}}{\beta_{\mathrm{II}}}=\frac{|Z^*_{k\mathrm{II}}|}{|Z^*_{k\mathrm{I}}|}=\frac{u_{k\mathrm{II}}}{u_{k\mathrm{I}}} \tag{3-4}$$

式（3-4）表明，各变压器分担的负载多少，与各自短路阻抗的标幺值成反比。短路阻抗标幺值小的变压器先达到满载，而短路阻抗标幺值大的还未到满载，造成并联运行的变压器的额定容量不能有效地发挥。

并联运行时为了不浪费设备容量，要求任意两台变压器容量之比小于 3，短路阻抗标幺值之差小于 10%。

【例 3-1】 设有两台三相变压器并联运行，其联结组标号相同，其他数据见表 3-2。

表 3-2 ［例 3-1］ 数 据

S_N（kV·A）	U_{1N}（kV）	U_{2N}（kV）	u_k	变压器序号
1000	35	6.3	6.25%	A
1800	35	6.3	6.6%	B

试求：(1) 当总负载为 2000kV·A 时，各变压器所承担的负荷 S_A、S_B 分别为多少？

(2) 在不使任何一台变压器过载的情况下，并联组能供给的最大负荷 S_{max} 为多少？利用率 K_L 为多少？

解 (1) 求 S_A，S_B。则有

$$\begin{cases}\dfrac{S_A}{S_{NA}}:\dfrac{S_B}{S_{NB}}=\dfrac{1}{u_{kA}}:\dfrac{1}{u_{kB}}\\ S_A+S_B=S_\Sigma\end{cases}$$

则

$$\begin{cases}\dfrac{S_A}{1000}:\dfrac{S_B}{1800}=\dfrac{1}{6.25\%}:\dfrac{1}{6.6\%}\\ S_A+S_B=2000\end{cases}$$

联立求解得 $S_A=740kV\cdot A$ $S_B=1260kV\cdot A$

(2) 求 S_{max}，K_L。

由于变压器 A 的阻抗电压较小，则第 A 台变压器先满载，即 $\dfrac{S_A}{S_{AN}}=1$，则

$$1:\frac{S_B}{1800}=\frac{1}{6.25\%}:\frac{1}{6.6\%}$$

解得 $S_B=1700$ (kV·A)。

故此时并联组所承担的最大容量

$$S_{max}=S_{AN}+S_B=1000+1700=2700(kV\cdot A)$$

其利用率

$$K_L=\frac{S_{max}}{S_{AN}+S_{BN}}\times100\%=\frac{2700}{1000+1800}\times100\%=96.43\%$$

3.5 三相变压器的不对称运行

三相变压器的负载一般是不对称的，例如单相电炉、电焊机、家用电器、照明负载等都会产生三相负载电流不平衡；此外，当一相断电检修时，另外两相继续供电也会造成变压器的不对称运行。分析变压器不对称运行常采用对称分量法。

一、对称分量法

对称分量法的原理是把一组不对称的三相电压或电流看成三组同频率的对称电压或电流的叠加，后者称为前者对称分量。图 3-15 (a)、(b)、(c) 是三组不相关的对称电流，但各有不同相序。在图 3-15 (a) 中，$\dot{I}_A^+$、$\dot{I}_B^+$、$\dot{I}_C^+$ 依次滞后 120°，称为正序，在右上角标有“+”号；在图 3-15 (b) 中，$\dot{I}_A^-$、$\dot{I}_B^-$、$\dot{I}_C^-$ 依次超前 120°，称为负序，在右上角标有“-”号；在图 3-15 (c) 中，$\dot{I}_A^0$、$\dot{I}_B^0$、$\dot{I}_C^0$ 三相电流同相序，称为零序。将正序、负序、零序三组不相关的对称电流叠加起来，便得到一组不对称三相电流 $\dot{I}_A$、$\dot{I}_B$、$\dot{I}_C$，如图 3-15 (d) 所示。这里有

$$\begin{cases}\dot{I}_A=\dot{I}_A^++\dot{I}_A^-+\dot{I}_A^0\\ \dot{I}_B=\dot{I}_B^++\dot{I}_B^-+\dot{I}_B^0\\ \dot{I}_C=\dot{I}_C^++\dot{I}_C^-+\dot{I}_C^0\end{cases}\tag{3-5}$$

反过来，任何一组不对称三相电流也可以分解出唯一的三组对称分量，推导过程如下。

由图 3-15 (a)、(b)、(c)，各相序分量中的各相电流之间的关系可描述如下

$$\begin{cases}\dot{I}_B^+=\alpha^2\dot{I}_A^+;\ \dot{I}_C^+=\alpha\dot{I}_A^+\\ \dot{I}_B^-=\alpha\dot{I}_A^-;\ \dot{I}_C^-=\alpha^2\dot{I}_A^-\\ \dot{I}_A^0=\dot{I}_B^0=\dot{I}_C^0\end{cases}\tag{3-6}$$

其中，复数算子 $\alpha=e^{j120^\circ}=-\frac{1}{2}+j\frac{\sqrt{3}}{2}$，其作用是使一个相量逆时针旋转 120°；$\alpha^2=e^{j240^\circ}=-\frac{1}{2}-j\frac{\sqrt{3}}{2}$，作用是使一个相量逆时针旋转 240°。此外 α 还满足 $\alpha^3=1$、$1+\alpha+\alpha^2=0$。将式 (3-6) 代入式 (3-5) 得

$$\begin{cases}\dot{I}_A=\dot{I}_A^++\dot{I}_A^-+\dot{I}_A^0\\ \dot{I}_B=\alpha^2\dot{I}_A^++\alpha\dot{I}_A^-+\dot{I}_A^0\\ \dot{I}_C=\alpha\dot{I}_A^++\alpha^2\dot{I}_A^-+\dot{I}_A^0\end{cases}\tag{3-7}$$

则可得

$$\begin{cases}\dot{I}_A^+=\frac{1}{3}(\dot{I}_A+\alpha\dot{I}_B+\alpha^2\dot{I}_C)\\ \dot{I}_A^-=\frac{1}{3}(\dot{I}_A+\alpha^2\dot{I}_B+\alpha\dot{I}_C)\\ \dot{I}_A^0=\frac{1}{3}(\dot{I}_A+\dot{I}_B+\dot{I}_C)\end{cases}\tag{3-8}$$

由于各相序分量都是对称的，求出 A 相分量以后，B、C 相分量就可以根据式 (3-6) 确定。

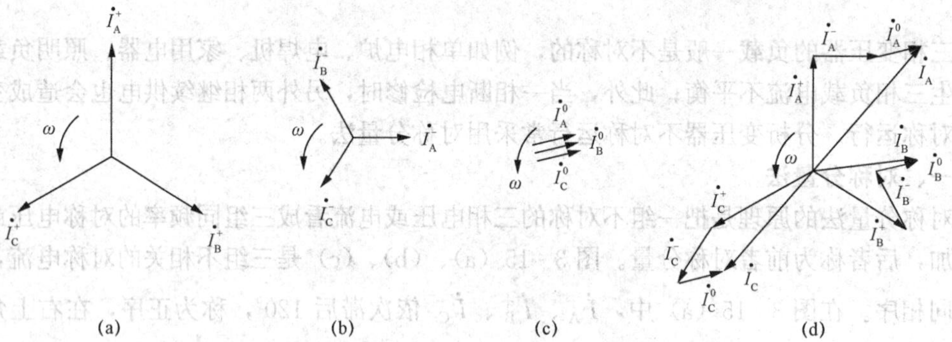

图 3-15 对称分量及其合成相量图

(a) 正序电流分量；(b) 负序电流分量；(c) 零序电流分量；(d) 合成电流

同样，三相系统中的不对称电动势、磁动势、磁通、电压都可采用上述方法分析。对称分量法的依据是叠加原理，因此只能适用于线性参数电路，对于非线性参数电路，必须作近似的线性化假设，才能得出近似结果。

二、三相变压器的相序阻抗和相序等效电路

应用对称分量法的一个基本观点即认为有三种对称系统互不干涉地同时作用于变压器各相端点，因而可以独立地考虑每种对称系统作用下变压器呈现的阻抗及其相应的等效电路。

1. 正序阻抗 Z^+ 和正序等效电路

正序阻抗，是变压器在正序电压作用下流过对称的正相序电流时反映出的参数。实际这与三相变压器带对称负载的情况一样，第二章所述等效电路就是正序等效电路。如果忽略励磁电流其简化等效电路如图 3-16（a）所示。图中电压 $\dot{U}_A^+=\dot{U}_1$ 为电源外施正序电压，二次侧各量已经过折算，为叙述方便，这里省掉了“′”，故 $Z^+=Z_k$。

2. 负序阻抗 Z^- 和负序等效电路

负序和正序的差别仅在于相序，对于静止的变压器来说，端点接上正序或负序的电压，绕组中通过正序或负序的电流所反映出的阻抗是没有差别的。但是电源外施电压认为只有对称的正序，不存在负序分量，即 $\dot{U}_A^-=0$，而负相序电流却可以经电源流通。因此，负序等效电路在电源侧是短路的，如图 3-16（b）所示，故 $Z^+=Z^-=Z_k$。

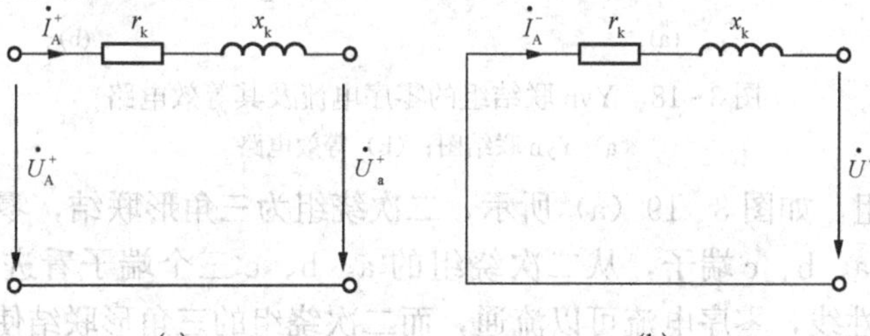

图 3-16　正负序等效电路

(a) 正序；(b) 负序

3. 零序阻抗 Z^0 和零序等效电路

零序阻抗，是变压器流过零序电流反映出来的参数。零序分量的等效电路比较复杂。由于三相零序电流同相位、同大小，因此零序等效电路与磁路结构和三相绕组的连接方式有关。

（1）磁路结构对零序励磁阻抗的影响。对于变压器一、二次绕组中零序电压、电流而言，它们仍然满足电压平衡方程式（2-29），其等效电路必然也是 T 形等效电路，如图 3-17 所示。各相绕组的电阻、漏电抗与相序无关，因此图中的 Z_1、Z_2' 和正序等效电路中漏阻抗值相同。至于零序励磁阻抗 Z_m^0 与磁路结构有很大关系，下面分别讨论。

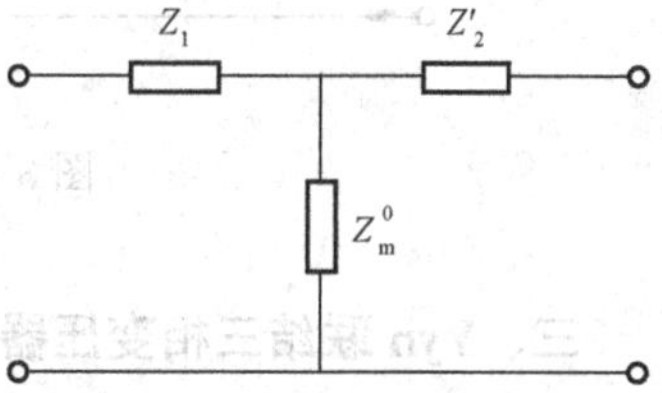

图 3-17　零序等效电路

1）三相组式变压器。这种变压器铁心的特点是磁路互相独立、彼此不相关联，每一相产生磁通所需要的励磁电流和正序一样，零序磁通的流通路径与正序的也一样，因此对于三相组式变压器，零序励磁阻抗和正序励磁阻抗相等，即

$$Z_m^0=Z_m \tag{3-9}$$

2）三相心式变压器。在这种心式变压器铁心中，由于铁心结构的限定，三相同相位的零序磁通不能在铁心内构成闭合回路，只有从铁轭处散射出去，穿过间隙，借道油箱壁构成闭合回路，其路径与三次谐波所经路径一样。由于零序磁通路径主要由非铁磁材料构成，该路径的磁导比正序磁通路径磁导小得多，故 $Z_m^0 \ll Z_m$，对一般电力变压器 $Z_m^{0*}=0.3\sim1.0$。

（2）不同联结方式对零序阻抗和等效电路的影响。由于三相零序电流大小相等、相位相同，因此它的流通情况与正、负序电流有显著差别。变压器的联结组标号对其零序阻抗和零序等效电路的影响很大。

1）Yyn 联结组。如图 3-18（a）所示，一次绕组 Y 联结，对零序电流开路；二次绕组中性线构成了零序电流通路，零序阻抗的大小取决于它的磁路是组式还是心式，其等效电路如图 3-18（b）所示。组式变压器 $Z^0 \approx Z_m$，心式变压器 $Z^{0*}=0.3 \sim 1.0$。

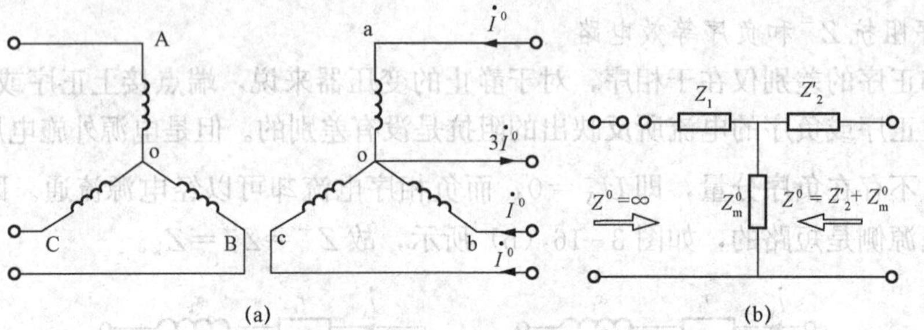

图 3-18 Yyn 联结组的零序电流及其等效电路

（a）Yyn 联结图；（b）等效电路

2）YNd 联结组。如图 3-19（a）所示，二次绕组为三角形联结，零序电流仅在其内部流通，但不能流出 a、b、c 端子，从二次绕组的 a、b、c 三个端子看进去，对零序电流开路。一次绕组有中性线，零序电流可以流通，而二次绕组的三角形联结使零序电流处于短路状态，所以从一次侧看去，其等效电路如图 3-19（b）所示，零序阻抗 $Z^0 \approx Z_k$。

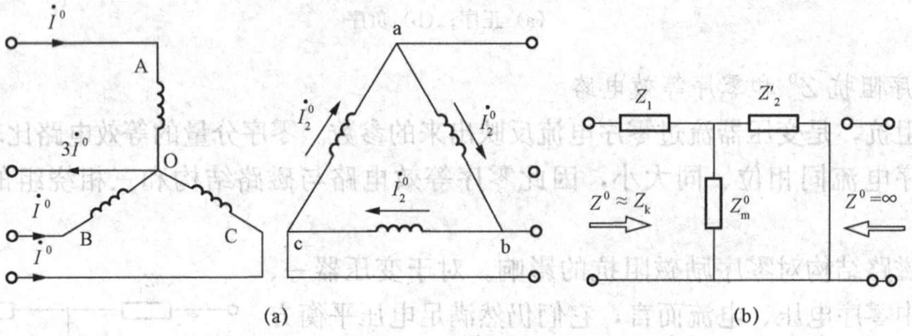

图 3-19 YNd 联结组的零序电流及其等效电路

（a）YNd 联结组；（b）等效电路

三、Yyn 联结三相变压器带单相负载运行

一台 Yyn 联结的三相变压器，一次侧接入三相电压对称的电网，二次侧带单相负载接至 a 相和中性线之间，如图 3-20 所示，二次电流为 $\dot{I}_a=\dot{I}$，$\dot{I}_b=\dot{I}_c=0$。将该三个不对称电流代入式（3-8），得出二次电流的对称分量

$$\dot{I}^+_a=\dot{I}^-_a=\dot{I}^0_a=\frac{\dot{I}}{3}$$

对各相序的等效电路，各相序分量的电压、电流都是对称的，所以只需考虑一相。正序分量的等效电路如图 3-21（a）所示，Z_k 为短路阻抗，$\dot{U}^+_a$ 为负载压降，$\dot{U}^+_A$ 为电网电压，电压平衡方程式为

$$\dot{U}^+_a=\dot{U}^+_A-\dot{I}^+_a Z_k \qquad (3-10)$$

对负序分量的等效电路如图 3-21（b）所示，由于电网电压对称，没有负序分量，故有

$$\dot{U}_a^- = \dot{U}_A^- - \dot{I}_a^- Z_k = -\dot{I}_a^- Z_k \tag{3-11}$$

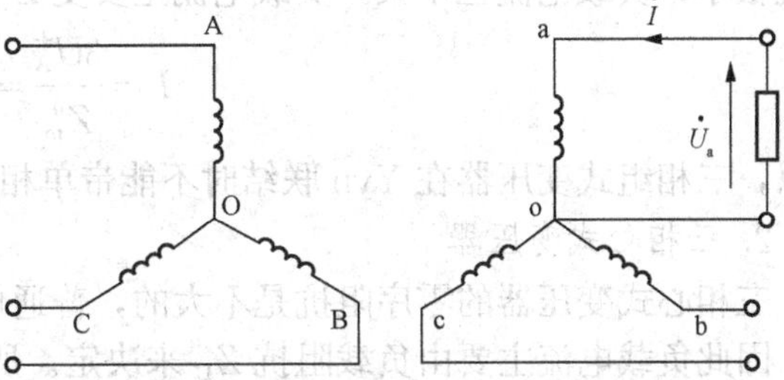

图 3-20 Yyn 联结变压器带单相负载

对于零序分量等效电路如图 3-21（c）所示，一次侧是开路的，零序电流不能在一次绕组中流通，故

$$\dot{U}_a^0 = -\dot{I}_a^0 (Z'_2 + Z_m^0) \tag{3-12}$$

在负载 Z_L 上各相序电压叠加，得到其两端实际电压为

$$\dot{U}_a^+ + \dot{U}_a^- + \dot{U}_a^0 = \dot{U}_a = \dot{I} Z_L = 3\dot{I}_a^+ Z_L \tag{3-13}$$

将式（3-10）～式（3-12）两边相加得到

$$\dot{U}_a = \dot{U}_A^+ - \dot{I}_a^+ Z_k - \dot{I}_a^- Z_k + \dot{I}_a^0 (Z'_2 + Z_m^0) \tag{3-14}$$

将式（3-13）和式（3-14）联立求解得

$$\dot{I}_a^+ = \frac{\dot{U}_A^+}{3Z_L + 2Z_k + Z'_2 + Z_m^0} \tag{3-15}$$

也可以通过图 3-22 所示的复合序网得到式（3-15）。

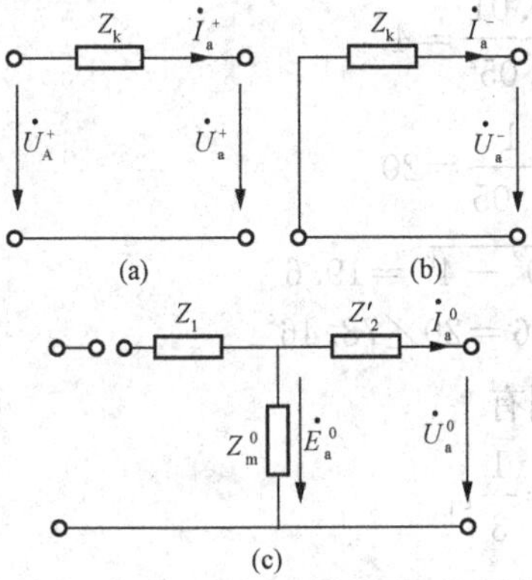

图 3-21 各相序等效电路

（a）正序；（b）负序；（c）零序

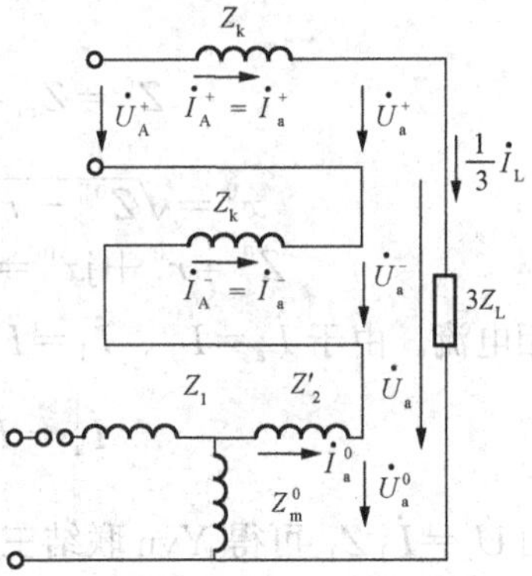

图 3-22 单相负载的相序复合等效电路

考虑到 $\dot{I} = 3\dot{I}_a^+$，并忽略相对较小的短路阻抗和二次绕组漏阻抗，有

$$\dot{I} = \frac{\dot{U}_A^+}{Z_L + \frac{1}{3} Z_m^0} \tag{3-16}$$

由式（3-16）可见，零序励磁阻抗对单相负载电流的影响很大，相当于在负载中增加了一个阻抗 $\frac{1}{3} Z_m^0$。现分两种情况来讨论。

1. 三相组式变压器

如前所述，三相组式变压器的零序励磁阻抗等于正序励磁阻抗，即 $Z_m^0 = Z_m$，即使负载

阻抗很小，负载电流也不大，负载电流主要受 Z_m^0 所限制。假定单相短路 $Z_L=0$，负载电流

$$I=\frac{3U_A^+}{Z_m^0}=3I_0$$

所以，三相组式变压器在 Yyn 联结时不能带单相负载。

2. 三相心式变压器

三相心式变压器的零序阻抗是不大的，普通电力变压器零序阻抗标幺值在 0.3～1.0 之间，因此负载电流主要由负载阻抗 Z_L 来决定。所以 Yyn 联结的三相心式变压器可以带单相负载，但变压器运行规程规定，中性线电流不得超过额定电流的 25%。

【例 3-2】 Yyn 联结三相组式变压器，已知短路电压为 5%，短路损耗为 2%、空载电流为 5%、空载损耗为 1%。一次侧接对称三相额定电压，二次侧 a 相接 $Z_L^*=r_L^*=1$ 的单相负载。试求：

(1) 一次侧三相电流。

(2) 二次侧三相电流及三相电压。

解 先算出各相序阻抗（均用标幺值，省去"*"号），依次为

$$Z^+=Z^-=Z_k=0.05$$

$$r^+=r^-=r_k=u_{ka}=p_k=0.02$$

$$x^+=x^-=x_k=\sqrt{Z_k^2-r_k^2}=0.0453$$

$$Z_k=r_k+jx_k=0.02+j0.0453=0.05\angle 66.4°$$

$$r^0=r_m=\frac{p_0}{I_0^2}=\frac{0.01}{0.05^2}=4$$

$$Z^0=Z_m=\frac{U_0}{I_0}=\frac{1}{0.05}=20$$

$$x^0=\sqrt{Z^{02}-r^{02}}=\sqrt{20^2-4^2}=19.6$$

$$Z^0=r^0+jx^0=4+j19.6=20\angle 78.46°$$

(1) 三相电流。由于 $\dot I_a=\dot I_L$、$\dot I_b=\dot I_c=0$，则有

$$\dot I_a^+=\dot I_a^-=\dot I_a^0=\frac{1}{3}\dot I_L$$

另外，由 $\dot U_a=\dot I_L Z_L$ 可得 Yyn 联结三相变压器组单相负载时的相序复合等效电路，如图 3-22 所示。按式（3-15）得

$$\dot I_A^+=\frac{\dot U_A^+}{2Z_k+Z'_2+Z_m^0+3Z_L}$$

由于变压器外施三相电压对称，只有正序电压，以 $\dot U_A$ 为参考相量，即

$$\dot U_A=\dot U_A^+=1\angle 0°$$

同时近似认为 $Z'_2=\frac{1}{2}Z_k$，则

$$\dot I_L=3\dot I_a^+=\frac{3\dot U_A^+}{2Z_k+Z'_2+Z_m^0+3Z_L}=\frac{3\dot U_A^+}{\frac{5}{2}Z_k+Z_m^0+3Z_L}$$

$$=\frac{3}{\frac{5}{2}\times 0.05\angle 66.4^\circ+4+j19.6+3}=0.1433\angle -70.3^\circ$$

$$\dot{I}_a=\dot{I}_L=0.1433\angle -70.3^\circ$$

二次侧各相序电流为

$$\dot{I}_a^+=\dot{I}_a^-=\dot{I}_a^0=\frac{1}{3}\dot{I}_L=0.0487\angle -70.3^\circ$$

一次侧各相序电流为

$$\dot{I}_A^+=\dot{I}_A^-=\dot{I}_a^+=0.0478\angle -70.3^\circ$$

$$\dot{I}_B^+=\dot{I}_C^-=\alpha^2\dot{I}_A^+=0.0478\angle 169.7^\circ$$

$$\dot{I}_C^+=\dot{I}_B^-=\alpha\dot{I}_A^+=0.0478\angle 49.7^\circ$$

一次侧各相电流为

$$\dot{I}_A=\dot{I}_A^++\dot{I}_A^-=0.0478\angle -70.3^\circ+0.0478\angle -70.3^\circ=0.0956\angle -70.3^\circ$$

$$\dot{I}_B=\dot{I}_B^++\dot{I}_B^-=0.0478\angle 169.7^\circ+0.0478\angle 49.7^\circ=0.0478\angle 109.7^\circ$$

$$\dot{I}_C=\dot{I}_C^++\dot{I}_C^-=0.0478\angle 49.7^\circ+0.0478\angle 169.7^\circ=0.0478\angle 109.7^\circ$$

(2) 二次侧各相序电压为

$$\dot{U}_a^+=\dot{U}_A^+-\dot{I}_A^+Z_k=1-0.0478\angle -70.3^\circ\times 0.05\angle 66.4^\circ=0.9976\angle 0^\circ$$

$$\dot{U}_a^-=-\dot{I}_A^-Z_k=-0.0478\angle -70.3^\circ\times 0.05\angle 66.4^\circ=-0.00239\angle -3.9^\circ$$

$$\dot{U}_a^0=-\dot{I}_a^0Z^0=-0.0478\angle -70.3^\circ\times 20\angle 78.46^\circ=-0.956\angle 8.16^\circ$$

$$\dot{U}_b^+=\alpha^2\dot{U}_a^+=0.9976\angle -120^\circ$$

$$\dot{U}_b^-=\alpha\dot{U}_a^-=-0.00239\angle 116.1^\circ$$

$$\dot{U}_b^0=\dot{U}_a^0=-0.956\angle 8.16^\circ$$

$$\dot{U}_c^+=\alpha\dot{U}_a^+=0.9976\angle 120^\circ$$

$$\dot{U}_c^-=\alpha^2\dot{U}_a^-=-0.00239\angle -123.9^\circ$$

$$\dot{U}_c^0=\dot{U}_a^0=-0.956\angle 8.16^\circ$$

二次侧各相电压为

$$\dot{U}_a=\dot{U}_a^++\dot{U}_a^-+\dot{U}_a^0=-0.1441\angle 110.26^\circ$$

$$\dot{U}_b=\dot{U}_b^++\dot{U}_b^-+\dot{U}_b^0=-1.757\angle 34.76^\circ$$

$$\dot{U}_c=\dot{U}_c^++\dot{U}_c^-+\dot{U}_c^0=-1.757\angle -34.76^\circ$$

中性点位移大小和相位由零序电动势决定

$$\dot{E}_a^0=\dot{E}_b^0=\dot{E}_c^0=-\dot{I}_a^0Z^0=-0.974\angle 8.16^\circ$$

可见，组式变压器不能带单相负载，因为这时带负载的一相电压很低，而另外两相电压升到约等于线电压。

四、中性点移动现象

为了定性地分析 Yyn 联结三相变压器中性点移动现象，忽略各相序等效电路中的漏阻抗，与图 3-21 相应的电压方程式（3-10）～式（3-12）变为

$$\begin{cases}\dot{U}_a^+=\dot{U}_A^+\\ \dot{U}_a^-=0\\ \dot{U}_a^0=-\dot{I}_a^0Z_m^0\end{cases}\tag{3-17}$$

则有

$$\begin{cases}\dot{U}_a=\dot{U}_A^++\dot{E}_a^0\\ \dot{U}_b=\dot{U}_B^++\dot{E}_a^0\\ \dot{U}_c=\dot{U}_C^++\dot{E}_a^0\end{cases}\tag{3-18}$$

其中，$\dot{E}_a^0=-\dot{I}_a^0Z_m^0$，$\dot{U}_A^+$、$\dot{U}_B^+$、$\dot{U}_C^+$ 是电网三相对称电压。

若零序电动势 $\dot{E}_a^0=0$，则二次侧相电压 $\dot{U}_a$、$\dot{U}_b$、$\dot{U}_c$ 分别等于一次侧的相电压 $\dot{U}_A^+$、$\dot{U}_B^+$、$\dot{U}_C^+$ 且完全对称，如图 3-23 中△ABC 所示。对于三相组式变压器，由于其零序励磁阻抗 Z_m^0 很大，而对应的 E_a^0 也很大，会造成二次侧电动势严重不对称，致使带负载的一相（a 相）的端电压急剧下降，使负载电流大不起来，同时另外两相电压升高，各线电压仍保持不变。图中虚线△abc 也是等边三角形，且△abc≌△ABC，但原中性点 O 已对△abc 产生了严重的偏移。对三相心式变压器，Z_m^0 不大，因而零序电动势 E_a^0 也不会很大，不会产生严重的中心点位移，故可以负担一定的单相负载。

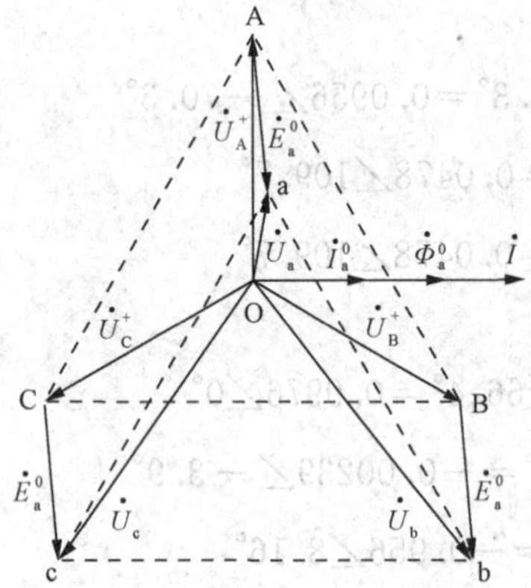

图 3-23 Yyn 联结三相变压器带单相负载时的中性点位移

本 章 小 结

本章主要讨论了三相变压器的磁路系统、三相联结组标号和空载时电动势波形等问题。

变压器的联结组标号，代表了高、低压侧对应线电压间的相位差。单相变压器高、低压侧电压相位关系，由首、末端标志和极性来决定。三相变压器除上述两点外，还与一、二次侧三相绕组的连接方式有关。联结组标号用时钟表示法进行判断。

三相变压器磁路系统（铁心）有三相彼此独立和相互关联两种。绕组的连接方式会影响励磁电流中三次谐波电流的流通，铁心结构会影响三次谐波磁通的流通。在空载时，由于空载电流与主磁通之间的非线性关系，当空载电流中不存在三次谐波时，也会产生三次谐波磁通，其大小要视磁路结构而定。三次谐波磁通较大时，感应出的三次谐波电动势使相电动势成为尖顶波。

为了达到变压器理想的并联运行条件，要求并联的变压器联结组标号相同，一、二次额

定电压对应相等即变比相同，短路阻抗标幺值 Z_k^* 相等。其中联结组标号必须相同，而变比和短路阻抗标幺值 Z_k^* 则允许有一定偏差。变比和联结组标号相同，是为了保证并联的变压器不产生环流；短路阻抗标幺值相等是为了使并联的变压器按容量的比例分担负载；而短路电阻和短路电抗的标幺值分别相等是为了保证各变压器二次侧输出电流相位相同，总输出电流为各变压器电流的算术和，从而使并联的各台变压器被有效的利用。

分析三相变压器不对称运行时，常采用对称分量法。对称分量法是将一组不对称的电流（或电压、电动势、磁通），分解成正序、负序和零序三组各自独立的对称分量。对于每一组对称分量都有相应的等效电路。计算时先分别对各组分量进行计算，然后把三组对称分量计算的结果叠加起来。

应用对称分量法引出了相序阻抗，有正序阻抗、负序阻抗和零序阻抗。变压器的正负序阻抗相等，即 $Z^+=Z^-=Z_k$，与变压器的铁心结构和绕组的连接方式无关。而变压器的零序阻抗不仅与绕组连接方式有关，还与铁心结构有关。Yyn 联结组式变压器 $Z^0\approx Z_m^0=Z_m$，Yyn 联结心式变压器 $Z^{0*}=Z_m^{0*}=0.3\sim1.0$，YNd 或 Dyn 联结的变压器，从星形接线侧看的零序阻抗为 $Z^0=Z_k$，从另一侧看为无穷大。

在不对称负载时出现中性点位移是 Yyn 联结三相变压器的特点。中性点移动的原因是由于二次侧有零序电流而一次侧没有零序电流与其相平衡，因此二次侧的零序电流成为励磁电流，产生了零序主磁通，在各绕组中感应出零序电动势，使三相电压中性点发生移动。中性点位移的大小与零序磁通大小有关，而零序磁通大小则与变压器铁心的结构有关。

Yyn 联结的三相组式变压器，三相磁路彼此无关联，在带一线到中性点的单相负载时，零序磁通大，中性点位移大。若是三相心式变压器，零序磁通只能沿油箱壁闭合，零序磁通小，中性点位移也小。Yyn 联结不能用于三相组式变压器，只能用于三相心式变压器，但由于三次谐波磁通和零序磁通会在三相心式变压器铁壳中产生附加损耗，所以规程中规定，容量在 1800kV·A 及以下的变压器才允许采用 Yyn 联结。

思考题

3-1　三相组式变压器与三相心式变压器在磁路上分别有什么特点？

3-2　三相变压器联结组标号由哪些因素决定？

3-3　为什么大容量的变压器常采用 Yd 联结？

3-4　今有一台 Yd 联结的三相变压器空载运行，高压侧加对称的正弦波额定电压，试准确分析：高、低压侧相电流中有无三次谐波；主磁通有无三次谐波；高、低压侧相电动势中有无三次谐波；高、低压侧相电压和线电压中有无三次谐波。

3-5　变压器并联运行的条件有哪些？哪些条件是要绝对满足的？

3-6　变压器短路阻抗标幺值不等，并联时会出现什么情况？从容量分配的角度分析，容量大的变压器短路阻抗标幺值大有利，还是稍小有利？

3-7　试说明变压器的正序、负序和零序阻抗的物理概念。为什么变压器的正、负序阻抗相等？零序阻抗由哪些因素决定？

3-8　试画出 YNy、Dyn 和 Yy 联结变压器的零序电流流通路径及所对应的等效电路，写出零序阻抗的表达式。

3-9 从带单相负载能力和中性点偏移看，说明为什么三相组式变压器不能采用Yyn联结，而三相心式变压器可以用Yyn联结。

3-10 Yd接法的三相变压器，一次侧加额定电压空载运行，此时将二次侧的三角打开一角，测量开口处的电压，再将三角闭合测量电流。试问当此三相变压器是三相变压器组或三相心式变压器时，所测得的数值有无不同？为什么？

3-11 在三相变压器中，零序电流和零序磁通与三次谐波电流和三次谐波磁通有什么相同点和不同点？

习 题

3-1 试通过绘制电动势相量图，画出三相变压器Yd7、Yy4和Dy5绕组接线图。

3-2 试画出图3-24所示各变压器的高、低压绕组电动势的相量图，并判其联结组标号。

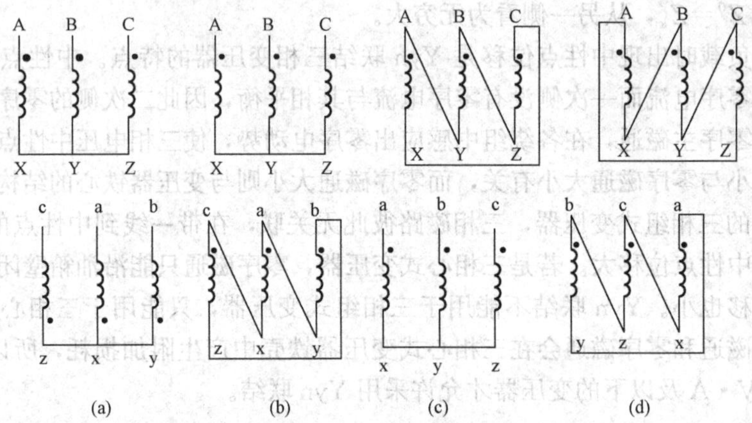

图3-24 习题3-2图

3-3 两台变压器并联运行，数据如下：

变压器	额定容量（kV·A）	短路电压（%）	联结组标号	额定电压（kV）
A	1800	8.25	Yd11	35/10
B	1000	6.75	Yd11	35/10

当总负载为2800kV·A时。试求：

（1）每台变压器分担的负载是多少？

（2）不使任何一台变压器超载的情况下，输出最大功率为多少？

3-4 三台变压器并联运行，联结组标号均为Yd11，$U_{1N}/U_{2N}=35/10.5$kV。变压器A：$S_{NA}=1000$kVA，$u_{kA}=6.25\%$；变压器B：$S_{NB}=1800$kVA，$u_{kB}=6.6\%$；变压器C：$S_{NC}=3200$kVA，$u_{kC}=7\%$。把它们并联后接负载，负载容量为5500kVA。试求：

（1）每台变压器所分担的负载各为多少？

（2）在三台变压器均不过载的情况下，并联组输出的最大功率为多少？此时并联组的利用率为多少？

3-5 将下列不对称三相电压和不对称三相电流分解成对称分量。

(1) $\dot{U}_A=220V$，$\dot{U}_B=220\angle-100°V$，$\dot{U}_C=210\angle-250°V$；

(2) $\dot{I}_A=220A$，$\dot{I}_B=220\angle-150°A$，$\dot{I}_C=180\angle-240°A$ 。

3-6 一台三相心式变压器 $S_N=100kVA$，$U_{1N}/U_{2N}=6/0.4kV$，Yyn 联结，$Z_k^*=0.055$，$r_k^*=0.02$，$Z_m^*=1+j6$，如发生单相短路，试求：

(1) 一次侧的三相电流；

(2) 二次侧的三相电压。

3-7 某三相变压器采用 Yd 联结，一次侧加对称的额定电压，二次绕组 ax 短路，$I_k=10A$，该变压器变比 $K=2$，试求一次电流 $\dot{I}_A$，$\dot{I}_B$，$\dot{I}_C$ 各为多少？

3-8 某工厂由于生产的发展，用电量由 500kVA 增加到 800kVA。原有一台变压器 $S_N=560kV\cdot A$，$U_{1N}/U_{2N}=6000/400V$，Yyn0 联结，$u_k=5\%$。现有三台变压器可供选用，它们的数据是：

变压器 1：320kVA，6300/400V，$u_k=5\%$，Yyn0 联结；

变压器 2：240kVA，6300/400V，$u_k=5.5\%$，Yyn4 联结；

变压器 3：320kVA，6300/440V，$u_k=5.5\%$，Yyn0 联结。

(1) 在不使变压器过载的情况下，选用哪一台投入并联最适合？

(2) 如果负载再增加，需要三台变压器并联运行，试问再加哪一台合适？这时最大总负载容量是多少？并联组的利用率为多少？

第4章 变压器的瞬变过程

变压器空载合闸到电网上、正常运行时二次侧发生突然短路等，变压器都会从一种稳态过渡到另一种稳态，这个过程称为瞬变过程。通常这种过渡过程的时间极短，但对变压器影响却较大。例如，突然短路时出现的大电流将使绕组过热且受到很大的电磁力冲击，可能损坏绕组。

4.1 空载合闸到电网

在正常稳态运行时，空载电流占额定电流2.5%以下，但当变压器空载合闸到电网时，合闸电流可能较大，往往要超过额定电流几倍，现分析其原因。

一、空载合闸电磁物理过程分析

1. 列写方程式

图4-1是变压器接线图，二次侧开路、一次侧在 $t=0$ 时合闸到电压为 u_1 的电网上，其中

$$u_1=\sqrt{2}U_1\sin(\omega t+\alpha)$$

式中 α——$t=0$ 时电压 u_1 的初始相位角。

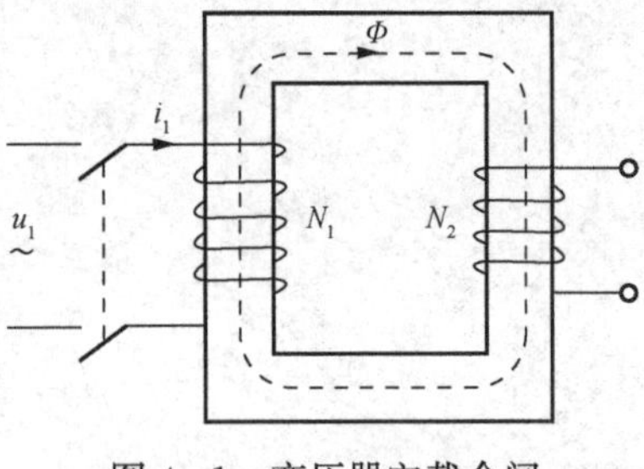

图4-1 变压器空载合闸到电网接线图

在 $t\geqslant0$ 期间，变压器一次绕组中电流 i_1 满足如下微分方程式

$$i_1r_1+N_1\frac{\mathrm{d}\Phi}{\mathrm{d}t}=\sqrt{2}U_1\sin(\omega t+\alpha) \tag{4-1}$$

其中，Φ 为与一次绕组相交链的总磁通，它包括主磁通和漏磁通。在以下分析中近似认为等于主磁通。

在式（4-1）中电阻压降 i_1r_1 较小，在分析瞬变过程中的初始阶段可以忽略不计，这样可以清楚地看出在初始阶段电流较大的物理本质。r_1 的存在是使瞬态分量衰减的基本原因，因此，在研究瞬态电流衰减时，必须计及 r_1 的影响。

当忽略 r_1 时式（4-1）变为

$$N_1\frac{\mathrm{d}\Phi}{\mathrm{d}t}=\sqrt{2}U_1\sin(\omega t+\alpha) \tag{4-2}$$

2. 方程式的求解

解微分方程得

$$\Phi=-\frac{\sqrt{2}U_1}{\omega N_1}\cos(\omega t+\alpha)+C \tag{4-3}$$

其中，C 由初始条件决定。

考虑到变压器空载合闸前磁链为0，据磁链守恒原理，有

$$\Phi|_{t=0^+}=\Phi|_{t=0^-}=0$$

得
$$C=\frac{\sqrt{2}U_1}{\omega N_1}\cos\alpha$$

于是式（4-3）变为

$$\Phi=\frac{\sqrt{2}U_1}{\omega N_1}[\cos\alpha-\cos(\omega t+\alpha)]=\Phi_m[\cos\alpha-\cos(\omega t+\alpha)] \tag{4-4}$$

$$\Phi_m=\frac{\sqrt{2}U_1}{\omega N_1}$$

式中　Φ_m——稳态磁通最大值。

3. 对解的分析

由式（4-4）看出，磁通 Φ 的瞬变过程与合闸时刻（$t=0$）电压的初始相角 α 有关。下面讨论两种极端情况。

（1）$t=0$ 时 $\alpha=\frac{\pi}{2}$，此时 $u_1=\sqrt{2}U_1$ 达到最大值。由式（4-4）得

$$\Phi=-\Phi_m\cos\left(\omega t+\frac{\pi}{2}\right)=\Phi_m\sin\omega t$$

这种情况与稳态运行一样，从 $t=0$ 开始，变压器一次电流 i_1 在铁心中就建立了稳态磁通 $\Phi_m\sin\omega t$，而不会发生瞬变过程，一次电流 i_1 也是正常运行时的稳态空载电流 i_0。

（2）$t=0$ 时 $\alpha=0$，此时 $u_1=0$。由式（4-4）得

$$\Phi=\Phi_m(1-\cos\omega t)=\Phi_m-\Phi_m\cos\omega t=\Phi'+\Phi'' \tag{4-5}$$

其中，$\Phi'=\Phi_m$，为磁通的瞬时分量，是一常数，因忽略了电阻 r_1，故无衰减；$\Phi''=-\Phi_m\cos\omega t$，为磁通的稳态分量。

与式（4-5）对应的磁通变化曲线如图 4-2 所示。从 $t=0$ 开始经过半个周期即 $t=\frac{\pi}{\omega}$ 时，磁通 Φ 达到最大值

$$\Phi_{max}=2\Phi_m \tag{4-6}$$

即瞬变过程中磁通可达到稳态分量最大值的 2 倍。电力变压器正常运行时，其磁通密度为 1.5～1.7T，铁心处于饱和状态，工作点如磁化曲线图 4-3 中的点 A，主磁通为 Φ_{mA}。瞬变过程时主磁通 $\Phi_{mB}>\Phi_{mA}$，铁心已达到极度饱和状态，根据磁化曲线，励磁电流 i_1 可达到正常运行空载电流的 60～80 倍，也可达到额定电流 3～4 倍以上。

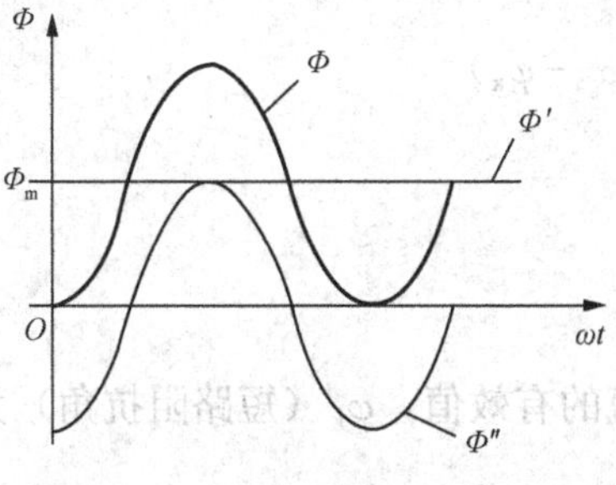

图 4-2　$\alpha=0$ 空载合闸时磁通曲线

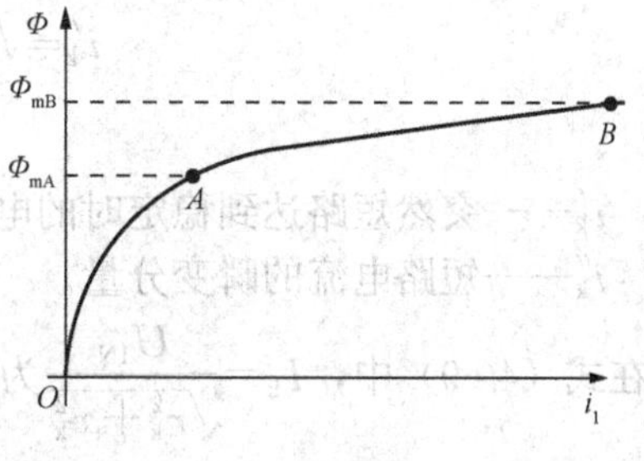

图 4-3　铁心磁化曲线

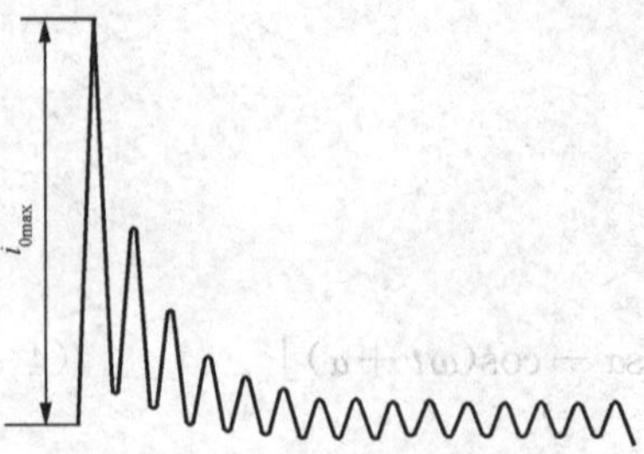

图 4-4 空载合闸电流曲线

4. 考虑电阻时的影响

由于电阻 r_1 存在，合闸电流将逐渐衰减，如图 4-4 所示。衰减快慢由时间常数 $T=L_1/r_1$ 决定，L_1 是一次绕组的全电感。一般小容量变压器衰减得快，约几个周波就达到稳定状态；大型变压器衰减慢，有的甚至可延续几十秒。

二、空载合闸的影响

空载合闸电流对变压器直接危害不大，但它能引起安装在变压器一次侧的过电流保护继电器动作，从而使变压器合不上闸。如遇到这种情况，可再合一次闸，甚至两次、多次，总能在适当的时刻合上闸。

4.2 二次侧突然短路

当变压器的一次侧接在额定电压电网上，二次侧不经过任何阻抗突然短接，从短路发生到断路器跳闸需要一定时间，在此段时间内，变压器绕组仍需承受短路电流的冲击，其幅值超过稳态短路电流，很容易损坏变压器。设计、制造时应予以充分考虑。

一、突然短路过程分析

1. 列方程

下面分析最简单的情况——单相变压器突然短路，采用简化等效电路，如图 4-5 所示，为典型的 $R-L$ 电路外加正弦激励的过程。

电网电压为 $u_1=\sqrt{2}U_{1N}\sin(\omega t+\alpha)$

式中 α——$t=0$ 发生突然短路时电压 u_1 的初始相角。

列出关于短路电流 i_k 的常微分方程

$$i_k r_k + L_k\frac{di_k}{dt}=u_1=\sqrt{2}U_{1N}\sin(\omega t+\alpha) \quad (4-7)$$

$$L_k=\frac{x_k}{\omega}$$

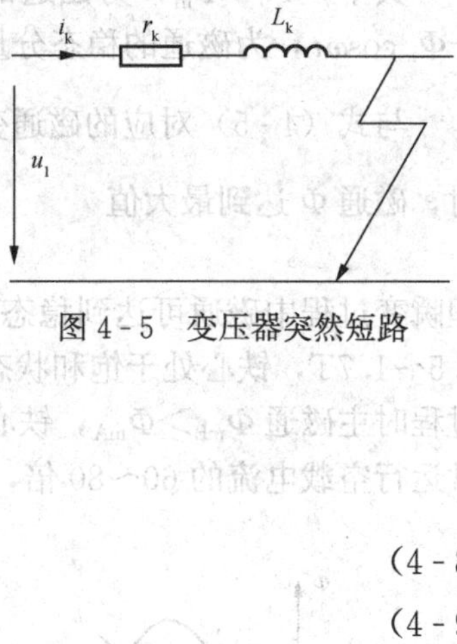

图 4-5 变压器突然短路

式中 L_k——短路电感。

2. 解方程

按电路理论，其解的形式必然为

$$i_k=i'_k+i''_k \quad (4-8)$$

其中

$$i'_k=\sqrt{2}I_k\sin(\omega t+\alpha-\varphi_k) \quad (4-9)$$

$$i''_k=Ce^{-\frac{t}{T_k}} \quad (4-10)$$

式中 i'_k——突然短路达到稳定时的电流分量；

i''_k——短路电流的瞬变分量。

在式（4-9）中，$I_k=\dfrac{U_{1N}}{\sqrt{r_k^2+x_k^2}}$为稳态短路电流的有效值，$\varphi_k$（短路阻抗角）为 i'_k与 u_1 的相角差，$\varphi_k=\arctan\left(\dfrac{\omega L_k}{r_k}\right)$，在电力变压器中，$x_k\gg r_k$，故 $\varphi_k\approx\dfrac{\pi}{2}$。在式（4-10）中 T_k

$=\frac{L_k}{r_k}$为瞬变分量 i''_k的衰减时间常数，C 为待定系数。将式（4-9）、式（4-10）代入式（4-8）得

$$i_k=\sqrt{2}I_k\sin\left(\omega t+\alpha-\frac{\pi}{2}\right)+Ce^{-\frac{t}{T_k}} \tag{4-11}$$

通常在突然发生短路之前，变压器已带上负载，但由于负载电流比短路电流小得多，可以忽略负载电流，即认为短路前变压器是空载，令

$$i_k\big|_{t=0^-}=0$$

并将此初始条件代入式（4-11）得

$$C=\sqrt{2}I_k\cos\alpha$$

于是，由式（4-11）得到变压器突然短路时的电流为

$$i_k=-\sqrt{2}I_k\cos(\omega t+\alpha)+\sqrt{2}I_k\cos\alpha e^{-\frac{t}{T_k}} \tag{4-12}$$

3. 对解的分析

式（4-12）表明，突然短路电流的大小与 $t=0$ 电压初始角 α 有关。下面分两种情况讨论

(1) $\alpha=\frac{\pi}{2}\Big|_{t=0}$
$$i_k=\sqrt{2}I_k\sin\omega t \tag{4-13}$$

此时瞬变分量 $i''_k=0$，在 $t=0$ 时变压器就进入稳态短路。虽然此时电流幅值为$\sqrt{2}I_k$，但相对而言，不是最严重的情况。

(2) $\alpha=0\big|_{t=0}$
$$i_k=-\sqrt{2}I_k\cos\omega t+\sqrt{2}I_k e^{-\frac{t}{T_k}} \tag{4-14}$$

与式（4-14）对应的电流变化曲线如图 4-6 所示。经过半个周期 $\omega t=\pi$ 时，有

$$i_{kmax}=\sqrt{2}I_k(1+e^{-\frac{\pi}{\omega t_k}})=k_y\sqrt{2}I_k \tag{4-15}$$

其中，k_y 为突然短路电流最大值与稳态短路电流最大值之比，即 $k_y=1+e^{-\frac{\pi}{\omega t_k}}$。$k_y$ 的大小与时间常数 T_k 有关，变压器容量越大，T_k 越大，则 T_k 和 k_y 相应地也越大。对中小型变压器而言，$k_y=1.2\sim1.4$，大型变压器 $k_y=1.7\sim1.8$。当对式（4-15）取标幺值时，有

$$i^*_{kmax}=\frac{i_{kmax}}{\sqrt{2}I_N}=k_y\frac{I_k}{I_N}=k_y\frac{U_{1N}}{I_N Z_k}=k_y\frac{1}{Z^*_k} \tag{4-16}$$

例如，一台变压器 $k_y=1.8$，$Z^*_k=0.06$，则 $i^*_{kmax}=1.8\times\frac{1}{0.06}=30$。可见这是一个很大的冲击电流，它将产生很大的电动力，可能将变压器绕组冲垮。为限制突然短路电流 i_{kmax}，希望 Z^*_k 大一些好；但从降低电压变化率、减小电压随负载波动来看，Z^*_k 不宜过大。因此对于不同电压等级、容量的变压器，国家已制定了标准，规定了 Z^*_k 的值。

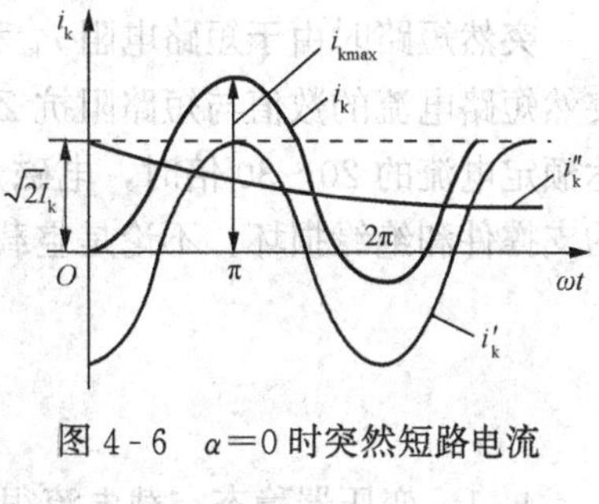

图 4-6 $\alpha=0$ 时突然短路电流

二、突然短路的影响

突然短路时主要考虑电磁应力的影响。变压器绕组中的电流与漏磁场（见图 4-7）相互作用，在绕组各导线上产生电磁力，其大小为 $F=BlI$。由于漏磁感应强度 $B\propto I$，故导线上承受的电磁力 $F\propto I^2$。变压器在正常稳态运行时，导线所承受的电磁力很小。当突然短路电流到达额定电流的 20～30 倍时，电磁力将达到正常运行时所承受电磁力的 400～900 倍，这会冲垮绕组、损坏绝缘，为此必须紧固绕组，加强支撑。

图 4-7 描述了一、二次绕组共同产生的漏磁场分布。漏磁场有轴向分量 B_h 和径向分量 B_r：在半径方向上，轴向漏磁场 B_h 与外绕组中电流作用产生径向力 F_r，迫使绕组由里向外拉伸、同时迫使内绕组压缩；径向漏磁场 B_r 与内绕组中电流作用产生轴向力 F_h，将内绕组向中心压缩。对于电力变压器，轴向漏磁场较强，径向力 F_r 较大，向里压缩内绕组，容易造成导线变形。径向漏磁场虽然不及轴向漏磁场强，但由于轴向导线之间的支撑是较薄弱的环节，轴向力容易造成绕组变形。绕组所承受电磁力的方向由左手定则确定，受力情况如图 4-8 所示。

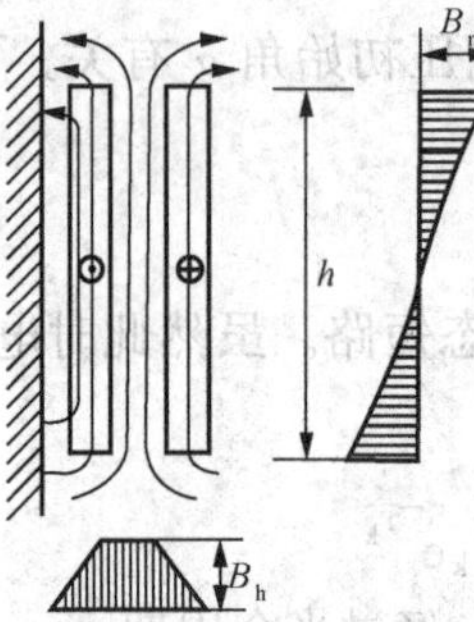

图 4-7 漏磁场分布

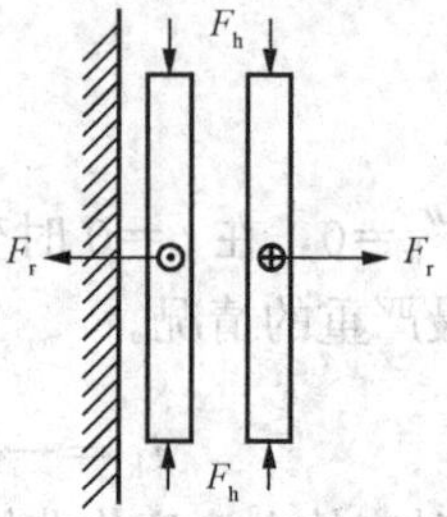

图 4-8 绕组承受的电磁力

本章小结

变压器的瞬变过程有过电流和过电压两种。瞬变过程所经历的时间虽然很短，但可能使变压器遭到损坏。

过电流发生在空载合闸和突然短路瞬间。空载合闸电流之所以很大是由于变压器铁心的磁饱和现象所引起。为了考虑饱和的影响，分析时先求解磁通，再借助铁心的磁化曲线求出最大磁通值时的空载合闸电流。

突然短路时由于短路电阻 r_k 和短路电抗 x_k 都是常数，故可直接就电流解微分方程式。突然短路电流的数值与短路阻抗 Z_k 的大小和瞬变分量衰减的快慢有关，当突然短路电流到达额定电流的 20～30 倍时，电磁力可达额定运行情况的 400～900 倍，可能造成变压器绕组的支撑件和绝缘损坏。不论是空载合闸还是突然短路，冲击电流的大小都与初始条件有关。

思考题

4-1 变压器稳态空载电流很小，为什么空载合闸电流却可能很大？

4-2 在什么情况空载合闸电流最大，它会对变压器产生什么影响？

4-3 变压器在什么情况下发生突然短路过电流最严重，突然短路电流能有多大，对变压器有什么危害？

4-4 变压器突然短路电流的大小与短路阻抗 Z_k^* 有什么关系？为什么大容量变压器的 Z_k^* 设计的要大些？

4-5 研究变压器空载合闸电流和突然短路过电流的方法有什么不同，为什么？

习 题

4-1 一台三相变压器，$S_N=31500\text{kV}\cdot\text{A}$，110/10.5kV，Yd11 联结，$r_k^*=0.0063$，$x_k^*=0.1048$，试求：

(1) 加额定电压时低压侧短路，高压侧稳态短路电流 I_k；

(2) 最大突然短路电流 i_{kmax}。

4-2 一台三相变压器，联结组标号为 Yyn0，$S_N=180\text{kV}\cdot\text{A}$，$U_{1N}/U_{2N}=10/0.4\text{kV}$，$p_{kN}=3.53\text{kW}$，$u_k=4\%$。试求：

(1) 当高压侧加额定电压、二次绕组短路时一次绕组的稳态短路电流 I_k^*；

(2) 在 $\alpha=0°$、二次绕组突然短路时，一次绕组短路电流的最大值标幺值 i_{kmax}^*（α 为突然短路开始瞬间即 $t=0$ 时一次电压的初相角）。

第5章 特种变压器

在电力系统中，除了大量采用双绕组变压器，还常用三绕组变压器和自耦变压器。在高电压、大电流的测量和保护系统中，广泛应用电压互感器和电流互感器。本章叙述这几种特殊变压器的原理和主要特点。

5.1 三绕组变压器

在发电厂和变电站中，常需要把三个不同电压等级的系统联系起来，这时不用两台双绕组变压器，而用一台三绕组变压器，这样更为经济，维护管理也更为方便。因此，在电力系统中三绕组变压器得到了广泛应用。

一、绕组排列和额定容量

三绕组变压器的基本结构与双绕组变压器一样，不过这里每一铁心柱上同心排列高压、中压和低压三个绕组，为了绝缘方便和节省绝缘材料，高压绕组排在最外边，因为相互传递功率多的绕组应靠得近些，使耦合紧密，提高传递效率。如发电厂的升压变压器，多是低压侧向高、中压侧传递功率，因此，选用中压绕组靠铁心，低压绕组在中间的排列方案，如图5-1（a）所示。而变电站里的降压变压器，则多是从高压向中、低压侧传递功率，理想的方案应是高压绕组排在中间，但这将增加绝缘困难，因而常用中压绕组排在中间、低压绕组靠铁心的方案，如图5-1（b）所示。

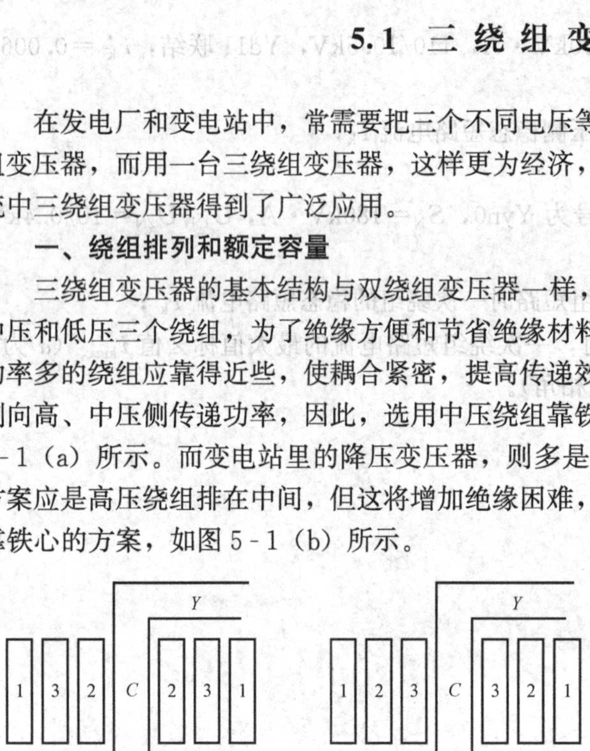

图5-1 三绕组变压器绕组的排列
（a）中压绕组靠铁心，低压绕组在中间；
（b）低压绕组靠铁心，中压绕组在中间

国家标准规定三相三绕组变压器的标准联结组标号有 YNyn0d11 和 YNyn0y0 两种，单相三绕组变压器则规定为 Iii00。高压绕组和低压绕组出线端标志与双绕组变压器相同，规定中压绕组首端标以 Am、Bm、Cm，末端标以 Xm、Ym、Zm，中性点标以 Om。

三绕组变压器根据供电的实际需要，常设计成三个绕组各有不同的容量，三个绕组容量的配合见表5-1。这时变压器额定容量是指三个绕组容量中绕组容量最大的一个。如果以额定容量为100（以变压器额定容量的百分数表示），按国家标准，三个绕组容量配合有下列三种。

表5-1 三个绕组容量的配合（%）

高压绕组	100	100	100
中压绕组	100	50	100
低压绕组	50	100	100

二、三绕变压器的基本方程式

图 5-2 为三绕组变压器示意图。当一次绕组接到额定电压的电源上而二次和三次绕组开路时，为三绕组变压器空载运行。这与双绕组变压器空载运行无异，可以通过空载运行求解三绕组变压器的空载电流 I_0、铁心损耗 p_{Fe}、励磁阻抗 Z_m 及变比等。因为这里有高、低、中三个绕组，所以变比有三个，即

$$\left.\begin{aligned} K_{12}&=\frac{N_1}{N_2}\approx\frac{U_1}{U_{20}}\\ K_{13}&=\frac{N_1}{N_3}\approx\frac{U_1}{U_{30}}\\ K_{23}&=\frac{N_2}{N_3}\approx\frac{U_{20}}{U_{30}}\end{aligned}\right\} \tag{5-1}$$

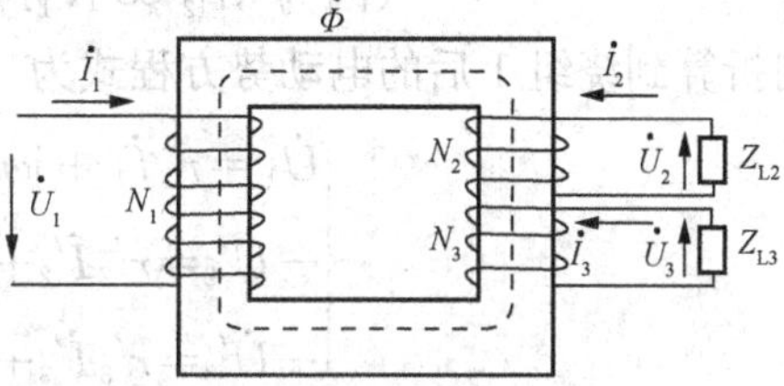

图 5-2 三绕组变压器示意图

并有
$$K_{12}K_{23}=\frac{N_1}{N_2}\cdot\frac{N_2}{N_3}=K_{13}$$

当三绕组变压器两个二次绕组带上负载时，可以和双绕组变压器类似地得到各物理量之间的关系，并用方程式表示出来。

（1）磁动势方程式。磁动势方程式为

$$\dot{I}_1N_1+\dot{I}_2N_2+\dot{I}_3N_3=\dot{I}_mN_1 \tag{5-2}$$

或
$$\dot{I}_1+\dot{I}_2\frac{N_2}{N_1}+\dot{I}_3\frac{N_3}{N_1}=\dot{I}_m$$

应用变压器折算的概念，则有三绕组变压器的电流方程式

$$\dot{I}_1+\dot{I}'_2+\dot{I}'_3=\dot{I}_m \tag{5-3}$$

$$\dot{I}'_2=\dot{I}_2/K_{12},\ \dot{I}'_3=\dot{I}_3/K_{13}$$

式中 $\dot{I}'_2$——$\dot{I}_2$ 折算到一次侧的电流；

$\dot{I}'_3$——$\dot{I}_3$ 折算到一次侧的电流。

当忽略励磁电流 $\dot{I}_m$ 时，电流方程式为

$$\dot{I}_1+\dot{I}'_2+\dot{I}'_3=0 \tag{5-4}$$

（2）电动势方程式。在分析绕组电动势时，由于三绕组变压器的三个绕组之间磁耦合情况更加复杂，一般不用双绕组那样的分析方法。双绕组变压器在分析电动势时，是把磁路磁通分成主磁通和漏磁通，并认为主磁通和漏磁通分别在绕组中感应出电动势。在分析三绕组变压器的绕组电动势时，常用各绕组的自感和各绕组间的互感来进行分析。

用 L_1、L_2、L_3 分别表示各绕组的自感系数；$M_{12}=M_{21}$、$M_{13}=M_{31}$、$M_{23}=M_{32}$ 分别表示两绕组间的互感系数。于是，根据图 5-2 所示的参考方向，可得电动势方程式为

$$\begin{cases}\dot{U}_1=r_1\dot{I}_1+j\omega L_1\dot{I}_1+j\omega M_{12}\dot{I}_2+j\omega M_{13}\dot{I}_3\\ -\dot{U}_2=r_2\dot{I}_2+j\omega L_2\dot{I}_2+j\omega M_{12}\dot{I}_1+j\omega M_{23}\dot{I}_3\\ -\dot{U}_3=r_3\dot{I}_3+j\omega L_3\dot{I}_3+j\omega M_{13}\dot{I}_1+j\omega M_{23}\dot{I}_2\end{cases} \tag{5-5}$$

应用折算概念，把绕组 2 和绕组 3 折算到绕组 1，则有

$$U'_2=U_2K_{12} \qquad U'_3=U_3K_{13}$$

$$I'_2=I_2/K_{12} \qquad I'_3=I_3/K_{13}$$

$$r'_2=r_2K_{12}^2 \qquad r'_3=r_3K_{13}^2$$

$$L'_2=L_2K_{12}^2 \qquad L'_3=L_3K_{13}^2$$

$$M'_{12}=M_{12}K_{12} \qquad M'_{13}=M_{13}K_{13}$$

$$M'_{23}=M_{23}K_{12}K_{13}$$

（因为 $M_{12}\propto N_1N_2$，$M_{13}\propto N_1N_3$，$M_{23}\propto N_2N_3$）

则折算到绕组 1 后的电动势方程式为

$$\begin{cases}\dot{U}_1=r_1\dot{I}_1+j\omega L_1\dot{I}_1+j\omega M'_{12}\dot{I}'_2+j\omega M'_{13}\dot{I}'_3\\-\dot{U}'_2=r'_2\dot{I}'_2+j\omega L'_2\dot{I}'_2+j\omega M'_{12}\dot{I}_1+j\omega M'_{23}\dot{I}'_3\\-\dot{U}'_3=r'_3\dot{I}'_3+j\omega L'_3\dot{I}'_3+j\omega M'_{13}\dot{I}_1+j\omega M'_{23}\dot{I}'_2\end{cases} \tag{5-6}$$

当忽略 $\dot{I}_m$ 时 $\dot{I}'_2=-(\dot{I}_1+\dot{I}'_3)$，$\dot{I}'_3=-(\dot{I}_1+\dot{I}'_2)$

代入式（5-6）可得

$$\Delta\dot{U}_{12}=\dot{U}_1+\dot{U}'_2=Z_1\dot{I}_1-Z'_2\dot{I}'_2 \tag{5-7}$$

$$\Delta\dot{U}_{13}=\dot{U}_1+\dot{U}'_3=Z_1\dot{I}_1-Z'_3\dot{I}'_3 \tag{5-8}$$

式中

$$Z_1=r_1+jx_1$$

$$Z'_2=r'_2+jx'_2$$

$$Z'_3=r'_3+jx'_3$$

其中

$$\left.\begin{aligned}x_1&=\omega(L_1-M'_{12}-M'_{13}+M'_{23})\\x'_2&=\omega(L'_2-M'_{12}+M'_{13}-M'_{23})\\x'_3&=\omega(L'_3+M'_{12}-M'_{13}-M'_{23})\end{aligned}\right\} \tag{5-9}$$

Z_1、Z'_2、Z'_3为等效阻抗，其中 x_1、x'_2、x'_3与双绕组变压器的漏抗不同，它们是各绕组自感以及绕组之间的互感组合而成的各绕组等效电抗，而并不是某一绕组本身的漏抗。但从式（5-9）可知，每个等效电抗中实际皆由两个“+”的和两个“−”的电感系数组成，其励磁电感部分相互减掉。因此，各绕组引起等效电抗的磁通并非全部通过铁心，即等效电抗具有漏抗的性质，仍可以看成是不变的常数。

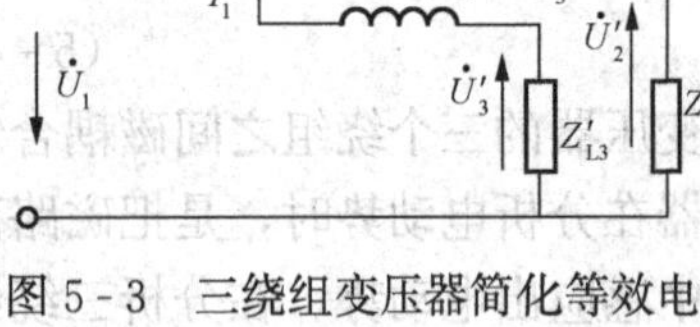

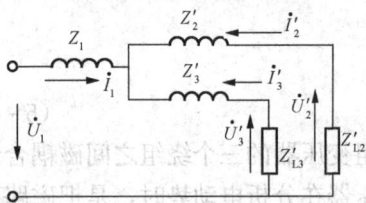

图 5-3 三绕组变压器简化等效电路

三、等效电路和电压调整率

由式（5-7）、式（5-8）可以画出三绕组变压器的简化等效电路，如图 5-3 所示。

由图可见，只要求出参数 Z_1、Z'_2、Z'_3，即可计算给定负载电流 $\dot{I}'_2$和 $\dot{I}'_3$的数值，于是电压调整率为

$$\left.\begin{aligned}\Delta U_{12}\%&=\frac{U_1-U'_2}{U_1}\times100\%\\\Delta U_{13}\%&=\frac{U_1-U'_3}{U_1}\times100\%\end{aligned}\right\} \tag{5-10}$$

四、参数测定

三绕组变压器等效电路中的等效阻抗 Z_1、Z'_2、Z'_3也和双绕组变压器一样，可以通过短路试验测出。不过这里需要做三个短路试验，图 5-4 为三绕组变压器短路试验接线图。

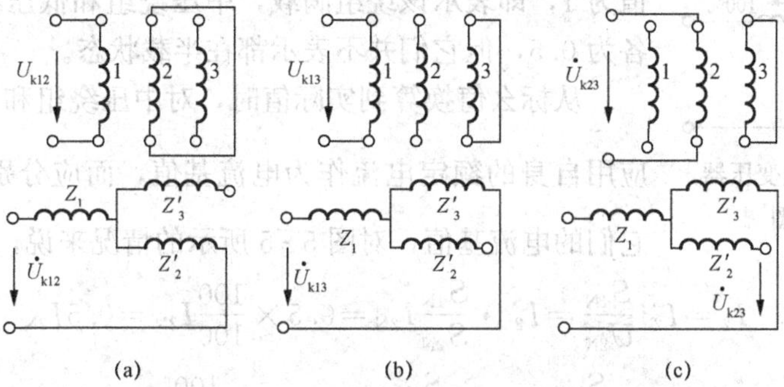

图 5-4　三绕组变压器短路试验

(a) 绕组 1 加电压，绕组 2 短路，绕组 3 开路；(b) 绕组 1 加电压，绕组 3 短路，绕组 2 开路；(c) 绕组 2 加电压，绕组 3 短路，绕组 1 开路

(1) 在绕组 1 上加电压，绕组 2 短路，绕组 3 开路，如图 5-4 (a) 所示，可测得

$$Z_{k12}=Z_1+Z'_2=(r_1+r'_2)+j(x_1+x'_2)=r_{k12}+jx_{k12}$$

(2) 在绕组 1 上加电压，绕组 3 短路，绕组 2 开路，如图 5-4 (b) 所示，可测得

$$Z_{k13}=Z_1+Z'_3=(r_1+r'_3)+j(x_1+x'_3)=r_{k13}+jx_{k13}$$

(3) 在绕组 2 上加电压，绕组 3 短路，绕组 1 开路，如图 5-4 (c) 所示，可测得 Z_{k23}。但应注意 Z_{k23} 是绕组 2 和绕组 3 折算到绕组 2 的合成阻抗，尚应折算到绕组 1 侧，即

$$Z'_{k23}=Z_{k23}K_{12}^2=Z'_2+Z'_3=(r'_2+r'_3)+j(x'_2+x'_3)=r'_{k23}+jx'_{k23}$$

于是

$$\begin{cases} r_1=\dfrac{1}{2}(r_{k12}+r_{k13}-r'_{k23}) \\ r'_2=\dfrac{1}{2}(r_{k12}-r_{k13}+r'_{k23}) \\ r'_3=\dfrac{1}{2}(r_{k13}-r_{k12}+r'_{k23}) \end{cases} \tag{5-11}$$

$$\begin{cases} x_1=\dfrac{1}{2}(x_{k12}+x_{k13}-x'_{k23}) \\ x'_2=\dfrac{1}{2}(x_{k12}-x_{k13}+x'_{k23}) \\ x'_3=\dfrac{1}{2}(x_{k13}-x_{k12}+x'_{k23}) \end{cases} \tag{5-12}$$

三绕组变压器的等效电抗 x_1、x'_2、x'_3的大小与三个绕组的排列有关，若为图 5-1 (b) 所示的排列方式，绕组 1 和绕组 3 之间的间隙大、漏磁多，因而它们之间的短路电抗 x_{k13} 较大，约为绕组 1、2 之间与绕组 2、3 之间的短路电抗 x_{k12} 和 x_{k23} 之和。由式 (5-12) 可见，绕组 2 的等效电抗很小，有时接近于零，甚至为微小的负值，即位于中间的绕组等效电抗最小，甚至是小值的负数。

三绕组变压器由于各绕组容量可能不等，所以在用标幺值进行计算时，要注意容量的基准值问题，即各绕组必须选用相同容量的基准值。一般用三绕组变压器的额定容量（即三个绕组中绕组容量最大的一个）作为容量的基准值。如图 5-5 所示，设三绕组变压器的容量配合为 100%、100%、50%，当高压绕组输入额定容量的功率并平均分配到中压绕组和低压绕组时，流过高压绕组的电流标幺值为 1，即表示该绕组满载，中压绕组和低压绕组的电流标幺值各为 0.5，但它们并不表示都在半载状态。

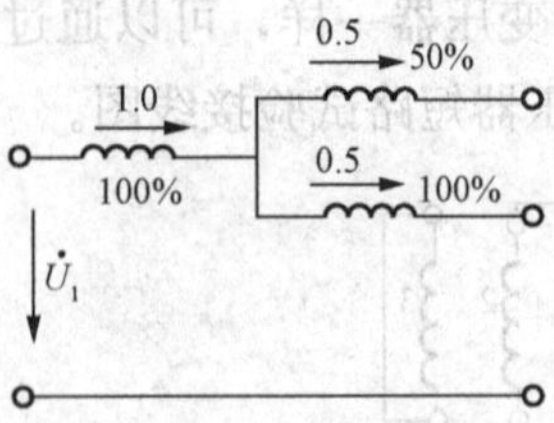

图 5-5 三绕组变压器容量分配图

从标幺值换算到实际值时，对中压绕组和低压绕组来说，不应用自身的额定电流作为电流基值，而应分别用$\frac{S_N}{U_{2N}}$和$\frac{S_N}{U_{3N}}$作为它们的电流基值，对图 5-5 所示的情况来说，应为

$$I_2 = I_2^* \frac{S_{1N}}{U_{2N}} = I_2^* \cdot \frac{S_{1N}}{S_{2N}} I_{2N} = 0.5 \times \frac{100}{100} I_{2N} = 0.5 I_{2N}$$

而

$$I_3 = I_3^* \frac{S_{1N}}{U_{3N}} = I_3^* \cdot \frac{S_{1N}}{S_{3N}} I_{3N} = 0.5 \times \frac{100}{50} I_{3N} = I_{3N}$$

实际就是应以$\frac{S_{1N}}{S_{2N}} I_{2N}$和$\frac{S_{1N}}{S_{3N}} I_{3N}$分别作为中压绕组和低压绕组的电流基值，所以图 5-5 所示的标幺值，中压绕组处于半载状态，而低压绕组已处于满载状态。

【例 5-1】 三相三绕组变压器，容量为 10000/10000/10000kV·A，线电压为 110/38.5/11kV，接线为 YNyn0d11，$p_0 = 17\text{kW}$，$I_0 = 0.015 I_N$。短路试验数据如下：

$$p_{k12} = 91\text{kW}, \ u_{k12} = 10.5\%$$

$$p_{k13} = 89\text{kW}, \ u_{k13} = 17.5\%$$

$$p_{k23} = 69.3\text{kW}, \ u_{k23} = 6.5\%$$

试求近似等效电路中的各参数，并画出它的近似等效电路图。

解 先算出高压侧的额定电流及基准阻抗。

$$I_{1N} = \frac{S_{1N}}{\sqrt{3} U_{1N}} = \frac{10000}{\sqrt{3} \times 110} = 52.49(\text{A})$$

$$Z_{1N} = \frac{U_{1Nph}}{I_{1Nph}} = \frac{U_{1N}}{\sqrt{3} I_{1N}} = \frac{110 \times 10^3}{\sqrt{3} \times 52.49} = 1210(\Omega)$$

（1）计算励磁参数。

$$Z_m^* = \frac{1}{I_{01}^*} = \frac{1}{0.015} = 66.67$$

$$r_m^* = \frac{p_0^*}{I_{01}^{*2}} = \frac{p_0 / S_N}{I_0^{*2}} = \frac{17/10000}{0.015^2} = 7.556$$

$$x_m^* = \sqrt{Z_m^{*2} - r_m^{*2}} = \sqrt{66.67^2 - 7.556^2} = 66.24$$

$$Z_m = Z_m^* Z_{1N} = 80666.6(\Omega)$$

$$r_m = r_m^* Z_{1N} = 9142.2(\Omega)$$

$$x_m = x_m^* Z_{1N} = 80146.77(\Omega)$$

（2）计算短路参数。

$$Z_{k12}^* = \frac{u_{k12}}{100} = \frac{10.5}{100} = 0.105$$

$$Z_{k13}^{*}=\frac{u_{k13}}{100}=\frac{17.5}{100}=0.175$$

$$Z_{k23}^{*}=\frac{u_{k23}}{100}=\frac{6.5}{100}=0.065$$

$$r_{k12}^{*}=p_{k12}^{*}=\frac{p_{k12}}{S_N}=\frac{91}{10000}=0.0091$$

$$r_{k13}^{*}=p_{k13}^{*}=\frac{p_{k13}}{S_N}=\frac{89}{10000}=0.0089$$

$$r_{k23}^{*}=p_{k23}^{*}=\frac{p_{k23}}{S_N}=\frac{69.3}{10000}=0.00693$$

$$x_{k12}^{*}=\sqrt{Z_{k12}^{*2}-r_{k12}^{*2}}=\sqrt{0.105^2-0.0091^2}=0.1046$$

$$x_{k13}^{*}=\sqrt{Z_{k13}^{*2}-r_{k13}^{*2}}=\sqrt{0.175^2-0.0089^2}=0.1748$$

$$x_{k23}^{*}=\sqrt{Z_{k23}^{*2}-r_{k23}^{*2}}=\sqrt{0.065^2-0.00693^2}=0.0646$$

$$Z_{k12}=Z_{k12}^{*}Z_{1N}=127.05(\Omega)$$

$$Z_{k13}=Z_{k13}^{*}Z_{1N}=211.75(\Omega)$$

$$Z'_{k23}=Z_{k23}^{*}Z_{1N}=78.65(\Omega)$$

$$r_{k12}=r_{k12}^{*}Z_{1N}=11.011(\Omega)$$

$$r_{k13}=r_{k13}^{*}Z_{1N}=10.769(\Omega)$$

$$r'_{k23}=r_{k23}^{*}Z_{1N}=8.385(\Omega)$$

$$x_{k12}=x_{k12}^{*}Z_{1N}=126.57(\Omega)$$

$$x_{k13}=x_{k13}^{*}Z_{1N}=211.51(\Omega)$$

$$x'_{k23}=x_{k23}^{*}Z_{1N}=78.17(\Omega)$$

(3) 等效电路中各参数为

$$r_1^{*}=\frac{1}{2}(r_{k12}^{*}+r_{k13}^{*}-r_{k23}^{*})$$

$$=\frac{1}{2}(0.0091+0.0089-0.00693)=0.005535$$

$$r_2^{*}=\frac{1}{2}(r_{k12}^{*}+r'^{*}_{k23}-r_{k13}^{*})$$

$$=\frac{1}{2}(0.0091+0.00693-0.0089)=0.003565$$

$$r_3^{*}=\frac{1}{2}(r_{k13}^{*}+r_{k23}^{*}-r_{k12}^{*})$$

$$=\frac{1}{2}(0.0089+0.00693-0.0091)=0.003365$$

$$x_1^{*}=\frac{1}{2}(x_{k12}^{*}+x_{k13}^{*}-x_{k23}^{*})$$

$$=\frac{1}{2}(0.1046+0.1748-0.0646)=0.1074$$

$$x_2^* = \frac{1}{2}(x_{k12}^* + x_{k23}^* - x_{k13}^*)$$

$$= \frac{1}{2}(0.1046 + 0.0646 - 0.1748) = -0.0028$$

$$x_3^* = \frac{1}{2}(x_{k13}^* + x_{k23}^* - x_{k12}^*)$$

$$= \frac{1}{2}(0.148 + 0.0646 - 0.1046) = 0.0674$$

$$r_1 = r_1^* Z_{1N} = 6.697(\Omega) \qquad x_1 = x_1^* Z_{1N} = 129.95(\Omega)$$

$$r'_2 = r_2^* Z_{1N} = 4.314(\Omega) \qquad x'_2 = x_2^* Z_{1N} = -3.39(\Omega)$$

$$r'_3 = r_3^* Z_{1N} = 4.072(\Omega) \qquad x'_3 = x_3^* Z_{1N} = 81.55(\Omega)$$

(4) 近似等效电路如图 5-6 所示。

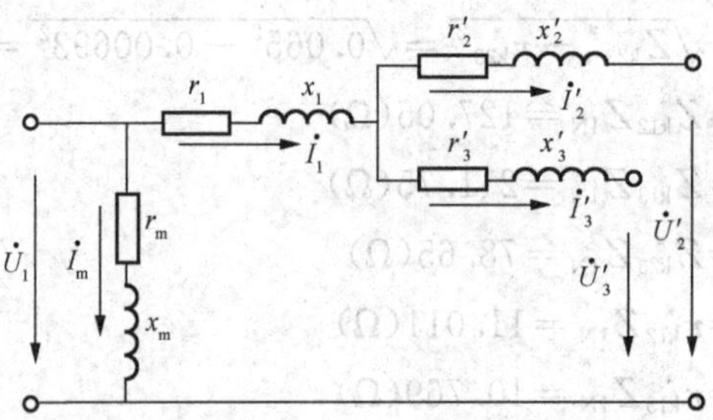

图 5-6 三绕组变压器的近似等效电路

5.2 自耦变压器

自耦变压器与双绕组变压器不同，它每相只有一个绕组，如图 5-7（a）所示。其一、二次侧共用同一绕组的一部分，并在磁路上自相耦合，故称自耦变压器，也可以叫做单绕组变压器。

自耦变压器可用于升压或降压，在电力系统中，主要用于连接相近电压等级的电网，变比一般在 2 左右。

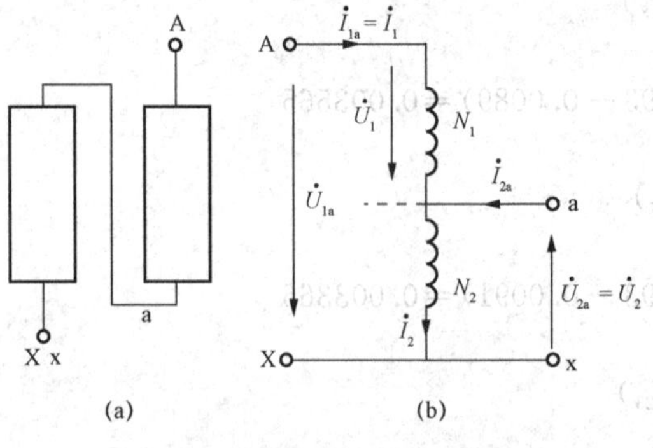

图 5-7 降压自耦变压器

（a）结构示意图；（b）绕组连接图

一、电压、电流和功率关系

1. 电压关系

以降压变压器为例加以说明，其接线如图 5-7（b）所示。

当一次侧加额定电压 U_{1aN}，而二次侧开路时，自耦变压器处于空载运行状态。这时如不计空载电流产生的漏阻抗压降，可以认为电压均匀地分布在一次绕组的每一线匝上。因此，根据需要从绕组不同线匝处接出抽头，即可得到所需要的输出端电压。若 A、a 两端匝数为 N_1，a、x 两端匝数为 N_2，则空载

输入端电压为

$$\dot{U}_{1aN} \approx -\dot{E}_{1aN} = 4.44f(N_1 + N_2)\dot{\Phi}_m$$

输出端电压为

$$\dot{U}_{2aN} \approx -\dot{E}_{2aN} = 4.44fN_2\dot{\Phi}_m$$

令

$$\frac{U_{1aN}}{U_{2aN}} \approx \frac{E_{1aN}}{E_{2aN}} = \frac{N_1 + N_2}{N_2} = K_A \tag{5-13}$$

其中，K_A 称为自耦变压器的变比，对于降压变压器，$K_A > 1$。

2. 电流关系

自耦变压器带上负载时，若按图 5-7（b）所规定的电流正方向，则有

$$\dot{I}_1 N_1 + \dot{I}_2 N_2 = \dot{I}_m (N_1 + N_2) \tag{5-14}$$

将式（5-14）两边除以（$N_1 + N_2$）得

$$\left(1 - \frac{1}{K_A}\right)\dot{I}_1 + \frac{\dot{I}_2}{K_A} = \dot{I}_m \tag{5-15}$$

自耦变压器实际用于励磁的电流 $\dot{I}_m$ 也很小，如果忽略 $\dot{I}_m$ 不计，则

$$\dot{I}_1 = \frac{\dot{I}_2}{1 - K_A} \tag{5-16}$$

式（5-16）表明 $\dot{I}_1$ 与 $\dot{I}_2$ 反相位。

对于 a 点电流平衡方程式为

$$\dot{I}_{2a} = \dot{I}_2 - \dot{I}_1 = \left(1 + \frac{1}{K_A - 1}\right)\dot{I}_2 \tag{5-17}$$

式（5-17）表明，$\dot{I}_2$ 与 $\dot{I}_{2a}$ 同相位，则有

$$I_{2a} = I_1 + I_2,\ I_2 = \left(1 - \frac{1}{K_A}\right)I_{2a},\ I_1 = \frac{1}{K_A}I_{2a} \tag{5-18}$$

自耦变压器的电流关系如图 5-8 所示。

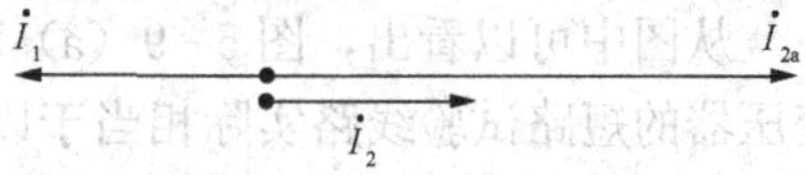

图 5-8 自耦变压器的电流关系

3. 容量关系

自耦变压器的容量是指它的输入或输出容量。额定运行时的容量用 S_{aN} 表示，有

$$\begin{aligned} S_{aN} &= U_{1aN}I_{1aN} = U_{2aN}I_{2aN} \\ &= \left(1 + \frac{1}{K_A - 1}\right)U_{2N}I_{2N} \\ &= U_{2N}I_{2N} + U_{2N}I_{1N} = S' + S'' \end{aligned} \tag{5-19}$$

其中

$$S' = S_N = U_{1N}I_{1N} = U_{2N}I_{2N} = \left(1 - \frac{1}{K_A}\right)S_{aN}$$

它对应于以串联绕组（N_1）为一次侧、以公共绕组（N_2）为二次侧的一个双绕组变压器，通过电磁感应传递给二次侧负载的容量，称为电磁耦合容量。它决定了变压器的主要尺寸、材料消耗，是变压器设计的依据，亦称为计算容量。

一次电流 I_{1N} 直接传导给负载的容量，称为传导容量，有

$$S''=U_{2N}I_{1N}=\frac{1}{K_A}S_{aN}$$

上述情况表明，自耦变压器由于一、二次绕组之间不仅有磁的耦合关系，而且还有电的直接联系。因此，它的输出视在功率中，含有传导功率和电磁耦合功率两部分，前者占输出视在功率的$\frac{1}{K_A}$，而后者占$\left(1-\frac{1}{K_A}\right)$。传导功率是负载直接从电源吸取的视在功率，不需要磁的耦合，K_A 越接近于1，传导功率就越大，电磁耦合功率就越小，而变压器的铁心尺寸和绕组匝数是按传递电磁功率的大小来确定的，因此，所需的绕组匝数就少，铁心体积也就小，所用材料就少，成本就越低。这就意味着小的绕组容量可获得较大的自耦变压器容量。换而言之，同容量的自耦变压器比双绕组变压器体积小、成本低，运输和安装条件都得到改善，因此在现代高压电力系统中常用自耦变压器来连接电压等级相差不大的电网。

二、短路阻抗和等效电路

1. 短路阻抗

自耦变压器的短路阻抗 Z_{ka} 可由短路试验求得，图 5-9（a）所示为自耦变压器短路试验接线图。

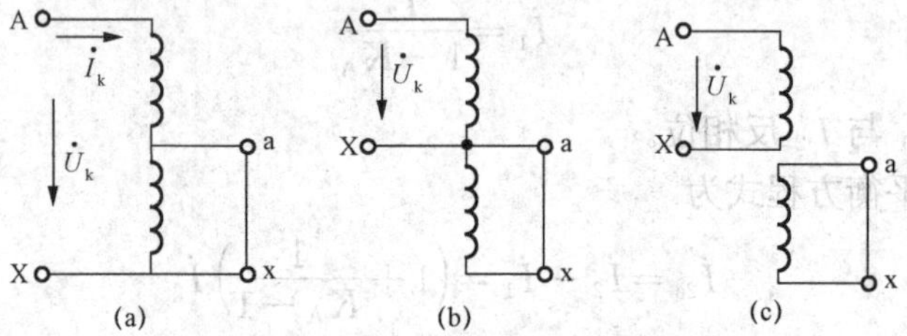

图 5-9　自耦变压器短路试验接线图

（a）自耦变压器短路试验接线图；（b）图 5-9（a）的等效图；
（c）图 5-9（b）的简化表示

从图中可以看出，图 5-9（a）和图 5-9（b）以及图 5-9（c）是等效的。这说明自耦变压器的短路试验线路实际相当于以 Aa 为一次绕组、ax 为二次绕组的普通双绕组变压器短路试验线路，因而短路阻抗应为

$$Z_k=Z_{Aa}+Z_{ax}\left(\frac{N_1}{N_2}\right)^2=Z_{Aa}+Z_{ax}(K_A-1)^2$$

将 Z_k 对双绕组变压器的一次侧取标幺值，得

$$Z_k^*=\frac{Z_kI_{1N}}{U_{1N}}$$

为便于说明和比较，这里设想把上述双绕组变压器的一、二次绕组串联成一台自耦变压器，如图 5-10 所示，则此自耦变压器的短路阻抗应为

$$Z_{ka}=Z_{Aa}+Z_{ax}\left(\frac{N_1}{N_2}\right)^2=Z_{Aa}+Z_{ax}(K_A-1)^2=Z_k$$

但自耦变压器正常运行时，以 AX 为一次侧、ax 为二次侧，将 Z_{ka} 对一次侧取标幺值得

$$Z_{ka}^*=\frac{Z_k}{\left(\frac{U_{1aN}}{I_{1aN}}\right)}=\frac{Z_kI_{1N}}{\left(1+\frac{1}{K_A-1}\right)U_{1N}}=\left(1-\frac{1}{K_A}\right)Z_k^* \tag{5-20}$$

由式（5-20）可知，因为$\left(1-\frac{1}{K_A}\right)$总小于1，故$Z_{ka}^*$小于$Z_k^*$；当$K_A$大于且接近1时，$Z_{ka}^* \ll Z_k^*$，即自耦变压器的短路阻抗标幺值比构成它的双绕组变压器的短路阻抗标幺值小。短路阻抗小，负载运行时电压变化率小，但如发生短路故障，将有较大的短路电流，这是很不利的。因此，设计自耦变压器时，必须加强它的机械结构，甚至有时还要适当增加漏抗，以减小过大的短路电流产生的破坏。

2. 等效电路

忽略励磁电流时，自耦变压器简化等效电路如图5-11所示。

对应简化等效电路有

$$\dot{U}_{1a} = \dot{I}_1 Z_{ka} + \dot{U}'_{2a}$$

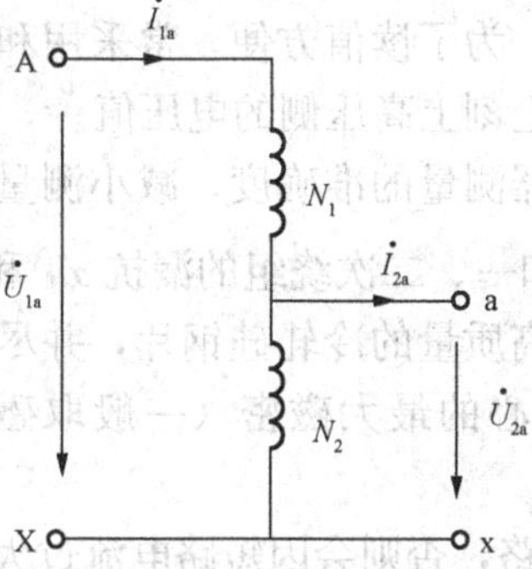

图5-10　双绕组串联接成自耦变压器

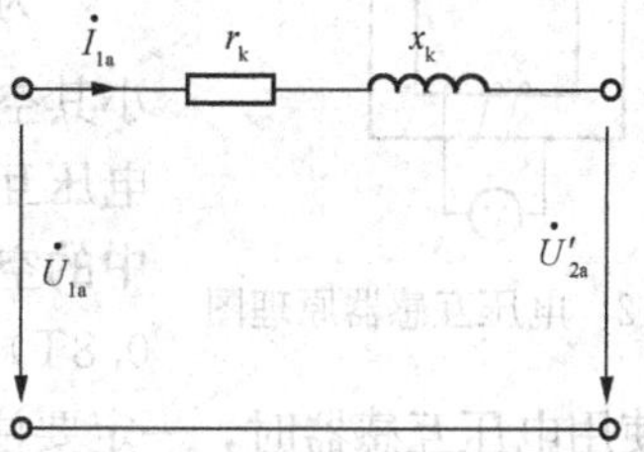

图5-11　自耦变压器简化等效电路

三、自耦变压器的优缺点

1. 自耦变压器的优点

自耦变压器的容量与系数$\left(1-\frac{1}{K_A}\right)$有关。变比$K_A$越接近于1，系数$\left(1-\frac{1}{K_A}\right)$越小，自耦变压器的优点越为显著，而当$K_A$较大时，系数$\left(1-\frac{1}{K_A}\right)$则越近于1，自耦变压器的优点就不明显了，所以电力系统中自耦变压器常用于变比不大的地方，一般$K_A \leqslant 2$。

2. 自耦变压器的缺点

由于$Z_{kA}^* = \left(1-\frac{1}{K_A}\right) Z_k^*$，所以自耦变压器除了短路电流大以外，还由于高、低压侧之间有直接电的联系，高压侧发生过电压能直接传到低压侧来。因此，其内部绝缘和防过电压措施要加强。

5.3　电压互感器和电流互感器

在高电压、大电流测量和保护装置中，根据测量和使用上的需要，常用互感器把电压或电流降低，用于变换电压的叫电压互感器，用于变换电流的叫电流互感器。我国采用的电压互感器额定二次电压为100V，电流互感器额定二次电流为5A或1A。

在电力系统的测量和保护装置中，采用互感器除降低电压、电流外，还可以使测量系统和保护装置系统与高压回路可靠地隔开以确保工作人员、仪器和保护装置等的安全。

一、电压互感器

用于电压变换，它的一次绕组并联在被测量的电网上，二次绕组连接电压表或其他保护装置的电压线圈，阻抗值都相当大。因此，电压互感器的实际工作情况相当于空载运行的变压器，如图 5-12 所示。电压互感器高压边电动势与低压边电动势之比称电压互感器的电压比，即

$$K_e=\frac{E_1}{E_2}=\frac{N_1}{N_2}=\frac{U_1}{U_{20}}$$

电压互感器可以和普通变压器空载运行一样得出基本方程式、等效电路和相量图，这里不再重述。

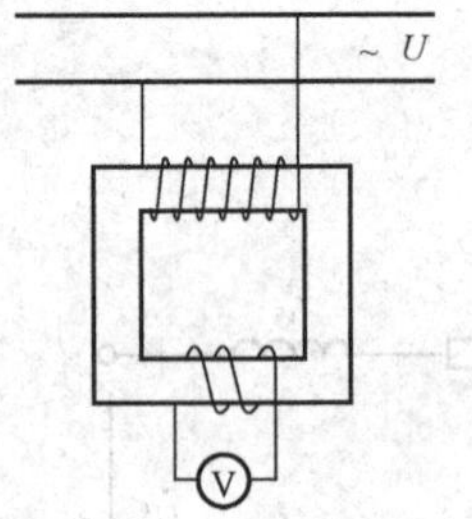

图 5-12 电压互感器原理图

电压互感器是通过测量互感器二次电压乘以互感器电压比来得到高压回路电压的，为了读值方便，常采用和互感器相配套的仪表，直接在表盘上刻上高压侧的电压值。

为了提高电压互感器测量的准确度，减小测量误差，应减小其空载励磁电流 $\dot{I}_m$ 和一、二次绕组的漏抗 x_1 和 x_2。因此，电压互感器的铁心选用高质量的冷轧硅钢片，并尽量减小磁路中的空气间隙，降低铁心的最大磁密（一般取磁密为 0.6～0.8T）。

在使用电压互感器时，一定要注意二次侧不准短路，否则会因短路电流过大而烧毁。另外，为了安全，二次绕组应有一端子和铁心一起可靠地接地。电压互感器的额定容量为伏安级，因此使用时不能接负载（电压表）过多，应避免超过额定容量影响测量准确度。

我国生产的电压互感器，按测量准确度分为四级，即 0.2、0.5、1.0 级和 3.0 级。

二、电流互感器

电流互感器是用于电流变换的，它的一次绕组匝数很少，二次绕组匝数较多，使用时一次绕组与测量回路串联，如图 5-13 所示。

电流互感器二次绕组接的是电流表或其他保护装置的电流线圈，阻抗值都很低。因此，电流互感器的实际工作情况，相当于短路运行的变压器。

从电流互感器的一次侧看，它的短路阻抗很小，把它串联于测量回路中对被测电流影响不大，测量回路的电流仍取决于负载阻抗。

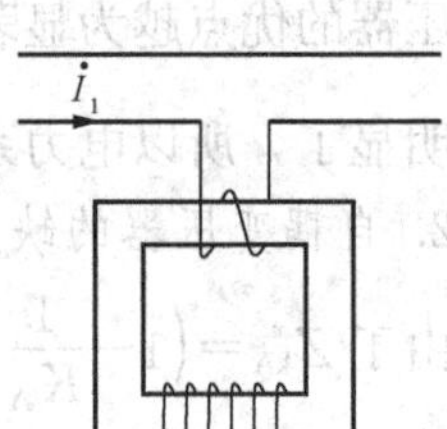

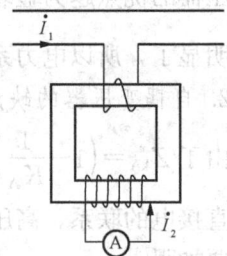

图 5-13 电流互感器原理图

由于电流互感器相当于变压器的短路运行状态，电流互感器一次电压仅为测量电流在互感器短路阻抗上的压降，因此，电流互感器的励磁磁动势 $\dot{I}_mN_1$ 很小，若忽略不计，则有 $\dot{I}_1N_1-\dot{I}_2N_2=0$，因此可得到电流互感器的电流比，即

$$K_i=\frac{I_1}{I_2}=\frac{N_2}{N_1}$$

电流互感器用于实际测量时是通过测量互感器二次侧电流 I_2，然后乘以电流变比得到一次侧电流 I_1 的。在与电流互感器配套的仪表中，也在仪表盘上直接刻上一次侧的电流值。

电流互感器也和电压互感器一样，也存在测量误差，是励磁电流 $\dot{I}_m$ 及一、二次绕组漏磁阻抗和仪表阻抗等引起的。为了减少测量误差，提高测量准确度，电流互感器铁心也要求选用高质量的硅钢片，尽量减小铁心磁路的空气间隙，降低铁心磁密（一般磁密选为0.08～0.1T），绕制绕组时尽量设法减少漏磁。

电流互感器在使用时，一定要注意二次侧不准开路。因为二次侧开路时，电流互感器失去了 $\dot{I}_2N_2$ 的去磁作用，而互感器一次电流大小是由测量回路的负载阻抗决定的，基本不受互感器二次侧是否开路的影响。这时 $\dot{I}_1N_1$ 将变成励磁磁动势，使铁心中磁密和铁损耗激增，导致铁心过热。另外在二次绕组两端也将产生很高的电压，损坏绕组绝缘性能，危及人身、设备安全。

为了保证安全，电流互感器的二次绕组也需要可靠地接地，电流互感器二次侧所接的仪表或其他电流线圈的阻抗值，不应超过互感器规定的“额定负载”的电阻值，否则会引起二次电流减小，铁心磁通和励磁电流 $\dot{I}_m$ 增大，测量误差增加。

我国生产的电流互感器，按测量准确度分为五个等级，即0.2、0.5、1.0、3.0级和10级。

本章小结

三绕组变压器的工作原理与双绕组相同，同样可以用基本方程式、等效电路和相量图来表示各物理量之间的关系，但在分析绕组电动势时，采用了与双绕组不同的分析方法，因为三绕组变压器中漏磁通的概念不像双绕组那样明确。因此，在列三绕组变压器的电压方程式时，应用自感和互感的概念，即三绕组变压器等效电路中的电抗不是各绕组自身的漏抗，而是由各绕组自感和互感决定的等效电抗。

自耦变压器的一、二次绕组不仅有磁的联系，还有电的联系，其输出功率包括传导功率和电磁耦合功率。由于电磁感应传递的功率小于变压器的额定容量，因而与同容量的普通变压器相比，自耦变压器省材料、损耗小、效率高。但由于短路阻抗小，因此短路电流较大，并且高压侧过电压能直接传导到低压侧。

电压互感器和电流互感器的基本原理与变压器相同，电压互感器相当于空载运行的变压器，而电流互感相当于短路运行的变压器，前者二次侧不准短路，后者二次侧不准开路，使用时二次侧都要可靠接地，以确保人身、设备安全。

思考题

5-1 什么是三绕组变压器，它在电力系统中应用在什么场合？

5-2 三绕组变压器三个绕组容量有何关系，三绕组变压器额定容量是如何定义的？

5-3 三绕组变压器，为什么二次侧某一个负载变化会影响另一个负载的端电压？在升压变压器中，为什么把低压绕组置于高、中压绕组之间能减小上述影响？

5-4 三绕组变压器的等效电路中 x_1、x'_2、x'_3分别代表什么电抗？为什么有时其中一个甚小，甚至可能是负值？

5-5　试说明如何通过短路试验求取三绕组变压器的等效参数。

5-6　试述自耦变压器与普通变压器比较时的优、缺点。为什么自耦变压器的变比不可过大？

5-7　自耦变压器的功率是如何传递的？自耦变压器的电磁容量与自耦变压器的通过容量关系如何？

5-8　电压互感器和电流互感器使用时应注意什么？

习　题

5-1　有一台三相三绕组变压器，额定容量为 10000/10000/10000kV·A，额定电压为 110/38.5/11kV，其联结组标号为 Ynyn0d11，短路实验数据如下：

绕　组	短路损耗（kW）	阻抗电压（%）
高一中	110.2	$u_{k12}=16.95$
高一低	148.75	$u_{k13}=10.10$
中一低	82.70	$u_{k23}=6.06$

试计算简化等效电路中的各参数，并画出对应的简化等效电路图。

5-2　有一台额定容量为 5600kV·A，额定电压 6.6/3.3kV，Yy0 联结的三相双绕组变压器，$Z_k^*=0.105$，现将其改接成 9.9 / 3.3kV 降压自耦变压器，试求：

(1) 自耦变压器的额定容量；

(2) 在额定电压下的稳态短路电流标幺值 I_k^*，并与原来双绕组变压器稳态短路电流标幺值相比较。

第二篇

交流电机的共同理论

交流旋转电机分两大类：异步电机和同步电机，所有旋转电机从原理上讲均是可逆的，它既可作发电机运行，又可作电动机运行。异步电机主要用作电动机，而同步电机主要用作发电机。这两种电机虽然在结构和励磁方式上有很多的差异，但就电机内部发生的电磁现象和机电能量转换原理而言基本相同，它们有很多共性的内容。

本篇介绍交流电机的共同问题，即交流电机的绕组、绕组中的感应电动势及绕组电流产生的磁动势，它们是后面分析交流同步机和异步电机的基础，因此具有很重要的作用。两种形式交流电机所涉及的理论，有下面三个部分：①交流绕组的基本结构；②交流绕组产生的感应电动势；③交流绕组产生的磁动势。

交流电机绕组是电机进行能量转换和传递的关键部分。在交流电机中，只有当电机绕组切割磁力线时才能感应交流电动势，也只有当电机绕组通过正弦交流电流时才能建立起在空间按正弦分布的磁动势。绕组、电动势和磁动势是交流电机的共性内容，而且电动势和磁动势的大小及波形都与绕组结构形式密切相关。

第6章　交流绕组及其电动势

6.1　交流绕组的一般介绍

一、对交流绕组的基本要求

交流绕组是实现机电能量转换的重要部件，通常处于电机中温度最高的部位，它的绝缘层可能因承受高压而被击穿；短路故障时，又可能受强大的电磁力冲击而损坏。因此对三相交流绕组提出以下一些基本要求：

（1）三相绕组对称，以保证三相电动势和磁动势对称。

（2）在导体数一定时，力求得到尽可能大的电动势和磁动势。

（3）电动势和磁动势波形尽可能接近正弦波形。

（4）用铜量少、工艺简单，便于安装检修。

二、交流绕组分类

由于交流电机的应用范围非常广，不同类型的交流电机对绕组的要求也各不相同，因此交流绕组的种类也非常多。其主要的分类方法有：

（1）根据槽内导体层数分单层绕组和双层绕组。其中，单层绕组又可以分为链式、交叉式和同心式绕组；双层绕组又可以分为叠绕组和波绕组。

（2）根据相数可以分为单相、两相、三相及多相绕组。

（3）根据每极每相槽数可以分为整数槽绕组和分数槽绕组。

尽管交流绕组的种类很多，但由于三相双层绕组能较好地满足对交流绕组的基本要求，所以现代动力用交流电机一般多采用三相双层绕组。

三、交流绕组中的名词术语介绍

1. 电角度（或空间电角度）

在电机理论中，把一对磁极所占的空间距离，称为360°的空间电角度。从电磁观点分析，若转子上有一对磁极，它旋转一周（机械角度360°），定子导体就掠过一对磁极，导体中感应电动势就变化一个周波，即360°电角度。这种每掠过一对磁极，电磁关系就变化一周，即360°的计量电磁变化的角度就称为空间电角度。依次类推，若一个圆周布置 p 对磁极，它占有的空间电角度就为 $p\times360°$。值得注意的是，电角度和一般所讲的机械角度是有区别的，以后若不加说明，所指角度均是电角度，即

$$\text{电角度}=\text{极对数}\ p\times\text{机械角度} \tag{6-1}$$

2. 槽距角 α

槽距角 α 表示相邻两槽导体间所隔的（空间）电角度，即

$$\alpha=\frac{p\times360°}{Z} \tag{6-2}$$

式中　p——极对数；

　　Z——定子总槽数。

3. 极距 τ

相邻两个磁极轴线之间沿定子铁心内表面的距离称为极距 τ。其表示方法很多，常用一

个极面下所占的槽数表示

$$\tau=\frac{Z}{2p} \tag{6-3}$$

还可以用空间长度$\left(\frac{\pi D}{2p}\right)$、电角度（180°或 π）来表示，其中 D 为电机定子内圆直径。

4. 线圈节距 y

一个线圈两个有效边（嵌入槽中的线圈边）之间所跨的槽距，称为节距（跨距）y，它也用槽数表示。为使每个线圈获得尽可能大的电动势（或磁动势），节距 y 应等于或接近于极距 τ，把 $y=\tau$ 的绕组称为整距绕组，$y<\tau$ 的绕组称为短距绕组，$y>\tau$ 的绕组称为长距绕组。

5. 每极每相槽数 q

在交流电机中，每极每相占有的平均槽数 q 是一个重要的参数。每一个极面下每相所占有的槽数 q 为

$$q=\frac{Z}{2pm} \tag{6-4}$$

式中 m——电机定子的相数。

为了获得对称绕组，每极每相的槽数情况一样。$q=1$ 的绕组称为集中绕组，$q>1$ 的绕组称为分布绕组。

四、槽电动势星形图

所谓槽电动势星形图，就是把定子各槽内按正弦规律变化的导体电动势分别用相量图表示，这些相量就构成一个辐射形的星形图，称为槽电动势星形图，它实质上就是槽电动势相量图，其绘制方法举例如下。

在图 6-1 中，设电机的气隙磁通密度 B 按正弦规律分布，则当电机转子逆时针旋转时，均匀分布在定子圆周上的导体切割磁力线，感应出电动势 $e=Blv$，在 l、v 为定值时，$e\propto B$，则槽内导体感应电动势也将随时间按正弦规律变化。对每槽的导体而言，磁场转过一对磁极，导体感应电动势变化一个周期，即 360°。对于 $\alpha=30°$，意即各槽导体空间电角度彼此相差 30°，也就是说导体切割磁场有先有后，各槽导体感应电动势在时间相位上彼此相差 30°。当转子如图 6-1 所示方向旋转时，显然，第 2 槽导体电动势滞后于第 1 槽导体电动势 30°，第 3 槽导体电动势滞后于第 2 槽 30°……依次类推，一直到第 12 个槽，循环一对磁极，空间电角度恰为 360°，在槽电动势星形图中恰好排成一圈。在图 6-2 中，1～12 号槽导体电动势与第 13～24 槽导体电动势分别重合，这是由于本例中的电机有两对磁极，而 1 号槽导体和 13 号槽导体虽然处于不同的一对磁极下，但它们在各自的一对磁极下的位置相同，因此它们的感应电动势同相位，常称为这两根导体感应的电动势电气上同相位。依次类推，2 号槽导体感应电动势和 14 号槽导体感应电动势……12 号槽导体感应电动势和 24 号槽导体感应电动势同相位。

一般来说，当用相量表示各槽导体感应电动势时，由于一对磁极下有$\frac{Z}{p}$个槽，因此，一对磁极下的$\frac{Z}{p}$个槽电动势相量均匀分布在 360°的范围内，构成一个电动势星形图。若 Z 和 p 有最大公约数 t，则有 t 个重合的星形图。如［例 6-1］中 Z 和 p 的最大公约数为 2，则有 2

个重合的星形图。

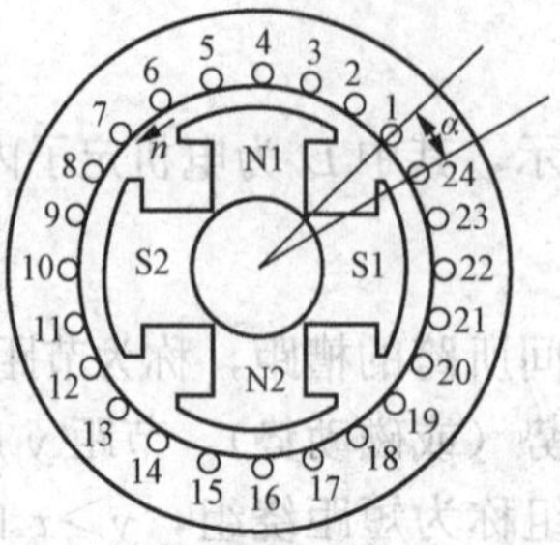

图 6-1　槽内导体沿定子圆周分布的情况

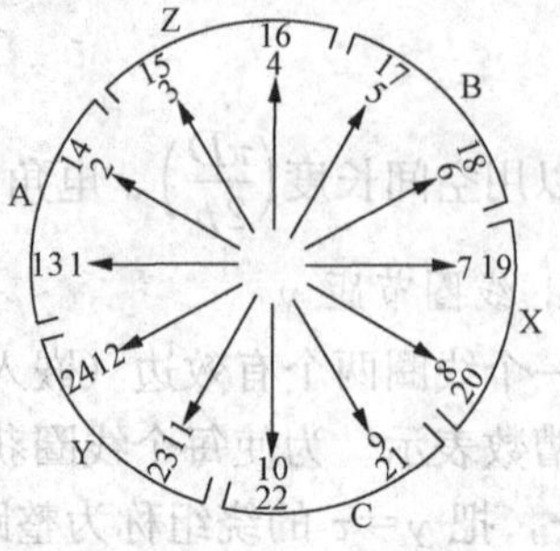

图 6-2　槽电动势星形图

利用槽电动势星形图分相可以保证三相绕组电动势的对称性，即将所有槽导体感应的电动势分成六等分，称为 60°相带绕组，由于三相绕组在空间彼此要相距 120°电角度，且相邻磁极下导体感应电动势方向相反，根据节距的概念，沿一对磁极对应的定子内圆相带的划分依次为 A、Z、B、X、C、Y，如图 6-2 所示。其中，A、X 两个相带在星形图上的相位相差 180°，可以将 A 相带导体电动势和 X 相带导体的电动势反相相加共同构成 A 相电动势，同理，B、Y 两相带可以构成 B 相，C、Z 两相带可以构成 C 相，A、B、C 三相电动势幅值相等、相位互差 120°。这种分法同样可以保证电动势对称，获得较大的基波电动势。

6.2　三相对称绕组的构成

一、三相单层绕组

定子或转子每槽中只有一个线圈边的三相交流绕组称为三相单层绕组。三相单层绕组由于每槽中只含有一个线圈边，所以其线圈数为槽数的一半，即为 $Z/2$。与三相双层绕组比，三相单层绕组无层间绝缘，下线方便，槽利用率也高，也不存在层间绝缘击穿的问题。此外，由于单层绕组每槽只有一个线圈边，其线圈数等于槽数的一半，故其绕线及嵌线工时也少。但它无短距绕组的效果，故其电动势波形不够理想。并且，由于同一槽的导体均属于同一相，槽漏抗也较大。三相单层绕组主要用于 10kW 以下的小型异步电动机。

按照线圈的形状和端部连接方法的不同，三相单层绕组分为叠式绕组、交叉式绕组和同心式绕组。下面以单层叠式绕组为例进行介绍。

【例 6-1】　已知电机的定子槽数 $Z=24$，极数 $2p=4$，试绘出三相单层叠式绕组展开图。

解　绘图步骤如下：

(1) 计算有关参数。

槽距角
$$\alpha=\frac{p\times360^\circ}{Z}=\frac{2\times360^\circ}{24}=30^\circ$$

每极每相槽数
$$q=\frac{Z}{2pm}=\frac{24}{4\times3}=2$$

(2) 画出槽电动势星形图，如图 6-2 所示。

(3) 分相。由 $q=2$ 分相，本例中各相所属槽号按相带顺序列表，见表 6-1。

表 6-1　[例 6-1] 中电机各相所属槽号表

极数＼相带	A	Z	B	X	C	Y
第一对极	1 2	3 4	5 6	7 8	9 10	11 12
第二对极	13 14	15 16	17 18	19 20	21 22	23 24

(4) 绘制绕组展开图。要将槽内的各导体连接为三相绕组，就必须按照槽电动势星形图及分相的结果，将属于同相的导体按照要求连接成线圈，再将各线圈连接成线圈组，继而将线圈组串并联成相绕组，最后把相绕组再连接为三相绕组，这个过程可以通过绕组的展开图来表示。绘制绕组展开图的方法是将电机定子或转子沿轴向切开并平摊，将定子或转子上的槽画为距离相等的一组平行线，并按一定的顺序对槽内的导体依次进行编号，把槽内的导体按构成线圈、线圈组和相绕组的原则进行连接，得到绕组展开图。下面以 A 相为例进行具体介绍。按照槽电动势星形图及分相原则，A 相绕组由 1、7；2、8；13、19；14、20 四个线圈 ($y=\tau=6$) 串联而成，而有效边是产生电磁作用的主要部分，所以只要保持有效边电流方向不变，端部连接方式的改变不会影响其电磁情况，为缩短端部连线、节约用铜、使端部分布更均匀，把第 2 槽导体与它右面相邻极下的第 7 槽导体相连组成一个线圈，依次 8、13；14、19 和 20、1 的有效边导体相连（A 相所占 8 个槽导体未变），得到四个线圈，它仍遵循电动势相加的原则，连接时"头尾相接"，得 A 相绕组展开图，如图 6-3 所示。此种接法即为叠式绕组。

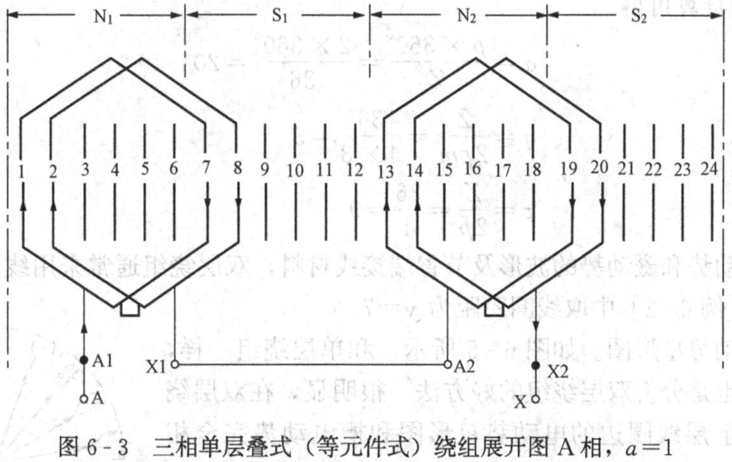

图 6-3　三相单层叠式（等元件式）绕组展开图 A 相，$a=1$

同样，B、C 两相绕组的首端依次与 A 相首端相差 120°和 240°空间电角度，可画出 B、C 两相展开图。

电机绕组的有效边是产生电磁作用的主要部分，所以只要保持有效边电流方向不变，端部连接方式的改变不会影响其电磁情况，为缩短端部连线，简化嵌线工艺，节约用铜，使端接部分布更加均匀，由此又引出了链式绕组、交叉式绕组和同心式绕组，它们均是整距绕组。

单层绕组的连接特点是各相的最大并联支路数等于极对数，即 $a_{max}=p$，每相串联的匝数 $N=pqN_c/a$，这里 N_c 为每个线圈的匝数或槽导体数，a 为线圈并联的支路数。

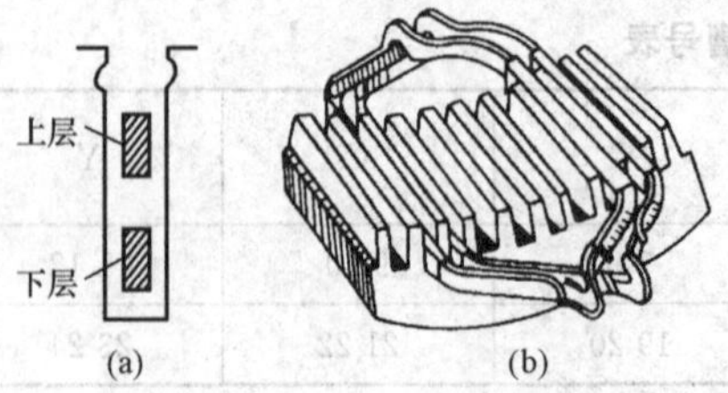

图 6-4 双层绕组
(a) 双层绕组在槽内的布置；
(b) 有效部分和端部

二、三相双层绕组

三相双层绕组是指电机每槽分为上下两层，如图 6-4 所示。线圈（元件）的一个边嵌在某槽的上层，另一边安放在相隔一定槽数的另一槽的下层的一种绕组结构，有叠绕组和波绕组两种形式。叠绕组主要用于较大容量的三相异步电动机的定子和汽轮发电机的定子绕组，波绕组主要用于三相绕线转子异步电动机的转子和水轮发电机的定子绕组。本节仅介绍三相双层叠绕组。

叠绕组在绕制时，任何两个相邻的线圈都是后一个“紧叠”在另一个上面，故称叠绕组，双层叠绕组的特点是：

(1) 主要优点。①可以选择最有利的节距，并同时采用分布绕组，以改善电动势和磁动势的波形；②所有线圈具有相同的尺寸，便于制造；③可以得到较多的并联支路数；④可以采用短距线圈以节省端部用铜，且端部形状排列整齐，有利于散热和增强机械强度。

(2) 主要缺点。①嵌线较困难，特别是一台电机的最后几个线圈；②线圈组间连接较多、级数较多时耗铜量比较大。

10kW 以上的中小型同步电机、异步电机及大型同步电机的定子绕组采用双层叠绕组。下面通过具体例子来说明叠绕组的绘制方法。

【例 6-2】 已知 $Z=36$，$2p=4$，$y=7$，试绘出三相双层叠绕组展开图。

解 (1) 计算可得

$$\alpha=\frac{p\times 360^\circ}{Z}=\frac{2\times 360^\circ}{36}=20^\circ$$

$$q=\frac{Z}{2pm}=\frac{36}{4\times 3}=3$$

$$\tau=\frac{Z}{2p}=\frac{36}{4}=9$$

为改善电动势和磁动势的波形及节省端接线材料，双层绕组通常采用线圈跨距接近于 τ 的短距线圈，[例 6-2] 中取线圈跨距为 $y=7$。

(2) 画电动势星形图。如图 6-5 所示，和单层绕组一样，电动势星形图也是分析双层绕组的好方法。很明显，在双层绕组中，如果其上层线圈边的电动势星形图和槽电动势完全相同。那么下层线圈边的电动势星形图则取决于线圈的节距 y，由于各线圈的节距相等，所以若把各线圈的电动势求出来，其所构成的仍是一幅辐射星形图，相邻两个线圈之间的相位差仍为 α。因此，槽电动势星形图即可以表示上层线圈边的电动势星形图，又可以表示各线圈的电动势星形图，电动势相量和线圈的编号都取上层线圈边所在的槽号。

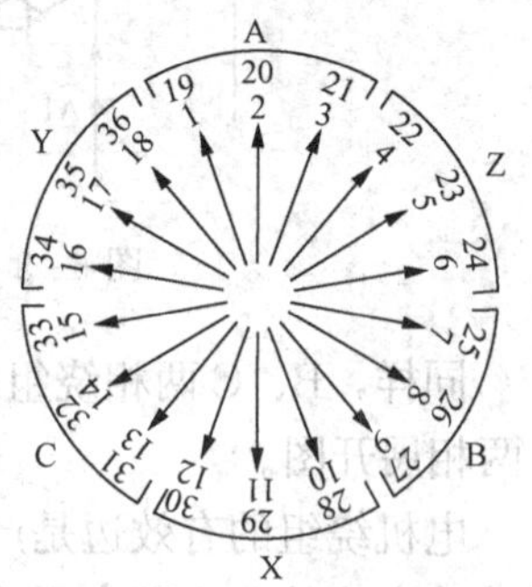

图 6-5 $2p=4$ 的槽电动势星形图

(3) 分相。根据 $q=3$ 分相。双层绕组的分相方法和单层绕组类似。但要注意的是，此时划分到每一相带的是线圈的编号，而不是导体的编号。例如，划分到 A 相带是 1、2、3 号线圈，而不是 1、2、3 号槽内的导体。

（4）画绕组展开图。根据 $y=7$（$y<\tau$，为短距绕组）以及双层绕组的下线特点，一个线圈的一个圈边放在上层，另一个圈边就放在下层。如 1 号线圈一个圈边在 1 号槽的上层（用实线表示），则另一个线圈边根据 $y=7$ 应放在 8 号槽下层（用虚线表示），依次类推。将一个极面下属 A 相的 1、2、3 三个线圈（$q=3$），通过端部串联起来（其实在绕制线圈时已缠绕在一起）构成一组线圈（也称线圈组），再将第二个极面下属 A 相的 10、11、12 三个线圈串联构成第二组线圈，依次将 19、20、21 和 28、29、30 线圈分别构成第三、第四组线圈。每个线圈组的电动势等于组内线圈的电动势之和。很显然，4 个线圈组的电动势大小相等，但同一相的两个相带中线圈电动势相位相反，例如 A 相带和 X 相带中线圈组的电动势相位正好相反。因此 A 相带的线圈组和 X 相带的线圈组之间的连接只能是反向串联或反向并联。这样每相的 4 个线圈可以通过串联或并联构成一相绕组，其最大并联支路数 $a_{\max}=2p$，比单层绕组多一倍，每相串联的匝数 $N=2pqN_c/a$，并且其并联支路数可选取 $a=2p/n$（n 为正整数）所得的任一整数值。例如［例 6-2］中，a 可选 1、2、4。

三种并联支路如图 6-6 所示（其中箭头代表感应电动势方向）。

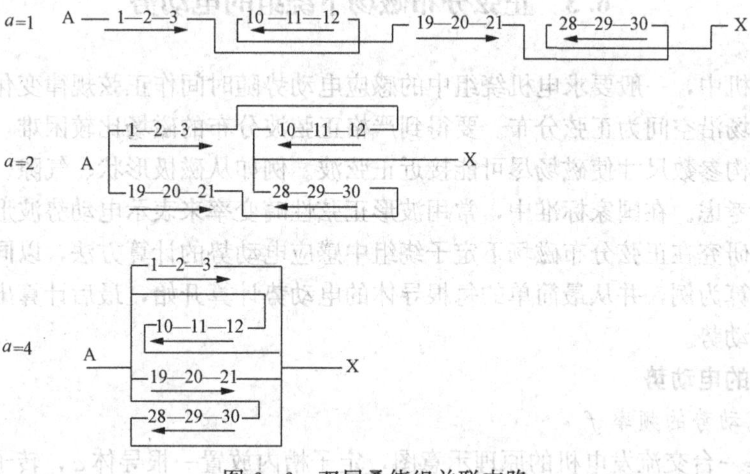

图 6-6　双层叠绕组并联支路

可见，四个磁极就构成四组线圈，所以双层绕组的线圈组数就等于磁极数。这样，四组线圈根据“头接头、尾接尾”的规律串联起来，构成一条支路（$a=1$）的一相绕组，如图 6-7 所示。B、C 相情况类同。

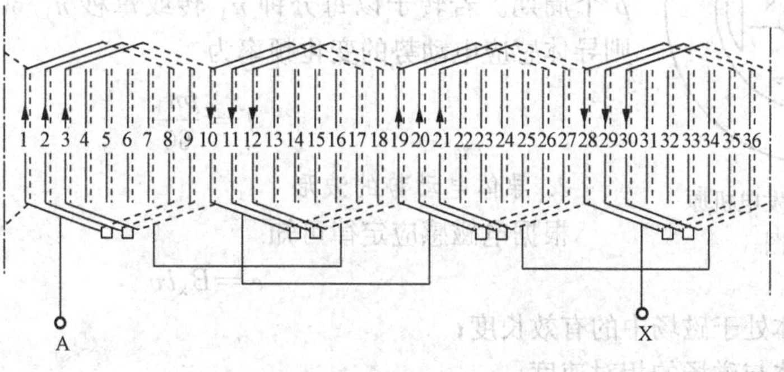

图 6-7　三相双层叠绕组展开图（A 相，$a=1$）

欲要连成并联支路数 $a=2$ 的绕组，只需分别把两个线圈组串联，然后再把两个串联的线圈组并联，此时三相双层叠绕组展开图如图 6-8 所示。对本例还可并联成 $a=4$ 的并联支路。

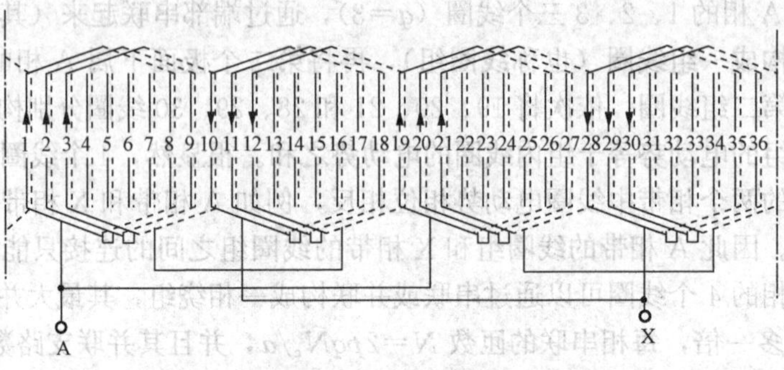

图 6-8 三相双层叠绕组展开图（A 相，$a=2$）

6.3 正弦分布磁场下绕组的电动势

在交流电机中，一般要求电机绕组中的感应电动势随时间作正弦规律变化，这就要求电机气隙中的磁场沿空间为正弦分布。要得到严格正弦波分布的磁场比较困难，但是可以通过调整电机的结构参数尺寸使磁场尽可能接近正弦波。例如从磁极形状、气隙、绕组的分布短距等方面进行考虑。在国家标准中，常用波形正弦性畸变率来表示电动势波形的近似程度。

本节首先研究在正弦分布磁场下定子绕组中感应电动势的计算方法，以同步发电机定子绕组电动势计算为例，并从最简单的每根导体的电动势计算开始，最后计算出交流绕组的相电动势和线电动势。

一、导体的电动势

1. 导体电动势的频率 f

图 6-9 是一台交流发电机的原理示意图，定子槽内放置一根导体 a，转子磁极以恒定转速沿某一方向旋转，定子导体切割转子磁场感应出具有一定频率、波形和大小的交流电动势。

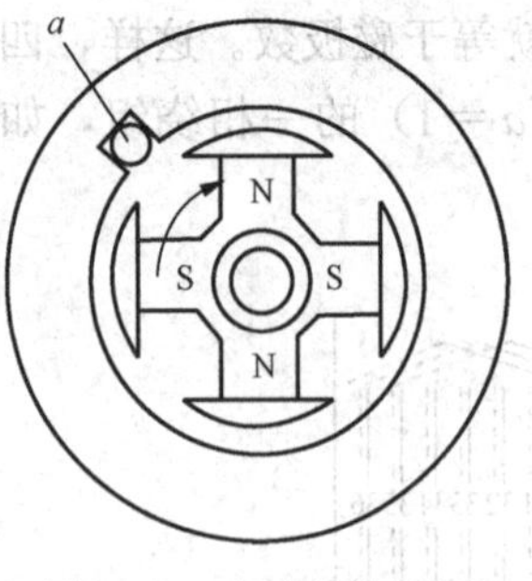

图 6-9 交流发电机原理示意图

每当转子转过一对磁极，导体电动势就经历一个周期的变化。若电机有 p 对磁极，则转子旋转一周，导体电动势就经历 p 个周期。若转子以每分钟 n_1 转或每秒 $n_1/60$ 转的速度旋转，则导体感应电动势的变化频率为

$$f=\frac{pn_1}{60} \tag{6-5}$$

2. 导体电动势的波形

根据电磁感应定律可知

$$e=B_x lv$$

式中 l——导体处于磁场中的有效长度；

v——导体与磁场的相对速度。

对已制成的电机，l 和 v 均为定值。因此

$$e \propto B_x$$

即导体感应电动势 e 正比于导体所切割的气隙磁通密度 B_x，也就是说，导体感应电动势的波形与电机气隙内磁通密度沿气隙分布的波形相同。如要得到正弦波形的电动势，就必须使气隙磁通密度沿气隙分布的波形为正弦波形。

本节讨论在正弦分布磁场下的绕组电动势，即气隙磁密 B_{x1} 的表达式为

$$B_{x1} = B_{m1} \sin \frac{\pi}{\tau} x \tag{6-6}$$

其中，x 为气隙中某一点离磁极中性线的距离，此距离用电角表示为 $\frac{\pi}{\tau}x$。在此正弦波磁场作用下，导体电动势为

$$e_{c1} = B_m l v \sin \frac{\pi}{\tau} x \tag{6-7}$$

设电机定子内径为 D，极距为 $\tau = \frac{D\pi}{2p}$，则速度 v 可以表示为

$$v = \frac{D\pi n_1}{60} = \frac{2p\tau n_1}{60} = 2\tau f$$

而

$$\frac{\pi}{\tau} x = \frac{\pi}{\tau} vt = \frac{\pi}{\tau} 2\tau f t = \omega t$$

则式（6-7）变成

$$e_{c1} = E_{cm1} \sin \omega t \tag{6-8}$$

这说明，磁密沿气隙分布为正弦波时，导体感应电动势的波形也为正弦波。式中 $E_{cm1} = B_{m1} l v$ 为导体电动势的最大值。

3. 导体电动势的大小

导体电动势的大小一般用有效值来表示，即

$$E_{c1} = \frac{E_{cm1}}{\sqrt{2}} = \frac{B_{m1} l v}{\sqrt{2}} = \frac{B_{m1} l \cdot 2\tau f}{\sqrt{2}} \tag{6-9}$$

由于磁密 B_x 为正弦波，$B_{m1} = \frac{\pi}{2} B_1$（$B_1$ 为磁密的平均值），代入式（6-9）并考虑到 $B_1 l \tau = \Phi_1$ 为每极磁通（Wb），则

$$E_{c1} = 2.22 f \Phi_1 \tag{6-10}$$

可见，每根导体电动势的有效值大小与每极磁通量和电动势的频率成正比。其中，磁通的单位是 Wb（韦伯），频率单位为 Hz（赫兹），电动势单位为 V（伏）。

二、线匝电动势

1. 整距线匝电动势

对于整距线匝（$y=\tau$），如果线匝一个有效边处在 N 极中心下，则线匝另一有效边导体刚好处于 S 极中心下，如图 6-10（a）中实线所示。由此可知，整距线匝两个有效边导体电动势 $\dot{E}_{c1}$ 和 $\dot{E}'_{c1}$ 大小相等而相位相反，线匝电动势应为 $\dot{E}_{c1}$ 与 $\dot{E}'_{c1}$ 之差，如图 6-10（b）所示，即

$$\dot{E}_{t1(y=\tau)} = \dot{E}_{c1} - \dot{E}'_{c1} = 2\dot{E}_{c1}$$

线匝电动势有效值为

$$E_{t1(y=\tau)}=2E_{c1}=4.44f\Phi_1 \tag{6-11}$$

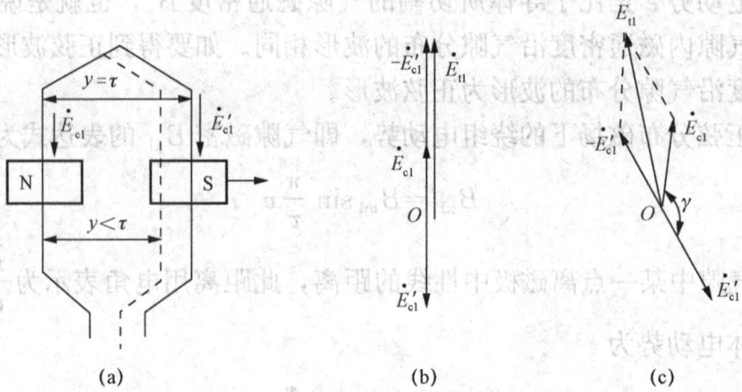

图 6-10 整距和短距线匝电动势计算

(a) 整距和短距线匝的表示示意图；(b) 整距线匝的电动势相量图；
(c) 短距线匝的电动势相量图

2. 短距线匝电动势

对于短距线匝的节距 $y<\tau$，如图 6-10（a）中虚线所示，其两有效边的感应电动势相位差 $\gamma=\dfrac{y}{\tau}\times\pi$，如图 6-10（c）所示。因此，短距线匝电动势为

$$\dot{E}_{t1(y<\tau)}=\dot{E}_{c1}-\dot{E}'_{c1}=\dot{E}_{c1}+(-\dot{E}'_{c1})$$

其有效值为

$$E_{t1(y<\tau)}=2E_{c1}\cos\frac{\pi-\gamma}{2}=2E_{c1}\sin\frac{\gamma}{2}=2E_{c1}\sin\frac{y}{\tau}\frac{\pi}{2}=4.44K_{y1}f\Phi_1 \tag{6-12}$$

其中，K_{y1} 称为基波短距系数，表示线圈短距时感应电动势比整距时应打的折扣。其大小为

$$K_{y1}=\frac{E_{t1(y<\tau)}}{E_{t1(y=\tau)}}=\sin\frac{y}{\tau}\frac{\pi}{2} \tag{6-13}$$

对整距线匝 $y=\tau$，故 $K_{y1}=1$，因此可把整距线匝看成是短距线匝当 $K_{y1}=1$ 的一种特例，则式（6-12）就可看成是计算线匝电动势的一个通式，即

$$E_{t1}=4.44fK_{y1}\Phi_1 \tag{6-14}$$

三、线圈电动势

一个线圈，一般有 N_c 匝，不论整距或短距线圈，它们都放在同一槽中，各线匝电动势的大小相等、相位相同，所以线圈电动势为

$$E_{y1}=N_cE_{t1}=4.44N_cfK_{y1}\Phi_1 \tag{6-15}$$

四、线圈组（相带）电动势

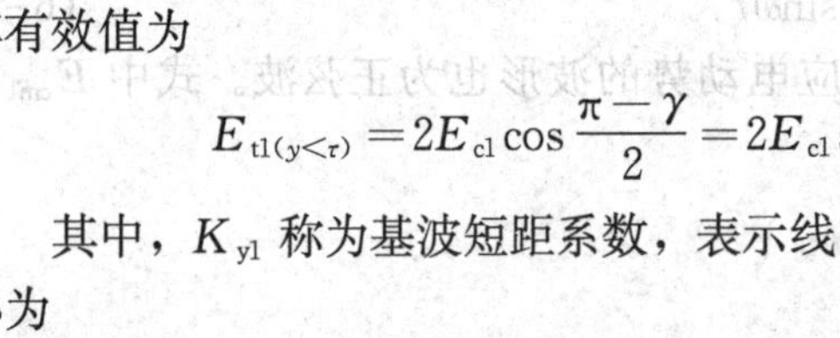

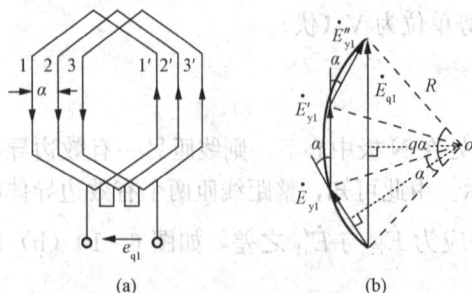

图 6-11 线圈组电动势的计算

(a) 线圈组连接示意图；(b) 线圈组电动势相量图

无论是单层绕组或双层绕组，每个线圈组（也称相带）都是由 q 个线圈串联而成，所以线圈组电动势是 q 个线圈电动势的相量和，即

$$\dot{E}_{q1}=\sum\dot{E}_{y1}$$

如图 6-11 所示，图中 o 为线圈组的电动势相量

多边形的外接圆心，R 为半径。从图中可知，线圈组电动势的有效值为

$$E_{q1}=2R\sin\frac{q\alpha}{2}$$

以及线圈电动势为

$$E_{y1}=2R\sin\frac{\alpha}{2}$$

可以知道，如果 q 个线圈集中在一起，则此集中绕组的电动势应为 q 个线圈电动势的代数和，即

$$E_{q1}=qE_{y1}=4.44f\Phi_1 qN_c K_{y1} \tag{6-16}$$

分布绕组电动势与集中绕组电动势之比为

$$K_{q1}=\frac{E_{q1}}{qE_{y1}}=\frac{2R\sin\frac{q\alpha}{2}}{q2R\sin\frac{\alpha}{2}}=\frac{\sin\frac{q\alpha}{2}}{q\sin\frac{\alpha}{2}} \tag{6-17}$$

其中，K_{q1} 称为绕组的基波分布系数。它是分布绕组电动势与同匝数集中绕组电动势之比，或者说是一个线圈组各线圈电动势的几何和与各线圈电动势的算术和之比。K_{q1} 表示由于绕组分布在不同的槽内，使得 q 个分布线圈的合成电动势 E_{q1} 小于 q 个集中线圈的合成电动势 qE_{y1}，由此所引起的折扣。

从式（6-17）中可以得出分布线圈组的电动势为

$$E_{q1}=qE_{y1}K_{q1}=4.44f\Phi_1 qN_c K_{y1}K_{q1}=4.44f\Phi_1 qN_c K_{N1} \tag{6-18}$$

其中，qN_c 为 q 个线圈串联的总匝数；$K_{N1}=K_{y1}K_{q1}$ 为基波绕组系数。K_{N1} 表示在既考虑绕组短距、又考虑绕组分布时，整个绕组的合成电动势所需的总折扣。

五、相绕组电动势和线电动势

把一相串联的各线圈组电动势相加，即可以得到相绕组电动势

$$E_{ph1}=4.44fNK_{N1}\Phi_1 \tag{6-19}$$

式中 N——每相串联的总匝数。

对于单层绕组，每相有 p 个线圈组，所以各线圈串联时 $N=pqN_c$，而当采用 a 条支路并联时，$N=\frac{pqN_c}{a}$；对于双层绕组，每相有 $2p$ 个线圈组，所以各线圈串联时 $N=2pqN_c$，各线圈并联时 $N=\frac{2pqN_c}{a}$。

相电动势 E_{ph1} 求出来以后，则线电动势与绕组连接方式有关，对 Y 连结绕组，有

$$E_{l1}=\sqrt{3}E_{ph1}$$

从式（6-19）可见，交流电机绕组电动势与变压器绕组电动势相比，所不同的是此处的绕组是短节距分布绕组，而变压器相当于整距集中绕组，因此式（6-19）中乘以一个小于1的绕组系数。

【例 6-3】 有一台汽轮发电机，定子槽数 $Z=36$，极数 $2p=2$，采用双层叠绕绕组，节距 $y=14$，每个线圈匝数 $N_c=1$，并联支路数 $a=1$，频率为 50Hz。每极磁通为 $\Phi_1=2.63$Wb，三相绕组星形联结。试求：

(1) 导体电动势 E_{c1}。

(2) 线匝电动势 E_{t1}。

(3) 线圈电动势 E_{y1}。

(4) 线圈组电动势 E_{q1}。

(5) 相电动势 E_{ph1}。

(6) 线电动势 E_{l1}。

解 (1) 导体电动势为

$$E_{c1}=2.22f\Phi_1=2.22\times 50\times 2.63=292(\text{V})$$

(2) 求线匝电动势。

极距
$$\tau=\frac{Z}{2p}=\frac{36}{2}=18(\text{槽})$$

短距系数为

$$K_{y1}=\sin\frac{y}{\tau}\frac{\pi}{2}=\sin\frac{14}{18}\times\frac{\pi}{2}=0.94$$

线匝电动势为

$$E_{t1(y<\tau)}=4.44K_{y1}f\Phi_1=4.44\times 0.94\times 50\times 2.63=548.8(\text{V})$$

(3) 求线圈电动势。

由于线圈的匝数 $N_c=1$，故

$$E_{y1}=N_c E_{t1}=4.44N_c fK_{y1}\Phi_1=548.8(\text{V})$$

(4) 求线圈组电动势 E_{q1}。

每极每相的槽数
$$q=\frac{Z}{2pm}=\frac{36}{2\times 1\times 3}=6$$

槽距角
$$\alpha=\frac{p\times 360^\circ}{Z}=\frac{1\times 360^\circ}{36}=10^\circ$$

绕组的分布系数

$$K_{q1}=\frac{E_{q1}}{qE_{y1}}=\frac{\sin\frac{q\alpha}{2}}{q\sin\frac{\alpha}{2}}=\frac{\sin\frac{6\times 10^\circ}{2}}{6\sin\frac{10^\circ}{2}}=0.956$$

绕组系数为

$$K_{N1}=K_{y1}K_{q1}=0.94\times 0.956=0.899$$

线圈组的电动势为

$$E_{q1}=4.44qN_cK_{N1}f\Phi_1=4.44\times 6\times 1\times 0.899\times 50\times 2.63=3149(\text{V})$$

(5) 求相电动势 E_{ph1}。

相绕组串联总匝数

$$N=\frac{2pqN_c}{a}=\frac{2}{1}\times 1\times 6\times 1=12(\text{匝})$$

$$E_{ph1}=4.44NK_{N1}f\Phi_1=4.44\times12\times0.899\times50\times2.63=6300(V)$$

(6) 求线电动势 E_{l1}。

由于三相绕组是星形联结，所以

$$E_{l1}=\sqrt{3}E_{ph1}=\sqrt{3}\times6300=10912(V)$$

6.4　非正弦分布磁场下电动势的高次谐波及削弱方法

由于实际的电机中气隙磁通密度分布曲线并不是理想的正弦波形，即除了基波以外还含有一系列的高次谐波。因此，定子绕组内的感应电动势也不是只有基波的正弦波形。这一节主要讨论主磁极磁场为非正弦波分布时所引起的绕组谐波电动势及其削弱方法。

一、磁极磁场非正弦分布所引起的谐波电动势

一般在同步发电机中，磁极的磁场一般不是正弦波，比如在凸极同步电机中磁极磁场沿电机电枢表面一般呈平顶波。如图 6-12 所示。利用傅里叶级数分析，可以将其分解为基波和一系列谐波。根据磁场波形的对称性，谐波次数为奇次谐波。故发电机电动势中存在高次谐波（只含奇次谐波分量）。图 6-12 分别画出了其 3 次和 5 次谐波。由于基波和高次谐波都是空间波，所以磁密波也为空间波。

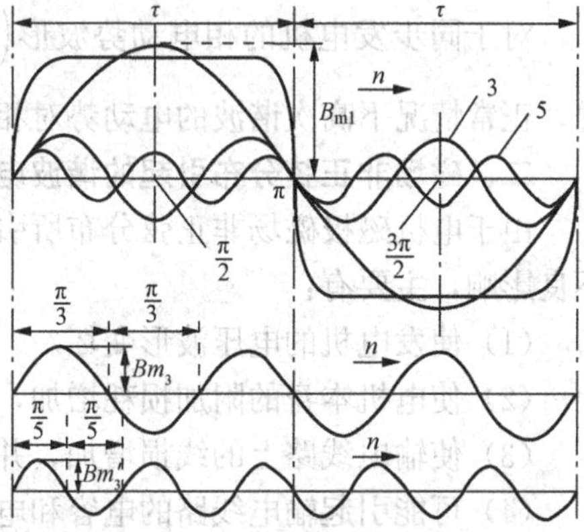

图 6-12　主磁极磁密的空间分布曲线

对于 ν 次谐波磁场，其极对数为基波的 ν 倍，而 ν 次谐波极距则为基波的 $\frac{1}{\nu}$ 倍。

ν 次谐波极对数为

$$p_\nu=\nu p$$

ν 次谐波极距为

$$\tau_\nu=\frac{\tau}{\nu}$$

由于谐波磁场也因转子旋转而形成旋转磁场，其转速与基波相同，均为转子转速，即 ν 次谐波转速为

$$n_\nu=n_1$$

因此谐波磁场在定子绕组中的感应电动势的 ν 次谐波频率为

$$f_\nu=\frac{p_\nu n_\nu}{60}=\frac{\nu p n_1}{60}=\nu f \tag{6-20}$$

$$f=\frac{pn_1}{60}$$

式中　f——基波电动势频率。

同理可得，ν 次谐波相电动势有效值为

$$E_{ph\nu}=4.44f_\nu NK_{N\nu}\Phi_\nu \tag{6-21}$$

其中
$$\Phi_\nu=\frac{2}{\pi}B_{m\nu}\tau_\nu l=\frac{2}{\pi}\frac{1}{\nu}B_{m\nu}\tau l \tag{6-22}$$

$$K_{N\nu}=K_{y\nu}K_{q\nu} \tag{6-23}$$

$$K_{y\nu}=\sin\left(\frac{\nu y}{\tau}\frac{\pi}{2}\right) \tag{6-24}$$

$$K_{q\nu}=\frac{\sin\frac{\nu q\alpha}{2}}{q\sin\frac{\nu\alpha}{2}} \tag{6-25}$$

式中　Φ_ν——第ν次谐波每极磁通量；

$K_{N\nu}$——第ν次谐波绕组系数；

$K_{y\nu}$——第ν次谐波短距系数；

$K_{q\nu}$——第ν次谐波分布系数。

根据各次谐波的电动势的有效值，可以求得相电动势的有效值

$$E_{ph}=\sqrt{E_{ph1}^2+E_{ph3}^2+E_{ph5}^2+\cdots}=E_{ph1}\sqrt{1+\left(\frac{E_{ph3}}{E_{ph1}}\right)^2+\left(\frac{E_{ph5}}{E_{ph1}}\right)^2+\cdots} \tag{6-26}$$

对于同步发电机的相电动势波形$\left(\frac{E_{ph\nu}}{E_{ph1}}\right)^2\ll1$，$\nu=3$、5、7、…所以$E_{ph}\approx E_{ph1}$。也就是说，正常情况下高次谐波的电动势对相电动势的大小影响很小，主要影响电动势的波形。

二、磁场非正弦分布引起的谐波电动势的削弱方法

由于电机磁极磁场非正弦分布所引起的发电机定子绕组电动势的高次谐波，产生了许多不良影响，主要有：

(1) 使发电机的电压波形变坏。

(2) 使电机本身的附加损耗增加，效率降低、温度升高。

(3) 使输电线路上的线损增加，并对邻近的通信线路产生干扰。

(4) 可能引起输电线路的电容和电感发生谐振，而产生过电压。

(5) 使感应电机（异步电动机）产生附加损耗和附加转矩，影响其运行性能。

数学分析和生产实践表明，谐波次数越高其幅值越小，因而对绕组中电动势波形的影响也越小。因此，设计绕组时，主要是设法削弱或消除3、5、7等次谐波。具体方法有下述几种。

(1) 设计制造电机时，尽可能使气隙磁场沿空间分布（电枢表面）、尽可能接近正弦波形。对汽轮发电机（为隐极电机），可合理安排励磁绕组，使每极安放励磁绕组的部分与极距之比γ/τ为0.7～0.75，即通过改善励磁线圈分布范围来实现；对水轮发电机（为凸极电机）可改善极靴形状，使$\delta_{max}/\delta_{min}=1.5\sim2.0$，$b_p/\tau=0.7\sim0.75$，把气隙设计得不均匀，使磁极中心处气隙最小，而磁极边缘处气隙最大，以改善磁场分布情况，如图6-13所示。

(2) 采用Y接线或△接线，消除线电动势中3及3的倍数次谐波。由于三相相电动势中的3次谐波电动势大小相等、相位彼此差$3\times120°=360°$，即相位上同相，即$\dot{E}_{A3}=\dot{E}_{B3}=\dot{E}_{C3}$。故三相绕组采用星形接线时，$\dot{E}_{AB3}=\dot{E}_{A3}-\dot{E}_{B3}=0$，即对称三相绕组的线电动势中不存在3次谐波，同理也不存在3的倍数次谐波。当△接线时，会在△接的三相绕组中产生3次谐波环流$\dot{I}_3$，$\dot{E}_{A3}+\dot{E}_{B3}+\dot{E}_{C3}=3\dot{E}_{ph3}=3\dot{I}_3Z_3$，3次谐波电动势正好等于3次谐波环流产生的阻抗压降，因此线电动势中也不存在3次及3的倍数次谐波。

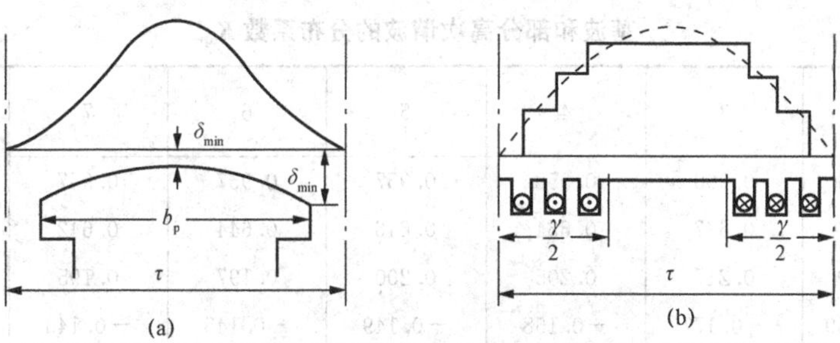

图 6-13　改善气隙磁通密度分布的方法

(a) 凸极电机：$\delta_{max}/\delta_{min}=1.5\sim2.0$，$b_p/\tau=0.7\sim0.75$；(b) 隐极电机：$\gamma/\tau=0.7\sim0.75$

但是由于△接时，闭合回路中的环流会引起附加损耗，故现在同步发电机一般不用△接线方式。

(3) 采用短距绕组来削弱谐波电动势。由式（6-24）知，欲要消除 ν 次谐波电动势，只需令

$$K_{y\nu}=\sin\left(\frac{\nu y}{\tau}\frac{\pi}{2}\right)=0$$

推得 $y=\frac{\nu-1}{\nu}\tau$，即其节距只要缩短 ν 次谐波的一个极距即可。例如消除 5 次谐波，采用 $y=\frac{\nu-1}{\nu}\tau=\frac{5-1}{5}\tau=\frac{4}{5}\tau$ 可使 $K_{y5}=0$，如图 6-14 所示。表明 5 次谐波在线圈的两根导体中感应电动势是互相抵消的。通常选 $y=\frac{5}{6}\tau$，便可同时使 5、7 次谐波得到最大限度地削弱，见表 6-2。

当然，缩短绕组节距，对基波电动势也略有减小，但它对削弱谐波电动势、改善电动势波形起了有效的作用。同时端部连线缩短，节约了用铜，故短距绕组广为应用。

表 6-2　　基波和部分高次谐波的短矩系数 $K_{y\nu}$

ν \ y/τ	1	8/9	5/6	4/5	7/9	2/3
1	1	0.985	0.966	0.951	0.940	0.866
3	1	−0.866	−0.707	−0.588	−0.500	0
5	1	0.643	0.259	0	−0.174	−0.866
7	1	−0.342	0.259	0.588	−0.766	0.866

(4) 采用分布绕组来削弱谐波电动势。同理也可通过绕组的分布作用来削弱 ν 次谐波电动势。就分布绕组来说，每极每相槽数 q 越大，谐波电动势的分布系数越小，可以增强抑制谐波电动势的效果。但 q 太大，电机的成本增加，而且 $q>6$ 后，其抑制效果增强不显著了，因此除两极汽轮发电机取 $q=6\sim12$ 外，一般交流电机的 q 均在 2～6 之间，见表 6-3。

表 6-4 是取 $q=3$、选择不同节距时所求的绕组系数。由表 6-4 可知，在采用分布短距绕组时，基波的绕组系数略小于 1，即由于分布短距对基波影响有限，而对 5、7 次谐波影响很大，所以高次谐波的绕组系数很小，可以改善电动势波形。

表 6-3　　基波和部分高次谐波的分布系数 $K_{q\nu}$

ν \ q	2	3	4	5	6	7	8	∞
1	0.966	0.960	0.958	0.957	0.957	0.957	0.956	0.955
3	0.707	0.667	0.654	0.646	0.644	0.642	0.641	0.636
5	0.259	0.217	0.205	0.200	0.197	0.195	0.194	0.191
7	−0.259	−0.177	−0.158	−0.149	−0.145	−0.143	−0.141	−0.136

表 6-4　　$q=3$、不同节距时基波和部分高次谐波的绕组系数

ν \ y/τ	1	6/7	5/6	4/5	7/9	2/3
1	0.960	0.919	0.925	0.910	0.899	0.831
3	0.667	−0.522	−0.462	−0.380	−0.322	0
5	0.217	0.094	0.053	0	−0.034	−0.188
7	−0.177	0	−0.041	−0.088	−0.118	−0.153

图 6-15 为采用 $q=2$ 分布绕组改善电动势波形示意图。从波形图可看出，本来相邻两线圈电动势波形为不同相的梯形波，其合成后的波形比原梯形波更接近于正弦波。

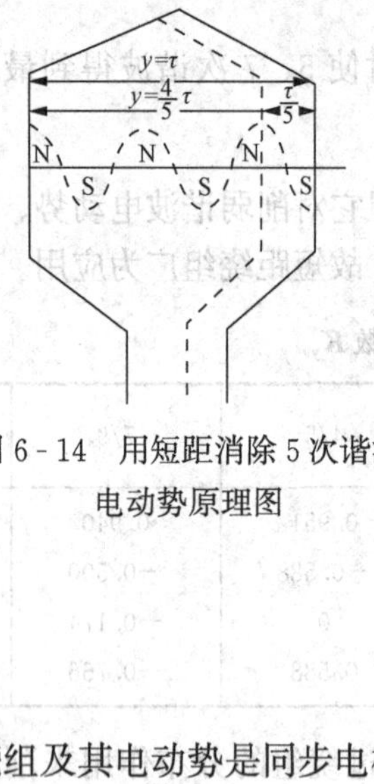

图 6-14　用短距消除 5 次谐波电动势原理图

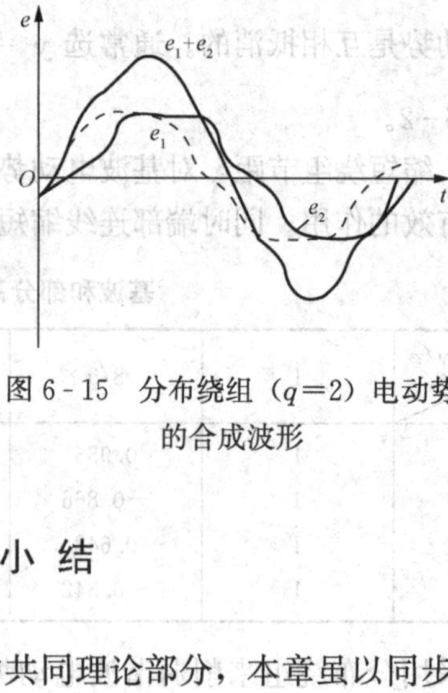

图 6-15　分布绕组（$q=2$）电动势的合成波形

本 章 小 结

交流绕组及其电动势是同步电机和异步电机的共同理论部分，本章虽以同步电机为例，但结论完全适用于异步电机。

三相绕组的构成原则是为力求获得最大的基波电动势（或磁动势），削弱谐波电动势（或磁动势），并保证三相电动势（或磁动势）对称。为此使线圈节距尽量接近极距，每极每相槽数相等，各相绕组在空间互差 120°电角度，并选择合适的短距和分布系数。

电动势的星形图是分析绕组的一种有效的方法，利用电动势的星形图来划分各相所属槽号，然后按各电动势相加的原则连接各相绕组。而相电动势大小只与导体接线方向有关，而与它们的连接先后次序无关。因此单层绕组有链式、同心式、交叉式几种接法。单层绕组一

般多用于小型（10kW 以下）异步电机，大中型电机普遍采用双层短距分布绕组，所以学习中应注意掌握双层绕组的连接规律。

正弦磁场下绕组的电动势计算和变压器绕组电动势的计算类似，只是在交流电机中由于采用短节距分布绕组，计算公式中都乘一个小于 1 的绕组系数而已。

电动势的波形取决于气隙磁通密度在空间分布的波形。一般电机只能做到近似于正弦分布的气隙磁通密度，因此，电机绕组就感应有高次谐波电动势，因而提出了保留基波、削弱或消除谐波来改善电动势波形的四个方法：使气隙磁通密度在气隙中尽可能按正弦规律分布，采用星形接线及短距和分布绕组。

思考题

6-1　试说明对构成三相交流绕组所提出的要求是什么？

6-2　时间和空间电角度是怎样定义的？机械角度和电角度的关系如何？

6-3　试说明三相单层绕组和双层绕组的连接特点。

6-4　为什么单层绕组不能做成短距绕组，而双层绕组可以做成多种短距绕组？

6-5　交流电机为了得到三相对称的基波感应电动势，对三相绕组的安排有什么要求？

6-6　单层叠绕组和双层叠绕组相邻线圈组之间的连接有何不同？

6-7　试比较单层绕组和双层绕组的优缺点及它们的应用范围。

6-8　试说明交流绕组谐波电动势产生的原因及其削弱方法。

6-9　试述短距系数和分布系数的物理意义，为什么这两系数总是小于或等于 1？

6-10　总结交流发电机定子绕组相电动势的频率、波形和大小与哪些因素有关。这些因素中哪些是由构造决定的，哪些是由运行条件决定的？

6-11　为什么短距和分布绕组能削弱或消除高次谐波电动势？为了消除 5 次谐波或 7 次谐波电动势，节距应选多大？若要同时削弱 5 次谐波和 7 次谐波电动势，节距应选多大？

6-12　同步发电机电枢绕组为什么一般不接成△，而变压器却希望有一侧接成△接线呢？

6-13　在采用短距方法削弱电动势中 ν 次谐波的同时，对基波电动势的大小是否有影响？

6-14　在采用分布和短距改善电动势波形时，每根导体中的电动势是否也相应得到改善？

6-15　合理设计交流电机绕组的分布系数，能否完全消除相电动势中的 5 次和 7 次谐波？

习　题

6-1　有一台三相交流异步电动机 $Z_1=24$ 槽，$2p=2$，$a=1$，试绘出：

(1) 槽电动势相量图，并标出 60°相带分相情况；

(2) 三相单层等元件绕组 A 相绕组的展开图。

6-2　有一台三相交流电机 $Z_1=36$ 槽，$2p=4$，$y=7$，$a=2$，每槽有 10 根导体。

(1) 试绘出：槽电动势相量图，并标出 60°相带分相情况；

(2) 绘制三相双层叠绕组 A 相绕组的展开图；

(3) 计算绕组每相串联总匝数 N。

6-3　六极交流电机，定子有 54 槽，一个线圈的两个边分别在 1 槽和 8 槽，这两个边电动势的相位差是多少电角度？

6-4　有一台三相同步发电机，$2p=2$，$n=3000\text{r/min}$，$Z_1=60$ 槽，每相串联总匝数 $N=20$，$f_N=50\text{Hz}$，每极气隙基波磁通 $\Phi_1=1.505\text{Wb}$。试求：

(1) 基波电动势频率、整距时的基波绕组系数和基波相电动势；

(2) 如要消除 5 次谐波电动势，节距 y 应选多大，此时的基波电动势为多大？

6-5　两极汽轮同步发电机，50Hz，$Z_1=54$ 槽，每槽有两根导体，$a=1$，$y=22$ 槽，Y 联结。已知空载线电压 $U_0=6300\text{V}$，试求每极基波磁通 Φ_1。

6-6　某三相交流双层短距绕组，$Z_1=24$，$2p=4$，$y=5$，并联支路数 $a=1$，每槽内有两根导体，每根导体产生 1V 的基波电动势，试求每相电动势 E_{ph1}。

6-7　有一台汽轮同步发电机，定子绕组 Y 联结，定子槽数 $Z_1=72$，极数 $2p=4$，采用双层短距绕组，线圈节距 $y=15$，每个线圈匝数 $N_c=12$，并联支路数 $a=1$，频率为 50Hz，每极基波磁通量 $\Phi_1=0.126\text{Wb}$。试求：

(1) 导体电动势 E_{c1}；

(2) 线匝电动势 E_{t1}；

(3) 线圈电动势 E_{y1}；

(4) 线圈组电动势 E_{q1}；

(5) 相电动势 E_{ph1}；

(6) 线电动势 E_{l1}。

6-8　一台 6 极、$Z_1=36$ 槽的三相异步电动机，采用单层绕组，并联支路数 $a=1$，每槽导体数为 40 根，每极基波气隙磁通 $\Phi_1=4.5\times10^{-3}\text{Wb}$，$f=50\text{Hz}$，试求每相绕组的基波感应电动势的大小。

第7章　交流绕组的磁动势

电机是一种机电能量转换装置，而这种能量的转换必须要有磁场的参与，因此，研究电机就必须研究分析电机中磁场的分布和性质。在上一章已经分析了交流绕组的电动势，在分析中均假定气隙磁通的分布是已知的，但实际上气隙磁通的建立是很复杂的。它可以由定子的磁动势建立，也可由转子磁动势建立，或者由定子和转子磁动势共同建立。它的性质取决于励磁电流的类型及电流的分布。而气隙磁通则不仅与磁动势的分布有关，还和所经过的磁路性质和磁阻有关。同步电机的定子绕组和异步电机的定、转子绕组均为交流绕组，而它们中的电流则是随时间变化的交流电，因此，交流绕组的磁动势及气隙磁通既是时间的函数又是空间的函数，分析比较复杂。根据由浅入深的原则，将按照单个线圈、线圈组、单相绕组、三相绕组的顺序，依次分析它们的磁动势。

7.1　单相绕组的磁动势

为了简化分析，作出如下假设：

(1) 绕组中的电流随时间按正弦规律变化（实际上只考虑基波电流）。

(2) 槽内电流（导体）集中在槽中心处。

(3) 转子呈圆柱形，气隙均匀。

(4) 铁心不饱和，铁心中的磁压降可以忽略不计（即认为磁动势全部降落在气隙上）。

一、单相绕组的脉振磁动势

1. 单个整距线圈的磁动势

线圈是构成绕组的最基本单位，所以磁动势分析首先从线圈开始。由于整距线圈的磁动势比短距线圈的磁动势简单，因此先来分析整距线圈的磁动势。

图7-1(a)所示为一台气隙均匀的两极电机示意图，图中AX表示电机的定子上放置了一个匝数为N_c的整距线圈，当线圈中有电流i_c流过时，就产生了一个两极磁场，磁场方向如图中虚线所示。磁场方向和电流方向满足右手螺旋法则。

由全电流定律知，作用于任一闭合路径的磁动势，等于其所包围的全部电流，即

$$\oint_l \vec{H} \cdot d\vec{l} = \sum i_c = N_c i_c$$

在图中7-1(a)中，可看到电机中每根磁力线路径所包围的电流都等于$N_c i_c$。

其中，N_c为线圈匝数，即图中每槽导体根数，i_c为每根导体中的电流。

忽略了铁心上的磁压降，总的磁动势$N_c i_c$可以认为全部降落在两段气隙中，作用于每个气隙上的磁动势为$\frac{1}{2}i_c N_c$（安匝）。将图7-1(a)予以展开，如果规定从定子到转子作为磁动势的正方向，可得图7-1(b)所示的磁动势波形图。从图中可以看到，整距线圈的磁动势在空间分布为一矩形波，其幅值为$\frac{1}{2}i_c N_c$。

设气隙均匀，若线圈中通以正弦交流电流

$$i_c=\sqrt{2}I_c\sin\omega t$$

每个气隙上的磁动势为

$$f_c=\pm\frac{1}{2}N_ci_c=\pm\frac{\sqrt{2}}{2}N_cI_c\sin\omega t=\pm F_{cm}\sin\omega t \tag{7-1}$$

其中，F_{cm} 为磁动势的最大幅值，且

$$F_{cm}=\frac{\sqrt{2}}{2}N_cI_c\text{（安匝 / 极）} \tag{7-2}$$

可见，此矩形波的高度也随时间按正弦规律变化，变化的频率即为交流电流的频率。当电流为零时，矩形波高度也为零；电流最大时，矩形波的高度也最大（为$\sqrt{2}I_cN_c/2$）；电流改变方向，矩形波也改变方向。这种空间位置不变、幅值大小和方向随时间而变的磁动势，称为脉振磁动势。

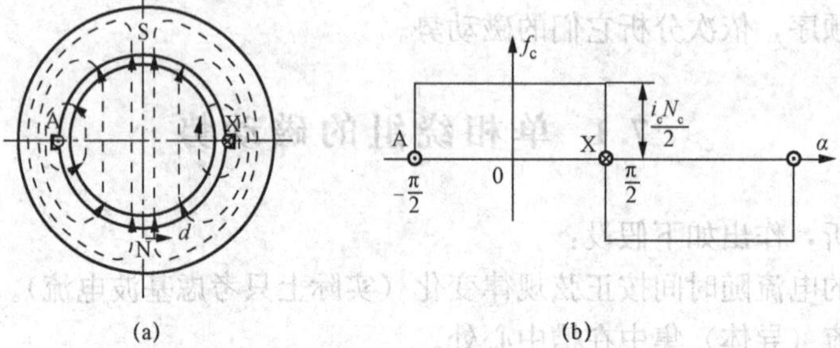

图 7-1　整距线圈的磁动势

(a) 两机电机示意图；(b) 磁动势波形图

以上分析的是一对磁极的电机。当电机的极对数大于 1 时，由于每对磁极下的情况完全一样，所以只要取一对磁极来分析就可以了，分析方法与一对磁极电机完全一样。

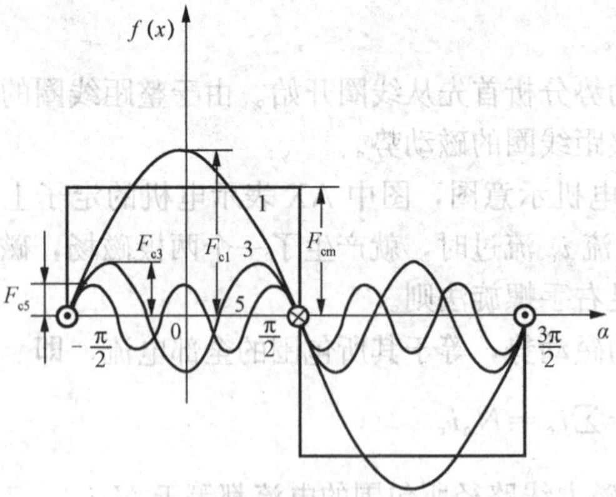

图 7-2　矩形波磁动势的分解

将图 7-1（b）所示的矩形波用傅里叶级数分解，若坐标原点取在线圈中心线上，横坐标取空间电角度 α，可得基波和一系列奇次谐波（因为磁动势为偶函数）如图 7-2 所示，其中基波和各奇次谐波磁动势幅值按照傅里叶级数求系数的方法得出，其计算方法如下

$$F_{c\nu}=\frac{1}{\pi}\int_0^{2\pi}F_{cm}(\alpha)\cos\nu\alpha\,\mathrm{d}\alpha=\frac{1}{\nu}\ \frac{4}{\pi}F_{cm}\sin\nu\ \frac{\pi}{2}=\frac{1}{\nu}\ \frac{4}{\pi}\ \frac{\sqrt{2}}{2}N_c\ I_c\ \sin\nu\ \frac{\pi}{2} \tag{7-3}$$

将基波和各奇次谐波的幅值算出来后，就可以得到磁动势的幅值表达式为

$$F_{cm}(\alpha)=F_{c1}\cos\alpha+F_{c3}\cos3\alpha+F_{c5}\cos5\alpha+\cdots+F_{c\nu}\cos\nu\alpha$$
$$=0.9I_cN_c\left(\cos\alpha-\frac{1}{3}\cos3\alpha+\frac{1}{5}\cos5\alpha+\cdots\right) \tag{7-4}$$

其中，$F_{c1}=0.9I_cN_c$ 为基波幅值，其他的谐波幅值为 $F_{c\nu}=\pm\frac{F_{c1}}{\nu}$

所以整距线圈磁动势瞬时值的表达式为

$$f_c(\alpha,\ t)=0.9I_cN_c\left(\cos\alpha-\frac{1}{3}\cos3\alpha+\frac{1}{5}\cos5\alpha+\cdots\right)\sin\omega t \tag{7-5}$$

若把横坐标由电角度换成距离 x，显然 $\alpha=(\pi/\tau)x$，则

$$f_c(x,\ t)=F_{c1}\sin\omega t\cos\frac{\pi}{\tau}x+F_{c3}\sin\omega t\cos\frac{3\pi}{\tau}x+\cdots+F_{c\nu}\sin\omega t\cos\frac{\nu\pi}{\tau}x+\cdots$$
$$=0.9I_cN_c\left(\cos\frac{\pi}{\tau}x-\frac{1}{3}\cos\frac{\pi}{\tau}3x+\frac{1}{5}\cos\frac{\pi}{\tau}5x+\cdots\right)\sin\omega t \tag{7-6}$$

基波分量磁动势为

$$f_{c1}=0.9N_cI_c\sin\omega t\cos\frac{\pi}{\tau}x=F_{c1}\sin\omega t\cos\frac{\pi}{\tau}x \tag{7-7}$$

由上述分析可以得到以下结论：

(1) 整距线圈产生的磁动势是一个在空间按矩形规律分布，幅值随时间以电流频率按正弦规律变化的脉振波。

(2) 矩形磁动势波形可以分解成在空间按正弦分布的基波和一系列奇次谐波，各次谐波均为同频率的脉振波，其对应的极对数 $p_\nu=\nu p$，极距为 $\tau_\nu=\tau/\nu$。

(3) 电机 ν 次谐波的幅值 $F_{c\nu}=0.9I_cN_c/\nu$。

(4) 各次谐波都有一个波幅在线圈轴线上，其正负由 $\sin\nu\frac{\pi}{2}$决定。

2. 线圈组的磁动势

(1) 单层整距分布线圈组磁动势。如前所述，交流绕组有单层绕组和双层绕组。单层绕组只能作成整距分布绕组。现在说明单层绕组线圈组磁动势的计算。

单层绕组一个线圈组由 q 个线圈串联而成。如图 7-3 (a) 所示，3 个线圈串联成为线圈组，由于相邻的线圈在空间位置上相隔一个槽距角 α 电角度，因而每个线圈产生的矩形波磁动势也移过一个 α 电角度。将这三个线圈的磁动势相加，就得到如图 7-3 (a) 所示的梯形波形。

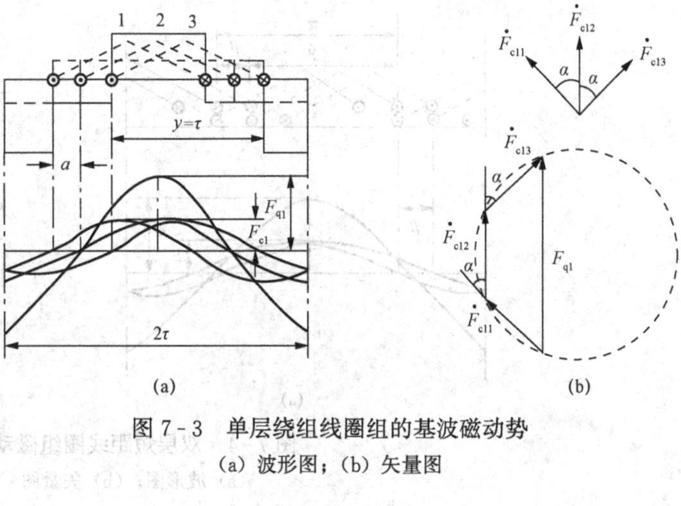

图 7-3 单层绕组线圈组的基波磁动势

(a) 波形图；(b) 矢量图

由于矩形波可利用傅里叶级数分解为基波和一系列奇次谐波，其中基波之间在空间上的位移角也是 α 电角度，如图 7-3 (a) 所示，把 q 个线圈的基波磁动势逐点相加，就可以求得合成

磁动势的最大幅值 F_{q1}。因为基波磁动势在空间按正弦规律分布，所以可以用空间矢量相加来代替波形图中的磁动势逐点相加，如图 7-3（b）所示。空间矢量的长度代表各个基波的幅值，矢量的位置代表正波幅所在处，所以各空间矢量相互之间的夹角等于 α 电角度，将 q 个空间矢量相加，就可以得到如图 7-3（b）所示的磁动势矢量图，由此得出一个线圈组的基波磁动势的幅值为

$$F_{q1}=qF_{c1}K_{q1}=q0.9N_cI_cK_{q1}=0.9qN_cI_cK_{q1}(\text{安匝 / 极}) \tag{7-8}$$

K_{q1} 为基波磁动势的分布系数，它与电动势的分布系数完全相同。这说明，绕组分布对电动势和磁动势的影响是相同的。即同样匝数的分布绕组，基波磁动势的幅值比集中绕组（q 个线圈集中在同槽里）减小 K_{q1} 倍，K_{q1} 是小于 1 的系数。

（2）双层短矩分布线圈组磁动势。大型电机的定子绕组，一般采用双层短矩分布绕组，所以有必要讨论采用短矩绕组对磁动势所造成的影响。现以图 7-4（a）所示的双层绕组为例来予以说明。双层绕组的线圈总是由一个槽的上元件边和另一个槽的下元件边组成。但磁动势的大小只决定于线圈边电流在空间的分布，与线圈边之间的连接顺序无关。为了分析方便，可以认为上层线圈边组成了一个 $q=3$ 的线圈组，而下层线圈边又组成了另一个 $q=3$ 的线圈组。这两个线圈都是单层整距绕组，它们在空间上相差的电角度正好等于线圈节距比整距所缩短的电角度。根据单层线圈组磁动势的求法，可以得出各个单层线圈组磁动势的基波，叠加起来即可得到双层短距线圈组磁动势的基波，两个单层线圈组的磁动势实现了层与层间的分布。合成磁动势如图 7-4（a）所示。若把这两个基波磁动势用空间矢量表示，则这两个矢量的夹角正好等于这两个基波磁动势在空间的位移 β，如图 7-4（b）所示。$\beta=\pi-\gamma$ 为短距角，它是用电角度表示的线匝节距与整距相比缩短的距离。于是双层短矩分布线圈组磁动势幅值为

$$\begin{aligned}F_{q1}&=2F'_{q1}\cos\frac{\pi-\gamma}{2}=2F'_{q1}\sin\frac{\gamma}{2}=2F'_{q1}\sin\frac{y}{\tau}\cdot\frac{\pi}{2}\\&=2F'_{q1}K_{y1}=2(0.9I_cN_cqK_{q1})K_{y1}\\&=0.9I_c(2qN_c)K_{N1}(\text{安匝 / 极})\end{aligned} \tag{7-9}$$

其中，K_{y1} 和 K_{N1} 分别为基波磁动势的短距系数和绕组系数，和前面所学的感应电动势短距系数和绕组系数的计算公式完全一样。

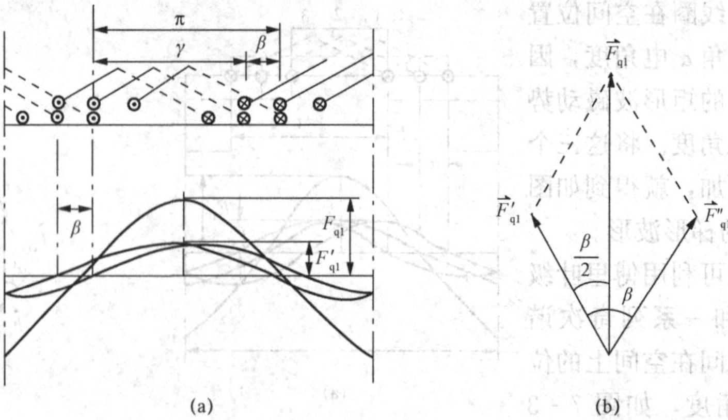

图 7-4 双层短距线圈组磁动势
（a）波形图；（b）矢量图

3. 相绕组磁动势

相绕组磁动势不是一相绕组的总磁动势，而是一对磁极下该相绕组产生的磁动势。即相绕组磁动势就是线圈组磁动势，无论是单层绕组还是双层绕组，都是由 q 个线圈产生的磁动势。

（1）单层绕组的相绕组基波磁动势幅值为

$$F_{ph1}=F_{q1}=0.9qN_cI_cK_{q1}\text{（安匝 / 极）} \tag{7-10}$$

（2）双层绕组的相绕组基波磁动势幅值为

$$F_{ph1}=0.9I_c(2qN_c)K_{N1}\text{（安匝 / 极）} \tag{7-11}$$

基波磁动势绕组系数　$K_{N1}=K_{q1}K_{y1}$

（3）相绕组磁动势。若每相电流为 I_{ph}，各线圈中电流 I_c 实际就是相绕组每条支路的电流，即 $I_c=I_{ph}/a$，可得

$$F_{ph1}=0.9\frac{I_{ph}N}{p}K_{N1}\text{（安匝 / 极）} \tag{7-12}$$

式中　I_{ph}——相电流，$I_{ph}=aI_c$；

N——电机每相绕组串联匝数。对于单层绕组，$N=(p/a)qN_c$；对于双层绕组，$N=(2p/a)qN_c$。

同理可推出，相绕组磁动势的高次谐波幅值为

$$F_{ph\nu}=0.9\frac{I_{ph}N}{\nu p}K_{q\nu}K_{y\nu}=0.9\frac{I_{ph}N}{\nu p}K_{N\nu}\text{（安匝 / 极）} \tag{7-13}$$

其中，$K_{q\nu}$、$K_{y\nu}$、$K_{N\gamma}$ 分别为 ν 次谐波的短距系数、分布系数和绕组系数，也与 ν 次谐波电动势的相关系数相同。这是由于空间 ν 次谐波磁动势的极对数为基波磁动势极对数的 ν 倍，所以对基波磁动势来说，若槽距角为 α，则 ν 次谐波磁动势的槽距角为 $\nu\alpha$。

综上所述，磁动势的短距系数和磁动势的分布系数一样，对基波的影响较小，但可以使高次谐波磁动势有很大的削弱，因此采用分布短距绕组可以改善磁动势的波形。

若空间坐标的原点取在相绕组的轴线上，则一相绕组磁动势的瞬时值表达式为

$$f_{ph}(\alpha,t)=0.9\frac{I_{ph}N}{p}\left(K_{N1}\cos\alpha-\frac{1}{3}K_{N3}\cos3\alpha+\frac{1}{5}K_{N5}\cos5\alpha-\cdots\right)\sin\omega t \tag{7-14}$$

而相绕组磁动势的基波及 ν 次谐波磁动势表达式为

$$f_{ph1}(\alpha,t)=0.9\frac{I_{ph}NK_{N1}}{p}\cos\alpha\sin\omega t$$

或

$$f_{ph1}(x,t)=0.9\frac{I_{ph}NK_{N1}}{p}\cos\frac{\pi}{\tau}x\sin\omega t \tag{7-15}$$

$$f_{ph\nu}(x,t)=0.9\frac{I_{ph}NK_{N\nu}}{\nu p}\cos\nu\frac{\pi}{\tau}x\sin\omega t \tag{7-16}$$

可见，单相绕组基波磁动势为一空间按余弦规律分布、大小随时间按正弦规律变化的脉振磁动势。

通过以上分析，对单相绕组可以得到下列结论：

1）单相绕组的磁动势是空间位置固定、幅值随时间脉振的变化磁动势，其脉振频率与绕组中电流的频率相同。

2）单相脉振磁动势中，含有空间的基波和空间的各高次谐波。值得注意的是，空间分布的各次谐波，在时间上均与电流同频率脉动。

3）由于磁动势的谐波次数越高，幅值越小，尤其采用分布、短距以后，合成磁动势中的谐波分量很小，所以一般分析中主要考虑磁动势中的基波分量。

二、单相脉振磁动势的分解

1. 数学分解

单相绕组产生的基波脉振磁动势的表达式为

$$f_{\mathrm{ph1}}(x,\ t)=F_{\mathrm{ph1}}\sin\omega t\cos\frac{\pi}{\tau}x \tag{7-17}$$

根据三角公式可变化为

$$f_{\mathrm{ph1}}=\frac{1}{2}F_{\mathrm{ph1}}\sin\left(\omega t-\frac{\pi}{\tau}x\right)+\frac{1}{2}F_{\mathrm{ph1}}\sin\left(\omega t+\frac{\pi}{\tau}x\right)=f'+f'' \tag{7-18}$$

其中

$$f'=\frac{1}{2}F_{\mathrm{ph1}}\sin\left(\omega t-\frac{\pi}{\tau}x\right) \tag{7-19}$$

$$f''=\frac{1}{2}F_{\mathrm{ph1}}\sin\left(\omega t+\frac{\pi}{\tau}x\right) \tag{7-20}$$

式（7-18）表明，单相脉振磁动势 f_{ph1} 可以分解为两个磁动势，其中 f' 分量的幅值为 $\frac{1}{2}F_{\mathrm{ph1}}$，而幅值的位置 x 与时间 ωt 有关，即随时间 ωt 变化，f' 幅值的位置在变化。因为从式（7-19）可知，$\omega t-\frac{\pi}{\tau}x=\frac{\pi}{2}$ 时，$f'=\frac{1}{2}F_{\mathrm{ph1}}$，说明 f' 的幅值位置，随时间不同在不断变化。而 $x=\left(\omega t-\frac{\pi}{2}\right)\cdot\frac{\tau}{\pi}$，即 $x=f(t)$，也就是 f' 为沿 x 增加方向移动的行波。在实际电机中就是一个沿正方向旋转的旋转磁动势。

f' 的移动速度可以从波上任意一点的移动速度计算出来，为

$$v=\frac{\mathrm{d}x}{\mathrm{d}t}=\frac{\mathrm{d}}{\mathrm{d}t}\left[\frac{\tau}{\pi}\left(\omega t-\frac{\pi}{2}\right)\right]=\frac{\tau}{\pi}\omega=\frac{\tau}{\pi}2\pi f=2f\tau \tag{7-21}$$

式（7-21）表明，每当电流变化一个周期，磁动势波 f' 向前移动 2τ 距离，或者每秒移动 $2\tau f$，因电机的定子内圆周长为 $D\pi=2p\tau$，所以磁动势的旋转速度为

$$n_1=\frac{2f\tau}{2p\tau}=\frac{f}{p}(\mathrm{r/s})=\frac{60f}{p}(\mathrm{r/min}) \tag{7-22}$$

同理，式（7-19）、式（7-20）中的 f'' 与 f' 的移动速度相同，但移动方向相反，f'' 为沿 x 减少方向移动的行波。在实际电机中 f'' 反向旋转，其旋转转速为

$$n_1=-\frac{60f}{p}(\mathrm{r/min}) \tag{7-23}$$

2. 图解分析

现用图 7-5 的空间向量说明。空间向量表示单相绕组脉振磁动势，其幅值位置在空间固定不变，大小随时间脉动。在脉振过程中，它始终可分解为大小相等（恒为原最大值的一半）、转速相同、转向相反的两个旋转空间向量 $\vec{F}'$ 和 $\vec{F}''$，由于这两个旋转向量转速相同，故它们所张开的角度相对于纵轴总是对称的。而且当脉振磁动势幅值最大时，两个旋转磁动

势向量恰与脉振磁动势向量同向。

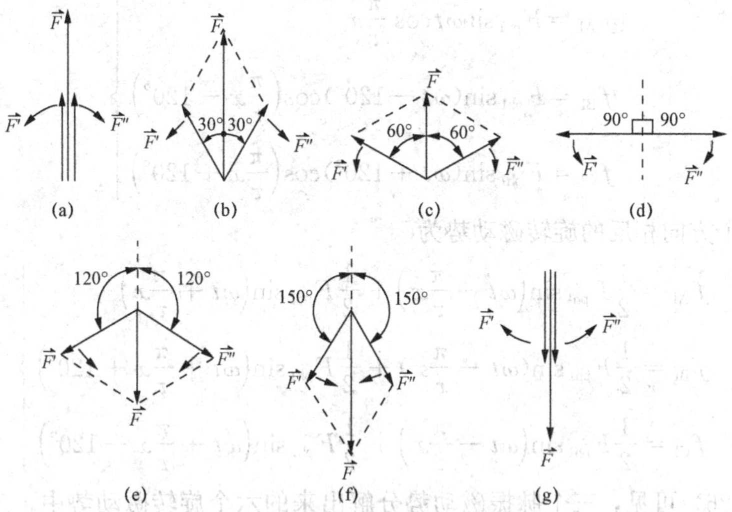

图 7-5　脉振磁动势及其分成两个旋转磁动势

(a) 0°；(b) 30°；(c) 60°；(d) 90°；(e) 120°；(f) 150°；(g) 180°

综上分析，可得如下结论：

一个脉振磁动势可以分解为大小相等（为最大值的一半）、转速相同 $\left(n_1=\dfrac{60f}{p}\right)$ 而转向相反的两个旋转磁动势；反之，若满足上述性质的两个旋转磁动势的合成即为脉振磁动势；$f_{\mathrm{ph1}}(x, t)=F_{\mathrm{ph1}}\sin\omega t\cos\dfrac{\pi}{\tau}x$ 为脉振磁动势的数学表达式；$f_{\mathrm{ph1}}(x, t)=\dfrac{1}{2}F_{\mathrm{ph1}}\sin\left(\omega t\mp\dfrac{\pi}{\tau}x\right)$ 为旋转磁动势的数学表达式。

7.2　三相绕组的基波合成磁动势

由于现代电力系统采用三相制，这样无论是同步电机还是异步电机大都采用三相制，因此分析三相绕组的合成磁动势是研究交流电机的基础。由于基波磁动势对电机的性能有决定性的影响，因此本节将首先分析三相基波磁动势。

三相绕组合成磁动势的分析方法主要有两种，即数学分析法、图解法。本节将采用数学分析法和图解法来对三相绕组合成磁动势的基波进行分析。

一、用数学解析法分析三相基波磁动势

三相电机的绕组一般采用对称三相绕组，即三相绕组在空间上互差120°电角度，绕组中三相电流在时间上也差120°电角度。

把空间坐标的原点取在A相绕组的轴线上，把A相电流达到最大值的时刻作为时间坐标的起点，设三相绕组中流过三相正弦波电流为

$$\left.\begin{aligned} i_{\mathrm{A}}&=\sqrt{2}I\sin\omega t\\ i_{\mathrm{B}}&=\sqrt{2}I\sin(\omega t-120^{\circ})\\ i_{\mathrm{C}}&=\sqrt{2}I\sin(\omega t+120^{\circ})\end{aligned}\right\}\tag{7-24}$$

则各相绕组的脉振磁动势为

$$\left.\begin{aligned}f_{A1}&=F_{ph1}\sin\omega t\cos\frac{\pi}{\tau}x\\f_{B1}&=F_{ph1}\sin(\omega t-120°)\cos\left(\frac{\pi}{\tau}x-120°\right)\\f_{C1}&=F_{ph1}\sin(\omega t+120°)\cos\left(\frac{\pi}{\tau}x+120°\right)\end{aligned}\right\}\tag{7-25}$$

各自分解成两个方向相反的旋转磁动势为

$$\left.\begin{aligned}f_{A1}&=\frac{1}{2}F_{ph1}\sin\left(\omega t-\frac{\pi}{\tau}x\right)+\frac{1}{2}F_{ph1}\sin\left(\omega t+\frac{\pi}{\tau}x\right)\\f_{B1}&=\frac{1}{2}F_{ph1}\sin(\omega t-\frac{\pi}{\tau}x)+\frac{1}{2}F_{ph1}\sin\left(\omega t+\frac{\pi}{\tau}x+120°\right)\\f_{C1}&=\frac{1}{2}F_{ph1}\sin\left(\omega t-\frac{\pi}{\tau}x\right)+\frac{1}{2}F_{ph1}\sin\left(\omega t+\frac{\pi}{\tau}x-120°\right)\end{aligned}\right\}\tag{7-26}$$

由式（7-26）可见，三个脉振磁动势分解出来的六个旋转磁动势中，三个正向旋转磁动势恰能相加，而三个反向旋转磁动势恰能相抵消，故三相绕组的基波磁动势为

$$f_1(x,\ t)=3\times\frac{1}{2}F_{ph1}\sin\left(\omega t-\frac{\pi}{\tau}x\right)=F_1\sin\left(\omega t-\frac{\pi}{\tau}x\right)\tag{7-27}$$

其中，F_1 为三相合成基波磁动势的幅值，即

$$F_1=\frac{3}{2}F_{ph1}=1.5\times0.9\frac{I_{ph}N}{p}K_{N1}=1.35\frac{I_{ph}N}{p}K_{N1}\text{（安匝 / 极）}\tag{7-28}$$

ω 为三相合成基波磁动势的旋转角速度。因为 $\omega=2\pi f$，并考虑到电机的极对数为 p，则合成的基波磁动势转速为

$$n_1=\frac{60\times2\pi f}{2\pi p}=\frac{60f}{p}\text{(r/min)}\tag{7-29}$$

与式（7-19）中 f' 比较，它仅比 f' 大三倍，由此得三相对称绕组通入三相对称正弦交流电流时，其三相合成基波磁动势是一个幅值大小恒为不变的旋转磁动势，其转向和转速同 f'，幅值是 f' 幅值的三倍（或是单相脉动磁动势最大幅值的 3/2 倍）。

二、图解法分析三相基波磁动势

图 7-6 表示三相绕组中三个脉振磁动势图解合成为三相合成磁动势的情况。

图中 A、B、C 三相绕组等效成三个集中的线圈，用 AX、BY、CZ 表示，五个图表示不同瞬间三个电流相量及对应的磁动势空间向量图。

从图 7-6（a）可见，当 A 相电流达到正最大值时，A 相磁动势幅值脉振达到最大，等于 F_{ph1}，这时 B 相和 C 相磁动势幅值均为 $-F_{ph1}/2$（因为 $i_B=-I_m/2$，$i_C=-I_m/2$）。把三个脉振磁动势 $\vec{F}_A$、$\vec{F}_B$、$\vec{F}_C$ 向量合成，则可得三相合成磁动势 $\vec{F}$。这时三相合成磁动势的幅值正好处于 A 相绕组轴线位置，其大小为 $3F_{ph1}/2$。

当 A 相电流由正的最大值逐渐变小，B 相电流逐渐由负值变为正值，C 相逐渐变为负的最大值时，各相磁动势都将随之相应变化，这时合成磁动势的幅值将从 A 相绕组的轴线逐步向 B 相绕组轴线移动，当 B 相电流达到正的最大值时，如图 7-6（c）所示，B 相磁动势的幅值达到最大，其值等于 F_{ph1}，A、C 相磁动势为 $-F_{ph1}/2$。$\vec{F}_A$、$\vec{F}_B$、$\vec{F}_C$ 三个矢量合

成得到 $\vec{F}$，这时合成磁动势的幅值恰好在 B 相绕组轴线位置上，大小也为 $3F_{\mathrm{ph1}}/2$。依此类推，当 C 相电流达到正的最大值时，合成磁动势幅值移到 C 相绕组轴线位置上，如图 7-6（e）所示。从上述分析可见，三相绕组流过对称的正相序电流时，其合成磁动势幅值，从 A 相绕组轴线逐渐移到 B 相，再移到 C 相，这说明三相合成磁动势为旋转磁动势。当电流交变一个周期，三相磁动势在空间转过 360°电角度，相当于 $1/p$ 转，或者每分钟转速为 $60f/p$ 转。不难理解，三相绕组流过负相序电流时，即相绕组达最大值的次序是 A、C、B，三相磁动势将由 A 相轴线移向 C 相，再移向 B 相，称为反向旋转磁动势。

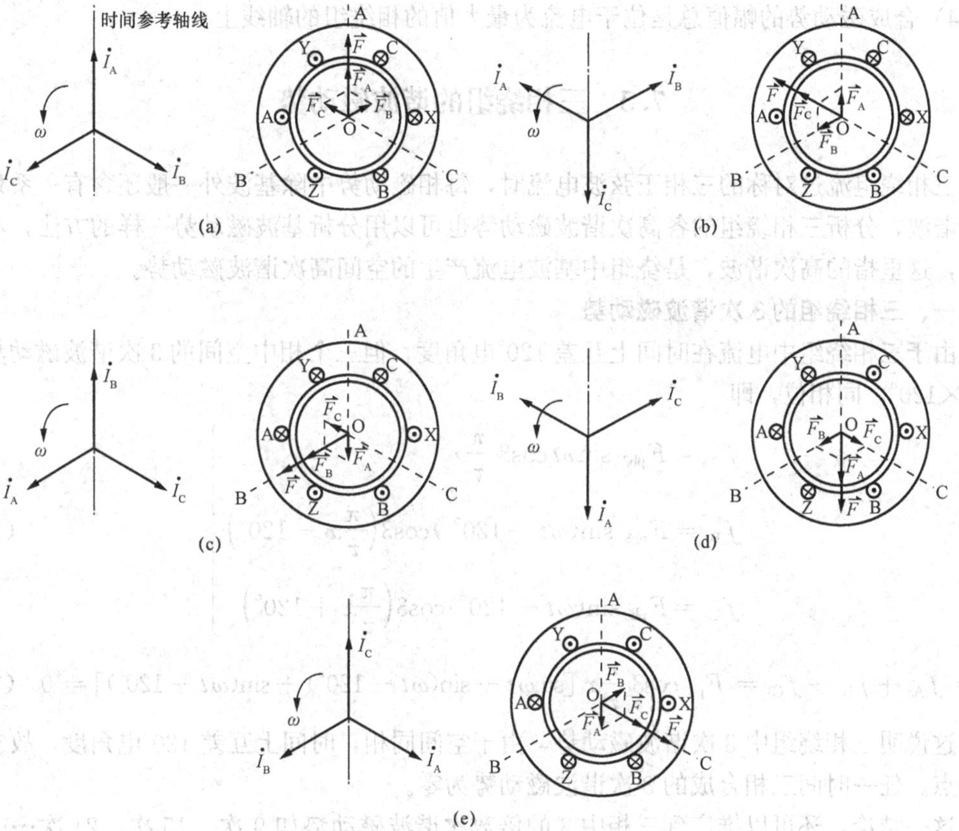

图 7-6　三相绕组基波磁动势的图解求法

(a) $\omega t=0$；(b) $\omega t=\pi/3$；(c) $\omega t=2\pi/3$；

(d) $\omega t=\pi$；(e) $\omega t=4\pi/3$

使用电机时，欲改变电机的转向，只需改变磁场转向，即改变电流相序，也就是把三相绕组的三个接线端子任意调换两端即可。

综合数学解析和图解两种分析方法，三相绕组基波合成磁动势的性质可归纳如下：

（1）三相对称绕组流过三相对称电流产生的合成基波磁动势为恒幅圆形旋转磁动势。

（2）该旋转磁动势具有以下性质。

1）振幅值：三相合成磁动势的幅值为单相磁动势幅值的 3/2 倍，即

$$F_1=\frac{3}{2}F_{\mathrm{ph1}}=\frac{3}{2}\times 0.9\frac{NK_{\mathrm{N1}}}{p}I_{\mathrm{ph}}=1.35\frac{NK_{\mathrm{N1}}}{p}I_{\mathrm{ph}}(\text{安匝 / 极}) \tag{7-30}$$

一般相数为 m 时

$$F_1=\frac{m}{2}F_{ph1}=\frac{m}{2}\times0.9\frac{NK_{N1}}{p}I_{ph}=0.45\frac{mNK_{N1}}{p}I_{ph}(安匝/极) \tag{7-31}$$

2）旋转磁动势转速（磁动势的同步转速）为

$$n_1=\frac{60f}{p}(\text{r/min})$$

3）合成磁动势的转向取决于绕组电流的相序，即从超前相转向滞后相，与三相电源的相序相同。

4）合成磁动势的幅值总是位于电流为最大值的相绕组的轴线上。

7.3 三相绕组的谐波磁动势

三相绕组流过对称的三相正弦波电流时，每相磁动势中除基波外一般还含有一系列的奇数次谐波，分析三相绕组的各高次谐波磁动势也可以用分析基波磁动势一样的方法，不过应注意，这里指的高次谐波，是绕组中基波电流产生的空间高次谐波磁动势。

一、三相绕组的3次谐波磁动势

由于三相绕组中电流在时间上互差120°电角度，但三个相中空间的3次谐波磁动势却互差3×120°，同相位，即

$$\left.\begin{aligned}f_{A3}&=F_{ph3}\sin\omega t\cos3\frac{\pi}{\tau}x\\f_{B3}&=F_{ph3}\sin(\omega t-120°)\cos3\left(\frac{\pi}{\tau}x-120°\right)\\f_{C3}&=F_{ph3}\sin(\omega t+120°)\cos3\left(\frac{\pi}{\tau}x+120°\right)\end{aligned}\right\} \tag{7-32}$$

$$f_3=f_{A3}+f_{B3}+f_{C3}=F_{ph3}\cos3\frac{\pi}{\tau}x\,[\sin\omega t+\sin(\omega t-120°)+\sin(\omega t+120°)]=0 \tag{7-33}$$

这说明三相绕组中3次谐波磁动势，由于空间同相，时间上互差120°电角度，故空间上任一点、任一时间三相合成的3次谐波磁动势为零。

这一结论，还可以推广到三相中3的倍数次谐波磁动势如9次、15次、21次……即在三相绕组中，合成磁动势不存在3次和3的倍数次谐波磁动势。

二、三相绕组的5次谐波磁动势

三相中5次谐波磁动势在空间上互差5×120°电角度，即

$$\left.\begin{aligned}f_{A5}&=F_{ph5}\sin\omega t\cos5\frac{\pi}{\tau}x\\f_{B5}&=F_{ph5}\sin(\omega t-120°)\cos5\left(\frac{\pi}{\tau}x-120°\right)\\f_{C5}&=F_{ph5}\sin(\omega t+120°)\cos5\left(\frac{\pi}{\tau}x+120°\right)\end{aligned}\right\} \tag{7-34}$$

将各相脉振磁动势分解成两个方向相反的旋转磁动势为

$$\left.\begin{aligned} f_{A5} &= \frac{1}{2}F_{ph5}\sin\left(\omega t - 5\frac{\pi}{\tau}x\right) + \frac{1}{2}F_{ph5}\sin\left(\omega t + 5\frac{\pi}{\tau}x\right) \\ f_{B5} &= \frac{1}{2}F_{ph5}\sin\left(\omega t - 5\frac{\pi}{\tau}x + 120°\right) + \frac{1}{2}F_{ph5}\sin\left(\omega t + 5\frac{\pi}{\tau}x\right) \\ f_{C5} &= \frac{1}{2}F_{ph5}\sin\left(\omega t - 5\frac{\pi}{\tau}x - 120°\right) + \frac{1}{2}F_{ph5}\sin\left(\omega t + 5\frac{\pi}{\tau}x\right) \end{aligned}\right\} \tag{7-35}$$

则5次谐波的合成磁动势为

$$f_5 = f_{A5} + f_{B5} + f_{C5} = \frac{3}{2}F_{ph5}\sin\left(\omega t + 5\frac{\pi}{\tau}x\right) \tag{7-36}$$

可见，三相绕组中5次谐波合成磁动势，是波幅不变的旋转磁动势，但由于磁动势的极对数为基波的5倍，故其转速为基波的$\frac{1}{5}$，即$n_5 = \frac{60f}{5p}$(r/min)，又因为5α前为正号，所以5次谐波磁动势的转向与基波相反。

这一结论，还可以推广到三相中$(6k-1)$次谐波磁动势如11次、17次……

三、三相绕组的7次谐波磁动势

同样的分析方法，可得三相绕组7次谐波合成磁动势为

$$f_7 = \frac{3}{2}F_{ph7}\sin\left(\omega t - 7\frac{\pi}{\tau}x\right) \tag{7-37}$$

可见，三相绕组中7次谐波合成磁动势，是波幅不变的旋转磁动势，但由于磁动势的极对数为基波的7倍，故其转速为基波的$\frac{1}{7}$，即$n_7 = \frac{60f}{7p}$(r/min)，又因为7α前为负号，所以7次谐波磁动势的转向与基波相同。

这一结论，还可以推广到三相中$(6k+1)$次谐波磁动势如13次、19次……

【例7-1】　一台三相异步电动机，定子采用双层叠绕组，$2p=4$，$Z=36$，$q=3$，线圈匝数$N_c=40$，线圈节距$y=\frac{7}{9}\tau$，$a=1$，$f=50\text{Hz}$，设绕组每相电流有效值$I_{ph}=10\text{A}$，试计算基波、5次和7次谐波磁动势的幅值和转速。

解

$$\alpha = \frac{p \times 360°}{Z} = \frac{2 \times 360°}{36} = 20°$$

$$K_{y1} = \sin\left(\frac{\pi}{2} \cdot \frac{y}{\tau}\right) = \sin\left(\frac{\pi}{2} \times \frac{7}{9}\right) = \sin 70° = 0.94$$

$$K_{q1} = \frac{\sin\frac{q\alpha}{2}}{q\sin\frac{\alpha}{2}} = \frac{\sin\frac{3\times 20°}{2}}{3\sin\frac{20°}{2}} = 0.96$$

$$K_{N1} = K_{y1}K_{q1} = 0.94 \times 0.96 = 0.902$$

每相串联匝数　$N = \frac{2p}{a}qN_c = \frac{4}{1} \times 3 \times 40 = 480$（匝/相）

基波磁动势幅值　$F_1 = 1.35\frac{I_{ph}N}{p}K_{N1} = 1.35 \times \frac{10 \times 480}{2} \times 0.902 = 2922$（安匝/极）

基波磁动势转速　$n_1 = \frac{60f}{p} = \frac{60 \times 50}{2} = 1500$ (r/min)

对 5 次谐波

$$K_{y5}=\sin\left(\frac{\pi}{2}\cdot\frac{5y}{\tau}\right)=\sin\left(\frac{\pi}{2}\times\frac{5\times7}{9}\right)=-0.174$$

$$K_{q5}=\frac{\sin\frac{5q\alpha}{2}}{q\sin\frac{5\alpha}{2}}=\frac{\sin\frac{5\times3\times20^\circ}{2}}{3\sin\frac{5\times20^\circ}{2}}=0.218$$

$$K_{N5}=K_{y5}K_{q5}=-0.174\times0.218=-0.038$$

$$F_5=1.35\frac{I_{ph}N}{\nu p}K_{N5}=1.35\times\frac{10\times480}{5\times2}\times0.038=24.6(\text{安匝 / 极})$$

$$n_5=\frac{60f}{5p}=\frac{60\times50}{5\times2}=300(\text{r/min})\ \text{反向旋转}$$

对 7 次谐波

$$K_{y7}=\sin\left(\frac{\pi}{2}\cdot\frac{7y}{\tau}\right)=\sin\left(\frac{\pi}{2}\times\frac{7\times7}{9}\right)=-0.766$$

$$K_{q7}=\frac{\sin\frac{7q\alpha}{2}}{q\sin\frac{7\alpha}{2}}=\frac{\sin\frac{7\times3\times20^\circ}{2}}{3\sin\frac{7\times20^\circ}{2}}=-0.177$$

$$K_{N7}=K_{y7}K_{q7}=0.766\times0.177=0.136$$

$$F_7=1.35\frac{I_{ph}N}{\nu p}K_{N7}=1.35\times\frac{10\times480}{7\times2}\times0.1357=62.9(\text{安匝 / 极})$$

$$n_7=\frac{60f}{7p}=\frac{60\times50}{7\times2}=214(\text{r/min})\ \text{正向旋转}$$

7.4 三相绕组流过不对称电流时的磁动势

三相绕组中流过不对称的三相电流时，可用对称分量法，把不对称的三相电流分解为正序、负序和零序电流分量。正序电流分量在三相绕组中产生正向旋转磁动势 $\vec{F}^+$，而负序电流分量在三相绕组中产生反向旋转磁动势 $\vec{F}^-$，实际 $\vec{F}^+$ 和 $\vec{F}^-$ 的性质前面已经说明，不必重述，这里要注意的是零序电流分量在三相绕组中产生的磁动势。由于三相中零序电流大小相等，相位相同，即

$$i_A^0=i_B^0=i_C^0=I_m^0\sin\omega t \tag{7-38}$$

故零序电流在三相绕组中的零序磁动势为

$$\left.\begin{aligned}f_A^0&=F_{ph}^0\sin\omega t\cos\frac{\pi}{\tau}x\\f_B^0&=F_{ph}^0\sin\omega t\cos\left(\frac{\pi}{\tau}x-120^\circ\right)\\f_C^0&=F_{ph}^0\sin\omega t\cos\left(\frac{\pi}{\tau}x+120^\circ\right)\end{aligned}\right\} \tag{7-39}$$

则

$$f^0=f_A^0+f_B^0+f_C^0=0$$

公式表明，三相绕组的零序磁动势，由于时间上同相位，而空间互差120°电角度，合成的结果为零。因此，三相绕组的不对称电流所产生的三相磁动势是$\vec{F}^+$和$\vec{F}^-$的叠加，则有

$$\left.\begin{aligned} f^+ &= F^+ \sin\left(\omega t - \frac{\pi}{\tau}x\right) \\ f^- &= F^- \sin\left(\omega t + \frac{\pi}{\tau}x\right) \end{aligned}\right\} \tag{7-40}$$

$\vec{F}^+$和$\vec{F}^-$各以同步转速向相反方向旋转，因为是两个正弦波相叠加，其合成磁动势仍为正弦波，可以用矢量$\vec{F}$表示，即

$$\vec{F} = \vec{F}^+ + \vec{F}^- \tag{7-41}$$

当$\vec{F}^+$和$\vec{F}^-$转到不同的位置时，$\vec{F}$将有不同的幅值，向量$\vec{F}$的末端轨迹为椭圆，如图7-7所示，故此种旋转磁动势称为椭圆形旋转磁动势。

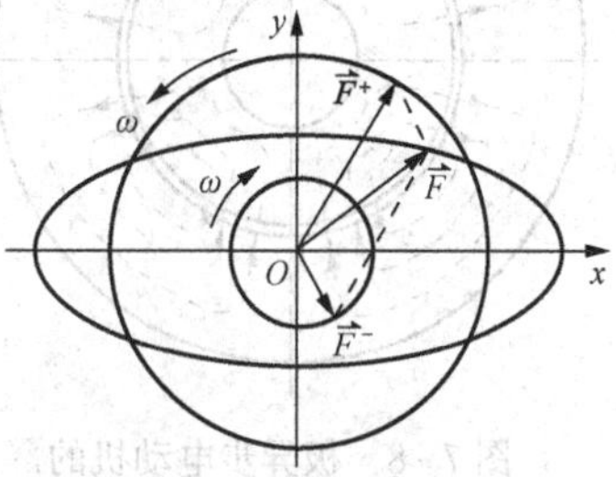

图7-7　不对称电流所产生的椭圆形旋转磁动势

为了说明椭圆磁动势的特点，图7-7用空间向量来表示正序、负序旋转磁动势和合成磁动势，若取两向量同相时的方向作为x轴的正方向，并以此瞬间作为时间的起点（$t=0$）。当经过时间t后，$\vec{F}^+$沿逆时针方向转ωt角度，$\vec{F}^-$沿顺时针方向转ωt角度，从图中可见$\vec{F}^+$和$\vec{F}^-$向相反方向旋转时，合成磁动势$\vec{F}$的大小和位置都在变化。

设$\vec{F}$的横轴分量为F_x，纵轴分量为F_y，则

$$\left.\begin{aligned} F_x &= F^+ \cos\omega t + F^- \cos\omega t = (F^+ + F^-)\cos\omega t \\ F_y &= F^+ \sin\omega t - F^- \sin\omega t = (F^+ - F^-)\sin\omega t \end{aligned}\right\} \tag{7-42}$$

将式（7-42）中的两式平方后相加，可得

$$\frac{F_x^2}{(F^+ + F^-)^2} + \frac{F_y^2}{(F^+ - F^-)^2} = 1 \tag{7-43}$$

式（7-43）为椭圆方程，表明$\vec{F}$末端轨迹为一椭圆。从图7-7可见，其合成磁动势幅值为

$$F = \sqrt{F^{+2} + F^{-2} + 2F^+F^- \cos 2\omega t} \tag{7-44}$$

这说明合成磁动势的幅值是随时间而变化的。

综上，椭圆形磁动势是两个幅值不同、以相同转速向相反方向旋转的旋转磁动势相加而成。它是气隙合成磁动势最普遍的形式。因为$\vec{F}^+$或$\vec{F}^-$中之一为零，这一磁动势便是幅值不变的圆形旋转磁动势，而$\vec{F}^+$与$\vec{F}^-$相等时是脉振磁动势。

7.5　交流电机的主磁通和漏磁通

一、主磁通

当三相异步电动机定子绕组接到三相对称电源上时，便产生圆形旋转磁动势。该磁动势产生的磁通绝大部分穿过气隙，并同时交链于定、转子绕组，这部分磁通称为主磁通，用

$\dot{\Phi}_0$ 表示。其路径为：定子铁心→气隙→转子铁心→气隙→定子铁心，构成闭合磁路，如图 7-8 所示。

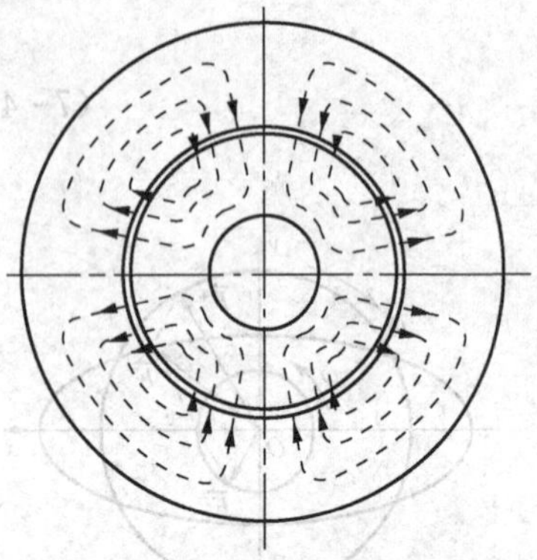

图 7-8 极异步电动机的主磁通分布情况

主磁通同时交链定、转子绕组而在其中分别产生感应电动势。又由于异步电动机的转子绕组为三相或多相短路绕组，在转子电动势的作用下，转子绕组中有电流通过。转子电流与定子磁场相互作用产生电磁转矩，实现异步电动机的机电能量转换，因此，主磁通起了转换能量的媒介作用。

二、漏磁通

除主磁通以外还有漏磁通，它包括定子绕组的槽部漏磁通和端部漏磁通，如图 7-9 所示，还有由高次谐波磁动势所产生的高次谐波磁通，前两项漏磁通只交链于定子绕组，而不交链于转子绕组。而高次谐波磁通实际上穿过气隙，同时交链于定、转子绕组。由于高次谐波磁通对转子不产生有效转矩，而且它在定子绕组中的感应电动势又很小，其频率和定子前两项漏磁通在定子绕组中感应电动势频率相同，也具有漏磁通的性质，所以就把它当作漏磁通来处理，又称作谐波漏磁通。

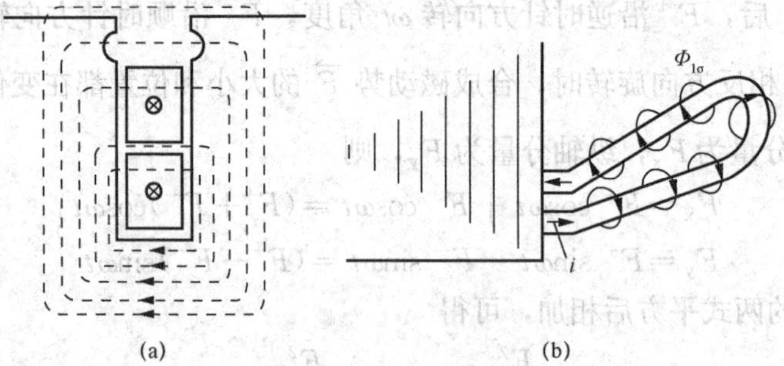

图 7-9 定子漏磁通

(a) 槽漏磁通；(b) 端部漏磁通

由于漏磁通沿磁阻很大的空气形成闭合回路，因此它比主磁通小很多。漏磁通仅在定子绕组或转子绕组产生漏磁电动势，因此不能起能量转换的媒介作用，只起电抗压降作用。

本 章 小 结

本章讲述了单相和三相绕组磁动势，其中线圈磁动势是整个绕组磁动势形成的基础。整距线圈磁动势除空间分布的基波外，还有空间分布的各奇数次谐波，而这些空间分布的磁动势基波和谐波在时间上却与线圈里的电流同频率脉动。因此线圈磁动势既是空间的函数又是时间的函数。

各线圈磁动势空间的正弦波相加，也和电动势的时间正弦波相加一样，受绕组分布系数和短距系数的影响，磁动势空间向量相加和电动势时间相量相加有相同的短距系数和分布系数。

由各线圈基波脉振磁动势叠加得到的单相绕组基波磁动势仍为空间位置固定随时间和电流同频率脉动的磁动势。单相脉振磁动势可以分解为两个大小相等方向相反并以相同转速旋转的旋转磁动势。

三相对称绕组流过三相对称正序电流时每相各自产生一个脉振磁动势，可分解出正反向旋转的六个旋转磁动势，其中反向的三个旋转磁动势相互抵消，正向的三个旋转磁动势得到加强，三相合成为正向旋转磁动势。

若三相绕组流过对称的负序电流时分解出正向的三个旋转磁动势相互抵消，三相合成为反向旋转磁动势。

若三相绕组流过零序电流时，由于三个旋转磁动势空间上互差120°，时间上同相，三相合成磁动势为零。

三相绕组的高次谐波磁动势中，三次和三的倍数次谐波磁动势，由于空间同相，时间上互差120°合成为零。其余各次谐波磁动势均为旋转磁动势。$\nu=6k+1$ 次谐波合成磁动势正向旋转，$\nu=6k-1$ 次谐波合成磁动势反向旋转。

思考题

7-1　为什么说交流绕组产生的磁动势既是时间的函数又是空间的函数？试以三相合成的磁动势基波来说明。

7-2　脉振磁动势和旋转磁动势各有哪些基本特征？产生脉振磁动势、圆形旋转磁动势和椭圆形旋转磁动势的条件各有什么不同？

7-3　把一台三相交流电机定子绕组的三个首端和三个末端分别连在一起，再通以交流电流，则合成磁动势的基波是多少？如将三相绕组依次串联起来后通以交流电流，则合成磁动势的基波又是多少？可能存在哪些谐波合成磁动势？

7-4　一台三角形联结的三相定子绕组，当绕组内有一相断线时，产生的磁动势是什么磁动势？

7-5　把三相异步电动机接到电源的三个接线头任意对调两根后，电动机的转向是否会改变？为什么？

7-6　试说明三相绕组产生的高次谐波磁动势的极对数、转向、转速和幅值。它们所建立的磁场在定子绕组内感应电动势的频率是多少？

7-7　试说明短距系数和分布系数的物理意义是什么？同时说明绕组系数在电动势和磁动势方面的统一性。

7-8　一台50Hz的三相交流电机，今通入60Hz的三相对称交流电流，设电流大小不变，问此时基波合成磁动势的幅值大小、转速和转向将如何变化？

7-9　A、B两相绕组，其空间轴线互成90°电角度，每相基波的有效匝数为 Nk_{N1}（两相绕组都相同），绕组为 p 对磁极，现给两相绕组中通以互差90°对称两相交流电流，即 $i_A=\sqrt{2}I\cos\omega t$，$i_B=\sqrt{2}I\cos(\omega t-90°)$。试求绕组的基波合成磁动势及三次谐波合成磁动势的表达式 $f_1(\alpha, t)$ 和 $f_3(\alpha, t)$，写出两者的振幅表达式，并指出磁动势的转速及转向。

7-10　试说明三相对称绕组通以三相对称交流电流时，产生的基波合成磁动势的性质和高次谐波合成磁动势的性质。

7-11 试证明可以将一个脉振磁动势分解成两个大小相等、转速相同、转向相反的旋转磁动势。

7-12 交流电机主磁通和漏磁通的区别是什么？

7-13 试分析对称三相绕组中通以零序电流时所产生的磁动势。

7-14 不计谐波磁场时，椭圆形旋转磁场是气隙磁场的最普遍形式。试述在什么情况下，椭圆形旋转磁场将简化成圆形旋转磁场？在什么条件下，椭圆形旋转磁场将简化成脉振磁场？

习 题

7-1 三相4极36槽交流电机绕组，若希望尽可能削弱5次空间谐波磁动势，绕组节距应选取多少？

7-2 一台4极三相交流异步电机，定子绕组为三角形联结，每相绕组每条支路串联匝数 $N=240$ 匝，基波短距系数 $k_{y1}=0.94$，基波分布系数 $k_{q1}=0.96$，三次谐波短距系数 $k_{y3}=0.50$，三次谐波分布系数 $k_{q3}=0.67$；电机正常运行时，测得定子电流为1A，试求基波合成磁动势以及三次谐波合成磁动势的幅值和转速。

7-3 一台三相4极同步发电机，定子绕组是双层绕组，每极有12个槽，线圈节距 $y=10$，每个线圈有2匝，并联支路数 $a=2$。通入频率为50Hz的三相对称正弦电流，其相电流的有效值为15A。试求三相基波合成磁动势的幅值和转速。

7-4 有一三相对称交流绕组，通入下列三相交流电流：

(1) $\begin{cases} i_a=141\sin 314t\,\text{A} \\ i_b=141\sin(314t-120°)\ \text{A} \\ i_c=141\sin(314t+120°)\ \text{A} \end{cases}$

(2) $\begin{cases} i_a=141\sin 314t\,\text{A} \\ i_b=-141\sin 314t\,\text{A} \\ i_c=0 \end{cases}$

(3) $\begin{cases} i_a=141\sin 314t\,\text{A} \\ i_b=-70.7\sin(314t-60°)\ \text{A} \\ i_c=-122\sin(314t+30°)\ \text{A} \end{cases}$

试定性分析其合成磁动势的性质（包括转向）。

7-5 一台50000kW的2极汽轮发电机，50Hz，三相，$U_N=10.5\text{kV}$，Y联结，$\cos\varphi_N=0.85$，定子采用双层叠绕组，$Z_1=72$ 槽，每个线圈一匝，$y=\frac{7}{9}\tau$，并联支路数 $a=2$。试求定子电流为额定值时，三相合成磁动势基波，3、5、7次谐波磁动势振幅值和转速，并说明转向。

7-6 有一单层三相绕组，8极、72槽，每线圈边有10根导体，今在绕组中，通以频率 $f=50\text{Hz}$，有效值为20A的三相对称电流，试求基波旋转磁动势的振幅值和转速。

7-7 一台三相同步发电机，定子采用双层短距绕组，Y联结，定子槽数 $Z_1=48$，极数 $2p=4$，线圈匝数 $N_c=22$，线圈节距 $y=10$，每相并联支路数 $a=2$，空载时定子三相绕组产生的合成磁动势基波振幅值为2034安匝/极，试求激励该磁动势所需的电流。

第三篇

异步电机

异步电机是交流旋转电机的一种。所谓异步，是指它的转子转速与定子电流所产生的旋转磁场转速不同。异步电机的定子和转子之间没有电的联系，能量转换靠电磁感应的作用，故也常把异步电机称为感应电机。

异步电机主要用作电动机，拖动各种生产机械。在工农业方面，用于拖动轧钢设备、金属切削机床、通风机、水泵、升降机、矿山机械、脱粒机、粉碎机、农副产品加工机等；在家用电器方面，用于拖动电风扇、洗衣机、电冰箱、空调机、排风扇等。

异步电动机的优点是结构简单、制造容易、价格低廉、运行可靠、维护方便、运行效率较高，缺点是异步电机运行时，从电网吸收滞后性的无功功率，功率因数较低；起动和调速性能较差，但是将异步电动机与电力电子装置相结合，可以构成性能优良的起动和调速系统，且随着成本的逐渐降低，应用也日益广泛。

异步电机也可作为异步发电机使用，常用于电网尚未到达的地区，又找不到同步发电机的情况或用于风力发电等特殊场合。

第8章 异步电机的结构和工作原理

8.1 异步电机的基本结构及其分类

一、三相异步电动机的结构

三相异步电动机的结构主要由固定不动的定子和旋转的转子两部分组成。转子装在定子腔内，定、转子之间有一缝隙，称为气隙。三相异步电动机转子结构有笼型和绕线转子式两种。图8-1为三相笼型异步电动机的结构图，图8-2为三相绕线转子异步电动机的结构图。

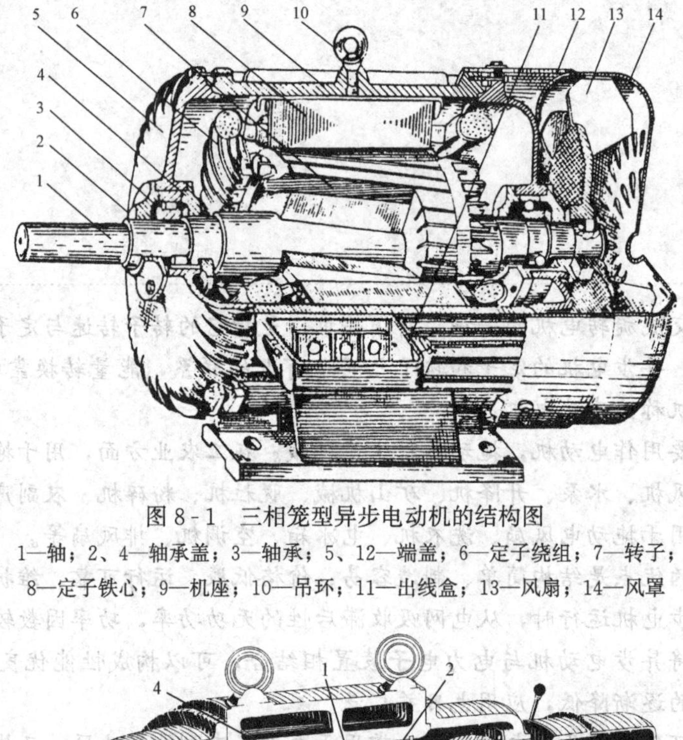

图8-1 三相笼型异步电动机的结构图

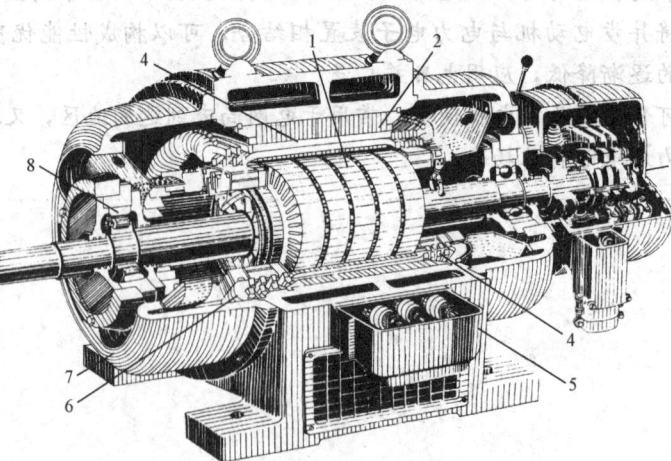

1—轴；2、4—轴承盖；3—轴承；5、12—端盖；6—定子绕组；7—转子；8—定子铁心；9—机座；10—吊环；11—出线盒；13—风扇；14—风罩

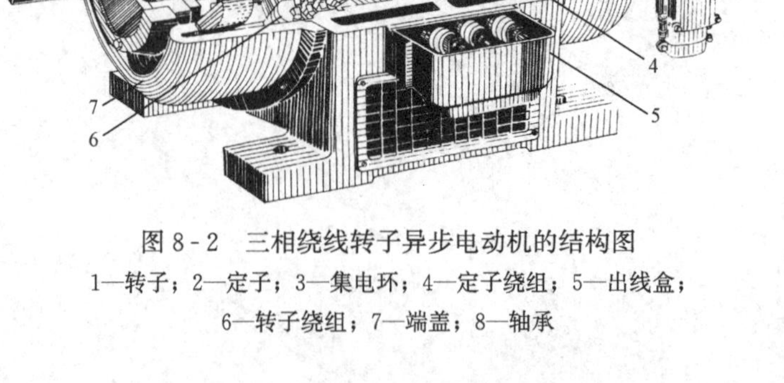

图8-2 三相绕线转子异步电动机的结构图

1—转子；2—定子；3—集电环；4—定子绕组；5—出线盒；6—转子绕组；7—端盖；8—轴承

1. 定子

定子主要由铁心、绕组和机座三部分组成。

定子铁心的作用是构成磁路及安放定子绕组。为减小铁心损耗，定子铁心一般由 0.5mm 厚、具有高导磁性能的电工硅钢片叠压而成。在 10kW 以上的电机中，每张硅钢片的两面涂有绝缘漆以减少铁心内的涡流损耗。电工硅钢片叠装压紧后，固定在机座内。图 8-3所示为异步电动机定子铁心。中小型电机采用整圆的硅钢片叠成，中型和大型电机采用扇形硅钢片叠成。当铁心较长时，为增加散热面积，沿轴向每隔 3～6cm 留有径向通风道，整个铁心在两端用压板压紧。

为了嵌放定子绕组，在定子铁心内圆沿轴向均匀地冲有许多形状相同的槽。常用的槽形有半闭口槽、半开口槽和开口槽，如图 8-4 所示。其中半闭口槽用于低压小型异步电机，其绕组是用圆导线绕成的；半开口槽适用于低压中型异步电机，其绕组是成型线圈；开口槽用于高压大、中型容量异步电机，其绕组是用绝缘带包扎并浸漆处理过的成型线圈。

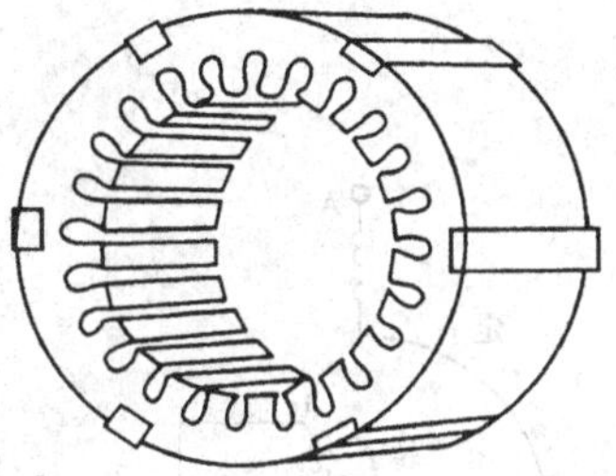

图 8-3　异步电机定子铁心

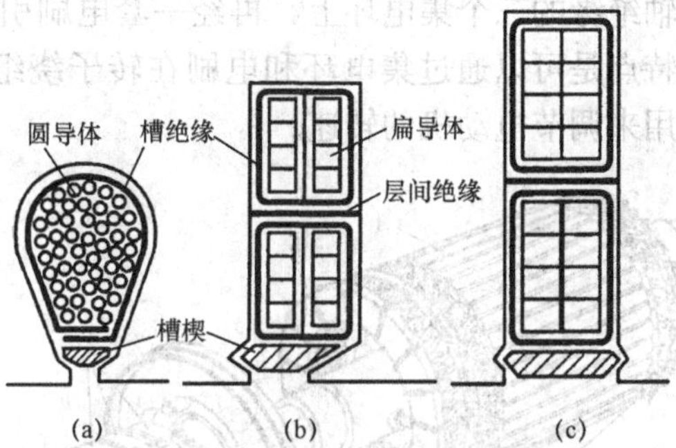

图 8-4　异步电机的定子槽形

(a) 半闭口槽；(b) 半开口槽；(c) 开口槽

定子绕组的作用是感应电动势，通过电流以实现机电能量转换。定子绕组的结构形式已在第 6 章中阐述过。定子绕组在槽内部分与铁心间必须可靠绝缘，槽绝缘的材料、厚度由电机耐热等级和工作电压来决定。

机座的作用是固定和支撑定子铁心，同时也是主要的通风散热部件。要求机座必须要有足够的机械强度和刚度。通常，中、小容量电机一般采用铸铁机座，大容量电动机采用钢板焊接机座。

2. 转子

转子主要是由铁心、绕组和转轴三部分组成。

转子铁心是电机磁路的一部分，一般由 0.5mm 厚的高磁导率的硅钢片冲制后叠压而成，转子铁心冲片如图 8-5 所示。小容量电动机转子铁心直接套压在转轴上，而稍大容量电动机，其铁心装在特制的转子支架上。转子外圆均匀开槽，以嵌放或浇注绕组。

转子绕组的作用是感应电动势，流过电流以产生电磁转矩。根据其结构形式分为笼型和绕线式两种。

(1) 笼型转子。笼型转子结构比较简单。在转子铁心的每个槽内嵌放一根铜条，在铁心两端槽口处分别用两个端环把槽里的所有铜条焊接成一个整体，形成一个自身闭合的短接回路。如果去掉铁心，整个绕组外形宛如一个“松鼠笼”，由此得名笼型转子，如图 8-6 (a) 所示。

对中、小容量电动机，一般都采用铸铝转子，铝导条、端环及端环上的风扇浇制成一个整体，如图 8-6（b）所示。

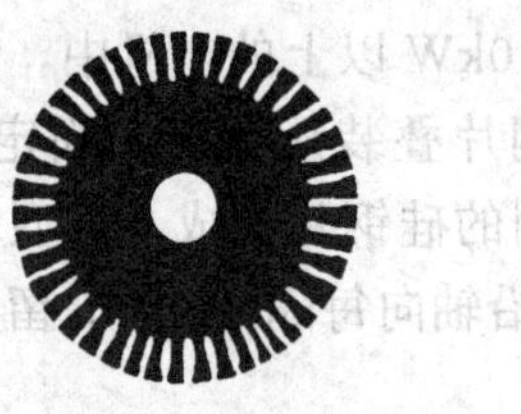

图 8-5 转子铁心冲片

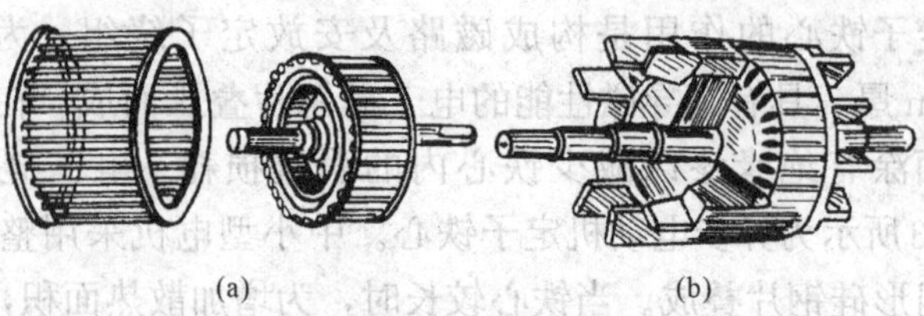

图 8-6 笼型转子

（a）铜条转子；（b）铸铝转子

（2）绕线转子。绕线转子绕组和定子绕组相似，其结构如图 8-7 所示。用绝缘导线绕制成线圈元件，并嵌放在转子槽内，然后连成对称的三相绕组，三相绕组可以接成星形或三角形。一般小容量电动机连接成三角形，中、大容量电动机都连接成星形。三个端头分别接在与转轴绝缘的三个集电环上，再经一套电刷引出来与外电路相连，如图 8-8 所示。绕线转子的特点是可以通过集电环和电刷在转子绕组回路内接入附加电阻，用以改善其起动性能，或用来调节电动机的转速。

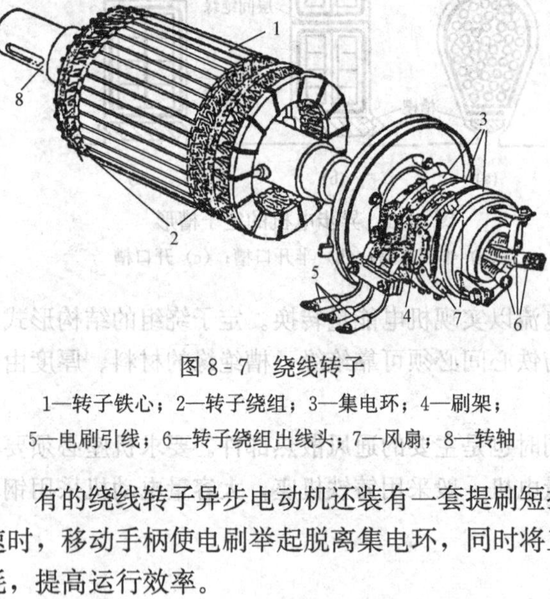

图 8-7 绕线转子

1—转子铁心；2—转子绕组；3—集电环；4—刷架；
5—电刷引线；6—转子绕组出线头；7—风扇；8—转轴

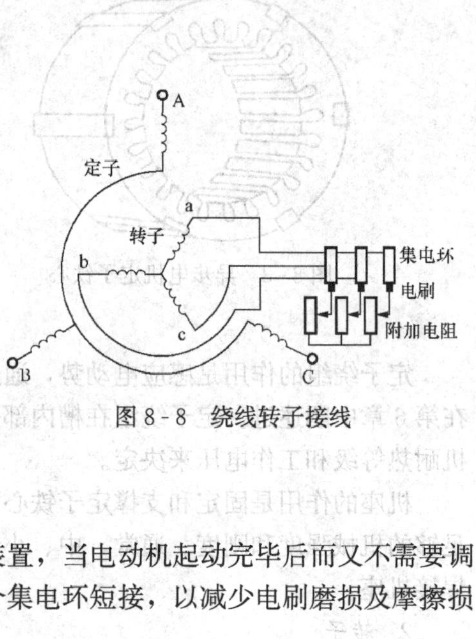

图 8-8 绕线转子接线

有的绕线转子异步电动机还装有一套提刷短接装置，当电动机起动完毕后而又不需要调速时，移动手柄使电刷举起脱离集电环，同时将三个集电环短接，以减少电刷磨损及摩擦损耗，提高运行效率。

与笼型转子相比，绕线转子结构复杂、成本高、运行可靠性也稍差，因此它用于要求起动电流小、起动转矩大或需调速的场合。

异步电动机的转轴一般用强度和刚度较高的低碳钢制成，它用来固定转子铁心和传递能量。整个转子靠轴承和端盖支撑着，端盖一般用铸铁或钢板制成，它是电机外壳机座的一部分，中小型电机一般都采用带轴承的端盖，而大型电机为减轻端盖荷重，便于维修，多采用不带轴承的端盖。常用的轴承有滚动轴承和滑动轴承，小容量电机常用前者。

3. 气隙

定、转子之间的间隙称为气隙。异步电动机的气隙是均匀的，它的大小对电动机的参数及运行性能影响很大。因异步电动机的励磁电流由电网供给，气隙大，所需励磁电流就大，而励磁电流又是无功性质，故电动机的功率因数较低。为减小励磁电流而提高功率因数，异步电动机的气隙应尽可能地小，但也不能太小，否则定子和转子有可能发生摩擦或碰撞。从减少附加损耗以及减少高次谐波磁动势产生的磁通来看，气隙大些也有好处。中、小型异步电动机的气隙一般仅为 0.2～1.5mm。

二、异步电动机的分类

异步电动机的种类很多，从不同角度看，有不同的分类法。例如：

按定子相数分，有单相异步电动机、两相异步电动机和三相异步电机。

按转子结构分，有笼型异步电动机和绕线转子异步电动机。其中笼型异步电动机又包括单笼型异步电动机、双笼型异步电动机及深槽式异步电动机。

按有无换向器分，有无换向器异步电动机和有换向器异步电动机。

按防护型式分，有开启式、防护式和封闭式。

按通风冷却方式分，有自冷式、自扇冷式、他扇冷式和管道通风式。

按工作定额，从发热角度可分为连续定额、短时定额和断续周期工作定额三种。

按电机容量的大小可分为大型、中型和小型三种。

此外，根据电机定子绕组上所加电压大小，又有高压异步电动机、低压异步电动机。从其他角度看，还有高起动转矩异步电机、高转差率异步电机和高转速异步电机等。

8.2　异步电机的基本工作原理

一、工作原理

当异步电动机定子绕组接到三相电源上时，定子绕组中将流过三相对称电流，气隙中将建立基波旋转磁动势，从而产生基波旋转磁场，其同步转速决定于电网频率和绕组的极对数

$$n_1 = \frac{60f_1}{p} \tag{8-1}$$

这个基波旋转磁场在短路的转子绕组（若是笼型绕组则其本身就是短路的，若是绕线转子则通过电刷短路）中感应电动势并在转子绕组中产生相应的电流，该电流与气隙中的旋转磁场相互作用而产生电磁转矩，驱使电动机转子转动。异步电动机的工作原理如图 8-9 所示。

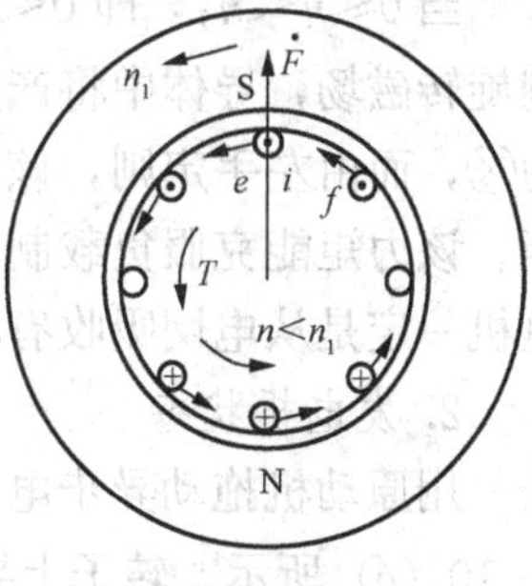

图 8-9　异步电动机的工作原理

异步电动机的旋转方向始终与旋转磁场的旋转方向一致，而旋转磁场的方向又取决于异步电动机的三相电流相序，因此说，三相异步电动机的转向与电流的相序一致。要改变转向，只需改变电流的相序即可，即任意对调电动机的两根电源线，便可使电动机反转。

异步电动机的转速 n 恒小于旋转磁场转速 n_1，因为只有这样，转子绕组才能产生电磁转矩，使电动机旋转。如果 $n=n_1$，转子绕组与定子磁场之间便无相对运动，则转子绕组中将没有感应电动势和感应电流产生，可见 $n<n_1$ 是异步电动机工作的必要条件。由于电动机转速 n 与旋转磁场 n_1 不同步，故称为异步电动机。又因为异步电动机转子电动势和转子电流是通过电磁感应作用产生的，所以又称为感应电动机。

二、转差率

同步转速 n_1 与转子转速 n 之差（n_1-n）再与同步转速 n_1 的比值称为转差率，用字母 s 表示，即

$$s=\frac{n_1-n}{n_1} \tag{8-2}$$

转差率是反映异步电机运行的一个重要物理量。当异步电动机工作在理想空载时，因无负载阻转矩，转子转速几乎与同步转速相同，即 $n\approx n_1$，转差率 s 近似为零；随着机械负载的增加，转子转速下降，转差率 s 升高。

三、异步电机的三种运行状态

按转差率的正负、大小，异步电机可分为电动机、发电机、电磁制动三种运行状态，如图 8-10 所示。图中旋转磁场以同步转速 n_1 旋转，并用旋转磁极来等效旋转磁场，2 个小圆圈表示一个短路转子线圈。

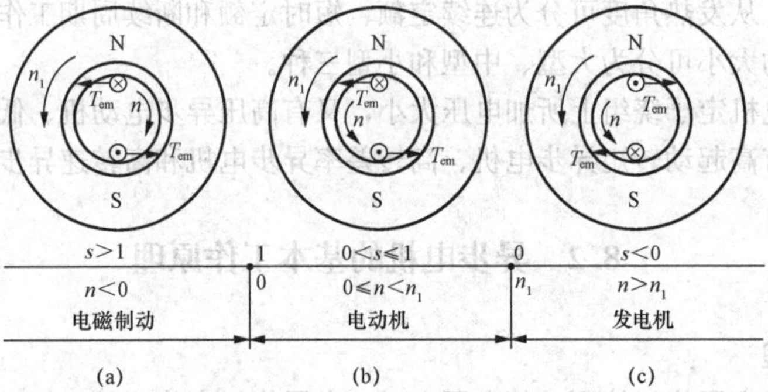

图 8-10 异步电机的三种运行状态

(a) 电磁制动；(b) 电动机；(c) 发电机

1. 电动机状态

当 $0\leqslant n<n_1$，即 $0<s\leqslant 1$ 时，如图 8-10（b）所示，转子中导体以与 n 相反的方向切割旋转磁场，导体中将产生感应电动势和感应电流。由右手定则，该电流在 N 极下的方向为⊗，而由左手定则，该电流与气隙磁场相互作用将产生一个与转子转向同方向的拖动力矩。该力矩能克服负载制动力矩而拖动转子旋转，从轴上输出机械功率。根据功率平衡，该电机一定是从电网吸收有功电功率。

2. 发电机状态

用原动机拖动异步电机，使其转速高于旋转磁场的同步转速，即 $n>n_1$、$s<0$，如图 8-10（c）所示。转子上导体切割旋转磁场的方向与电动机状态时相反，从而导体上感应电动势、电流的方向与电动机状态相反，电磁转矩的方向与转子转向相反，电磁转矩为制动性质。此时异步电机由转轴从原动机输入机械功率，克服电磁转矩，通过电磁感应由定子向电网输出电功率（电流在 N 极下的方向为⊙，与电动机状态相反），电机处于发电机状态。

3. 电磁制动状态

由于机械负载或其他外因，转子逆着旋转磁场的方向旋转，即 $n<0$、$s>1$，如图 8-10（a）所示。此时转子导体中的感应电动势、电流与在电动机状态下的相同。但由于转子转向与旋转磁场方向相反，电磁转矩表现为制动转矩，此时电机运行于电磁制动状态，即由转轴

从原动机输入机械功率的同时又从电网吸收电功率（因电流与电动机状态同方向），两者都变成了电机内部的损耗。

由此可知，区分这三种运行状态的依据是转差率 s 的大小：①$0<s\leqslant 1$ 为电动机运行状态；②$-\infty<s<0$ 为发电机状态；③$1<s<+\infty$ 为电磁制动状态。

综上所述，异步电机可以作电动机运行，也可以作发电机运行或电磁制动运行。但一般作电动机运行，异步发电机很少使用，电磁制动是异步电机在完成某一生产过程中出现的短时运行状态。例如，起重机下放重物时，为了安全、平稳，需限制下放速度，就使异步电动机短时处于电磁制动状态。

【例 8-1】　一台三相异步电动机在 50Hz 的电源下，其额定转速为 $n_N=730\text{r/min}$，空载转差率为 0.003，试计算电动机的空载转速和额定负载时的转差率。

解　根据已知条件 $n_N=730\text{r/min}$，同时考虑到异步电动机的额定转速略低于同步转速，可知，该电机的同步转速为 $n_1=750\text{r/min}$，极数为 $2p=8$。

空载转速为

$$n_0=n_1(1-s_0)=750(1-0.003)=748(\text{r/min})$$

额定负载时的转差率为

$$s_N=\frac{n_1-n_N}{n_1}=\frac{750-730}{750}=0.0267$$

由上例的计算结果可见，随着负载的增加，转差率增大。

8.3　异步电动机的型号及额定数据

一、铭牌

三相异步电动机的铭牌如图 8-11 所示。

三相异步电动机					
型号	Y180L-8	功率	11kW	频率	50Hz
电压	380V	电流	25.1A	接线	△
转速	730r/min	效率	86.5%	功率因数	0.77
工作定额	连续	绝缘等级	B	质量	184kg
标准编号		出厂编号		出厂年月	×年×月
×××电机厂					

图 8-11　电动机铭牌

每台电机的铭牌上都标注了电机的型号、额定值和额定运行情况下的有关技术数据。按铭牌上所规定的额定值和工作条件下运行，称为额定运行。铭牌上的额定值及有关技术数据是正确设计、选择、使用和检修电机的依据。

二、型号

异步电动机的型号主要包括产品代号、设计序号、规格代号和特殊环境代号等，产品代号表示电机的类型，用大写印刷体的汉语拼音字母表示。如 Y 表示异步电动机，YR 表示绕线转子异步电动机等。设计序号系指电动机产品设计的顺序，用阿拉伯数字表示。规格代号是用中心高、铁心外径、机座号、机座长度、铁心长度、功率、转速或极数表示。主要系列产品的规格代号按表 8 - 1 规定。此外，还有特殊环境代号等，请详见有关电机手册。

表 8 - 1　　系列产品的规格代号

序号	系列产品	规格代号
1	中小型异步电动机	中心高（mm），—机座长度（字母代号），—铁心长度（数字代号），—极数
2	大型异步电动机	功率（kW），—极数/定子铁心外径（mm）

注　(1) 机座长度的字母代号采用国际通用符号表示：S 表示短机座、M 表示中机座、L 表示长机座。
(2) 铁心长度的字母代号用数字 1、2、3…依次表示。

现以 Y 系列异步电动机为例，说明型号中各字母及数字代表的含义。

小型异步电动机

Y　90L－4
　　└─规格代号：中心高 90mm、长机座、4 极
└─产品代号：异步电动机

中型异步电动机

Y　355 M2－4
　　└─规格代号：中心高 355mm、中机座、2 号铁心长、4 极
└─产品代号：异步电动机

大型异步电动机

Y　630－10/1180
　　└─规格代号：功率 630kW、10 极、定子铁心外径 1180mm
└─产品代号：异步电动机

三、异步电机的额定值

(1) 额定功率 P_N：指电动机在额定状态下运行时，转子轴上输出的机械功率，单位为 W 或 kW。

(2) 额定电压 U_N：指电动机在额定运行情况下，加在三相定子绕组上的线电压，单位为 V 或 kV。

(3) 额定电流 I_N：指电动机在定子绕组上加额定电压、轴上输出额定功率时，定子绕组中的线电流，单位为 A。

三相异步电动机的额定功率为

$$P_N = 3U_{Nph}I_{Nph}\cos\varphi_N\eta_N = \sqrt{3}U_NI_N\cos\varphi_N\eta_N \tag{8-3}$$

式中　$\cos\varphi_N$、η_N——额定运行情况下的功率因数和效率；

U_{Nph}、I_{Nph}——额定相电压和额定相电流。

额定电流为

$$I_N = \frac{P_N}{\sqrt{3}U_N\cos\varphi_N\eta_N} \tag{8-4}$$

(4) 额定频率 f_N：我国电网频率为 50Hz，故国内用的异步电动机额定频率均为 50Hz。

(5) 额定转速 n_N：指电动机定子加额定频率的额定电压、且轴端输出额定功率时电机

的转速，单位为 r/min。

此外，还有额定功率因数、定子绕组接法、绝缘等级、工作方式及温升等。对绕线转子异步电动机还要标明转子绕组的接法、转子绕组额定电动势 E_{2N}（指定子绕组加额定电压、转子绕组开路时集电环之间的电动势）和转子的额定电流 I_{2N}。

根据电机的铭牌进行定子绕组的接线，如果电动机定子绕组有六根引出线，并已知其首、末端，可分以下几种情况讨论。

（1）当电动机铭牌上标明“电压 380/220V，Y/△联结”时，这种情况下，究竟是接成星形或三角形，要看电源电压的大小。如果电源电压为 380V，则接成星形；电源电压为 220V 时，则接成三角形。

（2）当电动机铭牌上标明“电压 380V，△联结”时，则只有三角形接法。但是，在电动机起动过程中，可以接成星形，接在 380V 电源上，起动完毕，恢复三角形接法。

对有些高压电动机，定子绕组往往有三根引出线，只要电源电压符合电动机铭牌标注的电压值，便可使用。

【例 8-2】 一台三相异步电动机，额定功率 $P_N=55\text{kW}$，电网频率为 50Hz，额定电压 $U_N=380\text{V}$，额定效率 $\eta_N=0.79$，额定功率因数 $\cos\varphi_N=0.89$，额定转速 $n_N=570\text{r/min}$，试求同步转速 n_1、极对数 p、额定电流 I_N、额定负载时的转差率 s_N。

解 （1）因电动机额定运行时转速接近同步转速，所以同步转速为 600r/min。

（2）电动机极对数 $p=\dfrac{60f_1}{n_1}=\dfrac{60\times50}{600}=5$，即为 10 极电动机。

（3）额定电流 $I_N=\dfrac{P_N\times10^3}{\sqrt{3}U_N\cos\varphi_N\eta_N}=\dfrac{55\times10^3}{\sqrt{3}\times380\times0.89\times0.79}=119\ (\text{A})$

（4）转差率 $s_N=\dfrac{n_1-n_N}{n_1}=\dfrac{600-570}{600}=0.05$

本 章 小 结

异步电动机的工作原理是：定子绕组所产生的旋转磁场，以转差速度切割转子导体，于是在转子导体中感应电动势，产生电流，转子导体中的电流与旋转磁场相作用而产生电磁转矩，使转子旋转。

转差率 $s=\dfrac{n_1-n}{n_1}$。根据转差率可以计算异步电机的转速，推断异步电机的运行方式。异步电机的许多性能与 s 有关，因此它是异步电机的一个极为重要的基本变量。

在基本结构这一节中，应该明了的问题是：异步电机由哪几部分所组成，各部件的功用及所应用的材料是什么，笼型转子与绕线转子有何不同，为什么异步电机气隙很小等内容，以及异步电机有哪些额定值，尤其要注意额定功率的定义。电动机的额定功率是指在额定状态下运行时，转轴上所输出的机械功率。

思 考 题

8-1 简述异步电机的结构。如果气隙过大，会带来怎样不利的后果？

8-2 简述异步电机的工作原理，并分析如何改变它的转向？

8-3 简述转差率的定义。如何由转差率的大小范围来判断异步电机的运行情况？

8-4 异步电机作发电机运行和作电磁制动运行时，电磁转矩和转子转向之间的关系是否一样？怎样区分这两种运行状态？

8-5 异步电动机额定电压、额定电流、额定功率的定义是什么？

习 题

8-1 一台三相异步电动机，$P_N=60\text{kW}$，$n_N=577\text{r/min}$，$\cos\varphi_N=0.81$，$\eta_N=89.2\%$，$U_N=380\text{V}$，试求额定电流 I_N。

8-2 一台三相异步电动机，$P_N=7.5\text{kW}$，$n_N=975\text{r/min}$，$U_N=380\text{V}$，$I_N=18.5\text{A}$，$\cos\varphi_N=0.87$，$f=50\text{Hz}$。试问：

(1) 电动机的极数是多少？

(2) 额定负载下的转差率 s 是多少？

(3) 额定负载下的效率 η 是多少？

8-3 一台 8 极异步电动机，$f=50\text{Hz}$，额定转差率 $s_N=0.0467$，试问：

(1) 额定转速是多少？

(2) 额定运行时，将电源相序改变，改变瞬间的转差率是多少？

8-4 一台 8 极异步电动机，$f=50\text{Hz}$，额定转差率 $s_N=0.043$，试求：

(1) 同步转速；

(2) 额定转速；

(3) $n=700\text{r/min}$ 时的转差率；

(4) 起动瞬间的转差率。

第 9 章　三相异步电动机的运行分析

三相异步电动机的定子和转子之间只有磁的耦合，没有电的直接联系，它靠电磁感应作用，将能量从定子传递到转子。这一点和变压器完全相似。三相异步电动机的定子绕组相当于变压器的一次绕组，转子绕组则相当于变压器的二次绕组。因此，分析变压器内部电磁关系的三种基本方法（电压方程式、等效电路和相量图）也同样适用于异步电动机。

9.1　转子不转时异步电动机的运行

正常运行的异步电动机，转子总是旋转的。为了便于理解，先从转子不转时进行分析，再分析转子旋转时的情况。现以三相绕线转子异步电动机为例，加以阐述。

一、转子绕组开路时的异步电动机

三相绕线转子异步电动机，定子绕组加对称三相电压、转子绕组开路，则转子电流 $\dot{I}_2=0$，定子绕组流过对称的三相空载电流 $\dot{I}_0$，并产生三相旋转的基波磁动势，其幅值为

$$F_0=\frac{m_1}{2}\times 0.9\frac{N_1K_{N1}}{p}I_0 \tag{9-1}$$

它的旋转转速为

$$n_1=\frac{60f_1}{p}(\text{r/min}) \tag{9-2}$$

由于转子绕组中没有电流，这时作用在磁路上的只有定子基波磁动势 $\overrightarrow{F}_0$，并由此磁动势建立电机磁路中旋转的主磁通 $\dot{\Phi}_0$，称 $\overrightarrow{F}_0$ 为励磁磁动势，称 $\dot{I}_0$ 为励磁电流。

主磁通经过电机气隙、定子齿、定子轭、转子齿、转子轭等各段磁路，同时与定子绕组和转子绕组相链，并在定、转子绕组中感应电动势，分别为

$$\left.\begin{aligned}\dot{E}_1&=-\text{j}4.44f_1N_1K_{N1}\dot{\Phi}_0\\ \dot{E}_2&=-\text{j}4.44f_1N_2K_{N2}\dot{\Phi}_0\end{aligned}\right\} \tag{9-3}$$

式中　N_1、N_2——定、转子绕组每相串联匝数；

K_{N1}、K_{N2}——定、转子绕组的绕组系数。

$$\frac{E_1}{E_2}=\frac{N_1K_{N1}}{N_2K_{N2}}=K_e \tag{9-4}$$

式中　K_e——异步电动机的电动势变比。

除此之外，三相定子绕组电流还产生一部分只与定子绕组相链而不与转子绕组发生关系的磁通，称为定子漏磁通。定子漏磁通包括：定子槽漏磁通、端部漏磁通和谐波漏磁通等，用 $\dot{\Phi}_{1\sigma}$ 表示。漏磁通在定子绕组中感应电动势 $\dot{E}_{1\sigma}$ 称为漏磁电动势。

$$\dot{E}_{1\sigma}=-\text{j}\dot{I}_0x_1 \tag{9-5}$$

式中 x_1——定子绕组漏磁电抗。

空载电流 $\dot{I}_0$ 流过定子绕组电阻 r_1 中，产生电阻电压为 $I_0\gamma_{1N}$。

这样，就和变压器一样，可以写出异步电动机定子绕组的电动势平衡方程式为

$$\dot{U}_1=-\dot{E}_1+\dot{U}_{1r}-\dot{E}_{1\sigma}=-\dot{E}_1+\dot{I}_0r_1+j\dot{I}_0x_1=-\dot{E}_1+\dot{I}_0Z_1 \quad (9-6)$$

$$Z_1=r_1+jx_1$$

式中 Z_1——定子绕组漏阻抗。

对开路的转子绕组有

$$\dot{U}_{20}=\dot{E}_2 \quad (9-7)$$

仿照变压器引入非线性参数励磁电阻 r_m、励磁电抗 x_m 来等效替代 $\dot{E}_1$，有

$$\dot{E}_1=-\dot{I}_0(r_m+jx_m)=-\dot{I}_0Z_m \quad (9-8)$$

式中 Z_m——励磁阻抗，$Z_m=r_m+jx_m$，其中励磁电阻 r_m 是反映铁损耗的等效电阻，励磁电抗 x_m 是定子每相绕组中对应主磁通 $\dot{\Phi}_0$ 的电抗。显然，Z_m 的大小将随着铁心饱和程度的不同而变化。

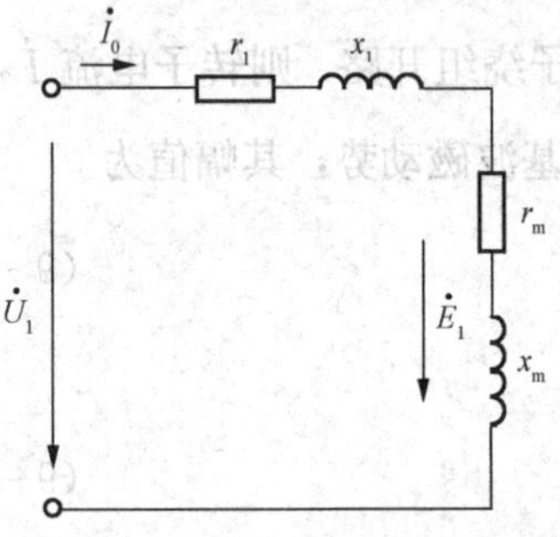

图 9-1 转子绕组开路时异步电动机等效电路

其等效电路如图 9-1 所示。

从以上情况可见，异步电动机转子不动且转子绕组开路时，与变压器空载运行情况完全相似，或者在形式上是完全一样的，所不同的是：

(1) 变压器的主磁通是脉动磁通，而这里是三相旋转磁通。

(2) 变压器的绕组相当于整距集中绕组，而异步电动机一般为短距分布绕组。

(3) 变压器具有闭合的铁心磁路，而异步电动机的主磁路存在空气间隙。

正因为异步电动机与变压器有些差别，异步电动机的空载电流 I_0 比同容量变压器的空载电流 I_0 大得多。一般异步电动机 $I_0=(20\%\sim30\%)I_N$，而小型异步电动机，I_0 可达 $50\%I_N$。

异步电动机的漏磁阻抗也比变压器大。因此，异步电动机的漏磁阻抗压降 I_0Z_1 为额定电压的 2%～5%，而变压器一般不超过额定电压的 0.1%～0.5%。

二、转子绕组短路且堵转时的异步电动机

当转子绕组短路且堵转时，转子绕组电流 $I_2\neq0$，转子转速 $n=0$，转轴端输出机械功率 $P_2=0$。

1. 磁动势平衡方程式

前边已经了解，定子绕组加上三相对称电压所产生的磁通为旋转磁通，该旋转磁通在定、转子绕组中均产生感应电动势，因此，转子绕组短路时，在转子绕组电动势作用下，也将形成三相对称的转子电流 $\dot{I}_2$。这时磁路中除定子电流 $\dot{I}_1$ 产生的旋转磁动势 $\overrightarrow{F}_1$ 以外，转子电流 $\dot{I}_2$ 流过转子三相绕组也要产生旋转磁动势 $\overrightarrow{F}_2$。由于转子不旋转，定、转子电流频率相同。因此，定、转子基波磁动势 $\overrightarrow{F}_1$ 和 $\overrightarrow{F}_2$ 将沿气隙以相同转向和相同转速($n_1=60f_1/p$)旋转，并作用于同

一磁路上，共同产生主磁通 $\dot{\Phi}_0$，根据和变压器一样的电流正方向，则产生主磁通的磁动势为

$$\vec{F}_0=\vec{F}_1+\vec{F}_2 \tag{9-9}$$

或

$$\vec{F}_1=\vec{F}_0+(-\vec{F}_2)$$

式（9-9）表明，定子绕组磁动势 $\vec{F}_1$ 包含两个分量，其中 $\vec{F}_0$ 是用来产生主磁通 $\dot{\Phi}_0$ 的励磁分量，而另一分量是用来抵消转子绕组磁动势 $\vec{F}_2$ 对主磁通的影响，所以它与转子磁动势大小相等，方向却相反。

应当指出，在异步电动机中 $I_1Z_1>I_0Z_1$，转子绕组短路时的合成磁动势与转子开路时的合成磁动势虽然都是用 $\vec{F}_0$ 表示，但严格来说，两者大小并不相等，可以理解为前者略大于后者，但用了相同的代表符号。

定子电流 $\dot{I}_1$ 产生的磁动势 $\vec{F}_1$ 幅值为

$$F_1=\frac{m_1}{2}\times 0.9\frac{N_1K_{N1}}{p}I_1 \tag{9-10}$$

转子电流 $\dot{I}_2$ 产生的磁动势 $\vec{F}_2$ 幅值为

$$F_2=\frac{m_2}{2}\times 0.9\frac{N_2K_{N2}}{p}I_2$$

式中　m_1、m_2——定子绕组相数和转子绕组相数。

则式（9-9）可改写为

$$\frac{m_1}{2}\times 0.9\frac{N_1K_{N1}}{p}\dot{I}_1+\frac{m_2}{2}\times 0.9\frac{N_2K_{N2}}{p}\dot{I}_2=\frac{m_1}{2}\times 0.9\frac{N_1K_{N1}}{p}\dot{I}_0 \tag{9-11}$$

用式（9-11）各项除以 $m_1N_1K_{N1}$ 可得

$$\dot{I}_1+\dot{I}_2\frac{m_2N_2K_{N2}}{m_1N_1K_{N1}}=\dot{I}_0$$

$$\dot{I}_1+\frac{\dot{I}_2}{K_i}=\dot{I}_0 \tag{9-12}$$

$$K_i=\frac{m_1N_1K_{N1}}{m_2N_2K_{N2}} \tag{9-13}$$

式中　K_i——异步电动机的电流变比。

2. 电动势平衡方程式

定子和转子绕组与旋转磁场切割产生感应电动势的过程如下：

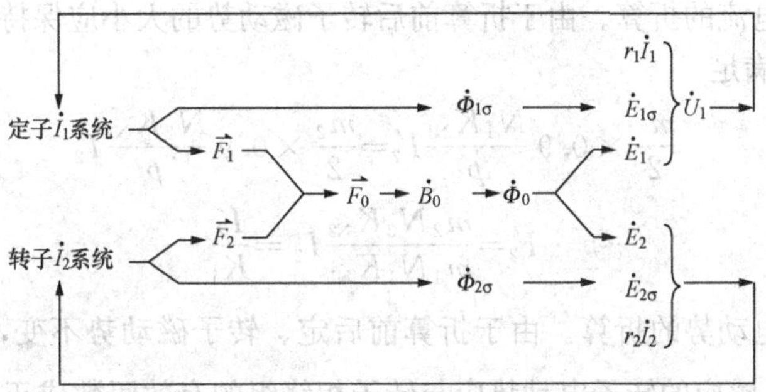

仿照变压器中假设各物理量正方向的方法，根据电路定律可得定、转子绕组的电动势方程式为

$$\left.\begin{aligned}\dot{U}_1&=-\dot{E}_1+\dot{I}_1(r_1+\mathrm{j}x_1)=-\dot{E}_1+\dot{I}_1Z_1\\0&=\dot{E}_2-\dot{I}_2(r_2+\mathrm{j}x_2)=\dot{E}_2-\dot{I}_2Z_2\end{aligned}\right\}\tag{9-14}$$

式中 Z_2——转子绕组每相漏阻抗，$Z_2=r_2+\mathrm{j}x_2$。

从式（9-14）可见，转子电流 $\dot{I}_2$ 滞后于转子电动势 $\dot{E}_2$ 一个时间相位角

$$\varphi_2=\arctan\frac{x_2}{r_2}\tag{9-15}$$

综上所述，转子绕组短路且堵转时异步电动机的方程式为

$$\left.\begin{aligned}\dot{U}_1&=-\dot{E}_1+\dot{I}_1Z_1\\0&=\dot{E}_2-\dot{I}_2Z_2\\\dot{I}_0&=\dot{I}_1+\frac{\dot{I}_2}{K_\mathrm{i}}\end{aligned}\right\}\tag{9-16}$$

对应的电路图如图 9-2 所示。

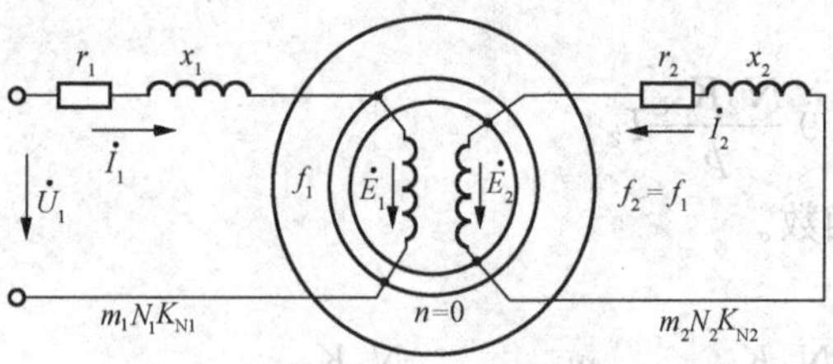

图 9-2 转子绕组短路且堵转时电路图

3. 转子绕组的折算

异步电动机定、转子之间没有电路上的连接，只有磁路的联系，这点和变压器的情况相类似。从定子边看，转子只有转子旋转磁动势 $\vec{F}_2$ 与定子旋转磁动势 $\vec{F}_1$ 起作用，只要维持转子旋转磁动势 $\vec{F}_2$ 的大小、相位不变，至于转子边的电动势、电流以及每相串联有效匝数是多少都无关紧要。根据这个道理，设想把实际电动机的转子抽出，换上一个新转子，它的相数、每相串联匝数以及绕组系数都分别和定子的一样（三相、N_1、K_{N1}）。这时在新换的转子中，每相感应的感应电动势为 E_2'，电流为 I_2'，转子漏阻抗为 $Z_2'=r_2'+\mathrm{j}x_2'$，但产生的转子旋转磁动势却和原转子产生的一样。即虽然换成了新转子，但转子旋转磁动势并没有改变，所以不影响定子边，这就是进行折算的依据。这一折算过程称为绕组折算。

折算的原则是等效原则，即折算后等效转子绕组的电磁作用和传递能量（包括各种功率或损耗）应与折算前的转子绕组相等。折算后转子磁动势的大小和空间相位都应保持不变，转子上的各种功率和损耗也保持不变。

（1）转子绕组电流的折算。由于折算前后转子磁动势的大小应保持不变，所以转子绕组电流的折算值 I_2' 应满足

$$\frac{m_1}{2}\times0.9\frac{N_1K_{N1}}{p}I_2'=\frac{m_2}{2}\times0.9\frac{N_2K_{N2}}{p}I_2$$

故得

$$I_2'=\frac{m_2N_2K_{N2}}{m_1N_1K_{N1}}I_2=\frac{I_2}{K_\mathrm{i}}\tag{9-17}$$

（2）转子绕组电动势的折算。由于折算前后定、转子磁动势不变，故主磁通 $\dot{\Phi}_0$ 不变。于是，由主磁通 $\dot{\Phi}_0$ 感应的转子电动势应与转子相绕组的有效匝数成正比。因此，转子电动

势的折算值 E'_2 应满足

$$\frac{E'_2}{E_2}=\frac{N_1K_{N1}}{N_2K_{N2}}=K_e$$

则

$$E'_2=K_eE_2 \tag{9-18}$$

（3）转子绕组每相阻抗的折算。根据折算前后转子上各种功率和损耗保持不变的原则，可知转子绕组每相电阻的折算值 r'_2 应满足

$$m_1I'^2_2r'_2=m_2I_2^2r_2$$

得

$$r'_2=\frac{m_2I_2^2r_2}{m_1I'^2_2}=\frac{m_2}{m_1}\left(\frac{m_1N_1K_{N1}}{m_2N_2K_{N2}}\right)^2r_2$$

即

$$r'_2=K_iK_er_2 \tag{9-19}$$

由于 $\vec{F}_2$ 的相位应保持不变，即 $\varphi_2=\varphi'_2$，则

$$\tan\varphi_2=\frac{x_2}{r_2}=\frac{x'_2}{r'_2}=\tan\varphi'_2 \tag{9-20}$$

将式（9-19）代入式（9-20），得

$$x'_2=K_iK_ex_2$$

于是，可得转子绕组漏阻抗的折算值为

$$Z'_2=K_iK_eZ_2 \tag{9-21}$$

对应的基本方程式归纳为

$$\left.\begin{aligned}\dot{U}_1&=-\dot{E}_1+\dot{I}_1Z_1\\ \dot{E}_1&=\dot{E}'_2\\ \dot{E}'_2&=\dot{I}'_2Z'_2\\ \dot{I}_0&=\dot{I}_1+\dot{I}'_2\\ \dot{E}_1&=-\dot{I}_0(r_m+jx_m)=-\dot{I}_0Z_m\end{aligned}\right\} \tag{9-22}$$

根据以上五个方程式，可画出等效电路如图 9-3 所示。

异步电动机定、转子绕组的漏阻抗标幺值都是比较小的，如果在它的定子绕组加上额定电压，这时定、转子电流都很大，是额定电流的 4～7 倍。这就是异步电动机加额定电压直接起动而转速等于零的瞬间情况。如果使电动机长期工作在这种状态，则有可能将电动机烧坏。

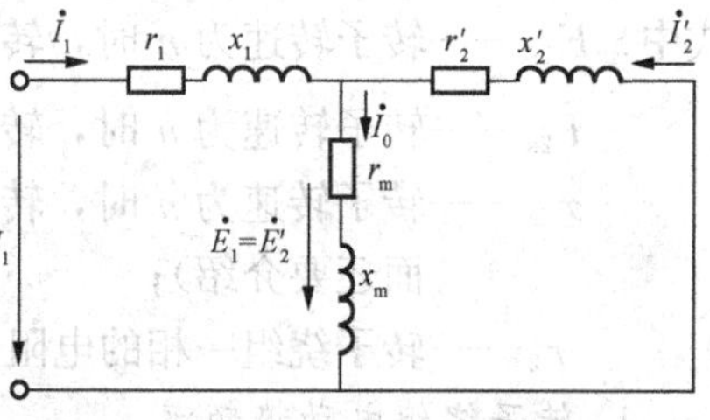

图 9-3　转子绕组短路且堵转时的异步电动机等效电路

有时为了测量异步电动机的参数，需要做转子绕组短路并堵转的实验。为了不使电动机定、转子绕组过电流，必须把加在定子绕组上的电压降低，以限制定、转子绕组中的电流。

9.2 转子旋转时异步电动机的运行

一、转子旋转时的物理情况

当三相异步电动机定子绕组接到三相对称电源上时，气隙磁场便在转子绕组感应电动势，并产生对称的多相电流 $\dot{I}_2$。此时，除定子绕组有电流 $\dot{I}_1$ 产生基波旋转磁动势 $\overrightarrow{F}_1$ 外，转子绕组对称的多相电流 $\dot{I}_2$ 流过对称多相绕组也会产生基波旋转磁动势 $\overrightarrow{F}_2$，这两个旋转磁动势共同作用于气隙中，而且以后还会证明两者同速、同向旋转，处于相对静止状态，因此形成合成磁动势（$\overrightarrow{F}_1+\overrightarrow{F}_2=\overrightarrow{F}_0$），电动机就在这合成磁动势作用下产生交链于定、转子绕组的主磁通 $\dot{\Phi}_0$，并分别在定、转子绕组中感应电动势 $\dot{E}_1$ 和 $\dot{E}_2$。同时定、转子绕组磁动势 $\overrightarrow{F}_1$ 和 $\overrightarrow{F}_2$ 分别产生只交链于本侧的漏磁通 $\dot{\Phi}_{1\sigma}$ 和 $\dot{\Phi}_{2\sigma}$，感应出相应的漏感电动势 $\dot{E}_{1\sigma}$ 和 $\dot{E}_{2\sigma}$（同样可用漏抗压降表示）。

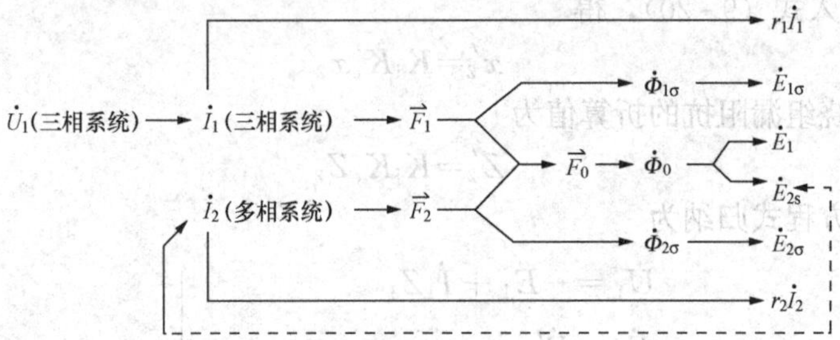

二、转子绕组的各电磁量

转子不转时，气隙旋转磁场以 n_1 的同步速切割转子绕组；当转子旋转（转速为 n）后，旋转磁场就以（n_1-n）的相对速度切割转子绕组，即相对切割速度随转子转速的快慢而变，故其结果必将导致转子绕组各电磁量发生变化。则此时转子回路的电压方程式为

$$\dot{E}_{2s}=\dot{I}_{2s}(r_2+\mathrm{j}x_{2s}) \tag{9-23}$$

式中 $\dot{E}_{2s}$——转子转速为 n 时，转子绕组的相电动势；

$\dot{I}_{2s}$——转子转速为 n 时，转子绕组的相电流；

x_{2s}——转子转速为 n 时，转子绕组一相的漏电抗（注意，x_{2s} 与 x_2 的数值不同，下面还要介绍）；

r_2——转子绕组一相的电阻。

1. 转子绕组电动势频率

感应电动势的频率正比于导体与磁场的相对切割速度，故转子绕组电动势的频率为

$$f_2=\frac{pn_2}{60}=\frac{p(n_1-n)}{60}=\frac{n_1-n}{n_1}\cdot\frac{pn_1}{60}=sf_1 \tag{9-24}$$

由于定子绕组感应电动势频率即电网频率 f_1 是个恒值，故转子绕组感应电动势的频率 f_2 与转差率 s 成正比。

当转子不转（如起动瞬间）时，$n=0$，$s=1$，则 $f_2=f_1$，即转子不转时转子绕组感应

电动势频率与定子绕组感应电动势频率相等；当转子接近同步速（如空载运行）时，$n \approx n_1$，$s \approx 0$，则 $f_2 \approx 0$。异步电动机在额定情况运行时，转差率 s 很小，通常在 0.01～0.06 之间。若电网频率为 50Hz，则转子绕组感应电动势频率仅为 0.5～3Hz，所以异步电动机在正常运行时，转子绕组感应电动势的频率很低。

2. 转子绕组的感应电动势

由式（6-19）知，转子绕组感应电动势为

$$E_{2s} = 4.44 f_2 N_2 K_{N2} \Phi_0 = 4.44 (s f_1) N_2 K_{N2} \Phi_0 = s E_2 \qquad (9-25)$$

式中　E_2——转子不转时的转子绕组每相电动势。

若电源电压确定，Φ_0 则确定，故 E_2 为常数。

由式（9-25）知，转子绕组感应电动势 E_{2s} 与转差率 s 成正比。当转子不转时，转差率 $s=1$（最大），主磁通切割转子的相对速度最快，故转子绕组电动势 E_{2s} 最大，它随着转速的升高、转差率 s（即相对切割速度）的减小而减小。因正常运行时异步电动机的转差率很小，故其转子绕组感应电动势也就很小。

3. 转子绕组的电阻和漏抗

由于转子绕组电动势频率很低，普通异步电动机（双笼型和深槽式异步电动机除外）的转子绕组电阻在不计集肤效应和温度影响时，可视为常数。

电抗与频率成正比，故转子旋转时，转子绕组漏抗 x_{2s} 为

$$x_{2s} = 2\pi f_2 L_{2\sigma} = 2\pi s f_1 L_{2\sigma} = s x_2 \qquad (9-26)$$

$$x_2 = 2\pi f_1 L_{2\sigma}$$

式中　$L_{2\sigma}$——转子绕组漏电感；

　　x_2——转子不转时的漏抗。

显然，x_2 是个常数，故转子旋转时的转子绕组漏抗也正比于转差率 s。

同样，在起动瞬间（转子不转），$s=1$，转子绕组漏抗最大，并随转速的升高、转差率的下降而减小。

4. 转子绕组的电流

转子绕组电流 $\dot{I}_{2s}$ 是由转子绕组感应电动势 $\dot{E}_{2s}$ 作用于转子回路产生的（转子绕组本身短接），故

$$\dot{I}_{2s} = \frac{\dot{E}_{2s}}{Z_{2s}} = \frac{\dot{E}_{2s}}{r_2 + \mathrm{j} x_{2s}} = \frac{s\dot{E}_2}{r_2 + \mathrm{j} s x_2} \qquad (9-27)$$

有效值为

$$I_{2s} = \frac{s\dot{E}_2}{\sqrt{r_2^2 + (s x_2)^2}} \qquad (9-28)$$

可见，转子绕组电流 I_{2s} 也与转差率 s 有关。当 $s=0$ 时，$I_{2s}=0$；当 s 从零增大（即转速 n 下降）时，刚开始 $s x_2 \ll r_2$，可忽略不计，故 $I_{2s} \propto s$，I_{2s} 随 s 增加而增大；当 s 较大时，分母中 $s x_2$ 成为主要成分，随 s 增大，分母也随之增大，故转子电流就增大得慢了。总的来说，它还是随 s 的增加而增大（但不成比例增大）。

5. 转子绕组功率因数

转子绕组功率因数为

$$\varphi_2=\arctan\frac{sx_2}{r_2}\text{ 或 }\cos\varphi_2=\frac{r_2}{\sqrt{r_2^2+(sx_2)^2}} \tag{9-29}$$

式中　φ_2——$\dot{I}_{2s}$ 滞后于 $\dot{E}_{2s}$ 的时间相位角（即转子功率因数角）。

转子回路功率因数也与转差率 s 有关。当 $s=0$，$\cos\varphi_2=1$；当 s 从零增大时，式中分母 s 起初很小时，$sx_2\ll r_2$，故功率因数很高，且变化（减小）不大；当 s 较大时，分母中 sx_2 成主要成分，即转子漏抗起主要作用，此时 $\cos\varphi_2$ 随 s 增加而减小。

三、磁动势平衡关系

下面对转子旋转时，定、转子绕组电流产生的空间合成磁动势进行分析。

1. 定子磁动势 $\vec{F}_1$

当异步电动机旋转起来后，定子绕组里流过的电流为 $\dot{I}_1$，产生旋转磁动势为 $\vec{F}_1$。它的特点在前面已经分析过了。这里我们仍假设它相对于定子绕组以同步转速 n_1 旋转。

2. 转子磁动势 $\vec{F}_2$

异步电动机的转子为多相绕组，它通过多相电流，也产生旋转磁动势。由第 7 章分析，其性质如下：

（1）幅值。幅值计算公式为

$$F_2=\frac{m_2}{2}\times0.9\frac{N_2K_{N2}}{p}I_{2s} \tag{9-30}$$

（2）转向。与转子绕组电流相序一致。对电动机而言，转子绕组电流相序与定子绕组旋转磁动势方向一致，由此可知，转子绕组旋转磁动势转向与定子绕组旋转磁动势转向一致。

（3）转速。转子绕组磁动势相对转子的转速为

$$n_2=\frac{60f_2}{p}=\frac{60sf_1}{p}=sn_1 \tag{9-31}$$

（4）瞬间位置。当转子绕组哪相电流达到最大值时，$\vec{F}_2$ 正好位于该相绕组的轴线上。

站在定子绕组上看定、转子绕组旋转磁动势 $\vec{F}_1$ 与 $\vec{F}_2$，其幅值不因站在定子绕组上看而有什么改变，仍为前面分析的结果。$\vec{F}_1$ 与 $\vec{F}_2$ 二者的转向相对于定子都为同方向旋转。

定子绕组旋转磁动势 $\vec{F}_1$ 相对于定子的转速为 n_1，转子绕组旋转磁动势 $\vec{F}_2$ 相对于转子的转速为 n_2。由于转子本身相对于定子绕组有一转速 n，站在定子绕组上看转子绕组旋转磁动势 $\vec{F}_2$ 的转速为 n_2+n。

于是可知转子绕组磁动势 $\vec{F}_2$ 相对定子的转速为

$$n_2+n=sn_1+(1-s)n_1=n_1 \tag{9-32}$$

即转子绕组磁动势 $\vec{F}_2$ 与定子绕组磁动势 $\vec{F}_1$ 同速同向旋转，故相对静止。

定、转子绕组磁动势相对静止是一切电机正常运行的必要条件，只有这样，异步电动机在任何转速时才能产生恒定的电磁转矩，从而实现机电能量转换。

由式（9-31）可见转子绕组旋转磁动势的转速也与转差率成正比。

由此可知，转子绕组各电磁量除 r_2 外，其余各量均与转差率 s 有关，因此说转差率 s 是异步电动机的一个重要参数。

3. 磁动势平衡方程

异步电动机旋转时，作用在气隙磁路中的不仅有定子绕组旋转磁动势 $\vec{F}_1$，还有转子绕组旋转磁动势 $\vec{F}_2$，它们在空间又相对静止，那么产生既与定子绕组交链又与转子绕组交链的主磁通 Φ_0 的磁动势 $\vec{F}_0$，显然就为 $\vec{F}_1$ 与 $\vec{F}_2$ 的合成磁动势，即

$$\vec{F}_1 + \vec{F}_2 = \vec{F}_0 \tag{9-33}$$

式（9-33）即为磁动势平衡方程式，改写成

$$\vec{F}_1 = \vec{F}_0 + (-\vec{F}_2) = \vec{F}_0 + \vec{F}_{1L} \tag{9-34}$$

$$\vec{F}_{1L} = -\vec{F}_2$$

式中　$\vec{F}_{1L}$——定子绕组负载分量磁动势。

可见定子绕组旋转磁动势包含有两个分量：一个是励磁磁动势 $\vec{F}_0$，它是用来产生气隙磁通 Φ_0；另一个是负载分量磁动势 $\vec{F}_{1L}$，它是用来平衡转子旋转磁动势 $\vec{F}_2$，也即用来抵消转子绕组旋转磁动势对主磁通的影响。

由此可解释异步电动机的能量传递过程。当异步电动机转子轴上的机械负载增大时，其转速减慢，转差率 s 增大，转子绕组电流 I_{2s} 随之增大，转子绕组磁动势 $\vec{F}_2$ 增大，从而用来平衡转子绕组磁动势的定子负载分量磁动势 $\vec{F}_{1L}$ 就对等地增大。此时由于电源电压一定，Φ_0 就一定，则产生 Φ_0 的励磁磁动势 $\vec{F}_0$ 就一定，故此时 $\vec{F}_1$ 增加，因此定子绕组电流增大。由此可知，当电动机转轴上机械负载增加时，从电网输入的电功率（定子绕组电流）就随之增大。

【例 9-1】　有一台三相 4 极异步电动机，接到 50Hz 的电源上，若转差率 $s=0.0387$，试求：

（1）磁场的同步转速 n_1；

（2）转子绕组电流的频率；

（3）转子绕组磁动势相对于转子的转速；

（4）转子绕组磁动势在空间的转速。

解　（1）$n_1=\dfrac{60f_1}{p}=\dfrac{60\times 50}{2}=1500$（r/min）

（2）转子绕组电流的频率 f_2 为

$$f_2 = sf_1 = 0.0387\times 50 = 1.935(\text{Hz})$$

（3）转子绕组磁动势相对于转子的转速 n_2 为

$$n_2=\frac{60f_2}{p}=\frac{60\times 1.935}{2}=58(\text{r/min})$$

（4）转子转速 n 为

$$n=(1-s)n_1=(1-0.0387)\times 1500=1442(\text{r/min})$$

转子绕组磁动势在空间的转速为n_2+n，即

$$n_2+n=58+1442=1500(\text{r/min})$$

即为同步转速。

四、电动势平衡方程

定子绕组电动势$\dot{E}_1$、漏电动势$\dot{E}_{1\sigma}$与外加电源电压$\dot{U}_1$和定子绕组电阻压降$\dot{I}_1 r_1$相平衡，此时定子有电流$\dot{I}_1$；在转子电路中，转子绕组电动势$\dot{E}_{2s}$与转子绕组漏感电动势$\dot{E}_{2\sigma}$和转子绕组电阻压降$\dot{I}_{2s}r_2$相平衡。整个电磁过程处于稳定状态。

上述关系中

$$\dot{E}_1=-\text{j}4.44f_1N_1K_{N1}\dot{\Phi}_0$$

$$\dot{E}_{2s}=s\dot{E}_2$$

漏感电动势可用漏抗压降表示为

$$\dot{E}_{1\sigma}=-\text{j}\dot{I}_1x_1$$

$$\dot{E}_{2\sigma}=-\text{j}\dot{I}_2x_2$$

根据规定正方向，可写出定、转子电路的电动势平衡方程式是

$$\left.\begin{aligned}\dot{U}_1&=-\dot{E}_1+\dot{I}_1r_1+\text{j}\dot{I}_1x_1\\0&=\dot{E}_{2s}-\dot{I}_{2s}r_2-\text{j}\dot{I}_{2s}x_{2s}\end{aligned}\right\}\qquad(9\text{-}35)$$

五、参数的折算

1. *频率折算——把旋转的异步电动机折算为转子不转的异步电动机*

由于异步电动机定、转子无电的直接联系，转子只是通过其磁动势$\vec{F}_2$对定子作用，因此只要保证$\vec{F}_2$不变，可以用一个静止的转子来代替旋转的转子，而定子方各物理量不发生任何变化，即对电网等效。据此

$$\dot{I}_{2s}=\frac{\dot{E}_{2s}}{r_2+\text{j}x_{2s}}=\frac{s\dot{E}_2}{r_2+\text{j}sx_2}(\text{频率为 }f_2)\qquad(9\text{-}36)$$

将式（9-36）右边分子分母同除以s，得

$$\dot{I}_2=\frac{\dot{E}_2}{\dfrac{r_2}{s}+\text{j}x_2}(\text{频率为 }f_1)\qquad(9\text{-}37)$$

式（9-36）描述的是转子旋转、转子回路电流频率为f_2时的转子电流，而式（9-37）则描述的是相应静止的转子回路电流，此时电流频率已与定子绕组电流频率相同，为f_1。为了保证$\vec{F}_2$不变，首先要保证

$$I_2=I_{2s}$$

设等效不转时的转子电动势为E_2，电阻为R，漏电抗为X，则电流为

$$\dot{I}_2=\frac{\dot{E}_2}{R+\text{j}X}(\text{频率为 }f_1)\qquad(9\text{-}38)$$

则

$$\left.\begin{aligned} R &= \frac{r_2}{s} = r_2 + \frac{1-s}{s}r_2 \\ X &= x_2 \end{aligned}\right\} \tag{9-39}$$

由上述推导可见，频率折算方法即在原转子旋转的电路中串入一个附加电阻$\frac{1-s}{s}r_2$，如图 9-4 所示。

比较图 9-4（a）、（b）可知，变换后转子电路中多了一个附加电阻$\frac{1-s}{s}r_2$。根据能量守恒及总功率不变的原则，显然此附加电阻所消耗的功率就应等于转轴的功率 $m_2I_2^2\frac{1-s}{s}r_2$ 输出（即为后述的总机械功率），因此附加电阻的功率损耗就等效模拟了电动机转子的总机械功率。

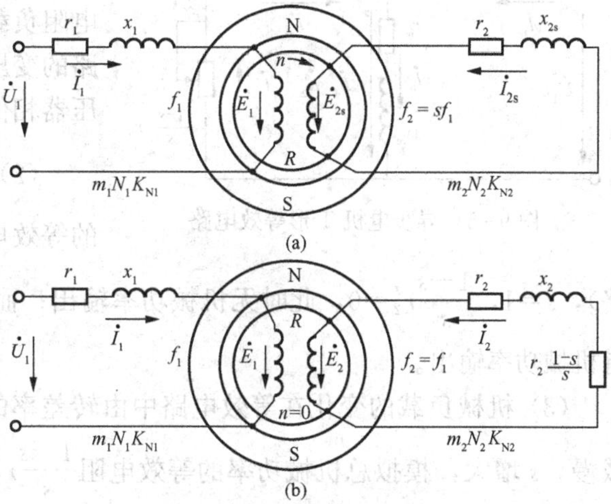

图 9-4　频率折算等效电路
（a）频率折算前异步电机等效电路；
（b）频率折算后异步电机等效电路

由图 9-4（b）知，频率折算后的异步电动机转子电路和一个二次侧接有可变电阻$\frac{1-s}{s}r_2$ 的变压器二次电路相似，因此从等效电路角度，可把$\frac{1-s}{s}r_2$ 看作是异步电动机的“负载电阻”，把转子电流 $\dot{I}_2$ 在该电阻上的电压降看成是转子回路的端电压$\dot{U}_2=\dot{I}_2\frac{1-s}{s}r_2$，这样转子回路电动势平衡方程就可写成

$$\dot{U}_2 = \dot{E}_2 - \dot{I}_2(r_2 + \mathrm{j}x_2) \tag{9-40}$$

2. 绕组折算

转子绕组其他各量的折算就是用一个和定子绕组具有相同相数 m_1、匝数 N_1 及绕组系数 K_{N1} 的等效转子绕组来等效代替原来具有相数 m_2、匝数 N_2 及绕组系数 K_{N2} 的实际转子绕组。其折算原则和方法与 9.1 节的绕组折算相同，故不再另作推导。

六、异步电动机的等效电路和相量图

1. T 形等效电路和相量图

折算后各方程汇总如下

$$\left.\begin{aligned} \dot{U}_1 &= -\dot{E}_1 + \dot{I}_1(r_1 + \mathrm{j}x_1) \\ \dot{U}'_2 &= \dot{E}'_2 - \dot{I}'_2(r'_2 + \mathrm{j}x'_2) \\ \dot{I}_1 + \dot{I}'_2 &= \dot{I}_0 \\ \dot{E}_1 &= \dot{E}'_2 \\ \dot{E}_1 &= -\dot{I}_0(r_\mathrm{m} + \mathrm{j}x_\mathrm{m}) \\ \dot{U}'_2 &= \dot{I}'_2\frac{1-s}{s}r'_2 \end{aligned}\right\} \tag{9-41}$$

由此画出异步电动机 T 形等效电路，如图 9-5 所示。

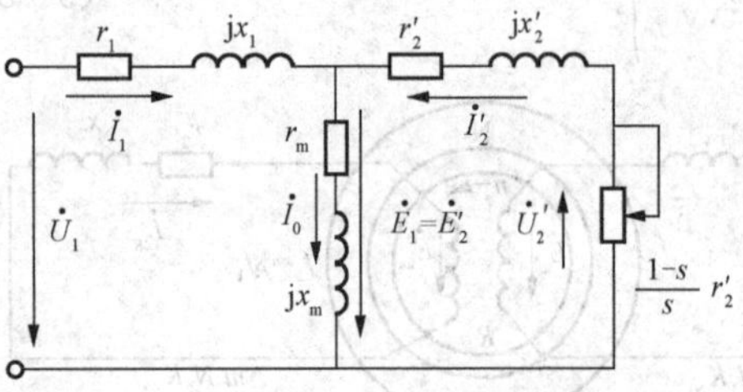

图 9-5　异步电机 T 形等效电路

经上分析，可得：

(1) 运行时的异步电动机和一台二次侧接纯电阻负载的变压器相似：当 $s=1$ 时，与二次侧短路的变压器相似；当 $s=0$ 时，与二次侧开路的变压器相似。

(2) 等效电路中，$\frac{1-s}{s}r'_2$ 是模拟总机械功率的等效电阻，当转子堵转（相当于转子回路短路），$s=1$，$\frac{1-s}{s}r'_2=0$，此时无机械功率输出；而当转子旋转时，$s\neq1$，$\frac{1-s}{s}r'_2\neq0$，此时有机械功率输出。

(3) 机械负载的变化在等效电路中由转差率的变化来体现。当机械负载增大时，转速减慢，s 增大，模拟总机械功率的等效电阻 $\frac{1-s}{s}r'_2$ 减小，因此转子绕组电流增大，以产生较大的电磁转矩与负载转矩平衡。按磁动势平衡关系，定子绕组电流也增大，电动机便从电源吸取更多的电功率来供给电机本身的损耗和轴上的输出功率，从而达到功率平衡。

(4) 从等效电路可知，异步电动机的定子绕组电流总是滞后于定子绕组电压，即功率因数总是滞后的，因异步电动机需从电网吸取感性无功电流来激励主磁通和漏磁通。励磁电流及漏抗越大，则需感性无功越多，功率因数 $\cos\varphi_1$ 就越低。

图 9-6 为式 (9-41) 对应的相量图。

2. 简化等效电路

上述 T 形等效电路为串并联混联电路，计算比较麻烦，在变压器中为了使等效电路的计算工作变得简单方便，往往将励磁电流略去而得到简化等效电路。在异步电动机中，由于气隙的存在，励磁电流较大，把励磁电流完全略去会带来较大误差。此时，为了简化计算工作，可以把励磁支路移到等效电路的输入端点上而得到简化等效电路，如图 9-7 所示，使电路演变成一个简单的并联电路。当然，利用简化等效电路计算得到的性能会有一定的误差，但是对于一般容量不太小的异步电动机而言，这种误差是不大的，能够满足工程上所要求的准确程度。

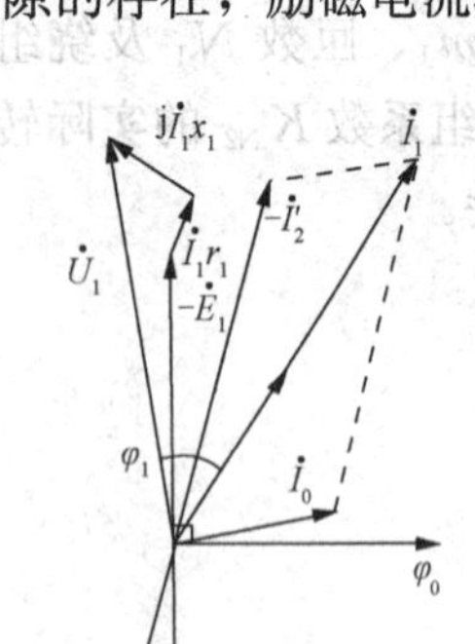

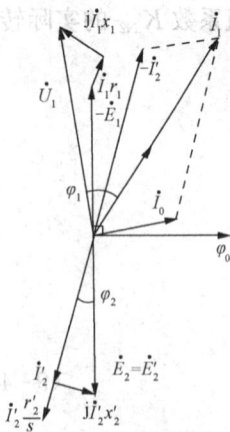

图 9-6　T 形等效电路对应的相量图

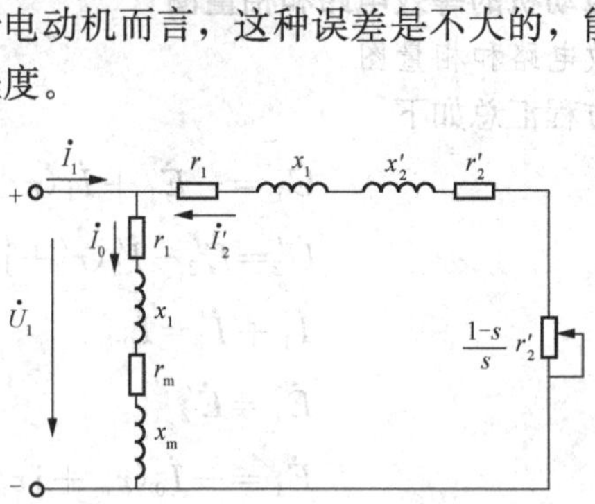

图 9-7　异步电动机简化等效电路

在对称运行时，异步电动机的三相是对称的，其中任何一相都可代表整个电动机的运行情况，等效电路、相量图以及基本方程式都是对应于一相的数值。必须指出的是：由等效电路算出的所有定子边的量均为电动机中的实际值，由等效电路算出的转子电动势、电流则为折算值，而不是实际值。如要得到转子边的实际值，还必须利用式（9-17）～式（9-21）重新折算回去。由于折算是在功率不变的条件下进行的，所以用折算值计算出的转子功率、损耗和转矩均与实际值相同。

【例9-2】　一台三相异步电动机、额定功率 $P_N=4kW$，额定电压 $U_N=380V$，三角形接法，额定转速 $n_N=1442r/min$。定、转子边参数如下：

$$r_1=4.47\Omega;\ r'_2=3.18\Omega;\ r_m=11.9\Omega$$

$$x_1=6.7\Omega;\ x'_2=9.85\Omega;\ x_m=188\Omega$$

试求额定运行时的定子电流、转子电流、励磁电流及功率因数。

解　首先根据T形等效电路来求解。

（1）定子电流。根据旋转磁场同步转速 n_1 与转子转速 n 十分接近这一概念可以推出，这是一台4极电机，同步转速 $n_1=1500r/min$，因此

转差率为 $$s=\frac{n_1-n}{n_1}=\frac{1500-1442}{1500}=0.0387$$

定子阻抗为 $$Z_1=r_1+jx_1=4.47+j6.7(\Omega)$$

转子阻抗为 $$Z'_{2s}=\frac{r'_2}{s}+jx'_2=\frac{3.18}{0.0387}+j9.85=82.2+j9.85(\Omega)$$

励磁阻抗为 $$Z_m=r_m+jx_m=11.9+j188(\Omega)$$

根据T形等效电路，定子相电流为

$$\dot{I}_{1相}=\frac{\dot{U}_1}{Z_1+\frac{Z'_{2s}Z_m}{Z'_{2s}+Z_m}}$$

$$\dot{I}_{1相}=\frac{380}{(4.47+j6.7)+\frac{(82.2+j9.85)(11.9+j188)}{(82.2+j9.85)+(11.9+j188)}}=4.85\angle-31.49°(A)$$

定子线电流　$I_1=\sqrt{3}\times4.85=8.4(A)$

（2）转子电流。根据T形等效电路可知

$$-\dot{I}'_2=\frac{Z_m}{Z'_{2s}+Z_m}\dot{I}_1$$

即 $$-\dot{I}'_2=\frac{11.9+j188}{(82.2+j9.85)+(11.9+j188)}\times4.85\angle-31.49°=4.17\angle-9.58°(A)$$

（3）励磁电流。根据T形等效电路可知

$$\dot{I}_0=\frac{Z'_{2s}}{Z'_{2s}+Z_m}\dot{I}_1$$

即 $$\dot{I}_0=\frac{82.2+j9.85}{(82.2+j9.85)+(11.9+j188)}\times4.85\angle-31.49°=1.83\angle-89.13°(A)$$

（4）功率因数为

$$\cos\varphi=\cos31.49°=0.853$$

下面再根据简化等效电路来求解：

(1) 负载回路电流为

$$-\dot{I}'_2=\frac{\dot{U}_1}{Z_1+Z_{2s}}$$

$$-\dot{I}'_2=\frac{380}{(4.47+j6.7)+(82.2+j9.85)}=4.32\angle-10.17°(A)$$

(2) 励磁回路电流为

$$\dot{I}_0=\frac{\dot{U}_1}{Z_1+Z_m}$$

$$\dot{I}_0=\frac{380}{(4.47+j6.7)+(11.9+j188)}=1.945\angle-85.19°(A)$$

(3) 定子绕组电流为

$$\dot{I}_1=\dot{I}_0+(-\dot{I}'_2)$$

$$\dot{I}_1=1.945\angle-85.19°+4.32\angle-10.17°=5.17\angle-31.47°(A)$$

(4) 功率因数为

$$\cos\varphi=\cos 31.47°=0.853$$

从T形等效电路和简化等效电路所求得的定子电流，在大小和相位上都是十分接近的。但简化等效电路的演算过程却简单得多。

9.3　三相异步电动机参数的测定

上面已经说明，为了要用等效电路计算异步电动机的工作特性，应先知道它的参数。和变压器一样，通过做空载和短路（堵转）两个试验，就能求出异步电动机的 r_1、x_1、r'_2、x'_2、r_m 和 x_m。

一、短路（堵转）试验

短路试验又叫堵转试验，即把绕线转子异步电机的转子绕组短路，并把转子卡住，不使其旋转。为了在做短路试验时不出现过电流，需要把加在异步电动机定子绕组上的电压降低。一般从 $U_1=0.4U_N$ 开始，然后逐渐降低电压。试验时，记录定子绕组加的端电压 U_1、定子绕组电流 I_{1k} 和定子绕组输入功率 P_{1k}，还应测量定子绕组每相电阻 r_1 的大小。根据试验的数据，画出异步电动机的短路特性 $I_{1k}=f(U_1)$，$P_{1k}=f(U_1)$，如图9-8所示。

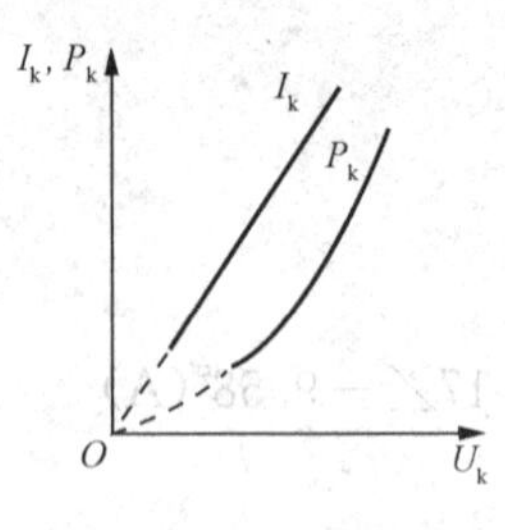

图9-8　异步电动机的短路特性

图9-3所示为异步电动机堵转时的等效电路。因电压低，铁损耗可忽略，为了简单起见，可认为 $Z_m \gg Z'_2$，$I_0\approx 0$，即图9-3等效电路的励磁支路开路，如图9-5所示。由于试验时，转速 $n=0$，机械损耗 $p_{mec}=0$，定子绕组全部输入功率 P_{1k} 都损耗在定、转子的电阻上，即

$$P_{1k}=3I_1^2r_1+3(I'_2)^2r'_2$$

由于

$$I_0\approx 0$$

$$I'_2\approx I_1=I_{1k}$$

所以 $$P_{1k}=3I_{1k}^2(r_1+r_2')$$

根据短路试验测得的数据，可以算出短路阻抗 Z_k，短路电阻 r_k 和短路电抗 x_k，即

$$Z_k=\frac{U_1}{I_{1k}}$$

$$r_k=\frac{P_{1k}}{3I_{1k}^2}$$

$$x_k=\sqrt{Z_k^2-r_k^2}$$

式中　$r_k=r_1+r_2'$　$x_k=x_1+x_2'$。

从 r_k 减去定子电阻 r_1，即得 r_2'。对于 x_1 和 x_2'，在大、中型异步电动机中，可认为

$$x_1\approx x_2'\approx\frac{x_k}{2}$$

二、空载试验

空载试验的目的是为了测励磁阻抗 r_m、x_m、机械损耗 p_{mec} 和铁损耗 p_{Fe}。试验时，电动机的转轴上不加任何负载，即电动机处于空载运行，把定子绕组接到频率为额定的三相对称电源上，当电源电压为额定值时，让电动机运行一段时间，使其机械损耗达到稳定值。用调压器改变加在电动机定子绕组上的电压，使其从（1.1～1.3）U_N 开始，逐渐降低电压，直到电动机的转速发生明显变化为止。记录电动机的端电压 U_1、空载电流 I_0、空载功率 P_0 和转速 n，并画成曲线，如图 9-9 所示，该曲线即为异步电动机的空载特性。

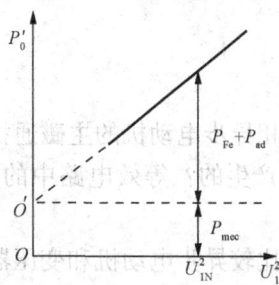

由于异步电动机处于空载状态，转子绕组电流很小，转子铜损耗可忽略不计。在这种情况下，定子输入的功率 P_0 消耗在定子铜损耗 $3I_0^2r_1$、铁损耗 p_{Fe}、机械损耗 p_{mec} 和附加损耗 p_{ad} 中，即

$$P_0=3I_0^2r_1+p_{Fe}+p_{mec}+p_{ad}$$

从输入功率 P_0 中减去定子铜损耗 $3I_0^2r_1$ 并用 P_0' 表示，得

$$P_0'=P_0-3I_0^2r_1=p_{Fe}+p_{mec}+p_{ad}$$

上述损耗中，p_{Fe} 和 p_{ad} 随着定子端电压 U_1 的改变而发生变化；而 p_{mec} 的大小与电压 U_1 无关，只要电动机的转速不变化或变化不大时，就认为是个常数。由于铁损耗 p_{Fe} 和空载附加损耗 p_{ad} 可认为与磁密的平方成正比，因而可近似地看作与电动机的端电压 U_1^2 成正比。这样，可以把 P_0' 对 U_1^2 的关系画成曲线，如图 9-10 所示。把图 9-10 中曲线延长与纵坐标轴交于点 O'，过 O' 做一水平虚线，把曲线的纵坐标分成两部分。由于机械损耗 p_{mec} 与转速有关，电动机空载时，转速接近于同步转速，对应的机械损耗是个不变的数值。可由虚线与横坐标轴之间的部分来表示这个损耗，其余部分当然就是铁损耗 p_{Fe} 和附加损耗 p_{ad} 了。

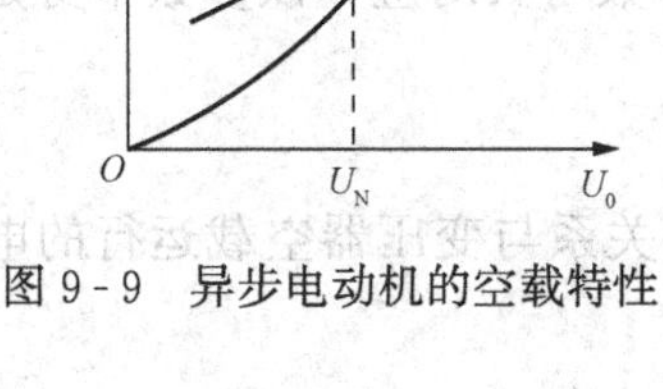

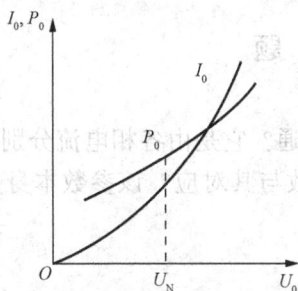

图 9-9　异步电动机的空载特性

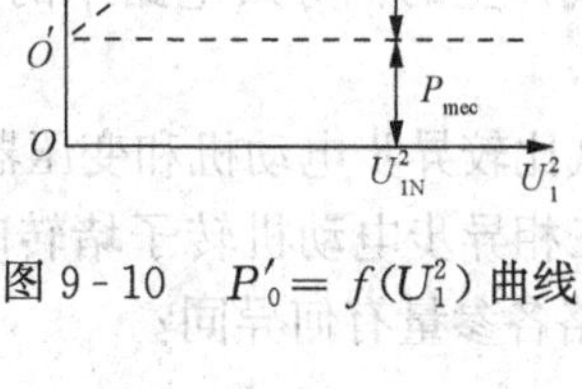

图 9-10　$P_0'=f(U_1^2)$ 曲线

定子绕组加额定电压时，根据空载试验测得的数据 I_0 和 P_0，可以算出

$$Z_0=\frac{U_1}{I_0}$$

$$r_0=\frac{P_0-p_{\text{mec}}}{3I_0^2}$$

$$x_0=\sqrt{Z_0^2-r_0^2}$$

式中 P_0——测得的三相功率；

I_0、U_1——分别是相电流和相电压。

电动机空载时，$s\approx0$，从图 9-9 所示 T 形等效电路中可看出，这时

$$\frac{1-s}{s}r'_2\approx\infty$$

可见

$$x_0=x_{\text{m}}+x_1$$

式中 x_1 可从短路（堵转）试验中测出，于是励磁电抗、励磁电阻为

$$x_{\text{m}}=x_0-x_1$$

$$r_{\text{m}}=r_0-r_1$$

本 章 小 结

本章讨论了异步电动机的电磁物理情况，导出异步电动机的基本方程式、等效电路和相量图，是进一步研究异步电机各种运行性能的重要基础，必须很好加以掌握。

在异步电动机中不论转速转向如何，转子绕组电流产生的基波磁动势在空间的转速总是同步转速，并与定子绕组基波磁动势总是相对静止的。因此，可以把实际转动的异步电动机，化为转子等效不动的异步电动机。所以从电磁关系上看，异步电动机和变压器相似，从分析上看到，实际运行的异步电动机，相当于一台带纯电阻负载的变压器。因此，可以和变压器一样得出异步电动机的基本方程式、等效电路和相量图。

但也应注意到和变压器相比，异步电动机的二次绕组是旋转的，主磁路中存在气隙并有旋转的磁场，一次绕组一般为短距分布绕组。由于异步电动机和变压器有这些差别，它的空载电流大小和波形以及它们短路阻抗数值均与变压器不同，异步电动机的转子绕组需经频率折算，即把转动转子化为等效不动转子之后，再折算到定子边才得到异步电动机的等效电路图。

思 考 题

9-1 三相异步电动机的主磁通指的是什么磁通？它是由各相电流分别产生的，还是由三相电流共同产生的？等效电路中的哪个电抗参数与其对应？该参数本身是一相的还是三相的？

9-2 试比较异步电动机和变压器的异同。

9-3 三相异步电动机转子堵转时，其电磁关系与变压器空载运行的电磁关系有何异同？等效电路各参量有何异同？

9-4　异步电动机的气隙为什么要很小，它与同容量的变压器相比较，空载电流为什么较大？

9-5　异步电动机运行时，为什么总是从电源吸收滞后的无功功率？

9-6　三相异步电动机接三相电源且转子堵转时，转子绕组电流的相序如何确定？频率是多少？转子绕组电流产生的磁动势性质怎样？转向和转速如何？

9-7　异步电机等值不动的条件是什么？等效电路中的$\frac{1-s}{s}r_2'$的物理概念是什么？$\frac{r_2'}{s}$的物理概念是什么？

9-8　绕线转子异步电动机转子绕组的相数、极对数总是设计得与定子相同，笼型异步电机的转子相数、极对数又是如何确定的？与笼型导条的数量有关吗？

9-9　异步电动机运行时，其气隙磁场转速为 n_1，转子转速 n。定子绕组电流所产生的旋转磁场以什么速度切割定子？以什么速度切割转子？转子电流所产生的磁场以什么速度切割转子？以什么速度切割定子？

9-10　三相异步电动机的极对数 p、同步转速 n_1、转子转速 n、定子频率 f_1、转子频率 f_2、转差率 s 及转子磁动势 $\overrightarrow{F}_2$ 相对于转子的转速 n_2 之间的相互关系如何？试填写下表中的空格。

p	n_1 (r/min)	n (r/min)	f_1 (Hz)	f_2 (Hz)	s	n_2 (r/min)
1			50		0.03	
2		1000	50			
	1800		60		3	
5	600	−500				
3	1000				−0.2	
4			50		1	

9-11　试说明什么是转子绕组折算和频率折算，折算是在什么条件下进行的。

9-12　为什么异步电动机机械负载增大时，定子绕组电流和输入功率会相应增加？异步电动机从空载到额定负载主磁通和励磁电流有无变化？为什么？

9-13　试绘制异步电动机的 T 形等效电路，并说明电路上各参数的物理意义。

9-14　空载试验是如何做的？试验过程中为什么当转速发生明显变化时就要停止？

9-15　试说明异步电动机在做空载试验时如何分解机械损耗和铁耗的。

习　题

9-1　一台三相异步电动机，定子绕组接到频率为 $f_1=50\text{Hz}$ 的三相对称电源上，其额定转速 $n_N=960\text{r/min}$，试求：

(1) 该电动机的极对数 p；

(2) 转差率 s_N；

(3) 额定转速运行时，转子电动势的频率 f_2。

9-2 有一台绕线转子三相异步电动机，定子、转子绕组均为Y接，$2p=4$，$f=50\text{Hz}$，转速 $n_N=1450\text{r/min}$，$U_N=380\text{V}$，$r_1=0.45\Omega$，$x_1=2.45\Omega$，$N_1=200$ 匝，$K_{N1}=0.94$，$r_2=0.02\Omega$，$x_2=0.09\Omega$，$N_2=38$ 匝，$K_{N2}=0.96$，$r_m=4\Omega$，$x_m=24\Omega$，试求：

(1) 电动势变比 k_e；

(2) 电流变比 k_i；

(3) 计算等效电路各参数并绘出T形等效电路。

9-3 某绕线转子三相异步电动机，定子、转子绕组均为Y接，$U_N=380\text{V}$，$n_N=1444\text{r/min}$，$r_1=0.4\Omega$，$r_2'=0.4\Omega$，$x_1=1.0\Omega$，$x_2'=1.0\Omega$，$x_m=40\Omega$，$r_m=0$。定子、转子绕组有效匝数比 $k_e=4$。试求额定运行时：

(1) 转差率 s_N；

(2) 电流 $\dot{I}_1$、$\dot{I}_2'$和 $\dot{I}_0$；

(3) 转子每相电动势 E_{2s}；

(4) 转子电动势频率 f_2。

9-4 一台绕线转子三相异步电动机，转子绕组为Y接，当定子绕组加频率为50Hz的额定电压，转子绕组开路时集电环上电压为260V，转子静止时每相漏阻抗为 $0.06+j0.2\Omega$，额定转差率 $s_N=0.04$。求这台电动机额定运行时转子电动势 $\dot{E}_{2s}$ 和转子电流 $\dot{I}_{2s}$ 的有效值及频率 f_2。

9-5 有一台50Hz的三相4极异步电动机，$P_N=10\text{kW}$，$U_N=380\text{V}$，$I_N=19.8\text{A}$，Y接法，$r_1=0.5\Omega$。由空载试验测出：$U_0=380\text{V}$，$I_0=5.4\text{A}$，$P_0=425\text{W}$，$p_{mec}=170\text{W}$；由堵转试验测出：$U_k=130\text{V}$（线值），$I_k=19.8\text{A}$，$P_k=1050\text{W}$。试求：

(1) T形等效电路中的参数 r_2'，$x_2'=x_1$，r_m，x_m；

(2) 该电动机的功率因数 $\cos\varphi_N$ 和效率 η_N。

第10章　三相异步电动机的功率、转矩及特性

10.1　三相异步电动机的功率与转矩

一、功率平衡

由于等效电路如实、全面地反映了异步电动机内部的电流、功率、转矩以及它们间的关系，故用T形等效电路来分析异步电动机的功率平衡关系。

异步电机作为电动机运行时，从电网输入电功率，从电动机轴上输出机械功率，若用 P_1 表示电动机的三相输入功率，则

$$P_1 = m_1 U_1 I_1 \cos\varphi_1 \tag{10-1}$$

电动机定子绕组流过电流 I_1 时，将在定子绕组电阻 r_1 上产生铜损耗，即

$$p_{Cu1} = m_1 I_1^2 r_1 \tag{10-2}$$

三相电流在定子绕组产生旋转磁通并切割定子铁心引起铁心损耗 p_{Fe}（因转子频率甚低，故转子铁损耗忽略不计），其值可看作励磁电流 I_0 流经励磁电阻所消耗的功率

$$p_{Fe} = m_1 I_0^2 r_m \tag{10-3}$$

因此从电动机输入功率 P_1 中扣除定子铜损耗 p_{Cu1} 和定子铁损耗 p_{Fe}，剩余的功率便是由气隙磁场通过电磁感应关系由定子传递到转子去的电磁功率 P_{em}，即

$$P_{em} = P_1 - (p_{Cu1} + p_{Fe}) \tag{10-4}$$

所谓电磁功率，就是通过气隙旋转磁场，应用电磁感应作用传递到转子的功率，由等效电路可得

$$P_{em} = m_1 E'_2 I'_2 \cos\varphi_2 = m_1 I'^2_2 \frac{r'_2}{s} \tag{10-5}$$

转子绕组电流 I'_2 流过转子绕组 r_2 产生电阻损耗，即转子铜损耗为

$$p_{Cu2} = m_1 I'^2_2 r'_2 \tag{10-6}$$

传递到转子的电磁功率扣除转子铜损耗即为电动机轴上的总机械功率 P_{mec}，即

$$P_{mec} = P_{em} - p_{Cu2} \tag{10-7}$$

将式（10-5）和式（10-6）代入式（10-7）中可推得

$$P_{mec} = P_{em} - p_{Cu2} = m_1 I'^2_2 \frac{r'_2}{s} - m_1 I'^2_2 r'_2 = m_1 I'^2_2 r'_2 \frac{1-s}{s} \tag{10-8}$$

由式（10-8）可表明机械功率 P_{mec}，即为电动机等效电路中附加电阻 $\frac{1-s}{s}r'_2$ 流过电流 I'_2 时消耗的功率，这也说明，$\frac{1-s}{s}r'_2$ 是表示机械功率的等效电阻。

由式（10-5）、式（10-6）、式（10-8）可得

$$\frac{p_{Cu2}}{P_{em}} = s \text{ 或 } p_{Cu2} = sP_{em} \tag{10-9}$$

$$\frac{P_{mec}}{P_{em}} = 1-s \text{ 或 } P_{mec} = (1-s)P_{em} \tag{10-10}$$

可见，从气隙传递到转子的电磁功率 P_{em} 分为两部分：一部分转变为转子铜损耗 sP_{em}，其余绝大部分转变为总机械功率 $(1-s)P_{em}$。又由式（10-9）知，转差率为转子铜损耗与电磁功率之比，s 越大，电磁功率消耗在转子上的铜损耗越大，电动机的效率也就越低，因此异步电动机在正常运行时的转差率应很小。

电动机运行时，还有机械损耗 p_{mec} 和附加损耗 p_{ad}，前者是电动机转轴和轴承之间，以及转子和冷却介质之间的摩擦产生的损耗，同时包括转子风扇排风消耗的功率，后者主要是定、转子齿槽在转子旋转时由于气隙磁通发生脉动产生的附加损耗，这种损耗在转子上产生附加制动力矩，因而消耗电动机转子一部分机械功率。

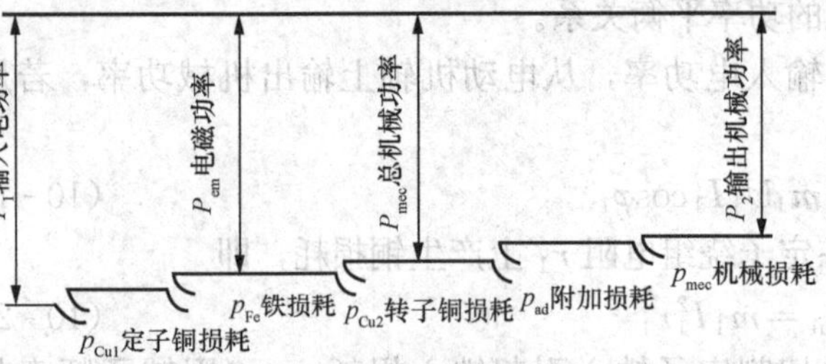

图 10-1 异步电动机的功率流程

最后由总机械功率中去掉此两项损耗，才是电动机转轴上输出的机械功率 P_2，故

$$P_2 = P_{mec} - (p_{mec} + p_{ad}) \tag{10-11}$$

异步电动机的功率流程如图 10-1 所示，上述各式经整理，或由图 10-1 可得

$$P_2 = P_1 - \sum p \tag{10-12}$$

式中 $\sum p$——电动机的总损耗。

$\sum p$ 的计算式为

$$\sum p = p_{Cu1} + p_{Fe} + p_{Cu2} + p_{mec} + p_{ad} \tag{10-13}$$

式（10-12）即为异步电动机的功率平衡方程式。

电动机的附加损耗很小，一般铜条笼型异步电动机，约为 $0.5\% P_N$，铸铝转子笼型异步电动机为 $1\% \sim 3\% P_N$。

效率定义为

$$\eta = \frac{P_2}{P_1} \times 100\% = \frac{P_1 - \sum p}{P_1} \times 100\% \tag{10-14}$$

二、转矩平衡

由动力学知，旋转体的机械功率 P 等于作用在旋转体上的转矩 T 与它的机械角速度 Ω 的乘积，$\Omega = 2\pi \frac{n}{60}$。

式（10-11）两边同除以 Ω，得

$$\frac{P_2}{\Omega} = \frac{P_{mec}}{\Omega} - \frac{p_{mec} + p_{ad}}{\Omega}$$

则

$$T_2 = T_{em} - T_0$$

或

$$T_{em} = T_2 + T_0 \tag{10-15}$$

$$T_{em} = \frac{P_{mec}}{\Omega}$$

$$T_2 = \frac{P_2}{\Omega}$$

$$T_0 = \frac{p_{mec} + p_{ad}}{\Omega}$$

式中　T_{em}——电动机电磁转矩，为驱动性质转矩；

T_2——电动机输出的机械转矩（即负载转矩），为制动性质转矩；

T_0——机械杂耗转矩，通常称为空载转矩，为制动性质转矩。

式（10-15）为异步电动机的转矩平衡方程式。由式（10-15）可知转矩平衡的实质就是电动机的驱动转矩与它的制动转矩相平衡。从此可见，异步电动机稳定运行时，轴上的电磁转矩与负载产生的制动转矩及空载损耗产生的制动转矩相平衡，这时电动机以恒定转速 n 运行。

还可推得

$$T_{em}=\frac{P_{mec}}{\Omega}=\frac{(1-s)P_{em}}{2\pi\dfrac{(1-s)n_1}{60}}=\frac{P_{em}}{\Omega_1} \tag{10-16}$$

式中　Ω_1——同步机械角速度，$\Omega_1=2\pi\dfrac{n_1}{60}$。

由式（10-16）可知，电磁转矩可从两方面考虑：从转子方面考虑，它等于总机械功率除以转子机械角速度；从定子方面考虑，它又等于定子的电磁功率除以定子旋转磁场的同步机械角速度。

在计算中，若功率单位为 W，机械角速度单位为 rad/s，则转矩单位为 N·m。

【例 10-1】　一台三相异步电动机，$p=2$，$P_N=13\text{kW}$，$U_N=380\text{V}$，三角形联结，$I_N=14.7\text{A}$，50Hz，$p_{Cu2}=363\text{W}$，$p_{Fe}=346\text{W}$，$p_{mec}=150\text{W}$，$p_{ad}=65\text{W}$。试计算该电动机额定负载时 n_N、T_{2N}、T_0 及 T_{em} 各为多少？

解　同步转速为

$$n_1=\frac{60f_1}{p}=\frac{60\times50}{2}=1500(\text{r/min})$$

总机械功率为

$$P_{mec}=P_{2N}+p_{mec}+p_{ad}=13+0.15+0.065=13.215(\text{kW})$$

电磁功率为

$$P_{em}=P_{mec}+p_{Cu2}=13.215+0.363=13.579(\text{kW})$$

额定负载的转差率为

$$s_N=\frac{p_{Cu2}}{P_{em}}=\frac{0.363}{13.578}=0.0267$$

$$n_N=(1-s)n_1=(1-0.0267)\times1500=1460(\text{r/min})$$

负载制动转矩为

$$T_{2N}=\frac{P_{2N}}{\Omega}=\frac{P_{2N}}{\dfrac{2\pi n}{60}}=\frac{13\times10^3\times60}{2\pi\times1460}=85(\text{N}\cdot\text{m})$$

空载制动转矩为

$$T_0=\frac{p_{mec}+p_{ad}}{\Omega}=\frac{p_{mec}+p_{ad}}{\dfrac{2\pi n}{60}}=\frac{(150+65)\times60}{2\pi\times1460}=1.406(\text{N}\cdot\text{m})$$

电磁转矩为

$$T_{em}=T_{2N}+T_0=85+1.4=86.4(\text{N}\cdot\text{m})$$

或 $$T_{em}=\frac{P_{mec}}{\Omega}=\frac{P_{mec}}{\frac{2\pi n}{60}}=\frac{13215\times 60}{2\pi\times 1460}=86.43(\text{N}\cdot\text{m})$$

或 $$T_{em}=\frac{P_{em}}{\Omega_1}=\frac{P_{em}}{\frac{2\pi n_1}{60}}=\frac{13579\times 60}{2\pi\times 1500}=86.44(\text{N}\cdot\text{m})$$

可见用三种方法计算结果一样。

【例 10 - 2】 三相异步电动机，$P_N=17\text{kW}$，$U_N=380\text{V}$，$n_N=725\text{r/min}$，$\cos\varphi_N=0.82$，$p_{Cu1}=856\text{W}$，$p_{Fe}=455\text{W}$，$p_{mec}=150\text{W}$，$p_{ad}=95\text{W}$，定子绕组为三角形联结。试计算额定负载时，求：

(1) 转差率；

(2) 电磁转矩；

(3) 效率；

(4) 定子绕组电流。

解 (1) 根据一般电动机的转差范围，$n_N=725\text{r/min}$，可知 $n_1=750\text{r/min}$，$p=4$，则

$$s_N=\frac{n_1-n_N}{n_1}=\frac{750-725}{750}=0.033$$

(2) 总机械功率为

$$P_{mec}=P_2+p_{mec}+p_{ad}=17+0.15+0.095=17.245(\text{kW})$$

电磁转矩为 $$T_{em}=\frac{P_{mec}}{\Omega}=\frac{P_{mec}}{\frac{2\pi n}{60}}=\frac{17245\times 60}{2\pi\times 725}=227.4(\text{N}\cdot\text{m})$$

(3) 电磁功率为

$$P_{em}=\frac{P_{mec}}{1-s}=\frac{17.245}{1-0.033}=17.8297(\text{kW})$$

则输入功率为 $P_1=P_{em}+p_{Fe}+p_{Cu1}=17.8397+0.455+0.856=19.15(\text{kW})$

效率为 $$\eta=\frac{P_2}{P_1}\times 100\%=\frac{17}{19.15}\times 100\%=88.8\%$$

(4) 定子绕组电流为

$$I_1=\frac{P_1}{\sqrt{3}U_1\cos\varphi_N}=\frac{19150}{\sqrt{3}\times 380\times 0.82}=35.5(\text{A})$$

每相电流为 $$I_{1ph}=\frac{I_1}{\sqrt{3}}=\frac{35.5}{\sqrt{3}}=20.5(\text{A})$$

三、电磁转矩的物理表达式

由式（10 - 16）可推得

$$T_{em}=\frac{P_{em}}{\Omega_1}=\frac{m_1 I'^2_2 r'_2/s}{\frac{2\pi n_1}{60}}=\frac{m_1 E'_2 I'_2\cos\varphi_2}{\frac{2\pi n_1}{60}}=\frac{m_1 4.44 f_1 N_1 K_{N1}\Phi_0\cdot I'_2\cos\varphi_2}{\frac{2\pi f_1}{p}}$$

$$=\frac{4.44 m_1 p N_1 K_{N1}}{2\pi}\Phi_0 I'_2\cos\varphi_2=C_T\Phi_0 I'_2\cos\varphi_2 \tag{10-17}$$

$$C_{\mathrm{T}}=\frac{4.44}{2\pi}m_1p_1N_1K_{\mathrm{N1}}$$

$$I'_{2\mathrm{a}}=I'_2\cos\varphi_2$$

式中　C_{T}——转矩常数，对于已制成的电动机，C_{T} 为一常数；

$I'_{2\mathrm{a}}$——转子绕组电流的有功分量。

式（10-17）表明，异步电动机电磁转矩的大小与主磁通 Φ_0 和转子绕组电流有功分量 $I'_{2\mathrm{a}}$(注意不是转子绕组电流）成正比。这也说明异步电动机的电磁转矩是由气隙主磁通与转子绕组电流有功分量相互作用产生的。大的转子绕组电流不一定产生大的电磁转矩。以后会分析到，异步电动机在起动瞬间（$s=1$），转子绕组电流尽管很大，但功率因数的 $\cos\varphi_2$ 却很小，此时转子绕组电流有功分量就很小，故起动转矩不大。

该公式物理概念较为清晰：它表明了电磁转矩与主磁通 Φ_0 及转子有功分量电流间的关系，它可用来分析异步电动机在各种运行状态下的物理过程，但很少用它来定量计算电磁转矩，因其涉及了磁场问题。

10.2　三相异步电动机的机械特性

三相异步电动机的机械特性是指在定子电压、频率和参数固定的条件下，电磁转矩 T_{em} 与转速 n（或转差率 s）之间的函数关系。

一、参数表达式

式（10-17）说明了产生电磁转矩的条件，具有明显的物理意义。然而，在对电动机进行具体分析时通常希望表达式能反映在不同转差率时转矩的变化规律，由此导出参数表达式。

根据简化等效电路可推得转子电流为

$$I'_2=\frac{U_1}{\sqrt{\left(r_1+\frac{r'_2}{s}\right)^2+(x_1+x'_2)^2}} \tag{10-18}$$

将式（10-18）代入式（10-17）可得电磁转矩的参数表达式为

$$T_{\mathrm{em}}=\frac{m_1pU_1^2\frac{r'_2}{s}}{2\pi f_1\left[\left(r_1+\frac{r'_2}{s}\right)^2+(x_1+x'_2)^2\right]} \tag{10-19}$$

式中　U_1——加在定子绕组上的相电压，单位为V。

电阻、漏抗单位为Ω时，则转矩单位为N·m。

式（10-19）表明：电动机电磁转矩 T_{em} 与电源参数 U_1、f_1，电动机参数 m_1、p、r_1、r'_2、x_1 和 x'_2，运行参数 s 等有关。需强调的是，电磁转矩与电源电压的平方成正比，近似地与电源频率的平方成反比，因此电源参数的变化对异步电动机的运行性能有很大的影响。

当式（10-19）中的电源参数和电机参数一定时，异步电机的电磁转矩仅与转差率 s 有关，这种电磁转矩与转差率的关系曲线称之 $T_{\mathrm{em}}-s$ 曲线，它可由式（10-19）画得，如图 10-2 所示。当 $0<s<1$ 为电动机运行状态，当 $s>1$ 为电磁制动运行状态，当 $s<0$ 为发电

机运行状态。

二、机械特性上的几个特殊点

三相异步电动机在电压、频率均为额定值不变，定、转子回路不串入任何电路元件条件下的机械特性称为固有机械特性，其 $T_{em}-s$ 曲线（也即 $T_{em}-n$ 曲线）如图 10-3 所示。

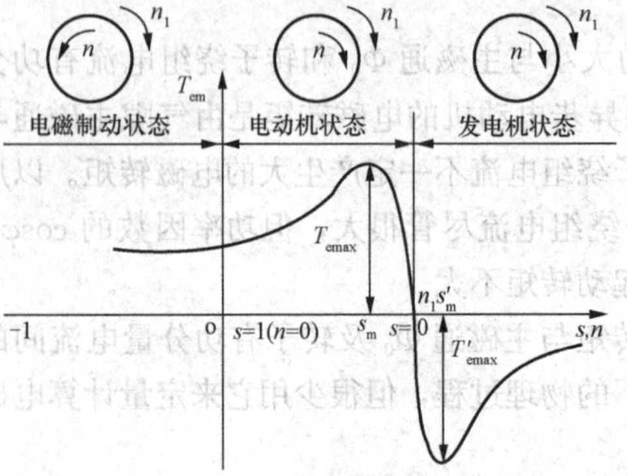

图 10-2 异步电机的 $T_{em}-s$ 曲线

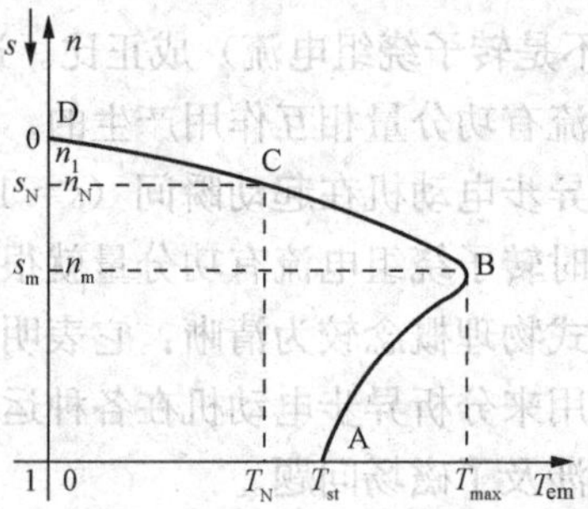

图 10-3 三相异步电动机的固有机械特性

1. 同步点 D

该点 $T_{em}=0$，$n=n_1$，$s=0$。

2. 额定运行点 C

该点 $T_{em}=T_N$，$n=n_N$，$s=s_N$。

T_N 是电动机在额定时的输出机械转矩，与它对应的转速为额定转速 n_N，转差率为额定转差率 s_N。电动机的额定转矩可由铭牌上的额定功率和额定转速求取，得

$$T_N=\frac{P_N}{\Omega_N}=\frac{P_N\times 10^3}{2\pi\frac{n_N}{60}}=9550\frac{P_N}{n_N} \tag{10-20}$$

式（10-20）中，若 P_N 单位为 kW，n_N 单位为 r/min，则 T_N 单位为 N·m。

当然也可把 s_N 代入式（10-19）求得 T_N 值。

由式（10-20）知，当输出功率一定时，电磁转矩与转速成反比，即近似与极对数成正比。如输出功率相同的电动机，极对数越多（即转速越慢），其电磁转矩就越大。

3. 临界点 B

该点 $T_{em}=T_{max}$，$s=s_m$。

由图 10-3 可见，电磁转矩有一最大值，此即为最大电磁转矩（也称停转转矩）。欲求最大电磁转矩，只需将式（10-19）对 s 求一次导数，并令它等于零，即 $\frac{dT_{em}}{ds}=0$，就可求得产生最大电磁转矩的临界转差率 s_m 为

$$s_m=\pm\frac{r'_2}{\sqrt{r_1^2+(x_1+x'_2)^2}} \tag{10-21}$$

普通笼型异步电动机，$s_m=0.08\sim0.2$，把式（10-21）代入式（10-19），得

$$T_{max}=\pm\frac{m_1pU_1^2}{4\pi f_1\left[\pm r_1+\sqrt{r_1^2+(x_1+x'_2)^2}\right]} \tag{10-22}$$

其中，“+”号对应电动机状态；“−”号对应发电机状态。

一般情况下，r_1^2 值不超过 $(x_1+x_2')^2$ 的 5%，可以忽略其影响。从而

$$T_{max}=\pm\frac{m_1pU_1^2}{4\pi f_1(x_1+x_2')} \tag{10-23}$$

$$s_m=\pm\frac{r_2'}{x_1+x_2'} \tag{10-24}$$

也就是说，可以认为异步发电机状态和电动机状态的最大电磁转矩绝对值近似相等，临界转差率也近似相等，机械特性具有对称性。

由式（10-23）和式（10-24）可得结论如下：

（1）当电源频率 f_1 及电动机参数一定时，最大电磁转矩与电源电压的平方成正比，也即异步电动机转矩对电源电压十分敏感，当电动机在额定负载下运行，若电源电压下降，则最大转矩却大大下降，一旦最大转矩小于负载转矩，则电动机就停转。

（2）最大电磁转矩与转子回路电阻无关，但发生最大电磁转矩的临界转差率却与转子回路电阻有关，故当转子回路电阻增加（如绕线转子绕组串入附加电阻）时，T_{max} 虽然不变，但 s_m 增大，整个 $T_{em}-s$ 曲线左移，如图 10-4 所示，利用这一原理即可改善绕线转子异步电动机的起动性能，并实现异步电动机调速。

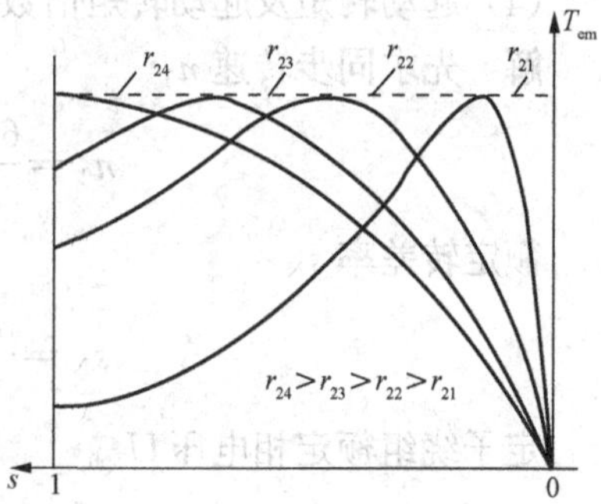

图 10-4　转子回路串入电阻时的 $T_{em}-s$ 曲线

（3）在频率 f_1 一定时，x_1+x_2'越大，T_{max} 越小。用电动机的最大电磁转矩与额定转矩的比值衡量异步电动机的过载能力，该比值称作最大转矩倍数，又称过载倍数，用 k_m 表示

$$k_m=\frac{T_{max}}{T_N} \tag{10-25}$$

过载能力是异步电动机重要性能指标之一，它反映了电动机短时过载能力的大小，一般异步电动机 $k_m=1.6\sim2.2$，起重、冶金用的异步电动机 $k_m=2.2\sim2.8$。用于不同场合的三相异步电动机都有足够大的过载能力，当电压突然降低或负载转矩突然增大时，电动机转速变化不大，待干扰消失后又恢复正常运行。但是要注意，绝不能让电动机长期工作在最大转矩处，这样电流过大，温升超过允许值，将会烧毁电动机，同时在最大转矩处运行也不稳定。

4. 起动点 A

该点 $T_{em}=T_{st}$，$n=0$，$s=1$。

起动转矩是指电动机接入电网，而转子尚未转动瞬间，电动机轴上的电磁转矩，又称为堵转转矩。只有当起动转矩大于负载起动时所要求的转矩时，电动机才能起动。

把 $s=1$ 代入式（10-19）可得起动转矩

$$T_{st}=\frac{m_1pU_1^2r_2'}{2\pi f_1[(r_1+r_2')^2+(x_1+x_2')^2]} \tag{10-26}$$

由此得结论如下：

（1）当电源频率和电动机参数一定时，起动转矩与电源电压平方成正比。

（2）当电源电压和电动机参数一定时，电源频率越高，起动转矩就越小。

(3) 当电源电压、频率一定时，定、转子漏抗越大，起动转矩就越小。

(4) 对于绕线转子异步电动机，在转子回路串入适当电阻，就可增大起动转矩。

起动转矩与额定转矩的比值称作起动转矩倍数，用 k_{st} 表示，即

$$k_{st}=\frac{T_{st}}{T_N} \tag{10-27}$$

K_{st} 大小反映电动机起动负载的能力，电动机起动时，K_{st} 大于 1.1～1.2 倍的负载转矩，即可顺利起动。一般笼型异步电动机，$k_{st}=1.0\sim2.2$，特殊用电动机 k_{st} 可达 4.0。

【例 10-3】 一台三相六极笼型异步电动机定子绕组Y联结，额定电压 $U_N=380\text{V}$，额定转速 $n_N=957\text{r/min}$，电源频率 $f_1=50\text{Hz}$，定子绕组电阻 $r_1=2.08\Omega$，定子绕组漏电抗 $x_1=3.12\Omega$，转子绕组电阻折合值 $r_2'=1.53\Omega$，转子绕组漏电抗折合值 $x_2'=4.25\Omega$。计算：

(1) 额定电磁转矩。

(2) 最大电磁转矩及过载倍数。

(3) 临界转差率。

(4) 起动转矩及起动转矩倍数。

解 先求同步转速 n_1

$$n_1=\frac{60f_1}{p}=\frac{60\times50}{3}=1000(\text{r/min})$$

额定转差率 s_N

$$s_N=\frac{n_1-n_N}{n_1}=\frac{1000-957}{1000}=0.043$$

定子绕组额定相电压 U_{1ph}

$$U_{1ph}=\frac{U_1}{\sqrt{3}}=\frac{380}{\sqrt{3}}=220(\text{V})$$

(1) 额定电磁转矩 T_N 为

$$T_N=\frac{m_1pU_1^2\dfrac{r_2'}{s_N}}{2\pi f_1\left[\left(r_1+\dfrac{r_2'}{s_N}\right)^2+(x_1+x_2')^2\right]}$$

$$=\frac{3\times3\times220^2\times\dfrac{1.53}{0.043}}{2\pi\times50\left[\left(2.08+\dfrac{1.53}{0.043}\right)^2+(3.12+4.25)^2\right]}=33.5(\text{N}\cdot\text{m})$$

(2) 最大电磁转矩 T_{max} 为

$$T_{max}=\frac{m_1pU_1^2}{4\pi f_1(x_1+x_2')}$$

$$=\frac{3\times3\times220^2}{4\pi\times50(3.12+4.25)}=94(\text{N}\cdot\text{m})$$

过载倍数 k_m 为

$$k_m=\frac{T_{max}}{T_N}=\frac{94}{33.5}=2.8$$

(3) 临界转差率 s_m 为

$$s_m = \frac{r'_2}{x_1 + x'_2} = \frac{1.53}{3.12 + 4.25} = 0.2$$

(4) 起动转矩 T_{st} 为

$$T_{st} = \frac{m_1 p U_1^2 r'_2}{2\pi f_1 [(r_1 + r'_2)^2 + (x_1 + x'_2)^2]}$$

$$= \frac{3 \times 3 \times 220^2 \times 1.53}{2\pi \times 50 [(2.08 + 1.53)^2 + (3.12 + 4.25)^2]} = 31.5(\mathrm{N \cdot m})$$

起动转矩倍数 k_{st} 为

$$k_{st} = \frac{T_{st}}{T_N} = \frac{31.5}{33.5} = 0.94$$

三、转矩的实用公式

实际应用时，三相异步电动机的参数不易得到，所以式（10 - 19）使用不便，现利用异步电动机产品目录中给出的数据，找出异步电动机的机械特性公式。

用式（10 - 22）去除式（10 - 19）得

$$\frac{T_{em}}{T_{max}} = \frac{2r'_2\left[r_1 + \sqrt{r_1^2 + (x_1 + x'_2)^2}\right]}{s\left[\left(r_1 + \frac{r'_2}{s}\right)^2 + (x_1 + x'_2)^2\right]} \tag{10 - 28}$$

从式（10 - 21）可知

$$\sqrt{r_1^2 + (x_1 + x'_2)^2} = \frac{r'_2}{s_m}$$

代入式（10 - 28）得

$$\frac{T_{em}}{T_{max}} = \frac{2r'_2\left(r_1 + \frac{r'_2}{s_m}\right)}{\frac{s(r'_2)^2}{s_m^2} + \frac{(r'_2)^2}{s} + 2r_1 r'_2} = \frac{2\left(1 + \frac{r_1}{r'_2}s_m\right)}{\frac{s}{s_m} + \frac{s_m}{s} + \frac{2r_1}{r'_2}s_m} = \frac{2 + q}{\frac{s}{s_m} + \frac{s_m}{s} + q}$$

式中　$q = \frac{2r_1 s_m}{r'_2} \approx 2s_m$，其中 s_m 在 0.1～0.2 范围内，显然在任何 s 值时，都有

$$\frac{s}{s_m} + \frac{s_m}{s} \geqslant 2 \tag{10 - 29}$$

而 $q \ll 2$，可忽略，这样式（10 - 29）可得

$$\frac{T_{em}}{T_{max}} = \frac{2}{\frac{s}{s_m} + \frac{s_m}{s}}$$

这就是三相异步电动机机械特性的实用公式。

10.3　三相异步电动机的工作特性

异步电动机工作特性是指在额定电压和额定频率下，电动机的转速 n（转差率 s）、输出转矩 T_2、定子电流 I_1、功率因数 $\cos\varphi_1$ 及效率 η 与输出功率 P_2 之间的关系曲线。

这些特性曲线可用等效电路求得，也可用实验方法测出。应用这些曲线，可以了解异步电动机的运行性能。

一、转速 n（转差率 s）特性 $n=f(P_2)$ 或 $s=f(P_2)$

由式（10-5）、式（10-6）、式（10-9）得

$$s=\frac{p_{Cu2}}{P_{em}}=\frac{m_1 I_2'^2 r_2'}{m_1 E_2' I_2' \cos\varphi_2} \tag{10-30}$$

空载时，转子电流很小，$I_2'\approx 0$，所以 $p_{Cu2}\approx 0$，故 $s\approx 0$，$n\approx n_1$，随着负载 P_2 增加，转子绕组电流 I_2' 也增大，由式（10-30）知，$p_{Cu2}\propto I_2'^2$，而 $P_{em}\propto I_2'$，也即 p_{Cu2} 的增加速率较 P_{em} 快，所以随 P_2 的增加，转差率 s 增大，故 $s=f(P_2)$ 是一条由零开始向上翘的曲线。但为保证电动机有较高的效率，额定负载时转子铜损耗不大，因此额定转差率很小（$s_N=0.01\sim 0.06$）。

又因 $n=(1-s)n_1$，额定转速 $n_N=(0.99\sim 0.94)n_1$，故随 P_2 的增加，转速特性 $n=f(P_2)$ 是一条由 $n_1(P_2=0)$ 处开始稍下倾的曲线。

二、转矩特性 $T_2=f(P_2)$

由计算式
$$T_2=\frac{P_2}{\Omega}=\frac{P_2}{2\pi\frac{n}{60}}$$

可知异步电动机从空载到满载，n 变化甚小，若认为 $n=c$，则 $T_2\propto P_2$，故 $T_2=f(P_2)$ 近似为一条直线。但实际上 n 稍有下降，故 $T_2=f(P_2)$ 实为一条过零点稍向上翘的曲线。

三、定子绕组电流特性 $I_1=f(P_2)$

由式

$$\dot{I}_1=\dot{I}_0+(-\dot{I}_2')$$

可知，空载时 $I_2'\approx 0$，$I_1=I_0$，定子绕组电流几乎全为励磁电流。当负载 P_2 增大时，转差率 s 稍增大，由图 9-6 可知，转子绕组电流 I_2' 随之增大，为抵偿转子磁动势的增大，定子绕组负载分量电流（磁动势）也增大，故 I_1 在 $P_2=0$ 时，$I_1=I_0$，然后随 P_2 的增加而增大。

四、定子功率因数特性 $\cos\varphi_1=f(P_2)$

异步电动机需从电网吸取感性无功电流供励磁用。空载时，定子绕组电流 $\dot{I}_1=\dot{I}_0=\dot{I}_{0a}+\dot{I}_{0r}$，而 $I_{0a}\ll I_{0r}$，也就是空载时电动机只需从电网吸取很小的有功电流供空载损耗用，而绝大部分电流用来励磁，因此电动机空载时功率因数很低，通常不超过 0.2。

随负载 P_2 增加，I_2' 增大，定子绕组电流有功分量增大，$\cos\varphi_1$ 很快上升，在额定负载附近，功率因数最高。当超过额定负载后，由于转差率 s 迅速增大，转子漏抗迅速增大，则 $\varphi_2=\arctan\frac{sx_2'}{r_2'}$ 增大较快，故转子电路 $\cos\varphi_2$ 下降，于是转子绕组无功分量电流增大，相应的定子绕组无功电流也增大，因此定子功率因数 $\cos\varphi_1$ 却反而下降。

五、效率特性 $\eta=f(P_2)$

由效率公式

$$\eta=\frac{P_2}{P_1}\times 100\%=\frac{P_1-\sum p}{P_1}\times 100\%$$

可知，从空载到额定负载，主磁通和转速变化很小，故铁损耗 p_{Fe} 及机械损耗 p_{mec} 可认为是不变损耗。而定、转子铜损耗 p_{Cu1} 和 p_{Cu2}、附加损耗 p_{ad} 随负载而变。空载时，$P_2=0$，$\eta=0$。负载由零开始增加时，开始由于定、转子绕组电流很小，故总损耗 $\sum p$ 增加极慢，则效率上升较快。当负载增大到使可变损耗等于不变损耗时，效率达最高。若负载继续增大，则与电流平方成正比的定、转子铜损耗增加很快，故效率反而下降。对于中、小型异步电动机，大约 $P_2=0.75P_N$ 时效率最高。

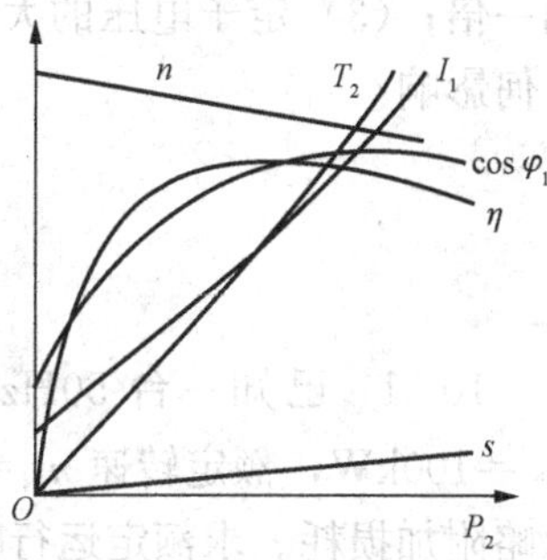

图 10-5　三相异步电动机的工作特性

各条特性曲线如图 10-5 所示。由于额定负载附近的功率因数及效率均较高，因此总希望电动机在额定负载附近运行。若电动机长期欠载运行，效率及功率因数均低，很不经济。因此在选用电动机时，应注意其容量与负载相匹配。

本 章 小 结

本章先分析了异步电动机的功率关系和转矩平衡关系。从电动机的等效电路来了解功率和损耗之间的关系比较容易记忆，从电动机的机械功率关系很容易导出电动机轴上的转矩及转矩平衡关系。

电磁转矩是电动机转子载流导体在磁场中受力的作用而产生的。它可以从转子各个导体所受的电磁力中计算出来，也可以从转子总机械功率直接导出，两种计算结果一致，但前者物理概念清楚，后者导出较为简单。转矩计算公式给出电磁转矩与气隙磁通和转子电流有功分量的乘积成正比。转矩一般公式给出电动机的转矩转差曲线，以及给出转矩和电压、频率、参数的关系。根据转矩一般公式，可以导出最大转矩和起动转矩，用它的简化公式对于分析异步电动机的性能具有重要意义。

在异步电动机具体使用中，应了解清楚它的工作特性。工作特性是指当电机负载变化时，转速、转矩、定子绕组电流、功率因数、效率随输出功率而变化的曲线关系。

思 考 题

10-1　三相异步电动机运行时，内部有哪些损耗？当电动机从空载到额定负载运行时，这些损耗中哪些基本不变？哪些是随负载变化的？

10-2　试绘出异步电动机的功率流程图，并说明各功率的意义。

10-3　三相异步电动机产生电磁转矩的原因是什么？从转子侧看，电磁转矩与电动机内部的哪些量有关？

10-4　试绘制三相异步电动机的 $T_{em}=f(s)$ 特性曲线，说明特性曲线上各转矩和转差率的意义。

10-5　漏电抗的大小对异步电动机的运行性能，包括起动电流、起动转矩、最大转矩、功率因数等有何影响？

10-6　某绕线转子三相异步电动机，如果（1）转子电阻增加一倍；（2）转子漏电抗增加一倍；(3) 定子电压的大小不变，而频率由 50Hz 变为 60Hz，各对最大转矩和起动转矩有何影响？

习 题

10-1 已知一台 50Hz 绕线转子三相异步电动机，额定电压 $U_N=380V$，额定功率 $P_N=100kW$，额定转速 $n_N=950r/min$，在额定转速下运行时，机械摩擦损耗 $p_{mec}=1kW$，忽略附加损耗。求额定运行时：

(1) 转差率 s_N；

(2) 电磁功率 P_{em}；

(3) 转子铜耗 p_{Cu2}；

(4) 电磁转矩、输出转矩及空载转矩各为多少？

10-2 某三相异步电动机 $P_N=10kW$，$U_N=380V$，$n_N=1455r/min$，$r_1=1.375\Omega$，$r_2'=1.047\Omega$，$r_m=8.34\Omega$，$x_1=2.43\Omega$，$x_2'=4.4\Omega$，$x_m=82.6\Omega$。定子三相绕组三角形联结，额定运行时 $p_{mec}+p_{ad}=205W$。试：

(1) 绘出 T 形等效电路；

(2) 求额定运行时的定子绕组电流 I_1、功率因数 $\cos\varphi_1$、输入功率 P_1 和效率 η；

(3) 额定负载时的电磁转矩；

(4) 转速 n 为多少时电磁转矩有最大值？

10-3 某三相 6 极笼型异步电动机的数据为：$U_N=380V$，$n_N=957r/min$，$f=50Hz$，定子绕组 Y 接，定子绕组电阻 $r_1=2.08\Omega$，转子绕组电阻折算值 $r_2'=1.53\Omega$，定子漏电抗 $x_1=3.12\Omega$，转子漏电抗折算值 $x_2'=4.25\Omega$，试用参数公式计算：

(1) 额定电磁转矩；

(2) 最大转矩 T_{max}；

(3) 过载能力 k_m；

(4) 最大转矩所对应的转差率 s_m。

10-4 某绕线转子三相异步电动机，4 极定子绕组 Y 接，数据为：$P_N=150kW$，$U_N=380V$，$n_N=1460r/min$，$k_m=3.1$，忽略空载转矩 T_0。试求：

(1) 额定转差率 s_N；

(2) 最大转矩所对应的转差率 s_m；

(3) 额定输出转矩 T_{2N}；

(4) 最大电磁转矩 T_{max}。

10-5 某三相异步电动机，输入功率 $P_1=8.6kW$，$p_{Cu1}=425W$，$p_{Fe}=210W$，转差率 $s=0.034$。试求：

(1) 电磁功率 P_{em}；

(2) 转子铜耗 p_{Cu2}；

(3) 总机械功率 P_{mec}。

10-6 某绕线转子三相异步电动机，$P_N=17.2kW$，$f=50Hz$，定子绕组 4 极 Y 联结，$U_N=380V$，$I_N=33.8A$；额定负载时的各项损耗分别为：$p_{Cu1}=784W$，$p_{Fe}=880W$，$p_{Cu2}=$

880W，$P_{mec}+p_{ad}=280W$；各参数分别为：$r_1=0.228\Omega$，$r'_2=0.224\Omega$，$x_1=0.55\Omega$，$x'_2=0.75\Omega$。试求：

（1）额定运行时的电磁转矩 T_{em}；

（2）额定运行时的输出转矩 T_{2N}；

（3）最大转矩 T_{max} 和过载能力 k_m；

（4）起动转矩 T_{st}。

10-7　某台 8 极三相异步电动机，$P_N=60kW$，$U_N=380V$，$f=50Hz$，$n_N=730r/min$，额定负载时 $\cos\varphi_N=0.83$，定子铜耗和铁耗之和 $p_{Cu1}+p_{Fe}=4.488kW$，机械损耗 $P_{mec}=1.25kW$，略去附加损耗，试求在额定负载时的转差率 s_N、转子铜耗 p_{Cu2}、效率 η、定子电流 I_N 及转子绕组感应电动势的频率 f_2。

10-8　某台三相异步电动机，$P_N=5.5kW$，$U_N=380V$，$f_1=50Hz$，4 极，在某运行情况下，$P_1=6.25kW$，$p_{Cu1}=341W$，$p_{Cu2}=237.5W$，$p_{Fe}=167.5W$，$p_{mec}=45W$，$p_{ad}=29W$，试求在这种运行情况下的 η、s、n、T_0、T_2、T_{em}。

10-9　一台绕线转子三相异步电动机，已知 $P_N=150kW$，$U_N=380V$，$f_1=50Hz$，$n_N=1460r/min$，$k_m=2.3$。试求：

（1）转差率 $s=0.02$ 时的电磁转矩；

（2）负载转矩为 860N·m 时电动机的转速。

第 11 章 三相异步电动机起动与调速

以交流电动机为原动机的电力拖动系统为交流电力拖动系统。交流电动机有异步电动机和同步电动机，这两种类型的电动机相比较，异步电动机结构简单、价格便宜，而且其性能良好、运行可靠，因此，交流电力拖动系统中的电动机主要是三相异步电动机。

三相异步电动机电力拖动主要内容是电动机的起动和调速。本章将就这两方面问题分别讨论。

11.1 三相笼型异步电动机起动

一、概述

标志异步电动机起动性能的两个主要指标是起动电流和起动转矩。对起动性能要求主要是：

（1）起动电流要小，以尽量减少由起动电流在电网上引起的电压降，而直接影响接在同一电网上的其他电气设备的正常运行。

（2）起动转矩要大，以便加快起动过程，且能在负载下起动。

但实际的异步电动机却是最初起动电流较大，而最初起动转矩并不大。一般笼型异步电动机的最初起动电流为（5～7）I_N，最初起动转矩为（1.5～2）T_N。

最初起动电流较大的原因是：起动初瞬时，转子处于静止状态，$n=0$，$s=1$，定子旋转磁场以较大速度切割转子绕组，在短接的转子绕组感应较大的电动势和电流，致使与它平衡的定子绕组磁动势也最大，所以此时的定子电流（即起动电流）也就很大。

最初起动转矩不大的原因是：在刚起动时，转速 $n=0$，转差率 $s=1$，因此转子绕组电流频率较高，转子绕组电抗值较大，转子边的功率因数较低，从电磁转矩公式 $T_{em}=C_T\Phi_0 I'_2\cos\varphi_2$ 知，最初起动时，虽然转子绕组电流 $\dot{I}'_2$ 尽管较大，但由于转子边的功率因数很低，且起动时 ϕ_0 也大幅下降，所以电磁转矩仍然不大。

二、笼型异步电动机的起动

笼型异步电动机有两种起动方法：直接起动（全压起动）和降压起动。

1. 直接起动

直接起动是利用隔离开关或交流接触器把电动机定子绕组直接接到额定电压的电源上，所以也称为全压起动。其优点是设备简单、操作方便，但缺点是起动电流大。

目前设计的笼型异步电动机，从电动机本身来说都允许采用直接起动。不过，过大的起动电流将在输电线路上产生阻抗压降，从而使电网电压降低，影响到接在同一电网上其他电气设备的正常工作。

一般规定，额定功率低于 10kW 的异步电动机允许直接起动。对于额定功率超过 10kW 的异步电动机，可以根据式（11 - 1）来判断电动机是否可以直接起动。若下列条件满足，即

$$\frac{I_{st}}{I_N} \leqslant \frac{1}{4}\left[3+\frac{\text{电源总容量(kV·A)}}{\text{起动电动机容量(kW)}}\right] \tag{11-1}$$

则电动机可以采用直接起动；否则，必须采取其他措施。

相对较大的起动电流而言，异步电动机的励磁电流可以忽略不计，且起动时转差率 $s=1$，根据异步电动机简化等效电路可得起动电流为

$$I_{st}=\frac{U_1}{\sqrt{(r_1+r'_2)^2+(x_1+x'_2)^2}} \tag{11-2}$$

起动转矩公式重写如下

$$T_{st}=\frac{m_1 p U_1^2 r'_2}{2\pi f_1[(r_1+r'_2)^2+(x_1+x'_2)^2]} \tag{11-3}$$

由式（11-2）和式（11-3）可知：起动电流 I_{st} 与 U_1 成正比，起动转矩 T_{st} 与 U_1^2 成正比。因此为了限制起动电流，可采用降低电源电压的方法。

2. 降压起动

所谓减压起动就是在起动时，降低加在电动机定子绕组上的电压，以减小起动电流，待电机转速趋向于稳定后，再将定子绕组上电压恢复到正常值。由于起动转矩与外加电压平方成正比，故降压起动在限制起动电流的同时也限制了起动转矩，因此它只适用于对起动转矩要求不高，而又需限制起动电流的场合。

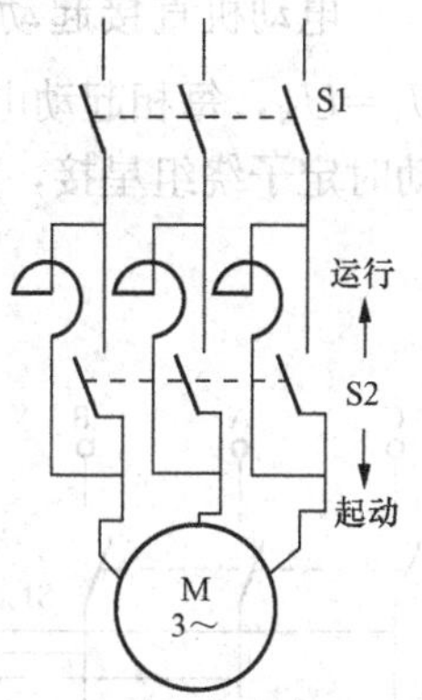

图 11-1　定子回路串电抗器起动

常用的降压起动方法有：

(1) 定子绕组串电抗器起动。原理接线如图 11-1 所示。起动时电抗器接入定子电路，起动后，切除电抗器，进入正常运行。

起动时，将 S2 合向“起动”位置，然后合上电源开关 S1 起动，此时在电抗器上产生较大压降，从而降低了加在定子绕组上的电压，起到了限制起动电流的作用。当转速接近于稳定转速时，把 S2 切换到“运行”位置，将电抗器切除，电动机便在全压下进行稳定运行。

设串电抗器后，加在定子绕组上的电压为 $\frac{U_1}{K}$，K 为降压的倍数，则

$$I'_{st}=\frac{1}{K}I_{st}$$

$$T'_{st}=\frac{1}{K^2}T_{st}$$

式中　I_{st}、T_{st}——全压起动时的电流和转矩；

I'_{st}、T'_{st}——降压起动时的电流和转矩。

显然，定子绕组串电抗器起动，降低了起动电流，但却付出了较大的代价，即起动转矩降低得更多。因此，定子绕组串电抗器起动，只能用于空载和轻载起动。

工程实际中，往往先给定线路允许起动电流的大小 I'_{st}，再计算电抗 X。计算公式推导如下

$$\frac{I'_{st}}{I_{st}}=\frac{1}{K}=\frac{Z_k}{Z_k+X}$$

$$Z_k + X = KZ_k$$

$$X = (K-1)Z_k \tag{11-4}$$

其中短路阻抗为

$$Z_k = \frac{U_N}{\sqrt{3}I_{st}} \tag{11-5}$$

若定子绕组串电阻起动，也属于降压起动，降低了起动电流。但由于外串电阻上有较大的有功功率损耗，特别对中型、大型异步电动机很不经济，因此这里不予介绍。

（2）星—三角降压起动。对于运行时定子绕组接成角形的三相笼型异步电动机，为了减小起动电流，可以采用星—三角降压起动方法，即起动时，定子绕组星接，起动后换成角接，其接线图如图 11-2 所示。起动前先将 S2 合向起动位置（定子绕组先作星接），然后合电源开关 S1，待转速接近稳定转速时，把 S2 由起动（星接）位置迅速切换到运行（三角形接）位置，电动机便在定子绕组角接的情况下稳定运行。

电动机直接起动时，定子绕组角接，如图 11-3（a）所示，每一相绕组起动电压为 $U_1 = U_N$，每相起动电流为 $I_\triangle$，线上的起动电流为 $I_{st} = \sqrt{3}I_\triangle$。采用星—三角降压起动，起动时定子绕组星接，如图 11-3（b）所示，每相起动电压为

$$U_1' = \frac{U_1}{\sqrt{3}} = \frac{U_N}{\sqrt{3}}$$

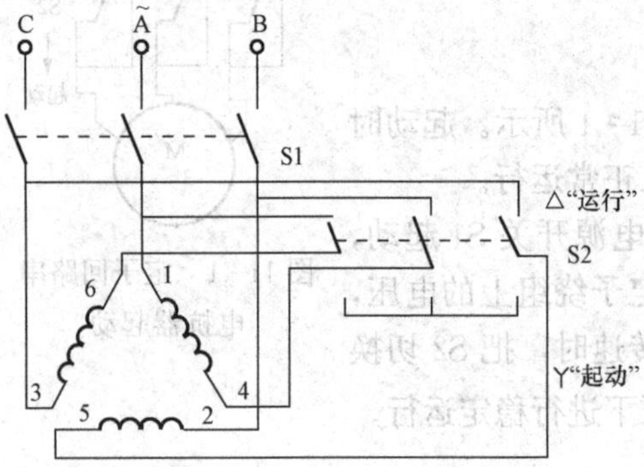

图 11-2 星—角减压起动线路

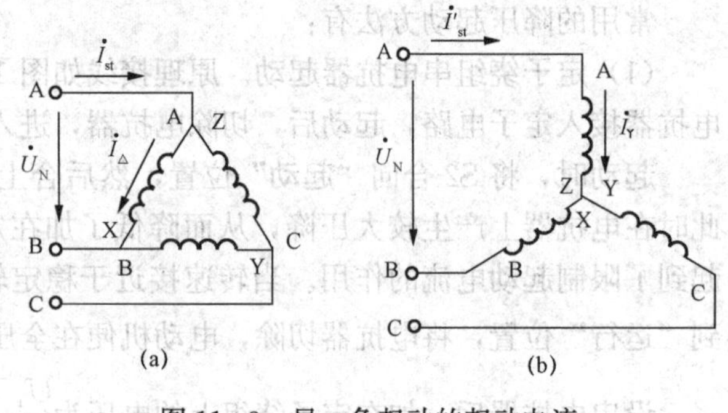

图 11-3 星—角起动的起动电流

（a）直接起动；（b）星—角起动

每相起动电流为 I_Y，则

$$\frac{I_Y}{I_\triangle} = \frac{U_1'}{U_1} = \frac{U_N/\sqrt{3}}{U_N} = \frac{1}{\sqrt{3}}$$

线上的起动电流为 I_{st}'，则

$$I_{st}' = I_Y = \frac{1}{\sqrt{3}}I_\triangle$$

于是有

$$\frac{I_{st}'}{I_{st}} = \frac{\frac{1}{\sqrt{3}}I_\triangle}{\sqrt{3}I_\triangle} = \frac{1}{3} \tag{11-6}$$

式（11-6）说明，星—三角降压起动时，尽管相电压和相电流与直接起动时相比降低到原

来的 $1/\sqrt{3}$，但是，对供电变压器造成冲击的起动电流则降低到直接起动时的 1/3。

若直接起动时起动转矩为 T_{st}，星—三角降压起动时起动转矩为 T'_{st}，则

$$\frac{T'_{st}}{T_{st}}=\left(\frac{U'_1}{U_1}\right)^2=\frac{1}{3} \tag{11-7}$$

式（11-6）与式（11-7）表明，起动转矩与起动电流降低的倍数一样，都是直接起动的 1/3。显然，当需要限制起动电流不得超过直接起动电流的 1/3 时，星—三角降压起动的起动转矩是定子串电抗起动的起动转矩的 3 倍，可以用于拖动 $T_L \leqslant \frac{T'_{st}}{1.1}=\frac{T_{st}}{1.1\times 3}=0.3T_{st}$ 的轻负载。

星—三角降压起动方法简单，只需一个星—三角转换开关（做成星—角起动器），价格便宜，在轻载条件下应该优先采用。

（3）自耦补偿器（自耦变压器）降压起动。它特别适用于大、中型低压笼型异步电动机，原理接线如图 11-4 所示。

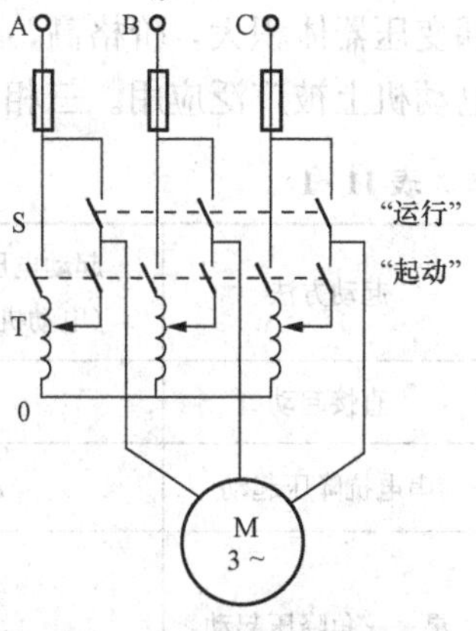

图 11-4　自耦补偿器起动线路

自耦补偿器实为一台自耦降压变压器，其一次侧接电源，经二次侧降压后接电动机定子绕组。起动前先将 S 合向起动位置（此时电动机定子绕组接在自耦变压器二次侧），待电动机转速接近额定转速时，迅速把 S 切换到运行位置，此时自耦变压器被切除（脱离电源），电动机直接与电网相连。

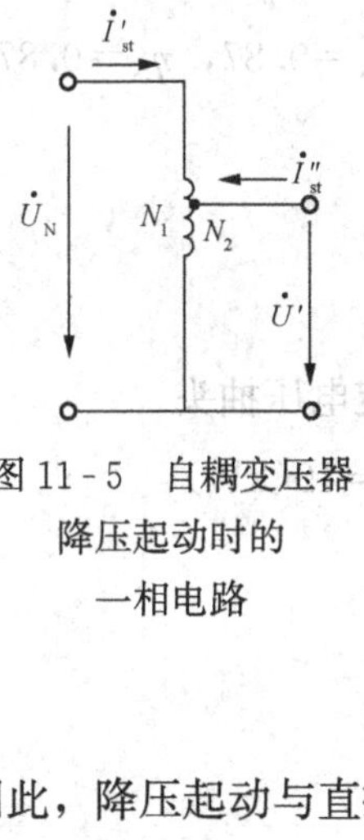

图 11-5　自耦变压器降压起动时的一相电路

自耦变压器降压起动时，一相电路如图 11-5 所示，电动机起动电压下降为 U'，与直接起动时电压 U_N 的关系为

$$\frac{U'}{U_N}=\frac{N_2}{N_1}$$

设自耦变压器变比为 $K=\frac{N_1}{N_2}$（$K>1$），电动机降压起动电流 I''_{st} 与直接起动时的起动电流 I_{st} 之间关系是

$$\frac{I''_{st}}{I_{st}}=\frac{U'}{U_N}=\frac{N_2}{N_1}$$

自耦变压器一次侧的起动电流 I'_{st} 与 I''_{st} 之间关系为

$$\frac{I'_{st}}{I''_{st}}=\frac{N_2}{N_1}$$

因此，降压起动与直接起动相比，供电变压器提供的起动电流关系为

$$\frac{I'_{st}}{I_{st}}=\left(\frac{N_2}{N_1}\right)^2 \tag{11-8}$$

自耦变压器降压起动时的起动转矩 T'_{st} 与直接起动时起动转矩 T_{st} 之间的关系为

$$\frac{T'_{st}}{T_{st}}=\left(\frac{U'}{U_N}\right)^2=\left(\frac{N_2}{N_1}\right)^2 \tag{11-9}$$

式（11-8）和式（11-9）表明，采用自耦变压器降压起动时，与直接起动相比较，电压降低到原来的 N_2/N_1，起动电流与起动转矩降低到原来的 $(N_2/N_1)^2$。

自耦补偿器通常有三个抽头，QJ2 系列有 73%、64%、55%三个抽头（出厂时接在

73%抽头上），QJ3系列有80%、60%、40%（出厂时接在60%抽头上）三个抽头，它可按供电电源容量、实际电压水平和负载转矩而灵活选择。

它与定子绕组串电抗器相比，当限定的起动电流相同时，起动转矩损失得较少。与星—角降压起动相比，它不受电动机定子绕组接线方式的限制，且还可按允许的起动电流和所需的起动转矩来灵活选择不同的抽头，并且 N_2/N_1 较大时，可以拖动较大的负载起动。但自耦变压器体积大，价格高，也不能带重负载起动。自耦变压器降压起动在较大容量笼型异步电动机上被广泛应用。三相笼型异步电动机起动方法的比较见表11-1。

表11-1 三相笼型异步电动机起动方法的比较

起动方法	起动电压相对值（电动机相电压）	起动电流相对值（供电变压器线电流）	起动转矩相对值	起动设备
直接起动	1	1	1	最简单
串电抗降压起动	u	u	u^2	一般
星—三角降压起动	$1/\sqrt{3}$	1/3	1/3	简单，只用于正常运转为△接、380V电动机
自耦变压器降压起动	u	u^2	u^2	较复杂，有三种抽头可选

注 其中 $u=1/K$。

【例11-1】 一台 $U_N=380V$，$I_N=20A$，$n_N=1450r/min$，$\cos\varphi_N=0.87$，$\eta_N=0.875$，三角形接法的三相笼型异步电动机，$I_{st}/I_N=7$，$T_{st}/T_N=1.4$，试：

(1) 求轴上输出的额定转矩。

(2) 问电网电压降至多少伏时就不能满载起动？

(3) 问如用星—三角降压起动，起动电流为多少，能否半载起动？

(4) 问如果用自耦补偿器在半载下起动，起动电流是多少？并确定电压抽头。

解 (1) $P_N=\sqrt{3}U_NI_N\cos\varphi_N\eta_N=\sqrt{3}\times380\times20\times0.87\times0.875=10(kW)$

$$T_N=9550\frac{P_N}{n_N}=9550\frac{10}{1450}=65.8(N\cdot m)$$

(2) 由前可知，当电网电压降到 $U_{st}=\frac{1}{K}U_N$ 以下就不能满载起动

$$T'_{st}=\frac{1}{K^2}T_{st}\qquad T'_{st}=T_N$$

而
$$T_{st}=1.4T_N\qquad K^2=1.4\qquad K=1.18$$

故
$$U_{st}=\frac{1}{1.18}U_N=\frac{1}{1.18}\times380=322(V)$$

所以当电网电压降到322V以下就不能满载起动。

(3) 星—三角降压起动时

$$I'_{st}=\frac{1}{3}I_{st}=\frac{1}{3}\times7I_N=\frac{1}{3}\times7\times20=46.6(A)$$

$$T'_{st}=\frac{1}{3}T_{st}=\frac{1}{3}\times 1.4T_N=0.46T_N<0.5T_N$$

所以不能半载起动。

(4) 采用自耦补偿器起动时

$$T'_{st}=\frac{1}{K^2}T_{st}\qquad T'_{st}=0.5T_N$$

$$T_{st}=1.4T_N\qquad K^2=2.8\qquad K=1.67$$

$$I'_{st}=\frac{1}{K^2}I_{st}=\frac{1}{2.8}\times 7I_N=\frac{1}{2.8}\times 7\times 20=50(A)$$

$$U_{st}=\frac{1}{K}U_N=\frac{1}{1.67}\times 380=227.5(V)$$

在电压等于 227.5V 处抽头。

到现在为止，前面所介绍的几种笼型异步电动机降压起动方法，主要目的都是减小起动电流，但同时又都不同程度地降低起动转矩，因此，只适合空载或轻载起动。对于重载起动，尤其要求起动过程很快的情况下，则经常需要起动转矩较大的异步电动机。由起动转矩计算公式表明，加大起动转矩的方法是增大转子电阻。对于绕线转子异步电动机，则可在转子回路内串电阻。对于笼型异步电动机，只有设法加大笼型绕组本身的电阻值。

11.2　双笼型和深槽式三相异步电动机

为改善起动性能（减小起动电流，增大起动转矩）希望异步电动机起动时转子电阻大，为使电动机起动性能好，又希望在正常运行时转子电阻变小（降低转子铜损耗，效率高）。绕线转子异步电动机虽能方便地改变转子回路电阻，满足上述要求，但其结构复杂，维护不便，成本又高。而普通笼型异步电动机虽结构简单、维护方便、成本低廉，但其转子电阻无法改变。而双笼型和深槽式异步电动机具有随起动过程自动改变转子电阻阻值的性能，它兼有笼型及绕线转子异步电动机的优点。在需要较大起动转矩的大容量电动机中得到广泛的应用。

一、双笼型异步电动机

就定子而言，双笼型异步电动机与普通笼型电动机完全一样，但其转子有两套笼型绕组，靠近转子表面的笼（上层笼）用电阻率较大的黄铜或铝青铜制成，且截面积较小，故其电阻 $r_{2上}$ 较大；靠近轴的笼（下层笼）用电阻率较小的纯铜制成，且截面积较大，故其电阻 $r_{2下}$ 较小，上、下笼间有缝隙，两笼导条有各自的端环短接。也有两笼的导条均用铸铝铸成，此时的上、下笼端环是公共的，两笼的截面积仍是上笼小、下笼大，如图 11-6 (a) 所示。

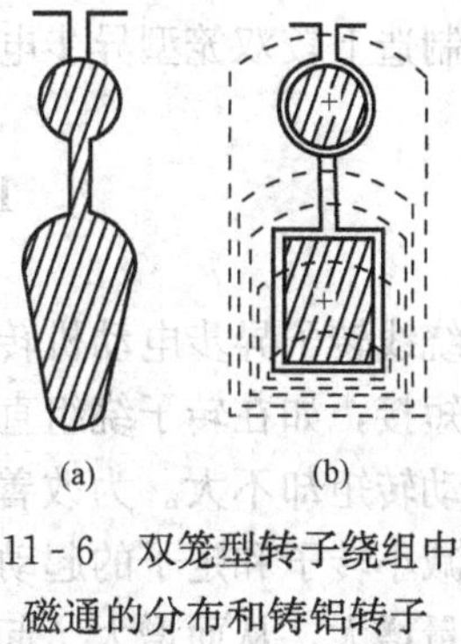

图 11-6　双笼型转子绕组中漏磁通的分布和铸铝转子
(a) 铸铝转子；(b) 漏磁通的分布

两笼漏磁通的分布情况如图 11-6 (b) 所示。可见，由于缝隙的存在，使包围下笼的漏磁通比上笼多，因此下笼有较大的漏抗，即 $x_{2下}>x_{2上}$，又由于下笼截面积大，材料电阻率小（铸铝转子相同），故 $r_{2下}<r_{2上}$。

起动时，$s=1$，转子电流频率较高，转子绕组漏抗远较电阻大，此时影响转子绕组电流分布的主要因素是漏抗，因 $x_{2下}>x_{2上}$，故起动时转子电流主要集中于上笼（即趋肤效应），因此，起动时上笼起主要作用。又由于上笼的结构特点是电阻大，功率因数高，故有较大起动转矩，因此，上笼亦称起动笼。

正常运行时，转子频率很低，漏抗就很小，此时影响转子绕组电流分布的主要因素是电阻，因下笼电阻小，故大部分电流从下笼流过，此时漏抗又较小，功率因数就较高，故有较大转矩，因此运行时主要靠下笼，故下笼亦称运行笼。

双笼型异步电动机与普通笼型异步电动机相比，有较小起动电流和较大起动转矩。但由于漏抗较大，故正常运行时，功率因数及过载能力较低。

二、深槽式异步电动机

就定子而言，深槽式异步电动机与普通笼型异步电动机完全一样，但它的转子槽深而窄，槽深 h 和槽宽 b 之比 $h/b=10\sim12$。电流通过转子导条时，漏磁通分布情况如图 11-7（a）所示。槽底部分导体所围漏磁通多，其漏抗就大；越接近槽口部分，它所围的漏磁通越少，漏抗就越小。

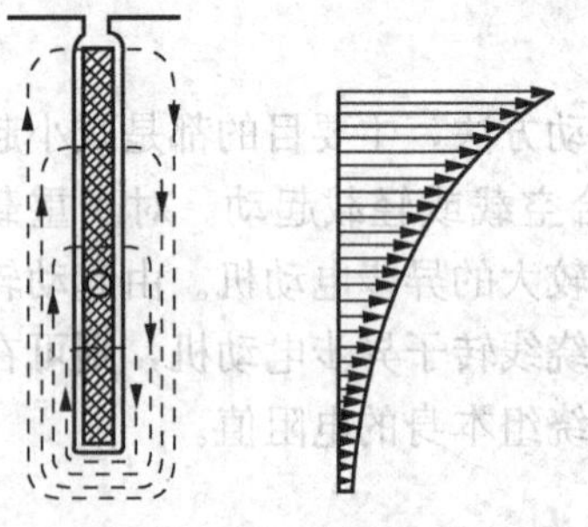

图 11-7　深槽转子中漏磁通的分布和起动时电流密度分布

（a）漏磁通的分布；（b）起动时电流密度分布

起动时，$s=1$，转子电流频率最高，则漏抗最大，与电阻相比，它起主要作用，这时影响转子绕组电流分布的主要因素是漏抗，因槽底部分漏抗较槽口部分大，因此起动时，转子导体的电流就被“挤”到了槽口部分（即趋肤效应），其电流密度分布如图 11-7（b）所示，其效果就相当于转子导条的有效截面积减小，电阻增大，从而增加了起动转矩而又限制了起动电流。

起动结束，电动机正常运行时，s 很小，转子电流频率很低，转子绕组漏抗大为减小，此时转子绕组电流的分布主要靠电阻，故转子导条电流近于均匀分布（趋肤效应消失），结果使转子绕组电阻自动减小，改善了运行性能。

它与同容量普通笼型电动机相比，有较大起动转矩和较小起动电流。但由于槽深、漏磁通多、漏抗大，故功率因数和过载能力较低。它与双笼型异步电动机相比，起动性能较差，但在制造上较双笼型异步电动机简单，价格也较便宜。

11.3　绕线转子异步电动机的起动

绕线转子异步电动机转子三相绕组一般均接成星形。正常运行时，三相绕组通过集电环彼此短接，如在转子绕组直接短接情况下起动，与笼型异步电动机一样，起动电流会很大，而起动转矩却不大。为改善起动性能，可在转子回路串电阻，它一方面增大了转子回路电阻，减小转子和定子的起动电流，另一方面提高了转子回路功率因数，致使转子绕组电流有功分量增大，从而增大了起动转矩。若适当选择外接起动电阻 r_{st} 的阻值，由式（10-24）可知，当

$$s=s_m\approx\frac{r'_2+r'_{st}}{x_1+x'_2}=1 \tag{11-10}$$

则

$$r'_{st}=x_1+x'_2-r'_2 \tag{11-11}$$

解得 r'_{st}，此时起动转矩恰等于最大转矩，大大提高了起动性能，因此它适用于重载下的起动场合。

绕线转子异步电动机主要起动方法有以下两种。

一、在转子回路串起动变阻器起动

接线如图 11-8（a）所示。接成星形的三相起动电阻经电刷、集电环引入到绕线转子回路。为减少起动时间，保持在整个起动过程中都有较大的转矩，随着转速的升高，应逐级切除起动电阻，以获得不同 $T_{em}-s$ 曲线粗线段连接而成的一条起动特性曲线，如图 11-9（b）所示。一般起动电阻的热容量是按短期运行设计的，故起动完毕应予全部切除。

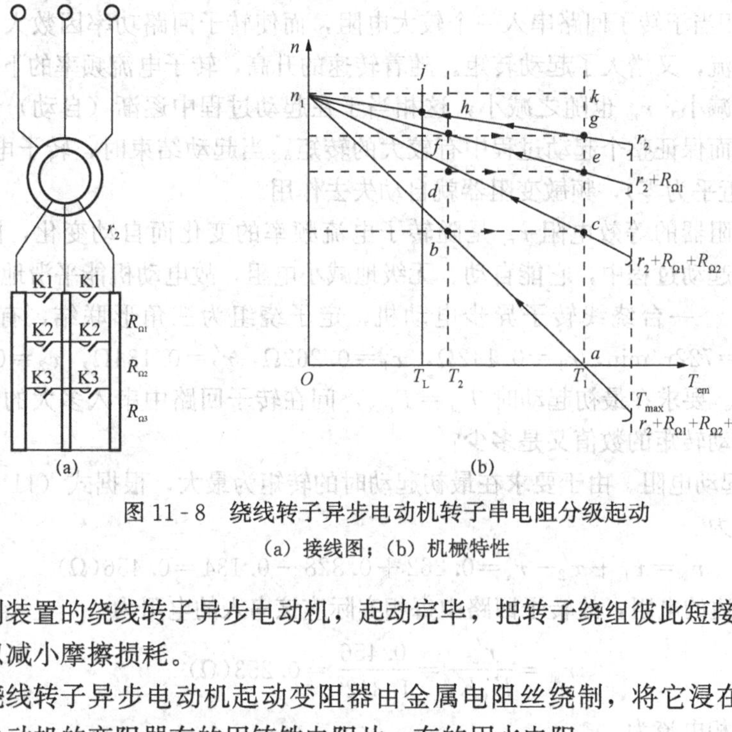

图 11-8　绕线转子异步电动机转子串电阻分级起动

（a）接线图；（b）机械特性

装有提刷装置的绕线转子异步电动机，起动完毕，把转子绕组彼此短接后把电刷从集电环上提起，以减小摩擦损耗。

小容量绕线转子异步电动机起动变阻器由金属电阻丝绕制，将它浸在油内以助散热，中、大容量电动机的变阻器有的用铸铁电阻片，有的用水电阻。

绕线转子三相异步电动机转子绕组串电阻分级起动的主要特点是：可以得到最大的起动转矩；而且转子回路内只串电阻没有电抗，起动过程中功率因数比串频敏变阻器还要高；起动电阻同时可兼作调速电阻。但是要求起动过程中起动转矩尽量大，则起动极数就要多，特别是容量大的电动机，这就将需要较多的设备，使得设备投资大，维修不太方便，而且起动过程中能量损耗大、不经济。

二、在转子回路串频敏变阻器起动

转子回路串电阻要逐级切除，控制较复杂，而且在切除过程中会产生冲击电流和转矩，对电动机和生产机械不利。为克服这一缺点，可在转子回路中串频敏变阻器起动。

频敏变阻器是一种无触点的电磁器件，它相当于一个铁损耗特大的三相电抗器，结构如

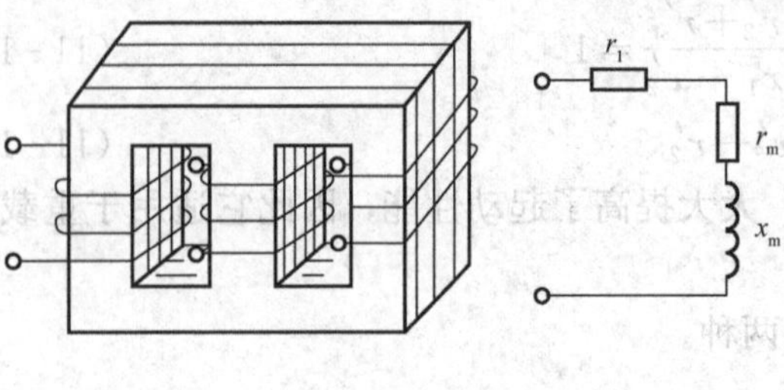

图 11-9 频敏变阻器
(a) 结构示意图；(b) 等效电路

图 11-9（a）所示。它实际上是一个三相铁心绕组，其铁心由几片到十几片较厚钢板或铁板叠成，三个铁心柱套有三相绕组，等效电路如图 11-9（b）所示。r_m 为反映铁损耗的等效电阻，r_1 为绕组电阻，x_m 为绕组电抗。因绕组匝数少，故 r_1 较小。另在设计时，将铁心磁通密度取得很高，铁心极为饱和，匝数又少，故绕组电抗 x_m 较小，等效电路中主要靠 r_m 起作用。

频敏变阻器是利用涡流原理工作的。因铁心用厚钢板叠成，涡流损耗较大，由于涡流损耗与电流频率的平方成正比，因此在电动机起动瞬间（$s=1$），转子电流频率最高，故频敏变阻器的铁损耗及反映铁损耗大小的等效电阻 r_m 最大，这相当于转子回路串入一个较大电阻，而使转子回路功率因数大为提高，从而既限制了起动电流，又增大了起动转矩。随着转速的升高，转子电流频率的下降，频敏变阻器的铁损耗逐渐减小，r_m 也随之减小，这相当于在起动过程中逐渐（自动）切除转子回路串入的电阻，从而保证整个起动过程中有较大的转矩。当起动结束时，转子电流频率很低，则 r_m 就很小（近乎为零），频敏变阻器就自动失去作用。

因为频敏变阻器的等效电阻 r_m 是随转子电流频率的变化而自动变化，因此称为"频敏"变阻器。在起动过程中，它能自动、无级地减小电阻，故电动机能平滑地起动。

【例 11-2】 一台绕线转子异步电动机，定子绕组为三角形联结，有关数据如下：$U_N=380\text{V}$，$n_N=722\text{r/min}$，$r_1=0.142\Omega$，$x_1=0.262\Omega$，$r'_2=0.134\Omega$，$x'_2=0.328\Omega$，变比 $K_e=K_i=1.342$。要求在最初起动时 $T_{st}=T_{max}$，问在转子回路中串入多大的起动电阻？此时起动电流和起动转矩的数值又是多少？

解 （1）起动电阻。由于要求在最初起动时的转矩为最大，根据式（11-11），转子回路应串入的电阻为

$$r'_{st}=x_1+x'_2-r'_2=0.262+0.328-0.134=0.456(\Omega)$$

r'_{st}是折算到定子边的电阻，故转子回路中每相实际应该串入的电阻为

$$r_{st}=\frac{r'_{st}}{K_eK_i}=\frac{0.456}{1.342^2}=0.253(\Omega)$$

（2）起动时相电流为

$$I_{stph}=\frac{U_1}{\sqrt{(r_1+r'_2+r'_{st})^2+(x_1+x'_2)^2}}$$

$$=\frac{380}{\sqrt{(0.142+0.134+0.456)^2+(0.262+0.328)^2}}$$

$$=404.2(\text{A})$$

（3）起动转矩。由于定子绕组为三角形联结，所以相电压为 380V。根据 $n_N=722\text{r/min}$，可以推论这是一台 8 极电动机，同步转速 $n_1=750\text{r/min}$。故起动转矩为

$$T_{st}=\frac{m_1pU_1^2(r'_2+r'_{st})}{2\pi f_1[(r_1+r'_2+r'_{st})^2+(x_1+x'_2)^2]}$$

$$=\frac{3\times 4\times 380^2(0.134+0.456)}{2\pi\times 50[(0.142+0.134+0.456)^2+(0.262+0.328)^2]}$$

$$=3681.6(\mathrm{N\cdot m})$$

线电流　$I_{st}=\sqrt{3}I_{stph}=\sqrt{3}\times 404.2\approx 700.0(\mathrm{A})$

11.4　三相异步电动机的调速

一、概述

电动机的转速应满足它所驱动的机械负载的要求，一般来说，要求调速范围宽广并能连续平滑地调节转速，且操作方便，具有较好的经济性，即电动机要有较高的效率和简单可靠、价格合理的调速设备。

三相异步电动机的转子转速为

$$n=(1-s)n_1=(1-s)\frac{60f_1}{p}$$

因此三相异步电动机的调速方法大致分为如下几种：

(1) 变极调速。

(2) 变频调速。

(3) 改变转差率调速。

其中，改变转差率又可以进一步采取如下几种措施：

1) 改变定子绕组电压调速。

2) 绕线转子异步电动机的转子串电阻调速。

3) 电磁离合器调速。

4) 绕线转子异步电动机的双馈调速与串级调速。

下面就上述各种调速方法分别进行介绍。

二、变极调速

变极调速是一种通过改变定子绕组极对数来实现转子转速调节的调速方式。在一定电源频率下，由于同步转速与极对数成反比，因此，改变定子绕组极对数便可以改变转子转速。

原则上，定子可以通过两套独立的绕组实现极对数的改变。但实际应用中，定子绕组极对数的改变大都是通过一套定子绕组、几种不同的接线方式来实现的。下面仅就后一种情况下变极调速的基本工作原理作一介绍。

图 11-10 和图 11-11 分别为三相异步电动机变极前后定子绕组的接线图。其中，A1X1 代表 A 相的半相绕组，A2X2 代表 A 相的另一半相绕组。当将这两个半相绕组顺向串联（即首尾相接）时（见图 11-10），根据瞬时电流的方向和右手螺旋定则可知，此时定子绕组具有 2 对极（即 4 极

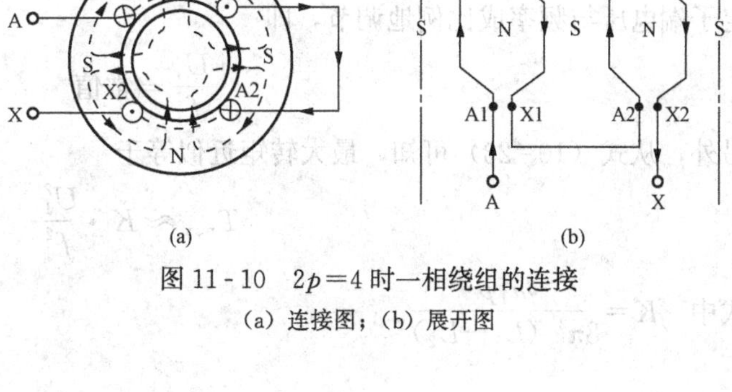

图 11-10　$2p=4$ 时一相绕组的连接

(a) 连接图；(b) 展开图

电动机）；当将两个半相绕组反向串联（即尾尾相接）时［见图 11-11（b）］，或将两个半相绕组反向并联（即头尾相连后并联）时［见图 11-11（c）］，定子绕组变为 1 对极（即 2 极电动机）。与图 11-10 相比，由于这两种方法中半相绕组 A2X2 的电流方向均发生改变，因此，定子绕组的极对数为原 4 极的一半。

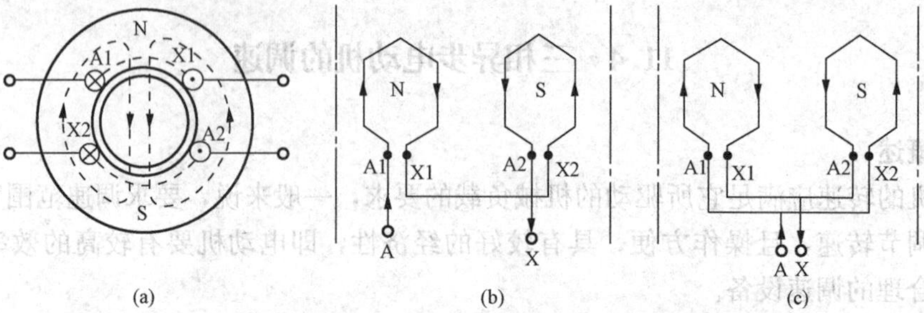

图 11-11 $2p=2$ 时一相绕组的两种连接法

（a）把每相绕组分成两组；（b）两组线圈反向串联；（c）两组线圈反向并联

由此可见，要想实现极对数的改变，只要改变定子半相绕组的电流方向即可。

考虑到变极调速靠改变极对数改变转子转速，因此，变极调速属于有级调速。

对于实际电动机，要产生有效的电磁转矩，定、转子绕组的极对数就必须相等，这就要求在定子绕组极对数改变的同时，转子绕组的极对数必须做出相应的改变。由于笼型异步电动机转子极数能自动满足定子极数，所以变极调速仅适用于笼型异步电动机。

需要说明的是，就三相异步电动机而言，为了确保变极前后转子的转向不变，变极的同时必须改变三相绕组的相序。这是因为，对 p 对极的电动机，其电角度是机械角度的 p 倍。变极前，若极对数为 p 的三相绕组空间互差为120°电角度即 A、B、C 三相依次为 0°、120°、240°电角度，则变极后，极对数为 2p 的三相绕组空间互差 240°电角度，即 A、B、C 三相依次为 0°、240°、120°电角度。显然，变极前后相序发生改变。为确保转子转向不变，在改变定子每相绕组接线的同时，必须改变三相绕组的相序，然后再将三相绕组接至三相电源上。

三、变频调速

改变电源频率时，电动机的同步转速将随频率正比变化，于是转子转速将随之而变化。如果电源频率可以连续调节，则电动机的转速就可以连续、平滑地调节。

变频调速时，希望气隙磁通量 Φ_0 基本保持不变。这样，一方面磁路的饱和程度、励磁电流和电动机的功率因数可以基本保持不变；另一方面，电动机的最大电磁转矩亦可以保持不变。

如果忽略定子的漏阻抗压降，则 $U_1\approx E_1=4.44f_1N_1K_{N1}\Phi_0$，故要保持 Φ_0 不变，应使定子端电压与频率成比例地调节，即

$$\frac{U_1}{f_1}=常值 \tag{11-12}$$

另外，从式（10-23）可知，最大转矩近似等于

$$T_{\max}\approx K\cdot\frac{U_1^2}{f_1^2} \tag{11-13}$$

式中 $K=\dfrac{m_1p}{8\pi^2\ (L_1+L_2')}$。

故若能使 $U_1/f_1=$ 常值，则最大电磁转矩亦将保持不变，如图 11 - 12 所示。如进一步忽略调频前、后通风情况的变化，上述调速方案将允许同样大小的转子电流，因而具有同样的额定转矩，所以这是一种恒转矩的调速方案。

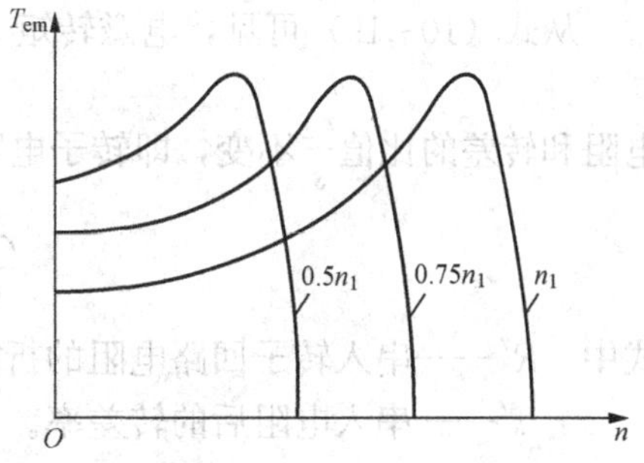

图 11 - 12　变频调速 ($U_1/f_1=$ 常值) 时，感应电动机的 $T_{em}-s$ 曲线

若要实现恒功率调速，即在调速前后保持输出功率不变，则应保持 $T_{em}f_1=$ 常值。此时若要保持同样的过载能力，则定子绕组电压应按

$$\frac{U_1}{\sqrt{f_1}}=\text{常值} \tag{11 - 14}$$

这一规律来调节，此时最大转矩将随着频率的上升而下降。

异步电动机的变频调速从调速范围、平滑性、调速前后电动机的性能等方面来看都很好，但需要专门的变频电源。近年来，由于变流技术的发展，变频装置的价格不断降低，性能不断提高，促进了变频调速的应用，目前已有取代直流电机调速系统的趋势。

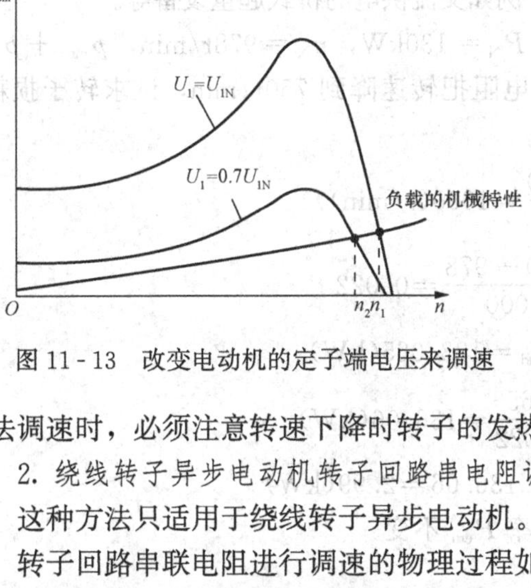

图 11 - 13　改变电动机的定子端电压来调速

四、改变转差率来调速

1. 改变电动机的端电压来调速

从式 (10 - 19) 可知，在一定的转差率下，电动机的电磁转矩与端电压的平方成正比，因此改变电动机的端电压就可以改变 $T_{em}-s$ 曲线中转矩的大小，并达到调速的目的。例如在图 11 - 13 中，若电动机的端电压从 U_{1N} 降到 $0.7U_{1N}$，则电动机的转速将从 n_1 降到 n_2。这种方法的调速范围很小，主要用于拖动风扇负载的小型笼型电动机上。使用此法调速时，必须注意转速下降时转子的发热情况。

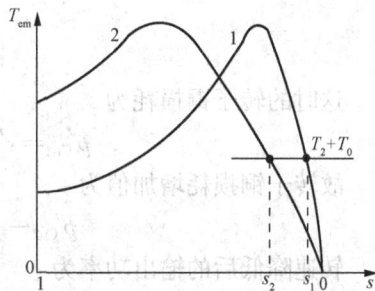

2. 绕线转子异步电动机转子回路串电阻调速

这种方法只适用于绕线转子异步电动机。

转子回路串联电阻进行调速的物理过程如下：当转子回路串入的电阻值增加时，由于机械惯性作用，电动机转速不能突变，则转子绕组电流随电阻增大而减小，电磁功率和电磁转矩也相应减小。由于负载制动力矩不变，轴上转矩平衡关系受到破坏，因而电动机转子减速，转差增加，这时转子绕组电动势和电流将随转差增加而成正比增加，直至转矩重新平衡。

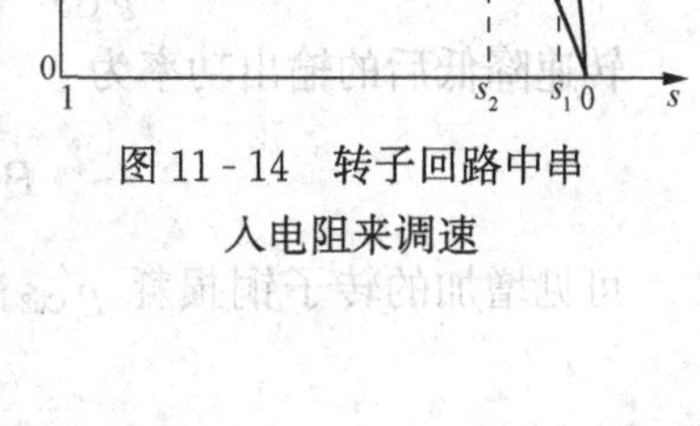

图 11 - 14　转子回路中串入电阻来调速

从图 11 - 14 可见，当转子回路中加入调速电阻时，电动机的 $T_{em}-s$ 曲线将从曲线 1 变成曲线 2，若负载转矩 T_2+T_0 不变，转子的转差率将从 s_1 增大到 s_2，即转速将下降。

从式（10-19）可见，电磁转矩 T_{em} 是$\frac{r'_2}{s}$的函数，当负载转矩不变时，实际转子回路中电阻和转差的比值$\frac{r'_2}{s}$不变，即转子电阻增大转差成正比例增大，则有

$$\frac{r'_2}{s}=\frac{r'_2+R'}{s'}=\text{常数}$$

式中　R'——串入转子回路电阻的折算值；

　　s'——串入电阻后的转差率。

此外，从 $T_{em}=C_T\Phi_0 I'_2\cos\varphi_2$ 的公式，还可以看出，由于 C_T 为常数，当电源电压 U_1 不变，Φ_0 不变时，在负载转矩不变的情况下，$I'_2\cos\varphi_2$＝常数，$\frac{r'_2}{s}$＝常数，必然有 φ_2＝常数，这说明转子串入电阻后，稳定时的转子绕组电流 I'_2将恢复到原来的数值。

这种方法的优点是实现方便、调速范围广。缺点是调速电阻中要消耗一定的能量，由于转子回路的铜损耗 $p_{Cu2}=sP_{em}$，故转速调得越低，转差率越大，铜损耗就越多，效率就越低。例如，如把转差率调到 0.5，则电磁功率中的 50%将变为转子回路铜损耗。但缺点是，转子回路加入电阻后，电动机的机械特性变软，于是负载变化时电动机的转速将发生显著的变化。这种调速方法主要用在中、小容量的异步电动机中，例如交流供电的桥式起重设备等。

【例 11-3】　某三相六极异步电动机，$P_N=130\text{kW}$，$n_N=978\text{r/min}$，$p_{mec}+p_{ad}=3.065\text{kW}$，当负载转矩不变时，转子回路串入电阻把转速降到 750r/min，试求转子损耗增加到多少？

解　由题可知

$$n_1=\frac{60f_1}{p}=\frac{60\times 50}{3}=1000(\text{r/min})$$

$$s_N=\frac{n_1-n_N}{n_1}=\frac{1000-978}{1000}=0.022$$

$$P_{mec}=P_N+p_{mec}+p_{ad}=133.065(\text{kW})$$

$$P_{em}=\frac{P_{mec}}{1-s}=\frac{133.065}{1-0.022}=136.06(\text{kW})$$

其中

$$p_{Cu2}=sP_{em}=0.022\times 136.06=2.99(\text{kW})$$

转子回路串入电阻后，转矩 T_{em} 和电磁功率 P_{em} 不变

转差率为

$$s'=\frac{1000-750}{1000}=0.25$$

这时的转子铜损耗为

$$p'_{Cu2}=s'P_{em}=0.25\times 136.06=34(\text{kW})$$

故转子铜损耗增加值为

$$p'_{Cu2}-p_{Cu2}=34-2.99=31.03(\text{kW})$$

转速降低后的输出功率为

$$P'_2=130\times\frac{750}{978}=99.7(\text{kW})$$

可见增加的转子铜损耗 p'_{Cu2}占输出功率 99.7kW 的 31%，说明这种调速方法是不经

济的。

3. 串级调速

转子加入电阻来调速的主要缺点是损耗较大。为利用这部分电能，可在转子回路中接入一个转差频率的功率变换装置，将这部分电能送回给电网，既达到调速目的、又获得较高的效率。

图 11-15 所示为一台异步电动机，其转子回路的转差频率交流电流由半导体整流器整流为直流，再经逆变器把直流变为工频交流，把能量送回到交流电网中去。此时整流器和逆变器两者组成了一个从转差频率转换为工频交流的变频装置。控制逆变器的逆变角，就可以改变逆变器的电压，从而达到调速的目的。

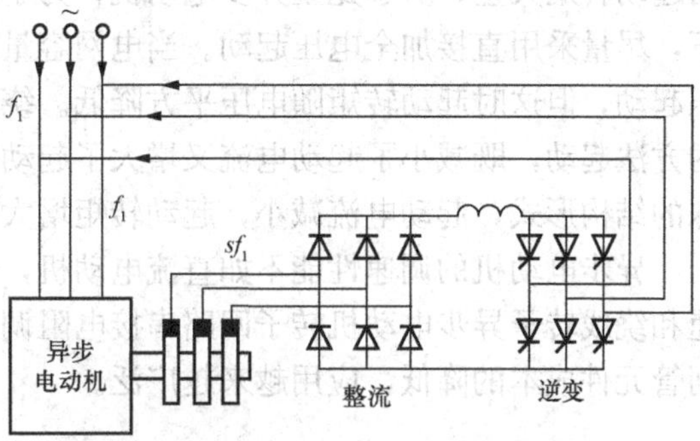

图 11-15　转子带变频器的调速系统

五、双馈调速

双馈调速亦是改变转差率的调速方式之一。在双馈调速方式中，转子外接电源为频率、幅值、相位和相序均可调节的三相交流电源。

图 11-16 表示一台绕线转子异步电动机，定子由三相交流电源供电，转子由三相交流电源经变压器降压、再经交一交变频器把工频变为转差频率，然后接到转子。这种定、转子两边均由交流电源供电的电机，称为双馈电机。

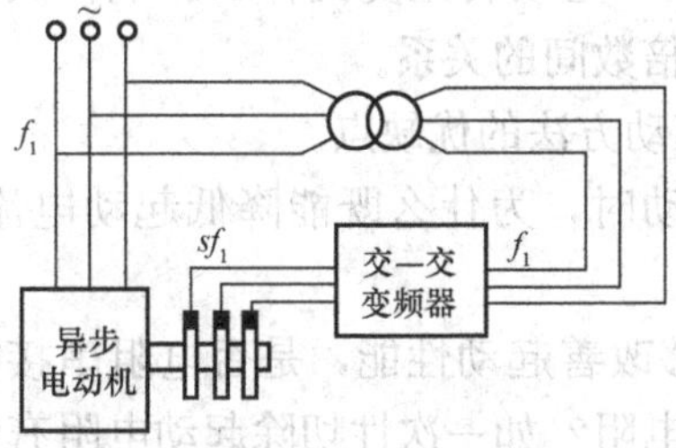

图 11-16　双馈电机示意图

由于转子绕组接入的交流电压和电流为转差频率，所以转子绕组磁动势波在气隙中的转速恒为同步转速，从而可以产生恒定的电磁转矩并实现机电能量转换。

当转子转速低于同步转速时，双馈电机的工作情况与普通异步电动机相似，只是转子的转差功率将由变频器回馈给电源。调节变频器的输出频率，电动机的转速就会改变；调节输出电压的幅值和相位，就可以调节定子边的功率因数（可达到 1 或超前）。当变频器的输出频率调到 0 时，变频器将向转子输出直流，此时电动机将在同步转速下运行。改变变频器输出的相序，并将频率由 0 继续上调，则电机将在超同步转速下运行。

双馈电机的优点是调速范围广、性能好，但转子若采用频率独立控制的控制方式，则运行情况突变时，保持稳定和防止振荡的问题较复杂，因而这种控制方式适用于负载平稳、对调速的快速性要求不高的场合，如风机、泵类负载的调速。

双馈调速的另一种控制方式是自控方式。此时需在转轴上安装转子位置检测器以检测转差率，同时采用自动控制系统来实现转子电源频率对转差率的自动跟踪，因此无论转子转速是多少，定、转子绕组磁动势总能保持相对静止。自控方式的稳定性较好，适用于带有冲击性负载的场合。

本章小结

本章讨论了异步电动机的起动和调速问题。异步电动机刚起动时，希望起动的电流小些而起动转矩大些，对于笼型异步电动机，为了获得较大的起动转矩，在电网容量允许的情况下，尽量采用直接加全电压起动。当电网容量小时，为降低电动机起动电流，可采用降低电压起动，但这时起动转矩随电压平方降低。绕线转子异步电动机，用转子回路串接起动电阻的方法起动，既减小了起动电流又增大了起动转矩。深槽式和双笼型异步电动机转子具有特殊的结构形式，起动电流减小，起动转矩增大，改善了起动性能。

异步电动机的调速性能不如直流电动机，这里介绍的调速方法中，较为常用的是变极调速和绕线转子异步电动机转子回路串接电阻调速，而变频调速随着电力电子技术的发展和晶闸管元件成本的降低，应用越来越广泛。

思考题

11-1　为什么直接起动的笼型异步电动机最初的起动电流很大，而最初起动转矩却不大？深槽式或双笼型异步电动机在直接起动时，起动电流较小而起动转矩却较大，这又是为什么？

11-2　在应用降压起动来限制异步电动机起动电流时，起动转矩受到什么影响？试比较各种降压起动方法，着重指出起动电流倍数和起动转矩倍数间的关系。

11-3　试说明普通笼型异步电动机起动方法及各种起动方法的优缺点。

11-4　绕线转子异步电动机在转子回路中串电阻起动时，为什么既能降低起动电流，又能增大起动转矩？

11-5　绕线转子异步电动机转子回路中串接电阻能够改善起动性能，是否电阻串接得越大越好？为什么？在起动过程中为什么要逐级切除起动电阻？如一次性切除起动电阻有何不良后果？

11-6　双笼型异步电动机两笼之间为什么一定要有缝隙？深槽式异步电动机转子槽为什么要做得深而窄？

11-7　变频调速中，当变频器输出频率从额定频率降低时，其输出电压应如何变化？

11-8　变极调速的基本原理是什么？一台四极异步电动机，变为两极电动机时，若外加电源电压的相序不变，电动机的转向将会怎样变化？

11-9　试画 $T_{em}-s$ 特性曲线，分析绕线转子三相异步电动机转子回路串电阻调速的物理过程。

11-10　试说明三相异步电动机调速方法及各种调速方法的优缺点。

习　题

11-1　某绕线转子三相异步电动机，定子、转子绕组均为Y联结，$U_N=380V$，$n_N=1460r/min$。已知 $r_1=r_2'=0.02\Omega$，$x_1=x_2'=0.06\Omega$。电动势及电流变比 $k_e=k_i=1.1$，略去

励磁电流。起动时，转子回路串入电阻 r_Ω，当 $I_{st}=2I_N$ 时，试求外串电阻 r_Ω 的大小和起动转矩 T_{st}。

11-2　一台 4 极绕线转子三相异步电动机，$P_N=155\text{kW}$，转子每相电阻 $r_2=0.012\Omega$，额定运行时的 $p_{Cu2}=2.21\text{kW}$，$P_{mec}=2.64\text{kW}$，$p_{ad}=0.31\text{kW}$，试求：

(1) 额定运行时的 n_N 和电磁转矩 T_{em}；

(2) 若电磁转矩保持不变，而将转速下降到 1300r/min，应该在转子每相绕组中串入多大电阻 r_Ω？此时的转子回路铜耗 p_{Cu2}，外串电阻上的损耗 $p_{r\Omega}$ 各为多少？

11-3　有一台三相笼型异步电动机，定子绕组三角形联结。$U_N=380\text{V}$，$r_m=1\Omega$，$x_m=6\Omega$，$r_1=r'_2=0.075\Omega$，$x_1=x'_2=0.3\Omega$，$n_N=1480\text{r/min}$。现采用自耦变压器降压起动，变比 $k_e=k_i=0.64$。试求：

(1) 电动机本身的每相起动电流 I''_{st}；

(2) 电网供给的起动电流 I'_{st}；

(3) 起动转矩 T_{st}。

11-4　有一台绕线转子三相异步电动机，$f=50\text{Hz}$，$2p=4$，$n_N=1450\text{r/min}$，$r_2=0.02\Omega$。若维持电动机转轴上的负载转矩为额定转矩，当转速下降到 $n=1000\text{r/min}$ 时，试求：

(1) 转子回路中要串入的电阻 r_Ω；

(2) 此时转子电流是原来数值的多少倍？

(3) 此时转子绕组功率因数是原来数值的多少倍？

11-5　某台三相笼型异步电动机，$P_N=55\text{kW}$，定子绕组为三角形联结，起动电流倍数 $\dfrac{I_{st}}{I_N}=6$，起动转矩倍数 $k_{st}=2$。采用自耦变压器或串电抗器起动时，降压起动倍数 $k=0.8$，电源容许的起动电流为额定电流的 4.2 倍，若带额定负载起动，试问能否采用电抗器起动、星—三角起动及自耦变压器起动？

11-6　一台三相笼型异步电动机，$P_N=10\text{kW}$，$n_N=1460\text{r/min}$，定子绕组 Y 联结，$U_N=380\text{V}$，$\eta_N=86.8\%$，$\cos\varphi_N=0.88$，$T_{st}/T_N=1.5$，$I_{st}/I_N=6.5$。

(1) 试求额定电流 I_N；

(2) 用自耦变压器降压起动，使电动机起动转矩为 T_N 的 80%，试确定自耦变压器抽头位置（$80\%U_N$，$60\%U_N$ 和 $40\%U_N$）？

(3) 求电网供给的起动电流 I'_{st}。

第 12 章 三相异步电动机的特殊运行方式及特种异步电动机

在实际运行中，三相电源电压一般是对称的，但当电网接有较大单相负载或电网发生不对称故障时，电源电压就可能不对称，它将对接在该电网上运行的三相异步电动机产生影响。

单相异步电动机在小型电动工具及家用电器上用得较多，其原理与三相异步电动机在不对称电压下运行相类似，故把这两部分内容置于同一章内叙述。

异步电机除了作为电动机运行外，也可以作为发电机运行。根据异步电机的作用原理还可以把静止不转的绕线转子异步电机作为调压器使用。上述这些运行方式虽不如三相电动机那样普遍，但在实际应用中也会经常遇到。

12.1 三相异步电动机在不对称电压下运行

分析三相异步电动机在不对称电压下运行，可采用对称分量法。由于电动机定子绕组是星形或三角形联结，无中性线，故在电动机内不存在零序电流、零序电压和零序磁场。因此只需分析正序和负序两个对称系统，然后叠加即可。

异步电动机在正序电压 $\dot{U}_1^+$ 作用下，定、转子绕组便流有正序分量电流 $\dot{I}_1^+$ 和 $\dot{I}_2^+$，它们共同作用产生一个以同步转速 n_1 旋转的正序气隙旋转磁场 $\dot{\Phi}_0^+$ 和正序电磁转矩 T_{em}^+。若忽略励磁电流，由异步电动机简化等效电路可得

$$I_1^+=(I_2^+)'=\frac{U_1^+}{\sqrt{\left(r_1+\frac{r'_2}{s^+}\right)^2+(x_1+x'_2)^2}} \tag{12-1}$$

$$T_{em}^+=\frac{m_1p(U_1^+)^2\frac{r'_2}{s^+}}{2\pi f_1\left[\left(r_1+\frac{r'_2}{s^+}\right)^2+(x_1+x'_2)^2\right]} \tag{12-2}$$

式中

$$s^+=\frac{n_1-n}{n_1}=s$$

异步电动机在负序电压 $\dot{U}_1^-$ 作用下，定、转子绕组流有负序分量电流 $\dot{I}_1^-$ 和 $\dot{I}_2^-$，它们共同作用产生一个以同步速与 $\dot{\Phi}_0^+$ 反向旋转（$-n_1$）的负序旋转磁场 $\dot{\Phi}_0^-$ 和负序电磁转矩 T_{em}^-，同理可得

$$I_1^-=(I_2^-)'=\frac{U_1^-}{\sqrt{\left(r_1+\frac{r''_2}{s^-}\right)^2+(x_1+x''_2)^2}}$$

$$=\frac{U_1^-}{\sqrt{\left(r_1+\frac{r''_2}{2-s}\right)^2+(x_1+x''_2)^2}} \tag{12-3}$$

$$T_{em}^{-}=\frac{m_1p(U_1^-)^2\frac{r_2''}{s^-}}{2\pi f_1\left[\left(r_1+\frac{r_2''}{s^-}\right)^2+(x_1+x_2'')^2\right]}=\frac{m_1p(U_1^-)^2\frac{r_2''}{2-s}}{2\pi f_1\left[\left(r_1+\frac{r_2''}{2-s}\right)^2+(x_1+x_2'')^2\right]} \tag{12-4}$$

式中
$$s^-=\frac{-n_1-n}{-n_1}=2-s$$

对负序旋转磁场而言，通常 s 很小，故 $s^-\approx2$，其在转子绕组产生的感应电动势频率为 $f_2^-=s^-f_1=2f_1$，频率很高，趋肤效应使负序时的转子电阻增大（$r_2''>r_2'$），转子漏抗减小（$x_2''<x_2'$）。尽管负序时转子绕组电阻增大，但由于 s 很小，故 $\frac{r_2'}{s}$ 仍比 $\frac{r_2''}{2-s}$ 大得多，使得 $r_1+\frac{r_2'}{s}\gg r_1+\frac{r_2''}{2-s}$，故由式（12-3）可知，即使在不大的负序电压作用下也会产生很大的负序分量电流。定子绕组实际电流为正序分量电流与负序分量电流的相量和，由于负序分量电流相序与正序相反，故叠加的结果使三相电流不对称，有可能其中某一相因正、负序电流同相，而使该相电流过大。因此从发热的观点看，不允许电压有过大的不对称。

由于负序电流较大，使定、转子绕组铜损耗增大，又由于转子绕组感应电动势频率增大，故其铁损耗也显著增大，因此电动机效率降低。

又由于由负序电流产生的电磁转矩 T_{em}^- 方向相对于正序分量电流产生的电磁转矩 T_{em}^+ 方向相反，即 T_{em}^- 对 T_{em}^+ 来说，起了制动作用，使电动机总电磁转矩减小，起动性能和过载能力下降。

另外，由于三相电流不对称的结果，电动机内部产生椭圆形旋转磁场，因此其电磁转矩也不是一个恒值，从而引起电动机振动、转速不均匀和电磁噪声。

由此可知，三相异步电动机不允许在严重三相电压不对称情况下运行。规程规定：三相异步电动机在额定负载下运行时，相间电压的不对称度不允许超过 5%。

12.2　单相异步电动机

从结构上看，单相异步电动机和三相笼型异步电动机相似，其转子也为笼型绕组，定子绕组嵌放在定子槽内，其结构如图 12-1 所示，所不同的是单相异步电动机定子绕组有两个：一个为工作绕组，用以产生磁场和从电源输入电功率，它在运行中接入电网；另一个为起动绕组，它的作用是产生起动转矩，一般只在起动时接入，当转速达到 70%～85%的同步转速时，由离心开关或继电器将它切除，所以正常工作时只有工作绕组在电网上运行。

一、基本工作原理

由 7.1 节可知，单相交流绕组通入单相交流电流产生脉动磁动势，它可分解为大小相等、转向相反而转速相同的两个旋转磁动势 F_1^+ 和 F_1^-，从这点看，单相异步电动机运行时的物理情况类同于三相异步电动机在不对称电压下运行时的物理情况，它的电磁转矩也为这两种旋转磁动势所产生的电磁转矩的合成。

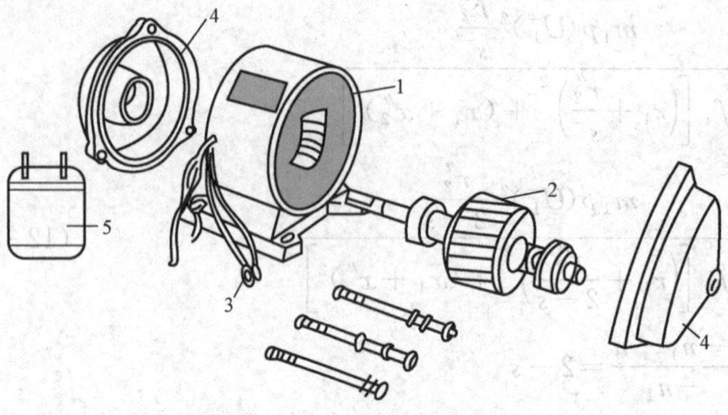

图 12-1 单相异步电动机结构

1—定子；2—转子；3—电源接线；4—端盖；5—电容器

当转子静止时，这两旋转磁动势均以 n_1 速度以相反方向切割转子绕组，在短接的转子绕组感应出大小相等而相序相反的电动势和电流，它们分别产生大小相等而方向相反的两个电磁转矩，互相抵消的结果使其合成电磁转矩等于零。转子静止，$n=0$，$s=1$，即为起动瞬间，电磁转矩为零，因此单相异步电动机无起动转矩。

当转子转动时，如其转向与正转旋转磁动势方向相同，则对正转旋转磁动势的转差率 s^+ 为

$$s^+=\frac{n_1-n}{n_1}$$

对反转旋转磁动势的转差率 s^- 为

$$s^-=\frac{-n_1-n}{-n_1}=2-s$$

它们分别产生电磁转矩动势 T_{em}^+ 和 T_{em}^-，如图 12-2 所示。图中 $T_{em}^+=f\ (s^+)$ 曲线由正转旋转磁动势产生，$T_{em}^-=f_1(s^-)$ 曲线由反转旋转磁动势产生，T_{em} 为合成电磁转矩，由图可见：

(1) 当 $s=1$ 时，$T_{em}=0$，故单相异步电动机无起动转矩。

(2) 当 $s\neq1$ 时，$T_{em}\neq0$，且 T_{em} 无固定方向，它取决于 s 的正负。假定用外力使转子顺正向旋转磁场方向旋转，那么，转子和正转磁场的相对速度减小，转差率 s^+ 小于 1，而和反转磁场的相对速度增大，转差率 s^- 大于 1，于是两转矩就不等，且 $T_{em}^+>T_{em}^-$，因而合成转矩 $T_{em}>0$，转子就顺着正向旋转磁场方向继续旋转下去（假如此转矩大于制动转矩的话）；反之，当外力使转子逆正向旋转磁场方向旋转，那么 s^+ 大于 1，而 s^- 小于 1，此时 $T_{em}^->T_{em}^+$，即 $T_{em}<0$，于是转子就逆正向旋转磁场方向继续旋转下去（假如此转矩大于制动转矩）。因此定子只有一个绕组的单相异步电动机是没有固定转向的，它取决于起动瞬间外力（矩）作用于转子的方向。

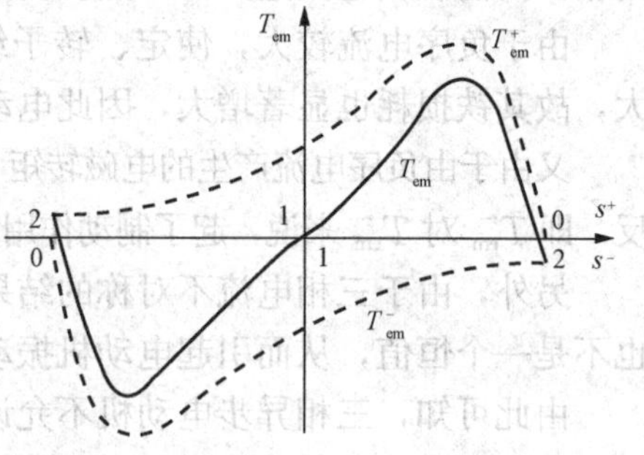

图 12-2 单相异步电动机 $T_{em}-s$ 曲线

(3) 由于 T_{em}^- 与 T_{em}^+ 方向相反，T_{em}^- 与 T_{em}^+ 互起制动作用，使总转矩减小，故单相异步电动机的容量及过载能力较小。

二、起动方法

由于单相异步电动机无起动转矩，故首先要解决的是起动问题。

由 7.4 节知，两相绕组通两相交流电流产生旋转磁场，旋转磁场能产生电磁转矩，其转向由载有超前相的电流转向载有滞后相的电流，单相异步电动机就靠此原理产生起动转矩。

故单相异步电动机的定子实际上有两个绕组，这两个绕组尽管都取自于同一个单相电源（故称单相异步电动机），但设法使流入这两个绕组的电流在时间相位上不同相（故称分相），以产生旋转磁场而获得起动转矩。

根据单相异步电动机起动方法的不同分为分相起动异步电动机和罩极起动异步电动机。

1. 分相起动异步电动机

分相起动电动机有：电容起动电动机、电容运转电动机和电阻起动电动机。

(1) 电容起动电动机。定子上有两套绕组：一套为主绕组（工作绕组）1；另一套为辅助绕组（起动绕组）2，它与工作绕组在空间互差 90°电角度。在起动绕组回路中串接起动电容 C，作电流分相用，并通过离心开关 S 或继电器触点 S 与工作绕组并联在单相电源上，如图 12-3（a）所示。因工作绕组呈阻感性，$\dot{I}_1$ 滞后于 $\dot{U}$；若适当选择电容 C，使流过起动绕组的电流 $\dot{I}_{st}$ 超前 $\dot{I}_1$ 90°，这就相当于在时间相位上互差 90°的两相电流流入在空间互差 90°电角度的两相绕组，便在气隙中产生旋转磁场，并在该磁场作用下产生电磁转矩使电动机转动。可以证明：该电磁转矩的大小正比于两相电流相位差的正弦值（$T_{em}=C_T I_1 I_2 \sin\varphi$），因此适当选择电容器的电容量，使 $\dot{I}_1$、$\dot{I}_2$（$\dot{I}_{st}$）间的相位差 φ 接近 90°，以获得最大的电磁转矩。这种电动机的起动绕组是按短时间运行方式设计的，所以当电动机转速达 70%～85%同步转速时，起动绕组和起动电容器 C 就在离心开关 S 作用下自动退出工作，这时电动机就在工作绕组单独作用下运行。

(2) 电容运转电动机。若省去离心开关，起动绕组按长时间运行方式设计，这就成为电容运转电动机，如图 12-4 所示。它实为一台两相异步电动机，若适当选择电容器电容，使流入两绕组电流对称，以产生圆形旋转磁动势。故其运行性能，起动特性、过载能力及功率因数等均较电容起动电动机好。

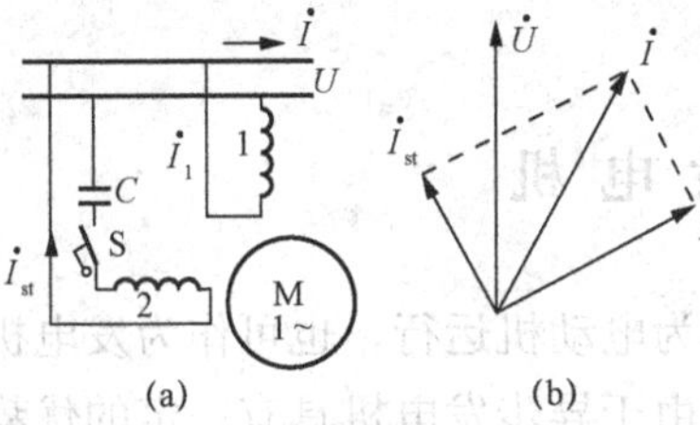

图 12-3　电容起动电动机

(a) 电路图；(b) 相量图

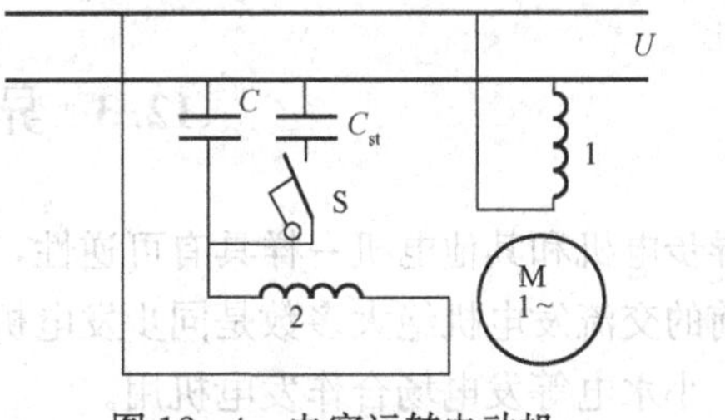

图 12-4　电容运转电动机

需指出的是电动机工作时所需的电容比起动时小，故有的电容电动机在起动绕组回路里有两个电容，一个为起动电容 C_{st} 与离心开关串联，另一个为工作电容 C，且 $C_{st}>C$，如图 12-4 所示。起动时，两个电容同时接入，此时电容就大，起动完毕后，由离心开关 S 将起动电容 C_{st} 切除，工作电容 C 便与工作绕组及起动绕组一起参与运行。

(3) 电阻起动电动机。这种电动机起动绕组的电流不靠串联电容的方法来分相，而是用串联电阻的方法来分相，更多的是利用将两绕组本身的参数设计得不一样来分相。但由于此时 $\dot{I}_1$ 与 $\dot{I}_{st}$ 之间的相位差较小，因此其起动转矩较小，只适用于比较容易起动的场合。

由前述知，旋转磁场由超前相转向滞后相，由图 12-3（b）可知，此时 $\dot{I}_{st}$ 超前 $\dot{I}_1$，故其转向由起动绕组转向工作绕组（顺时针方向）。若要改变转向，只要把起动绕组两个接线端头对换一下即可（$\dot{I}_{st}$ 反相了，它由超前 $\dot{I}_1$ 变为滞后 $\dot{I}_1$）。

2. 罩极起动异步电动机

罩极起动电动机一般都采用凸极定子，工作绕组是集中绕组，套在定子磁极上；在极靴表面的 1/3～1/4 处开有一个小槽，将磁极分成大小不等的两部分，在磁极小的部分嵌有短路环（罩极绕组），如图 12-5（a）所示，其转子仍为笼型的。

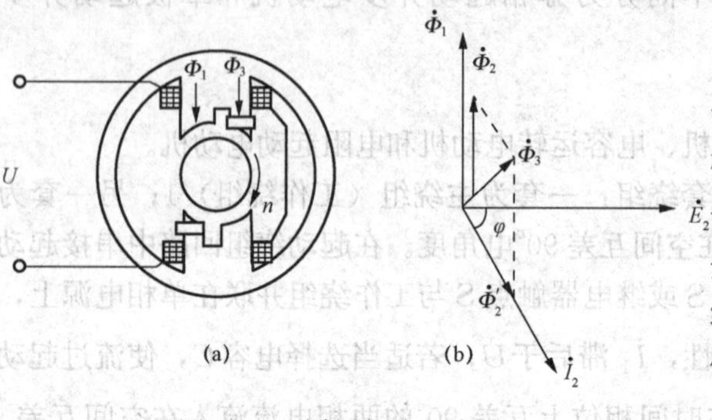

图 12-5　罩极起动电动机

（a）绕组接线图；（b）相量图

当工作绕组接到单相电源上，有单相电流通过时，产生脉动磁通 Φ，根据其磁路的不同可分为两部分：一部分为不穿过短路环的磁通 $\dot{\Phi}_1$，另一部分为穿过短路环的磁通 $\dot{\Phi}_2$，显然：①$\Phi_1 > \Phi_2$；②$\dot{\Phi}_1$ 与 $\dot{\Phi}_2$ 同相。由于 $\dot{\Phi}_2$ 脉动的结果，在短路环中感应电动势 $\dot{E}_2$，它滞后 $\dot{\Phi}_2 90°$。由于短路环闭合，因此在短路环中就流有滞后于 $\dot{E}_2$ 为 φ 角的电流 $\dot{I}_2$，它又产生与 $\dot{I}_2$ 同相的磁通 $\dot{\Phi}'_2$，它也穿链于短路环，因此被短路环所围绕的罩极部分的合成磁通 $\dot{\Phi}_3 = \dot{\Phi}_2 + \dot{\Phi}'_2$，如图 12-5（b）所示，由此可见，未罩部分 $\dot{\Phi}_1$ 与被罩部分磁通 $\dot{\Phi}_3$ 不仅在空间，而且在时间上均有相位差，因此它们的合成磁场将是一个由超前相转向滞后相的旋转磁场（即由未罩极转向罩极），由此产生电磁转矩，其方向也为由未罩极转向罩极。这种电动机起动转矩很小，效率较低，现在很少使用。

12.3　异 步 发 电 机

异步电机和其他电机一样具有可逆性，即可作为电动机运行，也可作为发电机运行。虽然目前的交流发电机绝大多数是同步发电机，但是由于异步发电机具有一定的优势，常用在风电、小水电等发电场合作发电机用。

1. 异步电机当发电机与电网并联运行

由 8.2 节可知，一台异步电机只要用原动机来拖动，使转子的转速 n 高于旋转磁场的同步转速 n_1，即转差率 $s=(n_1-n)/n_1$ 为负值，便成为异步发电机运行。异步发电机和异步电动机一样，需要从电网上吸取无功的励磁电流，借以产生旋转磁场。

与电网并联运行的异步发电机的特点如下：

（1）一般来说，励磁电流 $I_0=(20\%\sim30\%)I_N$，即励磁所需的无功功率，就达发电机容量的 20%～30%。所以异步发电机与电网并联运行后，将使电网的功率因数降低。

（2）异步发电机投入电网的程序极为简单，只要转子转向与定子旋转磁场转向一致，然后使发电机的转速稍高于同步转速，即可投入电网。投入电网时无需整步，运行中也不会发生振荡与失步。此外，异步发电机的定子电压和频率决定于电网电压和频率，均与它的转速无关。

2. 异步发电机单机运行

如果异步发电机不与电网并联而是单机运行，此时必须在异步发电机定子绕组端部并联适当的电容器，如图 12-6 所示。利用电容来供给异步发电机的励磁电流，使它建立电压，称为异步发电机的自励，电路原理如图 12-7（a）所示。

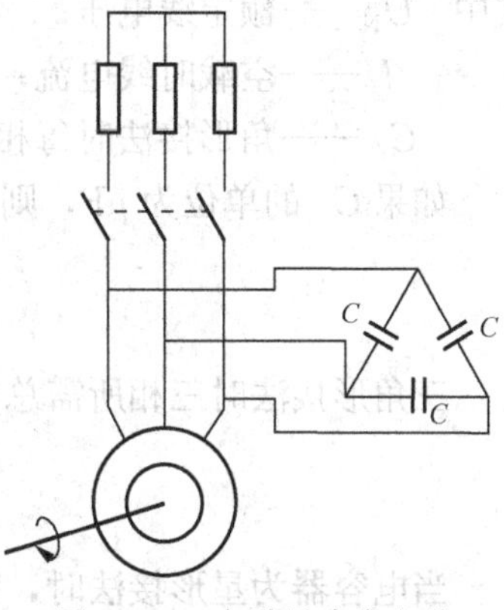

图 12-6　自励异步发电机

首先异步发电机的转子要有剩磁，原动机带动转子旋转后，转子的剩磁磁通 Φ_s 将切割定子绕组，并在定子绕组中异步感应出剩磁电动势 $\dot{E}_s$，$\dot{E}_s$ 的相位落后于 $\dot{\Phi}_s 90^\circ$，如图 12-7（b）所示。电动势 $\dot{E}_s$ 加在电容器上，使定子绕组中流过超前 $\dot{E}_s 90^\circ$的容性电流 $\dot{I}_{C0}$，如图 12-7（b）所示。$\dot{I}_{C0}$ 通过定子绕组产生的磁动势和剩磁通 $\dot{\Phi}_s$ 方向相同，使剩磁得到加强，这样便使发电机电压逐渐升高。图 12-8 表示了异步发电机的自励过程。

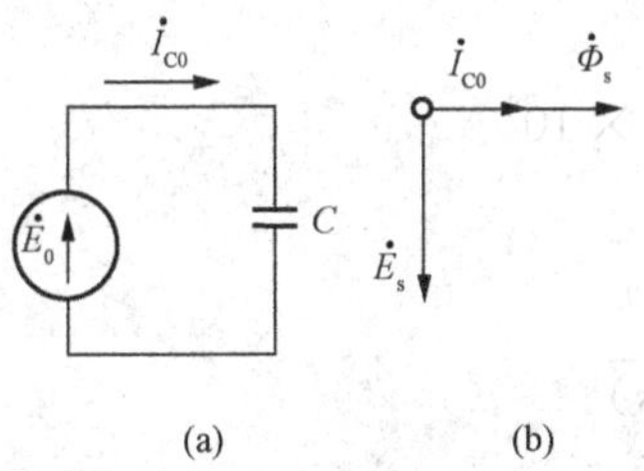

图 12-7　异步发电机的自励原理图

（a）电路原理图；（b）相量图

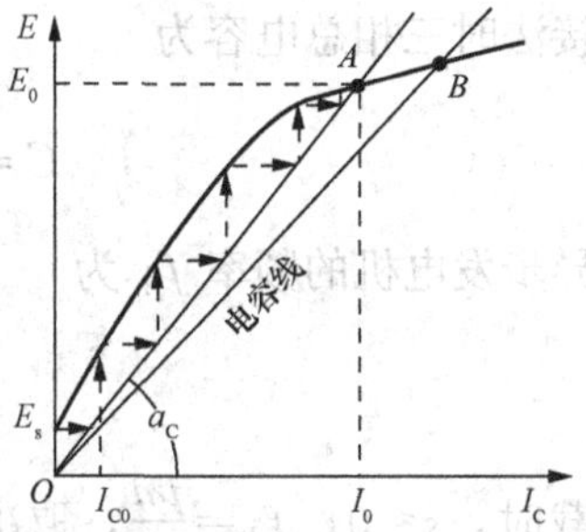

图 12-8　异步发电机的自励过程

异步发电机自励的另一个条件，应有足够的电容量 C，以使电容线与异步发电机的空载特性曲线交于稳定的运行点 A，产生额定的空载电压 $\dot{E}_0$（见图 12-8）。

当发电机的转速固定时，空载特性曲线是已知的。电容线的斜率 $\tan\alpha_C$ 与电容的数值有关，即

$$\tan\alpha_C = \frac{E_0}{I_0} = \frac{1}{\omega_1 C} \tag{12-5}$$

亦即异步发电机自励时的稳定空载电压 E_0 与电容 C 的大小有关。如果电容器的电容增大，则电容线的斜率就变小，α_C 角减小，电容线与空载特性的交点就上升到 B，发电机电压升高。

异步发电机空载时，建立额定电压所需的电容叫做主电容，可以按照下面的方法计算：为了使异步发电机的空载电压等于额定电压，必须使电容电流等于发电机在额定电压下的励磁电流。

当电容器为三角形接法时，每相电容器的容抗为

$$X_{C\triangle}=\frac{U_N}{I_0/\sqrt{3}}=\frac{1}{\omega_1 C_\triangle} \tag{12-6}$$

式中 U_N——额定线电压；

I_0——空载时线电流；

$C_\triangle$——角形接法时每相的电容。

如果$C_\triangle$的单位为μF，则

$$C_\triangle=\frac{I_0}{\omega_1\sqrt{3}U_N}\times 10^6 \tag{12-7}$$

三角形接法时三相所需总电容为

$$C=3C_\triangle=\frac{\sqrt{3}I_0}{\omega_1 U_N}\times 10^6 \tag{12-8}$$

当电容器为星形接法时，每相电容器的容抗为

$$X_{CY}=\frac{U_N/\sqrt{3}}{I_0}=\frac{1}{\omega_1 C_Y} \tag{12-9}$$

$$C_Y=\frac{\sqrt{3}I_0}{\omega_1 U_N}\times 10^6 \tag{12-10}$$

星形接法时三相总电容为

$$C=3C_Y=\frac{3\sqrt{3}I_0}{\omega_1 U_N}\times 10^6 \tag{12-11}$$

自励异步发电机的频率f_1为

$$f_1=\frac{pn}{60(1-s)} \tag{12-12}$$

在空载时，$s\approx 0$，$f_1=\frac{pn}{60}$，取决于转子的转速。在负载时，随着负载的增加，转差率$|s|$将增大。为要保持发电机输出电压的频率f不变，就必须相应地提高转子的转速n，否则负载增加后频率f_1及发电机的端电压下降，而端电压下降又导致励磁的电容电流减小，进一步使端电压下降，因此负载增大时自励异步发电机端电压下降很快。为了保持端电压不变，必须在负载增加的同时增加电容，以增大励磁电流。增加的这部分电容称为辅助电容。

由上面分析可知，自励异步发电机在负载变化时，其端电压和频率的变化是很难免的。为要保持电压和频率不变，在调节转速的同时，尚需根据负载的大小和性质调节电容量的数值，而这种调节除非有自动装置，否则难免保证电压和频率不变。

异步发电机的转子是笼型的，结构简单，运行可靠。但是由于电容器价格较贵，运行时电压和频率又不稳定，所以自励异步发电机仅在农村小型电站中采用。近年来随着小型同步发电机自励恒压系统的完善，新建的农村小型水电站已很少采用异步发电机了。

12.4 感应调压器

三相感应调压器在结构上与绕线转子三相异步电动机极为类似，但它的转子被一套涡轮

蜗杆锁住不能自由旋转，只有在需要调节电压时，才利用涡轮蜗杆将转子转过某一角度。感应调压器的转子绕组接成星形，作为一次绕组接至电源。定子绕组作为二次绕组，它的一端与转子绕组相连接，因而定、转子绕组除有磁的联系外，还有电的联系。它的接线图如图 12-9 所示。

感应调压器的运行原理如下：当转子绕组接通电源后，在三相转子绕组中流过三相电流，于是在气隙中便产生以同步转速 n_1 旋转的主磁通 Φ_0，它在转子绕组及定子绕组中异步感应出的电动势为

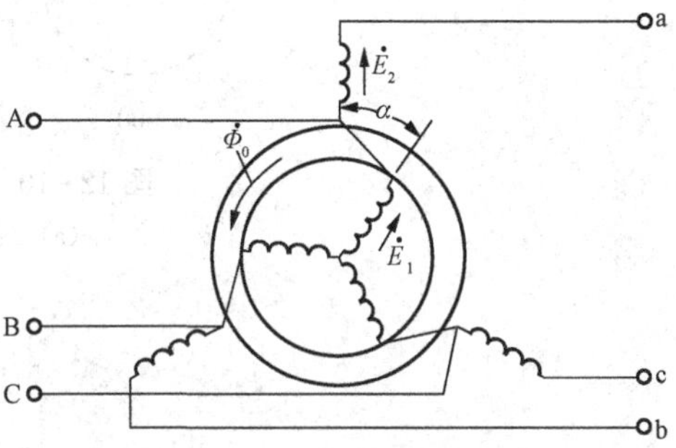

图 12-9　三相感应调压器

$$\left.\begin{aligned} E_1 &= 4.44 f_1 N_1 K_{N1} \Phi_0 \\ E_2 &= 4.44 f_1 N_2 K_{N2} \Phi_0 \\ E_2 &= \frac{E_1}{K_e} \\ K_e &= \frac{N_1 K_{N1}}{N_2 K_{N2}} \end{aligned}\right\} \qquad (12-13)$$

式中　K_e——电压变比。

而两电动势之间的相位则由定子绕组和转子绕组的相对位置来决定。例如：当转子 A 相绕组与定子 a 相绕组重合时，令 $\alpha=0$，此时旋转磁场在同一时刻切割定、转子绕组，因而定、转子绕组中的感应电动势是同相位的。如果转子逆着旋转磁场方向移过 α 电角度，由图 12-10（a）可见，此时旋转磁场将先切割转子 A 相绕组，经过 α 电角度后才切割定子 a 相绕组，所以定子绕组中的感应电动势 $\dot{E}_2$ 便滞后于转子绕组电动势 $\dot{E}_1\alpha$ 电角度，其相量关系如图 12-10（b）所示。如果忽略定、转子绕组的阻抗压降，输出电压 $\dot{U}_2$ 为定、转子绕组电动势之和，即

$$\dot{U}_2 \approx \dot{E}_1 + \dot{E}_2 \qquad (12-14)$$

从图 12-10（b）可以看出，$\dot{U}_2$ 随 α 角而变化。因此，调节 α 角，就可平滑地调节输出电压的大小。输出电压的最大值为

$$U_{2max} \approx E_1 + E_2 = E_1 + \frac{E_1}{K_e} \approx U_1\left(1+\frac{1}{K_e}\right) \qquad (12-15)$$

在忽略阻抗压降时，$E_1=U_1$。输出电压的最小值为

$$U_{2min} \approx E_1 - E_2 = E_1 - \frac{E_1}{K_e} \approx U_1\left(1-\frac{1}{K_e}\right) \qquad (12-16)$$

当定子及转子绕组的匝数相等时，$E_2=E_1\approx U_1$，因此，因此感应调压器的输出电压便可在 $0\sim 2U_1$ 的范围内调节。但应注意，在调节输出电压大小的同时，输出电压在相位上也发生了变化，如图 12-10（b）中所示，$\dot{U}_{2max}$ 与 $\dot{U}_2$ 相差 β 角。

由于感应调压器是静止的，所以它的散热条件差，小型感应调压器可以用空气冷却，但容量较大时，经常放在油箱内用油冷却。感应调压器的质量、励磁电流都比同容量的自耦变压器大，但是由于它没有滑动触头，运行比较安全可靠。

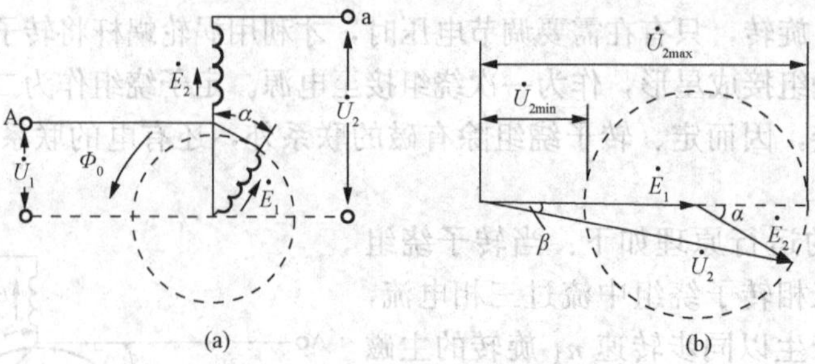

图 12-10 感应调压器工作原理

(a) 线路图；(b) 相量图

本 章 小 结

三相异步电动机在不对称电压下运行，主要问题是负序分量产生椭圆形旋转磁场及反向电磁转矩，使定子相绕组过热，损耗增大，效率下降，转矩减小，过载能力下降，电动机振动、转速不匀，还产生电磁噪声等，故三相异步电动机不允许在严重不对称的电压下运行。

单相异步电动机无起动转矩，关键问题是如何获得起动转矩，最有效的办法是在起动时产生旋转磁场，于是出现了分相起动和罩极起动的两种电动机。这两种电动机（电容分相电动机和罩极起动电动机）均有两个绕组，故与其说是单相电动机，倒不如说是两相电动机，只不过它们的电源是取自于单相电源而已。与异步电动机的运行情况一样，异步发电机与电网并联运行时，要从电网吸取无功的励磁电流来建立气隙旋转磁场；同时把原动机的机械功率转换为电功率供给电网。异步发电机单独运行时，必须在定子绕组端点并联电容器，利用电机的剩磁自励而产生气隙磁场，建立端电压。为了使自励异步发电机负载变化时，端电压和频率保持不变，应在调节转速的同时，调节辅助电容。

感应调压器实质上是一台静止的绕线转子异步电动机，应着重于了解调节输出电压的基本原理。

思 考 题

12-1 如果电源电压显著不对称，三相异步电动机能否带额定负载长期运行，为什么？

12-2 正序电流所产生的旋转磁场以什么速度切割转子，负序电流所产生的旋转磁场以什么速度切割转子？

12-3 有一台三相 Y 联结的异步电动机，起动时发现电源一相断线，这时电动机能否起动？如果运行中电源一相断线，问定子电流、转速和最大电磁转矩有何变化，断线后电机能否继续长期带额定负载运行？

12-4 是否可以应用一台绕线转子异步电动机来获得电压大小不变而相位能任意调节的三相电源？请说明定、转子接线及运行情况。

12-5 异步电机作发电运行时，等效电路中的$\frac{1-s}{s}r'_2$为负值，请解释其物理意义。

12-6 说明异步发电机单机运行时的自励过程。如何调节异步发电机的电压？

第四篇

同 步 电 机

同步电机是一种常用的交流电机，与异步电机相比，同步电机的转子装有磁极并通入直流电流励磁，且转子的转速 n 与电网频率 f 之间具有固定不变的关系，即 $n=n_1=60f/p$，转速 n_1 称为同步转速。若电网的频率不变，则同步电机的转速恒为常值而与负载的大小无关。

从原理上看，同步电机主要作发电机，世界上的电力几乎全部由同步发电机发出。同步电机也可用作电动机运行，其特点是可以通过调节励磁电流来改变功率因数，正因为如此，同步电机有一种特殊的运行方式，即接于电网作空载运行，这种同步电机称为同步补偿机或同步调相机，专门用于电网的无功补偿，以提高电网的功率因数，改善电能质量。

第13章 同步电机基本知识

13.1 同步电机的分类与基本结构

一、同步电机的分类

1. 按照结构形式分类

按照结构形式同步电机可以分为旋转电枢式和旋转磁极式两类。电枢是电机实现机电能量转换的关键部件。发电机中电枢是产生电动势的部件；电动机中电枢是产生电磁力的部件。旋转电枢式同步电机的电枢装设在转子上，主磁极装设在定子上，这种结构在小容量同步电机中得到一定的应用。对于高压、大容量的同步电机，长期的制造和运行经验表明，采用旋转磁极式结构比较合理。由于励磁部分的容量和电压常较电枢小得多，把电枢装设在定子上，主磁极装设在转子上，电刷和集电环的负载就大为减轻，工作条件得以改善。所以目前旋转磁极式结构已成为中、大型同步电机的基本结构型式。

2. 按照转子主极的形状分类

同步电机又可分成隐极式和凸极式两种基本形式，如图13-1所示。隐极式转子做成圆柱形状，气隙均匀；凸极式转子有明显凸出的磁极，气隙不均匀。对于高速的同步电机（3000r/min），从转子机械强度和妥善地固定励磁绕组考虑，采用励磁绕组分布于转子表面槽内的隐极式结构较为可靠。对于低速电机（1000r/min及以下），由于转子的圆周速度较低、离心力较小，故采用制造简单、励磁绕组集中安放的凸极式结构较为合理。

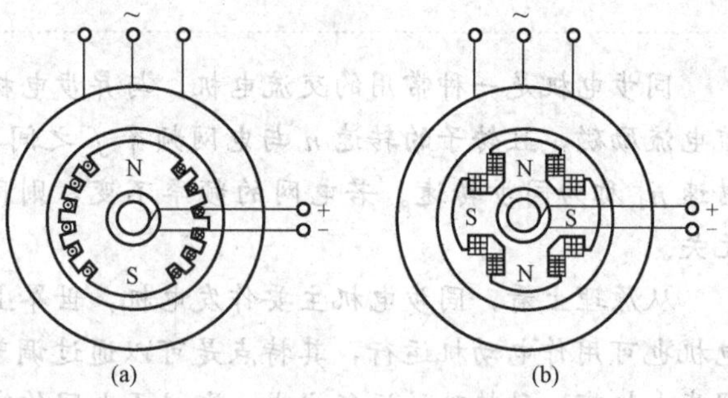

图13-1 旋转磁极式同步电机的基本类型
(a) 隐极式；(b) 凸极式

3. 按原动机的类别分类

大型同步发电机通常用汽轮机或水轮机作为原动机来拖动，前者称为汽轮发电机，后者称为水轮发电机。由于汽轮机是一种高速原动机，所以汽轮发电机一般采用隐极式结构。水轮机则是一种低速原动机，所以水轮发电机一般都是凸极式结构。同步电动机、由内燃机拖动的同步发电机以及同步补偿机，大多做成凸极式，少数2极的高速同步电动机也有做成隐极式的。

4. 按运行方式和功率转换方向分类

同步电机可分为同步发电机（机械能转换成电能）、同步电动机（电能转换成机械能）和同步补偿机（不进行有功功率的转换，专门用来调节电网的无功功率，改善电网的功率因数）三类。

5. 按冷却介质和冷却方式分类

空气冷却、氢气冷却和水冷却等。容量为50MW以下的同步发电机采用空气冷却，大容量发电机常采用氢冷却或水冷却，如定子绕组水冷却，转子绕组和铁心采用氢冷却、还有双水内冷等。

二、同步电机的基本结构

1. 隐极同步电机（主要是指汽轮发电机）

现代的汽轮发电机一般都是2极的，同步转速为3000r/min或3600r/min（对60Hz的电机）。这是因为提高转速可以提高汽轮机的运行效率，减小整个机组的尺寸、降低机组的造价。由于转速高，所以汽轮发电机的直径较小，长度较长。现代汽轮发电机的转子本体长度与直径之比 $l_2/D_2=2\sim6$，容量越大，此比值也越大。汽轮发电机均为卧式结构，图13-2所示为一台汽轮发电机的定子和转子的外形图。

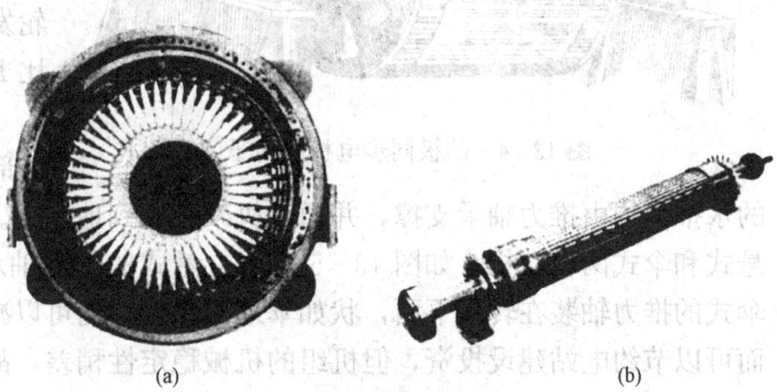
(a)　(b)

图13-2　汽轮发电机的外形图

(a) 定子；(b) 转子

汽轮发电机的定子由定子铁心、定子绕组、机座、端盖等部件组成。定子铁心一般用厚0.5mm的硅钢片叠成，每叠厚度为3～6cm，叠与叠之间留有宽0.8～1cm的通风槽。整个铁心用非磁性压板压紧，固定在定子机座上。

汽轮发电机中受机械应力最大和发热程度最高的部件是转子。大容量汽轮发电机的转子转速可达170～180m/s，由于转速高，转子的某些部件将受到极大的机械应力。因此现代汽轮发电机的转子一般都用整块具有良好导磁性的高强度合金钢锻造而成。沿转子表面约2/3部分铣有轴向凹槽，励磁绕组就分布、嵌放在这些槽里。不开槽的部分组成一个"大齿"，大齿的中心线即为转子主磁极的中心线。嵌线部分和大齿一起构成了发电机的主磁极［见图13-1 (a)］。为把励磁绕组可靠地固定在转子上，转子槽楔采用非磁性的金属槽楔，端部套上用高强度非磁性钢锻成的护环。

图13-3　汽轮发电机的转子

图13-3所示为一台20万kW嵌完线的汽轮发电机转子。

由于汽轮发电机的机身比较细长，转子和电机中部的通风比较困难，所以良好的通风、冷却系统对汽轮发电机特别重要。因此，汽轮发电机的冷却系统比较复杂。

2. 凸极同步电机

凸极同步电机通常分为卧式和立式两种结构。绝大部分同步电动机、同步补偿机和用内燃机或冲击式水轮机拖动的同步发电机都采用卧式结构。低速、大容量的水轮发电机和大型水泵用同步电动机则采用立式结构。卧式同步电机的定子结构与异步电机基本相同，定子也是由机座、铁心和定子绕组等部件组成；转子则由主磁极、磁轭、励磁绕组、集电环和转轴等部件组成。图 13 - 4 表示一台已经装配好的凸极同步发电机转子。

图 13 - 4 凸极同步电机的转子

大型水轮同步发电机通常都是立式结构。与隐极式同步电机相比，由于它的转速低、极数多，要求转动惯量大，故其特点是直径大、长度短。在低速水轮发电机中，定子铁心的外径和长度之比 D_a/l 可达 5～7 或更大。

在立式水轮发电机中，整个机组转动部分的重量以及作用在水轮机转子上的水推力均由推力轴承支撑，并通过机架传递到地基上。按照推力轴承的位置，发电机又有悬式和伞式两种结构，如图 13 - 5 所示。悬式的推力轴承装在转子上面，整个转子悬吊着；伞式的推力轴装在转子下面，状如伞形。伞式结构可以减少电机的轴向高度和厂房高度，从而可以节约电站建设投资，但机组的机械稳定性稍差，故主要用于低速水轮发电机中。当转速较高时，从减小振动和增加机械稳定性出发，以采用悬式为宜。

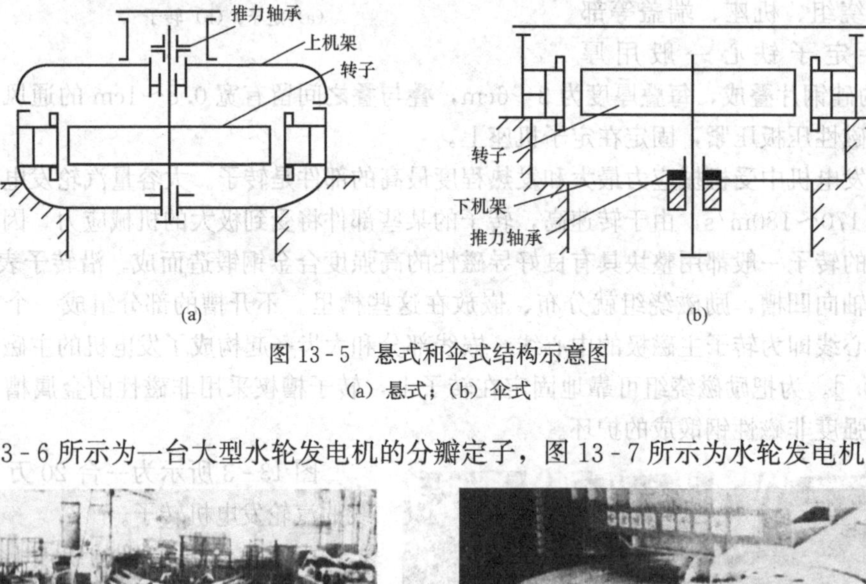

图 13 - 5 悬式和伞式结构示意图

（a）悬式；（b）伞式

图 13 - 6 所示为一台大型水轮发电机的分瓣定子，图 13 - 7 所示为水轮发电机的转子。

图 13 - 6 水轮发电机的分瓣定子

图 13 - 7 水轮发电机的转子

除励磁绕组外，同步电机的转子上还常装有阻尼绕组（见图13-4）。阻尼绕组与笼型异步电动机转子的笼型绕组结构相似，它由插入主极极靴槽中的铜条和两端的端环焊接而成的一个闭合绕组。在同步发电机中，阻尼绕组起抑制转子机械振荡的作用；在同步电动机和补偿机中，主要作为起动绕组用。

13.2　同步电机的励磁方式

给同步电机励磁的装置，称为励磁系统。为保证同步电机的正常运行，励磁系统应满足以下要求：

（1）能够稳定地提供同步电机从空载到满载以及过载时所需的励磁电流。

（2）当电力系统发生故障而使电网电压下降时，励磁系统应能快速强行励磁，以提高系统的稳定性。

（3）当同步电机内部发生短路故障时，为迅速排除故障并使故障局限在最小范围内，应能快速灭磁。

（4）励磁系统应能长期可靠地运行，维护要方便，且力求简单、经济。

目前采用的励磁系统可分为两类：一类是用直流发电机作为励磁电源的直流励磁机励磁系统；另一类是利用晶闸管整流装置将交流变成直流后供给励磁的整流器励磁系统。现分述如下。

一、直流励磁机励磁系统

直流励磁机通常与同步发电机同轴，并采用并励接法。有时为了提高励磁系统的反应速度，并使励磁机在较低电压下也能稳定运行，直流励磁机也有采用他励的，如图13-8所示。此时励磁机的励磁由另一台与主励磁机同轴的副励磁机供给。为使同步发电机的输出电压保持恒定，常在励磁电流中加进一个反映发电机负载电流的反馈分量；当负载增加时，使励磁电流相应地增大，以补偿电枢反应和漏抗压降的作用。这样的系统称为复式励磁系统。

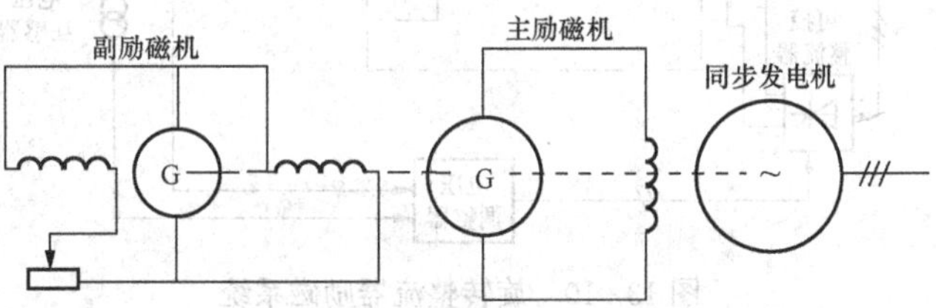

图13-8　带副励磁机的励磁系统

二、静止整流器励磁系统

静止整流器励磁又分为他励式和自励式两种。

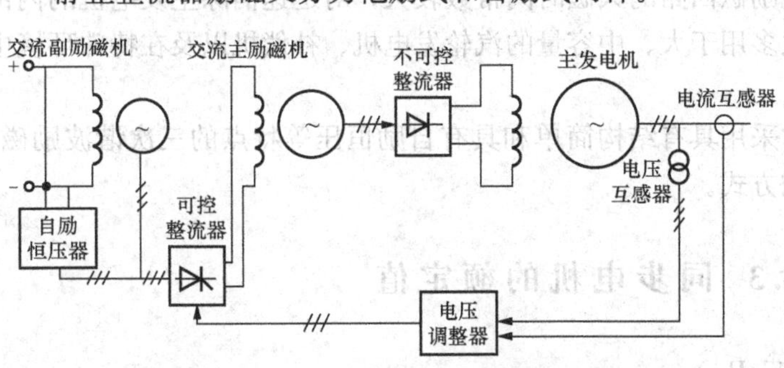

图13-9　他励式静止整流器励磁系统

1. 他励式静止整流器励磁系统

他励式静止整流器励磁系统的工作原理如图13-9所示。图中交流主励磁机是一台与同步发电机同轴连接的三相同步发电机（其频率通常为100Hz），主励磁机的交流输出经静止的三相桥式不可控整流器整流后，通过集电环接到主发电机的励磁绕组，以供给其直流励磁，而主励磁机的励磁电流则由交流副励磁机发出的交流电经静止的可控整流器整流后供给。交流副励磁机也与主同步发电机同轴连接，它是一台中频三相同步发电机（有时采用永磁发电机）。副励磁机的励磁，开始时由外部直流电源供给，待电压建立起后再转为自励。自动电压调节器是根据主发电机端电压的偏差，对交流主励磁机的励磁进行调节，从而实现对主发电机励磁的自动调节。

这种励磁系统运行、维护方便，由于取消了直流励磁机，使励磁容量得以提高，因而在大容量汽轮发电机中获得广泛的应用。

2. 自励式静止整流器励磁系统

自励式系统没有旋转的励磁机，励磁功率是从主发电机发出的功率中取得。空载时，同步发电机的励磁由输出的交流电压经励磁变压器和三相桥式半控整流装置整流后供给；负载时，发电机的励磁除由半控桥供给外，还由复励变流器经三相桥式硅整流装置整流后共同供给。这种励磁系统便于维护，电压稳定性较高，动态特性好，目前在中、小型同步发电机中已经采用。

三、旋转整流器励磁系统

实践表明，当励磁电流超过 2000A 时，可引起集电环严重过热，此时可采用取消集电环装置的旋转整流器励磁系统，其原理图如图 13 - 10 所示。系统中的交流主励磁机是与主发电机同轴连接的旋转电枢式三相同步发电机，旋转电枢的交流输出经与主轴一起旋转的不可控整流器整流后，直接送到汽轮发电机的转子励磁绕组，以供给其励磁。因为交流主励磁机的电枢、整流装置与主发电机的励磁绕组均装设在同一旋转体上（图 13 - 10 中用点划线框出），不再需要集电环和电刷装置，所以这种系统又称为无刷励磁系统。交流主励磁机的励磁，由同轴的交流副励磁机经静止的可控整流器整流后供给。发电机的励磁由电压调节器自动调节。

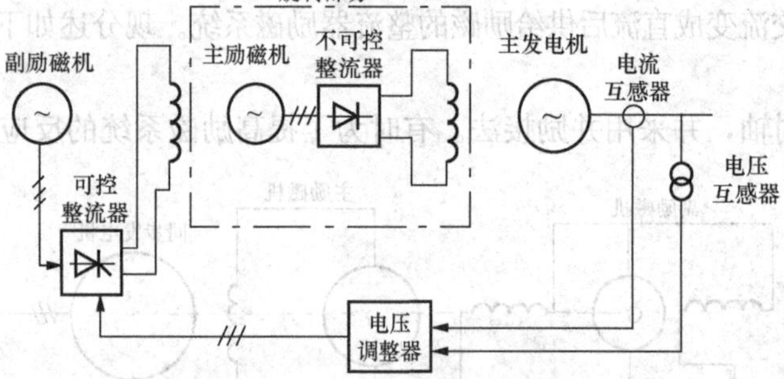

图 13 - 10 旋转整流器励磁系统

由于取消了电刷和集电环，所以这种励磁方式的运行比较可靠，尤其适合于要求防燃、防爆的特殊场合。缺点是发电机励磁回路的灭磁时间常数较大，对迅速消除主发电机的内部故障是不利的。这种励磁系统大多用于大、中容量的汽轮发电机、补偿机以及在特殊环境中工作的同步电动机中。

在小型同步发电机中还经常采用具有结构简单和具有自励恒压等特点的三次谐波励磁、电抗移相励磁或感应励磁等励磁方式。

13.3 同步电机的额定值

1. 额定容量 S_N（或额定功率 P_N）

额定容量 S_N 指额定运行时电机的输出功率。同步发电机的额定容量既可用视在功率表示，也可用有功功率表示；同步电动机的额定功率是指轴上输出的机械功率；补偿机则用无功功率表示。单位是 MV・A、MW、Mvar 或 kV・A、kW、kvar。

2. 额定电压 U_N

额定电压 U_N 指额定运行时定子的线电压，单位为 kV 或 V。

3. 额定电流 I_N

额定电流 I_N 指额定运行时定子绕组的线电流，单位为 A。

三相同步发电机的额定电流为 $$I_N=\frac{S_N}{\sqrt{3}U_N}=\frac{P_N}{\sqrt{3}U_N\cos\varphi_N}$$

三相同步电动机的额定电流为 $$I_N=\frac{P_N}{\sqrt{3}U_N\eta_N\cos\varphi_N}$$

4. 额定功率因数 $\cos\varphi_N$

额定功率因数 $\cos\varphi_N$ 指额定运行时电机的功率因数，一般为 0.8～0.85。

5. 额定频率 f_N

额定频率 f_N 指额定运行时电枢电动势或电流的频率。我国标准工业频率（工频）规定为 50Hz。

6. 额定转速 n_N

额定转速 n_N 指额定运行时电机的转速，对同步电机而言，即为同步转速 $n_1=\frac{60f}{p}$。

除上述额定值以外，铭牌上还常常列出一些其他的运行数据，例如额定负载时的温升 θ_N，额定励磁电流和电压 I_{fN}、U_{fN}，额定效率 η_N 等。

本章小结

同步电机的一个基本特点是电枢电流频率与转速之间保持严格同步关系，而异步电机的转速是可以变动的。同步电机与异步电机相比，另一个结构特点是同步电机是双边励磁，定子侧为交流励磁而转子侧为直流励磁。同步发电机按转子结构可分为隐极发电机即汽轮发电机和凸极发电机即水轮发电机。

思考题

13-1 水轮发电机和汽轮发电机结构上有什么不同，各有什么特点？

13-2 同步电机和异步电机在结构上有哪些异同之处？

13-3 为什么现代的大容量同步电机都做成旋转磁极式？

13-4 伞式和悬式水轮发电机的特点和优缺点如何？试比较之。

13-5 试说明同步发电机都有哪些励磁方式？它们各有什么特点？

13-6 同步发电机的冷却方式有哪些？

13-7 同步发电机的额定功率和同步电动机的额定功率有什么不同？

习 题

13-1 同步发电机的转速为什么必须是常数？接在频率是 50Hz 电网上，转速为 150r/min 的水轮发电机极数为多少？

13-2 一台三相同步发电机，$S_N=10kVA$，$\cos\varphi_N=0.8$（滞后），$U_N=400V$。试求其额定电流 I_N 和额定运行时发出的有功功率 P_N、无功功率 Q_N。

13-3 一台三相同步电动机，$S_N=2kVA$，$\cos\varphi_N=0.8$（滞后），$\eta=92\%$，$U_N=380V$，试求其额定运行时的电流 I_N 和输出的机械功率 P_N。

13-4 试问 75r/min、50Hz 的同步电机是几极的？一台 20 个磁极的同步发电机，频率为 50Hz，其同步转速是多少？该电机应是隐极式结构，还是凸极式结构？

第 14 章　同步发电机的运行原理

14.1　同步发电机的空载运行

一、空载运行时的物理情况

同步发电机被原动机拖动到同步转速，转子励磁绕组通入直流励磁电流而定子绕组开路时的运行工况称为空载运行。此时，定子绕组电流为零，电机内的磁场仅由转子励磁电流 I_f 及相应的励磁磁动势 F_f 单独建立，称为励磁磁场。图 14 - 1 为一台 4 极凸极同步发电机空载磁场分布示意图。图中既交链转子又经过气隙交链定子的磁通，称为主磁通。该磁场是一个被原动机拖动到同步转速的机械旋转磁场，其磁密波形沿气隙圆周近似作正弦分布，基波分量的每极磁通量用 Φ_0 表示。Φ_0 将参与发电机的机电能量转换过程。

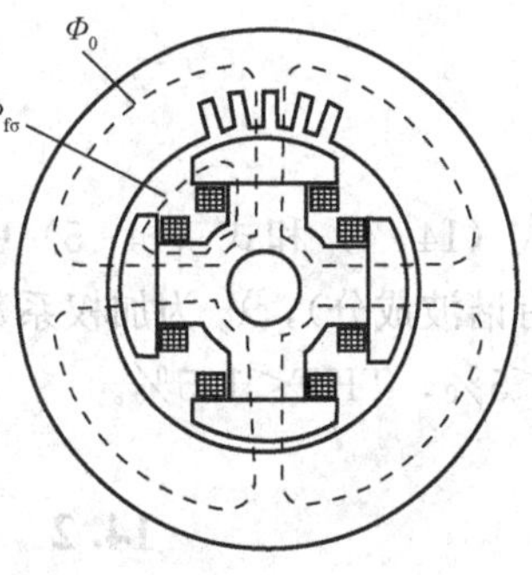

图 14 - 1　凸极同步发电机空载磁场分布示意图

除基波主磁通 Φ_0 之外的所有谐波成分（称为谐波漏磁通）和励磁磁场中仅与转子励磁绕组交链而不与定子交链的磁通（图 14 - 1）均不参与机电能量转换过程，故该磁通称为漏磁通，用符号 $\Phi_{f\sigma}$ 表示，下标 f 表示由励磁磁场产生的漏磁通。

设转子的同步转速为 n_1，则基波主磁通切割定子绕组感应出频率 $f=pn_1/60$ 的对称三相基波电动势，其有效值为

$$E_0=4.44fNK_{N1}\Phi_0 \tag{14-1}$$

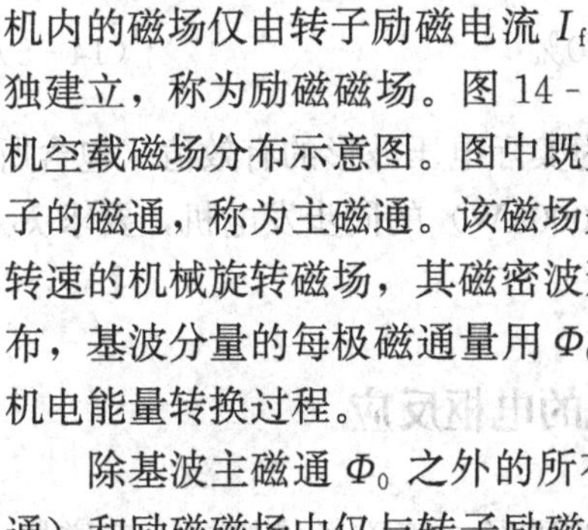

图 14 - 2　同步发电机空载特性（磁化）曲线

二、空载特性（磁化）曲线和磁饱和系数

1. 空载特性（磁化）曲线

改变励磁电流 I_f（亦即改变励磁磁动势 F_f）可得到不同的 Φ_0 和 E_0。由此可得空载特性（磁化）曲线 $E_0=f(I_f)$ 或 $\Phi_0=f(I_f)$，如图 14 - 2 所示，空载特性曲线起始段为直线，其延长线为气隙线。

2. 磁饱和系数

取 $\overline{Oa}$ 代表额定电压 U_N，则发电机磁路饱和系数为

$$k_\mu=\frac{\overline{ac}}{\overline{ab}}=\frac{I_{f0}}{I_{fg}}=\frac{F_{f0}}{F_{fg}} \tag{14-2}$$

式中　I_{f0}——考虑磁路饱和时产生额定电压 U_N 对应的励磁电流；

I_{fg}——不考虑磁路饱和时产生额定电压 U_N 对应的励磁电流。普通同步发电机 k_μ 的取值范围约在 1.1～1.25 之间，表明磁路饱和后，建立相同的磁通 Φ（电动势 E_0）所需的励磁电流 I_f（励磁磁动势 F_f）增大 k_μ 倍。

三、气隙谐波磁场的影响

实际电机中，由于气隙磁密波形不可能为理想正弦，定子绕组电动势中势必会存在一系

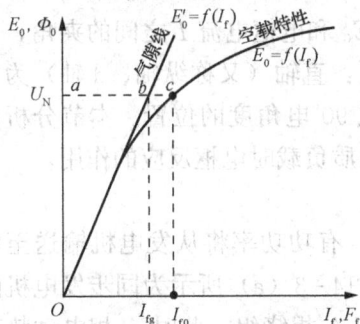

列谐波，各次谐波电压有效值的计算公式为

$$U_\nu = 4.44 f_\nu N K_{N\nu} \Phi_\nu (\nu = 2、3\cdots) \tag{14-3}$$

并采用电压波形正弦性畸变率和电话谐波系数来衡量波形的质量及其对通信的影响。两者的定义式分别如下。

$$k_M = \frac{\sqrt{\sum_{\nu=2}^{\infty} U_\nu^2}}{U_1} \times 100\% \tag{14-4}$$

$$THF\% = \frac{\sqrt{\sum_{\nu=1}^{5000} (\lambda_\nu U_\nu)^2}}{U} \times 100\% \tag{14-5}$$

式（14-4）和式（14-5）中，U_1 为基波电压有效值，U 为实际电压波形的有效值（包含所有谐波成分），λ_ν 为加权系数。对于中等容量以上（P_N>5000kW）的同步发电机，要求 k_M<5%，THF<1.5%。

14.2 对称三相负载时同步发电机的电枢反应

同步发电机空载运行时气隙仅存在由主极磁动势产生的磁场，该磁场是机械旋转磁场。当负载电流流过同步电机的定子绕组时，将产生另一磁场，即定子磁场或电枢反应磁场。这一磁场将和原有的空载磁场相加而得空气隙中的合成磁场。所谓电枢反应是指电枢磁动势基波对主极磁动势基波的影响。

同步发电机带不同性质的负载，就有不同性质的电枢反应。在此定义同步电机输出的负载电流 I 和空载电动势 E_0 之间的相角为内功率因数角 ψ：$\psi=0$ 表示 I 与 E_0 同相，$\psi>0$ 表示电流 I 滞后于 E_0，$\psi<0$ 表示 I 超前于 E_0。空载电动势 E_0 和电枢电流 I 之间的夹角，与电机本身参数和负载性质有关。为了说明电枢反应，还定义：直轴（又称纵轴、d 轴）为主极轴线；交轴（又称横轴、q 轴）与直轴正交，在与直轴成 90°电角度的位置。本节分析电枢反应的作用时忽略电枢电阻的影响。下面具体分析不同性质负载时电枢反应的作用。

一、内功率因数角 $\psi=0$ 时的电枢反应

此时同步发电机输出的负载电流和空载电动势同相位，有功功率将从发电机输送至电网。由于内功率因数为 1，该发电机并不发出无功功率。图 14-3（a）所示为同步发电机的电动势相量图。按图中所示瞬间，转子磁场的磁轴正好截切 A 相绕组，此时 A 相电动势有最大值，其方向可按右手定则确定。因为 $\psi=0$，所以这时 A 相的电流也是最大值。图 14-3（b）A 相绕组中标出了电流最大值的方向。为清晰起见，各相的电动势及 B、C 相的电流不予画出，下同。按定子三相合成旋转磁动势的性质，此时磁动势的轴线恰和通有最大电流的一相轴线相重合，所以此瞬间定子旋转磁动势的振幅正出现在 A 相的轴线上。可见定子磁动势 $\vec{F}_a$ 滞后转子磁动势 $\vec{F}_f$ 90°，图 14-3（c）为同步发电机的转子磁动势和电枢反应磁动势的波形图。故当 $\psi=0$ 时，电枢旋转磁动势的轴线作用在 q 轴，称为交轴电枢反应，呈纯粹的交磁作用。

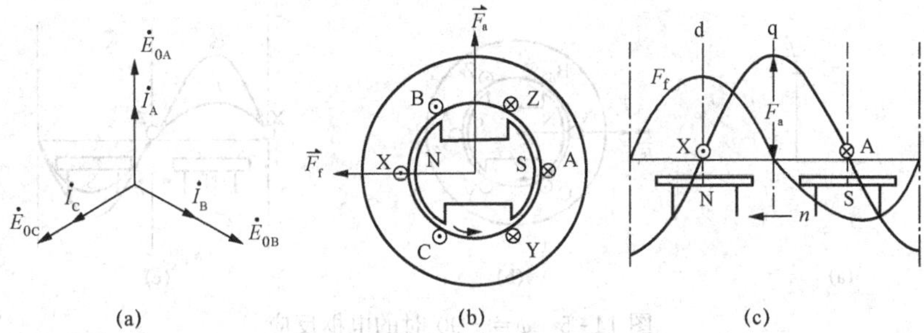

图 14-3　$\psi=0$ 的电枢反应

（a）相量图；（b）剖面图；（c）展开图

二、内功率因数角$\psi=90°$时的电枢反应

此时同步发电机带纯感性负载，输出滞后于空载电动势 90°的电流，图 14-4（a）为电动势相量图，因三相对称故只画一相。此时发电机发出的有功功率为零，仅输送感性无功功率至电网。或者说，发电机将从电网吸取电容性无功功率。图 14-4（b）中，A 相电动势最大，而因 $\psi=90°$，电流却等于零。此时电枢磁动势 $\vec{F}_a$ 与转子磁动势 $\vec{F}_f$ 两个轴线重合而方向相反。$\vec{F}_a$ 的轴线出现在 d 轴，故称直轴电枢反应，二者方向相反，图 14-4（c）为转子磁动势和电枢反应磁动势的波形图。$\psi=90°$时的电枢反应为纯粹的直轴去磁电枢反应。

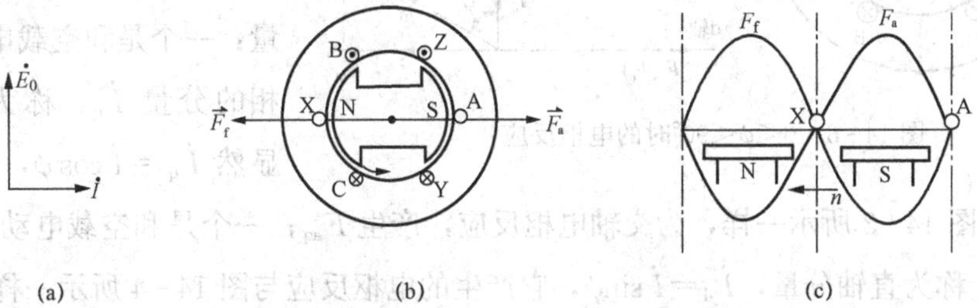

图 14-4　$\psi=90°$时的电枢反应

当发电机的端电压即电网电压保持不变时，合成的空气隙磁场也为近似不变。故当电枢反应呈去磁作用时，为要激励所需的空气隙磁场，原有的（相当于 $\psi=0$ 时的）直流励磁就不够，必须增大，即此时的同步发电机处于过励磁状态。由此可得结论：过励磁的同步发电机将输送感性无功功率至电网，或自电网吸取容性无功功率。

三、内功率因数角$\psi=-90°$时的电枢反应

此时同步发电机带纯电容负载，输出超前于空载电动势 90°的电流，图 14-5（a）为电动势相量图。此时发电机发出的有功功率为零，仅输送容性无功功率至电网。或者说，发电机将从电网吸取感性无功功率。图 14-5（b）所示为 A 相电动势最大的情况，此时 $\psi=-90°$，电流等于零。此时电枢磁动势 $\vec{F}_a$ 与转子磁动势 $\vec{F}_f$ 两个轴线重合而方向相同。$\vec{F}_a$ 的轴线出现在 d 轴，故称直轴电枢反应，二者方向相同，图 14-5（c）是转子磁动势和电枢反应磁动势的波形图。即 $\psi=-90°$时，电枢反应为纯粹的直轴加磁（磁化）电枢反应。

当电网电压保持不变时，为要激励所需的合成空气隙磁场，原有的（相当于 $\psi=0$ 时的）直流励磁就多了，必须减少，此时的同步发电机处于欠励磁状态。由此可得结论，欠励

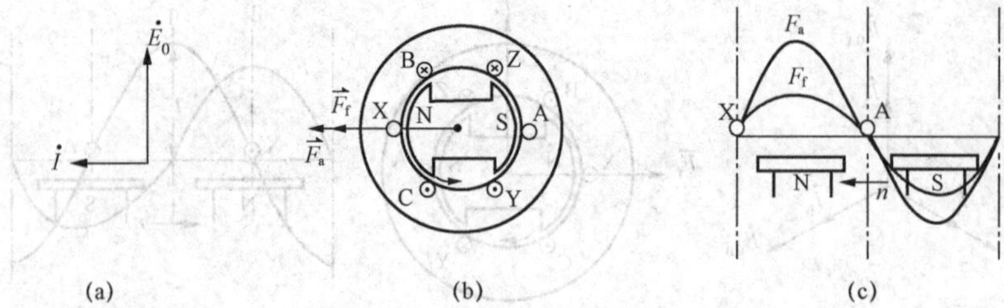

图 14-5　$\psi=-90°$时的电枢反应

磁的同步发电机将输送容性无功功率至电网，或自电网吸取感性无功功率。

四、一般情况（$0<\psi<90°$）时的电枢反应

图 14-6 示出了同步发电机最常见的运行情况（$0<\psi<90°$）时的电枢反应，此时 $\vec{F}_a$ 滞后 $\vec{F}_f$ 一个（$90°+\psi$）角。该电枢磁动势可分解为直轴分量 F_{ad} 和交轴分量 F_{aq}。F_{aq} 呈交磁作用，F_{ad} 呈去磁作用。此时的电枢反应也可以这样说明，如将电枢负载电流 I 分解为两个分量：一个是和空载电动势 $\dot{E}_0$ 同相的分量 $\dot{I}_q$，称为交轴分量，显然 $\dot{I}_q=\dot{I}\cos\psi$，它所产生的电枢反应与图 14-3 所示一样，为交轴电枢反应，产生 F_{aq}；一个是和空载电动势 $\dot{E}_0$ 成 90°的分量 $\dot{I}_d$，称为直轴分量，$\dot{I}_d=\dot{I}\sin\psi$，它产生的电枢反应与图 14-4 所示一样，为直轴电枢反应，产生 F_{ad}。总的电枢磁动势 $\vec{F}_a$ 便是 F_{aq} 与 F_{ad} 的合成。故 $0<\psi<90°$时的电枢反应为直轴去磁兼交轴电枢反应。

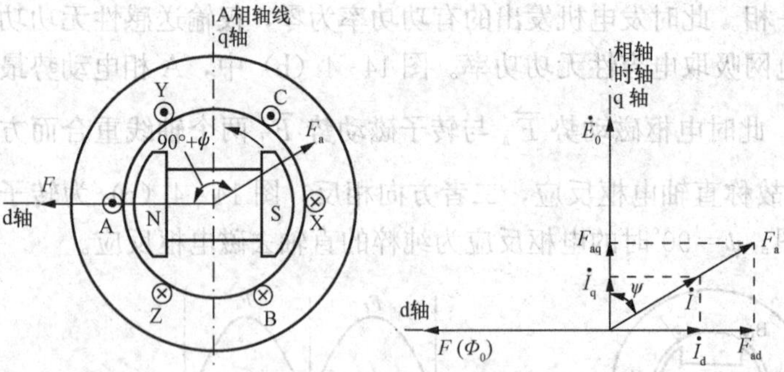

图 14-6　$0<\psi<90°$时的电枢反应

同理可以证明，$-90°<\psi<0$ 时的电枢反应是直轴加磁兼交轴电枢反应，简称交磁加磁电枢反应。

五、电枢反应在能量转换中的作用

电枢反应的存在是电机实现能量传递的关键。当同步发电机空载运行时，定子绕组开路，没有负载电流，不存在电枢反应，因此也不存在由转子到定子的能量传递。当同步发电机带有负载后，就产生了电枢反应。图 14-7 示出了不同性质负载时，电枢磁场与转子绕组电流产生电磁力的情况。图 14-7（a）为交轴电枢磁场对转子绕组电流

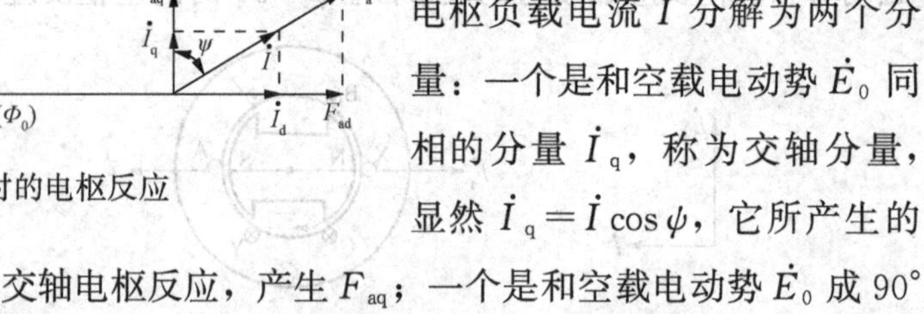

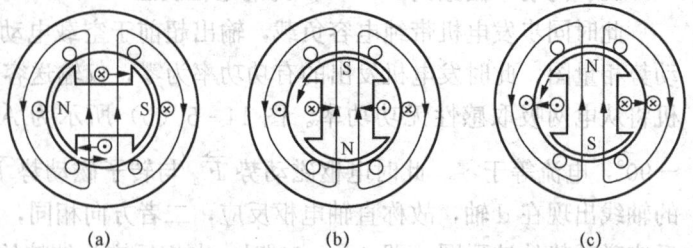

图 14-7　不同负载性质时的电枢反应磁场与转子电流的相互作用

（a）$\psi=0$；（b）$\psi=90°$；（c）$\psi=-90°$

产生电磁转矩的情况。由左手定则可见，这时的电磁力将构成一个电磁转矩，它的方向正好和转子的旋转方向相反，企图阻止转子旋转。交轴电枢磁场是由与空载电动势同相的电流分量，即由电流的有功分量 $\dot{I}_q$ 产生的。这就是说，发电机要输出有功功率，原动机就必须克服由于有功电流分量 $\dot{I}_q$ 引起的交轴电枢反应对转子的阻力转矩。输出的有功功率越大，有功电流分量 $\dot{I}_q$ 越大，交轴电枢反应磁场就越强，所产生的阻力转矩也就越大，这就需汽轮机进更多的蒸汽（或水轮机进更多的水），才能克服电磁反力矩，以维持发电机的转速不变。由图 14-7（b）和（c）可见，电枢电流的无功分量 $\dot{I}_d = \dot{I}\sin\psi$ 所产生的直轴电枢反应磁场与转子电流相互作用所产生的电磁力，不形成转矩，不妨碍转子的旋转。这就表明了，当发电机供给纯感性（$\psi = 90°$）或纯容性（$\psi = -90°$），无功功率负载时，并不需要原动机付出功率。但直轴电枢磁场对转子磁场起去磁作用或磁化作用，为维持一定电压所需的转子直流励磁电流也就应增加或减少。综上所述，为了维持发电机的转速不变，必须随着有功负载的变化调节原动机的输入功率；为了维持发电机的端电压，必须随着无功负载的变化，调节转子的直流励磁。发电机定子方面的负载变化，就是这样通过电枢反应作用到转子上来的。同理也可说明同步电动机的电磁转矩：有功电流所产生的电磁转矩，其作用方向与转子旋转方向为同一方向；无功电流也不产生电磁转矩。

14.3　隐极同步发电机的电压方程、相量图和等效电路

上面分析了负载时同步发电机内部的磁场情况。在此基础上，利用 KVL 定律，即可列写同步发电机的电压平衡方程，并画出相应的相量图和等效电路。由于隐极同步电机和凸极同步电机的磁路结构有明显区别，它们的分析方法也有所不同，本节先分析隐极同步电机的情况。

一、不考虑磁饱和时的情况

1. 方程式

同步发电机负载运行时，除了主极磁动势 $\overrightarrow{F}_f$ 之外，还有电枢磁动势 $\overrightarrow{F}_a$。如果不计磁饱和（即认为磁路为线性），则可应用叠加原理，把主极磁动势和电枢反应磁动势的作用分别单独考虑，再把它们的效果叠加起来。设 $\overrightarrow{F}_f$ 和 $\overrightarrow{F}_a$ 各自产生主磁通 $\dot{\Phi}_0$ 和电枢反应磁通 $\dot{\Phi}_a$，并在定子绕组内感应出相应的励磁电动势 $\dot{E}_0$ 和电枢反应电动势 $\dot{E}_a$，把 $\dot{E}_0$ 和 $\dot{E}_a$ 相量相加，可得电枢一相绕组的合成电动势 $\dot{E}'$（也称为气隙电动势）。上述关系可表示如下：

转子　　$I_f \rightarrow \overrightarrow{F}_f \rightarrow \dot{\Phi}_0 \rightarrow \dot{E}_0$

定子　　$\dot{I} \rightarrow \overrightarrow{F}_a \rightarrow \dot{\Phi}_a \rightarrow \dot{E}_a$

$$\dot{\Phi}_\sigma \rightarrow \dot{E}_\sigma (\dot{E}_\sigma = -j\dot{I}x_\sigma)$$

再把气隙电动势 $\dot{E}'$ 减去电枢绕组的电阻压降 Ir_a 和漏抗压降 $j\dot{I}x_\sigma$（x_σ 为电枢绕组的漏电抗），便得到电枢绕组的端电压 $\dot{U}$。以输出电流作为电枢电流的正方向时，可得电枢的电压方程为

$$\dot{E}_0+\dot{E}_a-\dot{I}(r_a+jx_\sigma)=\dot{U} \tag{14-6}$$

式中各项均为每相值。

因为电枢反应电动势 E_a 正比于电枢反应磁通 Φ_a，不计磁饱和时，Φ_a 又正比于电枢磁动势 F_a 和电枢电流 I，即

$$E_a \propto \Phi_a \propto F_a \propto I$$

因此 E_a 正比于 I，在时间相位上，$\dot{E}_a$ 滞后于 $\dot{\Phi}_a$ 90°电角度；若不计定子铁损耗，$\dot{\Phi}_a$ 与 $\dot{I}$ 同相位，所以 $\dot{E}_a$ 将滞后于 $\dot{I}$ 以 90°电角度。于是 $\dot{E}_a$ 也可近似地写成电抗压降的形式，即

$$\dot{E}_a \approx -j\dot{I}x_a \tag{14-7}$$

其中，x_a 是与电枢反应磁通相对应的电抗，称为电枢反应电抗；$x_a=E_a/I$，即数值上等于单位电枢电流所产生的电枢反应电动势。将式（14-7）代入式（14-6），得

$$\dot{E}_0=\dot{U}+\dot{I}r_a+j\dot{I}x_\sigma+j\dot{I}x_a=\dot{U}+\dot{I}r_a+j\dot{I}x_s \tag{14-8}$$

式中　x_s——隐极同步电机的同步电抗。这里

$$x_s=x_\sigma+x_a \tag{14-9}$$

同步电抗是表征对称稳态运行时电枢反应磁场和电枢漏磁场这两个效应的一个综合参数，不计饱和时，它是一个常值。

在大型同步发电机中常常忽略电阻压降 Ir_a，仅考虑同步电抗的影响，则式（14-8）简化为

$$\dot{E}_0=\dot{U}+j\dot{I}x_\sigma+j\dot{I}x_a=\dot{U}+j\dot{I}x_s \tag{14-10}$$

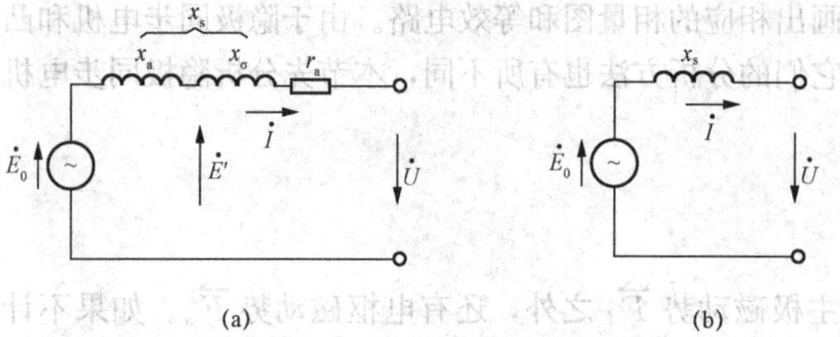

(a)　(b)

图 14-8　隐极同步发电机的等效电路图

(a) 式（14-8）的等效电路；(b) 式（14-10）的等效电路

2. 等效电路

图 14-8（a）是式（14-8）的等效电路，图 14-8（b）是式（14-10）的等效电路。

隐极同步发电机的等效电路是一个由激磁电动势 $\dot{E}_0$ 和同步阻抗 r_a+jx_s 相串联所组成的电路，其中 $\dot{E}_0$ 表示主磁场的作用，x_s 表示电枢反应磁场和电枢漏磁场的作用，r_a 表示电枢绕组的电阻。

3. 相量图

图 14-9（a）与式（14-6）相对应，图 14-9（b）与式（14-8）相对应，图 14-9（c）与式（14-10）相对应的相量图。此时发电机带感性负载（φ 角滞后时的情况）根据图 14-9（c）所示相量图的几何关系可以得到

$$E_0=\sqrt{(U\cos\varphi)^2+(U\sin\varphi+Ix_s)^2} \tag{14-11}$$

$$\psi=\arctan\frac{U\sin\varphi+Ix_s}{U\cos\varphi} \tag{14-12}$$

$$\theta=\psi-\varphi \tag{14-13}$$

可以利用式（14-11）、式（14-12）、式（14-13）计算 E_0，ψ，θ（其中 θ 表示同步发电机

的功率角）。

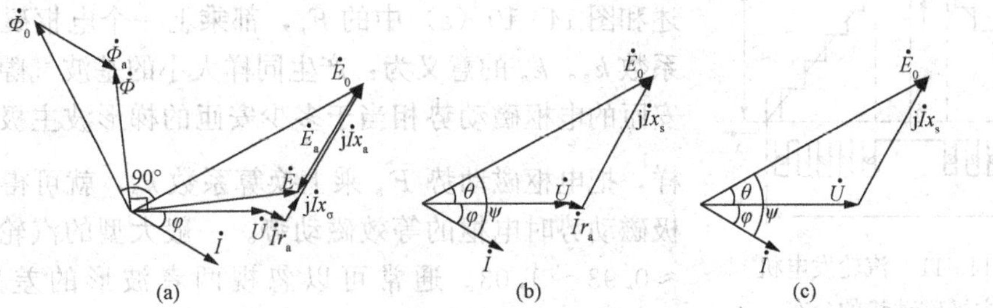

图 14-9　隐极同步发电机的相量图
（a）与式（14-6）对应的相量图；（b）与式（14-8）对应的相量图；
（c）与式（14-10）对应的相量图

二、考虑磁饱和时的情况

实际的同步电机常常运行在接近于磁饱和的区域。考虑磁饱和时，由于磁路的非线性，叠加原理便不再适用。此时，应先求出作用在主磁路上的合成磁动势 $\vec{F}'$，然后利用电机的磁化（空载特性）曲线求出负载时的气隙磁通 Φ' 及相应的气隙电动势 E'，即

$$\left.\begin{matrix}\vec{F}_{\mathrm{f}}\\ k_{\mathrm{a}}\vec{F}_{\mathrm{a}}\end{matrix}\right\rangle\longrightarrow \vec{F}'\rightarrow\Phi'\rightarrow E'$$

再从气隙电动势 $\dot{E}'$ 中减去电枢绕组的漏抗压降，便得电枢的端电压 $\dot{U}$，即

$$\dot{E}'-\mathrm{j}\dot{I}x_{\sigma}-\dot{I}r_{\mathrm{a}}=\dot{U}$$

或

$$\dot{E}'=\dot{U}+\mathrm{j}\dot{I}x_{\sigma}+\dot{I}r_{\mathrm{a}} \tag{14-14}$$

相应的相量图如图 14-10（a）所示。图 14-10 中既有电动势相量，又有磁动势向量，故称为磁动势—电动势向量图。

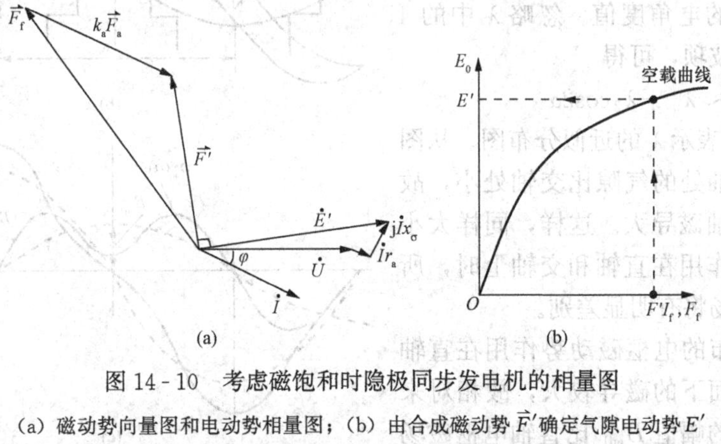

图 14-10　考虑磁饱和时隐极同步发电机的相量图
（a）磁动势向量图和电动势相量图；（b）由合成磁动势 $\vec{F}'$ 确定气隙电动势 E'

这里有一点需要注意，磁化曲线习惯上都用励磁磁动势的幅值（对隐极电机，励磁磁动势为一个梯形波，如图 14-11 所示）或励磁电流值作为横坐标，而电枢磁动势 $\vec{F}_{\mathrm{a}}$ 的幅值则是基波的幅值，这样在作磁动势—电动势向量图时，为了利用通常的磁化曲线，需要把基波

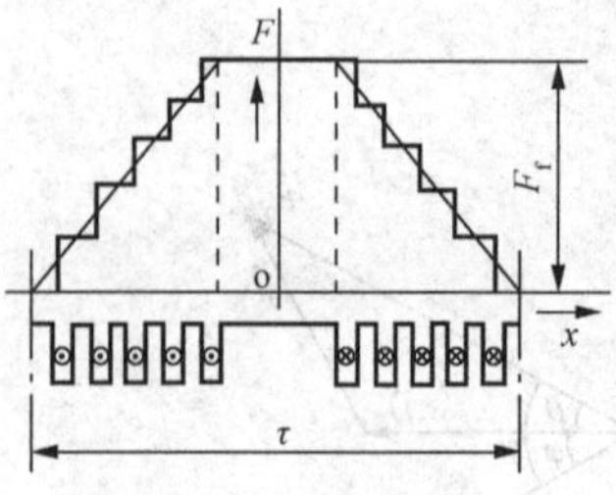

图 14-11 汽轮发电机主极磁动势的分布

电枢磁动势 $\vec{F}_a$ 换算为等效梯形波的作用。所以在上面的表述和图 14-10（a）中的 F_a，都乘上一个电枢磁动势的换算系数 k_a。k_a 的意义为：产生同样大小的基波气隙磁场时，一安匝的电枢磁动势相当于多少安匝的梯形波主极磁动势。这样，把电枢磁动势 $\vec{F}_a$ 乘上换算系数 k_a，就可得到换算为主极磁动势时电枢的等效磁动势。一般大型的汽轮发电机，$k_a\approx0.93\sim1.03$。通常可以忽视两者波形的差别，即认为 $k_a\approx1$。

14.4 凸极同步发电机的电压方程和相量图

凸极同步电机的气隙沿电枢圆周是不均匀的，因此在定量分析电枢反应的作用时，需要应用到双反应理论。

一、双反应理论

凸极同步电机的气隙是不均匀的，极面下气隙较小，两极之间气隙较大，因而沿电枢圆周各点单位面积的气隙磁导 λ（$\lambda=\mu_0/\delta$）各不相同。由于 λ 的变化与主极轴线对称，并以 180°电角度为周期，因此可用仅含偶次谐波的余弦级数表示，即

$$\lambda\approx\lambda_0+\lambda_2\cos2\alpha+\lambda_4\cos4\alpha+\cdots \tag{14-15}$$

式（14-15）的坐标原点取在主极轴线处，为由原点量起的电角度值。忽略 λ 中的 4 次及以上的谐波项，可得

$$\lambda\approx\lambda_0+\lambda_2\cos2\alpha$$

图 14-12（a）表示 λ 的近似分布图。从图可见，由于直轴处的气隙比交轴处小，故直轴磁导比交轴磁导大。这样，同样大小的电枢磁动势作用在直轴和交轴上时，所产生的电枢磁场将有明显差别。

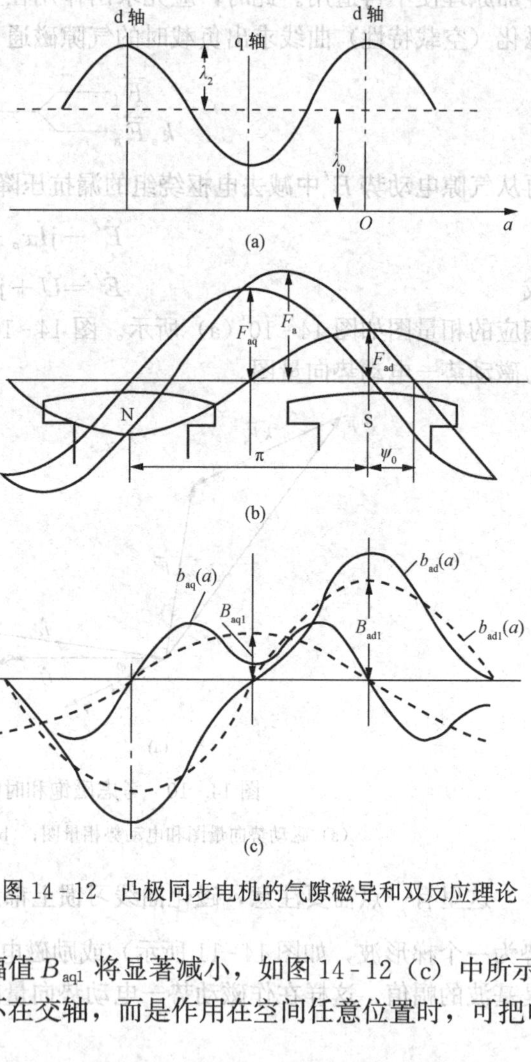

图 14-12 凸极同步电机的气隙磁导和双反应理论

当正弦分布的电枢磁动势作用在直轴上时，由于极面下的磁导较大，故相对来说，基波磁场的幅值 B_{ad1} 比直轴电枢磁场的幅值 B_{ad} 减小得不多。当正弦分布的电枢磁动势作用在交轴上时，在极间区域，交轴磁场将出现明显下凹，相对来讲，基波幅值 B_{aq1} 将显著减小，如图 14-12（c）中所示。一般情况下，若电枢磁动势既不在直轴、也不在交轴，而是作用在空间任意位置时，可把电

枢磁动势分解成直轴和交轴两个分量［见图 14 - 12（b）］，再用对应的直轴磁导和交轴磁导分别算出直轴和交轴电枢反应，最后再把它们的效果叠加起来。

这种考虑到凸极电机气隙的不均匀性，把电枢反应分成直轴和交轴电枢反应来分别处理的方法，就称为双反应理论。实践证明，不计磁饱和时，采用这种方法来分析凸极同步电机，效果是令人满意的。

在凸极发电机中，直轴电枢磁动势 F_{ad} 换算到励磁磁动势时应乘以直轴换算系数 k_{ad}，交轴电枢磁动势换算到励磁磁动势时应乘以交轴换算系数 k_{aq}。k_{ad} 和 k_{aq} 的意义是，产生同样大小的基波气隙磁场时，一安匝的直轴或交轴磁动势所相当的主极磁动势值。

二、凸极同步发电机的电压方程和参数

不计磁饱和时，根据双反应理论，把电枢磁动势 $\vec{F}_a$ 分解成直轴和交轴磁动势 $\vec{F}_{ad}$、$\vec{F}_{aq}$，分别求出其所产生的直轴、交轴电枢磁通 $\dot{\Phi}_{ad}$、$\dot{\Phi}_{aq}$ 和电枢绕组中相应的电动势 $\dot{E}_{ad}$、$\dot{E}_{aq}$，再与主磁场 $\dot{\Phi}_0$ 所产生的励磁电动势 $\dot{E}_0$ 相量相加，便得一相绕组的合成电动势 $\dot{E}'$（通常称为气隙电动势）。上述关系可表示如下：

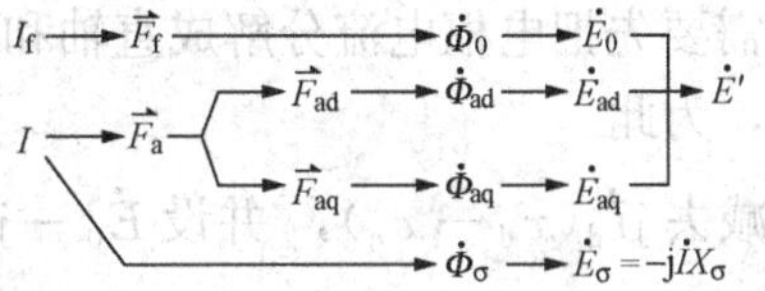

再从气隙电动势 $\dot{E}'$ 中减去电枢绕组的电阻和漏抗压降，便得电枢的端电压 $\dot{U}$。按基尔霍夫电压定律可以列写电压平衡方程式

$$\dot{E}_0+\dot{E}_{ad}+\dot{E}_{aq}-\dot{I}(r_a+jx_\sigma)=\dot{U} \tag{14-16}$$

与隐极发电机相类似，由于 E_{ad} 和 E_{aq} 分别正比于相应的 Φ_{ad}、Φ_{aq}，不计磁饱和时，Φ_{ad} 和 Φ_{aq} 又分别正比于 F_{ad}、F_{aq}，而 F_{ad}、F_{aq} 又正比于电枢电流的直轴和交轴分量 I_d、I_q，于是可得

$$E_{ad}\propto I_d,\ E_{aq}\propto I_q$$

这里

$$I_d=I\sin\psi,\quad I_q=I\cos\psi$$

$$\dot{I}=\dot{I}_d+\dot{I}_q$$

在时间上，不计定子铁损耗时，$\dot{E}_{ad}$ 和 $\dot{E}_{aq}$ 分别滞后于 $\dot{I}_d$、$\dot{I}_q$ 90°电角度，所以 $\dot{E}_{ad}$ 和 $\dot{E}_{aq}$ 可以用相应的电抗压降来表示

$$\begin{aligned}\dot{E}_{ad}&=-j\dot{I}_d x_{ad}\\ \dot{E}_{aq}&=-j\dot{I}_q x_{aq}\end{aligned} \tag{14-17}$$

式中　x_{ad}——直轴电枢反应电抗，$x_{ad}=E_{ad}/I_d$，即等于单位直轴电流产生的直轴电枢反应电动势；

x_{aq}——交轴电枢反应电抗，$x_{aq}=E_{aq}/I_q$，即等于单位交轴电流产生的交轴电枢反应电动势。

将式（14 - 17）代入式（14 - 16），并考虑到，$\dot{I}=\dot{I}_d+\dot{I}_q$，可得

$$\begin{aligned}\dot{E}_0&=\dot{U}+\dot{I}r_a+j\dot{I}x_\sigma+j\dot{I}_d x_{ad}+j\dot{I}_q x_{aq}\\ &=\dot{U}+\dot{I}r_a+j\dot{I}_d(x_\sigma+x_{ad})+j\dot{I}_q(x_\sigma+x_{aq})\\ &=\dot{U}+\dot{I}r_a+j\dot{I}_d x_d+j\dot{I}_q x_q\end{aligned} \tag{14-18}$$

忽略电枢电阻 $\dot{E}_0=\dot{U}+j\dot{I}_d x_d+j\dot{I}_q x_q$ (14-19)

其中，x_d 和 x_q 分别为直轴同步电抗和交轴同步电抗，则有

$$x_d=x_\sigma+x_{ad},\ x_q=x_\sigma+x_{aq}$$

它们是表征对称稳态运行时电枢漏磁和直轴或交轴电枢反应的一个综合参数。

三、凸极同步发电机的相量图

设已知发电机的励磁电动势 $\dot{E}_0$、电流 $\dot{I}$、内功率因数角 ψ 以及发电机的参数 x_d 和 x_q。相量图的绘制方法如下：

(1) 以 $\dot{E}_0$ 为参考相量，按 ψ 角画出 $\dot{I}$。

(2) 将电枢电流分解成直轴和交轴两个分量，$I_d=I\sin\psi$，$I_q=I\cos\psi$。

(3) 按方程式 $\dot{U}=\dot{E}_0-j\dot{I}_d x_d-j\dot{I}_q x_q$ 画出 $\dot{U}$。

图 14-13 为与式 (14-19) 相对应的凸极同步发电机的相量图。

四、凸极同步发电机的实用相量图和虚构等效电路

实际发电机运行时已知端电压 $\dot{U}$、电流 $\dot{I}$、负载的功率因数角 φ 以及发电机的参数 x_d 和 x_q（忽略中枢电阻 r_a），因需要先把电枢电流分解成直轴和交轴两个分量，为此须先确定 ψ 角，故无法直接画出相量图，为此

将式 (14-18) 的两边都减去 $j\dot{I}_d(x_d-x_q)$，并设 $\dot{E}_0-j\dot{I}_d(x_d-x_q)=\dot{E}_Q$，可得

$$\begin{aligned}\dot{E}_Q&=\dot{E}_0-j\dot{I}_d(x_d-x_q)=\dot{U}+j\dot{I}_d x_d+j\dot{I}_q x_q-j\dot{I}_d(x_d-x_q)\\&=\dot{U}+j\dot{I}x_q\end{aligned} \tag{14-20}$$

其中，$\dot{E}_Q$ 为一虚构电动势。因为相量 $\dot{I}_d$ 与 $\dot{E}_0$ 相垂直，故 $j\dot{I}_d$ (x_d-x_q) 必与 $\dot{E}_0$ 同相位，因此 $\dot{E}_Q$ 与 $\dot{E}_0$ 亦是同相位，如图 14-14 所示。由此利用式 (14-20)，即可确定 ψ 角。

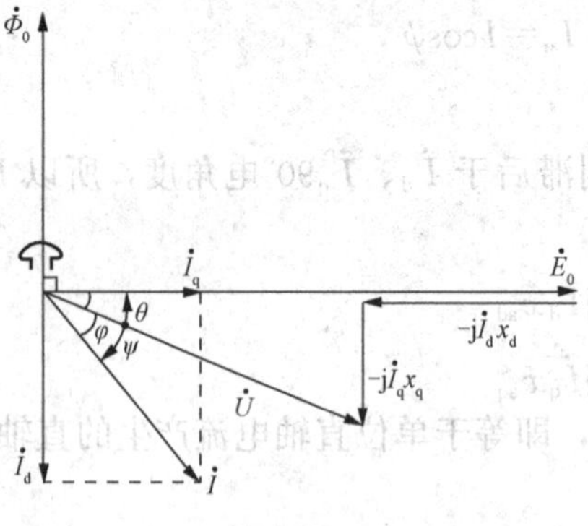

图 14-13 凸极同步发电机的相量图

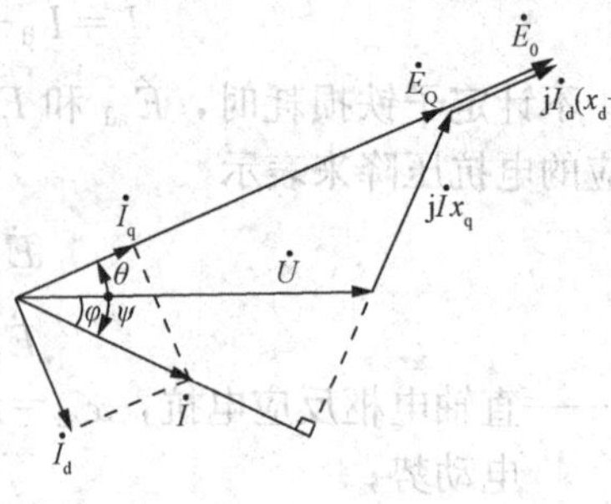

图 14-14 ψ 角的确定

根据图 14-13 和图 14-14 所示相量图的几何关系，可得

$$\psi=\arctan\frac{U\sin\varphi+Ix_q}{U\cos\varphi} \tag{14-21}$$

$$E_0=U\cos\theta+I_d x_d \tag{14-22}$$

引入虚构电动势 $\dot{E}_Q$ 后，由式 (14-20) 可得凸极同步发电机的虚构等效电路，如图

14-15所示，此电路在计算凸极同步发电机在电网中的运行性能和功率因数角时常常用到。

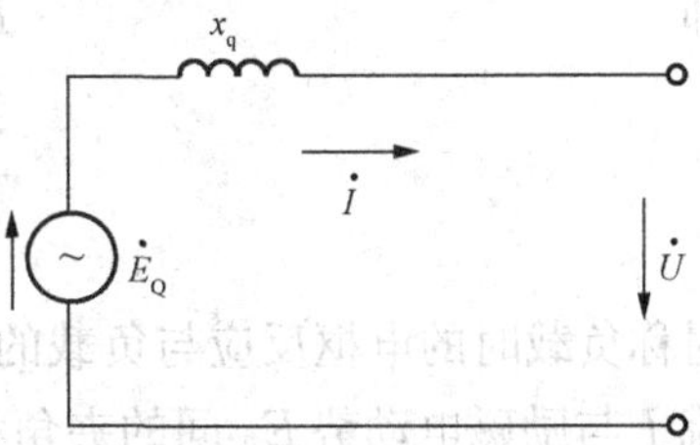

图 14-15　凸极同步发电机的虚构等效电路

对于实际的同步电机，由于交轴方面的气隙大，交轴磁路可以近似认为不饱和，而直轴磁路则受到饱和的影响。近似认为直轴和交轴磁场相互没有影响，则可应用双反应理论分别求出直轴和交轴上的合成磁动势，再利用电机的磁化曲线来计及直轴磁路饱和的影响。

五、直轴和交轴同步电抗的意义

在凸极同步电机中，由于直轴和交轴下的气隙不等，所以有直轴同步电抗 x_d 和交轴同步电抗 x_q 之分。由于电抗与绕组匝数的平方和所经磁路的磁导成正比，所以

$$x_d \propto N_1^2\Lambda_d \propto N_1^2(\Lambda_\sigma+\Lambda_{ad})$$
$$x_q \propto N_1^2\Lambda_q \propto N_1^2(\Lambda_\sigma+\Lambda_{aq})$$

式中　N_1——电枢每相的串联匝数；

Λ_{ad}、Λ_{aq}——直轴和交轴电枢反应磁通所经磁路的等效磁导；

Λ_σ——电枢漏磁通所经磁路的等效磁导；

Λ_d、Λ_q——稳态运行时直轴和交轴的电枢等效磁导。图 14-16 为直轴和交轴电枢反应磁通及电枢漏磁通所经磁路及其磁导的示意图。

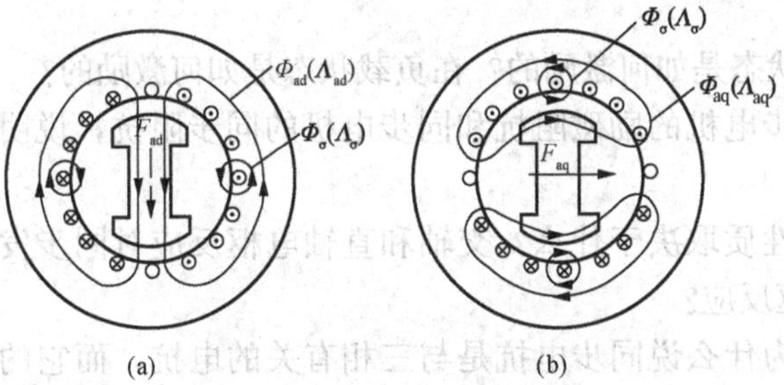

图 14-16　凸极同步电机电枢反应磁通及漏磁通所经磁路及其等效磁导

(a) 直轴电枢磁导；(b) 交轴电枢磁导

对于凸极电机，由于直轴下的气隙较交轴下的小，即 $\Lambda_{ad}>\Lambda_{aq}$，所以 $x_{ad}>x_{aq}$，因此在凸极同步电机中，$x_d>x_q$。对于隐极电机，由于气隙是均匀的，直轴和交轴同步电抗没有差别，故 $x_d\approx x_q=x_s$。

【例 14-1】　一台凸极同步发电机，其直轴和交轴同步电抗的标幺值为 $x_d^*=1.0$，$x_q^*=0.6$，电枢电阻略去不计，试计算该机在额定电压、额定电流、$\cos\varphi=0.8$（滞后）时励磁电动势 E_0^*。

解　以端电压作为参考相量则有

$$\dot{U}^*=1\angle 0°,\quad \dot{I}^*=1\angle -36.87°$$

虚构电动势 $\dot{E}_Q^*$ 为

$$\dot{E}_Q^*=\dot{U}^*+j\dot{I}^*x_q^*=1.0+j0.6\angle -36.87°=1.442\angle 19.44°$$

即 θ 角为 19.44°，于是

$$\psi=\theta+\varphi=19.44°+36.87°=56.31°$$

电枢电流的直轴和交轴分量分别为

$$I_d^*=I^*\sin\psi=0.8321$$
$$I_q^*=I^*\cos\psi=0.5547$$

于是　$E_0^*=E_Q^*+I_d^*\ (x_d^*-x_q^*)\ =1.442+0.8321\times(1.0-0.6)\ =1.775$

即 $$\dot{E}_0^* = 1.775\angle 19.44°$$

本章小结

对称负载时的电枢反应与负载的性质有关，电枢反应的强弱和电枢电流的大小有关。电枢电流 I 与励磁电动势 E_0 间的夹角称为内功率因数角，通过内功率因数角可以判断电枢反应的性质。电枢反应是同步电机实现机电能量转换的关键，同步发电机通过电枢反应的作用来体现有功和无功功率的转换。

同步发电机按结构分为隐极发电机和凸极发电机，其方程式、等效电路和相量图也不相同，在不考虑磁路饱和时可以应用叠加原理，认为各磁动势分别产生磁通和感应电动势，对于电枢反应和漏磁的作用可以用同步电抗来表示，对隐极同步电机用 x_s 表示，电动势方程式 $\dot{E}_0 = \dot{U} + j\dot{I}x_s$，对凸极同步电机分别用 x_d 和 x_q 表示。电动势方程式为 $\dot{E}_0 = \dot{U} + j\dot{I}_d x_d + j\dot{I}_q x_q$。根据电动势平衡方程式就可以绘出相量图。

思考题

14-1 同步电机在对称负载下稳定运行时，电枢电流产生的磁场是否与励磁绕组相耦合？它会在励磁绕组中感应出电动势吗？

14-2 同步发电机的气隙磁场在空载状态是如何激励的？在负载状态是如何激励的？

14-3 试比较变压器的励磁阻抗、异步电机的励磁阻抗和同步电机的同步阻抗，说明为什么有差别？

14-4 同步发电机电枢反应的强弱和性质取决于什么？交轴和直轴电枢反应对同步发电机的磁场有何影响？如何按 ψ 角区分电枢反应？

14-5 同步电抗的物理意义是什么？为什么说同步电抗是与三相有关的电抗，而它的值又是每相的值？

14-6 分析下面几种情况对同步电抗有何影响：(1) 铁心饱和程度增加；(2) 气隙增大；(3) 电枢绕组匝数增加；(4) 励磁绕组匝数增加。

14-7 试画出隐极同步发电机当功率因数角分别为 $\varphi<0$、$\varphi=0$、$\varphi>0$ 时的电动势相量图，并说明各种情况下电枢反应的性质。

14-8 当功率因数角分别为 $\varphi<0$、$\varphi=0$、$\varphi>0$ 时，试画出凸极同步发电机的电动势相量图，并说明各种情况下电枢反应的性质。

14-9 何谓同步发电机的电枢反应？电枢反应与机—电能量转换有何关系？

14-10 为什么要把同步发电机的电枢电流分解为它的直轴分量和交轴分量？如何分解？有什么物理意义？

14-11 凸极同步电机中，为什么直轴电枢反应电抗 x_{ad} 大于交轴电枢反应电抗 x_{aq}？

14-12 试述直轴和交轴同步电抗的意义。

14-13 同步发电机的电枢反应与负载性质有何关系？下列情况下的电枢反应如何？(1) 三相对称纯电阻负载；(2) 三相对称电阻—电感负载；(3) 三相对称负载，容抗 $x_c^* =$

1.0，同步电抗 $x_s^*=1.6$。

14-14　保持转子绕组励磁电流不变，定子绕组电流 $I=I_N$，发电机转速一定，试比较空载、带纯电阻负载、带纯电感负载、带纯电容负载时发电机端电压的大小。为保持端电压为额定值，应如何调节？

习　题

14-1　一台隐极同步发电机，在额定电压下运行，$x_s^*=2$，$r_a^*=0$。试求：

(1) 额定电流时，$\cos\varphi=1$，空载电动势 E_0^*；

(2) 保持上述空载电动势不变，当 $\cos\varphi=0.866$（滞后）时 I^*。

14-2　一台水轮发电机，$P_N=72500\text{kW}$，$U_N=10.5\text{kV}$，定子绕组 Y 接，$\cos\varphi=0.8$（滞后），$r_a^*=0$，$x_q^*=0.554$，$x_d^*=1$。试求在额定负载下励磁电动势 E_0 及功角 θ，并作出相量图。

14-3　有一台汽轮同步发电机，$P_N=100\text{MW}$，$U_N=10.5\text{kV}$，定子绕组 Y 联结，$\cos\varphi=0.8$（滞后），$r_a^*=0$，$x_s^*=1.54$。试求在额定负载下空载电动势 E_0 及功角 θ，并作出相量图。

14-4　有一台凸极同步发电机，定子绕组 Y 联结，$U_{Nph}=6350\text{V}$，$I_N=460\text{A}$，$\cos\varphi=0.8$（滞后），$x_q=9\Omega$，$x_d=17\Omega$，$r_a=0$。试求在额定负载下的励磁电动势 E_0、内功率因数角 ψ、直轴电流 I_d 和交轴电流 I_q，并作出相量图。

14-5　有一台三相汽轮发电机，每相端电压是 3000V，转子磁场振幅和定子磁场振幅相等，忽略绕组电阻和漏电抗。试求内功率因数角 $\psi=30°$ 和 $\psi=60°$ 时的空载电动势 E_0。

14-6　有一台三相汽轮发电机，$P_N=25000\text{kW}$，$U_N=10.5\text{kV}$，定子绕组 Y 联结，$\cos\varphi_N=0.8$（滞后），作单机运行。由试验测得它的同步电抗标幺值为 $x_s^*=2.13$，电枢电阻忽略不计。若每相励磁电动势为 7520V，试求下列几种情况接上三相对称负载时的电枢电流值，并说明其电枢反应的性质：(1) 每相负载是 7.52Ω 纯电阻；(2) 每相负载是 7.52Ω 纯电感；(3) 每相负载是 7.52−j7.52Ω 电阻—电容性负载。

第 15 章 同步发电机的参数与运行特性

15.1 同步电机参数的测定

为了计算同步发电机的参数，除了需要知道同步发电机的工况如电压、电枢电流和功率因数等之外，还应给出同步发电机的试验曲线，以下说明利用试验曲线求取同步电抗非饱和值、短路比、电枢漏电抗和电枢反应等效去磁电流的方法。

一、利用空载特性和短路特性确定 x_d

1. 空载特性

空载特性可以利用空载试验测出。试验时，电枢绕组开路（空载），用原动机把被试同步发电机拖动到同步转速，改变励磁电流 I_f，并记录相应的电枢端电压 U_0（空载时与 E_0 相等），直到 $U_0 \approx 1.25U_N$，就可得到空载特性曲线 $E_0 = U_0 = f(I_f)$。在用标幺值绘制空载特性曲线时，应注意取 I_{f0}（产生额定电压时的励磁电流）作为励磁电流的基准值。

2. 短路特性

短路特性可由三相稳态短路试验测得，试验电路如图 15-1（a）所示。将被试同步发电机的电枢端点三相短路，用原动机拖动被试发电机到同步转速，调节励磁电流 I_f，使电枢电流 I_k 从零起一直增加到 $1.2I_N$ 左右，便可得到短路特性曲线 $I_k = f(I_f)$，如图 15-1（b）所示。

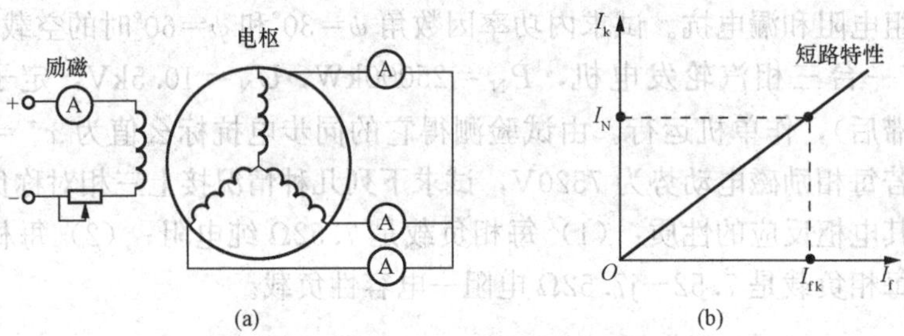

图 15-1 三相短路试验和短路特性
（a）试验电路；（b）短路特性曲线

从图 15-1（b）可见，短路特性曲线是一条直线，原因如下：短路时，端电压 $U=0$，短路电流仅受发电机本身阻抗的限制。通常电枢电阻远小于同步电抗，由前述的等效电路知，短路时电动势和同步电抗相串联，因此短路电流可认为是纯感性，$\psi = 90°$；于是，$\dot{I}_q = 0$，$\dot{I} = \dot{I}_d$，所以

$$\dot{E}_0 = \dot{U} + \dot{I}r_a + j\dot{I}_d x_d + j\dot{I}_q x_q \approx j\dot{I}x_d \tag{15-1}$$

短路时，同步发电机的时—空向量图如图 15-2 所示。由于 $\psi \approx 90°$，电枢磁动势近于纯去磁的直轴电枢反应磁动势，故发电机的合成磁动势 F' 很小，气隙电动势 E' 也很小，仅需要用以克服电枢的漏抗压降，即

$$\dot{E}' = \dot{U} + \dot{I}r_a + j\dot{I}x_\sigma \approx j\dot{I}x_\sigma = \dot{E}_\sigma \tag{15-2}$$

一般同步发电机的电枢漏抗标幺值为 0.15～0.2，故短路电流为额定电流（即 $I^*=1$）时，气隙电动势的标幺值为 0.15 左右，所以短路时发电机的磁路处于不饱和状态。在磁路不饱和的情况下，$E'_0 \propto I_f$，而短路电流 $I_k=E'_0/x_d$，故 $I_k \propto I_f$，所以短路特性曲线是一条直线。

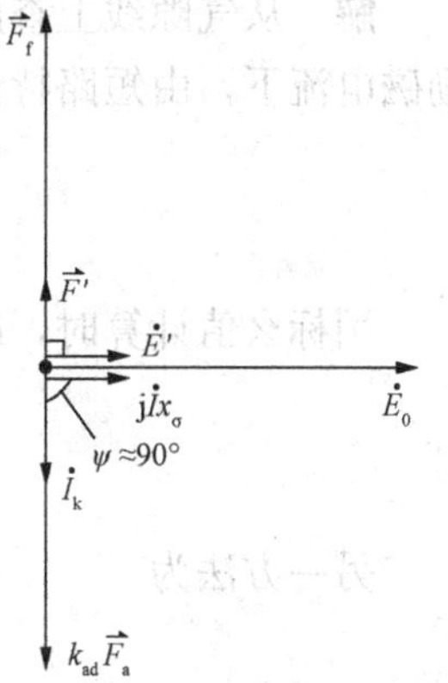

图 15-2　三相短路时同步发电机的向量图

3. 利用空载短路特性求 $x_{d(非饱和)}$

上已分析，短路试验时磁路不饱和，从式（15-3）可见，同步电抗为某一励磁电流 I_f 对应的气隙线电动势 E'_0 与相应的短路电流 I_k 之比，即

$$x_d=\frac{E'_0}{I_k}=\frac{E_{0k}}{I_N}=\frac{E_{0N}}{I_{k0}} \tag{15-3}$$

如图 15-3 所示，故所求出的 x_d 值为非饱和值，以后所述电抗均指非饱和值。

4. 求短路比 K_c

短路比是同步发电机设计中的一个重要数据。短路比 K_c 是指空载产生额定电压所需励磁电流 I_{f0} 与短路产生额定电流所需励磁电流 I_{fk} 之比，即

$$K_c=\frac{I_{f0(U=U_{Nph})}}{I_{fk(I=I_N)}}=\frac{I_{k0}}{I_N} \tag{15-4}$$

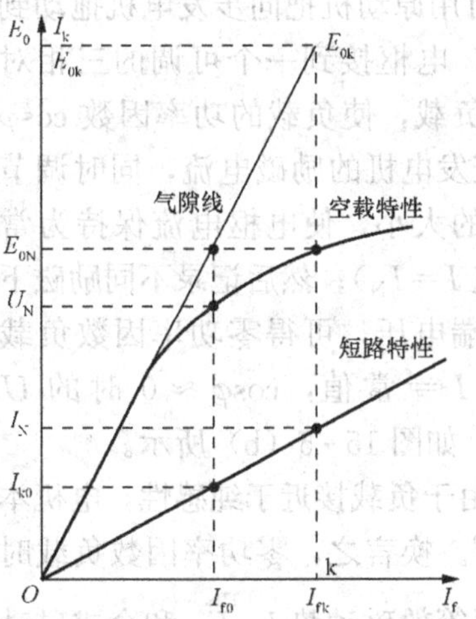

图 15-3　用空载和短路特性来确定 x_d 和短路比

短路比也可以写成

$$K_c=\frac{I_{f0(U=U_{Nph})}\cdot I_{fg(U=U_N)}}{I_{fk(I=I_N)}\cdot I_{fg(U=U_N)}}=k_\mu\frac{U_N}{E_{0k(I_f=I_{fk})}}=k_\mu\frac{1}{x^*_{d(非饱和)}} \tag{15-5}$$

式中　$E_{0k}=I_N x_{d(非饱和)}$，$x^*_{d(非饱和)}=\dfrac{x_{d(非饱和)}}{Z_N}$，$Z_N=\dfrac{U_{Nph}}{I_{Nph}}$，$k_\mu=\dfrac{I_{f0}}{I_{fg}}$。

式（15-5）表示，短路比是直轴同步电抗非饱和值标幺值的倒数乘以饱和系数，因此短路比也可认为是一个计及饱和的参数。后面将会看到，短路比的大小影响发电机的电压变化、并联运行时发电机的稳定性与转子励磁安匝和用铜量，影响发电机的造价。所以正确的选择短路比是同步电机设计中的一个重要问题。

【例 15-1】　有一台 25000kW、10.5kV，Y联结、$\cos\varphi_N=0.85$（滞后）的汽轮发电机，从空载和短路试验中得到如下数据：

从空载特性上查得：线电压 $U=U_N=10.5$kV 时，$I_{f0}=155$A

从短路特性上查得：$I=I_N=1718$A 时，$I_{fk}=280$A

从气隙线上查得：$I_f=280$A 时，$U=22.4$kV

试求同步电抗的非饱和值和短路比。

解　从气隙线上查出，$I_f=280\text{A}$ 时，励磁电动势 $E_{0k}=22400/\sqrt{3}=12930$（V）；在同一励磁电流下，由短路特性查出，短路电流 $I=1718\text{A}$；所以同步电抗为

$$x_d=\frac{E'_0}{I_k}=\frac{E_{0k}}{I_N}=\frac{12930}{1718}=7.528(\Omega)$$

用标幺值计算时，$E_0^*=\dfrac{E_{0k}}{U_N}=\dfrac{22.4}{10.5}=2.133$，$I^*=1$，故

$$x_d^*=\frac{E_{0k}^*}{I_N{}^*}=\frac{2.133}{1}=2.133$$

另一方法为

$$z_N=\frac{U_N}{I_N}=\frac{10500/\sqrt{3}}{1718}=3.528(\Omega)$$

$$x_d^*=x_d/z_N=7.528/3.528=2.13$$

与前一方法计算结果相同。

从空载和短路特性可知，$I_{f0}=155\text{A}$，$I_{fk}=280\text{A}$，于是短路比为

$$K_c=\frac{I_{f0}}{I_{fk}}=\frac{155}{280}=0.5536$$

二、用零功率因数负载试验确定定子绕组漏抗和直轴电枢反应等效去磁电流

1. 零功率因数负载特性

零功率因数负载试验的接线图如图 15-4 所示。试验时用原动机把同步发电机拖动到同步转速，电枢接到一个可调的三相对称纯感性负载，使负载的功率因数 $\cos\varphi\approx 0$。改变发电机的励磁电流，同时调节负载电抗的大小，使电枢电流保持为常值（例如使 $I=I_N$）；然后记录不同励磁下发电机的端电压，可得零功率因数负载特性，即 $I=$ 常值，$\cos\varphi\approx 0$ 时的 $U=f(I_f)$，如图 15-5（b）所示。

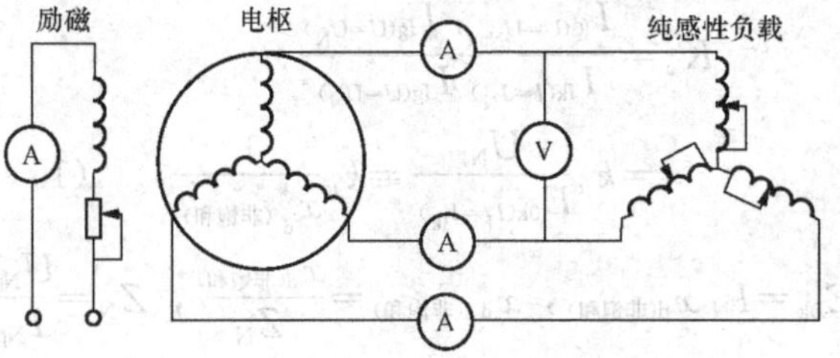

图 15-4　零功率因数负载试验的接线图

图 15-5（a）为零功率因数负载时发电机的相量图。由于负载接近于纯感性，电机本身的阻抗也接近于纯感性，所以电机的内功率因数角 $\psi=90°$。换言之，零功率因数负载时电枢反应是直轴去磁电枢反应。于是，励磁磁动势 $\vec{F}_f$、电枢等效磁动势 $k_{ad}\vec{F}_a$ 和合成磁动势 $\vec{F}'$ 之间的向量关系将简化为代数加减关系，在图 15-5（a）中它们都在一条水平线上；相应地，气隙电动势 $\dot{E}'$、电枢漏抗压降 $\text{j}\dot{I}x_\sigma$ 和端电压 $\dot{U}$ 之间的相量关系亦简化为代数加减关系（忽略电枢电阻），它们都在铅垂线上，即

$$\left.\begin{aligned}F_f&=F'+k_{ad}F_a\\E'&\approx U+Ix_\sigma\end{aligned}\right\}\qquad(15-6)$$

这样，在图 15-5（b）中，若 $\overline{BC}$ 表示空载时产生额定电压所需的励磁电流，则在零功率因数负载时，为保持端电压为额定值，所需励磁电流 $\overline{BF}$ 应大于 $\overline{BC}$。所需增加的励磁电流有两面部分：其中一部分 $\overline{CA}$ 用以克服电枢漏抗压降 $\dot{I}x_\sigma$ 的作用；另一部分 $\overline{AF}$ 用以抵

消电枢等效磁动势 $k_{ad}\vec{F}_a$ 的去磁作用。这样，零功率因数负载特性和空载特性之间将相差一个由电枢漏抗压降 $\dot{I}x_\sigma$（铅垂边）和用转子励磁电流 I_{fa} 表示的电枢反应的等效磁动势 $k_{ad}\vec{F}_a$（水平边）所组成的直角三角形△AEF，此三角形称为特性三角形。由于零功率因数特性是在电枢电流保持不变的条件下作出的，因此 $\dot{I}x_\sigma$ 和 I_{fa} 均保持不变，特性三角形的大小也不变。这样，若使特性三角形的底边保持为水平，将三角形的上顶点 E 沿空载特性移动，则不难看出，右顶点 F 的轨迹即为零功率因数特性。把三角形下移，直到其水平边与横坐标重合，此时右顶点 k 的端电压为零，故 k 点即为短路点，如图 15-6 所示。

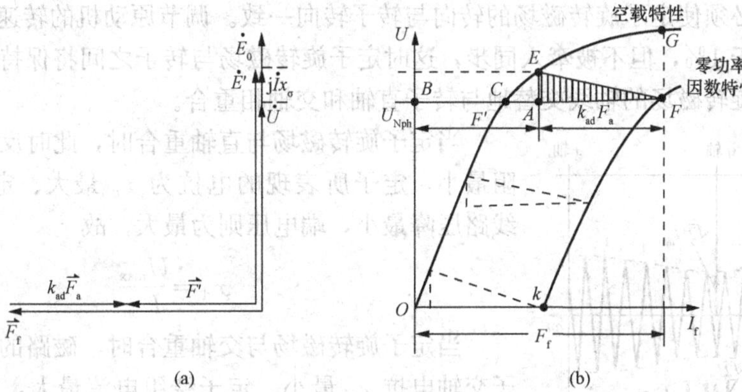

图 15-5　零功率因数负载特性的分析

(a) 零功率因数负载时的向量图；(b) 零功率因数负载特性与空载特性

2. 利用特性曲线确定 x_σ 和 I_{fa}

上面说明了零功率因数特性的作法。实际上，如果零功率因数特性和空载特性已由试验测出，可反过来用以确定同步发电机的特性三角形来求出电枢漏抗 x_σ 和电枢反应等效去磁电流 I_{fa}。

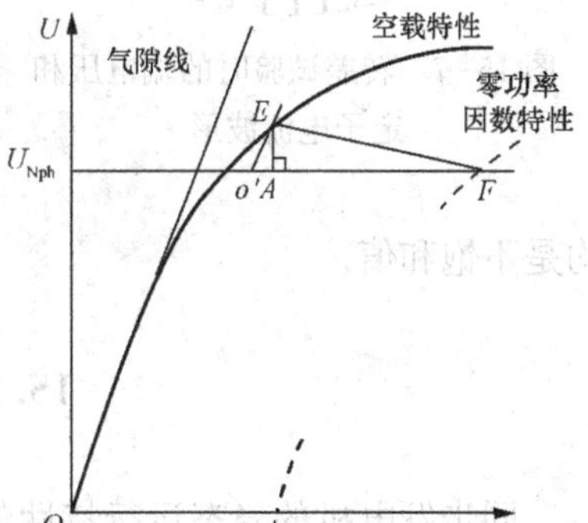

图 15-6　x_σ 和 I_{fa} 的确定

具体步骤如下：

(1) 在零功率因数特性上取两点，一点在额定电压附近（一般取额定电压），如图 15-6 中的 F 点，另一点为短路点 k。

(2) 通过 F 点作平行于横坐标的水平线，并截取线段 $\overline{o'F}$，使 $\overline{o'F}=\overline{ok}$。

(3) 再从 o' 点作气隙线的平行线，并与空载特性交于 E 点。然后从 E 点作铅垂线，并交 $\overline{o'F}$ 于 A 点。则△AEF 即为同步电机的特性三角形。

(4) 由△AEF 的两条边可以量得 $\overline{EA}=Ix_\sigma$，$I_{fa}=\overline{AF}$，则

电枢漏抗为

$$x_\sigma=\frac{\overline{EA}(\text{相电压值})}{I} \tag{15-7}$$

电枢反应等效去磁电流 I_{fa} 为

$$I_{fa}=\overline{AF} \tag{15-8}$$

当 $I=I_N$，用标幺值表示：$x_\sigma^*=\overline{EA}$，$I_{fa}^*=\overline{AF}$

研究表明，零功率因数负载时，为了补偿电枢直轴去磁磁动势而增加主极磁动势的同时，转子漏磁将随之增加，使得转子磁路的饱和程度增加、磁阻变大，因而需要额外再增大主极磁动势。这样，用实测的零功率因数特性和空载特性所确定的漏抗将比实际的电枢漏抗略大。为了加以区别，通常把由零功率因数特性所确定的漏抗称为保梯电抗，用 x_p 表示，对于隐极同步发电机可以认为 $x_p \approx x_\sigma$。

三、用转差试验测定 x_d 和 x_q

如需同时测得 x_d 和 x_q，可以采用转差试验。将被试同步发电机用原动机拖动到接近同步转速，励磁绕组开路，再在定子绕组上施加约为（2%～5%）U_N 的三相对称低电压，外施电压的相序必须使定子旋转磁场的转向与转子转向一致。调节原动机的转速，使被试发电机的转差率小于1%，但不被牵入同步，这时定子旋转磁场与转子之间将保持一个低速相对运动，使定子旋转磁场的轴线交替地与转子直轴和交轴相重合。

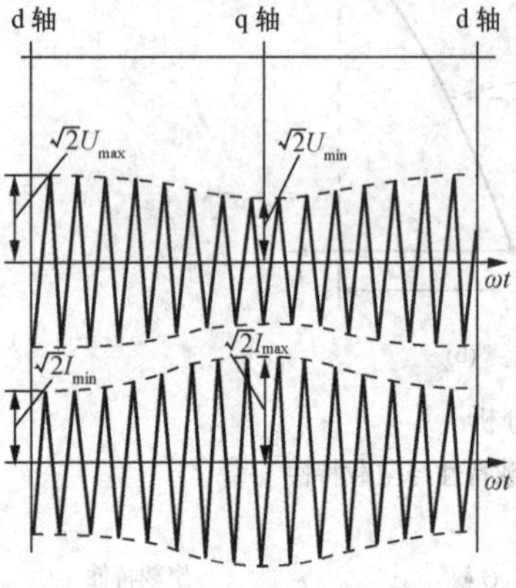

图 15-7 转差试验时的端电压和定子电流波形

当定子旋转磁场与直轴重合时，此时反映的磁路的磁阻最小，定子所表现的电抗为 x_d 最大、定子电流最小，线路压降最小，端电压则为最大，故

$$x_d = \frac{U_{max}}{I_{min}} \tag{15-9}$$

当定子旋转磁场与交轴重合时，磁路的磁阻最大，定子交轴电抗 x_q 最小、定子绕组电流最大，端电压则为最小，故

$$x_q = \frac{U_{min}}{I_{max}} \tag{15-10}$$

其中，U、I 均为每相值。采用录波器录取转差试验中的电流和电压波形，如图 15-7 所示，由此即可算出 x_d 和 x_q。由于试验是在低电压下进行的，故测出的 x_d 和 x_q 均是不饱和值。

15.2 同步发电机的运行特性

同步发电机的稳态运行特性包括外特性、调整特性。从这些特性中可以确定发电机的电压调整率、额定励磁电流，这些都是标志同步发电机性能的基本数据。

一、外特性

外特性表示发电机的转速为同步转速、励磁电流和负载功率因数不变时，发电机的端电压与电枢电流之间的关系；即 $n=n_1$，$I_f=$常值，$\cos\varphi=$常值时，测定 $U=f(I)$ 的关系曲线。外特性既可以用直接负载法测取，也可用作图法求出。

图 15-8 示出了带有不同功率因数负载时，同步发电机的外特性。从图 15-8 可见，在感性负载和纯电阻负载时，外特性是下降的，这是由于电枢反应的去磁作用和漏阻抗压降所引起的。在容性负载且内功率因数角为超前时，由于电枢反应的加磁作用和容性电流的漏抗电压上升，外特性也可能是上升的。

从外特性曲线上可以求出发电机的电压调整率。调节发电机的励磁电流，使电枢电流为额定电流、功率因数为额定功率因数、端电压为额定电压，此时的励磁电流 I_{fN} 就称为发电机的额定（满载）励磁电流。然后保持励磁电流为 I_{fN}、转速为同步转速，卸去负载（即 $I=0$），此时端电压升高的百分值称为同步发电机的电压调整率（见图 15-9），用 $\Delta u\%$表示；即

$$\Delta u\% = \left.\frac{E_0 - U_{Nph}}{U_{Nph}}\right|_{(I_f=I_{fN})} \times 100\% \tag{15-11}$$

电压调整率是同步发电机的性能指标之一。对于凸极同步发电机，$\Delta u\%$最好控制在 18%～30%以内；对于隐极同步发电机，由于电枢反应较强，$\Delta u\%$最好控制在 30%～50%这一范围内。

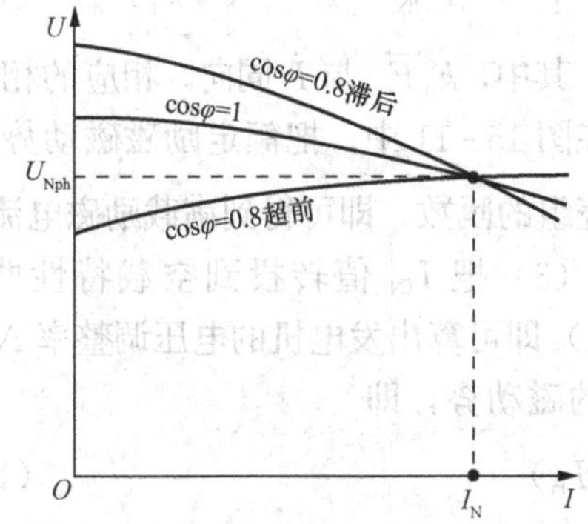

图 15-8　同步发电机的外特性

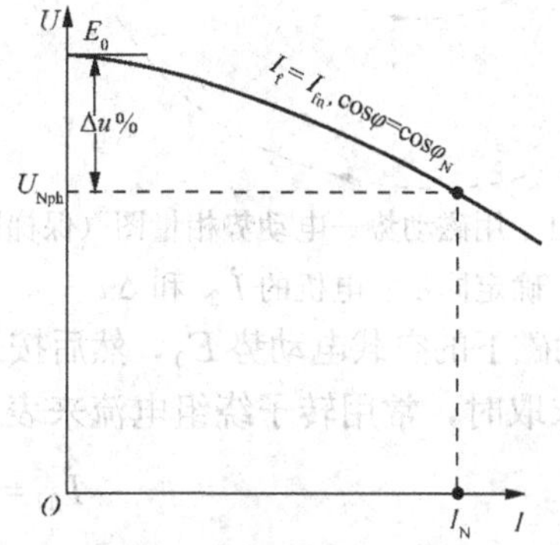

图 15-9　从外特性求电压调整率

二、调整特性

调整特性表示发电机的转速为同步转速、端电压为额定电压、负载的功率因数不变时，励磁电流与电枢电流之间的关系，即 $n=n_1$、$U=U_N$、$\cos\varphi=$常值时，测定的 $I_f=f(I)$ 关系曲线。

图 15-10 表示带有不同功率因数的负载时，同步发电机的调整特性。由图 15-10 可见，在感性负载和纯电阻负载时，为补偿电枢电流所产生的去磁性电枢反应和漏阻抗压降，随着电枢电流的增加，必须相应地增加励磁电流，故此时的调整特性是上升的。在容性负载时，调整特性也可能是下降的。

从调整特性可以确定同步发电机的额定励磁电流 I_{fN}，它是对应于额定电压、额定电流和额定功率因数时的励磁电流（见图 15-10）。

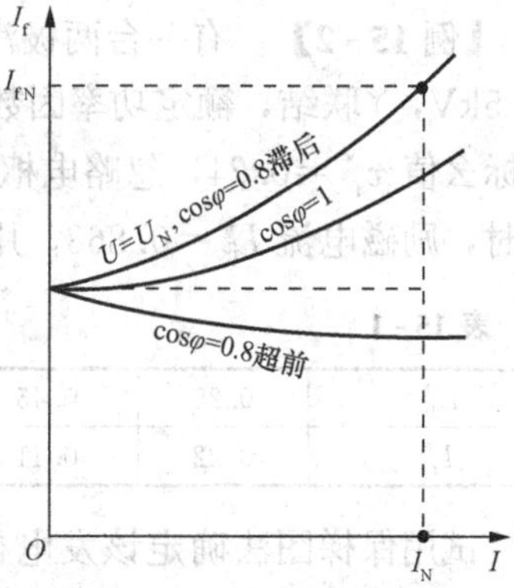

图 15-10　同步发电机的调整特性

三、利用磁动势—电动势向量图求取满载励磁电流和电压调整率

同步发电机的额定励磁电流和电压调整率既可用直接负载法测定，也可用考虑饱和时的磁动势—电动势向量图求出。

设已知发电机的空载特性 $E_0=f(I_f)$、电枢电阻 r_a、电枢漏抗（保梯电抗）x_p、额定电流时的电枢反应等效去磁电流 I_{fa}，则满载励磁电流和电压调整率可确定如下：

（1）先求出额定情况下发电机的气隙电动势 $\dot{E}'$，其计算式为

$$\dot{E}' = \dot{U} + \dot{I}r_a + j\dot{I}x_\sigma \tag{15-12}$$

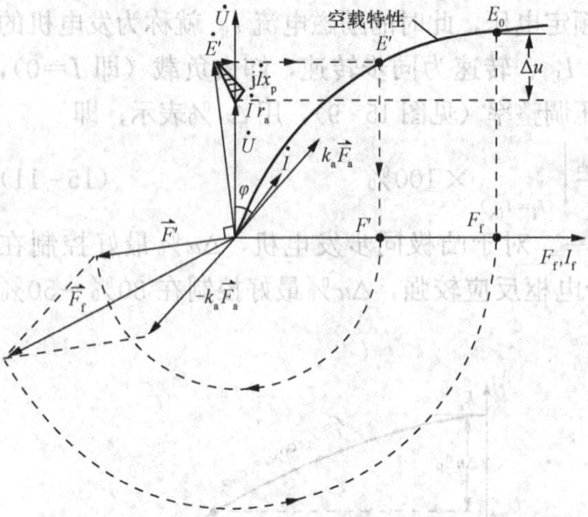

图 15 - 11 用磁动势—电动势相量图（保梯图）确定同步发电机的 $\dot{I}_{fN}$ 和 Δu

相应的相量图如图 15 - 11 所示，图中相量 $\dot{U}$ 画在纵坐标上。

（2）在空载曲线上查取产生 $\dot{E}'$ 所需的合成磁动势 $\vec{F}'$，并在超前于 $\dot{E}'$ 90°处作向量 $\vec{F}'$，再根据 $\vec{F}'=\vec{F}_f+k_a\vec{F}_a$，即可求出励磁磁动势 $\vec{F}_f$

$$\vec{F}_{fN}=\vec{F}'+(-k_a\vec{F}_a) \quad (15-13)$$

其中，$k_a\vec{F}_a$ 与 $\dot{I}$ 同向，相应的相量图亦画在图 15 - 11 中。把额定励磁磁动势除以励磁绕组的匝数，即可得到满载励磁电流 $\dot{I}_{fN}$。

（3）把 I_{fN} 值转投到空载特性曲线上，即求出该励磁下的空载电动势 E_0，然后按式（15 - 11）即可算出发电机的电压调整率 $\Delta u\%$。

实际求取时，常用转子绕组电流来表示各对应的磁动势，即

$$\dot{I}_{fN}=\dot{I}'_f+(-\dot{I}_{fa}) \quad (15-14)$$

其中：$\dot{I}_{fN}\rightarrow\vec{F}_{fN}$，$\dot{I}'_f\rightarrow\vec{F}'$，$\dot{I}_{fa}\rightarrow k_a\vec{F}_a$。

图 15 - 11 所示磁动势—电动势向量图，通常亦称为保梯图。

从理论上讲，这种方法仅适用于隐极发电机；但是实践表明，对于凸极同步发电机，若以 $k_{ad}\vec{F}_a$ 代替 $k_a\vec{F}_a$，所得结果误差很小，因此工程上亦用此法来确定其 I_{fN} 和 $\Delta u\%$。

【例 15 - 2】 有一台两极汽轮发电机，其额定容量 $S_N=31250\text{kV}\cdot\text{A}$，额定电压 $U_N=10.5\text{kV}$，Y联结，额定功率因数 $\cos\varphi_N=0.8$（滞后），额定转速 $n_N=3000\text{r/min}$，保梯电抗的标幺值 $x_p^*=0.24$，忽略电枢电阻。发电机的短路特性为一直线，当短路电流等于额定电流时，励磁电流 $I_{fk}^*=0.868$，用标幺值表示的空载特性数据见表 15 - 1。

表 15 - 1 用标幺值表示的空载特性数据

E_0^*	0.25	0.45	0.79	1.00	1.14	1.20	1.25
I_f^*	0.22	0.41	0.73	1.00	1.22	1.46	1.71

试用保梯图法确定该发电机的额定励磁电流和电压调整率。

解 先画出空载特性曲线，并根据 I_{fk} 值（0.868）确定短路点 k，如图 15 - 12 所示。

在空载特性曲线上取 R 点，使 $\overline{RT}=I_N^*x_p^*=0.24$，于是可查得与 $I_N^*x_p^*$ 对应的励磁电流 $I_{f\sigma}^*=\overline{OT}=0.21$。因为短路时主极的励磁电流 $\overline{Ok}$ 包括两部分：$I_{fk}=I_{f\sigma}+I_{fa}$，一部分用以克服漏抗压降，另一部分用以克服电枢的去磁磁动势，由此可得额定电流时电枢的等效

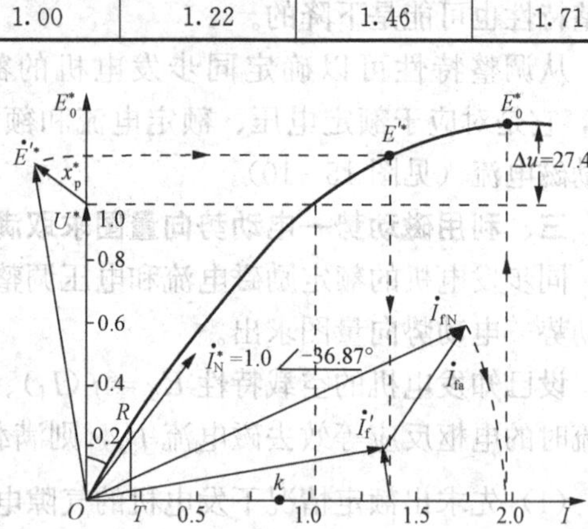

图 15 - 12 ［例 15 - 2］的电动势—磁动势图

去磁电流 $I_{fa}^*=\overline{Ok}-\overline{OT}=0.868-0.21=0.658$。

然后作磁动势—电动势向量图。在图 15-12 的纵坐标上取电压相量 $\dot{U}^*=1$，并画出漏抗压降，$\mathrm{j}\dot{I}_N^* x_p^*$（$I_N^* x_p^*=1\times0.24=0.24$），二者相量相加，可得额定情况下的气隙电动势 $\dot{E}'^*$，$E'^*=1.16$。再由空载特性曲线查得产生 $E'^*=1.16$ 时的 $I'^*_f=1.34$。方向超前于 $\dot{E}'^*$ 90°；再作电枢反应等效去磁电流 I_{fa}，其大小为 0.658，方向与 $\dot{I}_N^*$ 同向；把 I'_f 与 $-I_{fa}$ 相量相加，即得额定励磁电流 I_{fN}^*。

从图中量得额定励磁电流 $I_{fN}^*=1.95$。从空载特性曲线上查出与 I_{fN}^* 相对应的空载电动势 $E_0^*=1.274$，于是发电机的电压调整率为 27.4%。

本 章 小 结

本章讲述了同步发电机的特性曲线和参数的测定方法。通过空载、三相短路和零功率因数负载特性试验，可以确定同步电抗的非饱和值 x_d^*、短路比 K_c、保梯电抗 x_p 和用转子电流表示的电枢反应等效去磁电流 I_{fa} 等参数。在空载、短路特性曲线上同步电抗的非饱和值 $x_d^*=\dfrac{E_{0k}^*}{I_N^*}=E_{0k}^*$，$E_{0k}^*$ 是不饱和电动势，对应 I_{fk}^*（$I_k=I_N$ 时的励磁电流）在气隙线上的电动势。短路比 K_c 是对应 I_{f0}^*（产生空载额定电压的励磁电流，$I_{f0}^*=1$）比上 I_{fk}^*（$I_k=I_N$ 时的励磁电流），或在短路曲线上查出的 I_{k0}^* 比上在短路曲线上查出的 $I_N^*=1$。

发电机的外特性和调节特性，可用来了解一定励磁时，负载电流变化时发电机端电压的变化情况和一定电压时负载电流变化励磁电流的变化情况。但是对于电力系统中的大型同步发电机作外特性和调节特性是非常困难的或者是不可能的，所以常常通过做保梯图即磁动势—电动势相量图法间接求出发电机额定状态时的励磁电流 I_{fN} 和电压调整率 $\Delta u\%$。

思 考 题

15-1　为什么同步发电机的稳态短路电流不大，短路特性是一条直线？如果将发电机的转速降到 $0.5n_1$，则短路特性、稳态短路电流有何变化？

15-2　什么叫短路比，它与什么因素有关？

15-3　已知同步发电机的空载和短路特性，试画图说明求取 $x_{d(非)}$ 和 K_c 的方法。

15-4　试用标幺值画出同步发电机空载及零功率因数负载特性曲线，并说明求取 I_{fa} 的方法。

15-5　通过同步发电机的空载、短路和零功率因数负载试验可以求出什么参数？

15-6　低转差法测量 x_d 和 x_q 的原理是什么？如果在实验时转差太大，对测量结果会造成什么影响？

15-7　为什么从空载特性和短路特性不能测定交轴同步电抗？

15-8　同步发电机供给一对称电阻负载，当负载电流上升时，怎样才能保持端电压不变？

15-9　一台同步发电机的气隙比正常气隙的长度偏大，x_d 和 ΔU 将如何变化？

15-10　为什么 x_d 在正常运行时应采用饱和值，而在短路时却采用不饱和值？为什么 x_q 一般总只采用不饱和值？

习　题

15-1　有一台两极三相汽轮同步发电机，电枢绕组Y接，额定容量 $S_N=7500kVA$，额定电压 $U_N=6300V$，额定功率因数 $\cos\varphi_N=0.8$（滞后），频率 $f=50Hz$。空载试验数据如下：

I_f(A)	103	200	272	360	464
E_0(V)	3460	6300	7250	7870	8370

短路试验测得 $I_k=I_N$ 时，$I_{fk}=208A$；$I=I_N$，$U=U_N$ 时零功率因数试验测得 $I_{fN(0)}=433A$。

（1）通过空载特性和短路特性求出 $x_{d非}$ 和短路比；

（2）通过空载特性和零功率因数特性求出 x_σ 和 I_{fa}；

（3）额定运行情况下的 I_{fN} 和 $\Delta U\%$。

15-2　一台15000kVA、2极三相汽轮发电机，Y接，$U_N=10.5kV$，$\cos\varphi_N=0.8$（滞后），$x_d^*=2.09$（不计饱和），$x_\sigma^*\approx x_p^*=0.132$，$r_a$ 忽略不计，空载特性如下：

U_0^*	0.57	1.00	1.15	1.23	1.30	1.35
I_f^*	0.50	1.00	1.50	2.00	2.50	3.00

试求：（1）短路电流为额定值时的励磁电流标幺值；

（2）额定负载时的励磁电流标幺值。

15-3　某汽轮发电机 $S_N=15000kVA$，$U_N=6.3kV$，$I_N=1375A$，Y接，$\cos\varphi_N=0.8$（滞后），由空载试验求得对应额定线电压6300V下的励磁电流为102A，由短路试验求得对应 $I_k=I_N=1375A$ 下气隙线上的 $E_{0k}=12390V$，此时 $I_{fk}=158A$。试求 $x_{d非}^*$ 和 K_c。

15-4　三相汽轮同步发电机，已知空载特性如下：

E_0^*	0	0.60	1.00	1.16	1.32	1.37
I_f^*	0	0.50	1.00	1.50	2.50	3.00

短路特性 $I_k^*=1.0$，$I_{fk}^*=1.43$ 及零功率因数负载点 $I=I_N$，$U=U_N$，$\cos\varphi=0$ 时 $I_{fN(0)}^*=2.8$。试求：

（1）该电机的保梯电抗 x_p^*；

（2）x_d^* 的非饱和值；

（3）短路比 K_c。

15-5　一台三相凸极同步发电机，额定功率125000kW，Y接，50Hz，$U_N=10.5kV$，额定功率因数为0.8（滞后），极对数 $p=16$，空载额定电压时的励磁电流为252A，电枢电阻略去不计，$x_p=1.2x_\sigma$，空载试验数据如下：

U_0^*	0	0.55	1.00	1.21	1.27	1.33	1.35
I_f^*	0	0.52	1.00	1.56	1.76	2.10	2.80

短路特性为通过原点的直线，当 $I_k^*=1.0$ 时 $I_{fk}^*=0.965$，由额定电流时的零功率因数试验得知，当 $U_N^*=1.0$ 时，$I_{fN(0)}^*=2.115$。试求：

(1) x_p、x_σ、$x_{d(非)}$ 及短路比；

(2) 用磁动势—电动势向量图法求电压调整率和额定负载时的励磁电流 I_{fN}。

15-6　某三相隐极同步发电机，额定容量 25MVA，Y 接，50Hz，$U_N=6.3$kV，额定功率因数为 0.8（滞后），空载试验数据如下：

U_0^*	0.57	1.00	1.15	1.23	1.30	1.35
I_f^*	0.50	1.00	1.50	2.00	2.50	3.00

三相短路特性当 $I_k=I_N$ 时 $I_{fk}^*=1.65$。试求：

(1) $I_{fa}^*=1.475$ 时，x_p^* 为多少？

(2) 该发电机额定运行时的励磁电流 I_{fN}^* 和电压调整率 $\Delta U\%$。

15-7　有一台两极三相汽轮同步发电机，电枢绕组 Y 接，额定容量 $P_N=100$MW，额定电压 $U_N=10.5$kV，额定功率因数 $\cos\varphi_N=0.85$（滞后），频率 $f=50$Hz。已知该发电机的 $x_p^*=0.18$，短路比为 0.83，由空载试验测得如下数据：

U_0^*	0.57	1.00	1.15	1.23	1.30	1.35
I_f^*	0.50	1.00	1.50	2.00	2.50	3.00

试求该发电机额定运行时的励磁电流 I_{fN}^* 和电压调整率 $\Delta u\%$。

第16章 同步发电机的并联运行

在现代发电站中，总是采用几台同步发电机接在共同的汇流排（母线）上并联运行；而一个电力系统（或称电网）中又有许多发电站并联运行，向用户供电。这样，可以更合理地利用动力资源和发电设备。例如水电站和火电站并联后，在枯水期主要由火电站供电，而在旺水期，则主要依靠水电站满载运行发出大量廉价的电力，火电站可以只供给每天的高峰期负荷或只作同步调相机运行，使总的电能成本降低。连接成大电网后，可以统一调度，定期轮流检修、维护发电设备，增加了供电的可靠性，也节约了备用机组的数量，并且负载变化对电压和频率的扰动影响将减少，从而提高电能的质量。

同步发电机要并联运行时，必须满足一定的条件才允许合闸，否则可能造成严重事故。并联运行要研究的问题是：并联运行的条件，并联投入的方法，并联运行时的功角特性，并联运行时的静稳定性，并联运行时的有无功调节等。

以下讨论单机对无穷大电网并联运行的问题。所谓无穷大电网是指电网容量远远超过待并发电机组的容量，当发电机单机功率调节时，对电网的电压和频率影响极微，即认为该电网为无穷大电网，无穷大电网的电压U和频率f都认为是常数。

16.1 并联投入的条件和方法

一、同步发电机并联投入条件

设有同步发电机打算并联投入一个已经对用户供电的电网，为了避免在投入时发生电流的冲击和转轴突然受到外加转矩，应使发电机每相电动势瞬时值e_0与电网电压瞬时值u一直保持相等，这样首先调节原动机将待并发电机组转速调到$n\approx n_1$，调节发电机转子励磁电流使$E_0\approx U_1$。要达到理想并联，应满足如下条件：

（1）发电机的电压和电网电压大小要相等，即$U_2=U_1$。

（2）发电机的频率和电网频率要相同，即$f_2=f_1$。

（3）发电机电压的相位和电网电压的相位要相同。

（4）发电机的相序和电网的相序要一致。

（5）发电机的电压波形和电网电压的波形要一致。

若满足理想并联条件，则冲击电流 $\dot{I}_{\mathrm{h}}=\dfrac{\Delta\dot{U}}{\mathrm{j}x}=\dfrac{\dot{U}_2-\dot{U}_1}{\mathrm{j}x}=0$

上面所述的U_2和f_2分别是发电机电压及其频率，U_1和f_1分别是电网电压及其频率，x是发电机的电抗，I_{h}并联时的冲击电流。即若满足理想条件并联，冲击电流为0。另外发电机并网前$U_2=E_0$，且U_2和f_2不受系统的影响。

二、并联条件的讨论

下面以隐极同步发电机为例，说明不满足某个并联条件可能引起的后果。

（1）如果$f_2\neq f_1$，相量$\dot{U}_2=\dot{E}_0$和$\dot{U}_1$之间有相对运动，将产生数值一直变化的环流，

引起发电机内的功率振荡。

（2）如果波形不同，例如 u 为正弦波，而 e_0 中除了基波电压外还含有高次谐波分量，则将在发电机和电网内产生一高次谐波环流（见图16-1），就会增加运行时的损耗，使运行温度增高，效率降低，显然对发电机和线路都很不利。

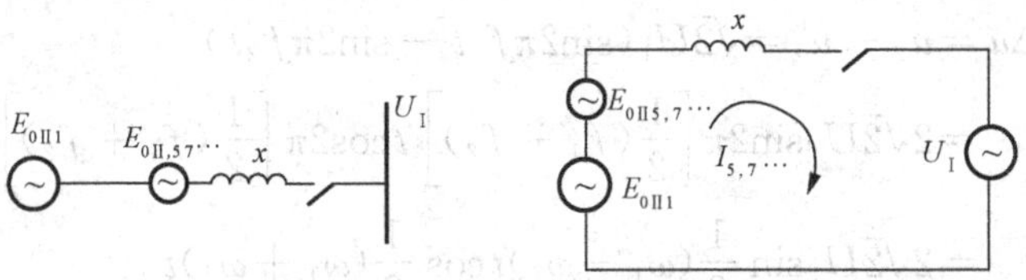

图16-1　发电机和电网电压波形不完全相同时投入并联的情况

（3）如果频率和波形都一致，但两个电压却在大小和相位上不一致，即 $\dot{E}_0 \neq \dot{U}_1$，则在发电机和电网间产生一个环流 $\dot{I}_h$。在极性相反的情况下误投入合闸时，I_h 的数值可以高达（20～30）I_N，此时由于电磁力的冲击，定子绕组端部可能受到极大的损伤。

（4）如果前面三个条件都符合了，但相序不同，那是绝不允许投入的，因为某相虽满足了三个条件，另外两相在电网和投入的发电机之间存在的电位差而产生无法消除的环流，危害发电机的安全运行。

综合上述，可知五个条件都应满足。一般情况下，条件（5）可认为由设计、制造自动满足。而条件（4）即发电机的转向和相序在出厂前也都标定，只要接线时不搞错，这一条也自动满足。于是在投入并联时只需校验条件（1）～（3）即可。

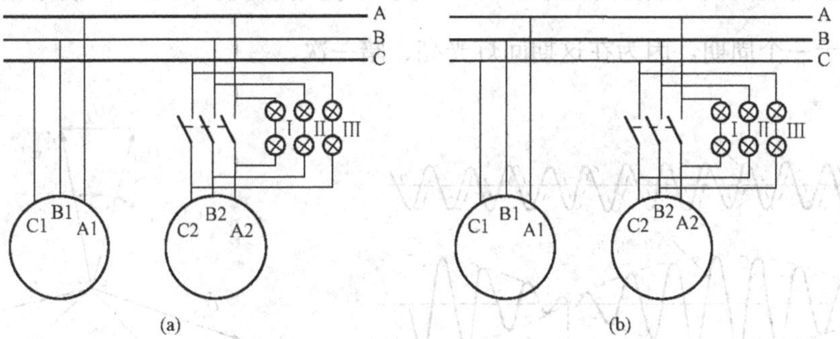

图16-2　同步指示灯的接法

（a）直接接法；（b）交叉接法

三、并联投入方法

1. 准同期法

这是靠操作人员将发电机调整到符合并联条件后才进行合闸并网的操作。为了判断这些条件，必须采用检查并联条件的装置，最简单检查同步的方法有同期表法、零值电压表法和灯光指示法。以下主要介绍灯光指示法。所谓灯光指示法是指利用三组同步指示灯来检验合闸的条件。同步指示灯有两种接法：直接接法，又叫灯光明灭法［见图16-2（a）］；交叉接法，又叫灯光旋转法［见图16-2（b）］。

采用直接接法并设发电机和电网电压相序相同，由于是对称运行，电网和发电机的中性点是等电位点，而流过同步指示灯的电流很小，发电机中的电流可忽略不计，因此仍认为发

电机的电压 $U_2=E_0$ 就是它的励磁电动势，而作用在每一组同步指示灯上的电压就等于电网的相电压和发电机的相电压之差。

当发电机的频率 f_2 与电网频率 f_1 不相等，假使 $f_1>f_2$，而电压值已相等，即 $E_0=U_2=U_1$ 时，此时 u_2 与 u_1 的电位差 Δu（即加在每组同步指示灯上的电压）为

$$\begin{aligned}\Delta u&=u_2-u_1=\sqrt{2}U_1(\sin 2\pi f_1 t-\sin 2\pi f_2 t)\\&=2\sqrt{2}U_1\sin 2\pi\left[\frac{1}{2}(f_1-f_2)\right]t\cos 2\pi\left[\frac{1}{2}(f_1+f_2)\right]t\\&=2\sqrt{2}U_1\sin\frac{1}{2}(\omega_1-\omega_2)t\cos\frac{1}{2}(\omega_1+\omega_2)t \qquad (16-1)\end{aligned}$$

式中 ω_1，ω_2——与频率相对应的角速度，$\omega_1=2\pi f_1$，$\omega_2=2\pi f_2$。

由式（16-1）及图 16-3 可见 Δu 瞬时值的幅值以 $\frac{1}{2}(f_1-f_2)$ 频率（称作差频）在 0～$2\sqrt{2}U_1$ 之间往复变化，而其自身是一个 $\frac{1}{2}(f_1+f_2)$ 频率的交流电动势。例如当 $f_2=48\text{Hz}$ 而 $f_1=50\text{Hz}$ 时，Δu 的频率为 $\frac{1}{2}(50+48)\ \text{Hz}=49\text{Hz}$，其幅值以 1Hz 的差频频率来变化。

由于每一个灯上的电压均为 $\frac{1}{2}\Delta u$，故每个灯的端电压有效值的绝对值在 0～U_1 之间往复变动，其变动频率为 $f_1-f_2=(50-48)\ \text{Hz}=2\text{Hz}$，是差频的两倍，它每秒两次过零值、两次为最大值，使得灯光闪烁的频率也为 2Hz，每秒中亮暗两次。图 16-3 所示的 $\left(\frac{1}{f_1-f_2}\right)$ 是 0.5s，对应于一个周期，因为在这期间灯光亮、暗一次。

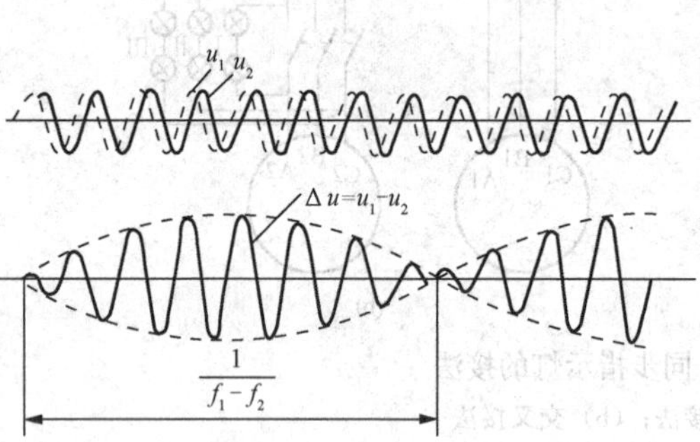

图 16-3 Δu 的变化 $U_2=U_1$，$f_1>f_2$

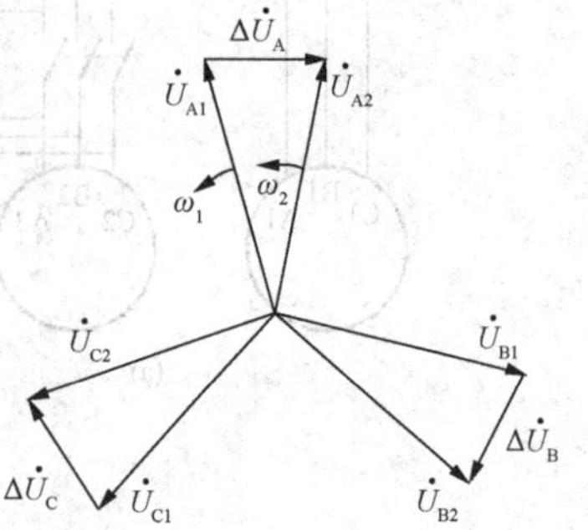

图 16-4 用相量图来表达 Δu 的变化 $U_2=U_1$，$f_1>f_2$

采用上面方法分析比较细致但不直观。如果把发电机 2 和电网 1 的电压相量画在同一张图中（见图 16-4）并同时画出各相的相量 $\Delta\dot{U}=\dot{U}_2-\dot{U}_1$，显然可见 $\dot{U}_{A1}$ 对 $\dot{U}_{A2}$ 的相对转速为 $(\omega_1-\omega_2)$，在前面的例子中 $\omega_1-\omega_2=2\pi(f_1-f_2)=2\pi\times 2$，亦即 $\dot{U}_{A1}$ 围绕 $\dot{U}_{A2}$ 每秒钟转两圈，故所得 $\dot{U}_A$ 相量每秒钟两次为零，两次为最大值，这和上面的分析一致，因此可以用图 16-4 中的 $\Delta\dot{U}$ 相量的变化规律来代表图 16-3 中 Δu 波形中包线的变化规律，以获得更直观、简明的效果。

利用同步指示灯的直接接法检查并联合闸条件的具体方法如下：把要投入并联运行的发电机带动到接近同步转速，加上励磁并调节到发电机的电压与电网电压相等。这时注意同步指示灯的情况。如果相序正确，则在发电机的频率与电网频率有差别时，加在各相同步指示灯的电压 ΔU 忽大忽小，而使三组灯同时忽亮忽暗，其亮、暗变化的频率就是发电机与电网相差的频率。当调节发电机原动机的转速使灯亮、暗的频率很低时，就可以准备合闸。合闸应掌握时机，在三组灯全暗、说明开关两侧电位差已很小，也即发电机与电网回路电压 Δu 瞬时值接近于零时，可迅速合上开关，而完成了并联合闸的操作。

若 $f_2>f_1$，则合闸后 $\dot{U}_{A2}=\dot{E}_{0A2}$ 将逐渐超前于 $\dot{U}_{A1}$，于是由图 16 - 5（a）可得出 $\Delta\dot{U}$ 相量，它要在发电机和电网之间产生环流。由于同步发电机的同步电抗远大于电阻，故环流 $\dot{I}_h$ 滞后 $\Delta\dot{U}$ 约 90°，故由图 16 - 5（a）可见，$\dot{I}_h$ 和 $\dot{U}_{A2}$ 的相位差不大，对于发电机来说，此时电流 $\dot{I}_h$ 产生发电机作用而输出电功率，因此发电机轴上承受一个制动性质的电磁转矩，使电机的速度 n_2 和频率 f_2 降低。另外，对电网来说，电流 $\dot{I}_h$ 产生电动机作用，使其加速和频率升高，但由于电网容量远远大于发电机的容量，所以实际上其频率 f_1 是不变的。最后结果是发电机的频率很快减到与 f_1 相等，而实现同步运转。同理，如果 $f_1>f_2$，合闸后 $\dot{U}_{A2}$ 将逐渐滞后于 $\dot{U}_{A1}$［图 16 - 5（b）］，所产生的环流对电机来说是电动机作用，促使其加速而升高频率，而电网频率仍不变，最后结果是发电机的频率很快升高到等于 f_1，而实现同步运转。

采用交叉接法的接线图如图 16 - 6 所示。这时同步指示灯第Ⅰ组接于开关某相（例如 A 相）的两端，另两组灯则交叉连接。由图 16 - 6（b）可见，加于三组同步指示灯的电压 $\Delta U_{Ⅰ}$、$\Delta U_{Ⅱ}$ 和 $\Delta U_{Ⅲ}$ 各不相等，因此它们的亮度就不一样。

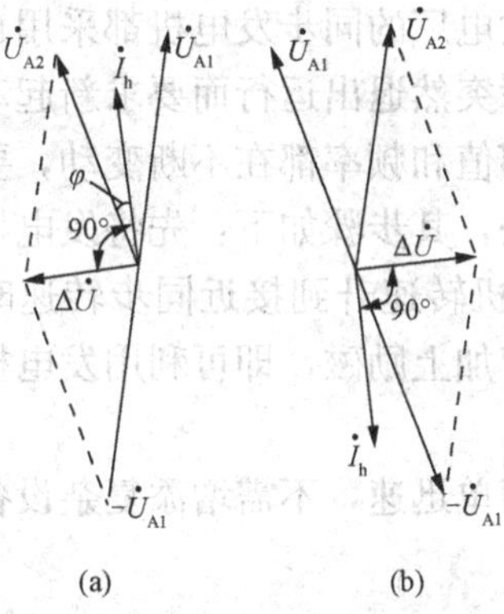

图 16 - 5　电机投入并联后的整步作用

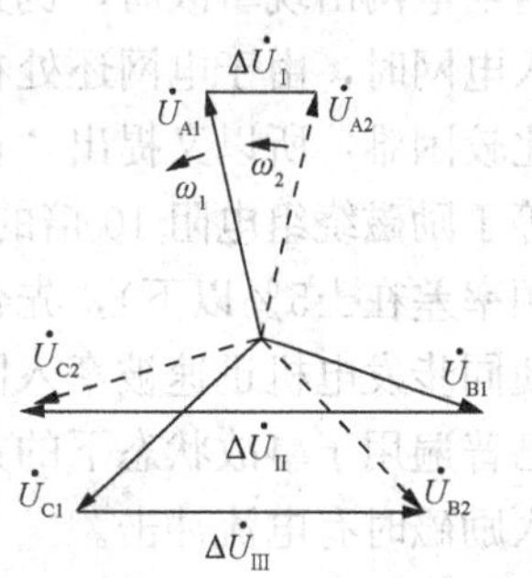

图 16 - 6　交叉接法各组同步指示灯的电压相量

如果假定 $\omega_2>\omega_1$，分析时取电网电压为基准相量，则发电机电压相量以（$\omega_2-\omega_1$）的相对角速度逆时针旋转。从图 16 - 7 可见，先是第Ⅰ组灯最亮，接着第Ⅱ组灯最亮，然后是第Ⅲ组灯最亮，好像灯光按逆时针方向旋转。如果 ω_2 对应的频率 f_2 比电网电压频率多 1Hz，则每秒钟 $\dot{U}_{A2}$ 围绕 $\dot{U}_{A1}$ 转一圈，由图可见灯光也将旋转一圈。反之如果发电机电压的频率低于电网电压频率，则灯光将按顺时针方向旋转。根据灯光旋转的方向，适当调节发电机转速，使灯光旋转速度变得很低，就可准备合闸。合闸应当掌握时机，在直接跨接开关的同相两端的同步指示灯［图 16-6（a）的第Ⅰ组灯］熄灭而另外两组灯亮度相同的时刻（这时开关两端的电压差 $\Delta u=0$），迅速合上开关，即完成投入并联运行（俗称并车）的操作。

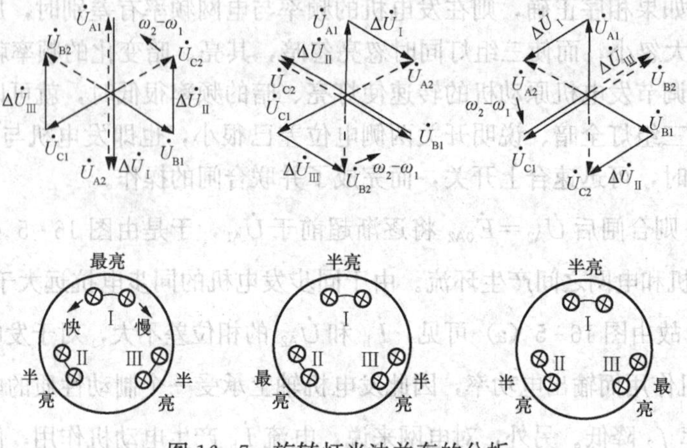

图 16-7　旋转灯光法并车的分析

以上两种接线方式相比较，显然后者较好，因为从灯光的转向可明确指示操作者应将转速调高还是调低。

采用同步指示灯法进行合闸操作时，还有一个问题需要解决，就是一般灯泡在 1/3 额定电压时就不亮了。为了使合闸的瞬间更准确，一般在开关的两端接上电压表，当其指示为零时就合闸。此外也可以用“同步指示器”来正确找出合闸瞬间。

2. 自同期法

用上述方法进行并车的优点是能使新投入的发电机和电网不受或仅受极轻微冲击，但由于是手工操作，要求技术熟练而且比较费时间。现代发电厂的同步发电机都采用自动同期装置并车。但当电网出现事故时，例如大容量机组因故障突然退出运行而要求新起动一台机组代替它投入电网时，由于电网还处在异常状态，电压幅值和频率都在不断变动，要按准同期条件并车比较困难，所以又提出“自同期”的并车方法，其步骤如下：先将发电机的励磁绕组经过约等于励磁绕组电阻 10 倍的电阻短路，当发电机转速升到接近同步转速时（发电机和电网的频率差在±5%以下），先合上并车开关，接着加上励磁，即可利用发电机的“自整步作用”使同步发电机迅速被牵入同步。

此法已普遍用于事故状态下的并车。优点是操作简单迅速，不需增添复杂设备；缺点是合闸及投入励磁时有电流冲击。

16.2　与大电网并联运行时同步发电机的功角特性

在许多场合下，常常用发电机的 $\dot{E}_0$ 和 $\dot{U}$ 之间的相角差 θ（称为功率角）以及发电机的参数来表示电磁功率。当 E_0 和 U 保持不变时，发电机发出的电磁功率与功率角之间的关系 $P_{em}=f(\theta)$，称为同步发电机的功角特性。

功角特性是同步发电机的基本特性之一。通过它可以研究同步发电机接在电网上运行时发出的有功功率，并进一步揭示机组的稳定性；利用功角特性还可以说明发电机与电动机之间的联系和转化。以下讨论同步发电机与无穷大电网并联时的功角特性。

一、同步发电机的功率平衡关系

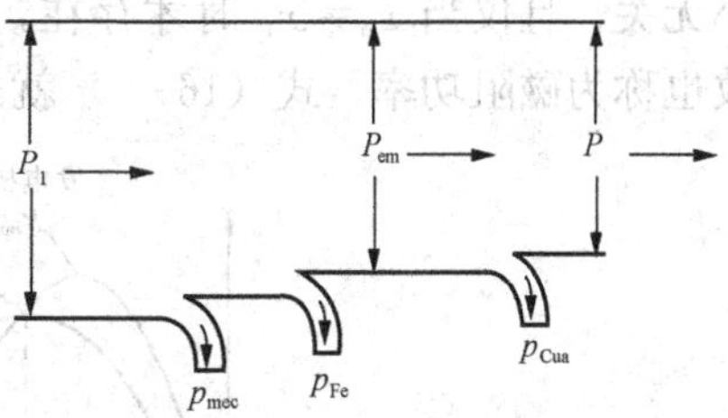

图 16-8　同步发电机的功率流程图

关于同步发电机的能量平衡关系，可以很清楚的从图 16-8 中看出，P_1 代表发电机从原动机吸收的机械功率，从 P_1 里减掉空载损耗 p_0（p_0 包括铁损耗 p_{Fe} 和机械损耗 p_{mec}）后，转变为电磁功率 P_{em}

$$P_{em}=P_1-p_{Fe}-p_{mec}=P_1-p_0 \quad (16\text{-}2)$$

电磁功率表示从转子吸收的机械能通过电磁感应穿过气隙到达电枢侧的电功率。从电磁功率中再减去电枢绕组铜损耗 p_{Cua} 后，就转变为发电机输出的电功率 P

$$P=P_{em}-p_{Cua} \quad (16\text{-}3)$$

对中、大型同步发电机电枢电阻远小于同步电抗，因此可以认为 $r_a\approx 0$，则 $p_{Cua}\approx 0$，不计电枢电阻时 $P=P_{em}$，即电磁功率将与电枢端点输出的电功率相等，以后如不加说明总是认为

$$P_{em}\approx P=mUI\cos\varphi \quad (16\text{-}4)$$

二、同步发电机的功角特性

1. 凸极同步发电机的功角特性

相应的相量图如图 16-9 所示。由图可见，$\varphi=\psi-\theta$，将其代入式（16-4），可得

$$\begin{aligned}P_{em}&\approx mUI\cos(\psi-\theta)=mUI(\cos\psi\cos\theta+\sin\psi\sin\theta)\\&=mU(I_q\cos\theta+I_d\sin\theta)\end{aligned} \quad (16\text{-}5)$$

从图 16-9 可知

$$I_qx_q=U\sin\theta$$
$$I_dx_d=E_0-U\cos\theta$$

或

$$I_q=\frac{U\sin\theta}{x_q}\quad I_d=\frac{E_0-U\cos\theta}{x_d} \quad (16\text{-}6)$$

将式（16-6）代入式（16-5），并加以整理，最后可得

$$P_{em}=m\frac{E_0U}{x_d}\sin\theta+m\frac{U^2}{2}\left(\frac{1}{x_q}-\frac{1}{x_d}\right)\sin 2\theta=P'_{em}+P''_{em} \quad (16\text{-}7)$$

图 16-9　不计电枢电阻时凸极同步发电机的相量图

式（16-7）中，第一项 $P'_{em}=m\dfrac{E_0U}{x_d}\sin\theta$ 称为电磁功率的基本分量，第二项 $P''_{em}=m\dfrac{U^2}{2}\left(\dfrac{1}{x_q}-\dfrac{1}{x_d}\right)\sin 2\theta$ 称为电磁功率的附加分量。电磁功率的附加分量与励磁电动势 E_0 的大

小无关，且仅当 $x_d \neq x_q$ 时才存在，它是由凸极效应（即交、直轴磁阻互不相等）所引起，故也称为磁阻功率。式（16-7）就是凸极同步电机的功角特性表达式。

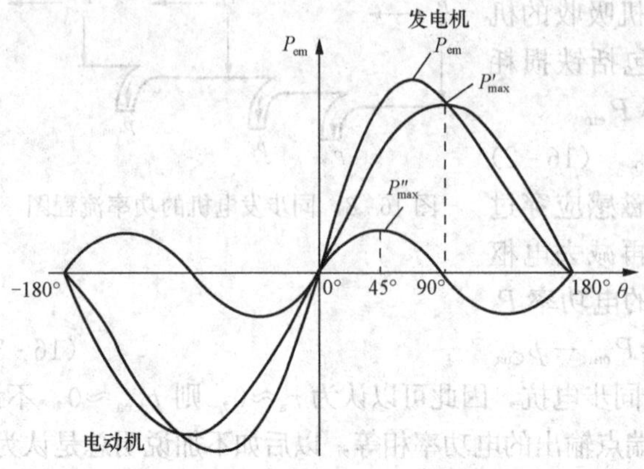

图 16-10 同步电机的功角特性

图 16-10 表示凸极同步电机的功角特性曲线。由图可见，$0° \leqslant \theta \leqslant 180°$ 时，电磁功率为正值，对应于发电机状态；$-180° \leqslant \theta \leqslant 0°$ 时，电磁功率为负值，对应于电动机状态。

从式（16-7）可知，对于基本电磁功率，当 $\theta = 90°$ 时，达到其最大值 $P'_{max} = m\dfrac{E_0U}{x_d}$；对于附加电磁功率，$\theta = 45°$ 时达到其最大值 $P''_{max} = m\dfrac{U^2}{2}\left(\dfrac{1}{x_q} - \dfrac{1}{x_d}\right)$；总的电磁功率在 θ 为 45°～90°时达到最大值 P_{max}，其具体位置和数值视 P'_{max} 和 P''_{max} 的相对大小而定。

2. 隐极同步电机的功角特性

对于隐极发电机，由于 $x_d = x_q = x_s$，附加电磁功率为零，故 P_{em} 就等于基本电磁功率。

$$P_{em} = m\frac{E_0U}{x_d}\sin\theta \tag{16-8}$$

3. 功率角的物理意义

前面已经提到，功率角 θ 是时间相量 $\dot{E}_0$ 与 $\dot{U}$ 之间的相角差。因为励磁电动势 $\dot{E}_0$ 由主磁场 $\vec{B}_0$ 感应产生，电枢端电压 $\dot{U}$（即电网电压）可认为由电枢的合成磁场 $\vec{B}_u$（包括主磁场、电枢反应磁场和电枢漏磁场）感应产生，在时一空向量图中，$\vec{B}_0$ 和 $\vec{B}_u$ 分别超前于 $\dot{E}_0$ 和 $\dot{U}$ 90°电角度，于是亦可以近似地认为，功率角 θ 是主极磁场 $\vec{B}_0$ 与气隙合成磁场 $\vec{B}_u$ 之间的空间相角差，如图 16-11 所示。对于同步发电机，$\vec{B}_0$ 总是领先于 $\vec{B}_u$，若采用发电机惯例，这时 θ 角定为正值，电磁功率也是正值，表示电机处于发电机运行状态；当 θ 角为负值，电磁功率也为负值，表示电机发出负的有功，或者说吸收正的有功，为电动机运行状态；当 θ 角为零，表示电机有功空载，或者说是调相运行。所以说功角决定了同步电机的运行状态。

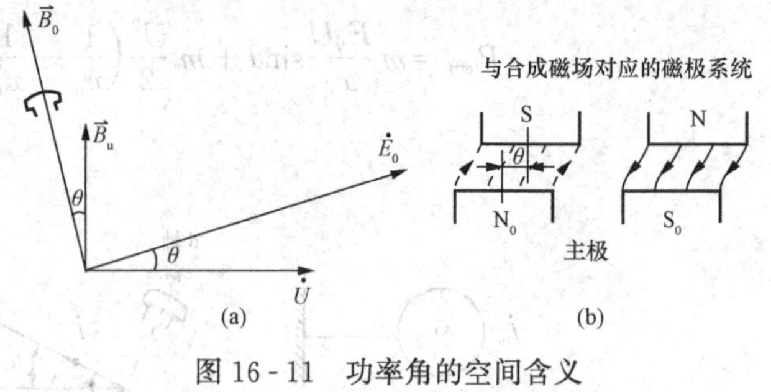

图 16-11 功率角的空间含义

(a) 时—空统一相量图；(b) 功率角的近似空间表达

【例 16-1】 有一台 70000kV·A、13.8kV（星形联结）、$\cos\varphi_N = 0.85$（滞后）的三相水轮发电机直接与电网相接，已知发电机的参数为 $x_d = 2.72\Omega$，$x_q = 1.90\Omega$，电枢电阻忽略不计，试求额定负载时发电机的功率角和励磁电动势。（不计磁饱和）

解 先按式（14-21）算出额定负载时的 ψ 角。由于

额定相电压 $$U=\frac{13.8\times10^3}{\sqrt{3}}=7968(\text{V})$$

额定相电流 $$I=\frac{70000\times10^3}{\sqrt{3}\times13.8\times10^3}=2929(\text{A})$$

$$\varphi=\arccos0.85=31.79°,\ \sin\varphi=0.5268$$

于是 $$\psi=\arctan\frac{U\sin\varphi+Ix_q}{U\cos\varphi}=\arctan\frac{7968\times0.5268+2929\times1.9}{7968\times0.85}=55.25°$$

功率角则为 $$\theta=\psi-\varphi=55.25°-31.79°=23.46°$$

励磁电动势为

$$E_0=U\cos\theta+I_dx_d=7968\cos23.46°+(2929\sin55.25°)\times2.72=13855(\text{V})$$

16.3 同步发电机与大电网并联运行时有功功率的调节和静态稳定

以下分析为简单起见，都以隐极发电机为例，并忽略磁路饱和及电枢绕组电阻的影响，电网则看作“无穷大电网”，于是U=常值，且f=常值。

一、有功功率的调节

当发电机不输出有功功率时，由原动机输入的功率恰好补偿各种损耗，没有多余的部分可以转化为电磁功率（忽略定子铜损耗时），因此$\theta=0$，$P_1=p_0$，$P_{em}=0$［见图 16 - 12 (a)］，此时，虽然可以有$E_0>U$且有电流输出，但它是无功电流。当增加来自原动机的输入功率P_1，使$P_1-p_0>0$时，发电机轴上便出现了剩余功率，这个功率作用在机组转轴上，使转子加速，发电机的转子磁动势$\vec{F}_f$（$\vec{B}_0$）和 d 轴便开始超前于气隙磁密$\vec{B}_u$（此磁密受到频率不变的限制，转速保持不变），相应的电动势相量$\dot{E}_0$也就超前于端电压相量$\dot{U}$一个相角，于是$\theta>0$，使$P_{em}>0$，发电机开始向外输出有功电流，并同时出现与电磁功率P_{em}相对应的制动电磁转矩T_{em}；当θ增加到某一数值且使对应的电磁功率$P_{em}=P_1-p_0=P_T$时，发电机转子就不再加速，最后就平衡在这个θ值处［见图 16 - 12 (b)、(c)］。即发电机究竟在多大的功率角下运行，是由$P_T=P_{em}$来确定的，对于隐极同步发电机有

$$P_{em}=P_T=\frac{mE_0U}{x_s}\sin\theta$$

以上分析表明，对于一个并联在无穷大电网上的同步发电机，要想增加发电机的输出功率，就必须增加来自原动机的输入功率，而随着输出功率的增大，当励磁不作调节时，发电机的功率角θ就必然增大。但并不是可以无限制地增加原动机的输入功率来增大发电机输出的电磁功率。当功率角θ达到 90°，即电磁功率达到极限值P_{max}时，原动机供给的输入功率如果再增加，则无法建立新的平衡，而发电机转速将连续上升而失步，故把P_{max}称为发电机的极限功率。由此可见，调有功、调原动机的动力输出。

二、静态稳定

1. 静态稳定性的概念

在电网或原动机方面偶然发生微小的扰动时，当扰动消失以后，发电机能否回到原先状态继续同步运行的问题，就称为同步发电机的静态稳定性问题。如果能恢复到原先的状态，

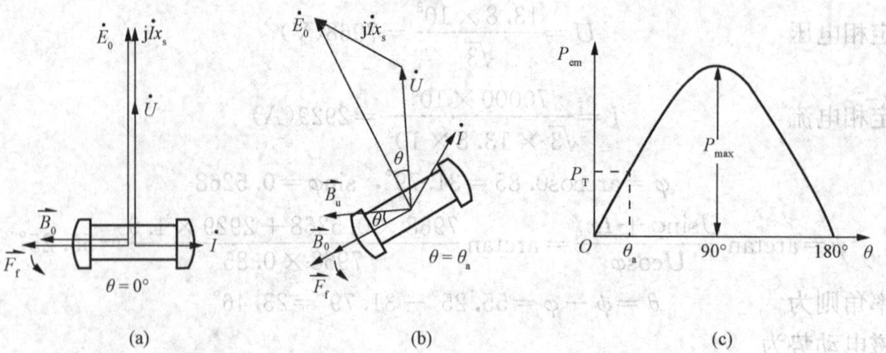

图 16-12　与无穷大电网并联时同步发电机有功功率的调节

发电机就是“静态稳定”的；反之，就是静态不稳定的。

2. 发电机在不同工作点的静态稳定性

以图 16-13 为例，设最初原动机的有效功率为 P_T，这时似乎有两个功率平衡点：A 点和 C 点，在两个点都能满足 $P_T=P_{em}$，但是实际上只有 A 点是稳定的，而 C 点则不可能稳定运行。因为如果在 A 点运行，当由于某种短暂的微小扰动使原动机的有效功率增加了 ΔP_T，则由图可见，功角将由 θ 逐步增大到 $\theta+\Delta\theta$ 而平衡于 B 点，相应地电磁功率也增加了 ΔP，且 $\Delta P=\Delta P_T$，但一旦扰动消失，发电机发出的电磁功率 $P_{em}+\Delta P$ 便将大于输入的有效功率 P_T，因此转子立即减速到 A 点稳定运行。

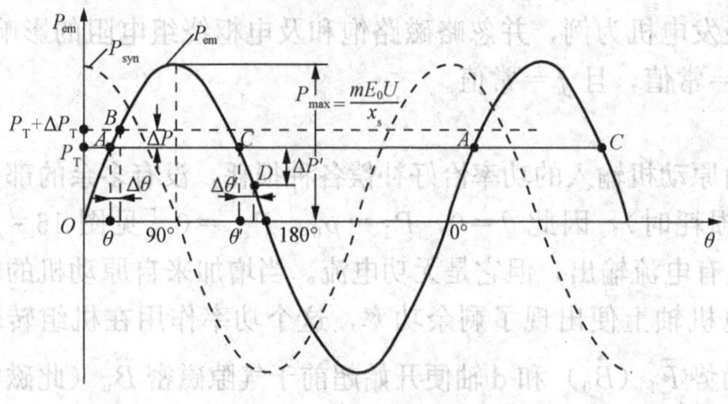

图 16-13　和无穷大电网并联运行时同步发电机的整步功率系数和静态稳定

反之，如果最初电机在 C 点运行，其功率角为 θ'，且 $P_T=P_{em}$，则当扰动使原动机的有效功率增加了 ΔP_T 时功率角也将增加，但由图可见，当功率角增到某一数值 $\theta'+\Delta\theta'$（图中 D 点）时，输入有功功率将更加大于输出的电磁功率，而无法达到新的平衡。假定此时扰动突然消失，尽管输入的有效功率已恢复到原来的数值 P_T，但因 D 点的电磁功率已变为 $P_T-\Delta P'$，仍小于发电机输入的有效功率而使 θ 角继续增大。当 $\theta=180°$ 以后，电磁功率为负值，就意味着电机向电网输出负功率或输入正功率，因此电机在电动机状态下运行，此时电磁转矩和原动机转矩都是驱动转矩，将使电机产生更大的加速度，于是 θ 角很快冲到 360°（即 0°）处，电机重新进入发电机状态。当 θ 角第二次来到 A 点位置时，虽然再次出现了功率平衡，但是由于前面累计的加速使转子的瞬时速度已显著高于同步转速，因此 θ 角仍将继续增大，又冲到 C 点。由 A 到 C 的过程虽是减速的过程，但是它并不足以使 A 点的高转速下降到同步转速，所以 θ 还要增大……可见电机始终达不到平衡状态，转速将一直增高下去，直到电机失去同步，最后由机组的超速保护动作把原动机关掉。

由此得结论，A 点是静态稳定工作点，C 点是静态不稳定工作点。

3. 静态稳定判据

由上面分析可知，发电机稳定运行的判据是：当外界的扰动使发电机的功率角增大时，电磁功率的增量也大于零，反之亦成立。即

$$\lim_{\Delta\theta\to 0}\frac{\Delta P_{em}}{\Delta\theta}>0 \text{ 或 } \frac{dP_{em}}{d\theta}>0 \tag{16-9}$$

这样一旦扰动消失，在 ΔP_{em} 作用下，使功率角返回到扰动前的数值，从而保证电机运行稳定。由此可见，$\frac{dP_{em}}{d\theta}$越大，发电机保持同步的能力就越强，发电机的稳定性也就越高。反之，如果

$$\frac{dP_{em}}{d\theta}<0 \tag{16-10}$$

则功率角增大时，电磁功率和相应的制动电磁转矩将减小，因此发电机的转速和功率角将继续增加而更偏离原先的数值，发电机就不能稳定运行。在

$$\frac{dP_{em}}{d\theta}=0 \tag{16-11}$$

处，保持同步的能力恰好等于零，所以该点就是同步发电机的静态稳定极限点。

4. 比整步功率

导数$\frac{dP_{em}}{d\theta}$称为同步电机的整步功率系数或称为比整步功率 P_{syn}。对于隐极发电机

$$P_{syn}=\frac{dP_{em}}{d\theta}=m\frac{E_0U}{x_s}\cos\theta \tag{16-12}$$

而对于凸极发电机为

$$P_{syn}=\frac{dP_{em}}{d\theta}=m\frac{E_0U}{x_d}\cos\theta+mU^2\left(\frac{1}{x_q}-\frac{1}{x_d}\right)\cos 2\theta \tag{16-13}$$

隐极发电机的整步功率曲线 $P_{syn}=f(\theta)$ 示于图 16-13 中。结合静态稳定的判据［见式（16-9）］可见，隐极同步发电机的静态稳定运行区是 $0\leqslant\theta\leqslant 90°$，而 $\theta=90°$是它的静态稳定极限，这时的电磁功率也正好是极限功率。此外由曲线可见，在稳定运行区内 θ 值越小，P_{syn} 的数值就越大，发电机的稳定性越好。

于是$\frac{dP_{em}}{d\theta}>0$ 时，电机是静态稳定的；而$\frac{dP_{em}}{d\theta}<0$ 时，电机是静态不稳定的，因此$\frac{dP_{em}}{d\theta}=0$ 是静态稳定极限，即临界稳定。

5. 静态过载能力

在实际运行中，为了提高供电的可靠性，发电机的额定运行点应当离稳定极限有一定的距离，使发电机的极限功率保持着比额定功率大一定的倍数，这个倍数称为稳态过载倍数 k_M，当电枢电阻忽略不计时，$P_{emN}=P_N$，于是

$$k_M=\frac{P_{max}}{P_{emN}}=\frac{P_{max}}{P_N} \tag{16-14}$$

对于隐极发电机则有

$$k_M=\frac{m\dfrac{E_0U}{x_s}}{m\dfrac{E_0U}{x_s}\sin\theta_N}=\frac{1}{\sin\theta_N} \tag{16-15}$$

式中 θ_N——额定运行时的功率角。

一般要求 $k_M>1.7$，因此最大允许的功角约为 35°，所以同步发电机一般设计功角 $\theta_N=25°\sim35°$。

最后应该指出：考虑到系统电抗的影响，静态稳定性会相应降低，但静稳定可以通过增大励磁电动势 E_0 来提高最大电磁功率，从而提高 k_M。

【例 16-2】 一台 $x_d^*=0.8$，$x_q^*=0.5$ 的凸极同步发电机，接在 $U^*=1$ 的电网上，运行于 $I^*=1$，$\cos\varphi=0.8$。略去定子电阻，试求：

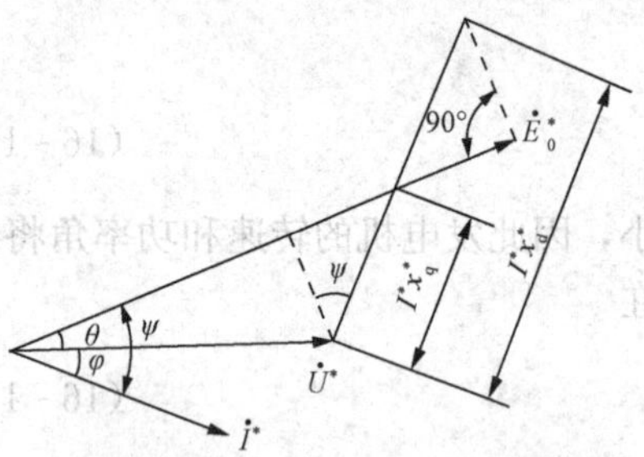

图 16-14 ［例 16-2］的相量图

(1) E_0 与 ψ。

(2) P_{em} 与 P_{max}。

(3) 静态过载倍数 k_M。

解 (1) 由图 16-14 知

$$\tan\psi=\frac{I^*x_q^*+U^*\sin\varphi}{U^*\cos\varphi}$$

因 $\cos\varphi=0.8$，故 $\sin\varphi=0.6$，代入上式得

$$\tan\psi=\frac{1\times0.5+1\times0.6}{1\times0.8}=1.375$$

故得 $$\psi=54°$$

因此
$$\begin{aligned}E_0^*&=U^*\cos(\psi-\varphi)+I^*x_d^*\sin\psi\\&=1\times\cos(54°-37°)+1\times0.8\sin54°\\&=1.602\end{aligned}$$

(2) 功率的基值取为 $S_N=mU_{N\phi}I_{N\phi}$，则电磁功率为

$$P_{em}^*=\frac{E_0^*U^*}{x_d^*}\sin\theta+\frac{U^{*2}}{2x_d^*x_q^*}(x_d^*-x_q^*)\sin2\theta$$

以 $\theta=\psi-\varphi=54°-37°=17°$ 代入得

$$P_{em}^*=\frac{1.602\times1}{0.8}\sin17°+\frac{1^2}{2\times0.8\times0.5}\times(0.8-0.5)\sin(2\times17°)=0.8$$

为求 P_{max}，令 $\frac{dP_{em}}{d\theta}=0$ 以求取 $P_{em}=P_{max}$ 时的 θ 角，即

$$\frac{dP_{em}}{d\theta}=\frac{E_0^*U^*}{x_d^*}\cos\theta+\frac{U^{*2}}{x_d^*x_q^*}(x_d^*-x_q^*)\cos2\theta=0$$

设 $A=\frac{E_0^*U^*}{x_d^*}$，$B=\frac{U^{*2}}{x_d^*x_q^*}(x_d^*-x_q^*)$，则

$$A\cos\theta+B\cos2\theta=0$$

由于 $\cos2\theta=2\cos\theta-1$，故得

$$\cos^2\theta+\frac{A}{2B}\cos\theta-\frac{1}{2}=0$$

解得
$$\cos\theta=\frac{-\frac{A}{2B}\pm\sqrt{\left(\frac{A}{2B}\right)^2+2}}{2}$$

将各值代入求得
$$\cos\theta=0.305$$

故 $\theta = \arccos 0.305 = 72.2°$

代入 P_{em}^* 式中，得

$$P_{max}^* = \frac{1.602}{0.8}\sin 72.2° + \frac{1^2}{2\times0.8\times0.5}\times(0.8-0.5)\sin(2\times72.2°) = 2.129$$

(3) $$k_M = \frac{P_{max}^*}{P_{emN}^*} = \frac{2.129}{1\times1\times0.8} = 2.66$$

16.4　无功功率的调节和 U 形曲线

电网的负荷既包含有功负荷也包含无功负荷。因此，同步发电机与电网并联后，不仅要向电网输送有功功率，而且还要向电网输送无功功率。

一、无功功率的功角特性

为了简单起见，仍以隐极同步发电机为对象，并忽略电枢电阻，来分析无功功率和功角的关系，也就是无功功率的功角特性。

同步发电机输出的无功功率为

$$Q = mUI\sin\varphi \tag{16-16}$$

并按照一般习惯设发电机输出感性无功功率时 Q 取正值。图 16-15 是不计电枢电阻时隐极同步发电机的相量图，由图可见

$$E_0\cos\theta = U + Ix_s\sin\varphi \tag{16-17}$$

可改写为

$$I\sin\varphi = \frac{E_0\cos\theta - U}{x_s} \tag{16-18}$$

将式（16-18）代入式（16-16）得

$$Q = \frac{mE_0U}{x_s}\cos\theta - m\frac{U^2}{x_s} \tag{16-19}$$

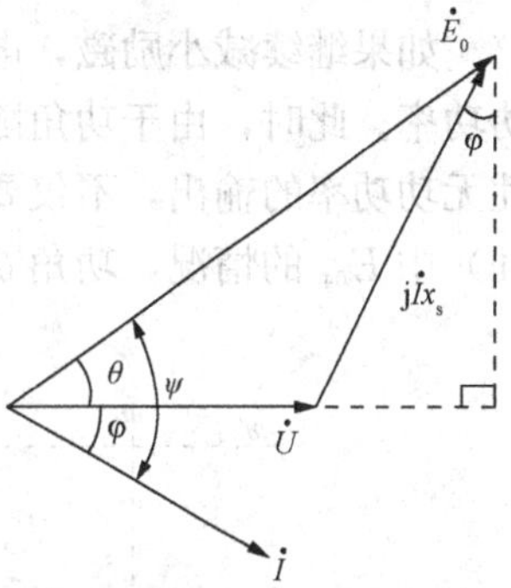

图 16-15　不计电阻时的隐极发电机相量图

式（16-19）即为无功功率的功角特性。当励磁不变时，Q 与 θ 的关系为余弦函数，如图 16-16 所示。

从能量守恒的观点看，同步发电机与电网并联后，如仅仅调节无功功率，是不需要改变原动机输入功率的。由电枢反应的作用一节可知，只要调节同步发电机的励磁电流，就能改变同步发电机发出的无功功率。

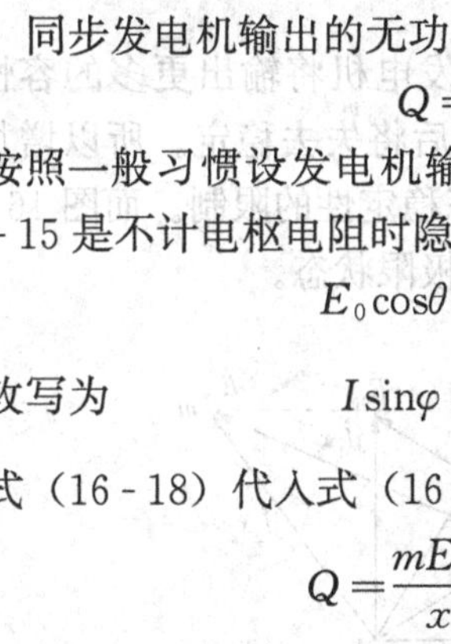

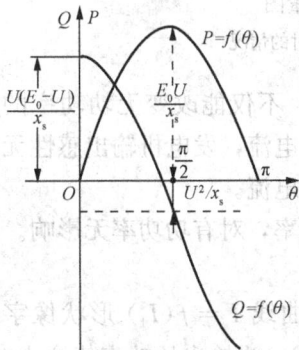

图 16-16　有功功率和无功功率的功角特性

二、无功功率的调节

设一同步发电机原来输出一定有功功率，由于调节无功功率不改变原动机的输入，有功功率将保持不变，即有

$$\left.\begin{aligned} P &= mUI\cos\varphi = 常数 \\ P_{em} &= \frac{mE_0U}{x_s}\sin\theta = 常数 \end{aligned}\right\} \tag{16-20}$$

当 U、m 和 x_s 均不变时，由式（16-20）可改写成

$$\left.\begin{aligned} I\cos\varphi &= 常数 \\ E_0\sin\theta &= 常数 \end{aligned}\right\} \tag{16-21}$$

式（16-21）称为功率约束条件，在画相量图时常用它来画功率约束线。在有功功率不变，调节同步发电机的励磁电流时，发电机必然会保持式（16-21）所表述的关系。图 16-17（a）是发电机供给某一有功功率的相量图。若调节励磁电流，由式（16-21）可见，$\dot{E}_0$ 相量的端点必须落在$\overline{mm'}$线上，该线与横坐标的距离为 $E_0\sin\theta$。相量 $\dot{I}$ 的端点必须落在$\overline{nn'}$线上，该线与纵坐标的距离为 $I\cos\varphi$。图 16-17（b）画出了不同励磁时的情况。

当励磁电流为 I_{f1} 时，励磁电动势为 E_{01}，I_{f1} 称为常励磁电流，相应的电枢电流为 I_1，$\cos\varphi=1$，此时发电机只输出有功功率，与电网没有无功功率的交换。

E_{02} 为励磁增大后的情况，相应的电枢电流 I_2 滞后于端电压 U。发电机除输出有功功率外，还供给电网一个感性无功功率。此时发电机处于过励磁状态。如果继续增大励磁，电枢电流和滞后的 φ 角将同时增大，发电机将输出更多的感性无功功率。由于功角 θ 随励磁电流增大而减小，提高了发电机运行的稳定度。增加感性无功功率的输出，将受到励磁电流和电枢电流的限制。

E_{03} 为励磁减小后的情况，相应的电枢电流 I_3 较 U 为超前。发电机除输出有功功率外，还供给电网一个容性无功功率，此时发电机处于欠励磁状态。由于功角 θ 随励磁减小而增大，降低了发电机运行的稳定性。

如果继续减小励磁，电枢电流和超前的 φ 角将同时增大，发电机将输出更多的容性无功功率。此时，由于功角随励磁减小而逐步增大，当 θ 达到 90°后将失去稳定。所以增加容性无功功率的输出，不仅要受到电枢电流的限制，还要受到静态稳定性的限制。而图 16-17（b）中 E_{04} 的情况，功角 θ 已达到 90°，发电机处于静态稳定的极限状态。

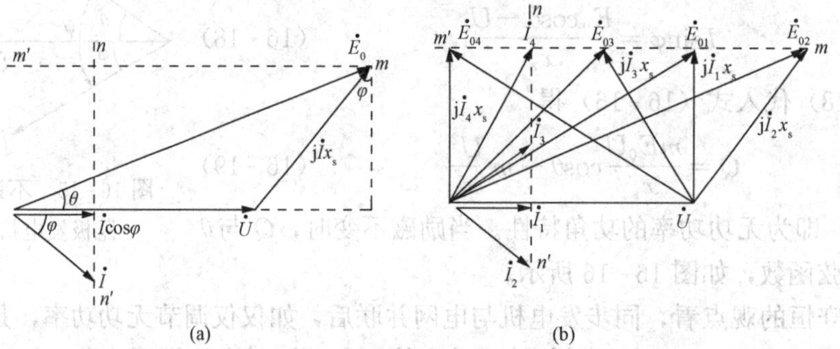

图 16-17　P_{em}=常数时，调节励磁电流的相量图

（a）发电机供给某一有功功率的相量图；（b）不同励磁时的情况

综上所述，当发电机与无穷大电网并联时，调节励磁电流，不仅能改变无功功率的大小，而且能改变无功功率的性质。当过励磁时，电枢电流是滞后电流，发电机输出感性无功功率。当欠励磁时，发电机输出容性无功功率，电枢电流是超前电流。

则可得结论，调节同步发电机的励磁电流，只会调节无功功率，对有功功率无影响。

三、同步发电机的 U 形曲线

在有功功率保持不变时，表示电枢电流和励磁电流的关系曲线 $I=f(I_f)$ 形状像字母“U”，故常称为 U 形曲线。不同的有功功率，有不同的 U 形曲线。当输出的功率值愈大时，曲线愈向上移。同步发电机的 U 形曲线如图 16-18 所示。当励磁电流调节至某一数值时，

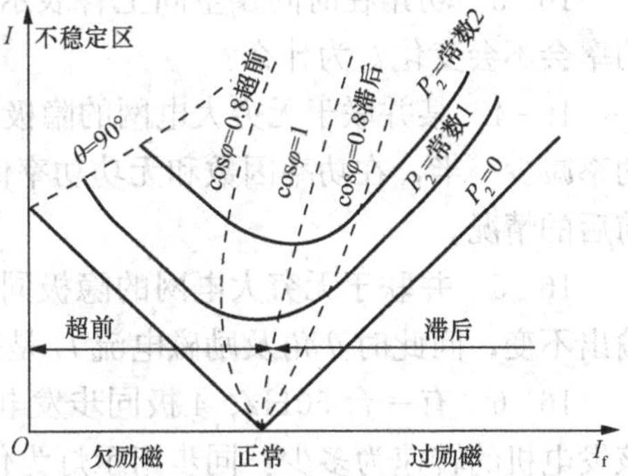

图 16-18　同步发电机的 U 形曲线

电枢电流为最小，该点即为 U 形曲线上的最低点，此时同步发电机的功率因数为 1。在此点的基础上，增加励磁电流将使同步发电机过励磁，减小励磁电流将使同步发电机欠励磁。在 U 形曲线图中，可以按功率因数来分区。图 16-18 中 U 形曲线族最低点的连线为 $\cos\varphi=1$；该线的右面为过励磁状态，为功率因数滞后的区域，发出感性无功功率；该线的左侧为欠励磁状态，为功率因数超前的区域，发出容性无功功率。如前所述，对于每一给定的有功功率，都有一个最小可能的励磁电流，进一步减小励磁电流将使发电机不稳定。

必须注意，对于与电网并联运行的发电机，当改变原动机方面的功率输入时，发电机的功角 θ 将相应地跟着变化，进而调节了有功功率。但此时若励磁电流保持不变，则由图 16-16 可见，输出的无功功率也会发生变化。如只要求改变有功功率，应在调节原动机方面输入功率的同时，还应适当地改变同步发电机的励磁电流。如不调节原动机方面的功率输入，而仅调节同步发电机的励磁电流，则只能改变它的无功功率，并不会改变有功功率，虽然这时候空载电动势 E_0 和功角 θ 都随着励磁电流的改变而发生了变化。

本章小结

本章主要讲述了同步发电机并联方法和并联后如何调节有功和无功功率。同步发电机并网是运行中一项重要的操作，现代化的电厂已经实现自动化。在手动操作时，一旦发生偏差可能产生严重的后果。准同期法是在满足各项并网条件后实行并联的方法，其特点是在理想的情况下合闸，冲击电流较小，但是整步时间较长。自同期法能在电网电压和频率频繁变化情况下很快的合闸，但是合闸冲击电流较大。

发电机并网后，通过调节原动机的输出功率就可以调节发电机输出的有功功率，调节励磁电流可以调节输出的无功功率。同时通过调节励磁电流，还可以改变输出无功功率的性质。调节励磁电流不会改变有功输出，但调节有功输出却能引起无功功率的变化，这是因为有功增加时，电网电压不变，感性无功将相应减小。

发电机输入功率增加，功率角 θ 增大，输出功率相应增加，但超过最大电磁功率，发电机就不能稳定运行。发电机的短路比越大，过载能力越强，运行的稳定性越好。

思考题

16-1　三相同步发电机投入电网并联时应满足哪些条件？怎样检查发电机是否已经满足了并网条件？如不满足某一条件，并网时会发生什么现象？

16-2　同步发电机与电网并联瞬间，其他并联条件均已满足，仅发电机的电压比电网电压略高一点，此时如果合闸，发电机会产生什么性质的电流？

16-3 功角在时间及空间上各表示什么含义？功角改变时，有功功率如何变化？无功功率会不会变化？为什么？

16-4 某并联于无穷大电网的隐极同步发电机，原带额定负载运行（$\varphi>0$），现使有功功率减少一半，在功率因数和无功功率保持不变的情况下，试分别定性地画相量图说明调节前后的情况。

16-5 并联于无穷大电网的隐极同步发电机，调节有功功率输出时，欲保持无功功率输出不变，问此时 θ 角及励磁电流 I_f 是否改变？I 和 E_0 各按什么规律变化？

16-6 有一台 50Hz、4 极同步发电机与电网并联整步时，同步指示灯每 5s 亮一次，问该发电机的转速为多少？同步指示灯为什么每相用两只？如果采用直接接法整步时看到“灯光旋转”现象，试问是何原因？这时应如何处理？如果用交叉接法，看到三组相灯同时亮、暗，是何原因？应如何处理？

16-7 一台同步发电机单独供给一个对称负载（R 及 L 一定）且转速保持不变时，定子绕组电流及功率因数 $\cos\varphi$ 由什么决定？当此发电机并联于无穷大电网时，定子电流及 $\cos\varphi$ 又由什么决定？还与负载性质有关吗？为什么？此时电网对发电机而言相当于怎样性质的电源？

16-8 试比较在下列情况下同步发电机的稳定性：（1）当有较大的短路比或较小的短路比时；（2）在过励磁状态下运行或在欠励磁状态下运行时；（3）在轻载下运行或在满载状态下运行时；（4）在直接接至电网或通过长的输电线路接到电网时。

16-9 为什么同步发电机 $P_2=0$ 的 U 形曲线是直线？

16-10 为什么在隐极同步电机中定子绕组电流和定子磁场不能相互作用产生转矩，但是在凸极电机中却可以产生？

16-11 试画出凸极同步发电机失去励磁（$E_0=0$）时的电动势相量图，并推导其功角特性，此时 θ 角代表什么意义？

16-12 两台容量相近的同步发电机并联运行，有功功率和无功功率怎样分配和调节？

16-13 与无穷大电网并联运行的同步发电机，如何进行有功和无功功率的调节？

16-14 试比较变压器并联运行和同步发电机并联运行条件的异同点。

16-15 与大电网并联运行的同步发电机，输出有功功率不变，改变励磁电流的大小，输出无功功率如何变化？

16-16 什么是同步电机的功角特性？试分别写出隐极和凸极同步发电机的功角特性方程式，并绘制功角特性曲线，说明静态稳定的工作范围。

16-17 试说明如何提高同步发电机的静态过载能力。

习 题

16-1 有一台三相汽轮同步发电机，额定功率 $P_N=12000$kW，额定电压 $U_N=6300$V，电枢绕组Y接，$\cos\varphi_N=0.8$（滞后），$x_s=4.5\Omega$，发电机并网在额定状态下运行，额定频率 $f_N=50$Hz 时，不计电阻影响，试求：

（1）每相空载电势 E_0；

（2）额定运行时的功角 θ；

(3) 最大电磁功率 P_{max}；

(4) 静态过载倍数 k_m。

16-2　一台三相凸极同步发电机，$U_N=400V$，每相空载电势 $E_0=370V$，电枢绕组Y接，每相直轴同步电抗 $x_d=3.5\Omega$，交轴同步电抗 $x_q=2.4\Omega$，该发电机并网运行，不计电阻影响，试求：

(1) 额定功角 $\theta_N=24°$时，输向电网的有功功率是多少？

(2) 能向电网输送的最大电磁功率是多少？

(3) 静态过载倍数 k_M 为多少？

16-3　一台三相隐极同步发电机并联于无穷大电网运行，额定运行时功角 $\theta_N=30°$，若因故障电网电压降为 $0.8U_N$，假定电网频率仍保持不变。试求：

(1) 若保持输出有功功率及励磁电流不变，此时发电机能否继续稳定运行，功角 θ 为多少？

(2) 在 (1) 的情况下，若采用加大励磁电流的办法，使 E_0 增大到原来的 1.6 倍，这时的功角 θ 为多少？

16-4　一台三相隐极同步发电机并网运行，额定数据为 $S_N=125000kVA$，$U_N=10.5kV$，电枢绕组Y接法，$\cos\varphi_N=0.8$ (滞后)，每相同步电抗 $x_s=1.6\Omega$，不计电阻影响。试求：

(1) 额定运行状态时，发电机的电磁功率 P_{em} 和功角 θ；

(2) 此时如使原动机输入功率为零，不计损耗，求电枢电流为多少？

16-5　一台三相凸极同步发电机并网运行，额定数据为：$S_N=8750kVA$，$U_N=11kV$，电枢绕组Y接法，$\cos\varphi_N=0.8$ (滞后)，每相同步电抗 $x_d=18.2\Omega$，$x_q=9.6\Omega$，不计电阻影响。试求：

(1) 当输出功率为 2000kW，$\cos\varphi_N=0.8$ (滞后) 时，发电机的功角 θ 和每相空载电势 E_0；

(2) 若保持输出功率不变，发电机失去励磁，此时的功角 θ 为多少？能否稳定运行？

16-6　一台三相汽轮同步发电机数据如下：$P_N=25MW$，$U_N=10.5kV$，Y 接，$\cos\varphi_N=0.8$ (滞后)，$x_s=7\Omega$，定子绕组电阻忽略不计。发电机与无穷大电网并联运行，试求：

(1) 在额定状态下运行时，功角 θ、电磁功率 P_{em} 和静态过载倍数 k_M 各为多少；

(2) 若维持上述励磁电流不变，但输出有功功率减少到 12.5MW，求此时的功角、电磁功率及功率因数；

(3) 发电机有功功率保持不变，仅将励磁电流增大 10%，此时的功角、电磁功率、功率因数及电流；

(4) 画出同步发电机调节前后的相量图。

16-7　一台三相汽轮同步发电机 $S_N=353MVA$，$U_N=20kV$，$\cos\varphi_N=0.85$ (滞后)，$x_s^*=1.86$，此发电机并联于无穷大电网运行，额定运行时的 $E_0^*=2.52$，$\theta_N=38.34°$。试求在额定状态的基础上将有功功率减半，维持励磁电流不变，此时的功角 θ'、电磁功率 P'_{em} 和空载电动势 E'^*_0 为多大？

16-8　一台隐极式同步发电机，电枢电阻可略去不计，同步电抗的标幺值 $x_s^*=1.0$，端电压 U 保持在额定值不变，试求负载电流为额定值且功率因数为 1、负载电流为 90%额定值且功率因数为 0.85 (滞后)、负载电流为 90%额定值且功率因数为 0.85 (超前) 三种

情况下的功角 θ。

16-9 一台三相凸极同步发电机并网运行，额定数据为 $S_N=8750$kVA，$U_N=11$kV，电枢绕组 Y 接，$\cos\varphi_N=0.8$（滞后），$x_d=17\Omega$，$x_q=9\Omega$，略去定子绕组电阻。试求同步发电机额定运行时（1）E_0 与 ψ；（2）P_{em} 与 P_{max}；（3）静态过载倍数 k_M。

16-10 某三相凸极同步发电机，同步电抗的标幺值 $x_d^*=0.8$，$x_q^*=0.5$，略去定子绕组电阻。该发电机与无穷大电网并联运行，额定功率因数 $\cos\varphi_N=0.8$（滞后）。试求：额定运行时的电磁功率、比整步功率和静态过载倍数。

16-11 某三相凸极同步发电机，电抗的标幺值 $x_d^*=0.8$，$x_q^*=0.5$，略去定子绕组电阻。该发电机与无穷大电网并联运行，额定功率因数 $\cos\varphi_N=0.8$（滞后）。电网发生故障，使电压降至原来的 70%，保持输出功率不变，并使功角不大于 20°范围内，求此时的励磁电动势 E_0 值。

16-12 三相隐极同步发电机与无穷大电网并联运行，$S_N=60$kVA，$U_N=380$V，$x_s=1.55\Omega$，略去定子绕组电阻。试求：

（1）$S=37.5$kVA，$\cos\varphi_N=0.8$（滞后）时的 E_0^* 和 θ；

（2）拆除原动机，不计损耗，求电枢电流。

16-13 一台三相 Y 接隐极同步发电机与无穷大电网并联运行，已知电网电压 $U=400$V，发电机的同步电抗 $x_s=1.2\Omega$，当 $\cos\varphi=1$ 时，发电机输出有功功率为 80kW。若保持励磁电流不变，减少原动机的输出，使发电机输出有功功率为 20kW，忽略电枢电阻，求功率角、功率因数、定子绕组电流、输出的无功功率及其无功功率的性质。

第17章 同步电动机及同步补偿机

同步电机除作发电机运行外，还可作电动机和补偿机运行。同步电动机的功率因数较高，特别是调节励磁电流还可以改善电网的功率因数，这是异步电动机不能做到的。大功率、低速同步电动机比异步电动机体积小、重量轻。这时因为电机的主要尺寸是由视在功率决定的，低速异步电动机由于功率因数较低，在同样有功功率时，视在功率增大，体积增大。另外，同步电动机的气隙较大、x_d 较小，因而过载能力较强、稳定性好，安装和维修也比较方便。因此，功率较大又不需要调速的机械常用同步电动机拖动，如大型空气压缩机、球磨机、水泵和鼓风机等。

同步电动机一般做成凸极式结构，为了能够自起动，在转子磁极的极靴上装有起动绕组，起动绕组用黄铜条制成。随着半导体整流技术的发展，同步电动机一般采用晶闸管整流来获得直流励磁电流。

同步电动机的理论是在同步发电机的分析基础上导出的。因此它的电动势平衡方程式、相量图、功角特性等，都与发电机有着类似的特点和形式。

17.1 同步电动机

一、同步电机的可逆原理

同步电机和其他电机是一样可逆的，既能够工作在发电机状态，也能够工作在电动机状态，其工作状态完全取决于加给它的能量是机械能还是电能。

由前可知，同步电机工作在发电机状态时，转子磁场 $\vec{B}_0$ 总是领先于气隙合成磁场 $\vec{B}_u$（包括主磁场、电枢反应磁场和电枢漏磁场）一个角度 θ。如图 17-1 所示，把气隙合成磁场 $\vec{B}_u$ 看成是一个等效的磁极，这样一来，θ 角也就表示了转子磁场 $\vec{B}_0$ 拖着定子合成等效磁场以同步转速旋转［见图 17-1（a）］。这时发电机产生了电磁制动力矩，由机械功率转化为电功率，发出了电功率输送到电网。

如果减小拖动发电机原动机的输入功率，θ 角也要减小，这样发电机向电网输送的功率也就减小了，当原动机输给发电机的功率仅仅能够抵偿发电机的空载损耗时，θ 角便等于零，如图 17-1（b）所示。这时发电机处于有功空载运行状态，并不向电网输送有功功率，称为同步补偿机。

如果把拖动发电机的原动机撤掉，于是 θ 角开始变为负值，也就是说，转子磁场由领先定子合成等效磁场的状态就变成落后的状态了。但是，它们之间仍然保持着同步的关系，这时电机的空载损耗完全由电网来供给，同步电机已经处于空载运行的电动机状态了。如果在电动机的转轴上拖上生产机械（即加上制动转矩），转子磁场则更加落后了［见图 17-1（c）］。这时电磁转矩对转子而言，是个拖动转矩。可见，在电动机运行状态时，转子磁场变成被拖动了。

由此可见，同步电机处于发电机状态时，由原动机输入的机械能经过定子绕组转变为电能输送到电网；而处于电动机状态时，却恰恰相反，由电网输入的电能转变为机械能，拖动了生产机械。

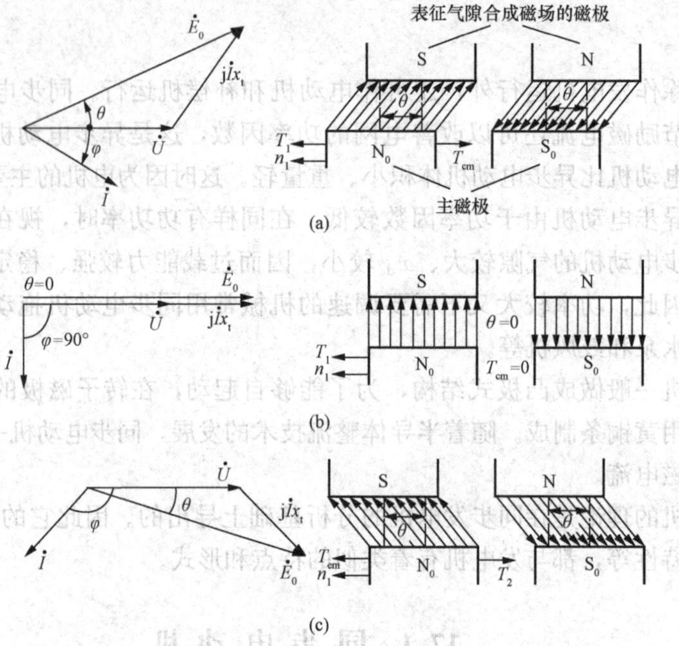

图 17 - 1 同步电机工作状态

(a) 发电机状态；(b) 空载状态；(c) 电动机状态

二、同步电动机的相量图

同步电动机的相量图和发电机的相量图是相类似的，根据前面的分析得知，同步电机运行在电动机状态时，θ 角等于负值，即电动机的端电压 $\dot{U}$ 领先电动势 $\dot{E}_0\theta$ 角，这时电网向电机输入有功功率，也就是说，负载电流 $\dot{I}$ 与端电压 $\dot{U}$ 之间的功率因数角 φ 已大于 90°了。图 17 - 2 是按照发电机相量图的画法而画出的在电动机运行情况下的相量图。这里忽略了定子绕组电阻的影响。图 17 - 2（a）是运行于发电机状态的相量图，图 17 - 2（b）是运行于电动机状态的相量图。图 17 - 2（c）是按发电机惯例的等效电路，对应的电动势方程式为

$$\dot{U}=\dot{E}_0-\mathrm{j}\dot{I}x_s$$

图 17 - 2（b）是用发电机的惯例来画电动机的相量图，其特点表现在 φ 大于 90°，这是不方便的。如果把图 17 - 2 中的电流 $\dot{I}$ 倒过来画就可以得到图 17 - 3 的相量图，这是正常的同步电动机的相量图。图 17 - 3（a）是功率因数超前时的相量图，图 17 - 3（b）是功率因数滞后时的相量图。图 17 - 3（c）是按电动机惯例画的等效电路，对应的电动势方程式为

$$\dot{U}=\dot{E}_0+\mathrm{j}\dot{I}x_s$$

图 17 - 2 中，按发电机的惯例，电流与电动势是同方向的，所以 φ 小于 90°表示电功率输出。图 17 - 3 中，按电动机惯例，电流方向倒了过来即电流与电网电压同方向的，所以当 φ 小于 90°时表示功率输入。

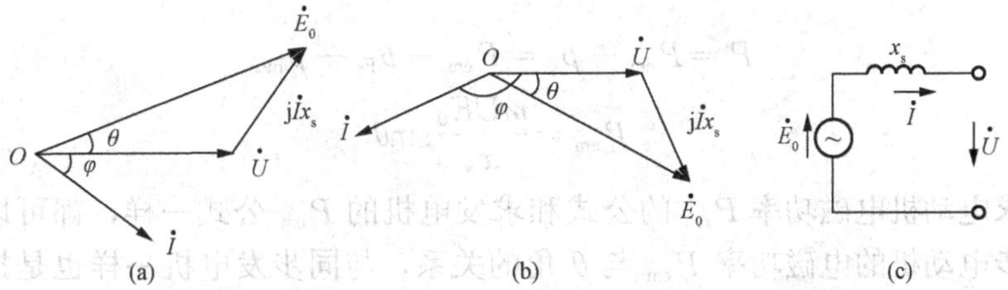

图 17-2　隐极同步电动机的相量图（按发电机惯例）

(a) 运行于发电机状态的相量图；(b) 运行于同步电动机状态的相量图；(c) 按发电机惯例的等效电路

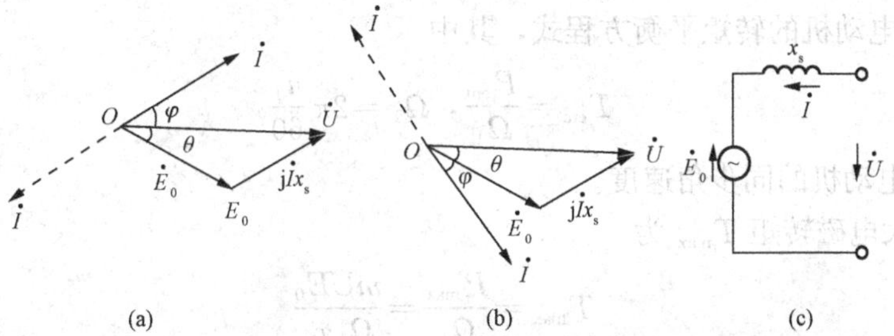

图 17-3　隐极同步电动机的相量图（按电动机惯例）

(a) 超前功率因数；(b) 滞后功率因数；(c) 等效电路

原来按发电机惯例，落后的电流起去磁作用，超前的电流起助磁作用。现在按电动机惯例，超前的电流起去磁作用，落后的电流起助磁作用，这是因为电流相量倒过来的结果。也可以这样来说明，在图 17-3 (b) 中，电动机吸收电网落后的（感性）无功功率，但在图 17-3 (a) 中，电动机吸收电网超前的（容性）无功功率。电动机以吸收为正发出为负。

从图 17-3 可以看出图 17-3 (a) 处于转子过励磁状态（E_0 较大），图 17-3 (b) 处于转子欠励磁状态（E_0 较小），所以给同步电动机过励磁就能使它吸收超前的无功功率，这样就可以补偿电力系统中一部分异步电机负载的落后无功功率。

从电动机功角的定义上来说，$\vec{B}_U$ 超前于 $\vec{B}_0$（U 超前于 E_0）表示 θ 角大于 0，从电网吸收功率为正，为电动机运行状态；而 $\vec{B}_U$ 滞后于 $\vec{B}_0$（U 滞后于 E_0）表示 θ 角小于 0，从电网吸收负的有功功率，即向电网发出正的有功功率，为发电机运行状态；当 $\vec{B}_U$ 与 $\vec{B}_0$（U 与 E_0）同相位，θ 等于 0 时，发出和吸收的有功功率为零，表示电动机处在空载运行状态，或补偿机运行状态。

三、同步电动机的功率与转矩平衡

1. 功率平衡关系

关于同步电动机的能量平衡关系，可以很清楚地从图 17-4 中看出，此时 P_1 代表从电网送入电动机的电功率，从 P_1 里减掉定子绕组铜损耗 p_{Cua}，其余的能量转变为电磁功率 P_{em}，由定子侧传到转子侧。于是

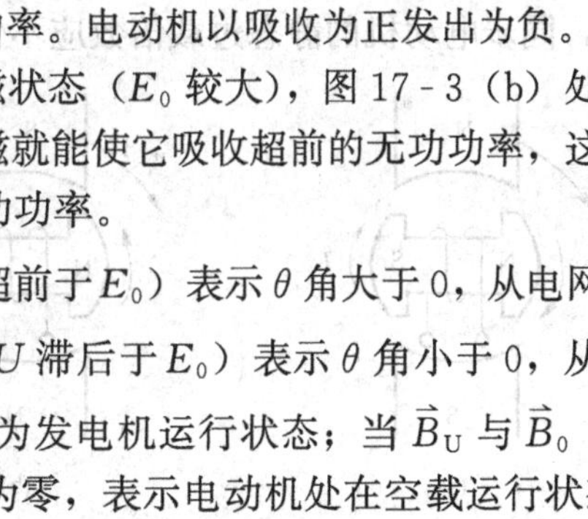

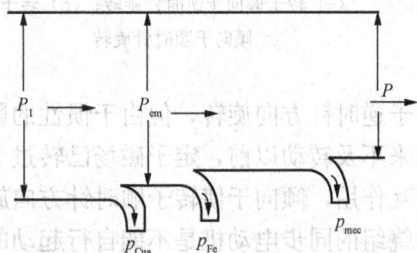

图 17-4　同步电动机的能量平衡关系

$$P_{em}=P_1-p_{Cua} \qquad (17-1)$$

从电磁功率中再减去空载损耗 p_0（p_0 包括铁损耗 p_{Fe} 和机械损耗 p_{mec}）后，转变为机械功

率 P

$$P = P_{em} - p_0 = P_{em} - p_{Fe} - p_{mec} \tag{17-2}$$

其中

$$P_{em} = \frac{mUE_0}{x_s}\sin\theta \tag{17-3}$$

可见，求电动机电磁功率 P_{em} 的公式和求发电机的 P_{em} 公式一样，都可以从相量图中导出来。同步电动机的电磁功率 P_{em} 与 θ 角的关系，与同步发电机一样也是按正弦曲线变化。一般情况下，在额定负载下时，同步电动机的功角 θ 在 30°左右。

2. 转矩方程式

知道了电动机的功率后，就能很容易地算出它的电磁转矩来。把式（17-2）两边都除以 Ω_1，就得出电动机的转矩平衡方程式，其中

$$T_{em} = \frac{P_{em}}{\Omega_1}，\Omega_1 = 2\pi\frac{n_1}{60} \tag{17-4}$$

式中 Ω_1——电动机的同步角速度。

同步电动机最大电磁转矩 T_{max} 为

$$T_{max} = \frac{P_{max}}{\Omega_1} = \frac{mUE_0}{\Omega_1 x_s} \tag{17-5}$$

T_{max} 决定了同步电动机的静态稳定极限，如果用额定转矩 T_N 去除 T_{max}，得到的数值称为同步电动机的静态过载倍数，用 k_M 表示

$$k_M = \frac{T_{max}}{T_N} \tag{17-6}$$

根据电动机所拖动的生产机械不同，对过载能力的要求也不一样，但是根据国家标准规定，同步电动机的静态过载倍数应不低于 1.8。

四、同步电动机的起动

同步电动机通电刚刚起动时，由于机械惯性，转子尚未旋转，而转子绕组加入直流励磁以后，在气隙中产生静止的转子主极磁场。当在定子绕组中通入三相交流电流以后，在气隙中则产生一以 n_1 速度旋转的旋转磁场。起动时，定、转子磁场之间存在速度为 n_1 的相对运动。转子的机械惯性，使得转子上的平均转矩为零，所以同步电动机起动时不产生同步起动转矩。例如在图 17-5（a）所表示的这一瞬间，定、转子磁场之间的相互作用，倾向于使转子逆时针方向旋转，但由于惯性的影响，转子上受到作用力以后并没有马上转动，在转子还来不及转动以前，定子磁场已转过 180°。而得到图 17-5（b），此时定、转子磁场之间的相互作用，倾向于使转子顺时针方向旋转。因此，转子上所受到的平均转矩为零，所以无起动绕组的同步电动机是不能自行起动的。

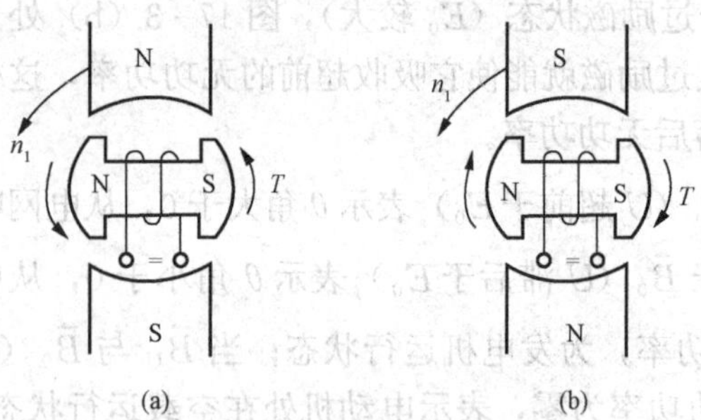

图 17-5 起动时同步电动机的电磁转矩
（a）转子倾向于逆时针旋转；（b）转子倾向于顺时针旋转

同步电动机的异步起动是目前采用最为广泛的一种起动方法。在同步电动机磁极表面装设有类似异步电动机笼型导条的短路绕组（阻尼绕组），称为起动绕组。在起动时，电压施

加于定子绕组，在气隙中产生旋转磁场，如同异步电动机工作原理一样，这个旋转磁场将在转子上的起动绕组中感应出电流，经电流和旋转磁场相互作用而产生异步电磁转矩，因此同步电动机按照异步电动机原理转动起来。待速度上升到接近同步转速时，再给予直流励磁，产生转子磁场，此时转子磁场和定子磁场间的转速已非常接近，依靠这两个磁场间的相互吸引力，自动将转子拉入同步。所以同步电动机的起动过程可以分为两个阶段：①首先按异步电机方式起动，使转子转速接近同步速；②加直流励磁，将转子拉入同步。由于磁阻转矩的影响，凸极式同步电动机转子很容易被拉入同步，甚至在未加励磁的情况下，也能被拉入同步。因此，为了改善起动性能，同步电动机绝大多数采用凸极式结构。当同步电动机按异步电机方式起动时，励磁绕组绝对不能开路。因为励磁绕组的匝数一般较多，旋转磁场切割励磁绕组而在其中感应一危险的高电压，从而有使励磁绕组绝缘击穿或引起人身安全事故等危险。所以在起动时，励磁绕组必须短路。为避免励磁绕组中短路电流过大的影响，励磁绕组短路时，必须串入本身电阻 5～10 倍的外加电阻。

五、同步电动机的应用

同步电动机具有良好的恒速特性，并且功率因数可以调节，所以在工业上得到广泛的应用。在交流电网上主要的负载是异步电动机和变压器，这些负载都要从电网中吸收感性无功功率，从而加重了对电网供给感性无功功率的要求，如果使运行在电网上的同步电动机工作在过励磁状态，由于同步电动机需要从电网上吸收容性无功功率，因此缓和了上述负载电网供给感性无功功率的要求，换句话说，除了拖动生产机械外，这些过励磁的同步电动机还可以看成还担负着发出电感性无功功率的发电机。这样可使得电网的功率因数得以改善。

17.2　同 步 补 偿 机

从上面的分析可知，同步电动机在不同的励磁条件下，可以从电网上吸收电感性无功功率（欠励磁时），也可以吸收电容性无功功率（过励磁时）。根据这种特性，专门设计一种同步电动机，使它在运行时并不拖动任何机械负载，只是从电网上吸收感性或容性无功功率，这种电机就叫做补偿机，也可称为无功发电机。

应用补偿机的目的有两个：一是改善电网的 $\cos\varphi$；二是调节远距离输电线路的电压。我国的电力系统日益扩大，而运行在系统上的主要负载是异步电动机与变压器，因此电网就要负担很大一部分感性无功功率，从而导致整个电网的 $\cos\varphi$ 降低。当电网传输一定的电能时，若 $\cos\varphi$ 降低，实际传输的有功功率就减少。如果要求有功功率较大时，只好再增加发电设备，也就增加了投资费用和电网负担。此外，由于 $\cos\varphi$ 低，也就使得线路的损耗增大，电压降低，输电质量变坏，而且运行也很不经济。为此，提出了提高电网 $\cos\varphi$ 的要求。当然，在电网上装上一部分同步电动机，并使它工作在过励磁状态，使能起到改善 $\cos\varphi$ 的作用。但是，仅仅依靠同步电动机来改善 $\cos\varphi$，远远不能满足实际的需要，因此有必要在电网的受电端装上一些补偿机，来改善 $\cos\varphi$。

此外，当输电线路很长时，要想维持受电端电压不变，是一件很困难的事情，因为，当电网在满负荷下工作时，由于落后性功率因数负荷引起了电网电压的下降，当电网轻载时，线路的电容效应又使电网电压升高。如果把补偿机装在线路上，就可以达到自动维持线路电压接近于恒定值。

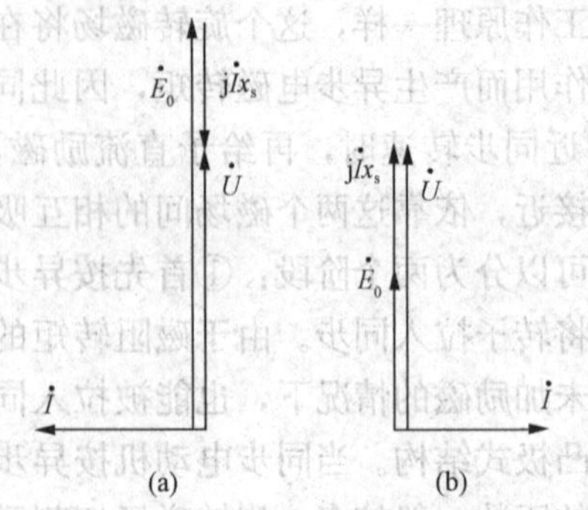

图 17-6 补偿机的相量图

(a) $E_0>U$；(b) $E_0<U$

一、调节补偿机无功功率的方法

如前所述，补偿机是处于空载运行状态的同步电动机，它的任务是向电网吸收或供给无功功率。图 17-6 是按电动机的惯例画的相量图。图 17-6（a）中，$E_0>U$，且 $\dot{I}$ 超前 $\dot{U}90°$，同步补偿机工作在过励磁状态，补偿机从电网吸收容性的无功功率（或发出感性的无功功率），相当于电容器。相反地，图 17-6（b）中，$E_0<U$，且 $\dot{I}$ 滞后 $\dot{U}90°$，同步补偿机工作在在欠励状态，从电网上吸收感性无功功率，相当于电感的作用（或发出容性无功功率）。

由此可见，使装在电网受电端的补偿机运行在过励磁状态，就可以改善 $\cos\varphi$。这是因为补偿机从电网吸收了容性无功功率，从而补偿了电网所担负的感性无功功率。因此也可以把这种运行状态的补偿机，看成是一台专门发出感性无功功率的发电机。

同样，装在线路上的补偿机在电网满负荷运行时，处于过励磁状态；在电网轻载时，补偿机则运行在欠励磁状态。这样就可以维持电网电压不发生大的变化。为了达到这个目的，补偿机应装设自动励磁调节器。

二、补偿机的运行特点

工作在过励磁状态下的补偿机，它的励磁电流要比欠励磁状态时大，因此损耗也比较大。通常补偿机的额定容量是根据运行在过励磁状态时允许的功率而定的。

由于补偿机不直接拖动任何机械负荷，因此在设计它的转轴时，可以不必考虑负载转矩，此外，为了减少励磁绕组的用铜量，补偿机的空气隙也是比较小的，这样就使它的同步电抗变大了，一般情况下补偿机的同步电抗的标幺值 $x_d^*=1.5\sim2$。

为了缩小补偿机的体积或提高它的输出功率，现代大容量补偿机多采用加强冷却的方法，例如采用强迫空气冷却、氢气冷却以及水冷却。

补偿机的起动方法和同步电动机起动方法一样，但是由于补偿机并不拖动机械负载，所以起动比同步电动机容易些。

本 章 小 结

同步电动机的原理完全是从同步发电机的原理引申而来，在忽略定子绕组电阻时，其电磁功率决定于功率角 θ，它和发电机在运行上的主要区别是 θ 的正负号。所有发电机中的公式和相量图，都可以在改变 θ 为负值后用于电动机。这样的相量图仍是按发电机惯例画出的，为了改变同步电动机的惯例，只需将电流反过来，这样就维持了原有的 E_0 和 U 方向不变，更明确地显示 θ 的正负号变化。

关于能量转换关系，在发电机中由转轴吸收机械功率，并通过电磁感应传递到定子，变成电功率送到电网。在电动机中，从定子吸收的电功率，通过电磁感应传递到转子侧，变成了机械功率来驱动生产机械。同步电动机可以像同步发电机一样，通过调节励磁电流来改变吸收无功的大小和无功的性质。

同步补偿机实质上就是同步电动机的空载运行，是专门的无功功率发电机，它也可以像同步电动机一样通过调节励磁电流来改变吸收无功的大小和无功的性质。同步补偿机的损耗由电网来提供。

思考题

17-1　异步转矩和同步转矩有何不同？同步电动机在运行过程中是否存在异步转矩？在起动过程中存在什么转矩？

17-2　试比较同步发电机和同步电动机的方程式、等效电路和相量图有什么不同。

17-3　试说明用同步补偿机改善电网功率因数的原理。将补偿机装设在用户端和装设在发电厂里，其作用是否相同？

17-4　如何判断一台同步电机是运行在发电机状态还是电动机状态？

17-5　什么是同步补偿机？有何运行特点？它与同步电动机有什么不同？

17-6　试说明同步电动机带额定负载运行时，如 $\cos\varphi=1.0$，若保持此励磁电流不变而空载运行，功率因数是否会发生改变？

17-7　试说明从同步发电机过渡到同步电动机时，功率角 θ、电流 I、电磁转矩 T_{em} 的大小和方向有何变化？

17-8　同步电动机欠励磁运行时，从电网吸收什么性质的无功功率？过励磁运行时从电网吸收什么性质的无功功率？

习　题

17-1　一台三相凸极同步电动机，Y接法，$U_N=6kV$，$f_N=50Hz$，$n_N=300r/min$，$I_N=57.8A$，$\cos\varphi_N=0.8$（超前），$x_d=64.2\Omega$，$x_q=40.8\Omega$，不计电阻。试求：

（1）额定负载时的空载电动势 E_0；

（2）额定负载时的电磁功率 P_{em} 和电磁转矩 T_{em}。

17-2　某企业电源电压为 6kV，内部使用多台异步电动机，其总输出功率为 1500kW，平均效率是 70%，功率因数 $\cos\varphi_N=0.8$（滞后）。企业新增了一台 400kW 设备计划，采用运行于过励磁状态的同步电动机拖动，补偿企业的功率因数到 1（不计发电机本身损耗）。试求：

（1）同步电动机的容量为多大？

（2）同步电动机的功率因数为多少？

17-3　一台三相隐极同步电动机，电枢绕组Y接法，同步电抗 $x_s=5.8\Omega$，额定电压 $U_N=380V$，额定电流 $I_N=23.6A$，不计电阻。当输入功率为 15kW 时，试求：

（1）功率因数 $\cos\varphi=1$ 时的功角 θ；

（2）每相电动势 $E_0=250V$ 时的功角 θ 和功率因数 $\cos\varphi$。

17-4　某厂变电站的容量为 2000kVA，变电站本身的负荷为 1200kW，功率因数 $\cos\varphi_N=0.65$（滞后）。今该厂欲添一台同步电动机，额定数据为 $P_N=500kW$，$\cos\varphi_N=0.8$（超前），效率为 $\eta_N=95\%$。问当该同步电动机额定运行时，全厂的功率因数是多少？变电站是否过载？

17-5 设有一台同步电动机在额定电压下运行，且由电网吸收功率因数为 0.8（超前）的额定电流，该电动机的同步电抗标幺值为 $x_d^*=1.0$，$x_q^*=0.6$。试求该电动机的空载电动势 E_0^* 和功角 θ，并指出该电动机是在过励磁状态下运行还是在欠励磁状态运行，无功功率及其性质。

第 18 章　同步发电机的不对称运行

当同步发电机相负荷不平衡（如单相负载）或发生不对称故障（如单相或两相短路）时，发电机即处于不对称运行状态。由对称分量法可知，此时发电机中除正序分量外，还存在负序和零序分量，从而使损耗增加、效率降低、温升升高，并且对系统中运行的异步电动机与变压器产生不良影响。因此，要对同步发电机的负载不对称程度给予一定的限制。GB 755—2008《旋转电机—定额和性能》规定，对普通同步发电机（采用导体内部冷却方式者除外），若各相电流均不超过额定值，对水轮同步发电机其负序分量不超过额定电流的10%，对汽轮同步发电机其负序分量不超过额定电流的8%时，可允许长期运行。

同步发电机不对称运行时的电磁关系仍采用基于线性叠加原理的对称分量法进行分析。实践表明，就基波而言，在不饱和情况下，所得结果基本上是正确的。

18.1　相序阻抗和相序等效电路

同步发电机的不对称运行主要是负载和故障原因引起阻抗不相等而导致的。因此，不计饱和时，应用对称分量法，可将负载端的不对称电压和不对称电流分解成三组对称分量（正序、负序和零序），且不对称的电压或电流作用的结果等于各对称分量分别作用的结果之和。

以三相不对称电流 $\dot{I}_A$、$\dot{I}_B$、$\dot{I}_C$ 为例，取 A 相为参考，分解为

$$\left.\begin{aligned}\dot{I}_A&=\dot{I}_A^+ +\dot{I}_A^- +\dot{I}_A^0=\dot{I}^+ +\dot{I}^- +\dot{I}^0\\ \dot{I}_B&=\dot{I}_B^+ +\dot{I}_B^- +\dot{I}_B^0=\alpha^2\dot{I}^+ +\alpha\dot{I}^- +\dot{I}^0\\ \dot{I}_C&=\dot{I}_C^+ +\dot{I}_C^- +\dot{I}_C^0=\alpha\dot{I}^+ +\alpha^2\dot{I}^- +\dot{I}^0\end{aligned}\right\}\tag{18-1}$$

式中　α——复数运算符，$\alpha=e^{j120^\circ}=-\dfrac{1}{2}+j\dfrac{\sqrt{3}}{2}$，也叫做旋转算子。

同理，可对三相不对称电压作类似分解。

显然，每个相序的对称电流分量都将建立自己的气隙磁场和漏磁场。但由于各相序电流所建立的磁场与转子绕组的交链情况不同，因而所对应的阻抗也就不相等。仍设各相序阻抗分别为 Z^+、Z^- 和 Z^0，考虑到三相对称绕组中感应的励磁电动势只可能有对称的正序分量，故以 A 相为例，将各相序等效电路绘于图 18-1，相应的各相序电压平衡方程式为

$$\left.\begin{aligned}\dot{E}_{0A}&=\dot{U}_A^+ +\dot{I}_A^+Z^+=\dot{U}^+ +\dot{I}^+Z^+\\ 0&=\dot{U}_A^- +\dot{I}_A^-Z^-=\dot{U}^- +\dot{I}^-Z^-\\ 0&=\dot{U}_A^0 +\dot{I}_A^0Z^0=\dot{U}^0 +\dot{I}^0Z^0\end{aligned}\right\}\tag{18-2}$$

式（18-2）中仅含三个方程，但有 $\dot{U}^+$、$\dot{U}^-$、$\dot{U}^0$ 和 $\dot{I}^+$、$\dot{I}^-$、$\dot{I}^0$ 六个变量，要求解，尚需再列出另外三个辅助方程。这三个辅助方程可以根据不对称负载的实际情况，即端口约束条件得出。

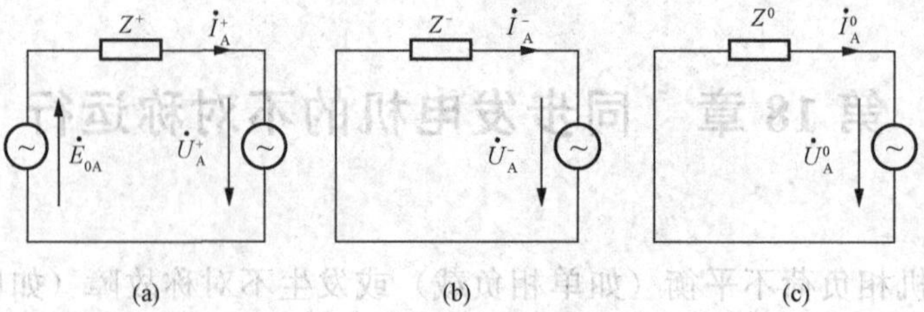

图 18-1 各相序的等效电路（A 相）

(a) 正序；(b) 负序；(c) 零序

在此之前，先介绍相序阻抗 Z^+、Z^-和 Z^0 的物理意义及其对应的等效电路，因为这三个参数的确定是求解式（18-2）所必需的。

一、正序阻抗

所谓正序阻抗，就是转子通入励磁电流正向同步旋转时，电枢绕组中所产生的正序三相对称电流所遇到的阻抗。显然，此时对应的运行状况也就是电机的正常运行情况，只是附加了磁路不饱和的约束条件而已。因此，正序阻抗也就是电机同步电抗的不饱和值，对于隐极电机，有

$$Z^+=r^++\mathrm{j}x^+=r_a+\mathrm{j}x_s \tag{18-3}$$

对于凸极电机，具体数值与正序电枢磁动势和转子的相对位置有关，可由双反应理论确定。特别地，在三相对称稳态短路时，忽略电阻有

$$\left.\begin{array}{l}I^+=I_d^+\\I_q^+=0\end{array}\right\}\Rightarrow x^+\approx x_d \tag{18-4}$$

一般情况下，则有

$$x_q<x^+<x_d \tag{18-5}$$

成立。

二、负序阻抗

负序阻抗是转子正向同步旋转、但励磁绕组短路（因不存在负序励磁电动势）时，电枢绕组中负序三相对称电流所流过的阻抗。这里，负序电流可设想为是由外施负序电压产生的。

电枢绕组中通入负序三相对称电流后，将产生反向旋转磁场，该磁场与转子的相对转速为 $2n_1$，此时电机视同为一台转差率 $s=2$ 的异步电机。由于负序磁场的轴线与转子的直轴和交轴交替重合，因此负序阻抗的数值是变化的，但工程上为简便计算，将其取为交、直轴两个典型位置数值的平均值。

当负序磁场轴线与转子直轴重合时，励磁绕组和阻尼绕组都相当于异步电机的转子绕组，故忽略铁损耗等效电阻后的等效电路图如图 18-2（a）所示。

图 18-2（a）中，x_σ、$x_{f\sigma}$、$x_{Dd\sigma}$ 和 r_a、r_f、r_{Dd} 分别为电枢绕组、励磁绕组、直轴阻尼绕组的漏电抗和电阻，且所有参数都已折算到定子侧；x_{ad} 为直轴电枢反应电抗，物理意义等同于异步电机的励磁电抗 x_m。

忽略全部电阻，可得直轴负序电抗为

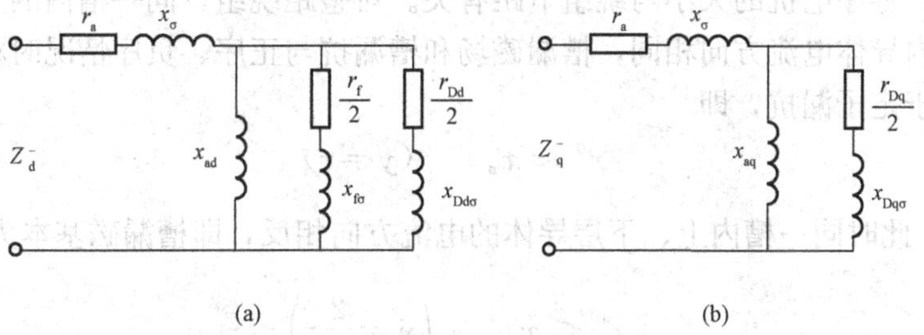

图 18-2　同步电机负序阻抗等效电路

(a) d 轴；(b) q 轴

$$x_d^- = x_\sigma + \frac{1}{\frac{1}{x_{ad}} + \frac{1}{x_{f\sigma}} + \frac{1}{x_{Dd\sigma}}} \tag{18-6}$$

如直轴上没有阻尼绕组，于是

$$x_d^- = x_\sigma + \frac{1}{\frac{1}{x_{ad}} + \frac{1}{x_{f\sigma}}} \tag{18-7}$$

当负序磁场轴线移到转子交轴时，由于交轴上可能有阻尼绕组但无励磁绕组，故等效电路为图 18-2（b）所示。图中 $x_{Dq\sigma}$、r_{Dq} 为交轴阻尼绕组的漏电抗和电阻，x_{aq} 为交轴电枢反应电抗。

同样忽略全部电阻，有交轴负序电抗为

$$x_q^- = x_\sigma + \frac{1}{\frac{1}{x_{aq}} + \frac{1}{x_{Dq\sigma}}} \tag{18-8}$$

无阻尼绕组时，则为

$$x_q^- = x_\sigma + x_{aq} = x_q \tag{18-9}$$

由于直轴和交轴的负序电抗都是定子漏抗加上一个小于电枢反应电抗的等效电抗，所以数值上总是小于同步电抗，表明单位负序电流所产生的气隙磁场较正序弱，在电枢绕组中感应的电动势较正序小。之所以如此，是由于负序磁场在励磁绕组和阻尼绕组中感应的电流起去磁作用。

求出典型位置的负序阻抗值之后，给出等效负序电抗为

$$x^- = \frac{1}{2}(x_d^- + x_q^-) \tag{18-10}$$

需要说明的是，由于正、负序电流产生漏磁通的情况基本类似，在不考虑饱和的情况下几乎无区别，因此，以上计算正、负序电抗时的定子漏电抗值 x_σ 都是相同的。

三、零序阻抗

零序阻抗是转子正向同步旋转、励磁绕组短路时，电枢绕组中通入零序电流所遇到的阻抗。

由于三相零序电流大小相同、相位相同，所以它们所建立的合成磁动势的基波和（$6k\pm1$）次谐波的幅值均为零，只可能存在（$6k-3$）次脉振谐波磁动势，所产生的只是谐波磁场，归属于谐波漏磁通。

分析表明，零序电抗的大小与绕组节距有关。对整距绕组，同一槽内的上、下层导体属于同一相，槽内导体电流方向相同，槽漏磁场和槽漏抗与正序、负序情况时相近，故零序电抗基本上就等于定子漏抗，即

$$x^0 \approx x_\sigma \qquad (y=\tau) \tag{18-11}$$

当 $y=\dfrac{2}{3}\tau$ 时，此时同一槽内上、下层导体的电流方向相反，即槽漏磁基本为零，故

$$x^0 < x_\sigma \qquad \left(y=\frac{2}{3}\tau\right) \tag{18-12}$$

综上，由于零序电流基本上不产生有实用意义的气隙磁场，故零序电抗与主磁路饱和程度及转子结构无关。故零序电阻近似等于电枢电阻，即

$$r^0 \approx r_a \tag{18-13}$$

18.2 不对称稳态短路

短路是同步发电机不对称运行的极限工况，在短路故障中，又以单相对中性点短路和两相短路较为常见。下面就讨论这两种短路情况。

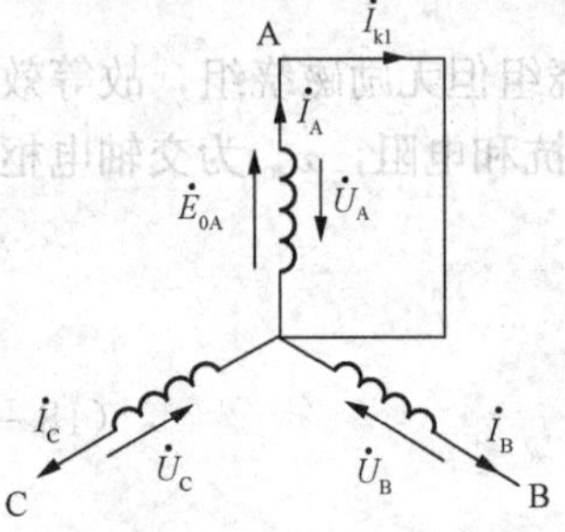

图 18-3 单相对中点短路

为使问题简化，突出基本概念，也为了能够比较不同短路情况下短路电流的数量关系，只讨论稳态短路过程，即认为短路已进入稳定状态，并且假设短路发生在电机出线端，而非短路相均为空载。

一、单相对中性点短路分析

单相对中性点短路一般是指单相对地短路，这种短路情况只在发电机的中性点接地时才可能发生，其电路如图 18-3 所示。图中假定 A 相发生短路而 B、C 相为空载，具体分析步骤如下。

1. 列写故障端子条件

根据假定，可列写故障端口的约束条件为

$$\left.\begin{aligned}\dot{U}_A&=0\\ \dot{I}_B=\dot{I}_C&=0\end{aligned}\right\} \tag{18-14}$$

2. 用对称分量求解相序端子约束条件

根据对称分量法方程式（3-8）可得

$$\dot{I}^+=\dot{I}^-=\dot{I}^0=\frac{1}{3}\dot{I}_A=\frac{1}{3}\dot{I}_{k1} \tag{18-15}$$

$$\dot{U}^+ + \dot{U}^- + \dot{U}^0 = 0 \tag{18-16}$$

这就是前面说到的利用故障端口约束条件另外列写出的三个独立的辅助方程。

3. 求解相序分量

而将式（18-15）、式（18-16）与式（18-2）联立求解，就可以得到所需的解答。则有

$$\dot{U}^+ + \dot{U}^- + \dot{U}^0 = \dot{E}_0 - \dot{I}^+ Z^+ - \dot{I}^- Z^- - \dot{I}^0 Z^0 = \dot{E}_0 - \frac{1}{3}\dot{I}_A (Z^+ + Z^- + Z^0) = 0 \tag{18-17}$$

4. 求故障相短路电流和非故障相电压

故障相（A 相）短路电流为

$$\dot{I}_{k1}=\dot{I}_A=\frac{3\dot{E}_0}{Z^{+}+Z^{-}+Z^{0}} \tag{18-18}$$

与以上求解过程对应的等效电路如图 18-4 所示。

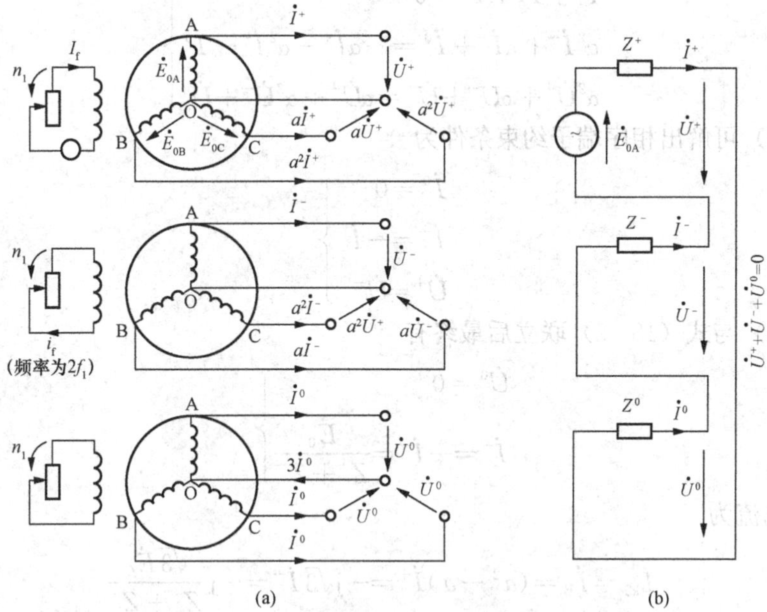

图 18-4 求解单相短路的等效电路图

(a) 对称分量分解；(b) 等效电路

如忽略全部电阻，并改用数值表示就是

$$I_{k1}=I_A=\frac{3E_0}{x^{+}+x^{-}+x^{0}} \tag{18-19}$$

此外，利用上述有关结果，还可求得两开路相 B、C 之间的线电压为

$$\dot{U}_{BC}=\dot{U}_B-\dot{U}_C=-j\dot{I}_{k1}\frac{2Z^{-}+Z^{0}}{\sqrt{3}} \tag{18-20}$$

单相短路时定子绕组电流中除了基波分量外还将包含一系列奇数次谐波，而转子绕组电流中除直流励磁电流外还包含一系列偶数次谐波。因此，为了改善负载时的电动势波形，减少谐波电流所产生的杂散附加损耗，通常在凸极同步电机的转子上安装低电阻值的阻尼绕组，产生去磁作用，使气隙合成磁场基本为正弦波。

二、两相短路

两相短路有两相出线端直接短路和经中性点接地短路两种，但以前者为多见。图 18-5 即为两相间直接短路的电路示意图。图中，假定 B、C 为短路相，A 为开路相，其端口约束条件为

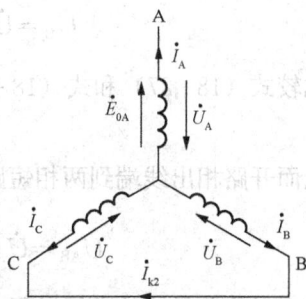

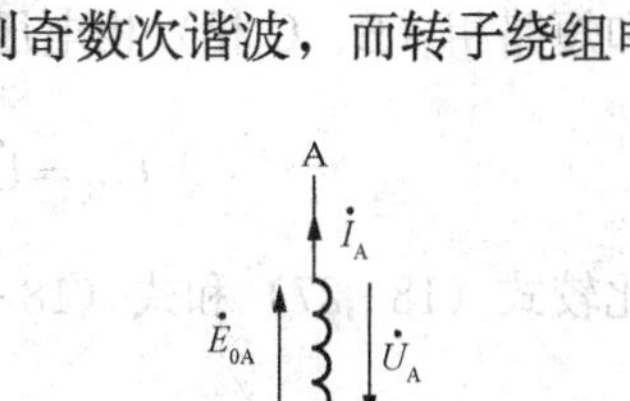

图 18-5 两相间直接短路

$$\left.\begin{aligned}&\dot{I}_{\mathrm{A}}=0\\&\dot{I}_{\mathrm{B}}=-\dot{I}_{\mathrm{C}}\\&\dot{U}_{\mathrm{B}}=\dot{U}_{\mathrm{C}}\end{aligned}\right\}\tag{18-21}$$

改用为对称分量法描述就是

$$\left.\begin{aligned}&\dot{I}^{+}+\dot{I}^{-}+\dot{I}^{0}=0\\&\alpha^{2}\dot{I}^{+}+\alpha\dot{I}^{-}+\dot{I}^{0}=-\alpha\dot{I}^{+}-\alpha^{2}\dot{I}^{-}-\dot{I}^{0}\\&\alpha^{2}\dot{U}^{+}+\alpha\dot{U}^{-}+\dot{U}^{0}=\alpha\dot{U}^{+}+\alpha^{2}\dot{U}^{-}+\dot{U}^{0}\end{aligned}\right\}\tag{18-22}$$

由式（18-22）可解出相序端子约束条件为

$$\left.\begin{aligned}&\dot{I}^{0}=0\\&\dot{I}^{+}=-\dot{I}^{-}\\&\dot{U}^{+}=\dot{U}^{-}\end{aligned}\right\}\tag{18-23}$$

将式（18-23）与式（18-2）联立后最终有

$$\left.\begin{aligned}&\dot{U}^{0}=0\\&\dot{I}^{+}=-\dot{I}^{-}=\frac{\dot{E}_{0}}{Z^{+}+Z^{-}}\end{aligned}\right\}\tag{18-24}$$

即两相短路电流为

$$\dot{I}_{\mathrm{k2}}=\dot{I}_{\mathrm{B}}=(a^{2}-a)\dot{I}^{+}=-\mathrm{j}\sqrt{3}\,\dot{I}^{+}=-\mathrm{j}\,\frac{\sqrt{3}\,\dot{E}_{0}}{Z^{+}+Z^{-}}\tag{18-25}$$

同理，若忽略全部电阻，改写为数值形式就是

$$I_{\mathrm{k2}}=I_{\mathrm{B}}=\frac{\sqrt{3}\,E_{0}}{x^{+}+x^{-}}\tag{18-26}$$

由于两相短路时，定子电流产生的磁场也是脉振的，因此，短路电流中同样还会包含一系列奇数次谐波成分。

此外，利用联立求解的结果还可以得到非短路相（A相）的端电压为

$$\dot{U}_{\mathrm{A}}=\dot{U}^{+}+\dot{U}^{-}=2\dot{U}^{-}=-\dot{I}^{-}\,Z^{-}=\frac{2\dot{E}_{0}Z^{-}}{Z^{+}+Z^{-}}\tag{18-27}$$

和短路相（B、C相）相电压为

$$\dot{U}_{\mathrm{B}}=\dot{U}_{\mathrm{C}}=a^{2}\dot{U}^{+}+a\dot{U}^{-}+\dot{U}^{0}=-\dot{U}^{-}=-\frac{\dot{E}_{0}Z^{-}}{Z^{+}+Z^{-}}\tag{18-28}$$

比较式（18-27）和式（18-28）有

$$\dot{U}_{\mathrm{A}}=-2\dot{U}_{\mathrm{B}}=-2\dot{U}_{\mathrm{C}}\tag{18-29}$$

从而开路相出线端到两相短路点的线电压为

$$\dot{U}_{\mathrm{AB}}=\dot{U}_{\mathrm{AC}}=\dot{U}_{\mathrm{A}}-\dot{U}_{\mathrm{B}}=-3\dot{U}^{-}=\frac{3\dot{E}_{0}Z^{-}}{Z^{+}+Z^{-}}=\mathrm{j}\sqrt{3}\,\dot{I}_{\mathrm{k2}}Z^{-}\tag{18-30}$$

以上对称分量法的求解过程也可用相序等效电路予以直观描述，各相序等效电路及其连接关系如图18-6所示。

三、不同稳定短路情况短路电流的比较

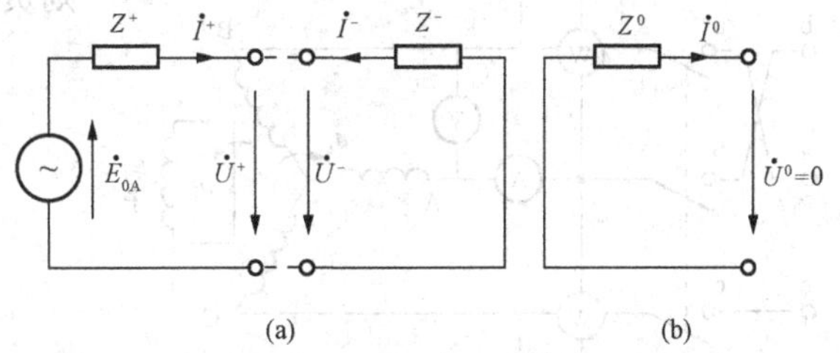

图 18-6　两相短路时的序等效电路及其连接
（a）正序和负序的连接；（b）零序

由同步发电机的运行特性可知，不计饱和，忽略定子电阻时，三相稳态短路电流可记作为（注：$x_{d(非饱和)}=x^+$）

$$I_{k3}=\frac{E_0}{x^+} \tag{18-31}$$

由于同步电抗，即同步电机的正序电抗 x^+ 一般要比负序电抗 x^- 和零序电抗 x^0 大很多，故忽略 x^- 和 x^0，综合式（18-19）、式（18-26）和式（18-31），可得相同励磁电动势时，不同稳定短路情况下短路电流的近似比例关系为

$$I_{k1}:I_{k2}:I_{k3}=3:\sqrt{3}:1 \tag{18-32}$$

一般来说，对同样的 E_0，单相稳定短路电流最大，两相次之，三相时最小。

18.3　负序和零序参数测定

一、两相稳定短路法测负序阻抗

试验线路如图 18-7 所示。先将电枢绕组两相短路，将被试电机拖动到额定转速，调节励磁电流使电枢电流值为 $0.15I_N$ 左右，测量两相短路电流 I_{k2}、短路相与开路相之间的电压 U 和相应的功率 P。为避免转子过热，上述试验过程应尽可能迅速，并注意观察电机的振动情况。

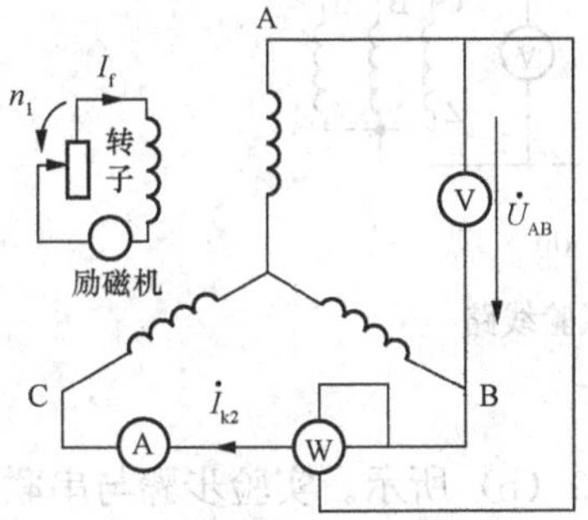

图 18-7　两相短路法测负序阻抗

由两相稳定短路分析结果及式（18-30）可知

$$Z^-=\frac{\dot{U}_{AB}}{j\sqrt{3}\dot{I}_{k2}}=\frac{U_{AB}}{\sqrt{3}I_{k2}}\angle\beta-90° \tag{18-33}$$

其中，β 为 $\dot{U}_{AB}$ 超前 $\dot{I}_{k2}$ 的角度，这是一个钝角，其数值表达式为

$$\beta=180°-\arccos\frac{P}{U_{AB}I_{k2}} \tag{18-34}$$

于是有负序参数

$$\begin{aligned}|Z^-|&=\frac{U_{AB}}{\sqrt{3}I_{k2}}\\x^-&=-|Z^-|\cos\beta\\r^-&=\sqrt{|Z^-|^2-(x^-)^2}\end{aligned} \tag{18-35}$$

二、逆同步旋转法测负序阻抗

试验线路如图 18-8 所示。将同步电机的励磁绕组短路，转子拖动到同步转速，定子绕组外施额定频率的三相对称负序电压（即相序与正常励磁电动势的相序相反），幅值以电枢电流不超过 $0.15I_N$ 为限，测量线电压 U、线电流 I 和功率 P（图中为两功率表读数之和），

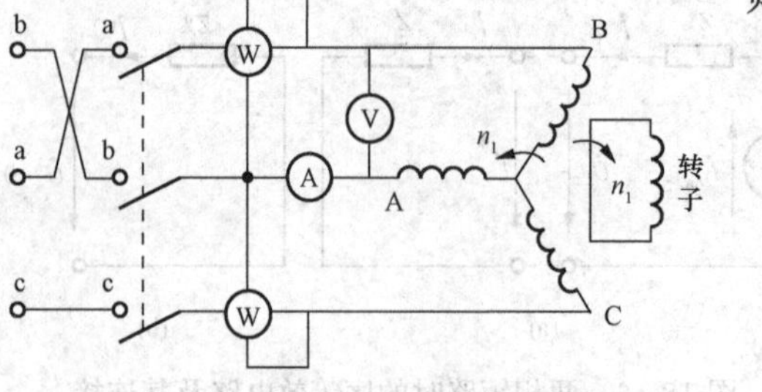

图 18-8　逆同步旋转法测负序阻抗

则负序参数为

$$
\begin{aligned}
|Z^-| &= \frac{U}{\sqrt{3}I} \\
r^- &= \frac{P}{3I^2} \\
x^- &= \sqrt{|Z^-|^2-(r^-)^2}
\end{aligned}
\tag{18-36}
$$

三、串联法或并联法测零序阻抗

试验线路如图 18-9 所示。当定子绕组有六个出线端时，用串联法测定，接线如图 18-9（a）所示。先将励磁绕组短路，将定子绕组首尾串接成开口三角形，再将被试电机拖动到同步速，并在定子端加额定频率的单相电压，幅值以电枢电流在（0.05～0.25）I_N 为限，测定电压 U、电流 I 和功率 P，则零序参数为

$$
\begin{aligned}
|Z^0| &= \frac{U}{3I} \\
r^0 &= \frac{P}{3I^2} \\
x^0 &= \sqrt{|Z^0|^2-(r^0)^2}
\end{aligned}
\tag{18-37}
$$

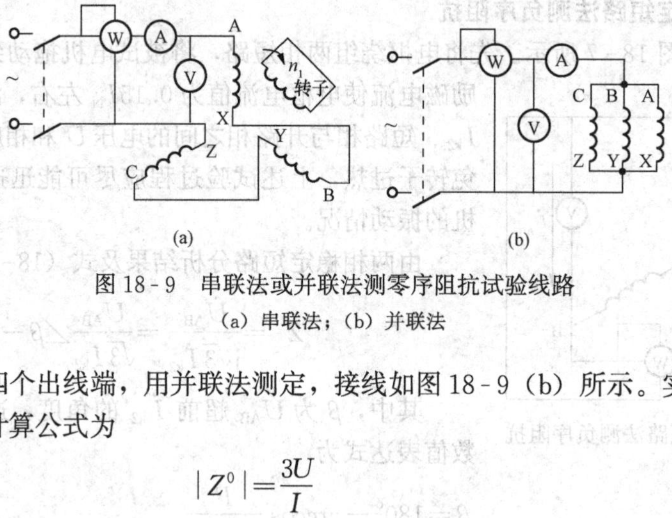

图 18-9　串联法或并联法测零序阻抗试验线路

（a）串联法；（b）并联法

如定子只有四个出线端，用并联法测定，接线如图 18-9（b）所示。实验步骤与串联法相同，零序参数计算公式为

$$
\begin{aligned}
|Z^0| &= \frac{3U}{I} \\
r^0 &= \frac{3P}{I^2} \\
x^0 &= \sqrt{|Z^0|^2-(r^0)^2}
\end{aligned}
\tag{18-38}
$$

18.4　不对称运行的影响

同步发电机的不对称运行会对电机带来一系列不良影响，主要表现在两个方面。

一、转子的附加损耗和发热

由于不对称运行时出现的负序电流产生的反转磁场会以 $2n_1$ 的转速切割转子，在转子铁心、励磁绕组和阻尼绕组中感应电流，引起附加铁损耗和附加铜损耗，结果就有可能使转子

过热。汽轮发电机转子本体的散热条件本来就比较差，负序磁场在整块转子本体表面的感应电流经两端护环形成回路，而护环与本体的接触电阻又比较大，因而发热就更为严重，由此亦可能引起转子绕组接地事故，或危及护环与转子本身连接及配合的机械可靠性。凸极电机没有护环引起的上述问题，转子通风条件也比较好，故水轮发电机允许承受比汽轮发电机略大的不对称度。

二、附加转矩和振动

不对称运行时，负序磁场与励磁磁场相对运动的转速为 $2n_1$，其相互作用的结果是产生 2 倍额定频率（简称倍频）的交变电磁转矩，同时作用于转轴并反作用于定子，引起倍频机械振动，严重时甚至损坏电机。

此外，发电机的不对称运行同时也会对电网中运行的其他电气设备造成不良影响。以异步电动机为例，此时也要产生负序磁场，导致输出功率和效率降低，并可能使电机过热。

综上，要减少不对称运行的诸多不良影响，限制负序电流所产生的负序磁场是至关重要的。为此，中型以上的同步电机都装有阻尼绕组，其位置在励磁绕组外侧的极靴面上且漏阻抗又很小，因而可有效地削弱负序磁场的危害作用，并降低因负载不对称而引起的端电压的不对称度。

本章小结

本章讲述了不对称运行的分析方法及不对称运行时的参数及其测试方法，同时也讲述了不对称负载运行产生的影响及阻尼绕组的作用。

同步发电机不对称运行的分析方法和变压器、异步电机一样，根据各类相序的基本方程式和不对称的具体条件，解出电压和电流的相序分量，然后用叠加原理得到各相电压和电流。

同步发电机不对称运行的相序阻抗和变压器、异步电机都不一样，变压器是静止的交流电器，它的正序电抗和负序电抗没有差别，而同步发电机在转子旋转时，正序电流和负序电流有不同的电枢反应，使正序电抗与负序电抗差别很大，由于负序磁场在转子中产生感应电流起着削弱负序磁场的作用，使 x^- 比 x^+ 小，异步电机虽然也是旋转电机，但异步电机转子磁路、电路都对称，所以异步电机负序电抗为固定值，而同步发电机的 x^- 是在 x_d'' 和 x_q'' 之间变化。在同步发电机中零序电流不产生气隙磁通，因此零序电抗具有漏抗性质 $x^0 \leqslant x_\sigma$。

同步发电机不称短路时，单相短路电流最大，两相短路次之，三相短路电流最小。由于 x^0、x^- 都比 x^+ 小得多，故 $I_{k1}:I_{k2}:I_{k3}$ 接近于 $3:\sqrt{3}:1$，因负序磁场以 $2n_1$ 切割转子，产生附加损耗使发电机转子发热并使振动加剧，采用阻尼绕组可以使不对称运行得到改善。

思考题

18-1　当转子以额定转速旋转时，定子绕组通入负序电流后，定子绕组和转子绕组之间的电磁联系与通入正序电流时有何本质区别。

18-2　为什么负序电抗比正序电抗小？而零序电抗又比负序电抗小？

18-3　简述三相同步发电机零序电抗的意义，并与电枢漏电抗相比较。

18-4　负序电抗的物理意义如何？它和装与不装阻尼绕组有何关系？

18-5 有两台同步发电机，定子完全一样，但一个转子的磁极用钢板叠成，另一个为实心磁极（整块锻钢），问哪台发电机的负序阻抗要小些？

18-6 为什么零序电流只建立漏磁以及 3 和 3 的奇数倍数次谐波磁通？为什么 $x_0 < x_\sigma$？

18-7 在一台同步电机中，转子绕组对正序旋转磁场起什么作用？对负序旋转磁场起什么作用？如何体会正序电抗就是同步电抗？为什么负序电抗要比正序电抗小得多？

18-8 试用对称分量法推导出两相对中性点短路的短路电流表达式。

18-9 试说明不对称运行对同步发电机产生什么影响。

18-10 为什么变压器的正、负序阻抗相同而同步电机的却不同？同步电机的负序阻抗与异步电动机相比有何特点？

18-11 试说明下列情况中同步电机转子电流中有无交流分量：

(1) 同步运转，定子绕组电流三相对称且有稳定值；

(2) 同步运转，定子电流三相有稳定值，但三相不对称；

(3) 稳定异步运行；

(4) 同步运转，定子绕组电流突然变化。

18-12 试说明如何通过试验的方法来求取负序电抗和零序电抗。

18-13 试说明电枢电阻、正序电阻、负序电阻和零序电阻有什么区别。

18-14 表示同步电机的负序电抗等效电路和表示异步电机的负序电抗等效电路有什么不同？在推导同步电机的负序等效电路时应用了什么假设？为什么凸极同步电机的负序电抗不再分直轴电抗和交轴电抗？在同步电机的转子上装设阻尼绕组如何影响负序电抗的数值？为什么？

习 题

18-1 三相同步发电机，各相序阻抗的标幺值分别为 $x^+=1.871$，$x^-=0.219$，$x^0=0.069$，试计算其单相稳态短路电流为三相稳态短路电流的多少倍？

18-2 某三相同步发电机，在空载电压为额定值的励磁下做短路试验，测得各短路电流的标幺值分别为：$I_{k3}=0.55$，$I_{k2}=0.85$，$I_{k1}=1.45$，试求 x^+，x^-，x^0 的标幺值。

18-3 一台三相同步发电机定子加三相 $0.2U_N$ 的恒定交流电压，转子励磁绕组短路。当转子向一个方向以同步速旋转时，测得定子电流为 I_N，当转子向相反方向以同步速旋转时测得定子绕组电流为 $0.2I_N$。忽略零序阻抗，试求该发电机发生机端持续三相、两相、单相短路时的稳态短路电流值（用标幺值表示的数值）。

18-4 设有一台三相水轮同步发电机，测得各种参数如下：$x_d=1.45\Omega$，$x_q=1.05\Omega$，$x^-=0.599\Omega$，$x^0=0.2\Omega$。同步发电机每相空载 $E_0=220$V，试求三相稳态短路电流、两相稳态短路电流和单相稳态短路电流。

18-5 某 300MW 的汽轮同步发电机，Y联结，$U_N=20$kV，$\cos\varphi_N=0.85$（滞后），各参数的标幺值如下：$x_d=1.8$，$x^-=0.25$，$x^0=0.139$。试求同步发电机空载电动势 $E_0^*=1.0$ 时的 I_{k1}，I_{k2}，I_{k3}。

第19章 同步发电机的突然短路

当电力系统发生故障短路时，同步发电机将遇到突然短路。同步发电机的突然短路属于过渡过程的性质，在这个过程中，电机的电磁场能量及转动部分储藏的动能都要发生变化；并且在各绕组中产生极大的电流冲击，因而在电机内部产生极大的机械应力及电磁力矩，如果同步发电机在设计制造中没有考虑到这些问题，那么突然短路就会损坏电机。如将定子绕组端接部分折断，将转轴扭弯等。

同步发电机的突然短路是一个很复杂的过程，在分析中，做一些简化以求得近似的结果：

(1) 由于电磁瞬变过程迅速，在突然短路过渡过程中，只考虑电磁瞬变过程而不考虑机械运动的瞬变过程，即不考虑运动系统储藏动能的变化。

(2) 认为突然短路发生在同步发电机机端。

(3) 认为在突然短路前，同步发电机运行在空载状态，且 $E_0=U_N$。

19.1 超导回路磁链守恒原理

突然短路与稳态对称短路不同，后者由于电枢反应磁动势的大小不变并随转子以同步速旋转，因而不在转子绕组中感应电流，但在突然短路中，定子电流的幅值是变化的，因而电枢反应磁通在变化，会使转子绕组感应电流，并且这个电流产生的磁动势反过来又影响定子的电流，如同变压器一二次侧相互作用一样，因此在突然短路分析中，每个短路绕组都将出现这样的电压方程式

$$ri+\frac{d\psi}{dt}=0 \tag{19-1}$$

式中 ψ——短路绕组的磁链，包括自磁链和互磁链。

如果忽略绕组的电阻 r，积分式（19-1）得

$$\psi=\psi_0=常数 \tag{19-2}$$

式中 ψ_0——在短路瞬间该绕组所环链的磁链。

由式（19-2）可以得出以下的结论：在没有电阻的闭合回路中（又称为超导体闭合回路）原来所具有的磁链，将永远保持不变，这种关系称为超导体闭合回路磁链不变原则。根据磁链不变原则，可以很方便地找出各个短路绕组的电流来。

在实际的短路绕组中，由于电阻的存在。磁链是变化的，并且由于电阻消耗能量，储藏的磁场能量将逐步衰减。

19.2 三相突然短路的分析

在短路故障中，三相突然短路的情况是比较少见的，只因为它是对称的突然短路，通过

它可以掌握突然短路电磁现象的物理本质，利用这些知识可以很方便地获得不对称突然短路的结果。

在这部分分析中，假设突然短路瞬间，各绕组均为超导回路，电阻的存在所引起的衰减放到后面去讨论，此外，假设电机在短路前是处在空载状态。

一、定子绕组的磁链

图 19-1 所示为同步发电机的简化图（导线上所标方向为其电流的正方向）。在空载运行时，各相绕组磁链的变化曲线如图 19-2 所示。各相磁链都随 α 角（由 A 相绕组转至转子 d 轴的角度）而做正弦规律变化，只是因为各相绕组的空间位置互差 120°，因而磁链的变化在时间相角上也差了 120°。突然短路前各相绕组磁链 ψ_A、ψ_B、ψ_C 可表示为

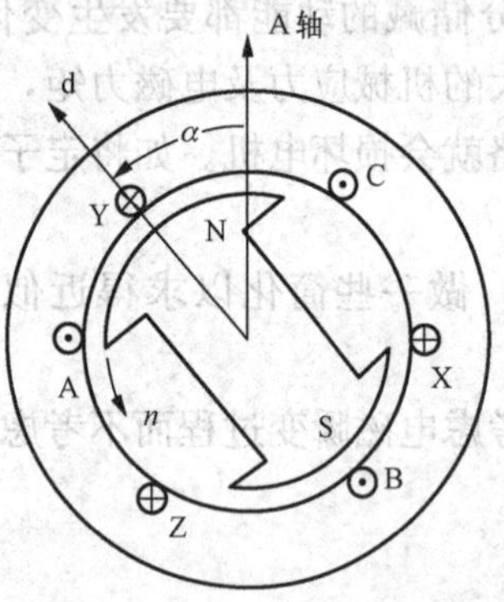

图 19-1 同步发电机的简化图

$$\left.\begin{aligned}\psi_A&=\psi_0\cos\alpha\\ \psi_B&=\psi_0\cos(\alpha-120°)\\ \psi_C&=\psi_0\cos(\alpha+120°)\end{aligned}\right\} \quad (19-3)$$

假设 $\alpha=\alpha_0$ 时，定子绕组发生三相突然短路，我们以此时开始计算时间（即短路时 $t=0$），则 α 角与时间 t 的关系为

$$\alpha=\alpha_0+\omega t \quad (19-4)$$

式中 ω——同步发电机的角速度。

突然短路后各相绕组磁链的初始值分别为

$$\left.\begin{aligned}\psi_A(0)&=\psi_{A0}=\psi_0\cos\alpha_0\\ \psi_B(0)&=\psi_{B0}=\psi_0\cos(\alpha_0-120°)\\ \psi_C(0)&=\psi_{C0}=\psi_0\cos(\alpha_0+120°)\end{aligned}\right\} \quad (19-5)$$

根据磁链不变的原则，突然短路以后，它们应该保持不变，如图 19-2 所示。

根据超导体闭合回路磁链不变的原则，定子各相绕组在短路前后要维持其在短路瞬间的磁链不变，即在定子的三相绕组中，短路一开始，就会同时出现两种电流：一种是频率为 $f=\dfrac{\omega}{2\pi}$ 的对称交流，一种是不变的直流。它们的作用如下：

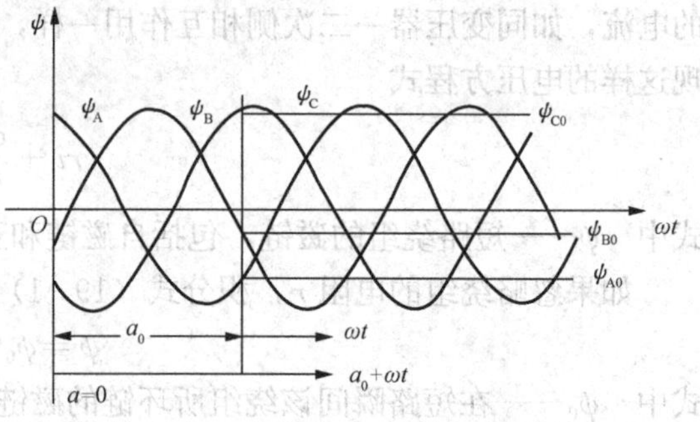

图 19-2 各相绕组磁链的变化曲线

（1）由定子三相对称短路电流产生旋转磁场 $\vec{F}_{a\sim}$，因而对各相绕组产生一个交变的磁链，去抵消转子磁场对定子绕组的交变磁链。图 19-3 画出 A 相绕组的情况，虚线代表这个磁链，它与 $\vec{F}_f$ 在 A 相绕组所产生的磁链正好是大小相等、方向相反。B 相和 C 相的情况，与 A 相类似，只是在相位上落后了 120°和 240°。

（2）如果把旋转磁场 $\vec{F}_{a\sim}$ 在各相所形成磁链与原来短路前由转子的 $\vec{F}_f$ 在各相中形成的磁链叠加起来，就会得到每相磁链永远是零的结果。为保持 ψ_{A0}，ψ_{B0}，ψ_{C0} 不变，在三相中必须还要有直流，因此定子各相将产生直流电流，在定子空间建立一个恒定磁场 F_{az}，以对

各相绕组产生一个不变的磁链，来维持在短路瞬间磁链不变。由以上分析可知，只有在定子绕组中出现上述两种短路电流情况下，才能维持短路瞬间各相磁链不变。

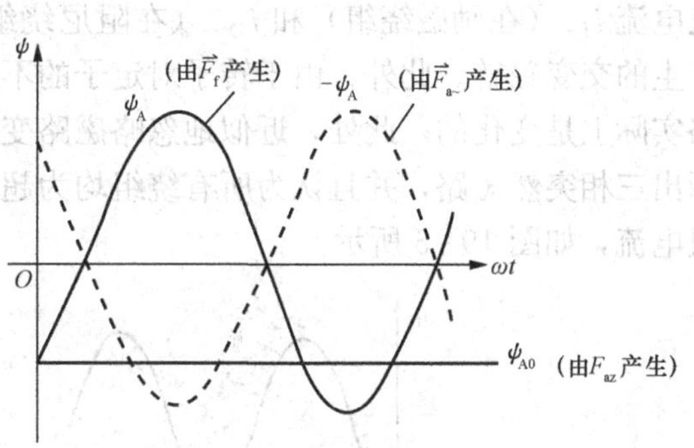

图 19-3　A 相绕组的磁链

定子各相电流就由这两部分电流合成。前者是周期性的，称为交流分量；后者是非周期性的，称为直流分量。

由上述可知，需要由定子电流产生的磁链是已知的，但是产生这些磁链究竟需要多大的电流，即在突然短路时，定子绕组有多大的电感，还需要进一步的讨论。由于定子绕组与转子绕组间有磁耦合作用，为了找出定子绕组的电感，还应该先研究一下转子绕组的情况。

虽然由 $\vec{F}_f$ 所产生的 ψ_A 和由 $\vec{F}_{a\sim}$ 所产生的 $-\psi_A$ 在数值上相等，但它们的磁通情况不同。与 $\vec{F}_f$ 所产生的 ψ_A 相对应的磁通，是空载时由转子经过气隙到达定子的磁通，与 $\vec{F}_{a\sim}$ 所产生的 $-\psi_A$ 相对应的磁通，是短路后由定子经过气隙到达转子的磁通 Φ''_{ad} 和定子漏磁通 Φ_σ，其中磁通 Φ''_{ad} 是以 n_1 速度旋转的。同时 F_{az} 所产生的磁通情况在 $t=0$ 时与 $\vec{F}_{a\sim}$ 的恰恰相反，它是一个在空间静止不动的磁通。

二、转子绕组的磁链及电流

短路前，转子绕组的磁链是由励磁电流 I_f 产生的，因而是一个恒定的数值，如图 19-4 (a) 所示的磁通 Φ_0。在突然短路后，定子产生了旋转的磁动势以及不转的磁动势。前者对转子来说是不动的，它所产生的磁通 Φ''_{ad} 企图穿入转子绕组。但转子各绕组亦为超导闭合回路，磁链要保持原值不变。因此，在转子绕组中将感应出直流电流 i_{fz}（在励磁绕组中产生 $\Phi_{f\sigma}$）和 i_{Dz}（在阻尼绕组中产生 $\Phi_{Dd\sigma}$），产生反磁链以抵消 Φ''_{ad} 所产生的磁链，如图 19-4 (a) 所示，合成磁通分布如图 19-4 (b) 所示。从图中可以看出，定子旋转磁场产生的气隙磁通 Φ''_{ad}，实际上只通过了转子绕组的漏磁路，因而并没有改变转子绕组的磁链。

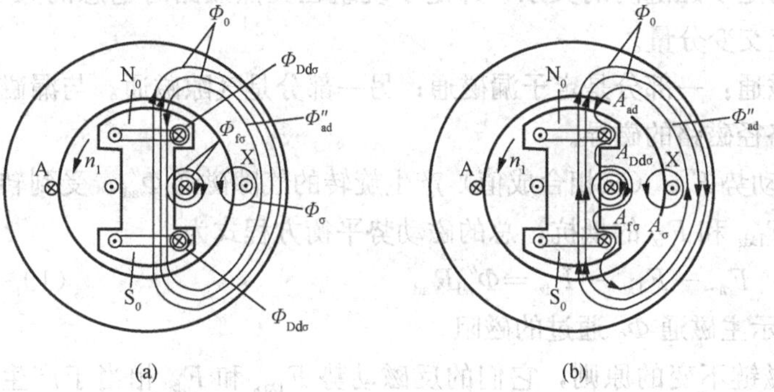

图 19-4　转子绕组的磁链

(a) 转子绕组的磁链；(b) 合成磁通分布

在这里，特别要指出 i_{fz} 的方向问题，根据绕组磁链不变原则，旋转的 Φ''_{ad} 必然是对转子的一个反磁通。又根据转子励磁绕组磁链不变的原则，i_{fz} 又必然产生对 Φ''_{ad} 的反磁动势，即 i_{fz} 必然与 I_{f0} 同方向。总之，当发生突然短路时，励磁电流必然突然增长了 i_{fz}，这是一个很重要的概念。

至于定子 F_{az} 所产生的不变磁场，它对转子来说都是旋转的。同理，转子绕组将感应交

流电流 $i_{f\sim}$（在励磁绕组）和 $i_{D\sim}$（在阻尼绕组中）以抵消由于定子不转磁场在转子绕组所产生的交变磁链。此外，由于转子对定子的不转磁场有相对运动，对应于这个磁场的转子磁路实际上是变化的。此处，近似地忽略磁路变化所带来的影响。根据以上的分析，可以定性画出三相突然短路，并且认为所有绕组均为超导体闭合回路时的转子励磁绕组电流和阻尼绕组电流，如图 19-5 所示。

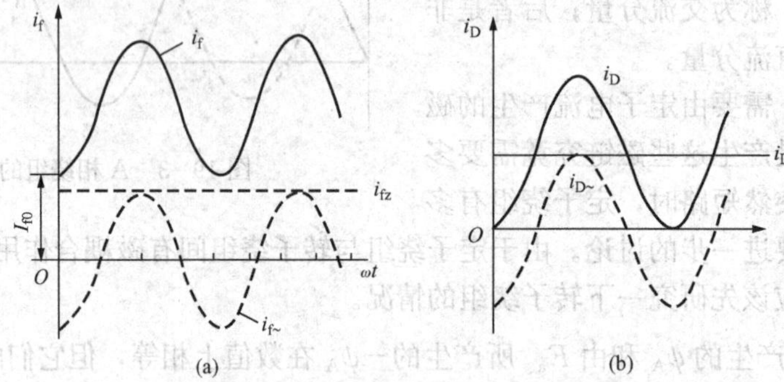

图 19-5 认为是超导时的励磁电流和阻尼电流

(a) 励磁绕组电流；(b) 阻尼绕组电流

19.3 同步电机的暂态参数

一、直轴超瞬变电抗

现在回过来再看定子电流与定子磁链间的关系，即定子绕组在突然短路时电感的大小。首先求产生 $F_{a\sim}$ 的定子绕组电流交变分量。

定子绕组电流产生两部分磁通：一部分是定子漏磁通；另一部分是气隙磁通。与漏磁通对应的电感决定于该磁通通过路径磁路的磁导。

参看图 19-4（b），定子磁动势 $F_{a\sim}$（三相合成值）产生旋转的气隙磁通 Φ''_{ad}，受到转子阻尼绕组及励磁绕组反磁动势 F_{Ddz} 和 F_{fz} 的抵抗，总的磁动势平衡方程式为

$$F_{a\sim}-F_{Ddz}-F_{fz}=\Phi''_{ad}R_{ad} \tag{19-6}$$

式中 R_{ad}——图 19-4（b）所示主磁通 Φ_0 通过的磁阻。

根据阻尼绕组及励磁绕组磁链不变的原则，它们的反磁动势 $F_{Dd\sigma}$ 和 F_{fz} 相当于产生与 Φ''_{ad}同样大小的该绕组漏磁通所需的磁动势，即

$$F_{Dd\sigma}=\Phi''_{ad}R_{Dd\sigma}$$
$$F_{fz}=\Phi''_{ad}R_{f\sigma} \tag{19-7}$$

式中 $R_{f\sigma}$、$R_{Dd\sigma}$——励磁绕组漏磁通和阻尼绕组漏磁通所通过磁路的磁阻。

将式（19-7）代入式（19-6），得

$$F_{a\sim}=\Phi''_{ad}(R_{ad}+R_{Dd\sigma}+R_{f\sigma})=\Phi''_{ad}R''_{ad} \tag{19-8}$$

式中 R''_{ad}——在所有绕组均为超导体时，直轴电枢反应磁路的磁阻。

图 19-4（b）中 Φ''_{ad}通过磁路的磁阻，其值为

$$R''_{ad}=R_{ad}+R_{Dd\sigma}+R_{f\sigma} \tag{19-9}$$

图 19-4（b）可以看出，由于阻尼绕组及励磁绕组的磁链不变，Φ''_{ad}实际上不穿过这两个绕

组，而是由它们的漏磁路绕过。因而总磁阻 R''_{ad} 除了直轴电枢反应磁路的磁阻 R_{ad} 外，还应该包含两绕组的漏磁路磁阻 $R_{f\sigma}$ 及 $R_{Dd\sigma}$。

式（19-9）可以写成磁导的形式，为

$$\Lambda''_{ad}=\frac{1}{R''_{ad}}=\frac{1}{R_{ad}+R_{Dd\sigma}+R_{f\sigma}}=\frac{1}{\dfrac{1}{\Lambda_{ad}}+\dfrac{1}{\Lambda_{Dd\sigma}}+\dfrac{1}{\Lambda_{f\sigma}}} \tag{19-10}$$

式中　Λ_{ad}——直轴电枢反应磁路的磁导；

$\Lambda_{Dd\sigma}$——直轴阻尼绕组漏磁路的磁导；

$\Lambda_{f\sigma}$——励磁绕组漏磁路的磁导。

由绪论可知，自感系数与磁导的关系为 $L=N^2\Lambda$，N 为绕组的匝数。设 $L_{f\sigma}$ 和 $L_{Dd\sigma}$ 已折合到定子边，那么所有的 L 将正比于 Λ。

与式（19-10）磁导相对应的电感为

$$L''_{ad}=\frac{1}{\dfrac{1}{L_{ad}}+\dfrac{1}{L_{Dd\sigma}}+\dfrac{1}{L_{f\sigma}}} \tag{19-11}$$

定子漏电感 L_σ 及气隙电感 L''_{ad} 确定后，定子相绕组磁链 ψ（最大值）与定子绕组电流有效值 I''（在此情况下，I'' 被称为超瞬变电流的有效值，即为产生 $F_{a\sim}$ 的对称电流）的关系为

$$\frac{\psi}{\sqrt{2}}=I''(L_\sigma+L''_{ad})=I''L''_d \tag{19-12}$$

由式（19-12）可知，三相对称电流 I'' 正比于 $F_{a\sim}$（$F_{a\sim}$ 作用在 d 轴上），$F_{a\sim}$ 正比于 Φ''_{ad}，Φ''_{ad} 正比于 ψ（ψ 是 Φ''_{ad} 对一个相的最大磁链）。因此 I'' 正比于 ψ，而 L''_d 为比例系数。

式（19-12）乘以角频率 ω，即得

$$\frac{\omega\psi}{\sqrt{2}}=I''(\omega L_\sigma+\omega L''_{ad})=I''\omega L''_d$$

或

$$E_0=I''(x_\sigma+x''_{ad})=I''x''_d \tag{19-13}$$

式中　E_0——空载励磁电动势；

x_σ——定子漏电抗；

x''_{ad}——直轴超瞬变电枢反应电抗。

则超瞬变电流的有效值为

$$I''=E_0/x''_d$$

而

$$x''_d=x_\sigma+x''_{ad}=x_\sigma+\frac{1}{\dfrac{1}{x_{ad}}+\dfrac{1}{x_{Dd\sigma}}+\dfrac{1}{x_{f\sigma}}} \tag{19-14}$$

x''_d 称为直轴超瞬变电抗。这就是在突然短路时对称短路电流 I'' 所遇到的电抗，它的等效电路如图 19-6 所示。

图 19-6 相当于三绕组变压器（对应于定子绕组、阻尼绕组和励磁绕组）短路时从一次侧（即定子绕组）看过去的等效电路。从物理概念上来看也是如此，直轴超瞬变电抗就可考虑到阻尼绕组和励磁绕组反磁动势作用后的变压器短路电抗。

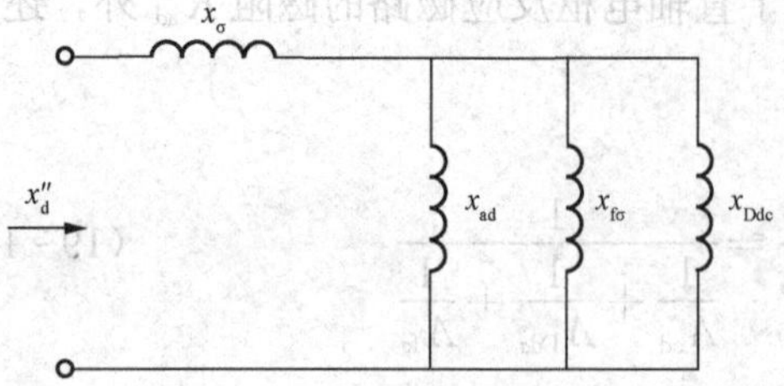

图 19-6 直轴超瞬变电抗

现在可以总结一下定子交流分量 I'' 产生的过程。为了保持定子磁链不变，定子绕组突然出现交流分量 I''，它产生 $F_{a\sim}$，其方向与 F_f 相反。因此这个电流产生的磁场是去磁的，它滞后于 E_0 90°。这里应注意它与稳定三相短路的区别。在稳定短路时转子绕组对定子绕组没有耦合关系，这对定子绕组电流产生的磁通来讲，相当于励磁绕组和阻尼绕组开路，因此定子绕组电流所遇到的电抗为 $x_\sigma+x_{ad}=x_d$。现在发生突然短路，转子绕组为了保持其磁链不变而产生了相应于 F_{fz} 和 F_{Ddz} 的磁动势，这等于增加了定子绕组电流产生的磁动势所遇到的磁阻，换言之，即定子绕组电流所遇到的是比 x_d 小的电抗，即 x''_d。这就说明了突然短路的交流分量远大于稳定短路电流的原因。

二、直轴瞬变电抗

如果同步发电机没有阻尼绕组，或阻尼绕组的反磁动势已经（衰减完毕）消失，则这种情况相当于阻尼绕组回路开路一样，这时，相应的电抗变为

$$x'_d=x_\sigma+\frac{1}{\frac{1}{x_{ad}}+\frac{1}{x_{f\sigma}}} \tag{19-15}$$

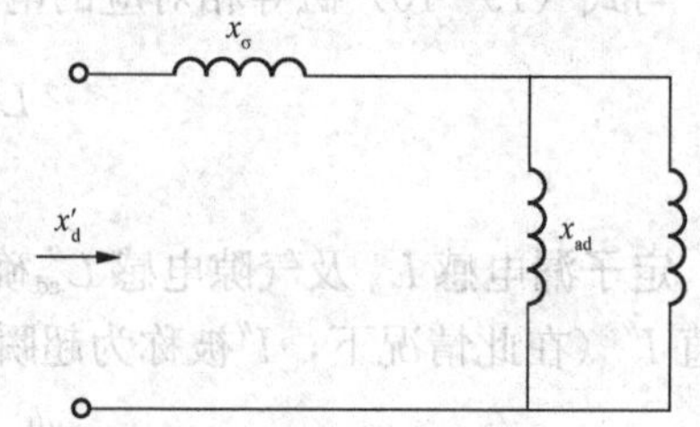

图 19-7 直轴瞬变电抗

x'_d 称为直轴瞬变电抗。其等效电路如图 19-7 所示。相当于双绕组变压器二次侧短路时的等效电路。瞬变电流的有效值为

$$I'=E_0/x'_d$$

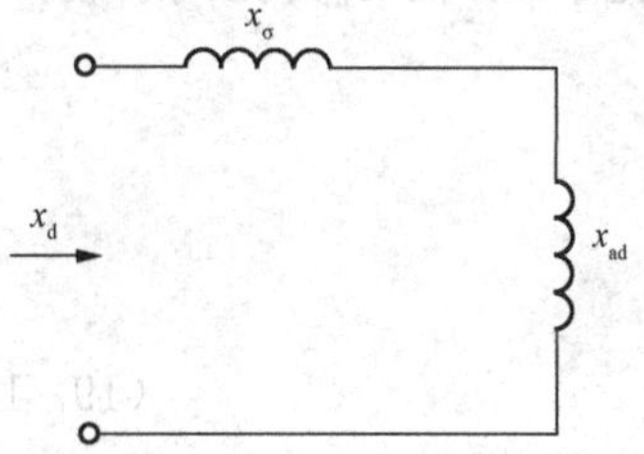

图 19-8 直轴同步电抗

三、直轴稳态电抗（直轴同步电抗）

如果同步发电机阻尼绕组和励磁绕组的反磁动势均已衰减完毕（消失），则这种情况相当于阻尼绕组回路和励磁回路都开路一样，这时，相应的电抗变为

$$x_d=x_\sigma+x_{ad} \tag{19-16}$$

x_d 称为直轴同步电抗。其等效电路如图 19-8 所示。稳态电流的有效值为 $I=E_0/x_d$。

四、交轴超瞬变电抗和交轴瞬变电抗

如果突然短路发生在电网上某处，由于线路阻抗的影响，短路电流中不仅有直轴分量，还可能存在交轴分量。若电机的 d 轴和 q 轴磁阻不等，则对应两个轴的超瞬变电抗和瞬变电抗也不相等。推导交轴超瞬变电抗和瞬变电抗的方法和直轴的情况一样，其等效电路如图 19-9 所示。

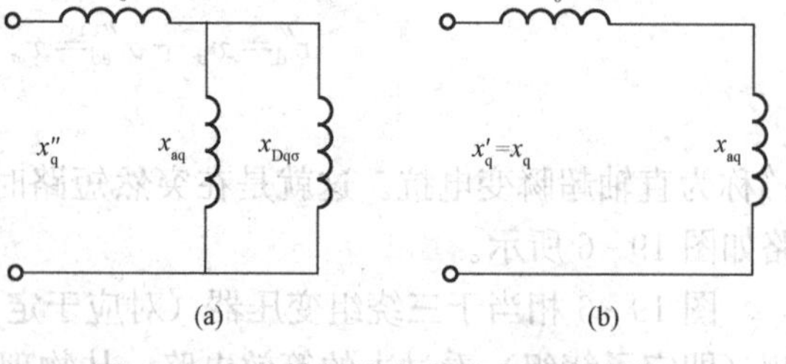

图 19-9 交轴超瞬变电抗和瞬变电抗

(a) 交轴超瞬变电抗；(b) 交轴瞬变电抗

交轴超瞬变过程对应的电抗 x''_q 称为交轴超瞬变电抗，因交轴无励磁绕组故少了一个并联之路，等效电路如图 19-9 (a)

所示，其值为

$$x''_q = x_\sigma + \cfrac{1}{\cfrac{1}{x_{aq}} + \cfrac{1}{x_{Dq\sigma}}} \tag{19-17}$$

式中　$x_{Dq\sigma}$——交轴阻尼绕组漏抗折到定子绕组的数值。

当同步发电机交轴阻尼绕组的反磁动势已衰减完毕（消失），则这种情况相当于交轴阻尼绕组回路开路一样，等效电路如图 19 - 9（b）所示，相应的电抗变为

$$x'_q = x_q = x_\sigma + x_{aq} \tag{19-18}$$

即交轴由超瞬变过程直接进入稳态过程，交轴无瞬变过程。

交直轴超瞬变电抗及瞬变电抗均为同步电机的重要参数。它的数值均比交直轴同步电抗小的多，且与电机类型及结构有关。

五、暂态参数的实验求法

同步电机的超瞬变电抗可以用静止法来测量，试验线路如图 19 - 10 所示。在定子绕组任意两相加入单相低压交流电源，使定子绕组电流不大于额定值，转子励磁绕组短路。转子不旋转，但缓慢地移动其位置。测量定子绕组电压及电流，并计算出电抗值（不计各相绕组电阻的影响）。其值与转子位置有关，如图 19 - 11 的曲线所示。

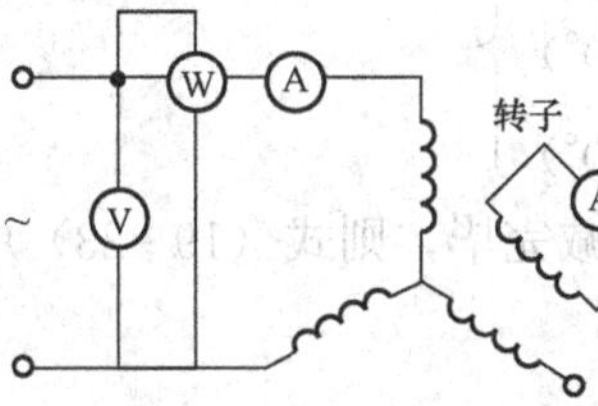

图 19 - 10　静止法试验线路

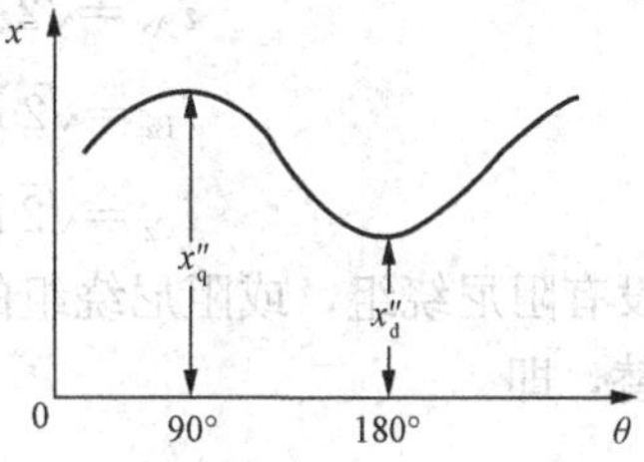

图 19 - 11　电抗变化曲线（转子位置）

根据同步电机的参数情况知道，最小电抗对应于转子直轴对着定子脉振磁场时的情况。这时，定子绕组相当于变压器一次绕组，转子直轴各绕组相当于短路的二次绕组。根据图 19 - 6 所示的等值电路可知，在定子边测出的电抗就是直轴超瞬变电抗 x''_d，即

$$x''_d = \frac{U}{2I_{max}} \tag{19-19}$$

同理，由图 19 - 9（a）所示的等值电路可知，最大电抗值是为交轴超瞬变电抗 x''_q，即

$$x''_q = \frac{U}{2I_{min}} \tag{19-20}$$

x''_d和 x''_q确定后还可以计算出负序电抗值 $x^- = \dfrac{x''_d + x''_q}{2}$。

求瞬变参数的试验方法有很多，这里只选择典型的一种，其他方法就不一一介绍了。至于求时间常数的试验方法，由于篇幅所限，在这里就不做介绍了。

19.4　同步发电机的突然短路电流及衰减时间常数

一、超导回路定子绕组的突然短路电流

确定了直轴超瞬变电抗和定子绕组的磁链 ψ 或电动势后，由式（19 - 12）及式

(19-13)就可以找出对应的定子绕组电流来。

根据前面的分析，定子绕组电流有两个分量：交流分量和直流分量。前者与$-\psi_A$、$-\psi_B$和$-\psi_C$相对应；后者与ψ_{A0}、ψ_{B0}、ψ_{C0}相对应（见图19-3）。前者交流分量的数值是将式（19-12）改用瞬时值写法，并由式（19-3），得出超导回路各相短路电流的交流分量的一般表达式为

$$i_{A\sim}=\frac{-\psi_A}{L''_d}=\frac{-\psi_0\cos(\alpha_0+\omega t)}{L''_d}=\frac{-\omega\psi_0\cos(\alpha_0+\omega t)}{\omega L''_d}=\frac{-\sqrt{2}E_0\cos(\alpha_0+\omega t)}{x''_d}$$
$$=-\sqrt{2}I''\cos(\alpha_0+\omega t)$$

$$\left.\begin{aligned}i_{B\sim}&=-\sqrt{2}I''\cos(\alpha_0+\omega t-120^\circ)\\ i_{C\sim}&=-\sqrt{2}I''\cos(\alpha_0+\omega t+120^\circ)\end{aligned}\right\}\qquad(19-21)$$

式中

$$I''=\frac{E_0}{x''_d}\qquad(19-22)$$

为定子绕组超瞬变短路电流的有效值。

同理，后者利用式（19-5）得出直流分量（非周期分量）的一般表达式为

$$\left.\begin{aligned}i_{Az}&=\sqrt{2}I''\cos\alpha_0\\ i_{Bz}&=\sqrt{2}I''\cos(\alpha_0-120^\circ)\\ i_{Cz}&=\sqrt{2}I''\cos(\alpha_0+120^\circ)\end{aligned}\right\}\qquad(19-23)$$

如果电机没有阻尼绕组，或阻尼绕组的电流已经衰减完毕，则式（19-23）中的电流I''均以电流I'代替，即

$$I'=\frac{E_0}{x'_d}\qquad(19-24)$$

I'为定子绕组瞬变短路电流的有效值。

各相电流的瞬时值表达式为

$$\begin{aligned}i_A&=i_{Az}+i_{A\sim}=\sqrt{2}I''\cos\alpha_0-\sqrt{2}I''\cos(\alpha_0+\omega t)\\ i_B&=i_{Bz}+i_{B\sim}=\sqrt{2}I''\cos(\alpha_0-120^\circ)-\sqrt{2}I''\cos(\alpha_0+\omega t-120^\circ)\\ i_C&=i_{Cz}+i_{C\sim}=\sqrt{2}I''\cos(\alpha_0+120^\circ)-\sqrt{2}I''\cos(\alpha_0+\omega t+120^\circ)\end{aligned}\qquad(19-25)$$

如$\alpha_0=90^\circ$时发生突然短路，A相绕组的起始磁链为0，故A相的非周期分量为0，按式（19-25）可以写出各相电流的瞬时表达式

$$\begin{aligned}i_A&=i_{Az}+i_{A\sim}=\sqrt{2}I''\sin\omega t\\ i_B&=i_{Bz}+i_{B\sim}=0.866\sqrt{2}I''+\sqrt{2}I''\sin(\omega t-120^\circ)\\ i_C&=i_{Cz}+i_{C\sim}=-0.866\sqrt{2}I''+\sqrt{2}I''\sin(\omega t+120^\circ)\end{aligned}\qquad(19-26)$$

同理若$\alpha_0=0^\circ$时发生突然短路，A相绕组的起始磁链为最大，按式（19-25）可以写出各相电流的瞬时表达式，其中A相的电流如图19-12所示。B相及C相电流亦可以按同样方法画出。

由图可见，当A相绕组的起始磁链最大时，A相电流的直流分量具有最大的数值。在这种情况下，A相总电流为

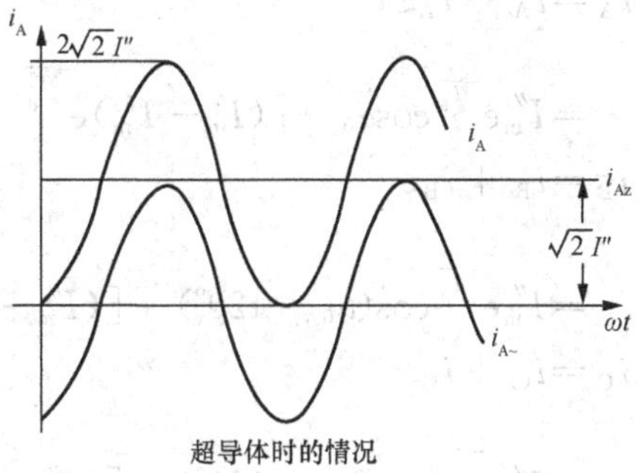

图19-12　超导体当$\alpha_0=0$时A相绕组的短路电流

$$i_A=i_{Az}+i_{A\sim}=\sqrt{2}I''(1-\cos\omega t) \tag{19-27}$$

如图19-12所示，当$\omega t=180°$时，i_A达到它的最大值i_{Amax}，其数值为

$$i_{Amax}=2\sqrt{2}I''=2\sqrt{2}\frac{E_0}{x''_d} \tag{19-28}$$

如果电机是在额定电压下发生突然短路（这时$E_0^*=1$），按一般平均的超瞬变电抗值计算，即认为$x''^*_d\approx0.127$，则最大瞬时电流可达

$$i^*_{Amax}=2\sqrt{2}\frac{1}{0.127}\approx22$$

即达额定电流的22倍之多。这是一个很大的短路电流。

当A相起始磁链为最大值时，B相及C相的起始磁链并不是最大。因此，各相的直流分量电流有不同的数值。各相电流所能达到的最大瞬时值也是不同的。

二、突然短路后电流的衰减

1. 定子绕组电流的衰减

由于各绕组里都有电阻，都消耗能量，因此，在突然短路过程中，因需要满足起始条件而引起的自由分量电流，由于它没有能源供给，最终都要衰减为零。定子绕组电流有交流分量和直流分量。前者由转子磁场感应而生，它的衰减情况取决于转子各电流的衰减；后者是为了维持起始磁链而产生的，是没有能源供给的自由分量，其衰减的情况由定子绕组直流分量电流衰减情况决定。以下首先讨论定子绕组电流的衰减情况，然后再讨论衰减时间常数。不妨先将式（19-25）改写成

$$\begin{aligned}
i_A&=i_{Az}+i_{A\sim}=I''_m\cos\alpha_0-I''_m\cos(\alpha_0+\omega t)\\
&=I''_m\cos\alpha_0-[(I''_m-I'_m)+(I'_m-I_m)+I_m]\cos(\alpha_0+\omega t)\\
i_B&=i_{Bz}+i_{B\sim}=I''_m\cos(\alpha_0-120°)-I''_m\cos(\alpha_0+\omega t-120°)\\
&=I''_m\cos(\alpha_0-120°)-[(I''_m-I'_m)+(I'_m-I_m)+I_m]\cos(\alpha_0+\omega t-120°)\\
i_C&=i_{Cz}+i_{C\sim}=I''_m\cos(\alpha_0+120°)-I''_m\cos(\alpha_0+\omega t+120°)\\
&=I''_m\cos(\alpha_0+120°)-[(I''_m-I'_m)+(I'_m-I_m)+I_m]\cos(\alpha_0+\omega t+120°)
\end{aligned} \tag{19-29}$$

式（19-29）中将I''_m分解成$I''_m-I'_m$、I'_m-I_m和I_m三部分再加上非周期分量，一共是四部分。各部分的物理意义为：

（1）$I''_m-I'_m$为超瞬变分量变化部分的幅度，与阻尼绕组的非周期性电流i_{Dz}相对应。

（2）I'_m-I_m为瞬变分量变化部分的幅度，与励磁绕组的非周期性电流i_{fz}相对应。

（3）I_m为稳态分量，与励磁绕组的恒定励磁电流I_{f0}相对应。

（4）非周期分量，与阻尼绕组和励磁绕组中的周期分量$i_{D\sim}$和$i_{f\sim}$相对应。

上述四个分量中，除稳态分量以外，其他三个均按各自的衰减时间常数衰减。其中与i_{Dz}对应的超瞬变分量衰减最快，衰减时间常数设为T''_d；与i_{fz}对应的瞬变分量衰减时间常数设为T'_d；而与$i_{D\sim}$和$i_{f\sim}$对应的非周期分量将统一按定子绕组时间常数T_a衰减。至此考虑上述分量衰减因素，将式（19-29）改写为

$$
\begin{aligned}
i_A &= i_{Az} + i_{A\sim} \\
&= I''_m e^{-\frac{t}{T_a}} \cos\alpha_0 - \left[(I''_m - I'_m) e^{-\frac{t}{T''_d}} + (I'_m - I_m) e^{-\frac{t}{T'_d}} + I_m\right] \cos(\alpha_0 + \omega t) \\
i_B &= i_{Bz} + i_{B\sim} \\
&= I''_m e^{-\frac{t}{T_a}} \cos(\alpha_0 - 120°) - \left[(I''_m - I'_m) e^{-\frac{t}{T''_d}} + (I'_m - I_m) e^{-\frac{t}{T'_d}} + I_m\right] \cos(\alpha_0 + \omega t - 120°) \\
i_C &= i_{Cz} + i_{C\sim} \\
&= I''_m e^{-\frac{t}{T_a}} \cos(\alpha_0 + 120°) - \left[(I''_m - I'_m) e^{-\frac{t}{T''_d}} + (I'_m - I_m) e^{-\frac{t}{T'_d}} + I_m\right] \cos(\alpha_0 + \omega t + 120°)
\end{aligned}
\tag{19-30}
$$

式（19-30）中对A相来说，$i_{Az}=\frac{\sqrt{2}E_0}{x''_d}e^{-\frac{t}{T_a}}\cos\alpha_0=I''_m e^{-\frac{t}{T_a}}\cos\alpha_0$ 为直流（非周期）分量电流；$i_{A\sim}=-\left[(I''_m-I'_m)e^{-\frac{t}{T''_d}}+(I'_m-I_m)e^{-\frac{t}{T'_d}}+I_m\right]\cos(\omega t+\alpha_0)$ 为交流（周期）分量电流；α_0 为突然短路发生时转子直轴离开A相绕组轴线的相角（见图19-2）。其中，$I''_m=\sqrt{2}\frac{E_0}{x''_d}$ 为超瞬变短路电流的最大值；$I'_m=\sqrt{2}\frac{E_0}{x'_d}$ 为瞬变短路电流的最大值；$I_m=\sqrt{2}\frac{E_0}{x_d}$ 为稳态短路电流的最大值。

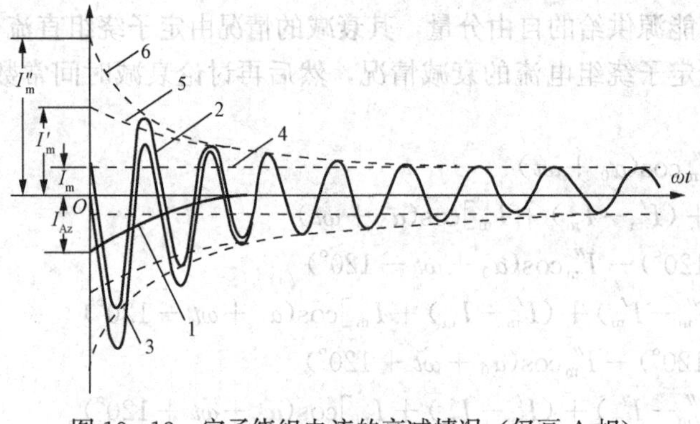

图 19-13 定子绕组电流的衰减情况（仅画A相）

图19-13所示为 $\alpha=\alpha_0$ 发生突然短路的定子A相绕组电流的衰减波形图。图中曲线1是直流分量电流 i_{Az}，它按时间常数 T_a 衰减；曲线2是交流分量电流 $i_{A\sim}$；曲线3是总电流 i_A。此外，稳态短路电流 I 的幅值由包线4表示；瞬变短路电流 I' 的幅值由包络线5表示；超瞬变短路电流 I'' 的幅值由包络线6表示。而包络线5是以包络线4作零值线以 T'_d 衰减；包络线6是以包络线5作零值线以 T''_d 衰减。

从上述结果可以看出，B相和C相电流的直流分量大小与A相不同，在交流分量电流上，大小与A相一样，只是相角不同。直流分量电流的大小决定于 α_0 的大小。当 $\alpha_0=0°$ 时，i_{Az} 达最大值，这时，总电流 i_A 的最大值 i_{Amax} 也是最大（与 α_0 为其他数值时比较）。如不考虑衰减，它是超瞬变短路电流幅值 $\sqrt{2}I''$ 的2倍，在考虑衰减时，一般认为是瞬变短路电流幅值 $\sqrt{2}I''$ 的1.8倍，这是三相短路可能出现的最大电流值，在考虑突然短路所造成的影响时，常要用到这个数值。

按国家标准规定，同步发电机必须能承受105%额定电压下的三相空载突然短路，最大电流的冲击值估算为

$$i''_{m,\,max}=\frac{1.8\times1.05\times\sqrt{2}U_{Nph}}{x''_{d}} \tag{19-31}$$

通常

$$i''_{m,max}\leqslant 15\sqrt{2}I_{N}$$

2. 励磁绕组电流 i_f 的衰减情况

励磁绕组电流包含三个分量：外电源供给的恒定电流 I_{f0}，瞬变电流的直流分量 i_{fz} 和交流分量 $i_{f\sim}$，如图 19-14 所示。根据上面的分析，考虑到衰减情况的励磁绕组电流波形如图 19-14 所示。此图 19-14 与图 19-5（a）相对应。其中恒定电流 I_{f0}（曲线 1）不会衰减；直流分量 i_{fz} 以时间常数 T'_d 衰减；而交流分量 $i_{f\sim}$ 以时间常数 T_a 衰减。在作图时，i_{fz} 是以曲线 1 作为零值线来画的（曲线 2）；$i_{f\sim}$ 是以曲线 2 作为零值线来画的（曲线 3）。而且画 $i_{f\sim}$ 时，要先以曲线 2 作为中心线画出其衰减的包络线（曲线 4）来。因此，最后总的励磁电流 i_f，即为以横坐标为零值线所表示的曲线 3 所示。

3. 阻尼绕组电流 i_D 的衰减情况

阻尼绕组电流包含两个分量：直流分量 i_{Dz} 和交流分量 $i_{D\sim}$。根据上面的分析，并考虑到衰减情况，阻尼绕组电流波形如图 19-15 所示。此图与图 19-6（b）是相对应的。其中直流分量 i_{Dz} 以时间常数 T''_d 衰减（曲线 1）；而交流分量 $i_{D\sim}$ 以时间常数 T_a 衰减。作图方法与图 19-14 类似，$i_{D\sim}$ 是以曲线 1 作为零值线来画的（曲线 2），曲线 3 是 $i_{D\sim}$ 的衰减包络线。因此，总的阻尼绕组电流 i_D，即为以横坐标为零值线所表示的曲线 2 所示。

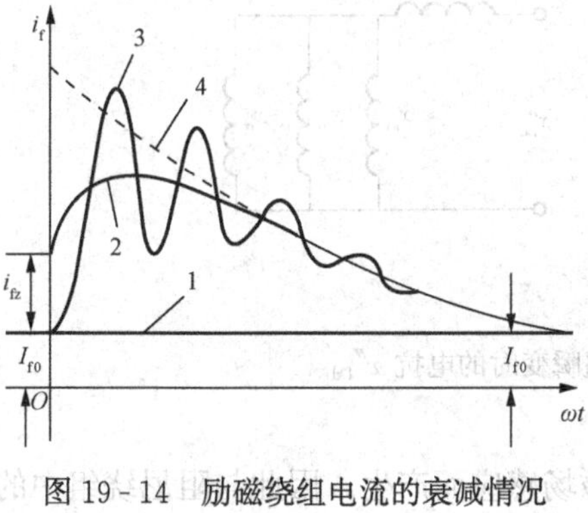

图 19-14　励磁绕组电流的衰减情况

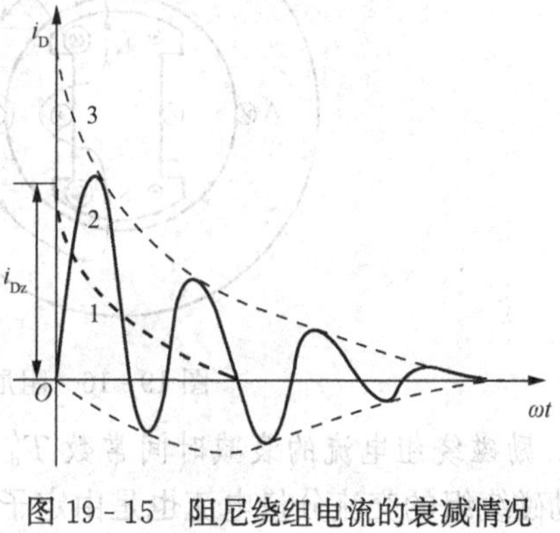

图 19-15　阻尼绕组电流的衰减情况

三、衰减时间常数

式（19-30）引入了三个衰减时间常数，其基本定义分述如下。

1. 电枢绕组电流的衰减时间常数 T_a

T_a 由定子绕组电阻和非周期性电流所建立的静止磁场对应的等效电感所确定。由于此磁场交替地与交、直轴相重合，故其对应的电抗应取 x''_d 和 x''_q 的算术平均值，其实为负序电抗，即

$$x^{-}=\frac{x''_{d}+x''_{q}}{2}$$

相应的电感值 L''_a 也可求出

$$L''_{a}=\frac{x^{-}}{\omega}=\frac{x''_{d}+x''_{q}}{2\omega}=\frac{L''_{d}+L''_{q}}{2} \tag{19-32}$$

当定子绕组电阻 r_a 及相应的电感 L''_a 均知道后，定子绕组直流分量电流衰减的时间常数

便可求出，即为

$$T_{\mathrm{a}}=\frac{L''_{\mathrm{a}}}{r_{\mathrm{a}}}=\frac{x^{-}}{\omega r_{\mathrm{a}}} \tag{19-33}$$

相应地，阻尼绕组和励磁绕组中的周期分量电流 $i_{\mathrm{D}\sim}$ 和 $i_{\mathrm{f}\sim}$ 也都按时间常数 T_{a} 衰减。

2. 阻尼绕组电流的衰减时间常数 T''_{d}

阻尼绕组的交流分量电流是由定子的不转磁场感应而生，因此它应随定子绕组的直流分量电流的时间常数 T_{a} 衰减。而阻尼绕组的直流分量电流是一个自由分量，则应按其自身绕组的时间常数 T''_{d} 衰减，其值为

$$T''_{\mathrm{d}}=\frac{x''_{\mathrm{Dd}}}{\omega r_{\mathrm{D}}} \tag{19-34}$$

式中　r_{D}——阻尼绕组的电阻。

x''_{Dd} 是考虑了定子绕组和励磁绕组的反磁动势作用后的阻尼绕组电抗，其值为

$$x''_{\mathrm{Dd}}=x_{\mathrm{Dd}\sigma}+\frac{1}{\dfrac{1}{x_{\mathrm{ad}}}+\dfrac{1}{x_{\mathrm{f}\sigma}}+\dfrac{1}{x_{\sigma}}} \tag{19-35}$$

从阻尼绕组看进去的等值电路和对应的磁路情况如图 19-16 所示。

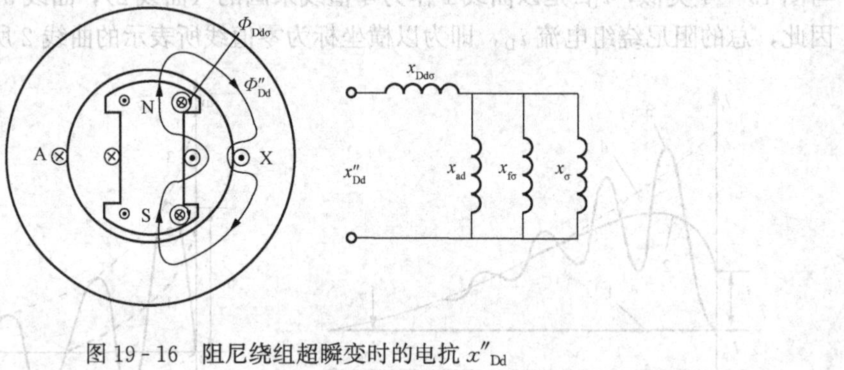

图 19-16　阻尼绕组超瞬变时的电抗 x''_{Dd}

3. 励磁绕组电流的衰减时间常数 T'_{d}

励磁绕组的交流分量电流也是由定子不转磁场感应而产生，因此与阻尼绕组中的交流分量电流一样，也随时间常数 T_{a} 衰减。而励磁绕组的直流分量电流则应按其自身的时间常数衰减。

在一般的同步电机里，阻尼绕组的时间常数 T''_{d} 都较小。为了使分析简单，在考虑励磁绕组的直流分量电流衰减时，认为阻尼绕组的直流分量电流已全部衰减完毕，即可以不考虑阻尼绕组的反磁动势作用。因此，励磁绕组的直流分量电流的时间常数 T'_{d} 应为

$$T'_{\mathrm{d}}=\frac{x'_{\mathrm{f}}}{\omega r_{\mathrm{f}}} \tag{19-36}$$

式中　r_{f}——励磁绕组的电阻。

x'_{f} 是仅考虑定子绕组的反磁动势作用后的励磁绕组电抗，其值为

$$x'_{\mathrm{f}}=x_{\mathrm{f}\sigma}+\frac{1}{\dfrac{1}{x_{\mathrm{ad}}}+\dfrac{1}{x_{\sigma}}} \tag{19-37}$$

从励磁绕组看进去的等值电路和对应的磁路情况如图 19-17 所示。

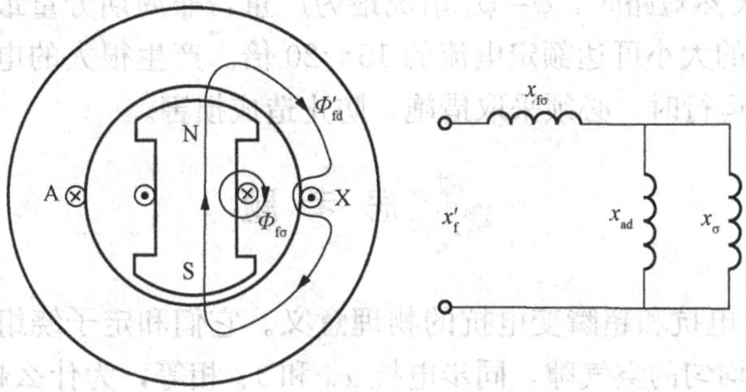

图 19-17　励磁绕组瞬变时的电抗 x'_f

19.5　突然短路对电机的影响

一、冲击电流产生的电磁力作用

冲击电流产生的电磁力很大，对定子绕组的端接部分产生危险的应力，特别是在汽轮发电机中，它的端接伸出较长，问题更为严重。由于端接所处磁场的分布极为复杂，所以要准确地计算出电磁力的大小较为困难。对某发电厂的汽轮发电机进行突然短路研究试验结果表明，同相带的线圈产生互相聚拢的切向弯曲，相带最靠边的线圈受弯曲最厉害，而且靠近这些线圈的端接压紧螺杆也有被折断的现象。

二、突然短路时的电磁转矩

在突然短路时，气隙磁场变化不大，而定子绕组电流却增长很多，因此，会产生巨大的电磁转矩。电磁转矩分为两类：第一类是短路后为了供给定子绕组和转子绕组中由于电阻而引起的损耗所产生的冲击单向转矩，它对原动机是个反抗转矩；第二类是由定、转子具有相对运动的磁场所产生的冲击交变转矩。后一类转矩比前一类转矩更大，它的方向是正负交替的，一个方向作用在原动机端的轴颈上；另一方向作用在定子机座的底脚螺钉上。对某台凸极同步发电机计算结果表明，突然短路时的电磁转矩达到额定转矩的 12 倍以上，以后很快就衰减下来。在设计电机转轴、机座和底脚螺钉等时，必须考虑到这个巨大转矩的作用。

三、突然短路时的发热现象

突然短路使各绕组都出现较大的过电流，使铜损耗骤增，由于电流的衰减速度较快，以及保护装置的迅速动作，因此各绕组的温升增长得并不多。实践证明，在突然短路时电机受到热破坏的现象很少。

本 章 小 结

本章应用超导回路磁链守恒原理，认为同步发电机在突然短路初瞬各个线圈均为超导回路，分析了电机突然短路时的电磁物理过程和突然短路过程的参数、短路电流等。

突然短路电流之所以和稳态有很大的差别是由于突然短路时的电枢反应磁通在转子的励磁绕组和阻尼绕组引起感应电流，因而使电枢反应磁通被挤到转子的漏磁路上去。所以超瞬变电抗 x''_d 和瞬变电抗 x'_d 比 x_d 要小的多所以使突然短路电流大许多倍。

在突然短路的过渡过程中，各相突然短路电流的大小，与短路发生的时间有关，当合闸

初相角 $\alpha_0=0$，发生突然短路时，$\psi=\psi_0$ 情况最为严重，非周期分量最大，冲击电流发生在 $T/2$ 时，其冲击电流的大小可达额定电流的 15～20 倍。产生很大的电磁力和电磁转矩，因此在同步电机制造和运行时，必须采取措施，防止造成损害。

思 考 题

19-1 说明瞬变电抗和超瞬变电抗的物理意义。它们和定子绕组漏抗有什么不同？由于隐极式同步电机有均匀的空气隙，同步电抗 x_d 和 x_q 相等，为什么超瞬变电抗 x''_d 和 x''_q 却又不相等？为什么沿交轴的瞬变电抗 x'_q 等于沿交轴的同步电抗 x_q，而沿交轴的超瞬变电抗 x''_q 却又和 x_q 不相等？

19-2 试从物理概念说明：为什么同步发电机的突然短路电流要比稳态短路电流大得多？为什么突然短路电流与合闸时间有关？为什么在短路电流分量中会有直流分量？

19-3 怎样理解用静止法测得的是超瞬变电抗？

19-4 同步发电机三相突然短路时，各绕组的周期性电流和非周期性电流是如何出现的？在定、转子绕组中，它们的对应关系怎样的？在什么情况下定子某相绕组中非周期性电流最大？

19-5 突然短路发生后的电流衰减过程中，电机交链定子绕组的气隙磁通值有何变化？在超瞬变、瞬变和稳态情况下，磁通通过的路径有什么不同？

19-6 同步电机的电抗大小取决于什么？试比较参数 x''_d、x'_d、x_d 的大小并绘制上述三个电抗的等效电路。

19-7 三相突然短路时，定转子各电流分量为什么会衰减？衰减时间常数都有哪些？衰减时哪几个电流是主动衰减的？哪几个电流是被动衰减的？

19-8 试写出同步发电机在 $\alpha=\alpha_0=0°$ 时发生突然短路的各相短路电流表达式。

19-9 同步发电机装有阻尼绕组和不装时，突然短路后定子突然短路电流倍数和励磁电流非周期性分量的增长倍数哪个大？为什么？

19-10 试画出同步发电机求取 T''_d、T'_d 和 T_a 所对应的等效电路，并写出对应的表达式。

19-11 试说明突然短路会对同步发电机产生哪些影响？

19-12 试画出三相凸极同步发电机 x''_d 和 x''_q 的等值电路图，并比较两者的大小。

习　题

19-1 一台汽轮同步发电机，$P_N=12000\text{kW}$，$U_N=6300\text{V}$，Y联结，$\cos\varphi_N=0.80$（滞后），在空载额定电压下，发生机端三相突然短路。已知 $x_d^*=1.86$，$x'^*_d=0.192$，$x''^*_d=0.117$，$T'_d=0.84\text{s}$，$T''_d=0.105\text{s}$，$T_a=0.162\text{s}$。设短路瞬间 B 相绕组交链的主磁极磁链为最大值。

(1) 试写出三相突然电流的表达式；

(2) 试问哪一相的短路电流最大？其值为多少？

19-2 一台汽轮同步发电机有下列数据：$x_d^*=1.62$，$x'^*_d=0.208$，$x''^*_d=0.126$，$T'_d=$

0.74s，$T''_d=0.093s$，$T_a=0.132s$。设该电机在空载额定电压下发生三相机端突然短路，试用标幺值求出：

（1）在最不利情况下的定子绕组突然短路电流的表达式；

（2）最大瞬时冲击电流；

（3）在短路后经过 0.5s 时的短路电流瞬时值；

（4）在短路后经过 3s 时的短路电流瞬时值。

19-3　一台汽轮同步发电机，$S_N=31250kVA$，$U_N=6300V$，Y联结，$\cos\varphi_N=0.8$（滞后），由示波器图得到三相突然短路时定子绕组电流周期分量的包络线方程式为 $i=14200e^{-\frac{t}{0.145}}+15350e^{-\frac{t}{1.16}}+2025$（A）。试求：

（1）x''_d，x'_d，x_d；

（2）T''_d和 T'_d；

（3）由同一示波器上求得 A 相定子绕组电流的非周期分量方程为 $i_{Az}=27300e^{\frac{-t}{0.21}}$，试求短路瞬间主磁极轴线与 A 相轴线的夹角 α_0 和时间常数 T_a 值。

19-4　设一汽轮发电机具有下列参数：$x_d^*=1.1$，$x'^*_d=0.155$，$x''^*_d=0.09$，$T'_d=0.6s$，$T''_d=0.035s$，$T_a=0.09s$。

（1）试写出在最不利情况下三相突然短路电流的表达式；

（2）在突然短路以前，$E_0^*=U_N^*=1.0$，试求出当短路后 0.01s 时的短路电流瞬时值。（用额定电流的倍数表示）

第五篇

直流电机

直流电机是指输出直流电流的发电机或通入直流电流而产生机械运动的电动机。直流电动机具有很好的起动性能和宽广平滑的调速特性，因而被广泛应用于电力机车、无轨电车、轧钢机、机床和起重设备等需要经常起动并调速的电气传动装置中。直流发电机主要用作直流电源。此外，小容量直流电机大都在自动控制系统中以伺服电动机、测速发电机等形式作为测量、执行元件使用。

目前，虽然由晶闸管整流元件组成的静止固态直流电源设备已基本上取代了直流发电机，但直流电动机仍以其良好调速性能的优势在传动性能要求高的场合占据一定地位。

第 20 章　直流电机的工作原理和主要结构

20.1　直流电机的工作原理

一、直流发电机的工作原理

电机的工作原理建立在电磁力和电磁感应的基础上。图 20-1 是一个直流发电机的物理模型。图中，N、S 是主磁极，是固定不动的，abcd 是装在可以转动的铁磁柱体上的一个线圈，把线圈的两端分别接到两个圆弧形的铜片上（称为换向片），两者相互绝缘，铁心和线圈合称电枢，通过在空间静止不动的电刷 AB 与换向片接触，即可对外电路供电。

当原动机拖动电枢以恒速 n 逆时针方向旋转时，在线圈中有感应电动势，其大小为

$$e = Blv$$

式中　B——导体所在处的磁密，单位是 Wb/m^2；

l——导体的有效长度，即导体切割磁力线部分的长度，单位是 m；

v——导体切割磁力线的线速度，单位为 m/s。

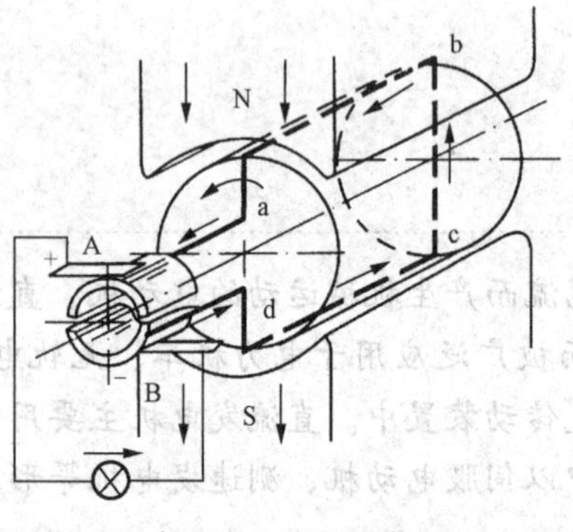

图 20-1　直流发电机的工作原理示意图

感应电动势的方向可用右手定则确定。在图 20-1 所示时刻，整个线圈的电动势方向是由 d 到 c，由 b 到 a，即由 d 到 a。此时 a 端经换向片接触电刷 A，d 端经换向片与电刷 B 接触，所以电刷 A 为正极性而电刷 B 为负极性。在电刷 AB 之间加上负载，就有电流 I 从电刷 A 经外电路负载而流向电刷 B。此电流经换向片及线圈 abcd 形成闭合回路，线圈中，电流方向从 d 到 a。

当电枢转 180°时，线圈 abcd 中感应电动势的方向为 $e_{ab}+e_{cd}$，即从 a 到 d。此时 d 端与电刷 A 接触，a 端与电刷 B 接触，所以 A 仍正极性，B 仍为负极性。流过负载的电流方向不变。而线圈中电流的方向改变了，即从 a 到 d。

从以上分析可以看出，线圈中的电动势 e 及电流 i 的方向是交变的，只是经过电刷和换向片的整流作用，才使外电路得到方向不变的直流电。实际上发电机的电枢铁心上有许多个线圈，按照一定的规律连接起来，构成电枢绕组。这就是直流发电机的工作原理。

在发电机中存在电磁制动转矩，当发电机接负载，绕组中便有电流通过，此电流与电枢磁场作用，产生电磁力 $f=Bli$，在电机的轴上形成一个制动转矩，发电机是克服此转矩，才能把机械能转变为电能。

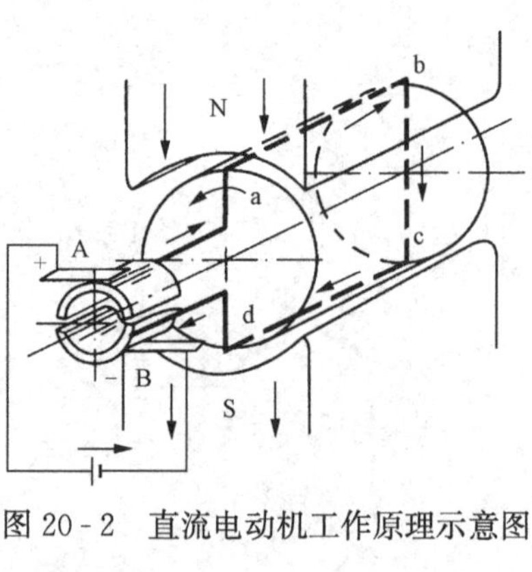

图 20-2　直流电动机工作原理示意图

二、直流电动机的工作原理

在图 20-2 的电刷 AB 上加上直流电源，变成为直

流电动机的物理模型，这时线圈 abcd 中便有电流通过，如图 20-2 所示，其方向为从 a 到 d。线圈中的电流 i 与磁场作用，产生电磁力 $f=Bli$，电枢在此电磁力的作用下，便旋转起来，进而带动生产机械旋转。电磁力的方向由左手定则确定。在图 20-2 所示时刻，电流从 a 到 d，电磁力的方向则从左向右，电枢逆时针方向旋转。当电枢转过 180°时，外部电路的 i 不变，线圈中的电流方向为从 d 到 a，此时电磁力方向不变，电机沿同一方向旋转。

由此可见，在直流电动机中，线圈中的电流是交变的，但产生的电磁转矩方向是恒定的。与直流发电机一样，直流电动机的电枢也是由多个线圈构成的，多个线圈所产生的电磁转矩方向都是一致的。

三、电机的可逆原理

一台直流电机原则上既可以作为电动机运行，也可以作为发电机运行，只是外界条件不同而已。如果用原动机拖动电枢恒速旋转，就可以从电刷端引出直流电动势而作为直流电源对负载供电；如果在电刷端外加直流电压，则电机就可以带动轴上的机械负载旋转，从而把电能转变成机械能而成为电动机。这种同一台电机既能作电动机、又能作发电机运行的原理，在电机理论中称为可逆原理。

20.2 直流电机的结构

直流电机的结构是多种多样的，图 20-3 是一台常用小型直流电机的剖面图。它由定子（静止部分）和转子（转动部分）以及在定、转子之间留有的间隙（称为气隙）三部分组成。

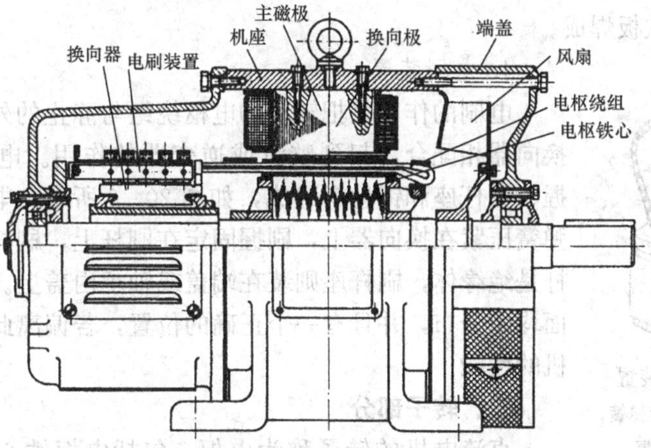

图 20-3 直流电机的剖面图

一、定子部分

定子部分包括机座、主磁极、换向极和电刷装置等。

1. 主磁极

主磁极的作用是在定、转子之间的气隙中建立磁场，产生主磁通，电枢绕组在此磁场的作用下感应出电动势并产生电磁转矩。

在大多数直流电机中，主磁极是电磁铁，主磁极铁心用 1～1.5mm 厚的低碳钢板叠压而成。整个磁极用螺钉固定在机座上。为了使主磁通能在气隙中分布更合理，铁心的下部

（称为极靴）比套绕组的部分（称为极身）要宽些，如图 20-4 所示。

2. 换向极

换向极又称附加极或间极，用以改善电机的换向性能。换向极装在相邻两主极之间，它也由铁心和绕组构成，如图 20-5 所示。换向极铁心一般用整块钢或钢板加工而成，换向极绕组与电枢绕组串联。

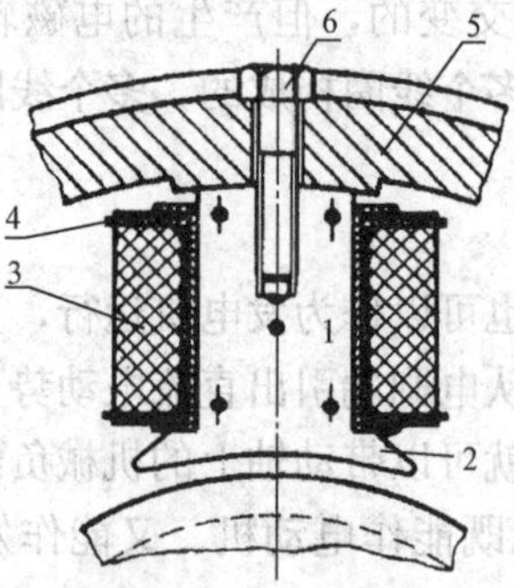

图 20-4　主磁极

1—主磁极铁心；2—极靴；3—励磁绕组；4—绕组绝缘；5—机座；6—螺杆

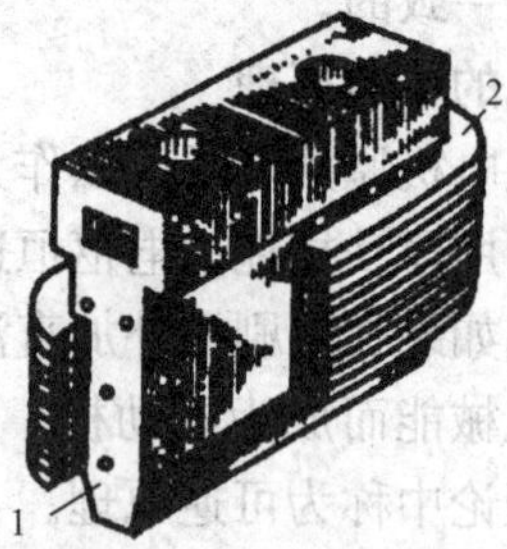

图 20-5　换向极

1—换向极铁心；2—换向极绕组

3. 机座

机座有两个作用：一是作为电机磁路系统的一部分，二是用来固定主磁极、换向极及端盖等，起机械支承的作用。因此要求机座有好的导磁性能及足够的机械强度与刚度。机座通常用铸钢板或厚铁板焊成。

4. 电刷装置

电刷的作用是把转动的电枢绕组与静止的外电路相连接，并与换向器相配合，起到整流或逆变器的作用。电刷装置由电刷、刷握、刷杆座和铜丝辫组成，如图 20-6 所示。电刷放在刷握内，用弹簧压紧在换向器上，刷握固定在刷杆上，刷杆装在刷杆座上。刷杆是绝缘体，刷杆座则装在端盖或轴承内盖上。各刷杆沿换向器表面均匀分布，并且有一个正确的位置，若偏离此位置，则将影响电机的性能。

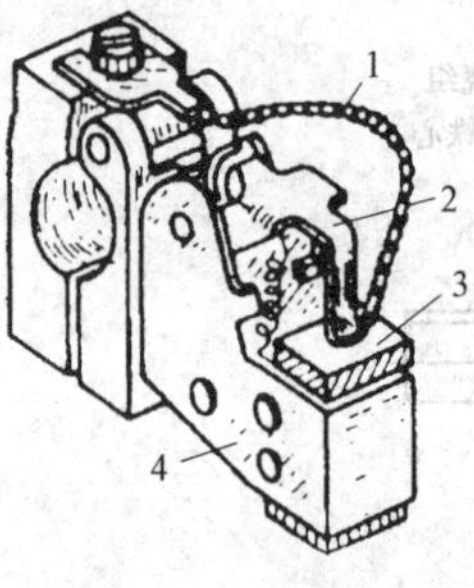

图 20-6　电刷装置

1—铜丝辫；2—压紧弹簧；3—电刷；4—刷握

二、转子部分

直流电机的转子称为电枢，包括电枢铁心、电枢绕组、换向器、风扇、轴和轴承等。

1. 电枢铁心

电枢铁心是电机主磁路的一部分，且用来嵌放电枢绕组。为了减少电枢旋转时电枢铁心中因磁能变化而引起的磁滞及涡流损耗，电枢铁心常用 0.5mm 厚、两面涂有绝缘漆的硅钢片叠压而成。

2. 电枢绕组

电枢绕组是由许多按一定规律连接的线圈组成，它是直流电机的主要电路部分，也是通过电流和感应电动势，从而实现机电能量转换的关键性部件。线圈用包有绝缘层的导线绕制而成，嵌放在电枢槽内。每个线圈（也称元件）有两个出线端，分别接到换向器的两个换向片上。所有线圈按一定规律连接成一闭合回路。

3. 换向器

换向器也是直流电机的重要部件。在直流电动机中，它将电刷上的直流电流转换为绕组内的交流电流；在直流发电机中，它将绕组内的交流电动势转换为电刷端上的直流电动势。换向器由许多换向片组成，每片之间相互绝缘。换向片数与线圈元件数相同。换向器如图 20-7 所示。

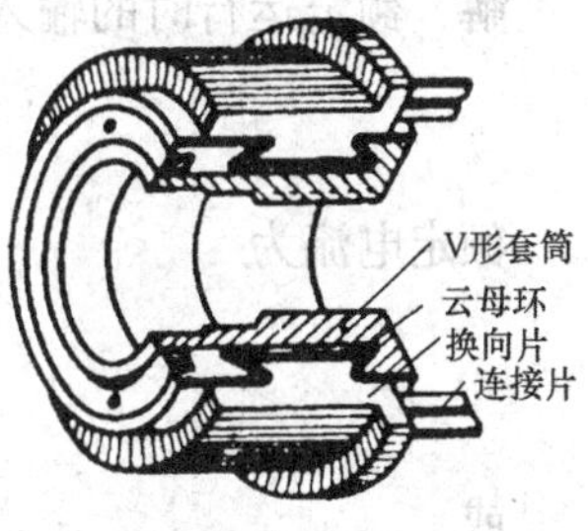

图 20-7　换向器

20.3　直流电机的额定值

为了使电机安全可靠工作，且保持优良的运行性能，电机厂家根据国家标准及电机的设计数据，对每台电机在运行中的电压、电流、功率、转速等规定了保证值，这些保证值称为电机的额定值。额定值一般标记在电机的铭牌或产品说明书上。直流电机的额定值有：

（1）额定容量（功率）P_N 单位为 W 或 kW。

（2）额定电压 U_N，单位为 V。

（3）额定电流 I_N，单位为 A。

（4）额定励磁电压 U_{fN}，单位为 V。

（5）额定励磁电流 I_{fN}，单位为 A。

（6）额定转速 n_N，单位为 r/min。

此外还有一些物理量的额定值，但不一定标在铭牌上。如额定效率 η_N，额定转矩 T_N（单位为 N·m），额定温升 τ_N（单位为℃）。

关于额定功率，对直流发电机来说是指电刷端输出的电功率，对直流电动机来说是指轴上输出的机械功率。所以，直流发电机的额定功率为

$$P_N = U_N I_N \tag{20-1}$$

而直流电动机的额定功率为

$$P_N = U_N I_N \eta_N \tag{20-2}$$

【例 20-1】　一台直流发电机，其额定功率 $P_N = 145\text{kW}$，额定电压 $U_N = 230\text{V}$，额定转速 $n_N = 1450\text{r/min}$，额定效率 $\eta_N = 90\%$，求该发电机的输入功率 P_1 及额定电流 I_N。

解　额定输入功率为

$$P_1 = P_N / \eta_N = \frac{145}{0.9} = 161(\text{kW})$$

额定电流为

$$I_N = \frac{P_N}{U_N} = \frac{145 \times 10^3}{230} = 630.4(\text{A})$$

【例 20-2】　一台直流电动机，其额定功率 $P_N = 100\text{kW}$，额定电压 $U_N = 220\text{V}$，额定效率 $\eta_N = 89\%$，求额定输入功率 P_{1N} 及额定电流 I_N。

解 额定运行时的输入功率为

$$P_{1N}=P_N/\eta_N=\frac{100}{0.89}=112.36(kW)$$

额定电流为

$$I_N=\frac{P_{1N}}{U_N}=\frac{112.36\times10^3}{220}=510.73(A)$$

或

$$I_N=\frac{P_N}{\eta U_N}=\frac{100\times10^3}{0.89\times220}=510.73(A)$$

本 章 小 结

直流电机是实现直流电能与机械能转换的电机。主磁场是实现能量转换的媒介，电磁感应定律和电磁力定律是变换的理论基础。

凡旋转电机均有定子、转子两大部件。直流电机定子包括磁极、磁轭等，可建立磁场。直流电机转子主要有电枢和换向器。在磁场中的电枢（包括电枢铁心和电枢绕组）可进行机电能量变换。但电枢导体上的电动势和电流为交流，实现与外部直流电之间的变换靠的是换向器和电刷。

直流电机的额定参数是正常使用的限值。额定功率，对发电机来讲是指输出的电功率，对电动机来讲是指轴上输出的机械功率。

思 考 题

20-1 描述直流发电机的工作原理，并说明换向器和电刷起什么作用。

20-2 试判断在下列情况下，电刷两端的电压是交流还是直流。①磁极固定，电刷与电枢同时旋转；②电枢固定，电刷与磁极同时旋转。

20-3 试说明什么是电机的可逆原理？为什么说发电机和电动机运行状态同时存在于一台电机中？

20-4 直流电机有哪些主要部件？试说明它们的作用和结构。

20-5 直流电机电枢铁心为什么必须用薄电工钢片叠成？磁极铁心何以不同？

20-6 试述直流发电机和直流电动机主要额定参数的异同点。

习 题

20-1 某直流电动机，$P_N=75kW$，$U_N=220V$，$n_N=1500r/min$，$\eta_N=88.5\%$。试计算额定电流 I_N。

20-2 某直流发电机，$P_N=240kW$，$U_N=460V$，$n_N=600r/min$，试计算额定电流 I_N。

第21章 直流电机的电枢反应

21.1 直流电机的励磁方式及空载磁场

一、直流电机的励磁方式

电机磁场是电机感应电动势和产生电磁转矩所不可缺少的因素。电机的运行性能在很大程度上决定于电机的磁场特性。要了解电机的运行原理，首先要了解电机的磁场，了解气隙中磁场的分布情况，每极磁通的大小及其与励磁电流的关系。

除少数微型电机之外，绝大多数的直流电机气隙磁场都是在主磁极的励磁绕组中通以直流电流（称为励磁电流）而建立的。此励磁电流的获得方式（称为励磁方式）不同，电机的运行性能就有很大的差别。直流电机的励磁方式可分为他励、并励、串励和复励四种。现以电动机为例，说明这四种励磁方式的接法和特点。

1. 他励直流电机

所谓他励，就是励磁绕组由其他直流电源单独供电，其接法如图21-1（a）所示。电枢绕组与励磁绕组分别由两个互相独立的直流电压U和U_f供电。所以励磁电流I_f的大小，不会受端电压U及电枢电流I_a的影响。电机出线端电流等于电枢电流，即$I=I_a$。

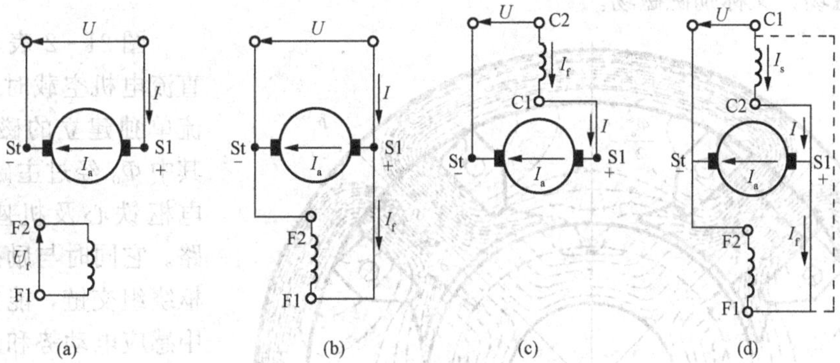

图21-1 直流电机按励磁方式分类

（a）他励；（b）并励；（c）串励；（d）复励

2. 并励直流电机

并励直流电机接法如图21-1（b）所示，即励磁绕组与电枢绕组并联以后加上同一个直流电压U，即

$$U_f=U_a$$

$$I=I_a+I_f$$

式中 I_a——电枢电流；

I_f——励磁电流，一般$I_f=(1\%\sim5\%)I_N$；

I——电网输入电机的电流。

3. 串励直流电机

串励直流电机接法如图21-1（c）所示，即励磁绕组与电枢绕组串联后加上同一个直流

电压 U。所以

$$I=I_a=I_f$$

4. 复励直流电机

这种电机的主磁极中有两套励磁绕组：一套与电枢绕组并联，称为并励绕组；另一套与电枢绕组串联，称为串励绕组。

$$I=I_s=I_a+I_f$$

按两个励磁绕组所产生的磁动势关系，可分为积复励和差复励两种。

(1) 积复励：串励绕组所产生的磁动势 F_s 和并励绕组所产生的磁动势 F_f，方向一致，互相叠加。此时主磁极的总励磁磁动势为

$$\sum F=F_s+F_f$$

(2) 差复励：如果 F_s 方向与 F_f 相反，则称为差复励。此时主磁极总励磁磁动势为

$$\sum F=F_f-F_s$$

不同的励磁方式将会使电机的运行特性有很大的区别，但励磁磁场的分布情况是相同的。

二、直流电机的空载磁场

1. 空载时的主磁极磁场

当直流电机空载时（发电机出线端没有电流输出，电动机轴上不带机械负载），其电枢电流等于或近似为零。这时的气隙磁场，只由主磁极的励磁电流所建立。所以直流电机空载时的气隙磁场，又称励磁磁场。

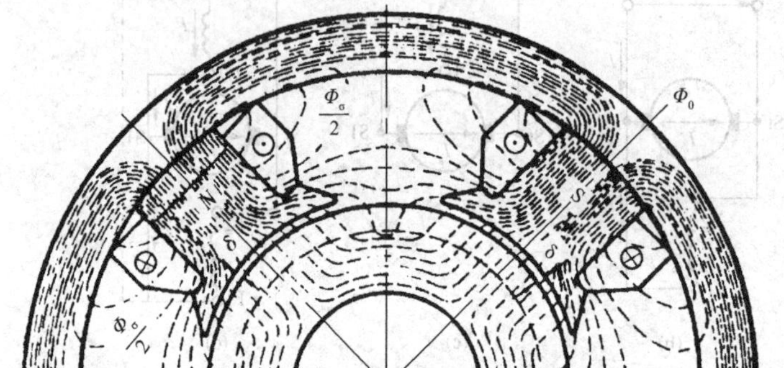

图 21-2 直流电机空载时的磁场分布

图 21-2 表示一台四极直流电机空载时，由励磁电流单独建立的磁场分布图。其中 Φ_0 经过主磁极、气隙、电枢铁心及机座构成磁回路。它同时与励磁绕组及电枢绕组交链，能在电枢绕组中感应电动势和产生电磁转矩，称为主磁通。另一部分磁通 Φ_σ 仅交链励磁绕组本身，不进入电枢铁心，不和电枢绕组相交链，也就不能在电枢绕组中感应电动势及产生电磁转矩，称为漏磁通。Φ_0 和 Φ_σ 由同一个磁动势所建立，但是主磁通 Φ_0 所走的路径（称为主磁路）气隙小，磁阻小，而漏磁通 Φ_σ 所走的路径（称为漏磁路）气隙大，磁阻大，所以 Φ_0 要比 Φ_σ 大得多。我们主要研究气隙中 Φ_0 的分布规律。

由于极靴下气隙小而极靴之外气隙很大，而且极靴下的气隙也往往是不均匀的，磁极轴线处气隙最小而极尖处气隙较大。所以在磁极轴线处气隙磁通密度最大而靠近极尖处气隙磁密逐渐减小，在极靴以外则减小得很快，在几何中性线处气隙磁密为零。为此可得直流电机空载时，主磁场的气隙磁密沿圆周的分布波形如图 21-3 所示。

设电枢圆周为 x 轴而磁极轴线处为 y 轴，又设电枢长度为 l，则离开坐标原点为 x 的

dx 范围内的气隙磁通为

$$d\Phi_x = B_x l dx$$

则空载时每极主磁通为

$$\Phi_0 = \int d\Phi_x = \int_{-\frac{\tau}{2}}^{+\frac{\tau}{2}} B_x l dx = l\int_{-\frac{\tau}{2}}^{+\frac{\tau}{2}} B_x dx = B_{av}\tau l \tag{21-1}$$

$$B_{av} = \frac{1}{\tau}\int_{-\frac{\tau}{2}}^{+\frac{\tau}{2}} B_x dx$$

式中　B_{av}——空载气隙磁密的平均值。

由式（21-1）可知，每极磁通 Φ_0 和 $B_0(x)$ 曲线跟横坐标轴所围面积 $\int_{-\frac{\tau}{2}}^{+\frac{\tau}{2}} B_x dx$ 成正比。对于尺寸一定的电机，空载气隙磁密 B_0 的大小由励磁磁动势 F_f 所决定。当励磁绕组 N_f 一定时，F_f 和 I_f 成正比。所以在实际电机中，空载时每极磁通 Φ_0 随励磁磁动势 F_f 或励磁电流 I_f 的改变而改变。

2. 电机的磁化曲线

要建立起一定大小的主磁通 Φ_0，主磁极就需要有一定大小的磁动势 F_f，如果改变主极磁动势的大小，主磁通的大小也就随着改变。表示空载主磁通 Φ_0 与主极磁动势 F_f 之间的关系曲线，叫做电机的磁化曲线，如图 21-4 所示。当主磁通 Φ_0 很小时，铁心没有饱和，此时铁心的磁阻比空气隙的磁阻小得多，主磁通的大小决定于气隙磁阻，由于气隙磁阻是常量，所以在主磁通较小时磁化曲线接近于直线。随着 Φ_0 的增长，铁心逐渐饱和，铁心的磁阻逐渐增大，随着磁动势 F_f 增大，磁通 Φ_0 的增大变慢，因而磁化曲线逐渐弯曲。在铁心饱和以后，磁阻很大而且几乎不变，磁化曲线平缓上升。此时为了增加微小的磁通，就必须增加很大的磁动势，也就是增加很大的励磁电流。

在额定励磁时，电机一般运行在磁化曲线的弯曲部分，这样既获得较大的磁通密度，又不需要太大的励磁磁动势，从而可以节省铁心和励磁绕组的材料。

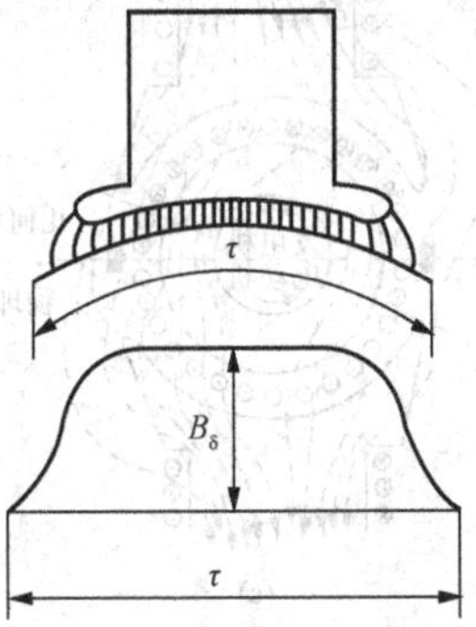

图 21-3　气隙中主磁场磁密的分布

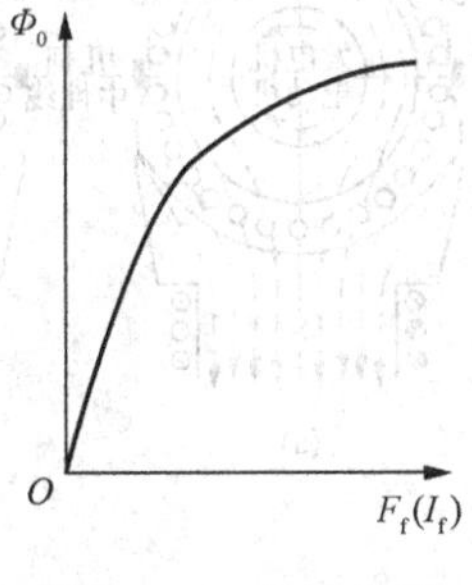

图 21-4　磁化曲线

21.2　直流电机负载时的电枢反应

一、电枢反应

前面已经介绍了直流电机空载运行时的磁场，当电机带上负载后，如电动机拖动生产机械运行或发电机发出了电功率，情况就发生变化了。电机负载运行，电枢绕组中就有了电流，电枢电流也产生磁动势，叫电枢磁动势。电枢磁动势的出现，必然会影响励磁磁动势单独作用的磁场，改变气隙磁密分布情况及每极磁通量的大小。这种现象称为电枢反应。电枢磁动势也称为电枢反应磁动势。

二、电刷在几何中性线上时的电枢反应

直流电机负载运行时，电刷在几何中性线上，在一个磁极下电枢导体的电流都是一个方向，相邻不同极性的磁极下，电枢导体电流方向相反。在电枢电流产生的电枢反应磁动势的作用下，电机的电枢反应磁场如图 21-5（b）所示。

电枢是旋转的，但是电枢导体中电流分布情况不变，因此电枢磁动势的方向是不变的，相对静止。电枢磁场的轴线与电刷轴线重合，与励磁磁动势所产生的主磁场［见图 21-5（a）］互相垂直。

当直流电机负载运行时，电机内的磁动势由励磁磁动势与电枢磁动势两部分合成，电机内的磁场也由主磁极磁场和电枢磁场合成。下面分析合成磁场的情况。如不考虑磁路的饱和，可将两者叠加起来，则得到如图 21-5（c）所示的负载时的合成磁场。从图 21-5（c）可以看出，合成磁场已不再对主磁极轴线对称了，使得物理中性线（通过磁密为零的点并与电枢表面垂直的直线）由原来与几何中性线相重合的位置移动了一个角度 α。由图可见，电枢反应的结果使得主磁极磁场的分布发生畸变。

电枢反应使气隙磁场发生畸变，是因为电枢反应将使一半极面下的磁通密度增加，而使另一半极面下的磁通密度减少。当磁路不饱和时，整个极面下磁通的增加量与减少的量正好相等，则整个极面下总的磁通量仍保持不变。但由于磁路的饱和现象是存在的，因此，磁通密度的增量要比磁通密度的减少量略少一些，这样，每极下的磁通量将会由于电枢反应的作用有所削弱。这种现象称为电枢反应的去磁作用。

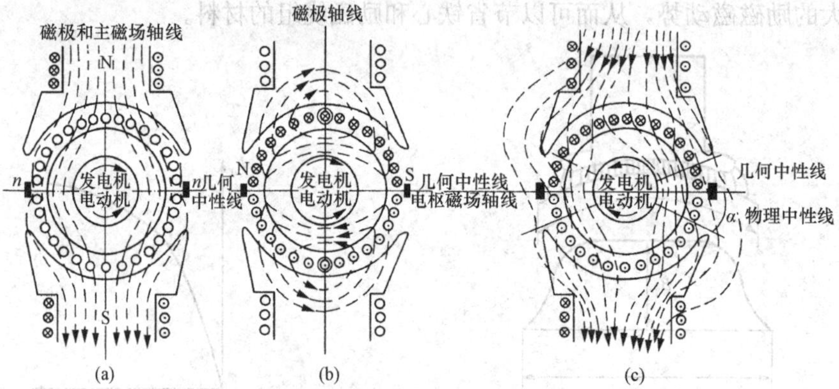

图 21-5 负载时气隙磁场

（a）主极磁场；（b）电枢磁场；（c）合成磁场

三、电枢反应作用的结果

（1）使气隙磁场分布发生畸变。

（2）使物理中性线移位（空载时，电机的物理中性线与几何中性线重合。在负载时，对电动机而言，物理中性线逆转向离开几何中性线 α 角度；若在发电机状态，则顺转向移过 α

角度)。

(3) 在磁路饱和的情况下，呈一定的去磁作用。

21.3 直流电机的电枢电动势和电磁转矩

直流电机运行时，电枢导体在磁场中运动产生电动势，同时由于导体中有电流，会受到电磁力的作用。下面对电枢电动势及电磁转矩进行定量分析。

一、电枢电动势

电枢电动势是指直流电机正负电刷之间的感应电动势，也就是电枢绕组里每条并联支路的感应电动势。

电枢旋转时，就某一个元件来说，一会儿在 N 极下，一会儿又进入 S 极下，即从一条支路进入另一条支路，元件本身感应电动势的大小和方向都在变化着。但是从绕组电路图可知，各个支路所含元件数量相等，各支路的电动势相等且方向不变。于是可以先求出一根导体在一个极距范围内切割气隙磁密的平均电动势，再乘上一条支路里的串联总导体数 $\frac{N}{2a}$ (N 为电枢总导体数，$2a$ 为并联支路数)，便是电枢电动势了。

一个磁极极距范围内，平均磁密用 B_{av} 表示，极距为 τ，电枢的轴向有效长度为 l，每极磁通为 Φ，则

$$B_{av}=\frac{\Phi}{\tau l} \tag{21-2}$$

一根导体的平均电动势为

$$e_{av}=B_{av}lv \tag{21-3}$$

式中 v——导体切割磁场的线速度。

则线速度为

$$v=2p\tau\frac{n}{60}$$

式中 p——电机极对数，n 为电机转速。

所以有

$$e_{av}=2p\Phi\frac{n}{60} \tag{21-4}$$

导体平均感应电动势 e_{av} 的大小只与导体每秒所切割的总磁通量 $2p\Phi$ 有关，与气隙磁密的分布波形无关。于是当电刷放在几何中性线上时，电枢电动势为

$$E_a=\frac{N}{2a}e_{av}=\frac{N}{2a}\times 2p\Phi\frac{n}{60}=\frac{pN}{60a}\Phi n=C_e\Phi n \tag{21-5}$$

$$C_e=\frac{pN}{60a}$$

式中 C_e——一个常数，称为电动势常数。

如果每极磁通 Φ 的单位为 Wb，转速 n 的单位为 r/min，则感应电动势 E_a 的单位为 V。

从式 (21-5) 可以看出，对于一台已经制造好的电机，它的电枢电动势正比于每极磁通 Φ 和转速 n。

【例 21-1】 已知一台 10kW、并联支路数 $2a=2$，4 极、2850r/min 的直流发电机，电

枢总导体数为 372。当发电机发出的电动势 $E_a=250V$ 时，求气隙每极磁通量 Φ。

解 $C_e=\frac{pN}{60a}=\frac{2\times372}{60\times1}=12.4$

由 $E_a=C_e\Phi n$ 得

$$\Phi=\frac{E_a}{C_e n}=\frac{250}{12.4\times2850}=70.7\times10^{-4}(\text{Wb})$$

二、电磁转矩

先求一根导体的平均电磁力。根据载流导体在磁场中受力的原理，一根导体所受的平均电磁力为

$$f_{av}=B_{av}li_a \tag{21-6}$$

式中 i_a——导体中的电流，即支路电流；

l——导体的有效长度。

一根导体所受的平均电磁力乘以电枢的半径$\frac{D}{2}$，即为一根导体所受的平均转矩 T_x

$$T_x=f_{av}\frac{D}{2} \tag{21-7}$$

$$D=\frac{2p\tau}{\pi}$$

式中 D——电枢的直径。

电机总电磁转矩用 T_{em} 表示，为

$$T_{em}=B_{av}l\frac{I_a}{2a}N\frac{D}{2}=\frac{\Phi}{l\tau}\times l\frac{I_a}{2a}N\frac{2p\tau}{2\pi}=\frac{pN}{2\pi a}\Phi I_a=C_T\Phi I_a \tag{21-8}$$

$$C_T=\frac{pN}{2\pi a},\ I_a=2ai_a$$

式中 C_T——一个常数，称为转矩常数；

I_a——电枢总电流。

如果每极磁通 Φ 的单位为 Wb，电枢电流的单位为 A，则电磁转矩 T 的单位为 N·m。

从电磁转矩的表达式可以看出，对于一台具体的直流电机，电磁转矩的大小正比于每极磁通 Φ 和电枢电流 I_a。

电动势常数 C_e 和转矩常数 C_T 都是决定于电机结构的数据，对一台已制成的电机，C_e 和 C_T 都是恒定不变的常数，并且两者之间有一固定的关系，即

$$\frac{C_T}{C_e}=\frac{60}{2\pi}=9.55 \text{ 或 } C_T=9.55C_e$$

【例 21-2】 已知一台四极直流电动机额定功率为 100kW，额定电压为 330V，额定转速为 730r/min，额定效率为 0.915，并联支路数 $2a=2$，电枢总导体数为 186，额定每极磁通为 6.98×10^{-2}Wb，求额定电磁转矩是多少？

解 转矩常数 $C_T=\frac{pN}{2\pi a}=\frac{2\times186}{2\pi\times1}=59.2$

$$I_N=\frac{P_N}{U_N\eta_N}=\frac{100\times10^3}{330\times0.915}=331(\text{A})$$

额定电磁转矩为

$$T_{emN}=C_T\Phi_N I_N=59.2\times6.98\times10^{-2}\times331=1367.7(\mathrm{N\cdot m})$$

电枢电动势及电磁转矩的数量关系已经了解，它们的方向可根据右手定则和左手定则来确定。图20-1所示直流发电机的原理图中，转速 n 的方向是原动机拖动的方向，从电刷B指向电刷A的方向就是电枢电动势的实际方向。对外电路来说，电刷A为高电位，电刷B为低电位，分别可用正、负号表示。用左手定则判断电磁转矩的方向，电流与电动势方向一致，显然导体ab受力向右，而cd受力向左，电磁转矩方向与转速方向相反，也与原动机输入转矩方向相反。电磁转矩与转速方向相反，是制动转矩。在图21-2中，电刷A接电源的正极，电刷B接电源负极，电流方向与电压一致。导体受力产生的电磁转矩是逆时针方向的，故转子转速也是逆时针方向的，电磁转矩是拖动性转矩。用右手定则判断电枢电动势的方向，导体ab中电动势的方向从b到a，cd中电动势的方向从d到c，电枢电动势从电刷B到电刷A，恰好与电流或电压的方向相反。

电枢电动势的方向由电机的转向和主磁场的方向决定，其中，只要有一个方向改变，电枢电动势的方向将随之改变，但两者的方向同时改变时，电动势的方向不变。电磁转矩的方向由主磁通的方向和电枢电流方向决定。同样，只要改变一个方向，电磁转矩的方向将随之改变，但主磁通和电流两者的方向同时改变时，电磁转矩的方向不变。

三、直流电机的电磁功率

现以电动机为例加以说明电枢电动势 E_a 与电磁转矩 T_{em} 这两个物理量的关系。电枢从直流电源吸收的电功率，扣除电枢绕组本身的铜损耗后为 $P_{em}=E_aI_a$，而电枢在电磁转矩 T_{em} 的作用下，以机械角速度 Ω（单位为 rad/s）恒速旋转的机械功率为 $T\Omega$。根据式（21-5）及式（21-8）得

$$P_{em}=E_aI_a=C_e\Phi nI_a=\frac{pN}{60a}\Phi\frac{60\Omega}{2\pi}I_a=\frac{pN}{2\pi a}\Phi I_a\Omega=T_{em}\Omega \tag{21-9}$$

由式（21-9）可知，直流电动机电枢从电源吸收的绝大部分电功率 P_{em}，通过电磁感应作用转换成轴上的机械功率 $T_{em}\Omega$。同时可以证明，在直流发电机中，原动机克服电磁转矩 T_{em} 的制动作用产生的机械功率 $T_{em}\Omega$，也正好等于通过电磁感应作用在电枢回路所得到的电功率 $P_{em}=E_aI_a$。所以称这部分在电磁感应的作用下，机械能与电能相互转换的功率称为电磁功率。

本 章 小 结

直流电机的电枢绕组是电机的核心部件，直流电机通过电枢绕组感应电动势、流过电流，并与气隙磁场相互作用而实现机电能量转换。电枢绕组中的电流从电刷引入或引出，电刷的位置必须使空载时正、负电刷之间获得最大电动势。

电枢绕组的感应电动势为 $E_a=C_e\Phi n$。对于任何既定的电机来说，感应电动势 E_a 的大小仅取决于每极磁通 Φ 和转速 n。而电磁转矩 $T_{em}=C_T\Phi I_a$，决定于每极磁通 Φ 和电枢电流 I_a。

从分析电机的主极磁场和电枢磁场入手，说明了电枢反应的性质，对电机运行性能的影响。电枢反应将直接影响感应电动势和电磁转矩的大小，因而影响到电机的运行性能。

思 考 题

21-1　如果将电枢绕组装在定子上，磁极装在转子上，换向器和电刷应怎样装置才能作直流电机运行？

21-2　什么叫电枢反应？电枢反应磁场对气隙磁场有什么影响？公式 $E_a=C_e\Phi n$ 和 $T_{em}=C_T\Phi I_a$ 中的 Φ 应是什么磁通？

21-3　电枢反应磁动势与励磁磁动势有什么不同？

21-4　对于直流发电机，如果电刷在几何中性线上，且磁路不饱和，这时的电枢反应是什么性质的？如果电刷顺转向偏离几何中性线后，电枢反应的影响如何？

21-5　直流电机的电枢电动势和电磁转矩的大小取决于哪些物理量，这些量的物理意义如何？

21-6　直流发电机和直流电动机的电枢反应有哪些共同点？有哪些主要区别？

21-7　对于直流电动机，如果电刷顺转向偏离几何中性线后，电枢反应的影响如何？

习　题

21-1　一台直流电机，$p=3$，并联支路数 $2a=6$，电枢绕组总导体数 $N=398$，每极磁通 $\Phi=2.1\times10^{-2}\text{Wb}$，当 $n=1500\text{r/min}$、$n=500\text{r/min}$ 时，分别求电枢绕组的感应电势 E_a。

21-2　一台直流发电机额定功率 $P_N=30\text{kW}$，额定电压 $U_N=230\text{V}$，额定转速 1500 r/min，极对数 $p=2$，并联支路数 $2a=4$，电枢总导体数 $N=572$，气隙每极磁通 $\Phi=0.015\text{Wb}$。求：

(1) 额定运行时的电枢感应电势 E_a；

(2) 额定运行时的电磁转矩 T_{emN}。

第22章　直流发电机

22.1　直流发电机的基本方程式

直流发电机的励磁方式可以是他励、并励、串励和复励方式。下面以并励为例推导出直流发电机的基本方程式。

在列出直流发电机稳态运行时的基本方程式之前，必须先规定好各物理量的正方向。按发电机惯例给出图22-1并励直流发电机各物理量的正方向。由图22-1可见，在发电机中，电枢电动势 E_a 与电枢电流 I_a 方向一致；T_1 为原动机输入的驱动转矩，所以转速 n 与 T_1 方向一致，而电磁转矩 T_{em} 与 n 方向相反，是制动转矩。根据图22-1正方向规定对电磁功率进行计算，若

$$P_{em}=E_aI_a=T_{em}\Omega>0$$

则表示将轴上输入的机械功率转换成电枢回路的电功率。

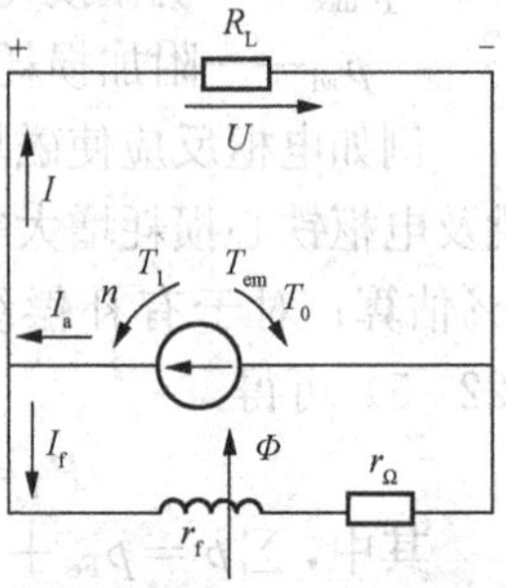

图22-1　按发电机惯例选择正方向

一、电动势平衡方程式

根据基尔霍夫第二定律，对任一有源的闭合回路，所有电动势之和等于所有电压降和（$\sum E=\sum U$），有

$$E_a=U+I_aR_a$$
$$U=I_f(r_f+r_\Omega)=I_fR_f \tag{22-1}$$

式中　R_f——励磁回路的总电阻，$R_f=r_f+r_\Omega$；
r_f——励磁绕组本身的电阻；
r_Ω——励磁绕组串入的附加调节电阻。

二、转矩平衡方程式

直流发电机在稳态运行时，电机的转速为 n，作用在电枢上的转矩共有三个：一个是原动机输入给发电机转轴上的驱动转矩 T_1；一个是电磁转矩 T_{em}；还有一个是电机的机械摩擦、风阻以及铁损耗引起的转矩，叫空载转矩，用 T_0 表示，空载转矩是一个制动性转矩，永远与转速 n 的方向相反。根据图22-1所示各转矩的正方向，可以得到稳态运行时的转矩平衡方程式为

$$T_1=T_{em}+T_0 \tag{22-2}$$

三、功率平衡方程式

从原动机输入的机械功率可表示为

$$P_1=T_1\Omega=(T_{em}+T_0)\Omega=P_{em}+P_0 \tag{22-3}$$

其中，电磁功率 P_{em} 为转换成电枢回路的电功率，即

$$P_{em}=T_{em}\Omega=E_aI_a=(U+I_aR_a)I_a=UI_a+I_a^2R_a$$
$$=U(I+I_f)+p_{Cua}=P_2+p_{Cuf}+p_{Cua} \tag{22-4}$$
$$P_2=UI$$
$$p_{Cuf}=UI_f$$

$$p_{Cua}=I_a^2R_a$$

式中 P_2——发电机输出的电功率；

p_{Cuf}——励磁回路消耗的功率；

p_{Cua}——电枢回路总铜耗。

空载损耗 p_0 为

$$p_0=p_{Fe}+p_{mec}+p_{ad} \tag{22-5}$$

式中 p_{Fe}——铁损耗；

p_{mec}——机械损耗；

p_{ad}——附加损耗，又叫杂散损耗。

例如电枢反应使磁场扭曲，从而使铁损耗增大；电枢齿槽的影响造成磁场脉动，引起极靴及电枢铁心损耗增大等。此损耗一般不易计算，对无补偿绕组的直流电机，按额定功率的1%估算；对于有补偿绕组的直流电机，按额定功率的0.5%估算。由式（22-3）～式（22-5）可得

$$P_1=P_2+p_{Fe}+p_{mec}+p_{ad}+p_{Cuf}+p_{Cua}=P_2+\sum p \tag{22-6}$$

其中，$\sum p=p_{Fe}+p_{mec}+p_{ad}+p_{Cuf}+p_{Cua}$ 为发电机的总损耗。如果是他励直流发电机，则总损耗 $\sum p$ 不包括励磁损耗 p_{Cuf}。

发电机的效率为

$$\eta=\frac{P_2}{P_1}=1-\frac{\sum p}{P_2+\sum p} \tag{22-7}$$

额定负载时，直流发电机的效率与电机的容量有关。10kW 以下的小电机，效率为75%～88.5%；10～100kW 的电机，效率为85%～90%；100～1000kW 的电机，效率为88%～93%。

【例 22-1】 一台额定功率 $P_N=20kW$ 的并励直流发电机，它的额定电压 $U_N=230V$，额定转速 $n_N=1500r/min$，电枢回路总电阻 $R_a=0.156\Omega$，励磁回路总电阻 $R_f=73.3\Omega$。已知机械损耗和铁损耗 $p_{mec}+p_{Fe}=1kW$，求额定负载情况下各绕组的铜损耗、电磁功率、总损耗、输入功率及效率各为多少？（计算过程中，令 $P_2=P_N$，附加损耗 $p_{ad}=0.01P_N$）

解 先计算额定电流为 $I_N=\frac{P_N}{U_N}=\frac{20\times10^3}{230}=86.96(A)$

励磁电流为 $I_f=\frac{U_N}{R_f}=\frac{230}{73.3}=3.14(A)$

电枢绕组电流为 $I_a=I_N+I_f=86.96+3.14=90.1(A)$

电枢回路铜损耗为 $p_{Cua}=I_a^2R_a=90.1^2\times0.156=1266(W)$

励磁回路铜损耗为 $p_{Cuf}=I_f^2R_f=3.14^2\times73.3=723(W)$

电磁功率为 $P_{em}=E_aI_a=P_2+p_{Cua}+p_{Cuf}=20000+1266+723=21989(W)$

总损耗为 $\sum P=p_{Cua}+p_{Cuf}+p_{mec}+p_{Fe}+p_{ad}=1266+723+1000+0.01\times20000=3189(W)$

输入功率为 $P_1=P_2+\sum p=20000+3189=23189(W)$

效率为 $\eta=\frac{P_2}{P_1}=\frac{20000}{23189}=86.25\%$

22.2 直流发电机的运行特性

直流发电机运行时，其转速由原动机带动保证其恒速运行，所以表征其运行状态的物理量主要有：发电机的端电压U、负载电流I和励磁电流I_f。这之间U，I，I_f，保持其中一个量不变，则另外两个物理量之间的函数关系称为发电机的运行特性，主要有：

（1）负载特性。指当n=常数且I=常数时，$U=f(I_f)$的关系，其中当$I=0$时的特性$U_0=f(I_f)$称为发电机的空载特性。

（2）外特性。指当n=常数且I_f=常数或R_f=常数时，$U=f(I)$的关系。

（3）调节特性。指当n=常数且U=常数时，$I_f=f(I)$的关系。

（4）效率特性指当n=常数，U=常数，$\eta=f(P_2)$的关系。

下面介绍几种他励直流发电机主要特性。

一、他励直流发电机的空载特性

空载特性可由试验测得，其试验线路如图22-2所示。发电机由原动机拖动并保持其转速恒定。打开开关S，调节电阻r_Ω从而改变励磁电流I_f。I_f由零开始单调增长直至$U_0\approx(1.1\sim1.3)U_N$，然后让$I_f$单调减小至零再反向单调增加直至负的$U_0$为$(1.1\sim1.3)U_N$，然后又使$I_f$单调减小至零。在调节过程中读取空载端电压$U_0$与励磁电流$I_f$数组数据，即为空载特性，$U_0=f(I_f)$，如图22-3所示。

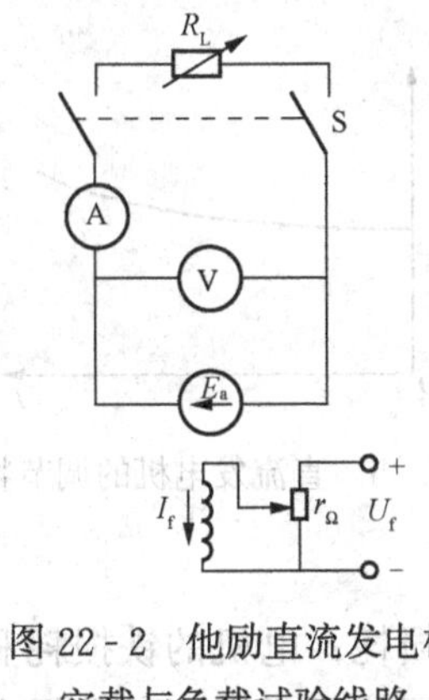

图22-2 他励直流发电机空载与负载试验线路

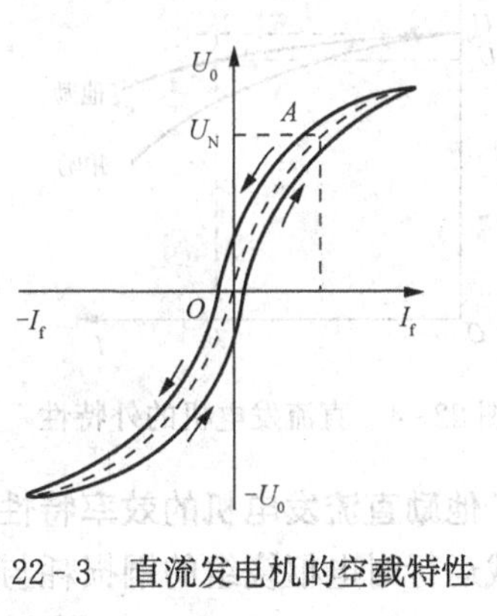

图22-3 直流发电机的空载特性

由于铁磁材料的磁滞现象，测得的$U_0=f(I_f)$曲线呈一闭合的回线。由于电机有剩磁，$I_f=0$时电机仍有一个很低的电压，称为剩磁电压，其值约为U_N的2%～4%。实际使用时，一般取回线的平均值（如图中的虚线所示）作为空载特性。

他励发电机空载时$U_0=C_e\Phi n$，其空载特性实质上即为$E_a=f(I_f)$关系曲线。又因为试验中保持n=常数，$E_a=C_e\Phi n\propto\Phi$，因此，空载特性$U_0=f(I_f)$与电机的磁化曲线$\Phi_0=f(I_f)$形状相似，只差一个比例常数C_en。

由于空载特性实质上反映了励磁电流与由它建立的主磁通在电枢中所感应电动势之间的关系，而与I_f的获得方式无关，并励发电机的空载特性也可以用上述方法求取。因此，他励直流发电机的空载特性是直流电机最基本的特性曲线。

二、他励直流发电机的外特性

外特性也可用实验方法求得。将图 22-2 的开关 S 闭合使发电机接上负载，当原动机保持 $n=n_N$ 不变，调节 r_Ω 使 $I_f=I_{fN}$ 不变，然后改变负载使 I 从零增加到 I_N，测量 U、I 的值，即得到外特性曲线 $U=f(I)$，如图 22-4 所示。由图可见，电流增大时，端电压下降，原因有两个：

(1) 负载增大时，电枢反应的去磁作用增强，每极磁通量减小，从而使电枢电动势减小。

(2) 电枢回路电阻上的压降随电流增大而增大，从而使端电压下降。

实际上，他励直流发电机的负载电流从零变化到额定值时，端电压下降得并不多，接近于恒压源。

由空载到负载，电压下降的程度用电压变化率来表示，即

$$\Delta U\%=\frac{U_0-U_N}{U_N}\times 100\%$$

式中 U_0——空载时的端电压。

一般他励直流发电机的电压变化率约为 5%～10%。

三、他励直流发电机的调节特性

当负载电流变化时，欲维持他励直流发电机的端电压不变，需要调节励磁电流。负载电流增大时，励磁电流也增大，调节特性曲线如图 22-5 所示。

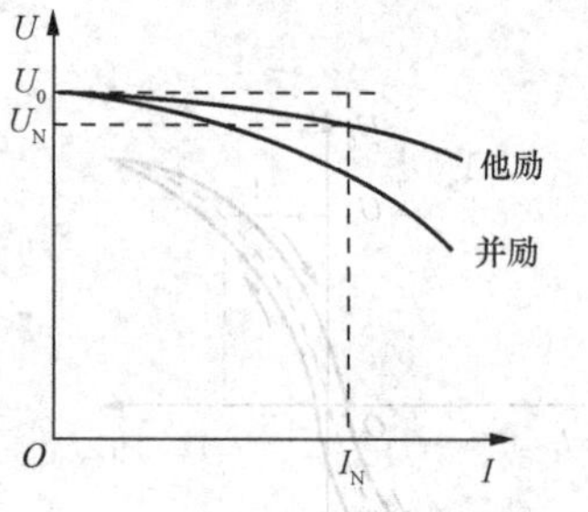

图 22-4 直流发电机的外特性

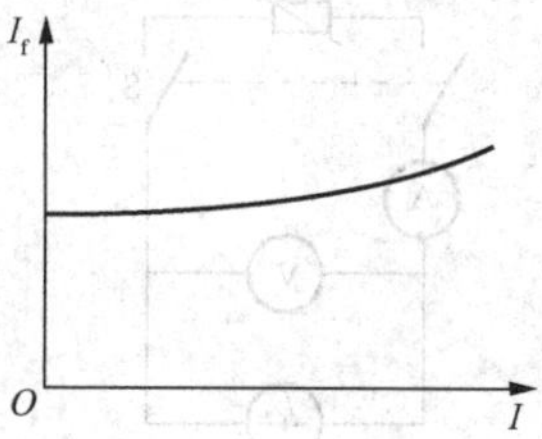

图 22-5 直流发电机的调节特性

四、他励直流发电机的效率特性

负载运行时电枢绕组的铜损耗与 I_a^2 成正比，称为可变损耗；电机的铁损耗和机械损耗等与负载的大小无关，称为不变损耗。当负载很小、I_a 很小时，电机的损耗以不变损耗为主，但输出功率小，效率低。随着负载的增大，P_2 增大，效率增高。当可变损耗与不变损耗相等时，可达最高效率。若继续加负载，可变损耗随着 I_a 的增大急剧增加（$\propto I_a^2$），成为总损耗的主要部分，这时尽管负载增加、输出功率 P_2 增大，但 P_2 增大的速度比不上铜损耗增加的速度，使效率反而随着输出的增大而降低。他励直流发电机的效率特性曲线如图 22-6 所示。一般电动机最高效率设计在接近额定输出的地方，欠载和过载时效率都降低。

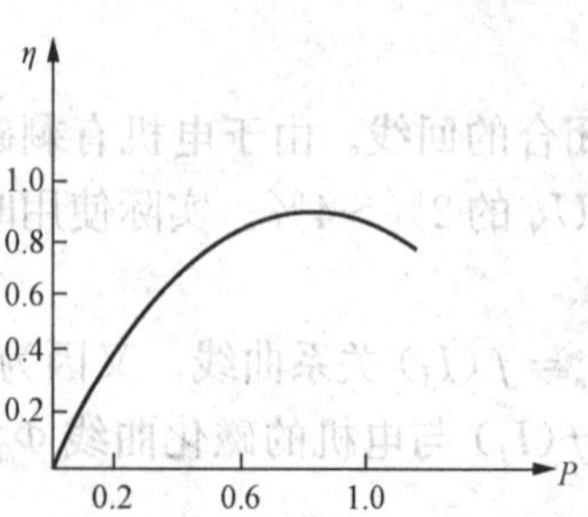

图 22-6 他励直流发电机的效率特性曲线

22.3 并励直流发电机的自励过程

图 22-7 所示是并励直流发电机的接线图，其中电枢电流 I_a 为负载电流 I 与励磁电流 I_f 之和，它的特点是励磁电流不需其他的直流电源供给，而是取自发电机本身，所以又称“自励发电机”。并励发电机励磁电流一般仅为电机额定电流 I_N 的 1%～5%。因此，励磁电流对电枢电压的数值影响并不大。

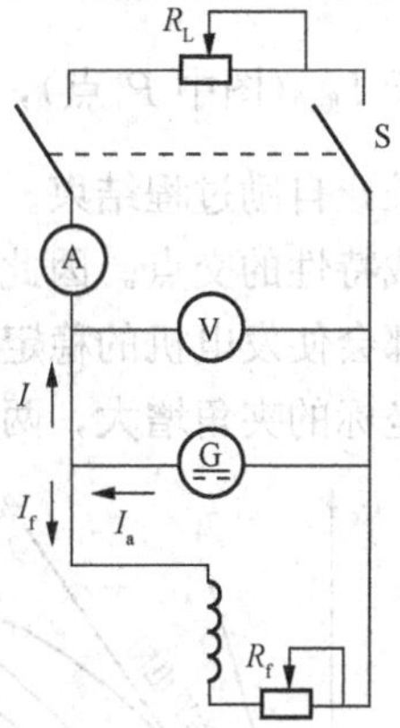

图 22-7 并励发电机的接线图

一、发电机的自励过程

为了说明并励发电机的自励过程，首先介绍自励发电机的空载特性曲线和励磁回路伏安特性曲线。

并励发电机在自励过程中空载端电压 U_0 和励磁电流 I_f 的关系曲线 $U_0=f(I_f)$ 可以认为就是发电机的空载特性曲线。实际上，此时的电枢电流并不等于零，而是等于 I_f，励磁回路的电阻为 $R_f=r_f+r_\Omega$，当电阻 R_f 保持不变时，励磁电流 I_f 与励磁回路的电阻压降 I_fR_f 成正比。I_fR_f 和 I_f 的关系可用图 22-8 中的直线 $\overline{OP}$ 来表示。此直线就是励磁回路的伏安特性曲线，$\overline{OP}$ 的斜率 $\tan\alpha=\dfrac{I_fR_f}{I_f}=R_f$ 即等于励磁回路的电阻，因此也称此直线为励磁回路的电阻线。

下面可利用空载特性曲线和励磁回路伏安特性曲线来说明并励发电机的自励过程。由于电机磁路中总有一定剩磁，当发电机由原动机拖动至额定转速时，发电机两端将发出一个数值不大的剩磁电压。而励磁绕组又是接到电枢两端的，于是在剩磁电压的作用下，励磁绕组将流过一个不大的电流，并产生一个不大的励磁磁动势。如果励磁绕组接法正确，即这个励磁磁动势的方向和电机剩磁磁动势的方向相同，从而使电机内的磁通和由它产生的电枢端电压有所增加。在比较高的励磁电压作用下，励磁电流又进一步加大，导致磁通的进一步增加，继而电枢端电压又进一步加大。如此反复作用下去，发电机的端电压便自动建立起来。这就是发电机的自励过程。

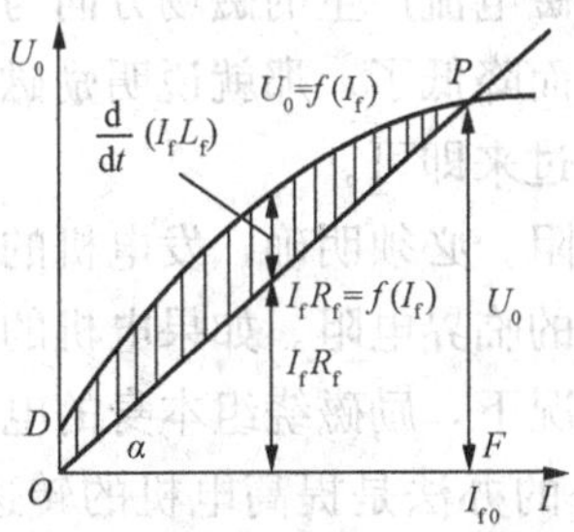

图 22-8 并励直流发电机的自励特性

在自励过程中，发电机的电压不会无限制地增长下去。从图 22-8 可以清楚地看出，当发电机的电压上升到 P 点所对应的电压时，恰好等于励磁电流通过励磁回路所需的电阻压降 I_fR_f，因此电枢电压和励磁电流都不会再增加，自励过程达到了稳定状态。

如果励磁绕组接到电枢的接线与上述情况相反，使得剩磁电压所产生的励磁电流所建立的磁动势方向与剩磁方向相反，那么不但不能提高电机的磁通，反而把剩磁磁通也抵消了。结果电枢端电压将比未接上励磁绕组的剩磁电压时还要低，励磁电流不可能增大，电枢电压便不能建立起来，电机不能自励。

在发电机自励过程中，电枢端电压 U_0 与励磁电流 I_f 都在不断地增长，因此，励磁回路的电压方程式为

$$U_0 = I_f R_f + L_f \frac{dI_f}{dt} \tag{22-8}$$

即

$$U_0 - I_f R_f = L_f \frac{dI_f}{dt} \tag{22-9}$$

式中 L_f——励磁绕组的自感系数，可以认为是一个常数。

从式（22-9）可以看出，当$U_0 - I_f R_f > 0$时，励磁电流I_f的增长率大于零，I_f将随时间的增加而增加，图22-8中阴影线的高度即为$(U_0 - I_f R_f)$。I_f增长的过程一直持续到等于I_{f0}（图中P点），此时由I_{f0}产生的U_0恰好等于压降$I_{f0}R_f$，即$\frac{dI_f}{dt}=0$，电流I_f不再增长，自励过程结束。从上述可见，发电机自励时的稳定运行点为励磁回路伏安特性曲线与空载特性的交点。因此，当电机的转速n发生变化，即励磁回路伏安特性曲线发生移动时，都会使发电机的稳定工作点发生改变。当励磁回路电阻增加时，励磁回路伏安特性曲线与横坐标的夹角增大，两曲线的交点就从P点移到P'点（见图22-9），因而得到不同的输出电压。若继续增加励磁回路的电阻，使励磁回路伏安特性恰好与空载特性的直线部分重合，如图22-9中的直线3所示，此时励磁回路伏安特性曲线与空载特性没有固定的交点，自励所建立的电压不可能稳定在某一数值上。把这种情况下励磁回路的电阻值称为发电机自励时的临界电阻。当励磁回路的电阻高于临界电阻值时，相应的励磁回路伏安特性曲线与空载特性曲线相交点的输出电压很低，与剩磁电压相差无几，这时发电机不能自励。

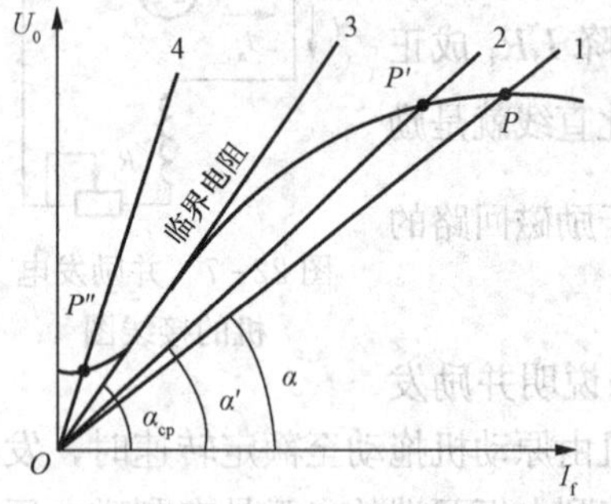

图22-9 改变励磁回路电阻电压的变化

二、并励发电机的自励条件

综上所述，并励发电机的自励条件为：

（1）电机必须有剩磁。如果发现电机失去剩磁或剩磁太弱，可用临时的外部直流电源，给励磁绕组通一下电流，即“充磁”，使电机剩磁得到恢复。

（2）励磁绕组的接线与电枢旋转方向必须正确配合，以使励磁电流产生的磁场方向与剩磁方向一致。若发现励磁绕组接入后，电枢电压不但不升高，反而降低了，那就说明励磁绕组的接法不正确。这时只要把励磁绕组接到电枢的两根引线对调过来即可。

（3）励磁回路的电阻应小于与电机运行转速相对应的临界电阻。必须明确，发电机的转速不同时，空载特性也不同。因此，对应于不同的转速便有不同的临界电阻。如果电机的转速太低，使得与此转速相对应的临界电阻值过低，甚至在极端情况下，励磁绕组本身的电阻即已超过所对应的临界电阻值，电机是不可能自励的。这时惟一的办法是提高电机的转速，从而提高其临界电阻值。

并励直流发电机的空载特性和调节特性与他励直流发电机相似。并励直流发电机的外特性如图22-4所示，其电压变化率比他励直流发电机大，一般在20%左右。其原因除电枢反应去磁和电枢电阻压降使端电压降低外，还因为保持R_f不变，端电压下降使励磁电流减小，电枢电动势减小，进一步使端电压下降。

直流发电机主要作为直流电源，供给直流电动机、同步电机的励磁以及作为化工、冶金、采矿、交通运输等部门的直流电源。随着电力电子技术的发展，直流发电机有逐步被可控整流电源所取代的趋势。

本章小结

直流发电机按励磁方式的不同，可以分为他励和自励两大类。自励电机为建立电压必须满足下列三个条件：①电机必须有剩磁；②励磁绕组的接线与电枢旋转方向必须正确配合；③励磁回路的电阻应小于与电机运行转速相对应的临界电阻。

直流发电机的特性有空载特性，外特性和调节特性。不同励磁方式的发电机具有不同的特性。电枢反应的性质和大小，以及电枢电阻的大小对发电机的运行特性有影响，在各种特性中，对于发电机来说以外特性最为重要，它表征发电机的端电压随负载电流而变化的情况。电压变化的原因和趋势因励磁方式不同而不同。例如并励发电机的外特性就比他励发电机的外特性下降的厉害，其原因是并励发电机的励磁电流随电压的下降而减小。为了衡量一台直流发电机的端电压随负载电流变化的程度，可用电压变化率表示，即

$$\Delta U\%=\frac{U_0-U_N}{U_N}\times 100\%$$

思考题

22-1　并励直流发电机能自励的基本条件是什么？

22-2　把他励直流发电机转速升高20%，此时无载端电压U_0约升高多少（励磁电阻不变）？如果是并励直流发电机，电压升高比前者大还是小？（励磁电阻不变）

22-3　直流电机的励磁方式有哪几种？每种励磁方式的励磁电流或励磁电压与电枢电流或电枢电压有怎样的关系？

22-4　他励直流发电机由空载到额定负载，端电压为什么会下降？并励发电机与他励发电机相比，哪个电压变化率大？

22-5　做直流发电机试验时，若并励直流发电机的端电压升不起来，应该如何处理？

22-6　并励发电机正转能自励，反转能否自励？

22-7　一台并励直流发电机，在额定转速下，将磁场调节电阻放在某位置时，电机能自励。后来原动机转速降低了磁场调节电阻不变，电机不能自励，为什么？

22-8　在励磁电流不变的情况下，发电机负载时电枢绕组感应电动势与空载时电动势大小相同吗？为什么？

22-9　直流电机空载和负载时有哪些损耗？各由什么原因引起？其大小与什么有关？在什么条件下可以认为是不变的？

习　题

22-1　一台并励直流发电机，励磁回路电阻$R_f=44\Omega$，负载电阻$R_L=4\Omega$，电枢回路电阻$R_a=0.25\Omega$，端电压$U=220V$。试求：

(1) 励磁电流 I_f 和负载电流 I；

(2) 电枢电流 I_a 和电动势 E_a（忽略电刷电阻压降）；

(3) 输出功率 P_2 和电磁功率 P_{em}。

22-2 一台 4 极并励直流发电机的额定数据为：$P_N=6kW$，$U_N=230V$，$n_N=1450r/min$，电枢绕组电阻 $R_a=0.92\Omega$，并励回路电阻 $R_f=177\Omega$，一对电刷上压降 $2\Delta U_b=2V$，空载损耗 $p_0=355W$。试求额定负载下的电磁功率、电磁转矩及效率。

22-3 一台四极、82kW、230V、971r/min 的他励直流发电机，如果每极的合成磁通等于空载额定转速下具有额定电压时每极磁通，试求当电机输出额定电流时的电磁转矩。

22-4 一台直流发电机，$P_N=100kW$，$U_N=230V$，每极并励磁场绕组为 940 匝，在以额定转速运转，空载时并励磁场电流为 7.0A 可产生端电压 230V，但额定负载时需 8.85A 才能得到同样的端电压，若将该发电机改为平复励，问每极应加接串励绕组多少匝？（平复励是指积复励当额定负载时端电压与空载电压一致）

22-5 并励直流发电机，额定电压为 230V，现需要将额定负载运行时的端电压提高到 250V，试问：

(1) 若用增加转速的方法，则转速必须增加多少？

(2) 若用调节励磁的方法，则励磁电流增加多少？

第23章 直流电动机

23.1 直流电动机的基本方程式

和直流发电机一样，对直流电动机也可以根据能量守恒，导出电动机稳定运行时的功率、转矩和电压平衡方程式。它们是分析直流电动机各种特性的基础。要写出直流电动机稳态运行时各物理量之间相互关系的表达式，必须先规定好这些物理量的正方向。否则所写出的表达式将毫无意义，图23-1为按电动机惯例标定的直流电动机稳定运行时各物理量的正方向。由图可见，电动机的电枢电动势 E_a 的正方向与电枢电流 I_a 的方向相反，为反电动势；电磁转矩 T_{em} 的正方向与转速 n 的方向相同，是拖动转矩；轴上的机械负载转矩 T_2 及空载转矩（如轴承的摩擦及风阻等产生的阻转矩）T_0 均与 n 相反，是制动转矩。

根据图23-1规定的正方向对功率进行计算，若 $UI>0$，表示该电机从电源吸收电功率；$UI<0$，则表示该电机电能回馈给电源。又如若 $P_{em}>0$，则表示将输入电枢的电功率转换成机械功率从轴上输出；而 $P_{em}<0$ 则表示从轴上输入机械功率转换成电枢回路中的电功率。

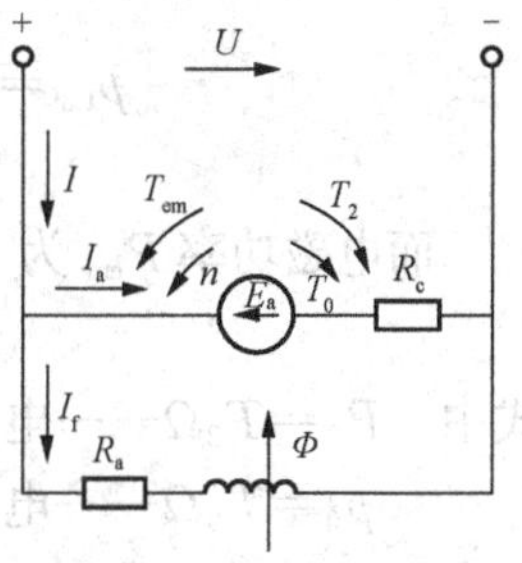

图23-1 按电动机惯例选择正方向

现以并励直流电动机为例，推导出直流电动机的基本方程式。

一、电动势平衡方程式

根据基尔霍夫第二定律，对图23-1所示电路的电枢回路列回路电压方程即得直流电动机的电动势平衡方程式

$$U=E_a+I_a(R_a+R_c) \tag{23-1}$$

式中 R_a——电枢回路电阻，包括电枢回路串联各绕组电阻与电刷接触电阻的总和；

R_c——外接在电枢回路中的调节电阻。

由式（23-1）可知，在电动机中，端电压 U 必大于反电动势 E_a，由此，可得到直流电动机的转速公式为

$$n=\frac{U-I_a(R_a+R_c)}{C_e\Phi} \tag{23-2}$$

励磁回路的电压方程为

$$U=I_f(r_f+r_\Omega)=I_fR_f \tag{23-3}$$

二、转矩平衡方程式

根据力学中的牛顿定律，在直流电机的机械系统中，任何瞬间都必须保持转矩相平衡。即当电枢恒速旋转时，驱动转矩 T_{em} 必须与制动转矩（T_2+T_0）相平衡，为此，可以列出直流电动机稳态时的转矩平衡方程式

$$T_{em}=T_2+T_0=T_L \tag{23-4}$$

式中 T_L——总负载转矩。

在电机稳态运行时，电磁转矩一定与负载转矩大小相等，方向相反，即 $T_{em}=T_L$。当 T_L 已知时，T_{em} 也为定数，在每极磁通为常数的前提下，$T_{em}=C_T\Phi I_a$，电枢电流 I_a 仅决

定于负载转矩，即 $I_a=\frac{T_L}{C_T\Phi}$，故稳态运行时 I_a 也称为负载电流。I_a 由电源供给，若电压 U、电枢回路电阻 R_a 是确定的，电枢电动势 $E_a=U-I_aR_a$ 也就确定了。而 $E_a=C_e\Phi n$，电机的转速 $n=\frac{E_a}{C_e\Phi}$ 也就确定了。所以，当电机的负载确定后，其电枢电流及转速等也相应地确定了。

三、功率平衡方程式

并励直流电机从电源输入的电功率为

$$\begin{aligned}P_1&=UI\\&=U(I_a+I_f)\\&=[E_a+I_a(R_a+R_c)]I_a+UI_f\\&=E_aI_a+I_a^2(R_a+R_c)+UI_f\\&=P_{em}+p_{Cua}+p_{Cuf}\end{aligned}\tag{23-5}$$

式中　$p_{Cua}=I_a^2(R_a+R_c)$——消耗在电枢回路总电阻（包括电枢绕组电阻、电刷接触电阻及外接调节电阻 R_c）上的损耗；

$p_{Cuf}=UI_f$——消耗在励磁回路总电阻 $R_f=r_f+r_\Omega$ 上的铜损耗，又称为励磁损耗。

而电磁功率 P_{em} 为

$$P_{em}=E_aI_a=T_{em}\Omega=(T_2+T_0)\Omega=P_2+p_0\tag{23-6}$$

式中　$P_2=T_2\Omega$——电机轴上输出的机械功率；

$p_0=T_0\Omega$——电机的空载损耗，包括铁心损耗 p_{Fe}，机械损耗 p_{mec} 及附加损耗 p_{ad}，即

$$p_0=p_{Fe}+p_{mec}+p_{ad}\tag{23-7}$$

从式（23-5）、式（23-6）可知，并励直流电动机从电源输入的电功率 P_1，先有小部分消耗在励磁回路与电枢回路电阻的铜损耗上，剩下的大部分为电磁功率 P_{em}，P_{em} 通过电磁感应转换成机械功率之后，还必须克服转动部件的摩擦损耗 p_{mec}、电枢铁心在磁场中旋转所产生的磁滞及涡流损耗 p_{Fe} 以及附加损耗 p_{ad}，剩下的大部分才是从轴上输出的有用的机械功率 P_2。因此可以写成

$$\begin{aligned}P_1&=P_2+p_{Cua}+p_{Cuf}+p_{Fe}+p_{mec}+p_{ad}\\&=P_2+\sum p\end{aligned}$$

$$\sum P=p_{Cua}+p_{Cuf}+p_{Fe}+p_{mec}+p_{ad}$$

式中　$\sum P$——电机总损耗。

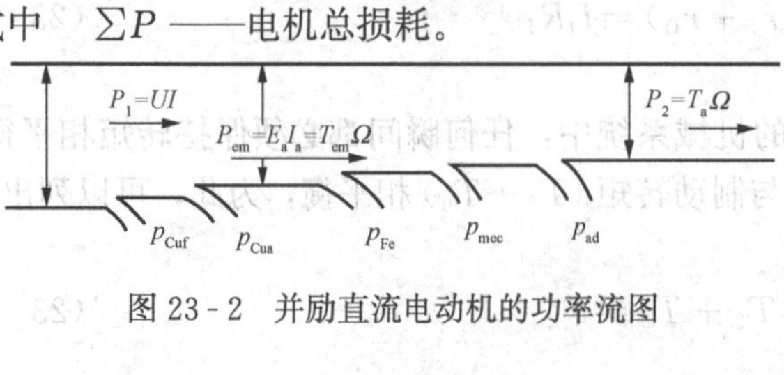

图 23-2　并励直流电动机的功率流图

图 23-2 示出了并励直流电动机的功率流图。

电机的效率为

$$\eta=\frac{P_2}{P_1}=1-\frac{\sum p}{P_2+\sum p}\tag{23-8}$$

【例 23-1】 一台四极他励直流电动机，电枢采用单波绕组，2α=2，电枢总导体数 $N=372$，电枢回路总电阻 $R_a=0.208$。此电机运行在电源电压 $U=220$V，电机的转速 $n=1500$r/min，气隙每极磁通 $\Phi=0.011$Wb 的

条件下，此时电机的铁损耗 $p_{Fe}=362W$，机械损耗 $p_{mec}=204W$，忽略附加损耗。问：

（1）该电机的电磁转矩是多少？

（2）输入功率和效率各是多少？

解 先计算电枢电动势 E_a。

$$E_a=C_e\Phi n=\frac{pN}{60a}\Phi n=\frac{2\times 372}{60\times 1}\times 0.011\times 1500=204.6(V)$$

电枢电流为

$$I_a=\frac{U-E_a}{R_a}=\frac{220-204.6}{0.208}=74(A)$$

（1）电磁转矩

$$T_{em}=\frac{P_{em}}{\Omega}=\frac{E_aI_a}{\frac{2\pi n}{60}}=\frac{204.6\times 74}{\frac{2\pi\times 1500}{60}}=96.38(N\cdot m)$$

（2）输入功率

$$P_1=UI_a=220\times 74=16280(W)$$

输出功率

$$P_2=P_{em}-p_{Fe}-p_{mec}=204.6\times 74-362-204=14574(W)$$

总损耗

$$\sum p=P_1-P_2=16280-14574=1706(W)$$

效率

$$\eta=\frac{P_2}{P_1}=1-\frac{\sum p}{P_1}$$

$$=1-\frac{1706}{16280}=89.5\%$$

23.2 直流电动机的工作特性

直流电动机的工作特性，是指在 $U=U_N$、$I_f=I_{fN}$ 时，转速 n、电磁转矩 T 和效率 η 随输出功率 P_2 变化的关系。由于电枢电流随 P_2 的增大而增大，两者变化趋势相似，而 I_a 容易测量，P_2 不易测量。所以，n、T_{em}、$\eta=f(P_2)$ 可以转化为 n、T_{em}、$\eta=f(I_a)$ 来讨论。

一、他励（并励）直流电动机的工作特性

1. 转速特性

当 $U=U_N$、$I_f=I_{fN}$、$R_c=0$ 时，$n=f(I_a)$ 称为转速特性。据式（23-8）有

$$n=\frac{U_N}{C_e\Phi}-\frac{R_a}{C_e\Phi}I_a=n_0-\frac{R_a}{C_e\Phi}I_a \tag{23-9}$$

式中 n_0——$I_a=0$ 时的转速，称为理想空载转速，$n_0=\frac{U_N}{C_e\Phi}$。

由于 $I_f=I_{fN}$ 不变，如果不计电枢反应的去磁作用，则 $\Phi=\Phi_N$ 不变，因而，$n=f(I_a)$ 是一条下斜的直线。通常 R_a 很小，所以随 I_a 的增加，转速 n 的下降并不多，在额定工作状态下，电枢电阻压降差不多只占额定电压 U_N 的 5%左右，$n=f(I_a)$ 曲线如图 23-3 所示。

如考虑电枢反应的去磁作用，在 $I_f=I_{fN}$ 不变的条件下，当增加 I_a 时，磁通 Φ 减少，则转速下降减少甚至可能上升。

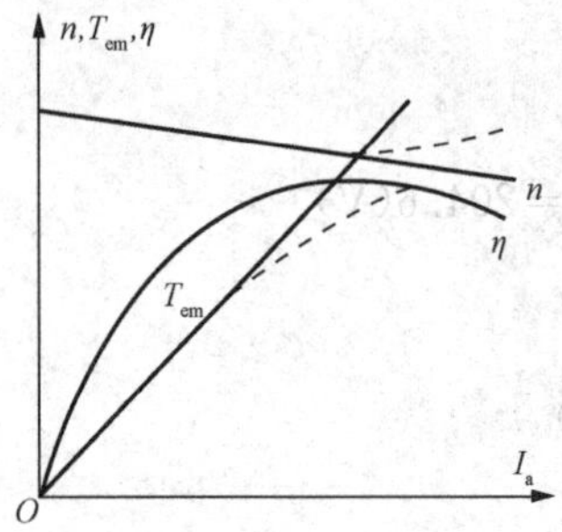

图 23-3 他励（并励）直流电动机的工作特性

上升的转速特性（如图 23-3 中的虚线所示）将使运行不稳定，在设计电机时要注意这个问题，因为转速 n 要随着电流 I_a 的增加略微下降才能稳定运行。

空载转速 n_0 和额定转速 n_N 之差，用额定转速的百分比表示，称为电动机的速度变化率。用 $\Delta n\%$表示，即

$$\Delta n\%=\frac{n_0-n_N}{n_N}\times 100\% \tag{23-10}$$

并励电动机的转速变化率很小，通常只有（3～8）%，所以基本上是一种恒速电动机。

2. 转矩特性

当 $U=U_N$，$I=I_{fN}$ 时，$T=f(I_a)$ 的关系叫转矩特性。当不计电枢反应的去磁作用时，$\Phi=\Phi_N$ 不变，则

$$T_{em}=C_T\Phi I_a=C_T\Phi_N I_a\propto I_a$$

这时，电磁转矩与电枢电流成正比，其转矩特性是一条通过原点的直线。如果考虑电枢反应的去磁作用，随着 I_a 的增大，T 要略为减小，如图 23-3 中虚线所示。

3. 效率特性

当 $U=U_N$，$I=I_{fN}$ 时，$\eta=f(I_a)$ 的关系叫效率特性。电机的效率为输出功率 P_2 与输入功率 P_1 之比，用百分值表示，即

$$\eta=\frac{P_2}{P_1}\times 100\%$$

直流电机在运行时，是将输入电功率转换为轴上的机械功率。在能量转换的过程中，有一部分功率不能有效地被利用，转换为热量而损失掉。

对于并励电动机，由于$U=U_N$，$I_f=I_{fN}$，所以气隙磁场基本不变，并且并励电动机的转速变化很小，所以励磁损耗 p_{Cuf}、铁损耗 p_{Fe} 以及机械损耗 p_{mec}，都可以认为是不变的。如果不计附加损耗 p_{ad}，并励电动机的效率为

$$\begin{aligned}\eta&=\frac{P_2}{P_1}\times 100\%=1-\frac{\sum p}{P_1}\times 100\%\\&=\left[1-\frac{p_{Cuf}+p_{mec}+p_{Fe}+I_a^2R_a}{U(I_a+I_f)}\right]\times 100\%\end{aligned} \tag{23-11}$$

从式（23-11）可看出，效率 η 是电枢电流的二次曲线。典型曲线形状如图 23-3 中所示。效率曲线 $\eta=f(I_a)$ 有一个最大值，即电动机在某一负载时，效率达到最高。用求函数最大值的方法可求出最大效率及最大效率时电动机的电枢电流值。对于并励电动机，由于 $I_{fN}\ll I_N$ 可不计 I_f，令$\frac{d\eta}{dI_a}=0$。可得

$$p_{Cuf}+p_{mec}+p_{Fe}=I_a^2R_a \tag{23-12}$$

式（23-12）表示，当电动机的不变损耗等于随电流平方而变化的可变损耗时，电动机的效率达到最高。这个结论具有普遍意义，对其他电机及不同运行方式都适用。

一般直流电动机效率约为0.75～0.94，容量大的效率高些。

二、串励电动机的工作特性

串励电动机的接线如图23-4所示。串励电动机的运行特性是指$U=U_N$=常数时，n、T、$\eta=f(I_a)$的关系曲线。由于串励电动机的励磁绕组与电枢串联，所以励磁电流I_f就是电枢电流I_a，即$I_a=I_f$，它是随负载的变化而变化的。因此，其工作特性将与他（并）励直流电机的工作特性有所不同。

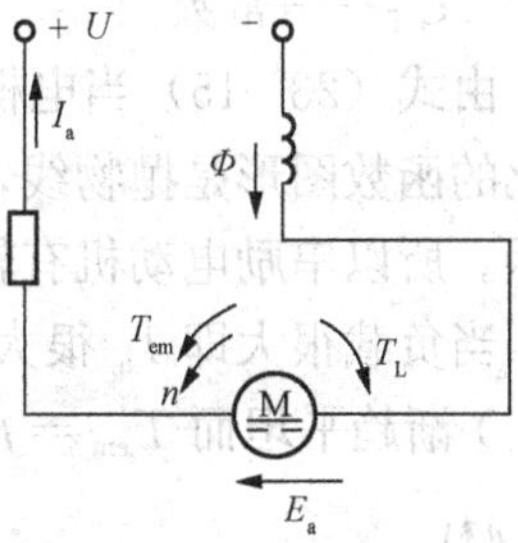

图23-4 串励电动机的接线图

1. 转速特性

串励电动机的转速特性是指当$U=U_N$，$R_c=0$时的$n=f(I_a)$关系曲线。如果磁路不饱和，则主磁通Φ与励磁电流成正比，即

$$\Phi=K_f I_f$$

则由式（23-2）可得

$$n=\frac{U_N}{C_e K_f I_a}-\frac{R'_a}{C_e K_f}=\frac{U_N}{C'_e I_a}-\frac{R'_a}{C'_e} \tag{23-13}$$

$$R'_a=R_a+R_s,\ C'_e=C_e K_f$$

式中 R'_a——串励电动机电枢回路总电阻；

R_s——串励绕组电阻；

C'_e——常数；

K_f——比例常数。

据式（23-13），可得串励电动机的转速特性，如图23-5所示。由图可知，串励电动机的转速随负载的增加而迅速降低，这一方面是$I_a R'_a$的增加而使电枢电压降低，另一方面是I_a增加的同时Φ也增大的结果。反之，当串励电动机轻载或空载时，由于$I_f=I_a$很小，这时Φ也很小，要产生一定的反电动势$E_a=C_e\Phi n$与端电压U_N相平衡，电动机的转速将很高。在理论上，如果电枢电流趋于零，气隙磁通也将向于零，则电动机转速将趋于无限大。这种情况称为"飞车"，将使电机受到严重破坏。所以串励电动机不允许在小于15%～20%额定负载的情况下运行，更不许空载运行。所以串励电动机的转速变化率的定义与并励电动机有所不同，即

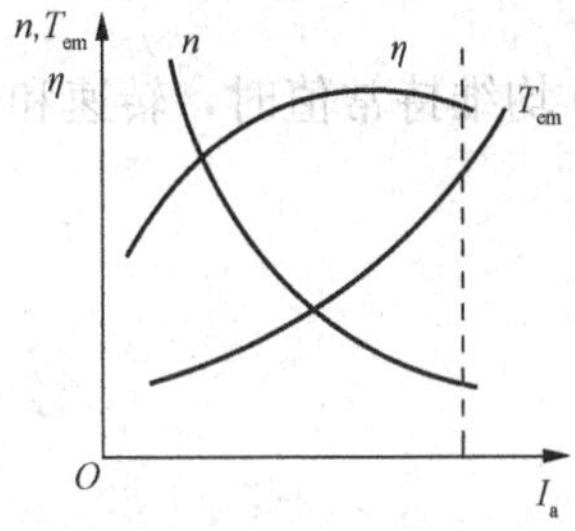

图23-5 串励电动机工作特性

$$\Delta n\%=\frac{n_{\frac{1}{4}}-n_N}{n_N}\times 100\% \tag{23-14}$$

式中 $n_{\frac{1}{4}}$——$P_2=\frac{1}{4}P_N$时电动机的转速。

2. 转矩特性

串励电动机的转矩特性是指当$U=U_N$，$R_c=0$，且$I_f=I_a$时的$T_{em}=f(I_a)$关系曲线。当I_a较小时，磁路不饱和，则有

$$T_{em}=C_T\Phi I_a=C_T K_f I_a I_a=C'_T I_a^2 \tag{23-15}$$

$$C'_T = C_T K_f$$

式中　C'_T——常数。

由式（23-15）当电枢电流在较小值范围内由零增大时，电磁转矩 T 随电枢电流 I_a 而变化的函数图形是抛物线，因为 $T_{em} \propto I_a^2$，因此 T_{em} 随 I_a 的增大而急剧地上升，如图 23-5 所示。所以串励电动机有较大的起动转矩与过载能力。

当负载很大即 I_a 很大时，$I_f = I_a$ 很大，使磁路趋于饱和。这时 Φ 接近不变，则 $n = f(I_a)$ 渐趋平坦而 $T_{em} = f(I_a) \propto I_a$ 成为直线，与他（并）励的特性相似。

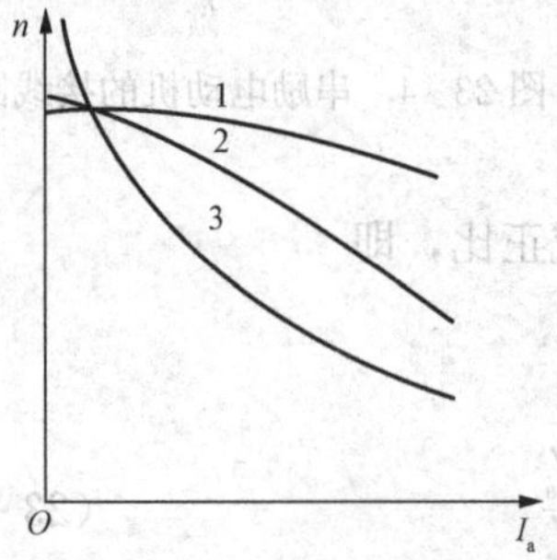

图 23-6　复励电动机的转速特性
1—并励电动机的转速特性；
2—积复励电动机的转速特性；
3—串励电动机的转速特性

串励电动机有较大的起动转矩与过载能力，这是两个很好的优点。当生产机械过载时，电动机的转速自动下降，其输出功率变化不大，使电机不致因负载过重而损坏。当负载减轻时，转速又自动上升。因此，电力机车、电车等一类牵引机械大都采用串励电动机拖动。

串励电动机的效率特性，和他（并）励电动机相似，如图 23-5 所示。

三、复励直流电动机的工作特性

复励电动机通常接成积复励，它的工作特性介于并励与串励电动机的特性之间。如果并励磁动势起主要作用，它的工作特性就接近并励电动机；如果串励磁动势起主要作用，它的工作特性就接近串励电动机。因为有并励磁动势的存在，空载时没有飞车的危险。复励电动机的转速特性如图 23-6 所示。

23.3　直流电动机的机械特性和运行稳定性

直流电动机的机械特性是指电压 U、电枢电阻 R_a 和磁通 Φ 均维持常值时，转速和电磁转矩之间的关系，即

$$n = f(T_{em})$$

根据式（23-14）和 $I_a = \dfrac{T_{em}}{C_T \Phi}$，则有

$$n = \frac{U}{C_e \Phi} - \frac{R_a}{C_e \Phi^2 C_T} T_{em} \qquad (23\text{-}16)$$

一、并励电动机的机械特性

当 U=常数，又由于 I_a=常数，在忽略了电枢反应的去磁作用时，Φ=常数；因为电枢回路电阻 $R_a \ll C_e \Phi^2$，故电动机由空载到额定负载时机械特性 $n = f(T_{em})$ 是一条略微下降的曲线。若考虑到交轴电枢反应去磁作用，随着负载的增加，磁通 Φ 将略微减小，所以 $n = f(T_{em})$ 曲线下降程度更小。这种转速随转矩增大而变化较小的特性称为硬特性。如图 23-7 所示。

二、串励电动机的机械特性

由于串励电动机励磁绕组通过的电流就是电枢电流，所以磁通 Φ 将随 I_a 而变化，即磁通 Φ 的大小与负载大小有关，其特性曲线如图 23-8 所示。

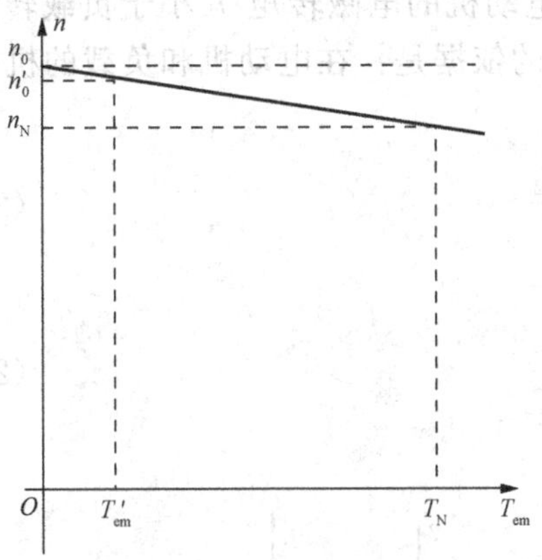

图 23-7 并励电动机的机械特性

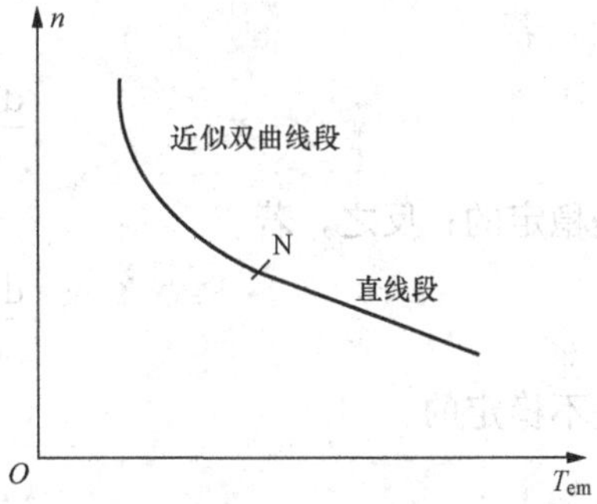

图 23-8 串励电动机的机械特性

当负载较小时（I_a 较小），电机的磁路未饱和，主磁通 Φ 正比于 I_a。由式（23-16）可知，随着负载的增加，公式中第一项$\dfrac{U}{C_e\Phi}$因 Φ 增大而下降，公式中第二项因 $T_{em}=C_T\Phi I_a\propto\Phi^2$ 所以其值不变，转速随着负载的增加而下降，如图中曲线上 N 点左边部分。当负载增加到一定程度时，磁路开始饱和，这时 I_a 继续增大，但磁通的变化基数，与并励电动机相类似。这时式（23-16）中第一项是个近似不变数值，而公式中第二项 $T_{em}\propto I_a$，随着负载的增加而增加，但因 $R_a\ll C_T\Phi^2$，故转速随负载增加而略微下降，如图中曲线上 N 点的右面部分。

从图可见，串励电动机的机械特性 $n=f(T_{em})$ 是一条比较“软”的特性曲线。

三、复励电动机的机械特性

由于复励电动机励磁部分既有并励绕组，又有串励绕组，一般为积复励电动机。它的机械特性介于并励和串励电动机之间。复励电动机空载时，虽然串励绕组磁势很小，但由于并励绕组磁势不受负载大小的影响，所以空载时，电动机的转速不会过高。

由于复励电动机机械特性，可以根据产生机械的需要通过改变电枢回路的串入电阻来进行调节，同时空载时又不至于转速过高。所以复励电动机广泛使用于拖动机床、印刷机、吊车、电梯等。

四、电力拖动机组稳定运行的条件

直流电动机与拖动的生产机械构成电力拖动机组，机组运行的稳定性决定于电动机和负载的机械特性，电动机的机械特性主要决定于电动机的励磁方式。负载的机械特性则决定于生产机械的性质。大致可分两种类型：一类是负载转矩与转速无关，即所谓恒转矩负载，如起重机、电梯等，如图 23-9 中直线；另一类是负载转矩与转速的平方成正比，如鼓风机、离心式水泵，如图中曲线 2 所示。下面举例说明机组稳定运行的条件。

图中 23-10 曲线 1 和 2 表示两种不同电动机的机械特性，曲线 3 表示负载的机械特性，从图中可见，曲线 1 或曲线 2 与曲线 3 的交点应是运行点。但是当电动机具有上升的机械特性时，机组是不能稳定运行的（b 点），因为由于偶然原因（例如电网电压波动或负载的矩波动等）的扰动，引起机组的转速瞬时增加，将使电动机的电磁转矩 T 大于负载转矩 T_2 而使电动机继续加速，反之，当电动机具有下降的机械特性时，机组就能够稳定运行（a 点），因为当机组的转速瞬时增加时，将使电动机的电磁转矩 T 小于负载转矩 T_2，使机组减速而回复到原来运行点 a。判定运行稳定的依据是：在电动机和负载的机械特性的交点上，若

$$\frac{\mathrm{d}T_{\mathrm{em}}}{\mathrm{d}n}<\frac{\mathrm{d}T_2}{\mathrm{d}n} \tag{23-17}$$

则机组是稳定的；反之，若

$$\frac{\mathrm{d}T_{\mathrm{em}}}{\mathrm{d}n}>\frac{\mathrm{d}T_2}{\mathrm{d}n} \tag{23-18}$$

则机组是不稳定的。

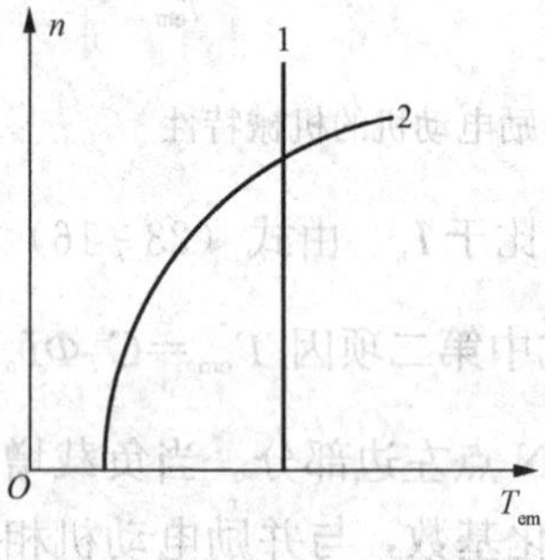

图 23-9　负载的机械特性

1—恒转矩负载；2—鼓风机负载

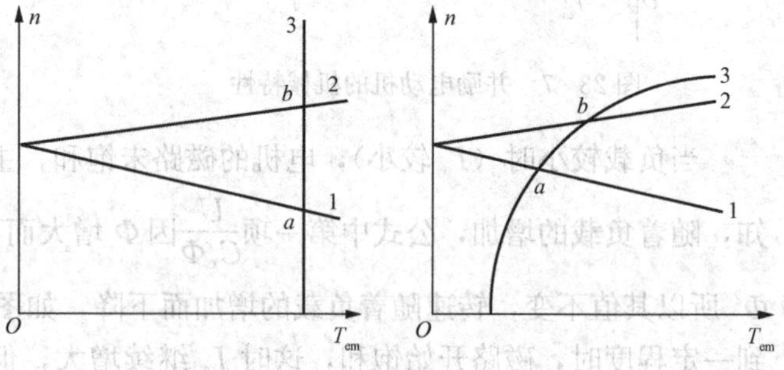

图 23-10　电动机稳定运行条件

由此可见，不论是转矩与转速无关的负载，或是转矩随转速上升而增大的负载，只要电动机的机械特性是下降的，整个机组就能稳定运行。若电动机的机械特性是上升的，则在某负载下不能稳定运行。为了扩大电机的使用范围，电动机应设计将具有下降的机械特性。因此并励电动机中也有匝数不多的串励稳定绕组，就具有这种作用。

23.4 直流电动机的起动与调速

一、直流电动机的起动

一台电动机要带动生产机械工作，首先要接上电源从静止状态转动起来到达稳态运行，这就是电动机的起动过程，对于电动机的起动要求，主要有两条：一是起动转矩要足够大，要能够克服起动时的摩擦转矩和负载转矩，否则电动机就转不起来。二是起动电流不要太大，因为起动电流太大，会对电源及电机产生有害的影响。

除了小容量的直流电动机，一般直流电动机是不允许直接接到额定电压的电源上起动的。这是因为在刚起动的一瞬间，$n=0$，反电动势 $E_{\mathrm{a}}=0$，起动电流（忽略电刷接触压降）为

$$I_{\mathrm{s}}=\frac{U_{\mathrm{N}}}{R_{\mathrm{a}}} \tag{23-19}$$

而电枢电阻是一个很小的数值，故起动电流很大，将达到额定电流的 10～20 倍。这样大的起动电流将产生很大的电动力，损坏电机绕组，同时引起电机换向困难，供电线路上产生很大的压降等很多问题。因此，必须采用一些适当的方法来起动直流电动机。直流电动机的起

动方法有电枢回路串电阻起动及减压起动。

1. 电枢回路串电阻起动

如果在电枢回路串入电阻 R_s，电动机接到电源后，起动电流为

$$I_s=\frac{U_N}{R_a+R_s} \tag{23-20}$$

可见这时起动电流将减小，串的电阻越大，起动电流越小。当起动转矩大于负载转矩，电动机开始转动后，$E_a\neq0$，则

$$I_s=\frac{U_N-E_a}{R_a+R_s} \tag{23-21}$$

随着转速升高，反电动势 E_a 不断增大，起动电流逐步减小，起动转矩也逐步减小，为了在整个起动过程中保持一定的起动转矩，加速电动机起动过程，可以将起动电阻一段一段逐步切除，最后电动机进入稳态运行。在电机完成起动过程后，因起动电阻继续接在电枢回路中要消耗电能，同时起动电阻都是按照短时运行方式设计的，长时间通过较大的电流会损坏电阻，起动完成后应将电阻全部切除。

由于起动转矩 $T_s=C_T\Phi I_s$，在同一起动电流 I_s 的数值下，为了产生尽可能大的起动转矩，应使磁通 Φ 尽可能大些，因此，起动时应将串在励磁回路的调节电阻全部切除，以便产生尽可能大的励磁电流和磁通。

2. 他励直流电动机降低电枢回路电压起动

因他励直流电动机可单独调节电枢回路电压，故可采用降低电枢回路电压的方法起动。起动电流为

$$I_s=\frac{U}{R_a} \tag{23-22}$$

由式（23-22）可见，降低电枢回路电压可减小起动电流。因无外串电枢电阻，故这种方法在起动过程中不会有大量的能量消耗。

串励与复励直流电动机的起动方法基本上与并励直流电动机一样，采用串电阻的方法以减小起动电流。但特别值得注意的是串励电动机绝对不允许在空载下起动，否则电机的转速将达到危险的高速，电机会因此而损坏。

二、他励直流电动机的调速

电动机拖动一定的负载运行，其转速由工作点决定。如果调节其参数，则可以改变其工作点，即可以改变其转速。由电动机的机械特性方程

$$n=\frac{U}{C_e\Phi_N}-\frac{R_a+R}{C_eC_T\Phi_N^2}T_{em} \tag{23-23}$$

可知，他励直流电动机有三种调节转速的方法：

（1）改变电枢电压 U。

（2）改变励磁电流 I_f，即改变磁通 Φ。

（3）电枢回路串入调节电阻 R。

这三种调速方法实质上是改变了电动机的机械特性，使之与负载的机械特性交点改变，以达到调速的目的。下面分别介绍这三种方法，为方便设负载均为恒转矩负载。

1. 降低电枢电压调速

由于电动机的电枢电压不能超过额定电压，因此电压只能由额定电压向低调。当磁通

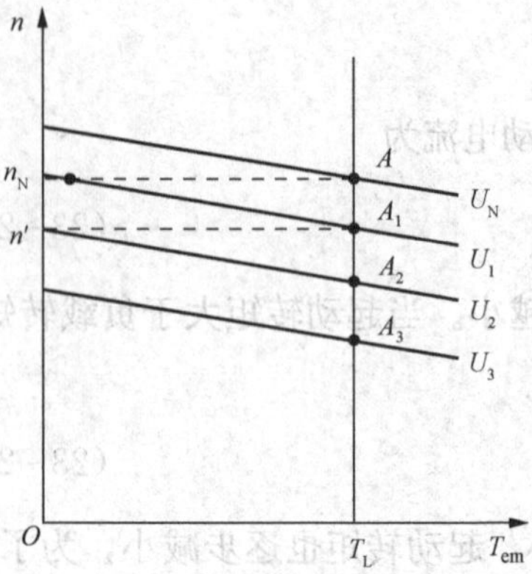

图 23-11　改变电枢电压调速图

Φ 不变，电枢回路不串电阻，改变电枢电压 U 时，电动机机械特性的 n_0 改变，而斜率不变，此时机械特性为一簇平行于固有特性的曲线，如图 23-11 所示，各特性曲线对应的电压 $U_1>U_2>U_3$。当改变电枢电压时，特性曲线与负载机械特性交于不同的工作点 A_1、A_2、A_3，使电动机的转速随之变化。

改变电枢电压 U 调节转速的方法具有较好的调速性能。由于调电压后，机械特性的“硬度”不变，因此有较好的转速稳定性，调速范围较大，同时便于控制，可以做到无级平滑调速，损耗较小。当调速性能要求较高时，往往采用这种方法。采用这种方法的限制是，转速只能由额定电压对应的速度向低调。此外，应用这种方法时，电枢回路需要一个专门的可调压电源，过去用直流发电机—直流电动机系统实现，由于电力电子技术的发展，目前一般均采用可控硅调压设备—直流电动机系统来实现。

2. 弱磁调速

调节励磁回路串入的调节电阻，改变励磁电流 I_f，即改变磁通 Φ，为使电机不至于过饱和，因此磁通 Φ 只能由额定值减小，由于 Φ 减小，机械特性的 n_0 升高，斜率增大，如果负载不是很大，则可使得转速升高，Φ 减小越多，转速升得越高，不同的 Φ 可得到不同的机械特性曲线，如图 23-12 所示。图中各条曲线对应的磁通中 $\Phi_1>\Phi_2>\Phi_3$，各曲线和负载特性的交点 A_1、A_2、A_3 即为不同的运行点。

这种调速方法的特点是由于励磁回路的电流很小，只有额定电流的 1%～3%，不仅能量损失很小，且电阻可以做成连续调节的，便于控制。其限制是转速只能由额定磁通时对应的速度向高调，而电动机最高转速要受到电机本身的机械强度及换向的限制。

3. 电枢回路串电阻调速

他励直流电动机当其电枢回路串入调节电阻 R_p 后，其电枢回路的总电阻为 R_a+R_p，使得机械特性的斜率增大，串联不同的 R_p，可得到不同斜率的机械特性，和负载机械特性交于不同的点 A_1、A_2、A_3，电动机则稳定运行在这些点，如图 23-13 所示。图中各条曲线对应的调节电阻 $R_{p3}>R_{p2}>R_{p1}$，即电枢回路串联电阻越大，机械特性的斜率越大，因此在负载转矩恒定时，即 $T_L=$ 常数，增大电阻 R_p，可以降低电动机的转速。

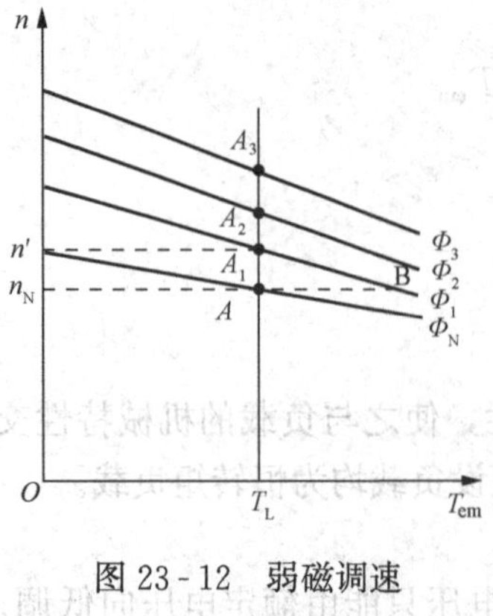

图 23-12　弱磁调速

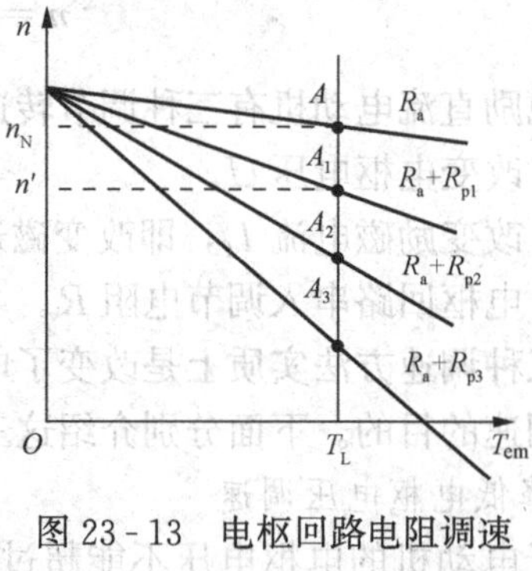

图 23-13　电枢回路电阻调速

直流电动机上述三种调速方法中，改变电枢电压和电枢回路串电阻调速属于恒转矩调速，而弱磁调速属于恒功率调速。

本章小结

同样一台直流电机既可作为发电机运行，也可作为电动机运行。直流电动机和发电机的差别，除能量转换方向不同外还表现在发电机的电动势 E_a 大于输出电压，因而电流 I_a 与电动势 E_a 同方向，发电机输出电能。而电动机则是 $E_a<U$，电流与电动势方向相反，因而电动机是吸收电能。发电机的电磁转矩起制动作用，将机械能转换为电能，而电动机的电磁转矩则起拖动作用，将电能转换为机械能。

直流电动机运行特性主要有转速特性、转矩特性、效率特性和机械特性，其中机械特性最重要。要求掌握他励电动机的固有机械特性和改变电枢电压、改变励磁电流及电枢回路串电阻时的人为机械特性。

起动和调速是直流电动机使用中不可避免的运行方式，要求掌握他励电动机的调速方法，并了解其常用的起动方法。

思考题

23-1 从电势方程式，转矩平衡方程式等几方面来比较直流发电机和直流电动机异同。写出并励直流电动机和串励直流电动机的工作特性。

23-2 在直流发电机和直流电动机中，电磁转矩和转动方向有何不同？怎样知道直流电机运行于发电机状态还是运行于电动机状态？

23-3 并励直流电动机的起动电流决定于什么？正常工作时的电枢的电流又决定于什么？为什么并励直流电动机直接起动时起动电流和起动转矩都很大？

23-4 如何改变并励、串励、积复励电动机的转向？

23-5 一台并励直流电动机原运行于某一 I_a、n、E 和 T_{em} 值下，设负载转矩 T_2 增大，试分析电机将发生怎样的过渡过程，并将最后稳定的 I_a、n、E 和 T_{em} 的数值和原值进行比较。

23-6 对于一台并励直流电动机，如果电源电压和励磁电流保持不变，制动转矩为恒定值。试分析在电枢回路串入电阻 R_1 后，对电动机的电枢电流、转速、输入功率、铜耗、铁耗及效率有何影响？为什么？

23-7 试述并励直流电动机的调速方法，并说明各种方法的特点。

23-8 并励电动机在运行中励磁回路断线，将会发生什么现象？

23-9 并激直流电动机起动时，常把串接于激磁回路的磁场变阻器短接，为什么？若在起动时，激磁回路串入较大电阻，会产生什么现象？

习 题

23-1 一台并励直流电动机，$P_N=17\text{kW}$，$U_N=220\text{V}$，$n_N=3000\text{r/min}$，$I_N=88.9\text{A}$，

电枢回路总电阻 $R_a=0.114\Omega$，励磁回路电阻 $R_f=181.5\Omega$，忽略电枢反应的影响，求：

(1) 电动机的额定输出转矩；

(2) 额定负载时的电磁转矩；

(3) 额定负载时的效率；

(4) 当电枢回路中串入一电阻 $R=0.15\Omega$ 时，在额定转矩下的转速。

23-2 一台并励直流电动机，$P_N=10kW$，$U_N=220V$，$n_N=1000r/min$，$\eta_N=83\%$，$R_a=0.283\Omega$。$2\Delta U_b=2V$，$I_{fN}=1.7A$。设负载总转矩 T_L 恒定，在电枢回路中串入一电阻使转速减到 500r/min。试求：

(1) 电枢电流；

(2) 电枢回路调节电阻；

(3) 调速后电动机的效率。

23-3 一台并励直流电动机，$P_N=100kW$，$U_N=220V$，$n=550r/min$，在 75℃时电枢回路电阻 $R_a=0.022\Omega$，励磁回路电阻 $R_f=27.5\Omega$，$2\Delta U=2V$，额定负载时的效率为 88%，试求电机空载时的转速。

23-4 一台并励直流电动机，$P_N=15kW$，$U_N=220V$，电枢回路总电阻 $R_a=0.2\Omega$，励磁回路电阻 $R_f=44\Omega$，额定负载时的效率为 85.3%，今欲使电枢起动电流限制为额定电流的 1.5 倍，试求起动变阻器的电阻是多少？若起动时不接起动电阻，则起动电流为额定电流的多少倍？

第24章 直流电机的换向

24.1 换向过程的物理现象

一、换向的物理过程

以图24-1所示的单叠绕组为例，设电刷宽度等于换向片宽度。当电枢旋转时，电枢绕组的各个元件依次通过电刷而被短路。现在来观察电枢中某元件被电刷短路前后，元件中的电流的变化情况。在图24-1（a）所示时刻，元件1将被电刷短路，此时它属于右边的一条支路，该元件中电流 i 的大小及方向与右支路电流 i_a 相同，设这时的 $i=+i_a$。当旋转至图24-1（b）所示位置时，电刷将原件1短路，这时右支路电流 i_a 的一部分经换向片2直接流向电刷，使得流经元件1的电流 $i<i_a$。当转到图24-1（c）时，元件1结束被电刷短路状态，这时元件1进入左边支路，其电流 i 的大小及方向同左支路，即 $i=-i_a$，负号表示 i 的方向与原来的正方向相反。

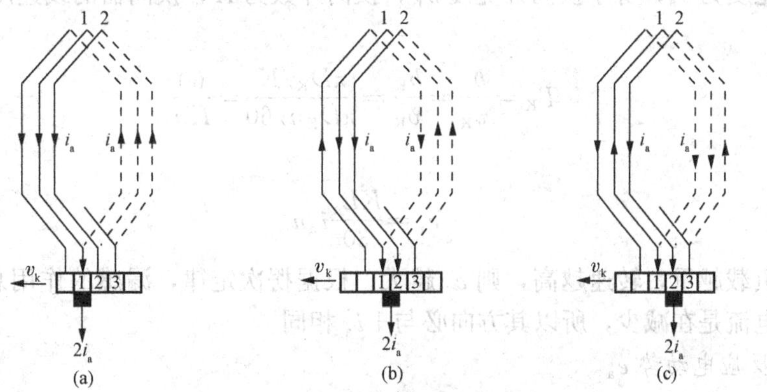

图24-1 电枢元件的换向过程
（a）换向开始；（b）正在换向；（c）换向结束

可见，在电枢旋转时，被电刷所短路的元件称换向元件，从短路开始到短路结束，它从一条支路换到另一条支路，其电流从 $+i_a$ 到 $-i_a$，换了方向，换向元件中电流的这种变化过程称为换向过程。从换向开始至换向结束所需要的时间称为换向周期，用 T_K 表示。

如果换向元件中的电动势为零，则元件被电刷短路所形成的回路中就不会出现环流，这时换向元件中的电流 i 由电刷与换向片的接触面积所决定，其变化曲线 $i=f(t)$ 是一条直线，称之为直线换向，如图24-2中的 i_L。直线换向时，直流电机不会发生火花。这仅是一种理想的情况。在实际中，换向元件不可能没有感应电动势。

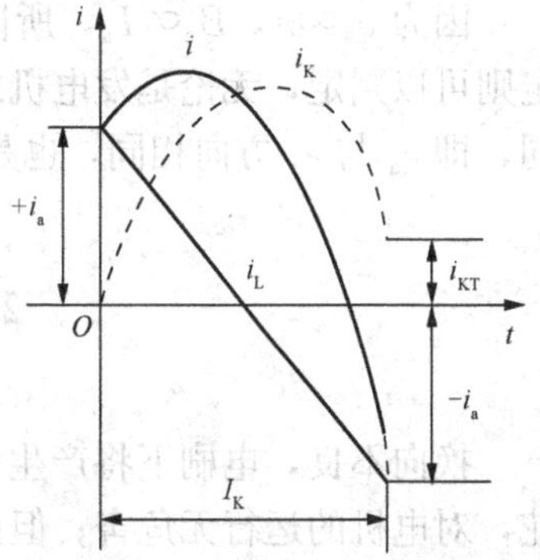

图24-2 延迟换向时电流随时间的变化过程

二、换向元件中的感应电动势

如果电刷位于几何中性线，而电机未装换向极，则在换向元件中有以下两种感应电动势。

1. 电抗电动势 e_r

由于换向元件中的电流在换向过程中随时间而变化，换向元件本身就是一个线圈，线圈必有自感作用。同时电刷的宽度不止一个换向片宽，即同时进行换向的元件不止一个，元件与元件之间又有互感作用。因此换向元件中，在电流变化时，必然出现由自感和互感作用所引起的感应电动势，这个电动势称为电抗电动势。

$$e_r = e_L + e_M = -L_r \frac{di}{dt} \tag{24-1}$$

式中 e_L——自感电动势；

e_M——互感电动势；

L_r——换向元件的总自感系数，包括自感系数和互感系数。

在 $\Delta t = T_K$ 的时间内，换向元件的电流从 $+i_a$ 到 $-i_a$。即 $\Delta i = -2i_a$，则电抗电动势的平均值为

$$e_r = -L_r \frac{\Delta i}{\Delta t} = L_r \frac{2i_a}{T_K} \tag{24-2}$$

设电刷宽度为 b_s，等于换向片宽度 b_K，换向片数为 K，换向器的线速度为 v_K，则换向周期 T_K 为

$$T_K = \frac{b_s}{v_K} = \frac{b_K}{v_K} = \frac{\pi D_K / K}{\pi D_K n / 60} = \frac{60}{Kn} \tag{24-3}$$

则

$$e_r = \frac{KL_r}{30} i_a n \tag{24-4}$$

可见电机的负载越重，转速越高，则 e_r 越大。根据楞次定律，漏感的作用总是阻碍电流变化的，因为电流是在减少，所以其方向必与 $+i_a$ 相同。

2. 电枢反应电动势 e_a

虽然换向元件位于几何中性线处，主磁场的磁密等于零，但电枢磁场的磁密不等于零。因此换向元件必然切割电枢磁场，而在其中产生一种旋转电动势，称为电枢反应电动势 e_a。设换向元件的匝数为 N_c，电枢的线速度为 v_a，则

$$e_a = 2N_c B_a l v_a \tag{24-5}$$

因为 $v_a \propto n$，$B_a \propto I_a$，所以 $e_a \propto I_a n$，即当负载越重、转速越高时，e_a 越大。根据右手定则可以判定，无论是发电机或电动机状态，e_a 的方向总是与换向前元件中电流的方向相同，即 e_a 与 e_r 方向相同，也是阻碍换向的。

24.2 换向火花及其产生原因

换向不良，电刷下将产生火花。延迟换向火花，发生在后刷边。电刷下发生微弱的火花，对电机的运行无危害；但火花超过一定限度，就将影响电机正常运行，严重时可使电机无法运行。

产生火花的原因目前认为有以下几个方面。

一、机械原因

机械原因主要有：换向器不圆或偏心，换向片或片间云母突出；电刷在刷握内松动，电刷压力不适当，各刷间距离不相等；转子平衡不好等。这些因素使电刷与换向器接触不良发生振动，从而产生火花，经验证明，电机在运行中产生火花的机械原因是首要的。

二、电磁原因

在换向元件中存在着两个方向相同的电动势 e_a+e_r，因此在换向元件中，会产生附加的换向电流 i_K

$$i_K=\frac{\sum e}{\sum R}=\frac{e_a+e_r}{\sum R} \tag{24-6}$$

式中　$\sum R$——闭合回路中的总电阻，主要是电刷与两片换向片之间的接触电阻。

附加电流 i_K 加在 i_L 上使换向元件上的电流为 $i=i_K+i_L$。由图 24-2 所示，可见由于 i_K 存在，使换向元件的电流改变方向的时间比直线换向时为迟，所以称为延迟换向。当 $t=T_K$，即电刷将离开换向片 1 而使由电刷与换向元件构成的闭合回路突然被断开时，由 i_K 所建立的电磁能量 $\frac{1}{2}i_K^2L_r$ 要释放出来。当这部分能量足够大时，它将以火花的形式从后刷边放出，使 i_K 维持连续，这就是电刷下产生火花的电磁原因。

三、化学原因

实验证明，电机正常工作时，换向器和电刷接触的表面上有一层氧气和水蒸气以及在某些工厂工作时，氧化亚铜薄膜遭到破坏，而不能很快形成，电刷下就会产生火花。

24.3　改善换向的方法

改善换向的目的在于消除电刷下的火花。而产生火花的原因有机械和电磁方面的因素。机械方面的原因大都可以通过改进制造工艺来获得解决。本节重点分析消除产生火花的电磁性原因。

前面的分析指出，附加的换向电流 i_K 是在电磁方面引起火花的基本原因，从公式 $i_K=\frac{\sum e}{\sum R}=\frac{e_a+e_r}{\sum R}$ 可得出改善换向的两种途径——减小换向回路合成电动势 $\sum e$ 和增加接触电阻。减少合成电动势 $\sum e$ 的方法有：

(1) 减少电抗电动势 e_r，即减少元件匝数和降低等效比磁导等方法来达到，这是电机设计要解决的问题。

(2) 在换向区域内设立一个适当的外磁场，使正换向元件的产生一换向电动势 e_K 来与电抗电动势 e_r 相抵消使 $\sum e=0$。

为此，可采用换向极或移动电刷位置两方法。增加换向器和电刷间的接触电阻可采取选用电阻较大的电刷。

下面就装设换向极、移动电刷和选用合适的电刷等三个问题作分析介绍。

一、用装换向极的方法来改善换向

目前有效的方法是装换向极，装换向极的目的是在换向元件所在处建立一个磁动势 F_K，其一部分用来抵消电枢反应磁动势，剩下部分用来在换向元件所在气隙建立磁场

B_K。换向元件切割 B_K 产生感应电动势 e_K，且让 e_K 的方向与 e_r 相反，要求做到换向元件中的合成电动势 $\sum e = e_r - e_K = 0$，成为直线换向，从而消除电磁型火花。为此，对换向极的要求是：

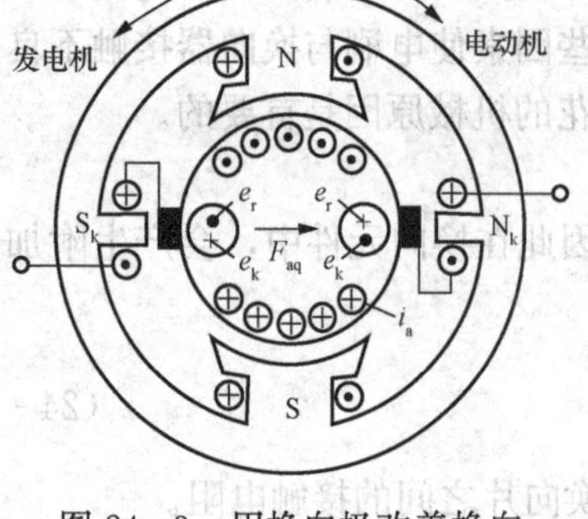

图 24-3　用换向极改善换向

(1) 换向极应装在几何中性线处。

(2) 换向极的极性应使所产生的 B_K 的方向与电枢反应磁动势的方向相反。由图 24-3 可见，电动机状态时，换向极应与逆转向看的相邻主磁极同极性。而发电机状态时，应与顺转向看的相邻主磁极同极性。

(3) 由于 $e_r \propto I_a n$ 是随负载的大小及转速而变化的，为使换向电动势 e_K 在任何负载下都能抵消 e_r，要求 $e_K \propto I_a n$。根据 $e_K = 2N_c B_K l v_a$，需要 $B_K \propto I_a$，所以换向极绕组必须与电枢绕组串联，而且换向极磁路应不饱和。

一般，容量为 1kW 以上的直流电机都装有换向极。

二、用移动电刷的方法来改善换向

在不装设换向极的电机中，可用移动电刷的方法来改善换向，其目的是：将电刷从几何中性线移开一适当角度，使换向区域也跟着从几何中线移开一适当角度而进入主极下。利用主极磁场来代替换向极产生的换向磁场。因此，根据前述换向极的极性确定法可知，当电机作发电机运行时，电励应自几何中线顺着电枢旋转方向移动一个适当角度，而用电动机运行时，则逆着电机旋转方向移过一适当角度，如图 24-4 所示，从图中还可以看出，电刷移动的角度 β，必须大于物理中性线移动的角度 α。β 的具体大小，须使移动电刷后换向元件中产生适当的 e_K，以使 e_K 和 e_r 互相抵消。

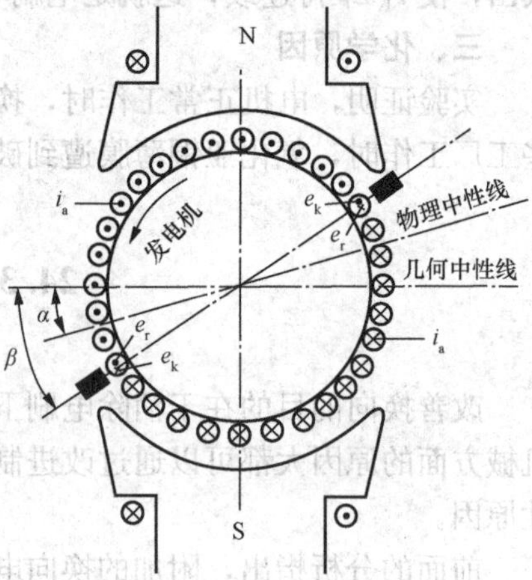

图 24-4　用移动电刷改善换向

该方法的缺点是：由于电抗电动势值随负载变化而变化，而电刷移动一个角度仅能适应某一个负载，负载改变时，电刷的位置又要相应的移动，很不方便。此外电刷移动后产生直轴电枢去磁磁动势，使气隙磁场减弱，因而使发电机的外特性下降也使发电机的端电压下降，使电动机的转速升高，机械特性上翘，造成运行不稳定，故生产上很少用。

三、选用适当的电刷

改善换向的另一个办法是选择合适的电刷。换向回路的主要电阻是电刷接触电阻，实验表明，选择合适的电刷对换向有重大影响，而不同牌号的电刷具有不同的接触电阻，从改善换向的角度来看，增加换向回路电阻的主要途径是增加接触电阻。但从引导电枢电流的角度来看，电刷的接触电阻应该较小，以免引起过大的接触压降。所以必须根据不同电机的具体情况来选择不同牌号的电刷。

现在产生的电刷中，碳—石墨电刷的接触电距最大，石墨电刷和电化石墨电刷次之，青铜—石墨电刷和紫铜—石墨电刷则电阻最小。一般说来，对于换向并不困难的中、小型电机，通常采用石墨电刷，对换向比较困难的常用碳石墨电刷；对于低压大电流电机则有用接触电压较小的青铜—石墨电刷或紫铜石墨电刷。

四、装置补偿绕组

换向极只能抵消换向区域内交轴电枢反应的影响，但是换向区域以外的交轴电枢反应仍然使气隙磁场发生畸变出现电位差火花，甚至引起环火。为了防止环火和电位差火花，在大型电机中主极极靴上开槽，嵌入补偿绕组，补偿绕组与电枢绕组串联，补偿绕组中的电流方向恰好与该磁极下电枢导体电流方向相反，从而消除交轴电枢磁动势的影响，使气隙感应磁场在负载时不产生畸变，消除了电位差火花，防止了环火。装有补偿绕组的电机，其换向极所需磁动势可相应地减少。

本章小结

对直流电机来说，换向是指绕组元件从一条支路进入另一条支路时，元件内电流改变方向的过程，换向不良的后果是电刷下发生危害性火花，以致电机不能长期运行。火花产生的原因有电磁方面的、机械方面的。从电磁方面而言，关键在于电抗电动势阻碍换向元件中电流的变化。

换向理论认为，电刷下发生火花的主要原因是换向回路内存在附加电流，此电流使电刷下的电流密度不均匀，并使换向回路断开时有一定的电磁能量释放，过分延迟换向时，后刷边会产生火花。直线换向时不会产生火花。

改善换向的方法主要靠换向区磁场产生的旋转电动势 e_r，来抵消换向元件的电抗电动势 e_r，以使附加换向电流等于零，达到理想的直线换向。为此装设换向极、移动电刷、选择合适的电刷是目前行之有效的办法。为了防止电位差火花和环火，可在主极极靴上装设补偿绕组。

思考题

24-1 换向元件在换向过程中，可能产生哪些电动势？是什么原因引起的？它们对换向条件有何影响？

24-2 换向极的作用是什么？它装在何处？绕组如何连接？

24-3 一台直流电动机改为发电机运行时，是否需要改接换向极绕组？为什么？

习题参考答案

绪论

0-1 （1）提示：电磁感应原理；（2）一次感应电动势由 A 指向 X，二次感应电动势由 a 指向 x；（3）一次感应电动势由 X 指向 A，二次感应电动势由 x 指向 a。

0-2 提示：向右。

0-3 （a）$e=N\dfrac{d\Phi}{dt}$；（b）$e=-N\dfrac{d\Phi}{dt}$。

0-4 （1）$F=N_1I_1-N_2I_2$；（2）$F=N_1I_1+N_2I_2$；（3）$F=N_1I_1-N_2I_2$；气隙磁压降大；铁心中的 B 与气隙中的 B 基本相等；气隙 H 大。

0-5 励磁电流 $I=0.79A$。

第 1 章

1-1 $I_{1N}=5A$，$I_{2N}=217.4A$。

1-2 $U_{1N}=35kV$，$U_{2N}=6.3kV$，$I_{1N}=16.5A$，$I_{2N}=91.65A$，$U_{1Nph}=20.21kV$，$U_{2Nph}=6.3kV$，$I_{1Nph}=16.5A$，$I_{2Nph}=52.91A$。

第 2 章

2-1 （1）$N_1=407$ 匝，$N_2=222$ 匝；（2）$I_{1N}=57.74A$，$S_N=1000kVA$；（3）$P_2=800kW$。

2-2 （1）$N_1=1121$ 匝，$N_2=45$ 匝；（2）$N_1=1068/1180$ 匝。

2-3 （1）$z_m=1229.64\Omega$，$r_m=83.86\Omega$，$x_m=1226.78\Omega$

$z_k=0.982\Omega$，$r_k=0.0571\Omega$，$x_k=0.98\Omega$

（2）$z_m=1465.51\Omega$，$r_m=99.94\Omega$，$x_m=1462.09\Omega$

$z_k=1.17\Omega$，$r_k=0.068\Omega$，$x_k=1.168\Omega$。

2-4 $U_1=36818V$，$I_1=53.5A$，$\cos\varphi_1=0.77$（滞后）。

2-5 （1）$r_k=1.16\Omega$，$x_k=3.83\Omega$，$z_k=4.0\Omega$；（2）$U_2=389.7V$。

2-6 （1）$\eta=98.38\%$；（2）$\beta_m=0.567$。

2-7 （1）$z_m^*=50.0$，$r_m^*=2.65$，$x_m^*=49.93$，$z_k^*=0.105$，$r_k^*=0.0048$，$x_k^*=0.105$；

（2）$\Delta U\%=2.99\%$，$U_2=10.67kV$，$\eta=99.46\%$；（3）$\beta_m=0.471$，$\eta_{max}=99.47\%$。

2-8 （1）$r_m^*=28.05$，$x_m^*=151.27$，$r_k^*=0.0052$，$x_k^*=0.0549$；（2）$\Delta U\%=3.55\%$，$U_2=6.076kV$，$\eta=99.45\%$；（3）$\eta_{max}=99.51\%$。

2-9 （1）$z_m^*=20$，$r_m^*=0.196$，$x_m^*=19.99$，$z_k^*=0.05$，$r_k^*=0.0015$，$x_k^*=0.0499$；（2）$\Delta U\%=3.1\%$；（3）$\eta=99.75\%$。

2-10 （1）$I_2=141.45A$，$U_{2l}=383.6V$；（2）$\cos\varphi_1=0.787$。

第 3 章

3-1 略。

3-2 （a）Yy10 （b）Yd3 （c）Dy1 （d）Dd6

3-3 (1) $S_{\text{I}}=1668\text{kVA}$ $S_{\text{II}}=1132\text{kVA}$；(2) $S_{max}=2618\text{kVA}$。

3-4 (1) $S_{\text{I}}=953\text{kVA}$ $S_{\text{II}}=1715\text{kVA}$ $S_{\text{III}}=2832\text{kVA}$；(2) $S_{max}=5771\text{kVA}$，$K_L=0.962$。

3-5 (1) $\dot{U}_A^+=211.57\angle 3.5°\text{V}$，$\dot{U}_A^-=28.58\angle 193.1°\text{V}$，$\dot{U}_A^0=37.22\angle -9.96°\text{V}$；(2) $\dot{I}_A^+=200.2\angle -10.55°\text{A}$，$\dot{I}_A^-=48.3\angle 26.3°\text{A}$，$\dot{I}_A^0=25.32\angle 142.8°\text{A}$。

3-6 (1) $\dot{I}_A=3.09\angle -80.28°\text{A}$，$\dot{I}_B=1.539\angle 99.72°\text{A}$，$\dot{I}_C=1.539\angle 99.72°\text{A}$；(2) $\dot{U}_a=0\text{V}$，$\dot{U}_b=394.4\angle 30.4°\text{V}$，$\dot{U}_c=394.4\angle -30.4°\text{V}$。

3-7 $\dot{I}_A=-\frac{10}{3}\text{A}$，$\dot{I}_B=\frac{5}{3}\text{A}$，$\dot{I}_C=\frac{5}{3}\text{A}$。

3-8 (1) 第一台；(2) 第二台；$S_{max}=1098\text{kVA}$；$\beta=0.98$。

第4章

4-1 (1) $I_k=1572.3\text{A}$；(2) $i_{kmax}=4052\text{A}$。

4-2 (1) $I_k^*=25$；(2) $i_{kmax}^*=41.44$。

第5章

5-1 $r_1=10.72\Omega$，$x_1=126.45\Omega$；$r'_2=2.73\Omega$，$x'_2=78.22\Omega$；$r'_3=7.28\Omega$，$x'_3=-5.58\Omega$。

5-2 (1) $S_{aN}=8400\text{kVA}$；(2) $I_{ka}^*=14.285$，$I_{ka}^*/I_k^*=1.5$。

第6章

6-1 $\tau=12$ 槽，$\alpha=15°$；$q=4$ 槽/每极每相，图略。

6-2 $\tau=9$ 槽，$\alpha=20°$；$q=3$ 槽/每极每相，$N=30$ 匝。

6-3 140°。

6-4 (1) $f_1=50\text{Hz}$；$K_{N1}=0.9553$；$E_{ph1}=6383.5\text{V}$；(2) $y=\frac{4}{5}\tau$；$K_{y1}=0.951$；$K_{q1}=0.9553$；$E_{ph1}=6070.7\text{V}$。

6-5 $\Phi_1=0.995\text{Wb}$。

6-6 224V。

6-7 (1) 14V； (2) 27V； (3) 324.6V； (4) 1797.5V； (5) 7435.6V；(6) 12878V。

6-8 231.6V。

第7章

7-1 7。

7-2 (1) 146.2 安匝/极，1500r/min；(2) 0，0。

7-3 75 安匝/极；1500r/min。

7-4 (1) 圆形旋转磁动势，转向与相序一致（A—B—C）；(2) 脉振磁动势；(3) 椭圆形旋转磁动势，转向为 A—C—B—A。

7-5 $F_1=47000$ 安匝/极，$n_1=3000\text{r/min}$，正转；$F_3=0 n_3=0$；$F_5=351$ 安匝/极，$n_5=600\text{r/min}$，反转；$F_7=801$ 安匝/极，$n_7=429\text{r/min}$，正转。

7-6 38.9 安匝/极；750r/min。

7-7 18.5A。

第8章

8-1 $I_N=126.17A$。

8-2 (1) $2p=6$；(2) $s=0.025$；(3) $\eta=70.8\%$。

8-3 (1) $n_N=715r/min$；(2) $s=1.95$。

8-4 (1) $n_1=750r/min$；(2) $n_N=718r/min$；(3) $s=0.067$；(4) $s=1$。

第9章

9-1 (1) $p=3$；(2) $s_N=0.04$；(3) $f_2=2Hz$。

9-2 (1) $k_e=5.15$；(2) $k_i=5.15$；(3) $r_1=0.45\Omega$，$x_1=2.45\Omega$；$r'_2=0.53\Omega$，$x'_2=2.39\Omega$。

9-3 (1) $s_N=0.037$；(2) $\dot{I}_1=20.12\angle-24.20°A$，$\dot{I}_2=18.99\angle170.44°A$，$\dot{I}_0=5.11\angle-94.22°A$；(3) $E_{2s}=1.91V$；(4) $f_2=1.89Hz$。

9-4 (1) $I_2=359.46A$；(2) $I_2=293.07A$。

9-5 (1) $r'_2=0.39\Omega$，$x'_2=1.84\Omega$，$r_m=2.42\Omega$，$x_m=38.68\Omega$；(2) $\cos\varphi_N=0.88$，$\eta_N=87.48\%$。

第10章

10-1 (1) $s_N=0.05$；(2) $P_{em}=106.32kW$；(3) $p_{Cu2}=5.32kW$；(4) $T_{em}=1015.36N\cdot m$；$T_{2N}=1005.26N\cdot m$；$T_0=10.10N\cdot m$。

10-2 (1) 略；(2) $I_1=20.29A$，$\cos\varphi_1=0.86$，$P_1=11.50kW$，$\eta=86.93\%$；(3) $T_{em}=70.64N\cdot m$；(4) $n=1275r/min$。

10-3 (1) $T_{emN}=33.33N\cdot m$；(2) $T_{max}=70.80N\cdot m$；(3) $k_m=2.13$；(4) $s_m=0.19$。

10-4 (1) $s_N=0.027$；(2) $s_m=0.16$；(3) $T_{2N}=981.16N\cdot m$；(4) $T_{max}=3041.60N\cdot m$。

10-5 (1) $P_{em}=7965W$；(2) $p_{Cu2}=270.81W$；(3) $P_{mec}=7694.19W$。

10-6 (1) $T_{em}=116.88N\cdot m$；(2) $T_{2N}=115.01N\cdot m$；(3) $T_{max}=296.95N\cdot m$，$k_m=2.58$；(4) $T_{st}=108.70N\cdot m$。

10-7 (1) $s_N=0.027$；(2) $p_{Cu2}=1.68kW$；(3) $\eta=89\%$；(4) $I_N=123.41A$；(5) $f_2=1.33Hz$。

10-8 (1) $\eta=85.92\%$；(2) $s=0.041$；(3) $n=1438r/min$；(4) $T_0=0.49N\cdot m$；(5) $T_2=36.06N\cdot m$；(6) $T_{em}=36.55N\cdot m$。

10-9 (1) $T_{em}=743.61N\cdot m$；(2) $n=1466r/min$。

第11章

11-1 $r_\Omega=0.12\Omega$ $T_{st}=2929.08N\cdot m$。

11-2 (1) $n_N=1479r/min$，$T_{em}=1019.61N\cdot m$；(2) $r_\Omega=0.10\Omega$，$p_{Cu2}=21.36kW$，$P_{r\Omega}=19.15kW$。

11-3 (1) $I''_{st}=393.23A$；(2) $I'_{st}=435.90A$；(3) $T_{st}=221.49N\cdot m$。

11-4 (1) $r_\Omega=0.18\Omega$；(2) 1倍；(3) 1倍。

11-5 (1) $\begin{matrix} I'_{st}=4.8I_N>4.2I_N \\ T'_{st}=1.28T_N>T_N \end{matrix}$ 不符合要求；(2) $\begin{matrix} I'_{st}=2I_N<4.2I_N \\ T'_{st}=0.67T_N<T_N \end{matrix}$ 不符合要求；(3) $\begin{matrix} I'_{st}=3.84I_N<4.2I_N \\ T'_{st}=1.28T_N>T_N \end{matrix}$ 符合要求。

11-6 (1) $I_N=19.89A$；(2) 选 80%U_N 抽头；(3) $I'_{st}=82.75A$。

第 13 章

13-1 40 极。

13-2 8kW；6kvar。

13-3 3.04A；1472W。

13-4 80 极；150r/min；凸极式结构。

第 14 章

14-1 (1) 2.236；(2) 0.78。

14-2 10.74kV；18.4°。

14-3 13.85kV；32.63°。

14-4 12534.88V；57.4°；387.6A；247.7A。

14-5 30°；3000V，60°；5796V。

14-6 (1) 707∠−45°A 交磁去磁；(2) 500∠−90°A；直轴去磁，(3) 1000∠0°A；交轴交磁。

第 15 章

15-1 (1) $x_{d非}=5.87\Omega$，$K_C=0.96$；(2) 作图，$x_\sigma=1.018\Omega$，$I_{fa}=165A$；(3) 作图，$I_{fN}=377.5A$，$\Delta u\%=27\%$。

15-2 (1) $I^*_{fk}=1.833$；(2) 作图，$I^*_{fN}=2.5$。

15-3 $x^*_{d非}=1.97$；$K_C=0.65$。

15-4 (1) $x^*_p=0.17$；(2) $x^*_{d非}=1.716$；(3) $K_C=0.6993$。

15-5 (1) 1.13Ω；0.937Ω；7.47Ω；1.036；(2) 28%；458.6A。

15-6 (1) 0.2；(2) 2.86，32%。

15-7 2.2；25%。

第 16 章

16-1 (1) 8859.7V；(2) 33.96°；(3) 21483.6kW；(4) 1.79。

16-2 (1) 37.575kW；(2) 75.987kW；(3) 2.02。

16-3 (1) 可以稳定运行；38.68°；(2) 23°。

16-4 (1) 100000kW；34.7° (2) 5847A。

16-5 (1) 8.07°；7975V；(2) 21.1°；因小于 45°可以稳定运行。

16-6 (1) 35.93°，25000kW，1.7；(2) 17.06°，12500kW，0.448；(3) 32.25°，25000kW，0.723，1903A。

16-7 18.07°；150MW；2.52。

16-8 (1) 45°；(2) 27.43°；(3) 55.49°。

16-9 (1) 12560V、57.6°； (2) $P^*_{em}=1.605\sin\theta+0.359\sin 2\theta$；15225kW；(3) 2.18。

16-10 (1) 0.8；2.53；2.65。

16-11 2.27。

16-12 (1) 282V；14.58°；(2) 40A。

16-13 0.692（滞后）、41.85A、21kvar，发出感性无功功率。

第 17 章

17-1 (1) $E_0=6378.3\text{V}$；(2) $P_{\text{emN}}=480.333\text{kW}$；$T_{\text{em}}=15289.5\text{N}\cdot\text{m}$。

17-2 (1) 1656.18kVA；(2) 0.242（超前）。

17-3 (1) 30.92°；(2) 31.82°；0.998。

17-4 0.8635；没有过载。

17-5 1.77；−19.4°；过励运行。

第 18 章

18-1 2.6。

18-2 1.818；0.22；0.031。

18-3 1.0；1.443；2.5。

18-4 (1) 151.7A；(2) 186A；(3) 293A。

18-5 13959A；8610A；5634A。

第 19 章

19-1 (1) $i_a^*=A\cos\left(314t+\dfrac{2}{3}\pi\right)-6.045e^{-\frac{t}{0.162}}$，$i_b^*=A\cos314t+12.09e^{-\frac{t}{0.162}}$

$i_c^*=A\cos\left(314t-\dfrac{2}{3}\pi\right)-6.045e^{-\frac{t}{0.162}}$，其中 $A=-\left(4.72e^{-\frac{t}{0.105}}+6.61e^{-\frac{t}{0.84}}+0.76\right)$；(2) B相 22.95。

19-2 (1) $i^*=-\sqrt{2}\left(3.129e^{-\frac{t}{0.093}}+4.19e^{-\frac{t}{0.74}}+0.167\right)\cos314t+11.2e^{-\frac{t}{0.132}}$；(2) 21.06；(3) −3.65；(4) −0.975。

19-3 (1) 0.1629Ω，0.296Ω，2.54Ω；(2) 0.145s，1.16s；(3) 30.16°，0.21s。

19-4 (1) $i_k=E_{0m}\left[\left(\dfrac{1}{x''_d}-\dfrac{1}{x'_d}\right)e^{-\frac{t}{T''_d}}+\left(\dfrac{1}{x'_d}-\dfrac{1}{x_d}\right)e^{-\frac{t}{T'_d}}+\dfrac{1}{x_d}\right]\cos\omega t+I_m e^{-\frac{t}{T_a}}$；(2) $i_k^*=\left(6.589e^{-\frac{t}{0.035}}+7.83e^{-\frac{t}{0.6}}+1.285\right)\cos314t+15.71e^{-\frac{t}{0.09}}$，$i^*_{k(t=0.01)}=28$。

第 20 章

20-1 385.2A。

20-2 521.7A。

第 21 章

21-1 1500r/min 时 208.95V；500r/min 时 69.65V。

21-2 (1) 228.8V·A；(2) 228.8N·m。

第 22 章

22-1 (1) 1.3A，55A；(2) 60A，235V；(3) 12.1kW，14.1kW。

22-2 7047W；44.9N·m；81%。

22-3 806.9N·m。

22-4 4匝。

22-5 (1) 4.25%；(2) 8.7%。

第23章

23-1 (1) 51.11N·m；(2) 59.21N·m；(3) 86.92%；(4) 2814r/min。

23-2 (1) 53.1A；(2) 1.94Ω；(3) 38%。

23-3 585r/min。

23-4 1.758Ω；13.76倍。

参 考 文 献

[1] 许实章．电机学．3版．北京：机械工业出版社，1995.

[2] 吴大镕．电机学．北京：电力工业出版社，1979.

[3] 汤蕴璆．电机学．北京：机械工业出版社，1999.

[4] 周顺荣．电机学．北京：科学出版社，2002.

[5] 李发海．电机与拖动基础．北京：清华大学出版社，2001.

[6] 辜承林．电机学．武汉：华中科技大学出版社，2001.

[7] 汪国梁．电机学．北京：机械工业出版社，1998.

[8] 王正茂．电机学．西安：西安交通大学出版社，2000.

[9] 许晓峰．电机及拖动基础．北京：高等教育出版社，2002.

[10] 张植保．电机原理及其运行与维护．北京：化学工业出版社，2004.

[11] 邬基烈．电机学．北京：水利电力出版社，1994.

[12] 张广溢，郭前岗．电机学．重庆：重庆大学出版社，1995.